西學東漸
中學西傳

甲午年陽春 崔希亮題

总第三十四集
2023年春夏卷

CSSCI来源集刊

北京语言大学主办

阎纯德　主编

漢學研究

Chinese Studies

學苑出版社

图书在版编目（CIP）数据

汉学研究．总第三十四集 ：2023 年．春夏卷 ／ 阎纯德主编．— 北京 ：学苑出版社，2023.6
ISBN 978-7-5077-6680-6

Ⅰ．①汉… Ⅱ．①阎… Ⅲ．①汉学－文集 Ⅳ．① K207.8-53

中国国家版本馆 CIP 数据核字 (2023) 第 096725 号

责任编辑：杨　雷
出版发行：学苑出版社
社　　址：北京市丰台区南方庄 2 号院 1 号楼
邮政编码：100079
网　　址：www.book001.com
电子信箱：xueyuanpress@163.com
联系电话：010-67601101（销售部）　010-67603091（总编室）
印 刷 厂：北京虎彩文化传播有限公司
开本尺寸：710 mm × 1000 mm　1/16
印　　张：39.25
字　　数：699 千字
版　　次：2023 年 6 月第 1 版
印　　次：2023 年 6 月第 1 次印刷
定　　价：80.00 元

《汉学研究》编辑委员会

卷前絮语

一

地球，是宇宙一粒有生命的“尘埃”，人们的天赋责任是相依为命、相亲相爱，不分种族和信仰，唯有和平，才能维护人类命运的共同家园。

人类世世代代祈求和平，因为它属于每个民族、每个国家。和平的蓝图和美丽，要靠大家描绘，只有文化交流，才能互相了解、互相尊重、互相包容，才是和平的不二法门。

二

汉学、中国学，是中西文化“撞击”后最早和谐相处的使者。无论是明末清初，还是当代，它一直扮演着东方西方和谐交往的使者。自1993年的《中国文化研究》创刊号始，其“汉学”栏目即成为汉学家和国内学者关注的栏目。两年后，我们北京语言文化大学又创办了专业《汉学研究》，不仅聚集了越来越多的中国学人高远的文化视野，也吸引了众多汉学家极大的关注。

2010年，在国务院新闻办和上海市委宣传部的指示与关照下，上海市社会科学院为推动海外汉学和中国学的发展，促进海内外文化交流，特设“世界中国学贡献奖”，由世界中国学论坛组织委员会主办，每两年评定一次，颁发仪式与“世界中国学论坛”同时举行。至今，这个“贡献奖”已经举办了六次，首届获奖者有俄罗斯的罗高寿（Алексей Петрович Рогачев，1932—2012）、日本的毛里和子（Kazuko Mori，1940—　）、法国的谢和耐（Jacques Gernet，1921—2018）、美国的孔飞力（Philip Alden Kuhn，1933—2016）；第二届获奖者有俄罗斯的齐赫文斯基（С.Л.Тихвинский，1918—2018）、美国的傅高义（Ezra F. Vogel，1930—2020）、中国香港的饶宗颐（1917—2018）；第三届获奖者有美国的蓝普顿（David M. Lampton，1946—　）、裴宜理（Elizabeth J. Perry，1948—　），俄罗斯的季塔连科（М.Л.Титаренко，1934—2016）、印度华裔学者谭中（1929—　）；第四届获奖者有美国的史景迁（Jonathan D. Spence，1936—2021）、法国的白吉尔（Marie Claire Bergere，

1933— ）、俄罗斯的梅津采夫（Дми́трий Фёдорович Ме́зенцев，1959— ）、新加坡华裔学者王赓武（1930— ）；第五届获奖者有美国的卜励德（Nicholas Platt，1936— ）、日本的滨下武志（Takeshi Hamashita，1943— ）、荷兰的施舟人（Kristofer Schipper，1934—2021）、美国华裔学者杜维明（1940— ）；第六届有美国的周锡瑞（Joseph W. Esherick，1942— ）、英国的鲁惟一（Michael Loewe，1922— ）、加拿大华裔学者叶嘉莹（1924— ）。

评定“世界中国学贡献奖”，是开放的中国历史上的一件大事，向世界展示的，堪称是中国文化之“诺奖”精神。这个奖，旨在奖励杰出的汉学家、中国学家，是中国对他们传播与研究中国文化所做的优异成果的尊重和礼赞。这个奖，也必将推动海外汉学和中国学的发展与繁荣，促进中国文化与外国文化的亲密交流。

三

知识者和文化，都是人类的宝贵财富！世界太平要靠文化装饰其真善美，没有文化的世界是野蛮的。

21世纪10年代后，我们失去了不少杰出的汉学家、中国学家（罗高寿、谢和耐、孔飞力、齐赫文斯基、傅高义、季塔连科、施舟人等）；2022年前后，我们失去了在汉学（中国学）研究领域耕耘的刘顺利、耿昇、宋绍香、严绍璗、余三乐、熊文华教授。他们不仅是《汉学研究》和“列国汉学史书系”的重要作者，先后出版了《朝鲜半岛汉学史》《中国新文学俄苏传播与研究史稿》《中国新文学20世纪域外传播与研究》《中国文学翻译与研究在俄罗斯》《日本中国学史稿》《英国汉学史》《荷兰汉学史》《美国汉学史》《澳新汉学史》《加拿大汉学史》等著作，还是我们的顾问或编委。

他们走了。但文化作为和平的使者，植根于中华大地的汉学之树，定会地老天荒，根深叶茂，与天下相依，荫护和平。四时轮转，春华秋实，地球村上空，总会嘹亮起美丽歌声……

阎纯德

2023年3月8日

目　录

Contents

Translated by Yang Yuying

·国学特稿·

理论思维，匡谬扬真

——王充论证逻辑与批判哲学的本质属性

孙中原

摘　要：本文分析王充论证逻辑与批判哲学的本质属性，阐发王充重视理论思维，匡谬扬真的科学人文理念，弘扬中华民族优秀文化遗产。

关键词：王充　论证逻辑　批判哲学　本质属性

一、王充论证逻辑的本质属性

（一）引言。王充《论衡》，有精辟清晰的论证逻辑理论与系统丰富的应用事例，是中国论证逻辑的重镇、典型、典范与范式，是中国逻辑史中的璀璨明珠，是先秦逻辑史在后世的重要传承、创新与发展。

（二）评鉴。张九如（1895—1979）《与章士钊书》说："《论衡》用客观的眼光，批评史事，鞭辟入里，实为中国有数之作品……公正校读《论衡》，期蔚成本邦逻辑之宗，则公于此书，已下过明辨工夫"。章士钊（1881—1973）《答张九如书》说："《实知》《知实》二首，开东方逻辑之宗，尤未宜忽！"[①]二位学人，评鉴精到，切中肯綮。章士钊是中国近现代著名的逻辑学家，其著作《逻辑指要》为毛泽东"一字不遗地阅读"，赞不绝口。章士钊发表王充《论衡》"开东方逻辑之宗"的高论，获毛泽东的首肯与赞许。[②]

---

① 张九如《与章士钊书》、章士钊《答张九如书》，载《甲寅》周刊1914年第1卷41号。见黄晖《论衡校释》，北京：中华书局，1990年，第1254页。

② 龚育之、逄先知、石仲泉：《毛泽东的读书生活》，北京：生活、读书、新知三联书店，1986年，第143—146页。

（三）匡谬扬真。范晔《后汉书·王充传》说："充好论说，始若诡异，终有理实。以为俗儒守文，多失其真。""著《论衡》八十五篇，二十余万言，释物类同异，正时俗嫌疑。"意涵与墨家逻辑专论《小取》规定辩学功能"明同异之处""决嫌疑"相同。

王充《自纪》自称："衡者，论之平也。"《对作》解释："《论衡》者，所以铨轻重之言，立真伪之平。"著作《论衡》，目的是提供权衡言论是非真假的工具与标准。"平""衡""铨"：指《论衡》是权衡言论是非真假的器具，即天平、秤，引申为标准、范式、典型与典范。

王充规定《论衡》写作目的，是"明辩然否"（辩明是非），去伪存真。《对作》解释："今《论衡》，就世俗之书，订其真伪，辩其实虚。""《论衡》细说微论，解释世俗之疑，辩照是非之理，使后进晓见然否之分。"《佚文》概括《论衡》全书精蕴：一言以蔽之，"疾虚妄"即归结一语——疾恨批驳虚假不实的言论。

《对作》引孟轲"予岂好辩哉？予不得已"的话说："今吾不得已也：虚妄显于真，实诚乱于伪，世人不悟，是非不定，紫朱杂厕，瓦玉集糅，以情言之，岂吾心所能忍哉？""不得已，故为《论衡》。""冀悟迷惑之心，使知虚实之分。"①著作《论衡》的初衷，是论证真理，反驳谬误，在证明与反驳的激烈论争中，推进发展中国论证逻辑。

《物势》说："一堂之上，必有论者，一乡之中，必有讼者，讼必有曲直，论必有是非，非而曲者为负，是而直者为胜。"②即凡有人群存在，争讼辩论不可免，有争论，则必有是非，是的一方，辩论胜利，非的一方，辩论败北。

（四）论证作用。《薄葬》说："事莫明于有效，论莫定于有证"③，"空言虚语""人犹不信"。《知实》说："凡论事者，违实不引效验，则虽甘义繁说，众不见信。"④《奇怪》说："言之有头足（头尾），故人信其说，明事以验证（摆事实证明），故人然其事。"⑤认为引用论据证明，才能确定论题正确，使人信服，否则，即使讲话动听，话说得多，无人信服。

① 黄晖：《论衡校释》，北京：中华书局，1990年，第1179—1180页。
② 黄晖：《论衡校释》，北京：中华书局，1990年，第153页。
③ 黄晖：《论衡校释》，北京：中华书局，1990年，第962页。
④ 黄晖：《论衡校释》，北京：中华书局，1990年，第1086页。
⑤ 黄晖：《论衡校释》，北京：中华书局，1990年，第158页。

（五）推理作用。论证运用推理。王充传承先秦逻辑家的表述，把推理称为“推类”，肯定类的同异，是推理的基础。《实知》说：“凡圣人见祸福也，亦揆端推类，原始见终，从闾（chāng）巷（民间里巷）论朝堂，由昭昭察冥冥。”[①]又说：“能推类以见方来。”王充论证，惯用“推此以论”“推此以况”“推况”“准况”等推理的标志词。

推故，推理，推类，在中国传统话语体系中，同义等值，可以互训。墨家《大取》说：

> 三物必具，然后足以生，夫辞以故生，以理长，以类行也者，立辞而不明于其所生，妄也，今人非道无所行，虽有强股肱，而不明于道，其困也，可立而待也，夫辞以类行者也，立辞而不明于其类，则必困矣。[②]

这被冠以“语经”的总名，意即“言语之常经”：论证逻辑的基本规律。王充《论衡》，传承发挥，词约义丰。

（六）各种推理。王充论证，惯用类比推理。《薄葬》说：“方比物类，为能实之。”[③]肯定类比推理在论证中的实证作用。《小取》定义说：“譬也者，举他物而以明之也。”[④]“譬”（譬喻），指类比推理。《变动》说：“杞梁之妻哭而崩城，复虚言也；因类以及，荆轲刺秦王，白虹贯日（象征秦王为兵器击杀）”[⑤]，“复妄言也”。王充用“因类以及”的逻辑联结词，意同“以此类推”，是运用“以此物类推彼物”（以A_1类推A_2）的类比推理。

（七）归纳证明。《奇怪》说：“明事以验证。”即彰明事实，以检验证明论题。《知实》说：“引效验。”《对作》说：“效之以事。”《自然》说：“引物事以验。”均指引用事实论据，论证一般论题的归纳证明。《雷虚》说：

> 何以验之“雷者火也”？以人中雷而死，即询其身，中头则须发烧燋，中身则皮肤灼燌，临其尸上闻火气，一验也。道术之家，以为雷烧

① 闾巷：民间乡里，街坊里弄，与“庙堂”相对。闾：古二十五家为一闾。巷：里弄。

② 孙中原：《墨经趣谈》，北京：商务印书馆，2021年，第317页。

③ 黄晖：《论衡校释》，北京：中华书局，1990年，第962页。

④ 孙中原：《墨经趣谈》，北京：商务印书馆，2021年，第317页。

⑤ 孙中原：《墨经趣谈》，北京：商务印书馆，2021年，第320页。

> 石，色赤，投于井中，石燋井寒，激声大鸣，若雷之状，二验也。人伤于寒，寒气入腹，腹中素温，温寒分争，激气雷鸣，三验也。当雷之时，电光时见大，若火之耀，四验也。当雷之击时，或燔人室屋，及地草木，五验也。夫论雷之为火有五验，言雷为天怒无一效，然则雷为天怒，虚妄之言。①

列举大量个别事实，论证“雷之为火”的一般论题，是运用科学分析事实的典型归纳证明。

（八）演绎证明。认为感觉经验的归纳，需要辅之以理性认知的演绎。《对作》说：“论则考之以心（演绎），效之以事（归纳），浮虚之事，辄立证验。”②“考之以心”，即运用理性认知的演绎证明。“效之以事”，即以事实为论据的归纳证明。

《论死》说：“人死血脉竭（如果A则B），竭而精气灭（如果B则C），灭而形体朽（如果C则D），朽而成灰土（如果D则E），何用为鬼？”③这是运用假言连锁推理，是典型的演绎推理，证明“人死成灰土，灰土不为鬼”的科学结论。上述可传递假言连锁特性的逻辑形式：如果A则B（人死血脉竭），如果B则C（竭而精气灭），如果C则D（灭而形体朽），如果D则E（朽而成灰土）；而“灰土不为鬼，鬼不为灰土”，是辩论立敌双方，公认共许的前提。

（九）墨翟教训：重经验归纳，轻理论演绎。王充主张，经验的归纳类比法，必须结合理论的演绎法，才能正确发挥证明反驳的科学效能，深刻指出“墨术所以不传”即墨学沦为冷门绝学的内在动因。《薄葬》说：

> 夫论不留精澄意，苟以外效立事是非，信闻见于外，不诠订于内，是用耳目论，不以心意议也。夫以耳目论，则以虚象为言；虚象效，则以实事为非是，故是非者，不徒耳目，必开心意。墨议不以心而原物，苟信闻见，则虽效验章明，犹为失实。……此盖墨术所以不传也。④

---

① 黄晖：《论衡校释》，北京：中华书局，1990年，第309页。
② 黄晖：《论衡校释》，北京：中华书局，1990年，第1183页。
③ 黄晖：《论衡校释》，北京：中华书局，1990年，第871页。
④ 黄晖：《论衡校释》，北京：中华书局，1990年，第962—963页。

仅靠归纳耳目感官得来的外部现象，不足以认知真理，容易被假象迷惑，得出错误结论。王充分析墨翟《明鬼》（证明有鬼）的典型事例，是由众人讹传的错觉，归纳论证“有鬼”谬说，正确指出“墨术所以不传”在思维认知方式上的深层缘由，见解精准，石破天惊，有重要的理论、历史与现实意义。

（十）立破并举。证明与反驳结合，证明己方正确论题，与反驳论敌错误论题兼顾。王充善用《小取》总结的“归谬式类比推理”。“归谬式类比推理”，《小取》命名为“推”，定义是：“以其所不取之，同于其所取者，予之也。”[①]这是归谬反驳法（演绎）与类比归纳推理的有机结合，综合运用。

归谬反驳法，运用矛盾律，揭示论敌自相矛盾，是典型的演绎推理。论证“其所不取”与“其所取”相同，是类比归纳推理的结合运用。《小取》总结的“归谬式类比推理”，后期墨家与先秦逻辑学家普遍应用，王充结合汉代实际，传承援用，赋予新意。

（十一）归谬类比。《感虚》有四例。例一，儒者宣扬，尧能射日，使火不为害。王充反驳：如果尧真能射日，使火不为害，则能射河，使水不为害。而尧不能射河，使水不为害，故知尧不能射日，使火不为害。

例二，儒者说，杞梁妻向城而哭，城为之崩。王充反驳：如哭城能使城崩，则哭林木能使林木折，哭水火能涌水灭火。而哭林木不能折林木，哭水火不能涌水灭火，故知哭城不能使城崩。

例三，儒者言，吕梁山崩塌，堵塞黄河，三日不流，晋景公穿丧服哭，河水流通。王充反驳：如果山崩壅河，能哭使通，则人有痈肿，血脉不通，能哭而治。今不能以哭治痈肿，故知不能以哭治壅河。

例四，儒者言，邹衍无罪，被拘于燕，仰天而叹，夏日下霜。王充反驳：邹衍兴叹，能夏日下霜，则邹衍受意外赏赐，仰天而笑，能使冬时天热。而发笑不能使冬时天热，故知兴叹，不能夏日下霜。

上述四例的逻辑形式：如果p，则q，而非q，所以非p。这是充分条件假言推理否定后件式。其规则：由否定后件，可否定前件。这是典型的演绎推理。这些推理，都预设p与q，在某语境内，为同类前提。根据“同类同情”（同类事物，有相同性质）的原理，从前件p的性质出发，能演绎推断q

① 孙中原：《墨经趣谈》，北京：商务印书馆，2021年，第320页。

同类的性质，而已知事实真理为非q，与上述推断q矛盾，故推知出发判断p不成立。

整个推导过程，符合归谬式推理的公式：如果p则q，并且非q，所以非p。这是推理中的演绎成分。前件p与后件q，是可类推的两个有相同性质的事物。如例一王充说："水与火各一性也，能射火而灭之，则当射水而除之。"

例二中"草木水火与土无异"；例三中"夫山崩壅河，犹人之有痈肿，血脉不通"；例四中"夫哀与乐同，喜与怒均"。这是上述四例中的类推演绎成分，在论证中起"以小况大""以近明远""以易喻难""以彼例此"的逻辑证明作用。

（十二）理论概括。王充认为，"相违"（互相矛盾或反对）的命题，不能同真，知一真可推另一假。《雷虚》说："说雷之家，谓雷，天怒呴吁也。图雷之家，谓之雷公怒引连鼓也。审如说雷之家，则图雷之家非，审如图雷之家，则说雷之家误。二家相违也，并而是之，无是非之分。"①

《语增》说：

> 世称纣力能索铁伸钩，又称武王伐之，兵不血刃。夫以索铁伸钩之力当人，则是孟贲、夏育（古代大力士）之匹也。以不血刃之德取人，是则三皇、五帝（以仁，而不是以力取天下）之属也。以索铁之力，不宜受服。以不血刃之德，不宜顿兵。今称纣力，则武王德贬。誉武王，则纣力少。索铁，不血刃，不得两立。殷周之称，不得二全，不得二全，则必一非。②

王充认为"相违"不能同真，"不得两立"，"不得二全"，不能"并而是之"。矛盾命题，"不得二全，则必一非"，知一真可推另一假，这是对矛盾律的科学概括。归谬反驳法的精义，是指出"相违"命题，不能同时断定，同时断定，则为荒谬，必不成立，这对于矛盾与反对命题，同样适用。

（十三）揭露矛盾。《问孔》说："案圣贤之言，上下多相违。其文，前

① 黄晖：《论衡校释》，北京：中华书局，1990年，第305页。

② 黄晖：《论衡校释》，北京：中华书局，1990年，第344—345页。

后多相伐。"[①]指责孔丘"文语相违""言行相违"。《刺孟》指责孟轲"前后不同""始终不一"。

《薄葬》指责墨翟"薄葬而又右鬼"的议论，"自违其术"，驳斥说："如以鬼非死人，则其信杜伯非也。如以鬼是死人，则其薄葬非也。术用乖错，首尾相违，故以为非。"[②]从对方议论，引出逻辑矛盾，从而驳倒对方论点，是归谬反驳法的要津。

王充证明，运用矛盾律，指出对方论点的矛盾，从而推翻对方论点。在演绎、归纳与类比综合运用的推论中，由于演绎推理与矛盾律的应用，体现推论的必然性与逻辑力量，增强论证说服力，而运用类比归纳，则增加议论的生动性与形象性。

（十四）批判"不知类"。"不知类"：不知类别，自相矛盾，是归谬反驳法的代名词。如《程材》说："今世之将相，知子弟以久为慧，不能知文吏以狎（熟悉）为能，知宾客以暂（短暂）为固（浅陋，不了解情况），不知儒生以希（接触少）为拙：惑蔽暗昧，不知类也。"[③]《祭意》说："祭犹礼之诸祀也，饮食亦可毋祭，礼之诸神，亦可毋祀也。祭、祀之实一也，用物之费同也，知祭地无神，犹谓诸祀有鬼：不知类也。"[④]

（十五）论题同一原理。为了做到证明反驳论题同一，应该弄通对方意思，再对答，否则犯答非所问，文不对题，争论不交锋的逻辑错误。孟轲见梁惠王，梁惠王说："老先生，你不远千里而来，将要做什么有利于我国的事？"孟轲脱口回答说："讲仁义就行了，何必说利？"

《刺孟》分析说，利有两种，有货财之利，有安吉之利。梁惠王问："何以利吾国？"怎见梁惠王说的不是安吉之利，而一定是财货之利？孟轲不问"何谓利吾国"，不问利的含义，径直理解为货财之利而反驳，这种理解"无以验效"，缺乏根据，并且"如问安吉之利，而孟子答以货财之利，失对上之指，违道理之实"[⑤]，即违反同一律，答非所问，文不对题，违反逻辑。

① 黄晖：《论衡校释》，北京：中华书局，1990年，第395页。
② 黄晖：《论衡校释》，北京：中华书局，1990年，第967页。
③ 黄晖：《论衡校释》，北京：中华书局，1990年，第540页。
④ 黄晖：《论衡校释》，北京：中华书局，1990年，第1067页。
⑤ 黄晖：《论衡校释》，北京：中华书局，1990年，第451页。

二、王充批判哲学的本质属性

（一）引言。王充《论衡》，是汉代批评哲学的重镇、典型、典范与范式，有重要的理论、历史与现实意义。梁启超《中国近三百年学术史》说："王充《论衡》实汉代批评哲学第一奇书。"[①]"批评哲学"，今称批判哲学，批判性思维，立足于哲学逻辑的批判分析，构建批判哲学、批判性思维的理论与应用系统。《论衡》全书，立破兼顾，正面论证（建立论点）与批判反驳并举。

王充一生，数十年间，闭门思考，谢绝贺礼，窗户墙壁，放置刀笔，呕心沥血，勤奋写作，成书百篇。王充《自纪》说："吾书百篇。""吾书亦才出百。"[②]《论衡》原有百篇，辗转流传数百年，到范晔写《后汉书》，目击《论衡》八十五篇，其中《招致》一篇，遗失正文，仅剩标题，今本《论衡》，实存八十四篇。现存《论衡》目录标题八十五篇，与范晔《后汉书·王充传》记载的数据，若合符节。披览《论衡》全书，足可窥知王充批判哲学的精髓真谛。

（二）评鉴。《论衡》反叛汉正统，旗帜鲜明树异端。同代人同乡谢夷吾，独具慧眼，举荐王充说："充之天才，非学所加，虽前世孟轲、孙卿，近汉扬雄、司马迁，不能过也。"[③]晋葛洪《抱朴子·喻蔽》说："王仲任作《论衡》八十余篇，为冠伦大才。"[④]《书抄》卷100、《御览》卷599引《抱朴子》："谢尧卿（夷吾）东南书士，说王充以为一代英伟，汉兴以来未有充比。"[⑤]

清文学家刘熙载说："王充《论衡》独抒己见，思力绝人。"[⑥]清末民初学者章太炎《检论·学变》说："正虚妄，审向背，怀疑之论，分析百端，有所发擿（阐发），不避上圣，汉得一人焉，足以振耻，至于今亦鲜有能逮（比及）之者也。"[⑦]

---

① 梁启超：《梁启超论清学史二种》，朱维铮校注，上海：复旦大学出版社，1985年，第373页。参见黄晖《论衡校释》，北京：中华书局，1990年。第1364页说："梁任公先生谓《论衡》为汉代批评哲学第一奇书。"

② 黄晖：《论衡校释》，北京：中华书局，1990年，第1022、1203页。

③ 黄晖：《论衡校释》，北京：中华书局，1990年，第1237页。

④ 黄晖：《论衡校释》，北京：中华书局，1990年，第1238页。

⑤ 黄晖：《论衡校释》，北京：中华书局，1990年，第1238页。

⑥ 黄晖：《论衡校释》，北京：中华书局，1990年，第1250页。

⑦ 黄晖：《论衡校释》，北京：中华书局，1990年，第1253页。

胡适评论说：

> （王充）哲学的宗旨，只是要对于当时一切虚妄的迷信和伪造的假书，下一个严格的批评。……《论衡》现存八十四篇，几乎没有一篇不是批评的文章。……《论衡》的精神，只在“订其真伪，辨其实虚”八个字。所以我说王充哲学是批评的哲学，他的精神只是一种评判的精神。……王充在哲学史上的绝大贡献，只是这种评判的精神。[①]

语言文字学家黄侃（1886—1935）《论学杂著》说：“东汉作者，断推王充，《论衡》之作，取鬼神阴阳，及凡虚言谰语，摧毁无余，自西京而降，至此时而有此作，正如久行荆棘，忽得康衢。”[②]文献学家孙人和（1894—1966）《论衡举正序》赞王充：“其远知卓识，精深博雅，自汉以来，未之有也。”[③]

（三）擅长批判。王充巨著《论衡》，普遍解释万物同异，刻意匡正时人疑惑。强调事实验证，反对儒学神秘化，批判汉儒天人感应谬论。《论衡》继承先秦诸子的批判战斗精神，论证细密，旁征博引，言之有物，是非鲜明。《论衡》内容，广纳百科，概括寰宇，语句铿锵，意义精湛，贡献甚伟，超越前贤。释万物同异，解时人疑难；憎恶虚妄，彰明是非，影响巨大，传承悠远。

《论衡》全书，突显强烈的批判战斗精神，褒善贬恶，务必求真。《佚文》总论《论衡》写作宗旨：“《诗》三百，一言以蔽之曰：‘思无邪。’《论衡》篇以百数，亦一言也曰：‘疾虚妄。’”[④]“疾”：憎恨厌恶。“虚妄”：虚假妄说，荒诞无稽，不真实，不可信。

《对作》标示《论衡》的写作初衷，是因“众书并失实，虚妄之言胜真美”“是反为非，虚转为实”“世人不悟，是非不定”“疾心伤之”“不得已，故为《论衡》。”[⑤]王充自称，《论衡》书名含义：“铨（衡量）轻重之言，立真

① 黄晖：《论衡校释》，北京：中华书局，1990年，第1274、1275、1280页。
② 黄侃：《汉唐学论》，载吴承仕《论衡校释》附编引《中大季刊》一卷四号。
③ 黄晖：《论衡校释》，北京：中华书局，1990年，第1253页。
④ 黄晖：《论衡校释》，北京：中华书局，1990年，第870页。
⑤ 黄晖：《论衡校释》，北京：中华书局，1990年，第1180页。

伪之平（标准）。"[①]"论"：论点论证。"衡"：天平秤衡。王充著《论衡》，打造衡量言论是非真假的一杆公平秤。《对作》说："(《论衡》）冀悟迷惑之心，使知虚实之分；实虚之分定，而华伪之文灭。""解释世俗之疑，辩照是非之理。"[②]澄清谬误，辩明是非，是贯穿《论衡》全书的最强音。现实舆论，足可借鉴。

（四）无神论。《论死》《死伪》《纪妖》《订鬼》《言毒》《薄葬》《祀义》《祭意》《四讳》《谰时》《讥日》《卜筮》《辩祟》《难岁》《诘术》《解除》等篇，强调人生死是客观自然现象，摈弃"人死变鬼，能害人"的世俗谬论。阐明人死无知，不能为鬼，不能致人祸福，提倡薄葬节俭。说明"吉凶祸福"，事出有因，警告世人，不要轻信因果报应的虚言妄语。

（五）科学精神。《变虚》《异虚》《感虚》《福虚》《祸虚》《龙虚》《雷虚》等篇，激烈批判汉儒"天人感应"的迷信谬说。《奇怪》《书虚》《道虚》《语增》《儒增》《艺增》《问孔》《非韩》《刺孟》《谈天》《说日》《实知》《知实》《定贤》《正说》《书解》《案书》等篇，用丰富的事实铁证，犀利的逻辑论证，廓清汉儒的虚言妄语。

《问孔》《刺孟》《儒增》《书虚》等篇，批判传统儒学，汉代经学，质疑孔孟，诘难儒经，敢于冒犯天下之大不韪，被视为传统名教的罪人。清乾隆帝御批，王充"刺孟而问孔"，"已有非圣无法之诛"[③]。

王充的批判哲学，遭遇卫道学人，挥毫泼墨，口诛笔伐。清学者钱大昕《潜研堂文集·跋〈论衡〉》批评王充："《自纪》之作，訾毁先人。"钱大昕《十驾斋养新录》卷六"王充"条说："盖自居于圣贤，而訾毁其亲，可谓有文无行，名教之罪人也。"[④]近代经学大师刘师培说王充是"南方墨者之支派"，比喻王充是传统儒家的反对派，归入异端非正统。

（六）探索自然。王充冲决正统思想的束缚，运用理性思辨，探索科学认知，对诸多科学技术问题提出精辟创见，体现与儒学正统思想斗争的大无畏科学精神，列举事实根据，推出中国科学史上划时代的鸿篇巨制。

《说日》《感虚》，针对董仲舒"土龙致雨"的迷信谬说，论述云雨产生

① 黄晖：《论衡校释》，北京：中华书局，1990年，第1179页。
② 黄晖：《论衡校释》，北京：中华书局，1990年，第1183页。
③ 黄晖：《论衡校释》，北京：中华书局，1990年，第1245页。
④ 黄晖：《论衡校释》，北京：中华书局，1990年，第1245页。

的自然机制："雨露冻凝者，皆由地发，不从天降也。"[①]雨不是天上固有，是地气上蒸，遇冷冻凝，先是"云气发于山丘"，后"初出为云，云繁为雨"[②]，科学解释降雨机理。云雨是有规律可循的自然现象，向天求雨止雨，是无用的愚蠢妄举，指明云雾露霜雨雪，是大气之水，在不同气温条件下的不同表现形式，是在批判迷信谬说的斗争中获取的科学洞见。

王充驳斥汉儒"雷电表现天怒"，"雷电杀人是天惩罚罪人"的谬说，认为雷电由"太阳之激气，同云雨一类阴气分争激射"[③]引起，是对雷电成因直观朴素的推测。王充用自然本身的原因，说明雷鸣电闪是自然现象，不是"天怒"的拟人化迷信。说明雷电发生季节："正月阳动，故正月始雷。五月阳盛，故五月雷迅。秋冬阳衰，故秋冬雷潜。"[④]驳斥无稽之谈："夏秋之雷为天大怒，正月之雷为天小怒。"[⑤]《雷虚》说明雷电杀人的自然现象："雷者，火也。""人在木下屋间，偶中而死矣。"[⑥]

王充批判汉儒谬说"发生虫灾是天罚"。他从自然本身解释虫灾发生的机理，指出虫的特性和生长条件："甘香渥味之物，虫常生多。""虫之生也，必依温湿，温湿之气，常在春秋，秋冬之气，寒而干燥，虫未曾生。"[⑦]《商虫》注意虫类生活史："出生有日，死极有月，期尽变化，不常为虫。"提出防治病虫害的办法："谷干燥者，虫不生。""藏宿麦之种，烈日干暴（暴晒），投于燥器，则虫不生。""煮马屎以汁渍种，令禾不虫。""以马屎渍种。""蝗虫时至。""堑道作堋，榜驱内于堑堋，杷蝗积聚以千斛数，正攻蝗之身。"[⑧]颇具科学意蕴。

《书虚》说：

> 夫地之有百川也，犹人之有血脉也。血脉流行，泛扬动静，自有节度。百川亦然，其潮汐往来，犹人之呼吸，气出入也。……其发海中之时，

① 黄晖：《论衡校释》，北京：中华书局，1990年，第516页。
② 黄晖：《论衡校释》，北京：中华书局，1990年，第516页。
③ 黄晖：《论衡校释》，北京：中华书局，1990年，第307页。
④ 黄晖：《论衡校释》，北京：中华书局，1990年，第307页。
⑤ 黄晖：《论衡校释》，北京：中华书局，1990年，第789页。
⑥ 黄晖：《论衡校释》，北京：中华书局，1990年，第307页。
⑦ 黄晖：《论衡校释》，北京：中华书局，1990年，第719页。
⑧ 黄晖：《论衡校释》，北京：中华书局，1990年，第685页。

漾驰而已。入三江之中，殆小浅狭，水激沸起，故腾为涛。……涛之起也，随月盛衰，小大满损不齐同。[①]

以科学的洞见，抨击汉儒有神论的迷信："潮汐是鬼神驱使。"指出潮汐涨落，有关月亮盈亏："随月盛衰，小大满损不齐同。"注意河道"殆小浅狭，水激沸起"，说明涌潮现象的自然成因。

《论死》用科学观点，解释人的生死现象："阴阳之气，凝而为人，年终寿尽，死还为气。""人之所以生者，精气也，死而精气灭。能为精气者，血脉也。人死血脉竭，竭而精气灭，灭而形体朽，朽而成灰土，何用为鬼？"[②]

《道虚》批判"道术之士"企求"轻身益气，延年度世"的谬说："有始者必有终，有终者必有死。""唯无终始者，乃长生不死。"[③]激扬辩证生死观的深刻意涵，攀登批判哲学的理论高峰。王充利用当时医学的成就，继承桓谭等人的合理见解，批判"长生不老"的迷信妄想，贯穿无神论与辩证的生命观，有力抨击流行的鬼神迷信，无稽之谈。

王充观察物理现象：运动、力、热、静电、磁、雷电、声，积极探求人与自然的关系，把人发声，比喻为鱼引起水波动，把声传播，比喻为水波传播，与今日科学观点一致。声是物体振动产生，声靠物质传播，17世纪欧人波义耳认识到空气是传播声音的媒介，晚王充千余年。

王充建立反神学的异端思想体系，在与"天人感应"等迷信谬说的斗争中，运用科学思维与批判哲学利器，思索天文、物理（力声热电磁）、生物、医学、冶金等自然现象，人类活动，体现王充破除迷信，追求科学真知的理想，体现当时科技发展水平。王充从实际出发，探索自然规律，是时代进步的产物，促进社会发展的积极因素。

（七）博采众流。经子并重，博采众流，是王充成就其博学通才的主因。范晔《后汉书·王充传》说王充"博通众流百家之言"。《论衡》博通众流，融贯古今，堪称百科全书。王充比较研究儒书与诸子，认为经书有遗篇，诸子无缺文，诸子比经书更可信。

《书解》说：

---

① 黄晖：《论衡校释》，北京：中华书局，1990年，第184—186页。

② 黄晖：《论衡校释》，北京：中华书局，1990年，第871页。

③ 黄晖：《论衡校释》，北京：中华书局，1990年，第338页。

诸子尺书，文篇俱在，可观读以正说，可采掇以示后人。……经缺而不完，（诸子）书无佚本，经有遗篇。……（诸子）书亦为本，经亦为末，末失事实，本得道质。……知屋漏者在宇下，知政失者在草野，知经误者在诸子，诸子尺书，文明实是。①

认为诸子群籍，是经书依据，可据诸子订正经书。像立身屋檐下，才知屋漏，身处草莽，才看清政治得失，读诸子书，能看出经书错误。《别通》说："人含百家之言，犹海怀百川之流也。"②王充亲履实践，铸造典范。

（八）继承前贤。王充《自纪》叙述家族渊源，印证自己尊重事实，疾虚妄，尚批判的哲学信条。王充前辈学者桓谭、班彪等在京师，王充深受影响。王充得益桓谭求实精神，反对当时盛行谶纬神学。王充《超奇》赞桓谭《新论》说："论世间事，辨照然否，虚妄之言，伪饰之辞，莫不证定。"③

《定贤》说："世间为文者众矣，是非不分，然否不定，桓君山论之，可谓得实矣。论文以察实，则君山汉之贤人也。"④受桓谭影响，王充对神学迷信，俗说虚妄，勇于批判。桓谭求实疾虚妄，王充接受启迪，极力称扬。桓谭著《新论》，有实事求是的精神，在光武皇帝面前，冒杀头危险，非议谶纬神学，对俗儒鄙见，深恶痛绝。《后汉书·桓谭传》："（桓谭）喜非毁俗儒，由是多见排抵。"

王充称桓谭为"素丞相"，配孔子"素王"。《定贤》把桓谭作《新论》，与孔子作《春秋》相媲美："孔子不王，素王之业，在于《春秋》；然则桓君山不相，素丞相之迹，在于《新论》者也。"⑤受桓谭影响，王充反对神学迷信，虚妄俗说。

王充欣赏桓谭的求实批判精神。《案书》说："质定世事，论难世疑，桓君山莫上也。"⑥评定世间事情，讨论世间疑难，没一个比得上桓谭。认为桓谭像公正的执法官，为汉世学术确定是非标准。《对作》论述《论衡》主旨，

---

① 黄晖：《论衡校释》，北京：中华书局，1990年，第1159、1160页。
② 黄晖：《论衡校释》，北京：中华书局，1990年，第592页。
③ 黄晖：《论衡校释》，北京：中华书局，1990年，第609页。
④ 黄晖：《论衡校释》，北京：中华书局，1990年，第1122页。
⑤ 黄晖：《论衡校释》，北京：中华书局，1990年，第1122页。
⑥ 黄晖：《论衡校释》，北京：中华书局，1990年，第1172页。

“解释世俗之疑，辨照是非之理”[1]，与桓谭《新论》立意，异曲同工，一脉相承。

王充常归类为儒家，实际王充是中国两千多年封建社会中批儒反儒的先驱、先锋与领军者。王充批儒反儒，给后人留下宝贵的批判哲学典范，亦给后人留下未尽完成的创新课题。遵循王充开辟的理论思维方向与道路，今人存有继续研究、批判战斗的重任使命与时代担当。

孙中原　中国人民大学哲学院教授

① 黄晖：《论衡校释》，北京：中华书局，1990年，第1183页。

《老子》《庄子》文本中的“圣人”观*

李海峰　钟文杰

摘　要：“圣人”是中国文化体系中一个重要意象。这种“造圣”的传统源于先秦百家争鸣时期，“圣人”是诸子眼中的理想人格，因此也是折射百家学说思想的重要棱镜，以老庄为创始人和奠基人的道家思想亦然。《老子》和《庄子》文本中出现了大量的“圣人”意象，但两本著作中的“圣人”形象却不甚相同。对比可知，老庄笔下的“圣人”在合乎道家思想根基——道论的层面上是相通的，但《庄子》中的“圣人”在人生论和境界论的维度上达到了一个崭新的精神高度。“圣人”形象所呈现出的或入世或“游世”的差异性，体现了老庄二人在圣人观上的同源性和分歧性，也折射出了庄子以及庄子后学在道论、认识论、宇宙论、人生论等哲学层面对老子这一根源思想的自觉性继承和创新性发展。因此，对老庄圣人观的深入探讨和辨析将对我们进一步了解老庄哲学精髓、分辨老庄思想差异、把握道家思想传承过程中的流变和更迭有所裨益。

关键词：圣人观　《老子》《庄子》　道家

就研究现状来看，道家圣人观的相关研究仍处于萌芽阶段，相关理论著作、论文寥寥可数。对比之下，儒家圣人思想的梳理与研究成果都颇为可观，形成了脉络清晰、体系严密的儒圣思想体系，而道家圣人观研究却鲜少有学者触及。

一方面，在道家思想研究中，学者的侧重点多数都在道家宇宙论、道论、境界论、养生论等理论阐发与分析上，道家圣人观的研究则不太受重视。而老庄思想之辨固然也是学界研究的热点，多数研究者倾向于将目光放眼于老庄哲学思想宏观层面的比较，诸如焦中卉《老子与庄子的比较研究》，但从“圣人”观的角度来辨析老庄哲学奥义之别的较为稀少。

另一方面，就目前出版和发表的为数不多的道家圣人观研究著作、论

* 本文受中央高校基本科研业务费专项资金资助，项目号（03600—310422105）。

文等资料来看，部分学者虽对道家圣人观研究做出了有益的尝试，但综合来看，这些探讨也仅停留在较为浅显、片面的分析上，不足以厘清道家圣人观的脉络，也难谈建立完整的道家圣人观体系。如华淳谊《论〈老子〉圣人说》、刘益梅《先秦道家的理想人格探析》、杨柳《〈老子〉圣人形象研究》、史婷婷《圣人之境——老子理想人格理论探析》、孙浩然《试论老子的圣人观》、周琍《论〈老子〉中的“圣人”》等，这些文章虽然都选取了一定的角度对老子或庄子的圣人观进行了阐释，但大多都停留在对《老子》和《庄子》中圣人形象的整理或圣人特点的概括上，并没有对老庄的圣人观进行更深入地内涵挖掘，也鲜少谈及这些圣人形象与老庄道论、宇宙论、人生论等哲学理论层面的关系，因此大多流于浅表。即使暂且不论其论证深入、全面与否，这些研究也只是进行了道家圣人观的分阶段独立整理，并未进行道家内部圣人观的比较。

总之，从圣人观的角度进行老庄思想的对比研究是亟须补充和完善的，龙泽黯的《道家圣人观》虽然对此进行了相关研究，然而作者并未探讨道家圣人观从老子发展到庄子的继承性，只进行了老庄圣人观之异的浅梳；在对老庄圣人观不同之处进行论证时，作者过于简单地将庄子的处世哲学纳入“出世”体系，而忽略了庄子思想潜在的现实关怀与“入世”倾向。因此，本文的出发点便是立足于学界目前较为缺失的老庄圣人观对比研究，探讨从老子到庄子圣人思想的同源性、继承性，也分析在继承之中的流变、发展、补充、更正，从而较为完备地梳理道家圣人观早期流传脉络，在现实层面的微观线索上展现老庄哲学的分歧所在。

一、“圣人”形象与老庄思想

“圣”字最早见于商代甲骨文，甲骨文字形[①]由一人、一耳、一口组成，完美地诠释了它最初的构字内涵：“圣，象人上着大耳，从口，会意。”[②]“圣”最初是指耳聪口敏的智者，随着社会文化的发展，它的字义得到引申和外延，就有了许慎在《说文解字》中的释义：“圣，通也。”[③]“通”字一

① 李学勤主编：《字源》，天津：天津古籍出版社，2012年，第1047页。

② 李孝定：《甲骨文字集释》，台湾“中央研究院”历史语言研究所，1980年，第3519页。

③ 许慎撰，段玉裁注：《说文解字注》，上海：上海古籍出版社，1981年，第1042页。

语中的，点明了“圣人”沟通天地人的内涵，也是对先秦时期作为诸子百家理想人格的“圣人”共有特点的精准概括。

王文亮在《中国圣人论》一书中所说：“中国，自古以来就是一个崇拜圣人的国度”，从春秋战国起始，中国就开启了轰轰烈烈的“造圣”工程。先秦时期，诸子百家纷起，为将抽象精神与现世中的人关联起来，宣扬思想主张的可实现性，提高世俗群体的接受度，诸家将各自秉持的抽象学说具象化、人格化，集中落实到人身上，塑造了一批德才兼备的代言人。这些闪耀着各家思想独特光辉的代言人，一般都被称为“圣人”，成为诸派学说的最高理想人格，也成为他们思想主张的集成者、实践者。而“圣人观”，即个体思想建构中对“圣人”这一概念较为系统的认知观念。

诸子百家争鸣，各家思想异彩纷呈，“圣人”因此也千人千面，背后所折射的“圣人”观也千差万别，即使在一家思想范畴之内，不同流派所认可的“圣人”也不尽相同——同为道家思想重要代表的老庄笔下反映的“圣人”观便是一种异派同源的关系。

传统认知观念中，儒家思想所塑造的儒圣形象早已尽人皆知，深入人心，由此可见儒家“造圣”的成功，但从文本数据来看，老庄二人，尤其是庄子，对“造圣”的痴心程度远远超出儒家——据学者陈鼓应统计，在近一万六千字的《论语》中，“圣人”一词仅出现4次，三万余言的《孟子》中，“圣人”也仅出现了29次；然而在五千言的《老子》八十一章中，有二十六章32处出现了“圣人”的踪影，至于《庄子》一书，更是出现了百余次“圣人”，此外还有数处“至人”“神人”“真人”等皆属于庄子“圣人”系统中的理想人格形象。如此引人注目的文本数据足以表明“圣人”形象在老庄道家思想畛域内不可忽视的地位，因此，作为二者哲学智慧的承载者和代言人，多元而复杂的“圣人”形象以及背后蕴含的“圣人”观就可以作为解读老庄思想的一把钥匙，是探索二人哲学观念分歧的关键所在。

二、老庄“圣人”观之通

事物的可比性建立在比较对象具有共通性的基础之上，对老庄“圣人”观的比较应当也应首先将二者的互通性作为起点——道家思想从老子到庄子，一脉相承，没有对二者互通的源流关系的把握，也难以体会其中的细微差异。

老子在先，庄子居后，庄子的“圣人”观是对老子“圣人”观的自觉性承袭和创新性发展，在老子哲学体系的基础上将“圣人”推向了新的境界和高度，因此，老子的“圣人”观为源，庄子为流，而二者“圣人”观的互通之处，就体现在道家思想体系的这种源流性继承过程之中。

（一）“圣人”执“道”

《老子》中有这样一段话：

> 曲则全，枉则直，洼则盈，敝则新，少则得，多则惑。是以，圣人抱一为天下式。不自见，故明；不自是，故彰；不自伐，故有功；不自矜，故长。夫唯不争，故天下莫能与之争。

对“圣人抱一为天下式”一句，今人学者高亨认为此处“一”所指即“道”，以《老子》第三十九章中“天得一以清，地得一以宁”为证。此解可谓深得老学之旨要，也说明了此段文字中，老子意在阐明“圣人”和“道”之间的关联：“圣人”秉执宇宙之道，深谙道的奥妙，以此引导世人勘破事物对立属性间相互转化的辩证道理，指引他们以“不争”成就自我。

而在《庄子》之中，亦有大量阐释“圣人”执“道”的文本。在《大宗师》中，庄子将“道”描述为最高远和神圣的存在，并列举数例证明众人得道之后都具有了超乎常人的能力，庄子笔下的圣人，作为庄子的理想人格，亦与道有着不可分割的关系。在这一篇中，庄子展示了“真人”得道之后具有的非凡能力：“古之真人，不逆寡，不雄成……若然者，登高不栗，入水不濡，入火不热，是知之能登假于道者也，若此。”此处的“真人”即“圣人”，而“真人”之所以能成为具有如此广博能力之人，是因为“登假与道”，脱离了“道”，“真人”也就不存在了。在《渔父》篇中，庄子将“圣人”和“道”的关系更明确地呈现了出来：“且道者，万物之所由也。庶物失之者死，得之者生。为事逆之则败，顺之则成。故道之所在，圣人尊之。”“圣人”尊道，因为顺道者昌，逆道者亡。结合“真人”“登假于道”便可知，“圣人”的特征是“道”决定的。学者郭齐勇与吴根友在《诸子学通论》中这样形容庄子的“道”与“圣人”的关系：

> 若用形象化的语言说，它（道）就是理想中“乘天地之正”“御六气之辩，以游无穷”而又没有“对待”之物的“至人”“神人”“圣人”之合

体（《逍遥游》）。至人无己，就没有物我之畛域；神人无功，便没有成毁、功过之分别；“圣人”无名，便没有彼此、是非、善恶之纠缠。三者合为一体即是道的体现。[①]

综上可得，无论是老子笔下的“圣人”还是庄子笔下的“真人”，都是因为执“道”所以成就自我，因而得以成为“天下式”，“圣人”与“道”是合二为一的，“道”是“圣人”之所以为“圣”的内核所在。而庄子将“道”和“圣人”的关系在老子所说的“圣人抱一”的基础上又向前推进了一步，认为“圣人”的终极特点即“得道”，“圣人”实际就是“道”的一块碎片、一缕精魂，甚至是“道”本身。“道”是建筑起老庄哲学大厦的基石，也是将二者都归为道家思想流派的根本依据，即使庄子对老子所开创的“道”论做出了一定革新和发展，也终究异派同源，而二者“圣人”观的根本互通之处，也就在于对“圣人”始终合“道”的定位——以“圣人”与道合一为轴心，才有了后续讨论。

（二）“圣人”无为

正如陈鼓应所说，“儒家的圣人是道德的典范，而道家的圣人则是因任自然的典范”，自然无为是“道家的圣人与儒家的圣人的一个基本区别”[②]，而老庄笔下“圣人”无为的特性亦是由“道”决定的。《老子》第三十七章中讲道：“道常无为而无不为”，《庄子·刻意》亦言“夫恬淡寂漠虚无无为，此天地之本而道德之质也”。天地无为而万物生，说的就是道化万物，顺应自然，让万物按照自己的本性成为他们自己，而不施加外力，扭曲本性。可以看出，老庄所说的“道”本就蕴含“无为”的特性，这一形而上的特点自然也决定了执“道”而行的“帝王圣人休焉”（《庄子·天道》）。

于是《老子》讲：“是以圣人处无为之事，行不言之教”（二章）。“我无为而民自化，我好静而民自正，我无事而民自富，我无欲而民自朴”（五十七章）。于是《庄子·天下》讲：“古之畜天下者，无欲而天下足，无为而万物化，渊静而百姓定。记曰：‘通于一而万事毕，无心得而鬼神服。’”

对比文本可知，庄子这一“无为”的思想亦是源于老子，老庄所言的“好静”“无事”“无欲”“渊静”其实都是“无为”在“圣人”身上的具体表

---

① 郭齐勇、吴根友：《诸子学通论》，北京：商务印书馆，2015年，第204页。

② 陈鼓应、白奚：《老子评传》，南京：南京大学出版社，2001年，第33页。

现，而此处“处无为”“行不言”的“圣人”，其实就是远古时期顺应人性实行自然无为的统治者们。

“圣人”顺应自然天道实行无为并不是毫无作为，消极退避，相反，这种“无为”其实是一种积极向上的智慧:《老子》第三章讲:“为无为，则无不治”,《庄子·则阳》中也给出了无为而治的效果:“无为而无不为”——不插手万物运行，顺应万物天性其实就是最好的应对办法，把一切交给无所不在而又无处可见的道，让万物顺道而化，就会发现，万事万物最终都会成为他们本应成为的样子。

（三）“圣人”之心——愚人之心、赤子之心

老庄笔下的“圣人”还有一个共同点——反对“机心”而常怀“愚人之心”，反对矫饰而常怀“赤子之心”。《老子》二十章中讲：

> 众人熙熙，如享太牢，如春登台，我独泊兮！其未兆，如婴儿之未孩。傫傫兮，若无所归。众人皆有余，而我独若遗。我愚人之心也哉！沌沌兮！俗人昭昭，我独昏昏。俗人察察，我独闷闷。澹兮其若海，飂兮若无止。

此处的“我”即“圣人”。陈鼓应先生指出：

> 老子以“愚人之心”来赞许圣人的心态，可知“愚人”乃是治者的一个自我修养的理想境界。老子深深地感到人们攻心斗智、机诈相见是造成社会混乱的根本原因，所以他极力提倡人们应归真返朴。因而“愚”（真朴）为人格修养的最高境界。[①]

“圣人”之愚亦由“道”自然无为而成化万物的属性决定。老子所说的“愚”并不是痴傻蠢笨之“愚”，而是指去除机巧、矫饰之后人性原本的样子，也就是人类最初的婴儿时期。他讲:“含德之厚，比于赤子。”(《老子》五十五章）老子对“赤子之心”的推崇其实也是对“道”的回溯。《老子》二十八章有言:“常德乃足，复归于朴。朴散则为器。”从“朴”到“器”是道化生万物的过程，“复归于朴”是万物对自己存在的依据和本性的复归，

① 陈鼓应:《老子今注今译》，北京：商务印书馆，2006年，第16页。

这个依据和本性，也就是“道”，老子用朴来借指“道”那种不经雕饰，淳朴本真的真实状态，也就是对“道”原本赋予人类的天性的号召和回归。

《老子评传》中讲：“‘愚’即是最可珍贵的人类质朴的自然之心，‘愚’的境界即是‘道’的境界，也是人类最高的智慧。”[①]人的天性即是“赤子之心”，可是在成长的过程中往往受到环境的影响而改变了最初“昏昏”“闷闷”的状态，渐渐充满欺诈、虚伪、奸诡，这就是老子所说的“众人熙熙”“俗人昭昭”“俗人察察”，而“圣人”与世不同，他甘于淡泊，不争俗利，恬然自处，“如婴儿之未孩”，不知世事，因此在众人眼中，“圣人”与他们格格不入，始终不被理解。于是老子讲：“知我者希，则我者贵。是以圣人被褐怀玉。”（《老子》七十章）在《庄子》中，也有类似理念的展现。《天地》篇中讲述了一位为圃老人的故事，这位老人坚持抱瓮取水浇田，来回往返于井田之间，“用力甚多而见功寡”。孔子之徒子贡劝他使用浇水机械却遭他哂笑：

> “吾闻之吾师，有机械者必有机事，有机事者必有机心。机心存于胸中则纯白不备。纯白不备，则神生不定；神生不定者，道之所不载也。吾非不知，羞而不为也。”子贡憮然而退，反思道：“吾闻之夫子：事求可功求成用力少见功多者圣人之道。今徒不然。执道者德全，德全者形全，形全者神全。神全者，圣人之道也。托生与民并行而不知其所之，汒乎淳备哉！功利机巧必忘夫人之心。若夫人者，非其志不之，非其心不为。虽以天下誉之，得其所谓，謷然不顾；以天下非之，失其所谓，傥然不受。天下之非誉，无益损焉，是谓全德之人哉！我之谓风波之民。”

庄子这则故事意在说明“圣人”不为世俗所理解的“愚人之心”，“圣人”不谋，不存功利机心，虽不被俗世所理解，但他并不理会世间对他的毁誉，这正和《老子》所讲的“是以圣人被褐怀玉”“独若遗”异曲同工。

综合上述可知，老庄二人所塑造的“圣人”形象确有许多共通之处，这也是二者“圣人”观互通之处的直接反映；值得注意的是，这种互通是建立在“圣人”合“道”的基础上的——二人“圣人”观的互通实际上是对老庄“道”论异派同源的有力证明。

---

① 陈鼓应、白奚：《老子评传》，南京：南京大学出版社，2001年，第154页。

三、老庄“圣人”观之异

“道”论是道家立论之本，老庄的宇宙论、认识论、社会政治论、人生哲学等哲学思辨皆以此为基础辐散开来，也导致了老庄“圣人”观的本质性相通，而老庄“圣人”观在形式与内涵上的显著差异，则是二者以“道”论为基础的其他哲学思想，尤其是人生哲学思想差异的集中反映。

（一）形式之别

所谓老庄“圣人”观形式之别，是指二者所塑造的“圣人”形象在内涵之外的表征形式差异。从《老子》到《庄子》，“圣人”的形象经历了从无形到具象的发展，越来越血肉丰满、真实可感，也从最初老子笔下仅指远古部落首领的一元正面指向，发展到了庄子书中儒、帝、神、人——多圣共存的系统格局，庄子对“圣人”的态度也从老子的赞赏有加转变为褒贬兼具。

1.从无形到具象

庄子“圣人”观相比于老子，最直观的一点差别就是圣人从老子笔下的无形，发展到了庄子书中的有形。在老子的“圣人”观中，“圣人”只是一个代称，用来指代老子理想中承载道家思想、寄托道家微言大义的最高完美人格。纵使陈鼓应在系统阐释老子思想体系时，将老子笔下的“圣人”看作老子怀古情结的体现，并得出“圣人”即是“更为久远的古代氏族社会时代的政治人物”①，但老子始终未将“圣人”给予具体的指代却也是不争的事实。即使是对“圣人”形象最为具象的论述文本，也不过是“古之善为道者，非以明民，将以愚之”（《老子》六十五章）。此外，皆是诸如“是以圣人处无为之事”（二章）、“是以圣人处上而民不重”（六十六章）、“圣人在天下，歙歙焉，为天下浑其心”（四十九章）等表述——可以看出，老子笔下的“圣人”，虽然是“道”的具象化身，却始终面目模糊，最多得出陈鼓应总结的“圣人”即远古部落首领的结论。

而《庄子》则大不相同，书中系统而完善地建构了四种“圣人”形象：儒圣、帝圣、神圣、人圣，从而极大地拓宽了“圣人”的内涵，形成了一个完备的论述系统。更重要的是，庄子为这些“圣人”创设了大量具体的故事情境，通过巧用充满浪漫主义色彩的“寓言”“卮言”“重言”，“圣人”不仅有了名号，而且有了故事和语境，形象也更为真实可感，形容丰满。

---

① 陈鼓应、白奚：《老子评传》，南京：南京大学出版社，2001年，第32—33页。

2.从一元正面指向到多元双重指向

《老子》中的“圣人”形象是一元的，从文本分析来看，《老子》中的“圣人”仅作为老子思想的最高理想人格出现。老子对“圣人”的态度也仅呈现出赞颂、敬重、渴慕的正面指向，即使是一段时间学界关于《老子》十九章“绝圣弃智”争议性话题，最终也因郭店楚简本《老子》的出土而平息[①]。因此，总体来看，《老子》中的“圣人”始终是一元而正面的指向，但在《庄子》中，情况则复杂得多。

庄子在书中构建了一个完整的“圣人”体系，书中的“圣人”形象按照庄子对其褒贬的态度，可分为两类：一是庄子价值体系之外、儒家思想畛域之内的“圣人”，这类“圣人”或是以孔子为首的儒圣群体，或是儒圣所尊奉的“先圣”——三皇五帝、尧舜禹等远古“帝圣”。二是庄子道家体系内的“圣人”，这类“圣人”是庄子人生论和境界论的人格化体现，也可细分为两类：一类是乌托邦式的神圣存在，是被神化了的“圣人”，他们因为得“道”而具有长生不老、容颜不改、万物不侵等非人的超自然力量，可以名其为“神圣”；另一类是现世“圣人”，虽为肉体凡胎，但亦得“道”，因而具有自然无为、清心寡欲、淡泊名利、大智若愚、抱素怀朴等特点，可名其为“人圣”——“人圣”是庄子“圣人”观之核心，也是庄子人生哲学区别于老子的集中体现。

（二）立场之别——入世或“游世”

除了形式的差别，老庄“圣人”观更为本质的差别实际上是由“圣人”立场的差别所决定的。二者“圣人”立场的根本差别就在于，老子笔下的“圣人”站入世的立场，而《庄子》书中的“圣人”则站“游世”的立场——这几乎可说是对立的两个态度。从二者哲学体系来看，这种对立其实是二者人生哲学和认识论的内部分歧，但为什么从春秋末期到战国中期，道家思想发展到庄子竟会产生如此大的差异呢?

老子笔下的“圣人”之所以以“入世”为基本立场，原因之一是老子的特殊身份。老子本就是周王室的史官，《老子》一书中的丰富思想，“应该说

---

①《老子》通行本十九章“绝圣弃智，民利百倍”的文本令学界费解，然而1993年10月，郭店楚简本《道德经》出土，这本《道德经》为现存最早《老子》抄本，楚简显示《老子》十九章实为：“绝智弃辩，民利百倍。”兹证《老子》书中的“圣人”皆是正面形象。

主要都是在他做周王朝的守藏史时所产生并成熟的"[①]。以史为鉴的职业特点和耳濡目染的政治经验使得老子常怀古道热肠与救世之心，虽身逢乱世，但他仍然渴慕治世能才，于是就有了像远古帝王一样行为高蹈的"圣人"。"圣人"直面现实社会的尔虞我诈、蝇营狗苟，他企图将"道"发掘和宣扬给世人，并以"道"治世——他始终展现出一种企图匡扶乱世的胸怀，而"《老子》一书的创作"，也是"老子积极入世的见证"[②]。

而庄子不同，促使他的"圣人"观呈现出"游世"姿态的是他独特的人生哲学和境界论——这又是由他清贫潦倒的生平经历和当时混乱不堪、病入膏肓的社会环境共同塑造。不同于老子曾为王室史官，庄子一生崇尚自由，不愿入仕，仅做过宋国一小小漆园吏。而当时的社会环境比之春秋末期，天下已经无道，社会已经无药可救，一生安贫乐道的庄子于是觉醒入世与自我圣洁实为鱼与熊掌不可得兼——肉身无法逃离这乱世，便用精神来超脱这乱世，逍遥于人间。后世多以为庄子提倡的"圣人"是完全的出世，实为误解深矣。仔细体味《庄子》书中的"圣人"形象就会发现，庄子笔下的"圣人"始终以"游"的状态存在于世间，若即又若离。

"圣人""游"于世，一是游离，二是游戏。当游离来讲，则是受庄子齐物思想的影响——"圣人"齐物我、齐生死，自然也齐出入世，在齐物观点下，出世与入世不过是一念之差，面临抉择之时，圣人不会纠结，如同用"天理"来解牛的庖丁，"以神遇，而不以目视"，"以无厚入有间"（《养生主》），出世或入世的选择和切换都是"圣人"灵活顺应天道、保全自我、以求逍遥的结果，不论是出世还是入世，都能"动刀甚微，謋然已解"（同上），四顾而踌躇满志。如《天地》篇中所言："夫圣人鹑居而鷇食，鸟行而无彰。天下有道，则与物皆昌；天下无道，则修德就闲。""圣人"坚守"人与天一"，顺性、顺道，巧妙周旋于世，与世若即若离，这种游离，实际上也是当时身处乱世的知识分子的智慧策略。"游"的另一重要内涵则是"游戏"，这是庄子人生哲学的重要态度，而这种游戏人生的态度并不是轻佻与轻浮的放纵与沉沦，而是对黑暗社会现实、惨淡人生的回击与消解，与"游离"一起，共同构成庄子"游世"思想豁达而逍遥的深刻内涵。

总之，社会环境和生平背景的不同决定了老子"圣人"观具有现实指向

---

① 陈鼓应、白奚：《老子评传》，南京：南京大学出版社，2001年，第96页。

② 陈鼓应、白奚：《老子评传》，南京：南京大学出版社，2001年，第96页。

性的特点，而庄子“圣人”观则体现出精神超脱性的一面。这两方在老庄谈及“圣人”与统治者及百姓、与“无为”、与“不争”的关系时，显得尤为针锋相对。接下来将就这三个方面，来对老庄“圣人”观入世与“游世”的立场做详细阐释。

1.“圣人”与统治者及百姓

陈鼓应说:“《老子》一书，可以说就是老子的一套社会改革方案。”[①]老子将改革的希望寄托在统治者的身上，于是他笔下的“圣人”就具有了某种“圣王”倾向——这也证实了陈鼓应认为的老子的怀古情结。《老子》中关于“圣人”的文本几乎每一处都有统治者的影子，现举几例以资证明：

（1）是以圣人处无为之事，行不言之教。（二章）

（2）是以圣人之治，虚其心，实其腹，弱其志，强其骨。常使民无知无欲，使夫智者不敢为也。（三章）

（3）圣人在天下，歙歙焉，为天下浑其心。（四十九章）

（4）是以圣人欲上民，必以言下之；欲先民，必以身后之。（六十六章）

（5）是以圣人处上而民不重，处前而民不害，是以天下乐推而不厌。（六十六章）

（6）圣人无常心，以百姓心为心。（四十九章）

（7）圣人常善救人，故无弃人；常善救物，故无弃物。（二十七章）

（8）圣人不积，既以为人己愈有，既以与人己愈多。（八十一章）

仔细研读以上文本可知，老子的“圣人”观中，“圣人”与统治者其实是合二为一的，这一方面表现为“圣人”常行帝王之事，如前四例，一方面则表现为“圣人”与百姓融洽和睦的君民关系，如后四例，尤其是（7）（8）两例的所展现的成人之心，更让人领会“圣人”的忧世之言与救世之心。总之，老子眼中的“圣人”即合“道”而治世的统治者。

《庄子》中则截然相反，他笔下的“圣人”明确表现出与统治者、与政治的刻意疏离。这一方面体现为“神圣”的拒绝与天下事为事的坚决态度，另一方面则表现为“人圣”的让王不受。在《逍遥游》中，姑射之山的“神

① 陈鼓应、白奚:《老子评传》，南京：南京大学出版社，2001年，第96页。

圣”“游乎四海之外”，“世蕲乎乱，孰弊弊焉以天下为事！”而“人圣”虽无法像“神圣”那般运用超越自然的非凡法力“不食五谷，吸风饮露。乘云气，御飞龙”，却都具有超乎庸人的脱俗境界：他们与“道”同呼吸，不愿沾染俗世纷乱，也不愿用高官厚禄使身心受累。《天地》篇中的伯成子高原为辅佐尧舜的圣人，舜让位于禹，伯成子高深知野蛮的“文明”时代要到来了，便退任躬耕，不愿再管。尧让天下于许由，许由恐“后世其人与人相食欤？”（《徐无鬼》）于是一路逃避，不愿做官。舜晚年让位给善卷，善卷躬耕田亩，认为自己“逍遥于天地之间，而心意自得，吾何以天下为哉？悲夫！”（《让王》）亦不受。更有极端者，诸如《让王》中的无择、卞随和务光以“帝圣”让位于己为耻辱，羞愤自尽。由此可见，庄子笔下的“圣人”，天子不能臣，诸侯不能友，他们宁愿一生清贫，逍遥天地间。

2.“圣人”与“无为”

“无为”是老庄思想中极高明的智慧，然而老庄笔下的“圣人”对这一智慧理念的践行却并不相同，这种差异从本质上讲，是二者“无为”思想的差异。陈鼓应在《老庄新论》中讲：“老子很重视治世之道，《老子》五千言基本讲的是治‘道’；庄子却反对任何形式的统治，是个‘无治主义’者”。这正是二者“无为”思想的本质区别，“圣人”观的“无为”思想从老子发展到庄子，后者进行了大刀阔斧的创新与改革，淡化了政治哲学的意味，转而将重心放在了人类精神的境界哲学上。

从文本着眼，“圣人”之治“为无为”实际上是为了“则无不治”（《老子》三章），但是庄子则不同，他笔下的“圣人”虽有时也实行无为之治，但诚如他在《庚桑楚》中所说：“有为也欲当，则缘于不得已”，“不得已”三字，充满了对“无为之治”的被动与无奈，因为庄子所讲的“圣人无为”其实更注重的是对政治、俗世的游离与超脱——那样一种面对混乱的政治、社会现实而纯粹自由、无拘无束的心灵“逍遥游”，才是庄子意在呈现的“圣人无为”的状态，也是“人圣”“神圣”与“儒圣”“帝圣”所根本对立的矛盾所在。

3.“圣人”与“不争”

“不争”在老子思想中首先是一种美德，老子对“不争”的阐述首先是在第八章中对“上善若水，水善利万物而不争”，上善若水，上人即圣，所以这种上善，其实说的就是“圣人”的美德。这种美德在于甘于处下居后，成就万物而不自矜——这正是“道”化万物而默默无闻的特点。但这只是老子“不争”思想的第一层含义。《老子》六十六章讲：“是以圣人欲上民，必以言下之；欲先民，必以身后之。”“圣人”的这种“不争”的美德，其实还是治世的规律，这种“不争”和“谦下”“为后”的姿态，其实“夫唯不争，故天下莫能与之争”（二十二章），这是一种智慧和策略，是为了达到“争”“处上”“居前”的一种手段，是“避免祸患、保全自已利益的最有效手段”[①]。

庄子虽然没有明确提出“圣人”不争的观点，但是从他洋洋洒洒的文字中可以看出，庄子笔下的“神圣”“人圣”，皆是“不争”之人。不管是不肯“弊弊焉以天下为事”，游乎四海之外的神圣，还是让王而不受的“人圣”，都体现出一种“不争”的态度。这种“不争”，是不与世争，与世无争，这和老子以不争为争的策略有根本区别，二者隶属于两个完全不同的阵营：老子的谦下不争是统治者树立完美统治者形象的策略，也是一种保全自我、获取最大利益的智慧，始终处于入世的系统之内，而庄子的不争，则是对现实的不争，对人生负累的抛弃，也是在乱世的安时处顺，这种不争，并不是妥协，而是对现实的超脱和淡然，是生命的豁达境界，这种“圣人”的境界，也就是庄子在《逍遥游》中所说的“至人无已、神人无功、圣人无名”——现实指向的入世与精神超脱的“游世”依然是老庄“圣人”观的本质区别。

四、结　语

老子所开创的“道”论、宇宙论、本体论、人生哲学等思想是道家思想的源头，庄子则是在继承老子思想的基础上进行了新的开拓，从庄子对道家思想的根源理论“道”论继承性的角度来看待老庄笔下的“圣人”形象时，就会发现同为二人思想体系中最高理想人格的“圣人”都具有与道合一的根本属性；从庄子对老子思想在以“道”论为基础的其他哲学课题，尤其是认识论和人生境界论的批判性和创新性来看，则会发现二者“圣人”观在入世和“游世”立场上的本质对立。

用《庄子》在《齐物论》中“枢始得其环中，以应无穷”的理念来讲，老子的“圣人”观其实仍处于环上矛盾的一端，他笔下的入世“圣人”可以找到与之对立的一方，这个对手可以是诸子百家中的任何一家“圣人”，但

---

① 陈鼓应、白奚:《老子评传》，南京：南京大学出版社，2001年，第24页。

是《庄子》中的“游世”“圣人”，则超然物外，物莫能与之争，处于腾空的环中，脱离了纷争与对立。可以说，从老子到庄子，道家思想的最大创新是从老子对宇宙、道的关注转向了庄子对现世中的个体生命的关注和体察，但是这种人文关怀，“不在于祈求生理之‘我’的满足，不在于谋求家庭之‘我’的实现，也不在于达到社会之‘我’的完成，而在于如何拓展主体的内在生命，实现宇宙之‘我’的理想”①。庄子通过“圣人”对宇宙之“我”的实现，表达个体人生对现实的超越，这种“逍遥游”的精神境界正是人类心灵对“道”的境界的追求。

然而不管是老子笔下“入世”的“圣人”，还是庄子笔下“游世”的“神圣”“人圣”，他们所体现的对待生命的自然主义态度都在历史的长河中熠熠生辉，潜移默化地影响着后世的哲学思想、政治观念等。几千年来，老庄笔下内涵丰富、思想深刻的“圣人”和儒家“圣人”始终作为中国文化的最高理想人格，共同塑造了中国文化的特质和基本精神，润物无声般不断滋养着中华文明，向身处这种文化氛围中的人们贡献着无上的智慧。

李海峰　北京师范大学文化创新与传播研究院副教授
钟文杰　北京师范大学本科生

① 陈鼓应、白奚：《老子评传》，南京：南京大学出版社，2001年，第277页。

·窗外风景·

朱熹、柏拉图与亚里士多德*

[美] 瓦尔特·沃森著　杨玉英译

中西方传统的一个显著特征是：在两种哲学的可能性之间形成了一个根本而彻底的对比。它为两种文化提供了最深层次的信息，即中国的孔子和老子之间的对比与西方的柏拉图和亚里士多德之间的对比。后来，这两种传统的思想家都以不同的方式将自己与他们的哲学先祖联系起来。有时，他们将两者结合在一起，如康德，将自己的理解范畴与亚里士多德的范畴联系在一起，而将其关于理性的思想与柏拉图的思想联系起来。有时，他们则将两者都拒绝，赞成其他在早期传统中不太显著的可能性，如牛顿，拒绝实质的形式和神秘性，但将古代力学从对测量和通过手动来移动物体的关注扩展到对自然力和运动的关注。哲学传统的现代融合提供了一个独特的机会，以检验具有不可避免的局限性的特定传统是如何实现其普遍性的。在这种普遍性中，它们与作为共同体的参与者的其他传统有着决定性的联系。因此，不仅可以通过朱熹这样的中心哲学人物与他自己的前辈们之间的关系，而且可以通过他与西方传统中主要人物的关系来接近他。冯友兰在其《中国哲学简史》（*A Short History of Chinese Philosophy*）中用了一章"新儒家：理学"（Neo-Confucianism：The School of Platonic Ideas）来阐述朱熹的哲学观。张君劢反对冯友兰将朱熹的"理"与柏拉图的"理念"相等同②，但他在朱熹和亚里士多德之间找到了多个共识，将朱熹描述为亚里士多德主义者，并

---

* 1978年，瓦尔特·沃森（Walter Watson）的文章《朱熹、柏拉图与亚里士多德》发表在《中国哲学》[*Journal of Chinese Philosophy*，No.5（1978）：149—174] 上。全文分六个部分对朱熹、柏拉图与亚里士多德的哲学思想进行了比较。分别为：（一）太极、善的理念与第一生命原理；（二）仁、义与乐（幸福）；（三）选择、探究与系统；（四）中；（五）理、理念与精神；（六）净化或感情净化。翻译时，译者酌情添加了一些脚注。——译者注

② Carsun Chang，*The Development of Neo-Confucian Thought*（New York：Literati Associates，1957），p.282.

认为朱熹在道德价值观方面也是柏拉图主义者[①]。李约瑟（Joseph Needham，1900—1995）博士认为，将“理”和“气”与柏拉图-亚里士多德哲学的“形式”和“物质”相等同是完全不能接受的，并认为朱熹正朝着怀特海（Alfred North Whitehead，1861—1947）提出的有机哲学的方向前进。[②]陈荣捷在回顾这些观点后总结道：

> 这些比较表明，在任何比较研究中，相似性通常都伴随着差异性。一个需要注意的重点是，朱熹既不是柏拉图式的，也不是亚里士多德式的。通常的西方的两极对立并不适用于中国哲学。[③]

然而，不仅朱熹和中国哲学家不能简单地被归类为是柏拉图式的或亚里士多德式的，而且，他们与这些哲学家之间的关系也引起了争议。对西方哲学家来说，也是如此。但也没有理由以此为基础得出中西哲学是不可比较的结论。从中该吸取的教训似乎是，“通常的西方的两极对立”不适用于任何地方，除非以更微妙的方式来进行比较。此外，从朱熹本人的角度出发，我们当然没有理由认为中西哲学具有不可比较的原则或“理”的特征，因为“理一分殊”。如果我们更准确地确定所讨论的哲学在哪些方面是相似的或不同的，那么显然的、矛盾的见解将被证明是有充分根据的，是彼此一致的。为此，我将利用理查德·麦基翁（Richard Mckeon，1900—1995）提出的在原理、方法和阐释之间存在语义区别的观点，并证明朱熹通过采用一种允许他像道家那样将道德与本性相联系的方法来修改原始的儒家经典《论语》。这样做的结果是，产生了一种哲学，这种哲学在原理和方法上像柏拉图，但在阐释上却像亚里士多德，因为亚里士多德和朱熹都否定了超常的现实而转向“理”或“形式”。因此，这种哲学承认在理论与实践的结合上对柏拉图来说是可能的但对亚里士多德来说是不可能的，而在字面表达上对亚里士多德来说是可能的但对柏拉图来说却是不可能的，由此具体体现在世界历史上独一无二的检验体系中。

---

① *The Development of Neo-Confucian Thought*，pp.255—256.

② Joseph Needham，“History of Scientific Thought，” *Science and Civilization in China*，Vol.1（Cambridge：Cambridge University Press，1956），p.475.

③ Wing-tsit Chan，*A Source Book in Chinese Philosophy*（Princeton：Princeton University Press，1963），p.641.

一、太极、善的理念与第一生命原理

朱熹是从周敦颐的《太极图说》来开始他关于其新儒家前辈们的选集《近思录》的。"太极"被朱熹阐释为"理"，是所有"理"之极。它之所以有此作用，是因为它包括了所有其他的"理"：

> 问：太极便是人心之至理？
> 曰：事事物物皆有个极，是道理之极。
> 或问：如君之仁，臣之敬，便是极。
> 曰：此是一事一物之极。总天地万物之理，便是太极。①

然而，"太极"不仅是"理"的总汇，而且在其中"理"被统为一体："万物化生只是一个道理，但统是一个大原。""本只是一太极，而万物各有禀受，又自各具一太极尔，如月在天，只一而已。及散在江湖，则随处可见，不可谓月分尔。"②

像陈荣捷指出的那样，周敦颐描绘了阴阳之太极、五行、乾（天）坤（地）以及万物的生生不息，让人想到了老子用物质的术语来进行的描绘："道生一，一生二，二生三，三生万物。"③此外，道家的"无极"这个概念进入了周敦颐的《太极图说》的第一句："无极而太极。"④然而，朱熹在其《太极图说解》中，将"无极"解释为"指太极之不可见或虚无"："上天之载，无声无臭。"⑤因此，他非常谨慎地将其解释为："太极只在阴阳之中，非防离阴阳也。太极有动静。"⑥它是包含了或动或静的性："性犹太极也，心犹阴阳也。"⑦这样，"太极"和一般的"理"就通过思考"理"和受其影响的"心"在世界上起作用。"万物生长是天地。天地无心时枯槁，欲生是天地有心

---

① *A Source Book in Chinese Philosophy*，p.641.

② *A Source Book in Chinese Philosophy*，p.638.

③ 汤漳平、王朝华注：《老子》（第42章），北京：中华书局，2014年，第164页。

④ Wing-tsit Chan，*Reflections on Things at Hand*：*The Neo-Confucian Anthology*（New York：Columbia University Press，1967），p.5.

⑤ *Reflections on Things at Hand*：*The Neo-Confucian Anthology*，p.5.

⑥ *A Source Book in Chinese Philosophy*，p.641.

⑦ *A Source Book in Chinese Philosophy*，p.628.

时。”①

如果有人到柏拉图或亚里士多德的著作中去寻求某种其包容的美德为第一原则的东西，那么他会立即想到柏拉图的《理想国》（*The Republic*）第六卷末尾对“善”的理念的描绘：

> 至于讲到可知世界的另一部分，你要明白，我指的是逻各斯本身凭着辩证的力量而达到的那种知识。在这里，假设不是被用作原理，而是仅仅被用作假设，即，被用作一定阶段的起点，以便从这个起点一直上升到一个高于假设的世界，上升到绝对原理，并且在达到绝对原理之后，又回过来把握那些以绝对原理为根据提出来的东西，直到最后下结论。②

除非它是包含所有方面的原理，否则任何起点都是假设的。借助“善”有可能进行互相矛盾的假设的和解，这种和解是朝“善”的一步，也是其一瞥，但是只要其他假设可能与之相反，那结果就仍然是假设的。因此，“善”就像“太极”一样，由于其包罗万象的美德而成为一个原理。而且，根据理查德·麦基翁的观点，“善”和“太极”二者都可以被称为原理③。但是，通过《蒂迈欧篇》（*Timaeus*）中造物主的调解或通过自我移动的灵魂，这种理念和“善”在世界上变得有效。这些与朱熹哲学中的“心”是相对应的。朱熹说：“主于身者而为心。”④李约瑟反对将“理”和“气”与“柏拉图-亚里士多德哲学”的“形式”和“物质”相等同的第一个论点是，“灵魂”是一种形式，而“心”不是“理”。这当然使亚里士多德有别于朱熹，但李约瑟没有注意到它也使亚里士多德有别于柏拉图，而且，在这方面柏拉图和朱熹是相似的。正如“心”对朱熹来说不是“理”，“灵魂”对柏拉图来说也不是“理念”。相反，“心”思考“理”恰如“灵魂”思考“理念”。只有对亚里士多德来说，“灵魂”才是一种形式，而且其思考和思想的对象才是相

① *A Source Book in Chinese Philosophy*，p.593.

② A. D. Lindsay，*The Republic*，Vol.6（New York：Dutton Books，1957），pp.254—255.

③ Richard McKeon，“Philosophy and Method，” *Philosophical journal*，No.48（1951）：665.

④ *A Source Book in Chinese Philosophy*，p.631.

同的。

朱熹的“太极”不仅被比作柏拉图的“善”的理念，而且也被比作亚里士多德的“上帝”，或被比作有思考能力的思想本身：“由此可见，太极在朱熹系统中的地位，相当于柏拉图系统中‘善’的理念，亚里士多德系统中的‘上帝’。”[①] 冯友兰说“太极”在朱熹系统中的地位与亚里士多德的“上帝”的地位相对应是正确的，因为两者都是原理。但是，根据其作为“理”之美德，二者的情形却是根本不同的。亚里士多德的“第一生命原理”（第一隐德莱希，Entelechy）并不了解自身内的所有事物，它不是一种完全独立的现实，让所有其他事物都与它有关并使之成为爱的对象。它不需要心去思考，而是心自身在思考，而且可以用理查德·麦基翁的“反身原则”（a reflexive principle）这一术语来定义。显然，不必否认“太极”或“善”的独立性，也不必否认“第一生命原理”的普遍性。问题是，一个原理的哪一方面是主要的。“太极”是第一位的，因为它具有普遍性。而“第一生命原理”是普遍性的，因为它是第一位的。

二、仁、义与乐（幸福）

对原理本身的讨论是相当无意义的，而思考实践领域的相同对比将会很好。尽管孔子将其学说归功于古代人，并认为自己是一个传达者而非创新者。但显而易见的是，他的学说相对于他的时代来说是革命性的。“文王既没，文不在兹乎？”[②]“天下有道，丘不与易也。”[③]两位门人对孔子成功的机会做出了不同的估价，但对其使命的革命性的品质却没有作出评价。一门人说：“二三子何患于丧乎？天下之无道也久矣，天将以夫子为木铎。”[④]另一门人则这么评价孔子：“是知其不可而为之者与？”[⑤]孔子的学说不仅在实践中具有革命性，而且在思想上是以最深刻的方式为根本的。弟子们钦佩的证言使我们很容易理解孔子的学说：“颜渊喟然叹曰：‘仰之弥高，钻之弥坚，瞻之在前，

① 冯友兰：《中国哲学简史》，北京：北京大学出版社，2010年，第298页。

② *A Source Book in Chinese Philosophy*，p.35.

③ *A Source Book in Chinese Philosophy*，p.48.

④ *A Source Book in Chinese Philosophy*，p.25.

⑤ *A Source Book in Chinese Philosophy*，p.43.

忽焉在后。'"[1]子贡曰："他人之贤者，丘陵也，犹可逾也；仲尼，日月也，无得而逾焉。"[2]尽管《论语》在形式上是警句，但它并不缺乏统一性。

"子曰：'参乎！吾道一以贯之。'曾子曰：'唯。'子出，门人问曰：'何谓也？'曾子曰：'夫子之道，忠恕而已。'"[3]

子贡向孔子问一个可以作为一生之行为准则的字，孔子回答说："其恕乎！己所不欲，勿施于人。"[4]"夫仁者，己欲立而立人，己欲达而达人。能近取譬，可谓仁之方也已。"[5]该学说并不意味着对待所有人的那种抽象的平等，而是在基本关系的背景下对待彼此，并且双方都应根据这种关系的要求行事。对此，据说孔子是这么说的：

"君子之道四，丘未能一焉。所求乎子以事父，未能也；所求乎臣以事君，未能也；所求乎弟以事兄，未能也；所求乎朋友先施之，未能也。"[6]

孔子对曰："君君，臣臣，父父，子子。"[7]与根据决定整体关系的原则行事相反的是从自私或党派的立场行事。当他的一个弟子依附一个自私的君主而不是支持整个国家时，孔子否认了他与这个弟子之间的关系：

"季氏富于周公，而求也为之聚敛而附益之。子曰：'非吾徒也。小子鸣鼓而攻之，可也。'"[8]

对朱熹来说，"仁"是人心中最初的、固有的"理"，而"天理"和人的私欲则是完全相反的："某窃以为，谓人欲云者，正天理之反耳。"[9]"人之一心。天理存则人欲已，人欲胜则天理灭。"[10]根据这个观点，甚至道家也必定被认为是自私的，因为他们忽视了对他人的义务。整体原则行事与自私原则行事之间的对比在《论语》及其衍生的传统中一次又一次地出现。例如：子

---

① James Legge，*Confucian Analects*，*The Great Learning and the Doctrine of the Mean*（New York：Dover Press，1971）.

② *A Source Book in Chinese Philosophy*，p.48.

③ *A Source Book in Chinese Philosophy*，p.27.

④ *A Source Book in Chinese Philosophy*，p.44.

⑤ *A Source Book in Chinese Philosophy*，p.31.

⑥ *A Source Book in Chinese Philosophy*，p.101.

⑦ *A Source Book in Chinese Philosophy*，p.39.

⑧ *A Source Book in Chinese Philosophy*，pp.242—243.

⑨ *A Source Book in Chinese Philosophy*，p.618.

⑩ *A Source Book in Chinese Philosophy*，p.608.

曰："君子周而不比，小人比而不周。"[①]孔子众所周知的观点"人能弘道，非道弘人"[②]可用如下术语来阐释：循道不是为了提升一个人的自我，而是为了提升道。

道德的基本原则是用不同的术语表述的，但是"仁"倾向于中立。朱熹仔细阐释了人性与公正和恕与爱之间的关系。但是，显而易见的是，孔子革命性的学说所依据的和在后来的正统思想中始终处于中心地位的深刻的"理"，要求一个人采取的"理"应是理解关系中的各方，而不是出于党派或自私的利益，因此，这个"理"是由"太极"所代表的那种特别的"理"。

如果我们现在转向柏拉图和亚里士多德并询问他们的学说之间有何相似之处，很明显，柏拉图式的"正义"类似于儒家的"仁"，因为它要求每个人都将自己的工作作为整体的一个功能部分——让统治者做统治者，让大臣做大臣，等等。亚里士多德则从相反的原则开始，从孔子的角度来看，这必定被认为是自私的。亚里士多德的道德原则源于幸福（乐），它是最终的、自给自足的、是我们所做的一切的目的。问题在于找到被命令去做的所有行动的内在价值，而不是通过它找到与行动的各种中心相关的包容性原则。但是，应该再次注意，从幸福或正义开始意味着并不排除对另一个的获得。柏拉图竭尽全力证明，正义者也是幸福的人。而孔子得出了相似的结论，尽管他的方法是在特定情况下显示出统一性，而不是通过其理想的内容来叙述这两个术语。他说自己："饭疏食，饮水，曲肱而枕之，乐亦在其中。不义而富且贵，于我如浮云。"[③]他这样说自己最喜欢的弟子：

"贤哉，回也！一箪食，一瓢饮。在陋巷，人不堪其忧，回也不改其乐。贤哉，回也！"[④]

当朱熹被问及颜子找到自己的幸福时，他回答说："得其欲，即是私欲，反为所累，何是乐！惟是私欲既去，天理流行，岂不可乐！"[⑤]至于整个国家的幸福，由于没有正确的统治者，因此其幸福只能预测而不能显示出来。孔子断言，如果一个长官是崇尚礼、义、信的，那么四面八方的人都会把孩子

---

① *A Source Book in Chinese Philosophy*，p.24.

② *A Source Book in Chinese Philosophy*，p.44.

③ *A Source Book in Chinese Philosophy*，p.43.

④ *Confucian Analects*，*The Great Learning and the Doctrine of the Mean*，p.188.

⑤ *Reflections on Things at Hand*：*The Neo-Confucian Anthology*，p.50.

背在背上来找他："上好礼，则民莫敢不敬；上好义，则民莫敢不服；上好信，则民莫敢不用情。夫如是，则四方之民襁负其子而至矣，焉用稼穑？"① 子贡自信地断言，如果孔子被放在国家统治者的位置，他将使人民感到快乐，而人民大众也会服从他的统治权。子贡曰："夫子得邦家者，所谓立之斯立，道之斯行，绥之斯来，动之斯和。"②

也许因为儒家统治会带来乐，美国汉学家顾立雅（Herrlee Creel，1905—1994）在他那本关于孔子的卓越的著作《孔子其人及其神话》（*Confucius, the Man and the Myth*）中指出，孔子将最高的政治利益视为人民的幸福，并且他是一个将民主看成一个由自我控制的人组成的社会的先驱。但是，像亚里士多德一样，孔子并不关心确立统治者的身份，并通过公共教育来统治人们，使所有公民都能赞赏其国家的目的。相反，他关心的是培育一个懂得所有的"理"并且将成为人民榜样的统治者。

尽管亚里士多德从"幸福"开始，而不是从"仁"或"义"开始，但他毫不费力地将正义的行为或自我牺牲的行为包括在构成"幸福"的那些行为中是需要勇气的。在道德理论中，那些可以从自我开始并将"义"包括其中，或者从"仁"或"义"开始并将"幸福"包括其中的论争是经常发生的、熟悉的。例如，巴鲁赫·斯宾诺莎（Baruch de Spinoza）在自我保护之后的努力中找到了美德的主要的、唯一的基础，并进一步表明，每个人都希望别人也能拥有为自己寻求的"善"的美德。另一方面，对奥古斯特·孔德（Auguste Comte）来说，道德取决于"仁"的理论或伟大的存在，在其中，感情、理智和行动是统一的，但这种统一的主要属性是义务和幸福的必要联系，两者都被放在为他人而活的平等位置上。

三、选择、探究与系统

朱熹和孔子有很多共同的术语，例如"仁""恕"和"礼"，但朱熹还使用了孔子很少使用或从未使用过的许多术语，例如"太极""理""气"和"性"。因此，通常认为朱熹为儒学提供了形而上学的基础。从某种意义上说，这是正确的。但是，如果假设儒家学说仅仅是传承并建立在形而上学的

① *Confucian Analects*, *The Great Learning and the Doctrine of the Mean*, p.265.

② *Confucian Analects*, *The Great Learning and the Doctrine of the Mean*, p.349.

基础上，那就是错误的。因为还有方法的转变，这使两种学说在一些重要方面有所不同。

可以通过几个事例来说明方法的这种变化。“厩焚。子退朝，曰：‘伤人乎？’不问马。”[①]这可与“周茂书（周敦颐）窗前草不除去，云：‘与自家意思一般，便是有知觉’”[②]相比较。在第一种情况下，在对人和马的适当关注之间存在区别。而在第二种情况下，人的感受与草的感受之间存在同化。樊迟请求孔子教他种庄稼和从事园艺，孔子回答说，他不如一个老农或一个老园丁做得那样好。

“樊迟请学稼。子曰：‘吾不如老农。’请学为圃。曰：‘吾不如老圃。’樊迟出。子曰：‘小人哉，樊须也！上好礼，则民莫敢不敬；上好义，则民莫敢不服；上好信，则民莫敢不用情。夫如是，则四方之民襁负其子而至矣，焉用稼穑？’”[③]

这个观点可与朱熹关于知识扩展的陈述相比较：

“圣贤所谓博学，无所不学也。自吾身所谓大经大本，以至天下之事事物物，甚而一字半字之义，莫不在所当穷，而未始有不消理会者。”[④]

孔子在这里区分应该学习什么和不应该学习什么，而朱熹则强调一切都值得学习。最后一个例子是关于人性之善的。孔子说：“性相近也，习相远也。”[⑤]因此，人之善恶主要是后天实践的结果，而不是本性的结果。孔子从来没有把教育视为对人之本性的回归或对迷茫之心的复原，而是作为通过学习和实践来获得美德：“兴于诗，立于礼，成于乐。”[⑥]然而，对朱熹而言，本

---

① *A Source Book in Chinese Philosophy*，p.36.

② *A Source Book in Chinese Philosophy*，p.623.

③ *Confucian Analects*，*The Great Learning and the Doctrine of the Mean*，pp.264—265.

④ *A Source Book in Chinese Philosophy*，p.610.

⑤ *A Source Book in Chinese Philosophy*，p.45.

⑥ *A Source Book in Chinese Philosophy*，p.33.《论语》中可找到的“性本善”的观点是非常不可能的。《论语·雍也》第17节读成：“人之生而直”（Man is born with uprightness）而非“人之生也直”。（Man is born for uprightness）引发了该句的后半部分：“罔之生也幸而免”，从而使其失去其显著的力量。如果是为了证实新儒家的阅读，那它应该表明，正直的失去只是对本性的一种阻碍。可参见陈荣捷《中国哲学文献选编》，第29页。很难将《论语·阳货》第2节中的“性相近也，习相远也”中的“性”与“本性”等同，因为这样的话二者即是相同而非相似，要么与物理性质等同，因为如果人在这方面是相似的，那他们如何区分呢？

原之性是善的，尽管它可能被气遮蔽或阻塞。

“性只是理。然无那天气、地质，则此心理没安顿处。但得气之清明，则不蔽锢此理顺发出来。蔽锢少者，发出来天理胜；蔽锢多者，则私欲胜。便见得本原之性，无有不善。”①

在所有这三种情况下，孔子将道德与本性区分开，而朱熹和新儒家则将道德与本性同化。这是方法的普遍差异的特定结果。孔子将其方法的特征描绘为：“盖有不知而作之者，我无是也。多闻，择其善者而从之。多见而识之，知之次也。”②任何人都可以成为一个榜样：“三人行，必有我师焉。则其善者而从之，其不善者而改之。”③需要历史和经验来扩大可从中进行选择的领域。但是：“周监于二代，郁郁乎文哉。吾从周。”④有时候，旧的比新的更受青睐：“子曰：‘先进于礼乐，野人也；后进于礼乐，君子也。如用之，则吾从先进。’”⑤无论是旧的还是新的，都可能等同于更好的或更坏的，但是：“子曰：‘麻冕，礼也，今也纯。俭，吾从众。拜下，礼也。今拜乎上，泰也。虽违众，吾从下。’”⑥

该方法被用于所有主题中，即使在那些看起来不太可行的主题中，例如确保权利的安全：

“哀公问：‘何为则民服？’孔子对曰：‘举直错诸枉，则民服；举枉错诸直，则民不服’。”⑦一旦该方法得到认可，就可以见到它被用在记录孔子所有辩识的整个《论语》中。例如，书中以各种方式一次又一次地区分“上士”和“下士”。这些区别是基于已经讨论过的那些“理”，但是其结果却是一系列分立的、可仿效的、成为持续且发展的传统的一部分：“温故而知新，可以为师矣。”⑧

现在我们转向朱熹。选择的方法似乎仍在对《四书》的选择和对构成《近思录》的作品的选择时继续。但是，这里的选择从属于获取的系统的顺

① *A Source Book in Chinese Philosophy*，pp.623—624.

② *A Source Book in Chinese Philosophy*，pp.32—33.

③ *Confucian Analects*，*The Great Learning and the Doctrine of the Mean*，p.202.

④ *Confucian Analects*，*The Great Learning and the Doctrine of the Mean*，p.160.

⑤ *Confucian Analects*，*The Great Learning and the Doctrine of the Mean*，p.237.

⑥ *A Source Book in Chinese Philosophy*，p.35.

⑦ *Confucian Analects*，*The Great Learning and the Doctrine of the Mean*，p.152.

⑧ *A Source Book in Chinese Philosophy*，p.23.

序。《四书》的第一本是《大学》，概述了一种以“格物”开始并以遍及全世界和平而结束的方法。《近思录》包含与基本原理相关、与日常应用密切相连的段落，因此为初学者提供了新儒家无边无际的学说的起点。这种选择的前提是一种联系，一种通过它一个人可以朝着总体方向出发，而且其结果不是由那么多作为对朱熹系统学说之介绍的格言串在一根线上的联系。朱熹正是因为这个系统的学说而赢得“儒学的集大成者”这个头衔的。

他的方法是通过借助于把万物密切联系在一起的笼统类比来运作的：“合天地万物而言，只是一个理。及在人，则又各自有一个理。……理便在其中，且如天地间人物草木禽兽其生也。”[①]天地之心的道德素质与人心的道德素质之间存在着一种复制的平行性，两者都与五行有关。不仅人，而且动物、植物甚至无生命的事物都有不同程度的意识，而人心之美德也出现在动物中，尽管是以更有限的形式：“如蜂蚁之君臣，只是他义上有一点子明；虎狼之父子，只是他仁上有一点子明。……只流从爱上去。”[②]最终，只由“理”和“气”组成万物：“论万物之一原，则理同而气异。观万物之异体，则气犹相近而理绝不同也。气之异者，粹驳之不齐。理之异者，偏全之或异。”[③]特别的事物中的“气”之变化是由事物产生其中的宇宙的环境之变化引起的。“格物”决定了我们应该如何采取行动，以找出存在其中、存在于我们自己的心中那具有特别的完整性的“理”。孔子与新儒家之间在道德与形而上问题的关系上的差异，以及在新儒家看来似乎是形而上基础的增加，是从一个通过在既定的情况下区分更好和更糟而实现的方法转变为一个通过将万物相互关联的类比而实现的方法的结果。

如果我们从这些观点来思考柏拉图和亚里士多德的观点，很明显，柏拉图和朱熹之间再次有着惊人的相似之处，并且两者都与亚里士多德形成了鲜明的对比。尤其是《蒂迈欧篇》（*Timaeus*）与朱熹非常接近，因为柏拉图正是在其中阐释了变化着的万物宇宙的。可理解的模式（paradeigma）和理性的作品与“理”及其运作是相对应的（当然，除了对朱熹来说“理”不是独立存在的）；器（chora）和必然的创造物（anagke）与“气”及其运作是相对应的；而万物则是由“理”和必要性或“理”和“气”混合而成的。例

① *A Source Book in Chinese Philosophy*，p.643.

② *A Source Book in Chinese Philosophy*，p.621./Joseph Percy Bruce，*The Philosophy of Human Nature*（London：The Prosecine Series of Oriental Literature，1922），p.59.

③ *A Source Book in Chinese Philosophy*，pp.624—625.

如，将对“气”的需求作为“理”的一种储存与将容器作为所有创造物的场所的需求进行比较：“既有天命，须是有此气，方能承当得此理。若无此气，则此理如何顿放？”[①]柏拉图在《蒂迈欧篇》中说：“第三者是空间，不朽而永恒，并作为一切生物运动变化的场所。感觉无法认识它，而只能靠一种不纯粹的理性推理来认识它。它很难是信念的对象。说真的，看这个东西就像在梦中看东西似的。我们说任何事物都得占个地方，要么在地上，要么在空中。那些既不在地上也不在空中的东西，是无法谈论其存在的。”[②]正如对朱熹来说，根本上只有一种“理”和“气”。对柏拉图而言，也有一种模式和一个器。因此，宇宙是一个有机的整体，是一个单一的动物：“神希望把宇宙造得尽可能最完善最完美。生命体一样，使它成为唯一可见的生命体，并使一切有相同结构的生命体都包括其中。”[③]在柏拉图的描述中，“造物主把宇宙灵魂搅合在同一搅合器中，倒进那些没有用完的材料，来造生命体的灵魂。”[④]“这乃是对蠢人的最后的极端惩罚：让他们生活在最末端、最底层。这便是一种生命形式变为另一种生命形式的法则：因其智力和愚昧之增减而变换其位置。”[⑤]“他们造了一种像人体结构那样的实体，但在其中加入了一些形状和器官，使之成为另外一类生命体。这就是树、植物和种子。这种生命体拥有第三种形式的灵魂。”[⑥]无生命的事物的形态就源于空间所呈现的几何形状。最后，人的本性是善的，道德包括人对其普遍语境的同化和对其本性的回归：

“现在，只有一种方法可以照管一切事情，这就是，给它以适当的营养和运动。我们身上的神圣部分的运动也就是宇宙的思想和运转。这是每个人都应遵循的。我们应该通过改正在出生时被弄乱的大脑运动，通过了解知道世界的和谐运转，并根据其原始本性把理性部分带到理性的自己的相似者那里去。这样，我们就能完全实现诸神在造人时所安排的最好生活，无论是现

① *The Philosophy of Human Nature*，p.79.

② Benjamin Jowett，*Timaeus*（New York：Random House，1991），52a—52b.

③ *Timaeus*，30d.

④ *Timaeus*，41d.

⑤ *Timaeus*，90e—92c.

⑥ *Timaeus*，77a.

在还是将来。”[①]

另一方面，对于亚里士多德来说，没有通过其将万物连接在一起的普遍方法，但是有许多可以通过其在适合这些主题的“理”的特定主题内建立联系的方法。当然，《工具论》(*Organon*)中对方法有一个普遍的解释，但是据说，科学证明通常是从适用于某个属的原理开始的，而且我们不能证明是从一个属传到另一个属。万物不是由某种普遍的形式和普遍的物质组成的，但是每种事物都有其自身的形式和自身的物质。宇宙不是一个动物，而是由独立物质组成的世界。植物、动物和人类则表现出逐步超越先前形式的更高的整合形式。最后，道德不是源自本性，而是取决于道德习惯和经验。从本质上说，我们既不好也不坏，而是习惯使我们变得如此。“我们身上的这些美德，既不是天生的，也不是与本性相对的，而是我们天生习惯接受它们，并因习惯而使这些美德变得更加完美。”[②]理论知识的形式是那些独立于我们的理性的基础，只是对它们的简单了解，而实践智慧的形式则是那些因实践智慧本身而存在的形式。

尽管对孔子和亚里士多德而言，道德之“善”并不是我们的本性，而是取决于我们的行动，但是他们的方法却大不相同。孔子在不同的选择之间做出决定的方法，对亚里士多德而言，是其在《修辞学》(*The Rhetoric*)中论述修辞的特征、实例的方式、格言和为找寻新事物而对旧事物所做的评论。孔子的方法缺乏修辞辩论的相对的自由放任的品质特征，但这是它与一种通过其不同观点得以统一的“理”相结合的缘故。因此，孔子的对立往往是为整体行事的“上士”与仅为自己行事的“下士”之间的对立。孔子的“举一隅而能以三隅反”[③]的教导方法可以与亚里士多德《修辞学》的三段论省略式逻辑推理法(the enthymeme)进行比较，这是一种由听者来完成的论证，

---

① *Timaeus*: 90c—90d.要了解“性本善”，也可参见A. D. Lindsay，*The Republic*，Vol.10 (New York: Dutton Books，1957)，pp.611—612.让·雅克·卢梭(Jean-Jacques Rousseau)在其《论人类不平等的起源和基础》(*Discourse on the Origin and Foundation of Inequality among Men*)的“序言”中引用了其中关于“性本善”的另一面的一段。

② William David Ross，*The Ethics* (Oxford: Oxford University Press，1997)，Vol.2: 1103a24—1103a25.人们可能会认为，伦理学取决于心理学来区分灵魂的各个部分，但《伦理学》第1卷第13章中对灵魂的划分与《论灵魂》(*De Anima*)中对灵魂的划分不同。前者取决于灵魂的一部分与理性或逻各斯之间的关系，而后者取决于在不同类型的生物发现的整合模式。

③ *A Source Book in Chinese Philosophy*，pp.31—32.

与《后分析篇》（*The Posteriur Analytics*）的三段论推理法（the syllogistic instruction）是相对的。对亚里士多德来说，实际的探究或思考，不是在不同的选择之间做出决定的形式，而是寻求最终目的的手段。孔子的修辞方法、朱熹和柏拉图的辩证法以及亚里士多德的探究方法之间的这些普遍区别，可以通过更加明确地思考它们是如何确定对诸如“中庸”之类的共同主题的处理来予以具体说明。

四、中

正如人们通常所理解的那样，希腊人的中庸之道，或称其为德尔菲语中的“不过度”（nothing too much），是一个修辞学概念，或多或少地属于所有人普遍的认知范畴，并且不属于某一特定的学科。这似乎是亚里士多德《修辞学》中的主题之一：“另外，不超过是好的，超过了就是坏的。”[①]修辞的“中”涉及两个或三个术语的比较。在亚里士多德伦理学中起作用的“中”是完全不同的，因为它不仅涉及好的“中度”和不好的“极端”，而且还涉及主题、行为和激情，其中美德和恶行是“中度”和“极端”。一个结果是，从相对的或修辞手段的角度来看，任何事情都可能是过度的，甚至一种美德，但在伦理学中这是不可能的。在伦理学中，恐惧或自信有可能过度，但勇气不会。对于其实质和定义来说是“中度”的，但对于最佳和正确来说，却是“极端”的。在这两种情况下，确定“中度”的方法也因而有所不同，因为修辞的“中”是通过个案的比较来确定的。而在伦理学中，一般的表述则是定位“中度”被发现的区域，以及“中度”必须通过在每种情况下对主题进行查询而被确定的。习惯具有一定的功能自主权，因此每种习惯都需要自己的确定性。但是在每种情况下，“中度”的确定也必须考虑其他手段，以便道德品格是一个整体。这就好比一件艺术品，我们说要给它减少或增加任何东西是不可能，这意味着过度和不足都会破坏这件艺术品的美，而“中度”却会保留它的原貌。因此，伦理或艺术手段的正确取决于主题，而修辞手段的正确仅取决于相对于其他可能性而言它是一种手段的事实。

亚里士多德关于修辞和科学的“中”之间的区别在柏拉图在《政治家

① William David Ross, *The Rhetoric*（Oxford: Oxford University Press, 1997）, Vol.1: 1363a2.

篇》(*Statesman*)中的两种度量的技艺之间的区别中找到了相似之处：

> 我们显然应当按照我们阐述过的原则把度量的技艺分为两部分。一部分包括所有那些用相对的标准去测量事物的数目、长度、宽度、厚度的技艺。另一部分包括那些与特定的场所、时间、运作有关的技艺，各种标准在这些时候已经消除了它们极端的便捷而趋于中度。①

柏拉图的“中”是超越相对立的事物之外和之上的东西，并且具有将它们组合或统一的功能，如《蒂迈欧篇》中灵魂的形成，《政治家篇》中的国家，或《斐莱布篇》(*Philebus*)中混合的生命。在这种辩证法中，不是极端本身就是坏的，而是其缺乏方法的统一。

修辞的“中”出现在孔子的《论语》中。如《论语·先进》中的“过犹不及”或《论语·子路》中的“不得中行而与之，必也狂狷乎！”或《论语·微子》中的“质胜文则野，文胜质则史。文质彬彬，然后君子”。在最后一种情况下，极端不是邪恶的，而是相互制约的，似乎我们对于辩证的“中”有一个近似数，但应注意，此处的“中和”是手段，但不是通过“中”来实现的。

《中庸》为我们提供了与孔子学说不同的观点。但是，这里天赋予人的东西被称为本性。而且，“喜怒哀乐之未发，谓之中。发而皆中节，谓之和。中也者，天下之大本也。”②这里的“中”既不是相对的，也不是要寻求的东西，而是天生的、先在的，并且可以与《蒂迈欧篇》中由创造者之手产生的灵魂相比较。程颢和朱熹提出的学说与柏拉图观点的相似之处是显而易见。“中”或“均衡”，不是像亚里士多德的文章中由实践智慧决定的东西，而是衡量事物的称，就像《政治家篇》的“中度”那样。

> 今于日用间、空闲时收得此心，在这里截然便是喜怒哀乐未发之中，便是浑然天理。事物之来，随其是非，便是见得分晓。是底便是天理，非底便是逆天理。常常恁地收拾得这心在，便如执权衡以度物。③

---

① Benjamin Jowett, *Statesman* (New York: Random House, 1991), 284e.

②《中庸》，参见(清)阮元校刻《十三经注疏》，北京：中华书局，1980年，第1632页。

③ *A Source Book in Chinese Philosophy*, p.606.

“中”与对立的东西（在这种情况下是阴与阳）之间的和谐相关，这使得美德得以完整：“唯阴阳合德，五性全备，然后中正而为圣人也。”[①]

不完美并非本性造成的，而是因物质本性产生的习惯使“中”蒙上了阴影：“则不得其中。性之中如水之必寒，火之必热。但为人失其性而气习昏之，故有不中，而非性之不得其中也。”[②] 因此，对柏拉图和朱熹而言，“中”是一种先有的规范或标准，通过这种规范或标准，对立的东西得以统一，好与坏得以衡量。对亚里士多德而言，这是一个可以在探究中确定的完美。对孔子而言，则是一种对与错的启发式的指导，其意义是通过事例而产生的。

五、理、理念与精神

对朱熹与柏拉图和亚里士多德的大多数比较都是围绕“理”和“形式”的。到目前为止，我们注意到“理”与柏拉图的“理念”而不是亚里士多德的“形式”相似的两个基本方面：一是，它们由于具有包容性而不是自我依赖性而作为“理”发挥作用。二是，它们的相互含义是，方法从一个转换到另一个，并且不限于同一类主题。但是仍然需要考虑它们在现实中的地位。朱熹通过区别“物”的观点与“理”的观点，明确除了“气”，“理”还有存在和不存在的方面：

所谓理与气决是二物。但在物上看，则物浑沦不可分开各在一处，然不害二物之各为一物也。若在理上看，则虽未有物而已有物之理。然亦但有其理而已，未尝实有是物也。大凡看此等处，须认得分明，又兼始终，方是不错。[③]

“理”从来不是作为一个物而单独存在的，而是始终作为一个“理”而存在的。这样，“物”就应运而生了，但其“理”却没有。相反，“物”是根据“理”而生的。

---

① *A Source Book in Chinese Philosophy*, p.625.

② *A Source Book in Chinese Philosophy*, p.619.

③ *A Source Book in Chinese Philosophy*, p.637.

我们转向朱熹与柏拉图和亚里士多德的比较。很明显，我们终于谈及朱熹与亚里士多德相似而不是与柏拉图相似的方面。对亚里士多德来说，如果我们制造一个黄铜球，那么黄铜和球都不会出现，出现的是一个合成物，是铜球。球在这个合成物之前就已经存在，但它并不是存在于各个球体之外的。亚里士多德哲学的“形式”与柏拉图的“理念”之间的对比已经像西方的任何哲学问题一样得到了广泛的研究，首先是亚里士多德本人的研究，后来是在中世纪关于普遍性的讨论中，从波伊提乌（Boethius）提出的问题开始的：

> 然而，柏拉图认为，属、种以及其余的不仅被理解为是普遍的，而且是在没有身体的情况下仍然存在的。亚里士多德认为他们被理解为无形的和普遍的，但仍然存在于感觉中。我们认为在他们的意见之间做出决定是不合适的，因为这是更崇高的哲学。[①]

张君劢所认为的朱熹与亚里士多德之间的十个共识中的第一个是关于形式的独立存在的：“二者都反对柏拉图式的观点，即，理念本身存在于具体的物之外，物只是其复制品。”[②]关于这一点的明显分歧是很容易解释的。冯友兰将朱熹的“理”与柏拉图的“理念”进行了比较，指出“才有物，便有理”[③]，但是物固有的而非超越物的“理”通常不会被称为柏拉图的“理念”。除此之外，冯友兰还认为，对柏拉图和朱熹而言，物是具体的：“柏拉图在很早以前就指出，每个个体，为了具有具体性，必须是质料的体现……”[④]但是，可感知的物对柏拉图来说是可理解的物的图像，而且，如果我们将“抽象”和“具体”这两个术语用于柏拉图，那么，具体的思想和可感知的物是抽象的。李约瑟反对将朱熹的“理”与亚里士多德的“形式”（除了已经经过深思熟虑的形式）相区别，其论点如下：

> 同样，亚里士多德的形式实际上赋予了物的实质性，但是……气不

---

① Boethius，“The Second Edition of the Commentaries on the Isagoge of Porphyry，” *Selections from the Medieval Philosophers*（New York：Scribner，1929），p1/98.

② *The Development of Neo-Confucian Thought*，p.255.

③ 冯友兰：《中国哲学简史》，北京：北京大学出版社，2010年，第298页。

④ 冯友兰：《中国哲学简史》，北京：北京大学出版社，2010年，第301页。

是由理产生的，理仅具有逻辑上的优先权。气完全不依赖理。形式是物的“本质”和“基本物质”，但是理本身并不是实质性的，也不是任何形式的气。理不是比气更真实的东西，也不是虚幻的或主观的，气也不是像具有潜在形式的物那样的潜在的理。①

在此，李约瑟将物（对应于气）与具体的东西（对应于物理属性）混淆了，后者是物质和形式的合成物。一旦被更正，他的论据就确定了理和形式之间的相似性而不是差异性。因此，气不是由理产生的，物质也不是由形式产生的，但是理和形式都先于合成物而存在。理不是气的形式，形式也不是物质的形式，而是合成物的形式。理不比气更真实，它也不是虚幻的或主观的，而是潜在的、有根据的。李约瑟与怀特海的比较证实了这些相似性，因为怀特海像亚里士多德一样，是本质主义者，二者都否认柏拉图“理念”的彻底现实：

> 关于存在类型的最简单的学说是，有某种极端的类型独立于其余的物而存在。例如，希腊哲学家，尤其是柏拉图，似乎在定性抽象（如数字、几何关系、道德特征以及对高级认知的定性揭示）方面持有这一学说。也即是说，按照这种传统，我们从经验中提取出发生在这里的绝对的特殊性，而如今，在这种环境下，仍然存在着带有自我认同、差异和本质的相互联系的残余，似乎对于发生的事件没有本质的参考。根据这一学说，由于放弃了过渡因素，我们将注意力集中在形式的永恒领域。在这个想象的领域中，没有过程，没有损失，也没有收获。它本身就是完整的。它是自立的。因此，它是一个“完全真实”的领域。这是困扰着哲学的概念。它离希腊思想从来都不远。后来，它改变了基督教神学中的希伯来元素。②

怀特海自己的“永恒物体”与“理”相似，但与柏拉图的“理念”不同，缺乏现实性，并且是作为确定特定事实的纯潜能而存在的。“理”先于

① *History of Scientific Thought*，p.475.

② Alfred North Whitehead，*Modes of Thought*（New York：Macmillan Publishing Company，1938），pp.92—93.

"气"的观念是与永恒的物先于实际存在的观念相对应的。即便它们没有存在于实际存在之外的事实，也可以说它们先于实际存在而存在。对亚里士多德来说，科学知识的对象也是永恒的，但是由于对他来说，宇宙不是被创造的，因此就没有宇宙的存在先于任何物的出现这个问题。当然，怀特海在原则上是不同于朱熹和亚里士多德的，因为对他来说，正如对《创世记》而言，创造性是最终的范畴，而不是包容性或自立性。因此，他的宇宙呈现出朱熹或亚里士多德二者都没有的那种创造性的推动力。

六、净化或感情净化

"理"和"气"的不可分离性本身是一个技术要点，但其后果是深远的。儒家和亚里士多德的整个世俗取向特征都源于此。朱熹批评那些认为天地皆空[①]或者说"人死为神，神复为人"的佛教徒[②]。儒家和亚里士多德的伦理目标不能是使自己脱离物质和激情，因为这是不可能的，而是必须下定决心，使"理"得以尽可能充分地实现。朱熹、柏拉图和亚里士多德三位哲学家对"净化"或"感情净化"的含义的阐释将为其对形式的可分离性的观点提供例证。

朱熹遵从程颢，把对人的净化比作对水的净化：

> 性如水，流于清渠则清，流于污渠则浊。气质之清者，正者得之则全，人是也。气质之浊者，偏者得之则昧，禽兽是也。气有清浊，人则得其清者，禽兽则得其浊者。人大体本清，故异于禽兽。亦有浊者，则去禽兽不远矣。[③]

这里呈现了两种可能性。一是，原本的清可能会被保留，或早晚受到破坏。二是，向我们推荐了从恶回归善的另一种可能性，被称为"净化"："一个人必须更加努力净化自己。"根据朱熹的说法，"气"或是浊的或是清的，或是纯的或是不纯的，而净化是对"气"的净化。当它达到完美的平衡时，

---

① *A Source Book in Chinese Philosophy*，p.646.

② *A Source Book in Chinese Philosophy*，p.646.

③ *A Source Book in Chinese Philosophy*，p.625.要了解程颢的观点，可参见《二程遗书》卷1：7b—8a。也可参见 *A Source Book in Chinese Philosophy*，p.528.

它是清的、纯的，不会对“理”造成任何阻碍，从而可以将自己充分体现出来。所以，“水之清”可比作“气质之清”。因此，我们的道德任务是净化“气”，以使其成为“理”的载体，而又不妨碍其运作。

对柏拉图来说，道德的任务也可以被认为是对身体的净化，但由于形式的可分离性，净化最终完全超越了身体。《斐多篇》（*Phaedo*）的论证分为三个阶段，它认为灵魂是可以脱离肉体的，每个阶段都有一种适当的净化。第一个阶段与这种生活有关，而且净化，或许可以称它为“酒神的”（Bacchic），在于尽可能地将灵魂与身体分离。

> 真正的道德、理想，无论是自制、诚实，还是勇敢，实际上是一种来自所有这些情感的涤罪，而智慧本身才是一种净化。那些指导这种宗教仪式的人也许离此不远，他们的教义底下总有那么一层寓意：凡是没有得到启示的人进入另一个世界以后将要躺在泥潭里，而那些涤过罪的、得到了启示的人到达那里以后将会和诸神住在一起。你知道那些主持仪式的人是怎么说的：“佩戴标记的人很多，但为什么信徒却这么少呢？”[①]

在论证的第二个阶段，灵魂被认为不是与单个身体有关，而是与它相继居住其中的一系列身体有关。净化具有一种神秘的特征。灵魂本身或是纯的或是不纯的，而死后纯的灵魂和不纯的灵魂之间的命运却是相反的。在论证的第三阶段，灵魂与有限的或不确定的时间无关，而与永恒有关。由此，“净化”成了一个哲学的、需要加以论证的问题。在这个阶段，天地本身被净化了：“这纯洁的、不可见的灵魂离开了人世，就到了那不可见的、神圣的、不朽的、智慧的世界。”[②]而且，灵魂被净化的方式，使人联想起基督教的炼狱：“它们被迫在这些地方漫游，这是对它们生前恶行的惩罚。……并被净化，被救赎……”[③]哲学之谜，建立在对思想现实的信念之上，或者说是同一件事，即，通过论争来理解事物本质的可能性，最终在仪式性的饮酒中达到高潮。

亚里士多德就像朱熹一样，对“净化”的描述不需要一个超越物质意义

① F. J. Church，*Phaedo*（New York：Free Arts Press，1951），p.15.

② *Phaedo*，p.64.

③ *Phaedo*，p.69.

的层次结构。它涉及单一层次的意义，是对情感的净化，而不是从情感中得以净化。但是，由于亚里士多德的方法不同于朱熹的方法，净化的问题不能等同于普遍的道德问题。而且，政治语境中的净化问题与诗学语境中的净化问题也不相同。此外，由于“理”的差异，“净化”并不会导致形式的“净化”，而是形式本身就是恰当的情感形式的目的。

在亚里士多德的《诗学》（*Poetics*）中，净化是音乐的功能。由于其语境是政治性的，因此对公民来说其功能是：净化特别适合情感，但在一定程度上又被所有人共享，因此，即使是最佳状态，在允许激情的、净化的旋律以及与其相应的音乐模式方面，也被证明是合理的。

> 在教育中，最合乎道德的模式受到青睐，但在观看其他人的表演时，我们也可以接受行动和热情的模式。因为诸如怜悯和恐惧之类的情感，或者还有热情，在某些灵魂中非常强烈地存在着，并且或多或少地影响着所有人。有些人陷入宗教狂热中，我们看到了神圣的旋律——当他们使用了将灵魂激发到神秘的狂热中的旋律时——被恢复，就好像他们已经找到了治愈和涤罪的方法。那些受到怜悯或恐惧以及每一种情感本质影响的人，必须有一种相似的经历，而其他人则要受到每种情感的影响，并且所有人都受到了净化，他们的心灵也变得轻松愉快。涤罪的旋律同样给人类以纯真的快乐。[1]

这里，“净化”被视为发生在经历净化的人中。而且，当他们的情感被表达这些情感的音乐所激发时，他们就会被净化。立法问题仅涉及在这种状态下对旋律和模式的使用。然而，赋予特定的艺术品以情感是一个诗学的而非政治的问题。因此，亚里士多德说，在《诗学》中可以找到对“净化”更清楚的阐述。尽管“净化”这个词在《诗学》中只出现了一次，但整篇文章都是对其含义的阐释。对怜悯和恐惧的“净化”是悲剧的目的，而且是通过怜悯和恐惧本身得以实现的。因此，在艺术作品中发现的“净化”的意义是一种综合的情感结构。

柏拉图从完美状态中清除悲剧，部分原因是它促进了灵魂的情感部分。

---

① Benjamin Jowett trans., *Politics* (New York: Random House, 1991), Vol.Ⅷ.7: 1342a3—1342a16.

亚里士多德认为悲剧情感即使在人的最佳状态下也存在，并发现其净化是有益的。问题不在于艺术中对怜悯和恐惧的表达是否使观众或多或少具有同情心或恐惧感。要么是寻求尽可能地从这种情绪中净化公共生活，要么是寻求通过净化将它们融入公共生活中。对亚里士多德和朱熹而言，“净化”都涉及情感或身体因素的正确排列。但对朱熹来说，正确的排列是普遍的“理”不受其物质载体的污染。这个结果类似于柏拉图对“形式”的净化，但它存在于某种物质中，因为它是纯净的，因此除了使形式存在之外对形式没有其他的影响。从形式上讲，这种思想上的透明性对亚里士多德而言仅仅只能在理论上得以实现，因为实践理性会调整性格和生活，而生产理性则可以创造出情感的作品。对朱熹和亚里士多德而言，“净化”并不像最终对柏拉图那样，意味着与物质的分离。

由此，朱熹与柏拉图之间的密切相似，在形式具有超越现实的意义上被打破了。如果我们用一个词来概括我们的结论，那就是，朱熹代表了可能被称为世俗的柏拉图主义者，一种没有在西方被发展的哲学的可能性。其中，像普罗提诺（Plotinus）这样的新柏拉图主义者与像奥古斯丁（Augustine）和阿奎那（Aquinas）这样的信奉柏拉图哲学思想的基督徒都保持了其对超越现实的定位。

杨玉英　长江师范学院外国语学院教授

破解罗常培迷思：艾约瑟如何构拟汉语古音*

王继超

摘　要：罗常培先生称艾约瑟是第一位研究汉语音韵学的西方学者，是高本汉和马伯乐的先驱之一。艾约瑟《论汉语古音》（1853）首次用罗马字母系统构拟唐代汉语古音，首次提出注重对梵汉对音和域外方音材料的使用，首次提出汉语方言语音的历史层次理论。但囿于其研究成果不易广为人知，一直沉睡在历史的长河之中。深入考察艾约瑟的音韵学理论为我们重新审视中国近现代音韵学史的若干问题提供了新视角和新证据。

关键词：罗常培　艾约瑟　汉语古音　新材料　构拟方法

一、罗常培迷思

罗常培先生在《域外中国声韵论著述评》中针对艾约瑟《汉语官话口语语法》（1857）对三十六字母和《广韵》平入各韵构拟的古音提出了自己的疑惑：

> 这种方法是怎样构拟成功的呢？他只说："这是从古代汉译梵音，日本、高丽、安南所流传的中国音，以及中国各省现存的方言等许多材料演生出来的。"（原书p.76）另外并没有什么详细的说明和证据。①

艾约瑟在《汉语官话口语语法》一书里面确实没有详细交代如何具体构拟出汉语古音的音值。一方面，这本书的主要内容并不是探讨汉语古音构

* 本文系国家社科基金冷门绝学研究团队项目"东亚汉语音韵学史文献发掘与研究"的阶段性研究成果，批准号（21VJXT014）。

① 罗常培：《罗常培文集》（第六卷），济南：山东教育出版社，2008年，第445页。

拟的问题；另一方面，在《汉语官话口语语法》之前，艾约瑟已经在其发表的论文里面详细阐明了如何构拟汉语古音的具体音值。但是，罗先生并没有读到那些论文，他所读到的是1888年以后艾约瑟在《中国评论》（*China Review*）发表的几篇文章，以及其《中国在语文学上的地位》（1871）一书。

陈喆《艾约瑟对汉语音韵学和语言起源的研究》①一文是近年来第一篇专门研究艾约瑟汉语音韵学理论的文章。之后，罗巍（Giorgio Orlandi）发表了《艾约瑟和早期汉语的发现：汉语古音构拟背后的语言学观点》（2019）②以及《艾约瑟（1823—1905）的语言学观点》（2020）③。然而这三篇论文都是依据艾约瑟《汉语官话口语语法》（1857）以后的著作和论文谈艾约瑟的音韵学理论。

本文重点梳理了艾约瑟《汉语官话口语语法》以前的音韵学理论，一方面回答罗常培先生提出的疑问，另一方面也在于，艾约瑟早期的音韵学理论是艾氏其他论著的理论基础。

二、艾约瑟考证汉语古音之材料与方法

1853年10月11日，他在皇家亚洲学会中国分会上宣读《论中国古音》，文章后来发表在《皇家亚洲学会中国分会会刊》上。整篇论文分为两大篇，详细介绍了考证汉语古音的材料和方法。

（一）谐声字

艾约瑟在《论汉语古音》中提到，中国当代的古音学家做了很多用谐声字考证《诗经》用韵的工作，把上古韵部分为十七部，包括上古声调。马礼逊的《字典》④和范尚人的《字声纲目》对谐声字的研究于艾氏而言帮助也很

① 陈喆：《19世纪西方语言学思想和科学方法对汉学家的启发与误导——艾约瑟对汉语音韵学和语言起源的研究》，载《复旦学报（社会科学版）》2019年第5期。

② Giorgio Orlandi, "Joseph Edkins and the 'Discovery' of Early Chinese: the linguistic ideas behind the first (partial) reconstruction of the sound system of Early Chinese," *Journal of the Royal Asiatic Society*, 29 (3) (2019): 519—541.

③ Giorgio Orlandi, "The Linguistic Ideas of Joseph Edkins (1823–1905)," *Journal of the American Oriental Society*, 140 (1) (2020): 95—113.

④ 马礼逊《字典》（1815）"引论"部分指出，汉字214部首为"母"（the principal），同一部首的字称为"子"（the derivatives），例如"水"是"母"，"河""溪"是"子"，但它们并不是谐声字，也就是说马礼逊的《字典》并没有探讨谐声字的问题。

大。尤其是《字声纲目》，它所罗列的被谐字不仅可以说明主谐字（phonetic element）的音变，也可以追溯主谐字的早期发音。例如“吾”有三个发音：“悟”ú、“语”ü、“衙”yá。[①]

利用谐声字考证《诗经》韵部为十七部指的是段玉裁的《六书音均表》。《论汉语古音》一文不但引用了段玉裁《六书音均表》（卷一）的《古四声说》，而且附录还摘录了《古四声说》的原文。

艾约瑟指出，谐声字是最古老的材料，它们和象形字属于同一时期。[②]这一观点来自宋代郑樵《通志·七音略》[③]，《七音序》中说：“研究制字，考证谐声，然后知皇颉史籀之书，已具七音之作。”[④]他接着说，主谐字和被谐字的声母、声调和韵腹经常不同，但有一处明显不变，那就是它们的韵尾辅音。[⑤]这一观点来自段玉裁《六书音均表》，表一“古谐声说”中提到：“一声可谐万字，万字而必同部。同声必同部，明乎此，而部分、音变、平入之相配、四声之今古不同，皆可得矣。”[⑥]

艾约瑟发现，主谐字相同，而被谐字存在非入声韵和入声韵混杂的情况。他解释说，古音构拟有一个前提，如果一个谐声字今天是入声字，那么造字的时候它就是入声字。段玉裁《六书音均表·古四声说》指出：“考周秦汉初之文，有平上入而无去。洎乎魏晋，上入声多转而为去声，平声多转为仄声。”[⑦]在北方方言里面，入声几乎消释，派入平、上、去三声。[⑧]巧的是，如果谐声字既有非入声韵又有入声韵，那么五分之四的非入声韵字是去声

---

① Joseph Edkins, “On Ancient Chinese Pronunciation,” *Transactions of the China Branch of the Royal Asiatic Society. Part IV. 1853—54*,（1855）: 83.

② “On Ancient Chinese Pronunciation,” p.51.

③ 范尚人《字声纲目》参考了郑樵的《通志》，《通志》第三十六卷《七音略》中的《谐声制字六图》即谐声造字之法。艾约瑟所举的“吾”有三个发音的例子就来自“一音谐三声图第六”，《字声纲目》中没有这个例子，由此可知，艾约瑟直接引自郑樵《通志》一书。但他很可能是通过范尚人的《字声纲目》才知道这本书的。

④（南宋）郑樵：《通志》，北京：中华书局，1987年，第513页。

⑤ “On Ancient Chinese Pronunciation,” p.51.

⑥（清）段玉裁：《说文解字注·六书音均表五篇》，上海：上海古籍出版社，1981年，第817页。

⑦（清）段玉裁：《说文解字注·六书音均表五篇》，上海：上海古籍出版社，1981年，第815页。

⑧ 艾约瑟指出，徽州方言的声调演变不规则，其阳去字派入上声、阴去和入声。

字。[①]这说明，按照汉语语音演变的规律，入声一般演变为非入声，而不是相反。如果同声符的谐声字既有非入声字又有入声字，那么这些字原先肯定都是入声字。魏晋以降，部分入声字变为去声字。再后来，剩下的入声字继续派入平、上、去三声。所以被谐字存在非入声韵和入声韵混杂的情况，而且非入声字里面去声字所占比例最大。根据这些理论，艾约瑟把“借、怕、富、塑、度、试、路、簿、祭、但、费、废、至、散、最、念、内”的古音分别构拟为tsiák、p'ák、fúk、sók、tók、púk、tsit、ták、fút、fát、chit、tát、tsók、niep、náp。[②]

（二）《诗经》用韵

艾约瑟提到，考证汉语古音的第二种途径是《诗经》用韵（Rhymes of the *Shï-king* or *Book of Odes*）。《诗经》用韵显示出汉语古音有六种辅音韵尾，和通过谐声字考证的结果一致。例如今天以ng、n、m、k、t、p为韵尾的字在《诗经》里面不相互押韵，说明周代中国北方方言存在这六种今天在南方方言里面仍然很常见的韵尾，同时，这也说明现代官话发音是新起的。[③]

关于《诗经》用韵，艾约瑟只谈了汉语古音的六种韵尾。他把南方方言发音、谐声字和《诗经》用韵相结合，证明汉语古音确实存在ng、n、m、k、t、p六种韵尾。

（三）中古诗韵和韵书

艾约瑟指出，唐代诗歌用韵对考证汉语古音具有和《诗经》用韵类似的作用，唐诗反映的是基督纪元以来的汉语古音。他以唐代祖咏的《苏氏别业》为例，为其构拟古音如下：

别业居幽处，到来生隐心。
Biet niep kü yeú c'hú，Táu lái seng yin sim。
南山当户牖，沣水映园林。
Nam shan táng hú yúng，Túng shúi ying yüen lim。
竹覆经冬雪，庭昏未夕阴。
Chúk feú king tiúng siüet，Ding hwen wei zik yim。

① *On Ancient Chinese Pronunciation. Read to the Society*，*11th October*，*1853*，p.54.

② *On Ancient Chinese Pronunciation. Read to the Society*，*11th October*，*1853*，pp. 54—55.

③ *On Ancient Chinese Pronunciation. Read to the Society*，*11th October*，*1853*，p.56.

寥寥人境外，闲坐听春禽。

Liáu liáu jin king wái，Hian dzó t‘ing ch’ún gim。

艾约瑟解释说，这首诗的古音和官话发音有很多不同，其中，只有韵尾m是依据唐诗押韵拟定的，其余不同依据当时及后世的韵书拟定。其余不同包括：声母b、d、g和z对应官话的声母p、t、k和s，依据现代苏州和杭州及其附近的方言，或者依据南方方言的阳声调字的发音拟定。辅音韵尾k、t、p按照韵书中入声韵字的分类进行拟定。韵书中的冬韵字带有汉语官话里面没有的i介音。①

在艾约瑟看来，汉语古音的音素是现代汉语方言中所有音素的集合。古音与今音的不同，仅在于音素组合发生了改变，而音素本身以及音素总数没有发生改变。汉语共同原始语言的音素分散在现代汉语方言里面，因此，汉语古音构拟本质上是重新拼接现代汉语方言中的“古音碎片”。②当然，古音构拟不能随意拼接“古音碎片”，它有一定的“构拟原则”（principles of restoration）：第一和第五调类（tone-classes）的字，次清变为对应的全浊，例如t‘变d，s变z。入声字发音变短，并根据韵书和方言加上辅音韵尾k、t、p。部分第三和第四调类的字，借助韵书和方言，全清变为全浊，例如t变d，ch变j。依据韵书，全浊声母部分字由第三调类变为第二调类。很多字的韵尾n变为m。③

他在《论汉语古音》第二篇的篇末解释说，如果以官话发音的标注作为古音构拟的起点（should mandarin orthography be the point of departure），就可以首先构拟出唐代的发音。④以“别”字的古音构拟为例，现代北方官话“别”字发音为pie，依据它在韵书中的音韵地位是並母山摄开口三等入声字，声母p变为b，增加辅音韵尾t。所以，艾约瑟把《苏氏别业》中“别”字的古音构拟为biet。

（四）梵汉对音

艾约瑟最初进行梵汉对音的目的并不是依据梵文推求汉字古音，而是验

---

① *On Ancient Chinese Pronunciation. Read to the Society*，*11th October*，*1853*，p.58.

② *On Ancient Chinese Pronunciation. Read to the Society*，*11th October*，*1853*，p.64.

③ Joseph Edkins，*A Grammar of the Chinese Colloquial Language*，*Commonly Called the Mandarin Dialect*（Shanghai：London Mission Press，1857），p. 89.

④ *On Ancient Chinese Pronunciation. Read to the Society*，*11th October*，*1853*，p.82.

证他所构拟的汉字古音是否合理。他说，法国汉学家的著作提供了大量用拉丁文转写的梵语词汇，这些词汇在中国的佛经里面用汉字进行转写，因此梵汉对音才容易进行。接着他罗列了一些例子，并解释说，汉字古音是他自己构拟的，梵语的拉丁文转写来自雷慕沙翻译的《佛国记》和儒莲翻译的《大唐西域记》。经过对比，艾约瑟的结论是汉字古音的韵尾n、t和m，以及声母t、d、p、b和梵语原文一一对应，目前没有发现例外。①

1855年，艾约瑟在《皇家亚洲学会中国分会会刊》上发表《解读汉籍所见梵文和蒙文》，这篇论文进一步探讨梵汉对音的问题，并论及伟烈亚力（Alexander wylie，1815—1887）对八思巴文对音的研究成果②。关于梵汉对音，艾约瑟指出，《瑜伽焰口》末尾的天城体梵文（देवनागरी / devanāgarī）是他目前见到的最清晰的梵文文本，旁边附有汉字对音。艾约瑟在旁注中指出，梵文引自三藏（*Three Collections*）抄本中的梵文，对音非常准确。书中的梵文是8世纪来到中国的唐代番僧不空所作，书中收集了陀罗尼咒（magical formula Dhāraṇī）和经咒手势语，这样就能从地狱召唤死亡的亲眷，施以甘露，使其得到无量佛法护佑。书中引入梵文是因为梵文具有神圣的力量。③

《解读汉籍所见梵文和蒙文》引用了宋代郑樵《通志·六书略》的“论华梵中”和“论华梵下”（又见于明代唐顺之的《荆川稗编》），全文翻译为英文。艾约瑟通过《瑜伽焰口》中陀罗尼咒和专有名称考察了汉语古音和梵文的对音规则。他指出，对音梵文的汉字在当时和梵文的发音一样或者接近。考察佛经里面常见的专有名称（proper names）的梵汉对音发现，开音节里面长音ɑ和短音ɑ没有区分，例如“啰”（按：艾约瑟构拟古音为lɑ́）对音rɑ́或者rɑ。但在韵尾为n的音节里面，长音ɑ和短音ɑ是不同的。④

艾约瑟之所以进行梵汉对音首先是受马礼逊《字典》的影响，继而是受郑樵的《通志》和清代李汝珍的《李氏音鉴》的启发。尤其是《李氏音鉴》

① *On Ancient Chinese Pronunciation. Read to the Society*，*11th October*，*1853*，p.59.

② Alexander Wylie，“An Ancient Inscription in Chinese and Mongol，from a Stone Table at Shanghae. Read before the Society，May 21st，1855”，*Transctions of the China Branch of the Royal Asiatic Society*，（1855）.

③ Joseph Edikins，“An Account of Sanscrit and Mongolian Characters Found in Chinese Books”，*Transctions of the China Branch of the Royal Asiatic Society*，（1855）：102.

④ An Account of Sanscrit and Mongolian Characters Found in Chinese Books，p.107.

卷五罗列的“金刚经五十字母”，艾约瑟认为“和梵文的声韵表完全对应”[①]。他通过自己所构拟的汉语古音和《瑜伽焰口》中陀罗尼咒和专有名称的梵文对音，初步归纳了梵汉对音规则，并得出结论“对音梵文的汉字在当时和梵文的发音一样或者接近”。

（五）汉语方言

1823年，柯恒儒（Heinrich Julius Klaproth，1783—1835）的《多语言的亚洲》[②]在巴黎出版，书中有一份《汉语方言与过渡语言词汇对照表》[③]，这很可能是最早比较汉语方言和域外方音的词汇对照表。

1835年，马儒翰（J. R. Morrison，1814—1843）在《中国丛报》发表《汉语口语》（The Chinese Oral Language），文中谈到汉语方言和域外方音的形成简史：

> 中国现在的语言好像起源于中国的西北边陲陕西省……根据中国的年表，中国原来是一个小国，随着版图不断向东扩大，中国语言也延伸到北部和东部地区，即现在的河南、山西、直隶和山东。后来，版图进一步向南部扩大，南部地区的原居民被当时的中国人称为“南蛮”，他们有自己的语言，但比较粗糙。中国语言逐渐取得了权威地位，并融合了那些地区原来使用的粗糙语言。在这种方式下，产生了区别很大的各地方言。[④]

艾约瑟《论汉语古音》（1853）同样谈到汉语方言的形成简史，但他以历史比较语言学为理论基础进行解释：现在汉语古音又该何处寻呢？最有可能的就是中国的东南部省份。语音演变一定有一个方向和起始点。中国地域如此广大，汉语方言不可能同时演变。随着人口从西北向南部和东部沿海迁移，语音和语言的其他因素的演变也会慢慢朝这个方向发展。这些地区的方

---

① *On Ancient Chinese Pronunciation. Read to the Society，11th October，1853*，p.76.

② 柯恒儒在《多语言的亚洲》前言中指出，本书中的语料一部分来自帕拉斯（P. S. Pallas）的《世界语言比较词汇表》，一部分来自德国学者米勒（F. G. Muller）和梅斯施密特博士（Doctor Messerschmidt）的旅行手稿。

③ Heinrich Julius Klaproth，*Asia Polyglotta*. Paris：Gedruckt Bei J. M. Eberhart，1823，pp. 367—379.

④ J. R. Morrison，“The Chinese Oral language，” *The Chinese Repository*，Vol. III，（1835）：482—483.

言语音演变要比北方方言迟几个世纪。[①]

虽然艾约瑟和马儒翰都认为汉语起源于西北，然后向南和向东传播，但是，他们对汉语方言差异形成的原因的解释是不同的：马儒翰只考虑到汉语和不同底层语言的融合，而没有考虑到语言的历时演变；而艾约瑟只考虑到语言的历时演变，而没有考虑到汉语和底层语言的融合。艾约瑟指出，如果把长江入海口到广东这一带沿海地区的方言调查清楚，在韵书的帮助下，汉语古音几乎能够全部重构出来。接下来需要做的是找到汉语音变的最显著特征，然后通过现有的古音材料对发生的音变进行解释。尽管这些方言差异很大，考察后发现，它们存在一致性，很明显来自同一个母语。[②]

艾约瑟这里所说的"几乎能够全部重构出来"的汉语古音是指"唐代的发音"[③]。前面提到，构拟唐代的发音应该"以官话发音的标注作为古音构拟的起点"，但有些"古音碎片"只保留在南方方言里面，因此需要通过考察这些南方方言把"古音碎片"找出来。最后，结合韵书中字音的音韵地位拟定汉字的古音音值。

（六）域外方音

1. 朝鲜语汉字音

艾约瑟首先提到的是朝鲜语汉字音，是因为他认为中国汉代的史书最早提到朝鲜。他有两本关于朝鲜语汉字音的参考资料，一本是麦都思编译的《朝鲜伟国字汇》[④]，另一本是柯恒儒的《多语言的亚洲》。但后者对考证汉语

① *On Ancient Chinese Pronunciation. Read to the Society*，*11th October*，*1853*，p.64.

② *On Ancient Chinese Pronunciation. Read to the Society*，*11th October*，*1853*，pp. 64—65.

③ 艾约瑟把汉语古音分为三个阶段：汉字发明时期；周代《诗经》古音；唐代韵书古音。《论汉语古音》（1853）只构拟了唐代韵书所反映的古音。他在文中明确指出，现在还没有完成的是构拟出更为古老的《诗经》用韵。（p.83）

④ Philo Sinensis，*Translation of a Comparative Vocabulary of the Chinese*，*Corean*，*and Japanese Languages*（Batavia：The Parapattan Press，1835）. 书名直译为《英译汉语、朝鲜语和日语比较词汇表》，这本书本身有中文名《朝鲜伟国字汇》。据陈辉考证，麦都思从没到过朝鲜，也没接触过朝鲜人，在编译该字汇时很大程度上参考了郭实猎有关朝鲜语文的介绍文章（*Chinese Repository*. Vol. I-April，No.12（1833）：pp.509—510），另外，该字汇并非麦都思的独创，他是以《倭语类解》为蓝本编译而成的，所以麦都思在英文书名中称之为Translation。（参看陈辉《麦都思〈朝鲜伟国字汇〉钩沉》，载《文献》2006年第1卷第1期）

古音用处不大，因为它收录的朝鲜语汉字音是现代汉语官话，没有辅音韵尾m、p和k。所以，艾约瑟主要依据前者考证汉语古音。

首先是辅音韵尾（final consonants）对音，艾约瑟指出，现在汉语北方方言已经消失的韵尾辅音m、p和k，在《朝鲜伟国字汇》里非常规则地进行了区分。福建方言和广东方言里面已经不规则的发音，例如“凡”fan、“法”fat，朝鲜语汉字音和韵书标注的韵尾完全一致，分别以m和p为韵尾。[①]

关于声母对音，艾约瑟发现，虽然朝鲜字母有浊辅音（soft consonants）b、d、g、z，但是并不用来标注汉字。[②]从这一点来看，朝鲜语汉字音对构拟汉语古音的声母系统作用不大。然而，韵母对音就完全不同了。艾约瑟指出，“下”hiá和“京”king分别对音为há和kiong。同韵字的朝鲜语对音和现代北方方言发音所存在的不同，可以理解为，朝鲜语汉字音代表的是转写的时候汉字在当时的发音。[③]而且他进一步认为，转写的时间很可能是唐代（620—904）。假定当时黄河以北是官话系统的区域，那么《朝鲜伟国字汇》中的朝鲜语对音应该记录的是唐代的官话发音，这样就和韵书里面标注的发音非常接近。

2. 日语汉字音

艾约瑟在《论汉语古音》中提到，陆若汉（João Rodrigues，1561/1562—1633/1634）指出，（日语语法，§.110），“明”的汉音为mei，吴音为mi-yáu，唐音为min。[④]可以推断艾约瑟所参考的就是雷慕沙所翻译的陆若汉《日本小文典》[⑤]。雷慕沙原文为：“三种汉字音的例子：‘明’字，吴音读作miò，汉音mei，唐音min；‘空’字，吴音读作koú，汉音kó，唐音koun。（§1 et 2）”[⑥]关于日语对音，艾约瑟认为，日语很不适合对音，因为日语没有哑音（mutes）k、t、p的送气音，也没有软嘶音（soft sibilants）j、sh、ch和ng。汉字声

---

① *On Ancient Chinese Pronunciation. Read to the Society*，*11th October*，*1853*，p.66.

② 例如：“日”jih或者jï（jamais里面的浊音j）对音为ir，“人”jun对音为in，“恶”ngɑk对音为ɑk，“淫”ngúm对音为úm或者yúm。

③ *On Ancient Chinese Pronunciation. Read to the Society*，*11th October*，*1853*，p.67.

④ *On Ancient Chinese Pronunciation. Read to the Society*，*11th October*，*1853*，p.70.

⑤ 1620年，陆若汉编撰的《日本小文典》（*Arte Breve da Lingoa Iapoa*）在澳门出版，这本书不仅仅是第一本语法书《日本大文典》（*Arte da Lingoa de Iapam*，长崎，1604）的简本，更在于它重新制定了语法的处理方法。

⑥ M. C. Landresse & M. Abel Rémusat，*Élémens de la Grammaire Japonaise*，*par le P. Rodriguez*（Paris：La Librairie Orientale de Dondey-Dupré Père et Fils，1825），p.105.

母t在元音í和ú之前对音为ts，汉字声母ts在元音á、é、ó之前对音为t或者s。[①]显然，他没有认识到日语语音本身的历时演变。他在《中国在语文学上的地位》（1871）中也指出，日语汉字音和当初借入时的发音一样，一直保持不变[②]。

当时，他把声母对音不符的情况归结为日语转写的问题。但同时他也注意到，日语汉字音的浊辅音对音很规则。他指出，在麦都思的《英日—日英词典》[③]里面，除了z经常写作s以外，大多数情况下，k和g、t和d、b和p是区分的。而在陆若汉的《日语小文典》里面，例外的情况很少。[④]

关于韵母对音，艾约瑟指出，韵母部分，日语汉字音对音和朝鲜语汉字音对音一致。例如“火、口、母、礼”hó、k'eú、mú、lí日语对音为hwά、kú、bó、léi。同样，“顶”ting对音为tsiάú，汉语的t对音为ts，汉语的ng对音为ú，“假”kiά对音为kά。[⑤]他发现，日语汉字音和朝鲜语汉字音的介音和阴声韵非常一致，但考证表明这二者之间并不存在相互借用的问题，因此，只能归因于它们所转写的就是当时的汉语发音。

3. 安南语汉字音

关于安南语汉字音，艾约瑟在《论汉语古音》中提到他参考的是杜鹏寿（Peter Stephen Du Ponceau，1780—1844）出版的约瑟夫·莫罗尼（Joseph Morrone）神父的《安南语词典》。[⑥]艾约瑟《汉字研究导论》也提到这本词典。[⑦]

---

① *Élémens de la Grammaire Japonaise*，*par le P. Rodriguez*，p.105.

② Joseph Edkins，*China's Place in Philology*（London：Trübner & Co.，1871），p.39.

③ Walter Henry Medhust，*An English and Japanese and Japanese and English Vocabulary*，*Compiled from Native Works*，Batavia：Printed by lithography，1830.

④ *On Ancient Chinese Pronunciation. Read to the Society*，*11th October*，*1853*，p.69.

⑤ *On Ancient Chinese Pronunciation. Read to the Society*，*11th October*，*1853*，p.69.

⑥ 1838年，杜鹏寿的《汉语书写系统的性质和特点》（*A Dissertation on the Nature and Character of the Chinese System of Writing*）在美国费城出版，这本来是写给约翰·沃恩（John Vaughan）的一封信，详细解释为什么朝鲜、日本和琉球在不说汉语口语的情况下能够使用汉字交流。和这封信一起出版的还有约瑟夫·莫罗尼神父的《安南语词典》以及巴伦（M. de la Palun）给这本词典作的注。除此以外，还有一份《安南语—拉丁语字典》（*A Cochinchinese and Latin Dictionary*，*in Use among the R. C. Missions in Cochinchina*）。所以这本书的书名把这三份材料的名称都包含进去了。

⑦ Joseph Edkins，*Introduction to the Study of the Chinese Characters*（London：Trübner & CO.，1876），p.182.

艾约瑟研究《安南语词典》后发现，“火”的安南语发音为hwá，和朝鲜语发音一样，而安南和朝鲜恰好是中国的两个对角的边境，因此可以排除二者存在借音的可能，说明hwá肯定是“火”的古音。他对安南语保留汉语古音的韵母非常自信，文中直接指出安南语汉字音的标注清晰地说明了很多古韵母，例如“魔”má、“哥”ká、“茶”ché、“夏”hé、“弟”dé、“慕”mó、“平”báng。

但艾约瑟对安南语汉字音的声系对音认识不够充分，他发现二者的不同之处以后，并没有从汉语古音的角度理解注音上的差异，而是把这种差异理解为安南语独特的转写规则。直到1857年，他在《汉语官话口语语法》中才意识到安南语对音t、t‘等可能是汉语古音的保留。[①]1876年，艾约瑟《汉字研究导论》进一步用语音演变规律来解释和证明这一问题。[②]

艾约瑟对域外方音的认识是一个循序渐进的过程。一开始认为域外方音对音不符是转写的问题，没有意识到域外方音本身存在语音演变，对汉语自身音变的认识也不充分。随着艾约瑟对汉语方言调查的增多，以及参考中国古音学者的著作，他意识到从历时音变的角度解释汉字音对音不符的问题，并且进一步解释汉语历时音变的轨迹。

三、艾约瑟古音构拟之评价

囿于文献不易见到、材料无人翻译等原因，艾约瑟早期的研究成果一直沉睡在历史的长河之中。即便是和艾约瑟同时期的高第（Henri Cordier，1849—1925）所写的《悼念艾约瑟》[③]一文中也没有收入《论汉语古音》一文。

不可否认，艾约瑟对汉语古音的构拟存在一定的主观唯心主义，但是，他构拟古音的基本方法和材料是科学的。

一方面，注重新材料。他在构拟汉语古音的时候，把韵书、汉语方言、域外方音和梵汉对音等材料作为一个整体，通过材料之间互相印证最终拟定

① Joseph Edkins, *A Grammar of the Chinese Colloquial Language, Commonly Called the Mandarin Dialect*（Shanghai: London Mission Press, 1857）, p.84.

② *Introduction to the Study of the Chinese Characters*, pp.182—183.

③ H. Cordier. “Joseph Edkins 艾约瑟 Ngai Yo-sö,” *T'oung Pao*, Second Series, Vol.6, No.3（1905）: 359—366.

具体的音值。除了《论汉语古音》提出的六种古音材料以外，艾约瑟也很注重其他材料的佐证。例如他使用藏语和侗台语考证汉语古音的m韵尾，很可能这是汉藏对音和侗台语对音的最早尝试。①

另一方面，注重新理论。1839 年，英国语文学家唐纳森（John William Donaldson，1811—1861）在《希腊语语言学进阶》一书中提出借用地质学的理论解释语言的历时演变。②1853年，艾约瑟《论汉语古音》提出汉语方言语音存在不同的时间层次，这一理论和唐纳森的学说非常一致。他指出，如果借用地质学（geology）理论来说明，那么，通行三分之二地区的汉语官话是最新层，而从扬子江到广东等东南省份的方言是突然呈现在我们面前的古老层（old strata），它们的区域是有限的，相继形成于不同的时间层次（specimen of the successive formations in the underlying depths of time）。③

艾约瑟注重中西学术的汇集和交流，能够在前人研究成果的基础上再往前迈出一步，就当时来说，无疑走在了古音研究的最前沿。本文立足第一手材料，梳理了艾约瑟早期的汉语古音研究理论和方法，同时解答了罗常培先生曾经提出的疑惑。希望本文的研究能够为我们重新审视中国近现代音韵学史的若干问题提供新视角和新证据。

王继超　福建警察学院警察战术系讲师

---

① *On Ancient Chinese Pronunciation. Read to the Society*，*11th October*，*1853*，p.79.

② John William Donaldson. *The New Cratylus or Contribution toward a More Accurate Knowledge of the Greek Language*（London：John W. Parkers，1839），p.12.转引自陈喆《19世纪西方语言学思想和科学方法对汉学家的启发与误导——艾约瑟对汉语音韵学和语言起源的研究》，载《复旦学报（社会科学版）》2019年第5期。

③ *On Ancient Chinese Pronunciation. Read to the Society*，*11th October*，*1853*，p. 74.

传教士汉学家理雅各的中国传统学术探源*

俞森林　方　霞

摘　要： 19世纪西方汉学家、苏格兰传教士理雅各熟谙中国传统学术，其五卷本《中国经典》为中国典籍译介开辟了新途径，成为西方汉学史上一座重要的里程碑。本文从理雅各出色的语言天赋、数十年如一日的不懈努力、来华传教原动力、乾嘉考据大环境和中国文人的学术助力等五方面，探讨理雅各中国学术的成功之道。

关键词： 理雅各　中国传统学术　《中国经典》

"被公认为19世纪深刻了解中国儒家传统学术的伟大西方汉学家"①、苏格兰传教士理雅各（James Legge，1815—1897），本为传播基督教来华，却被中国传统学术，尤其是儒家经典所吸引。19世纪30年代开始，理雅各师从基德牧师（Samuel Kidd，1799—1843）初涉中文，至1897年去世，60余年间"注全力于十三经，贯串考核，讨流溯源，别具见解，不随凡俗"，"取材于孔、郑而折衷于程、朱，于汉、宋之学，两无偏袒"，"不主一家，不专一说，博采旁涉，务极其通"。②自1861年起，理雅各所译《中国经典》（*The Chinese Classics*）共5卷8册陆续在香港出版。《中国经典》一经问世，"西儒见之，咸叹其详明该洽，奉为南针"③。即使在跨越3个世纪后的今天，理雅各所译《中国经典》"仍被认为是中国古代经典的标准译本"④。从《中国经典》各卷卷首的长篇序言、准确的英文译文及详尽的注释中，皆

---

* 本文为国家社科基金重大招标项目"世界汉学家口述中文与中华文化国际传播史：图文音像数据库建构"成果，批准号（20&ZD330）。

① 邵东方：《理雅各英译〈书经〉及〈竹书纪年〉析论》，载邵东方《文献考释与历史探研》，桂林：广西师范大学出版社，2005年，第154页。

②（清）王韬：《弢园文录外编》，沈阳：辽宁人民出版社，1994年，第315页。

③（清）王韬：《弢园文录外编》，沈阳：辽宁人民出版社，1994年，第316页。

④ 岳峰：《架设东西方的桥梁——英国汉学家理雅各研究》，博士学位论文，福建师范大学，2003年，第118页。

可窥见理雅各精湛的中国传统学术造诣。理雅各的《中国经典》“为中国古典文献的翻译注释开辟了新的途径”，“在西方汉学研究的历史上，具有划时代的重要意义”，“对于中国读者而言，他所从事的工作也象征着西方学者传布中国文化的一个重要里程碑”。[①]1872年，汉学家欧德理（Ernst Johann Eitel，1838—1908）在其主编的《中国评论》发文称，“无论是在中国国内还是国外，在对中国经典熟悉的广度、深度及可靠性方面，外国人中无人能与理雅各博士匹敌”[②]。

理雅各的中国学术成就有其内因，也有外缘。内因在于他出色的语言天赋和数十年如一日的不懈努力，外缘在于其来华传教的原动力、乾嘉考据学术大环境和中国文人的学术助力。

一、出色的语言天赋：理雅各步入中国学术之门的先天基础

理雅各能够顺利步入中国学术之门，首先得益于他出色的语言天赋。

早在1829年，年仅14岁的理雅各在阿伯丁文法学校（Grammar School of Aberdeen）就读时就表现出很强的语言天赋。此时的理雅各，用拉丁文写作的能力已经与其英语相当，同班的其他同学，无论长幼，无人能与他匹敌。[③]1831—1835年，理雅各就读阿伯丁国王学院（King's College, Aberdeen）。因在希腊语、拉丁语、数学等科目上的全面优势，理雅各获得该校最高奖学金——荷东奖学金（Huttonian Prize）。1836年从阿伯丁国王学院毕业后，该校拉丁文讲席教授建议理雅各留校任教，将来继任拉丁文教席。[④]

1839年理雅各启程赴马六甲之前已熟练掌握了包括英文、拉丁文、希腊文、希伯来文、法文、意大利文等多门语言，并对汉语产生了浓厚兴趣。理雅各在伦敦大学（The University of London）师从汉学教授、马六甲英华书

---

① 邵东方:《理雅各英译〈书经〉及〈竹书纪年〉析论》，载邵东方《文献考释与历史探研》，桂林：广西师范大学出版社，2005年，第90—91页。

② Ernst J. Eitel, "'The She-King'（Review of JL' s Chinese Classics, Vol. 4, 1871）," *The China Review*, No. 1（1872）: 2—12.

③ Helen E. Legge, *James Legge: Missionary and Scholar*（London: The Religious Tract Society, 1905）, p. 2.

④ *James Legge: Missionary and Scholar*, p. 6.

院前院长基德（Samuel Kidd，1799—1843）牧师开启其短暂的汉语学习之旅，并“取得了不小的进步”[①]。

理雅各去世后，与他同期在华的传教士汉学家艾约瑟（Joseph Edkins，1823—1905）在上海布道时回忆道：

> 在我和他第二次坐船去中国的途中，我俩在甲板上讨论《圣经新约》，他能轻而易举地把《希伯来书》（*The Epistle to the Hebrews*）背下来……五花八门的中国汉字，会令很多人望而生畏，但对理雅各来说，无论其简单还是复杂，总能毫不费力地烂熟于心。在理雅各看来，这些汉字魅力无穷，因为他总能够轻松记住。[②]

二、勤奋好学，坚持不懈：理雅各中国学术的内生助力

理雅各的中国学术成就与其勤奋好学与不懈努力密不可分。

1839年，理雅各启程赴马六甲。在其乘坐的“伊丽莎-斯图尔特号”上，理雅各利用旅行途中的时间，勤勉用功学习中文。1840年抵达马六甲，当时的英华书院能为他提供的学习汉语的条件非常有限，除马礼逊的《英华字典》和《新约》汉译本、一本《论语》手抄本，以及由米怜编写的汉语宣教小册子之外，汉语教材、读本极为稀缺。但理雅各在满怀热情地投身工作之余，充分利用英华书院有限的条件提升汉语水平。[③]

1843年，理雅各随英华书院迁至香港。“他发现自己身处一个幅员辽阔的大帝国，拥有三千年古代文明，其悠久的历史可追溯到公元前2356年的尧时代，甚至更早。中国人拥有一个文学宝库，是一个爱好阅读的民族。”[④]他因此下决心学习这个“奇异民族的奇异语言”。1848年，理雅各在结束休假返回香港途中的一篇日记中写道，他在学术方面已经开始加倍努力，以掌握中国古代文学。早在阿伯丁当学生，进行拉丁文翻译练习的时候，理雅各就

① 岳峰：《架设东西方的桥梁——英国汉学家理雅各研究》，博士学位论文，福建师范大学，2003年，第24页。

② *James Legge*：*Missionary and Scholar*，p. 8.

③［美］吉瑞德：《朝觐东方：理雅各评传》，段怀清、周俐玲、周振鹤译，桂林：广西师范大学出版社，2011年，第17—18页。

④ *James Legge*：*Missionary and Scholar*，p. 28.

有了自己的座右铭："每天要写一行字"（Nulla Dies sine linea）。在学习中文的过程中，他坚持每天将句子、段落在中英文之间反复对译。"让我全心努力吧，直到有一天，我用中文编写一个小故事就跟用英文编写一样简单。"①

1858年，理雅各参观了广州贡院，目睹了此处的7242间号舍。在他看来，贡院是中国教育精神的标志。他认为，中国文明与西方文明迥异，这是不争的事实，但中国并非一个野蛮的、未开化的国度。世界上没有哪个国家像中国这样崇尚优秀的学问。②这更加坚定了理雅各投入中国经典翻译的决心。1861年，《中国经典》第一卷出版后，理雅各名声大振。然而，他与伦敦传道会上层的关系却因此开始紧张起来③，因为他们担心，理雅各翻译中国经典会影响其对传教工作的全身心投入；他们也担心，对于"孔夫子的那些与基督教真理相左的观点，理雅各是否会在翻译过程中通过注释来予以驳斥，以便让读者明辨是非"④。面对伦敦传道会的质疑，理雅各每日4点起床，把凌晨的几个小时用于中国经典翻译，以便将白天的全部精力投入传教，从而在传教和翻译之间求得平衡。

理雅各在翻译中国经典的过程中广泛参阅既有注本，如仍存疑问，就通过多种渠道寻求帮助。在翻译《诗经》中的一些动植物名称时，为使其译文更为可靠，曾将《毛诗名物图说》寄给日本的赫本博士（Dr. J. V. Hepburn）和英国植物学家科莱莫（Mr. Kremer）求助。在他们的协助下，理雅各考证了《诗经》中的159种动物与139种植物。在《诗经》前言里，理雅各承认自己的译作完成得很辛苦，注释与论述花费了他很多精力，目的是使其尽可能完善，成为学者眼中真正可靠的翻译。⑤

从香港退休返英前的最后几年中，理雅各仍坚持挑灯夜战。1871年出版的《诗经》翻译虽评价两极，次年出版的《春秋》翻译难度也不小，但理雅各的翻译技能得到进一步提升。同时，在王韬的大力帮助下，理雅各将越来

① [美]吉瑞德:《朝觐东方：理雅各评传》，段怀清、周俐玲、周振鹤译，桂林：广西师范大学出版社，2011年，第35页。

② *James Legge*: *Missionary and Scholar*, p. 28.

③ [美]吉瑞德:《朝觐东方：理雅各评传》，段怀清、周俐玲、周振鹤译，桂林：广西师范大学出版社，2011年，第29页。

④ [美]吉瑞德:《朝觐东方：理雅各评传》，段怀清、周俐玲、周振鹤译，桂林：广西师范大学出版社，2011年，第51—52页。

⑤ 岳峰:《架设东西方的桥梁——英国汉学家理雅各研究》，博士学位论文，福建师范大学，2003年，第128页。

越多的精力投入其翻译所需的注疏和史料上，他的译本部头越来越大，完成翻译所需的时间也越来越长。他知道，翻译不是“马马虎虎、不专业的”释意。语文学和历史阐释方法至关重要，这是翻译所必备的工具，必须利用中西方文本分析传统，还需要译者的精雕细琢。①

1872年9月，理雅各在《中国经典》第五卷前言中说，他在完成《春秋》的翻译之后，还要对《礼记》和《易经》进行翻译和注解。只有完成了《礼记》和《易经》翻译，他的翻译任务方能大功告成。尽管他来年不得不返回英国，要完成卷帙浩繁的《礼记》和独具一格的《易经》可能还需要数年，但绝不让任何事情影响他的翻译工作。②

冰冻三尺非一日之寒。理雅各1840年来到马六甲，1843年随英华书院搬至香港，在繁忙的传教事务之余，见缝插针，从事《中国经典》的研究和翻译工作长达30年；他从中国退休返回英国担任牛津大学首任汉学教授直至1897年去世，依然译笔不辍。卓越的中国学术成就离不开几十年如一日的勤奋好学与坚持不懈。

三、理解中国，服务传教：理雅各研究中国学术的原动力

在职业生涯之初，理雅各将自己定位为一位“好基督徒”。1839年5月25日理雅各受伦敦传道会委派到设立在马六甲的英华书院之时即深刻意识到“精通一种语言（中文）或者若干语言”的重要性。在与新教传教士就护教学（Apologetics）所展开的论争中，理雅各坚持认为，了解、认识传教对象的思想之源非常重要，与异教徒在知识上进行交流是必需的。一个目标坚定的传教士，必须熟悉中国人的风俗习惯和生活方式。③

到达马六甲之后，理雅各对传教士们在中国知识上的准备产生怀疑。他主张，传教士应通过掌握相关语言和文学来理解其传教对象。他进而发现，中国人的言行举止及风俗习惯均遵从古代经典中的规范，其严格程度闻所未

① Norman. J. Girardot，*The Victorian Translation of China*：*James Legge's Oriental Pilgrimage*，（Berkeley and Los Angeles：University of California Press，2002），pp. 75—76.

② James Legge，*The Chinese Classics*（vol. V）（Hongkong：Lane，Crawford & Co.，1872），p. v.

③［美］吉瑞德：《朝觐东方：理雅各评传》，段怀清、周俐玲、周振鹤译，桂林：广西师范大学出版社，2011年，第21—22页。

闻。要了解该民族，必须懂得他们的古代经典。他坚信，“惟有精通中国经典，了解中国圣人的思想，方有资格胜任其传教之职”[①]。理雅各称“四书五经”为中国的“福音书和摩西五书”，因此，他的职责不仅是传教，还包括中国经典的翻译。[②]在《正德皇帝下江南》（*The Rambles of the Emperor Ching Tih in Keang Nan*）英译本序言中，理雅各说，1841年或1842年前后，他开始意识到，把“四书五经”译成英文，是一件值得倾力去做的事。他理想中的译本应包括经典正文的翻译和注释，可成为外国学生学习中国文学的标准规范读本，亦可供需要了解中国哲学、宗教和道德的读者阅读。[③]从此，理雅各开启了他长达半个世纪的中国经典翻译与研究之旅。

在后来的书信中，理雅各也多次提到《中国经典》。他说：

> 我花了25年多时间，用中国学术方法对中国经典进行了研究。这项工作意义重大，可让全世界真正了解这个伟大的帝国，也可让我们在中国人中的传教工作建立在（对中国）足够了解的基础之上，如此方能获得恒久之效。我想，将全部儒家经典翻译出来，并附上注释出版。这对今后的传教工作功莫大焉。[④]

四、乾嘉考据余风：理雅各中国学术的大环境

“雍乾以后，纪纲既张，天下大定，士大夫得肆意稽古，不复视为经世之具，而经史小学专门之业兴焉。”[⑤]乾嘉考据之风自清初顾炎武开其端，经阎若璩、胡渭等人推阐，至惠栋、戴震、钱大昕而张大其说，迄段玉裁、王念孙、王引之臻于极盛，首重音韵、文字、训诂之学，主张通过古字古音以明古训，明古训然后明经。“就一代学术的总体成就而言，清代的考据学是

---

① *James Legge: Missionary and Scholar*, pp. 27—28.

② ［美］吉瑞德:《朝觐东方：理雅各评传》，段怀清、周俐玲、周振鹤译，桂林：广西师范大学出版社，2011年，第28页。

③［美］吉瑞德:《朝觐东方：理雅各评传》，段怀清、周俐玲、周振鹤译，桂林：广西师范大学出版社，2011年，第27—28页。

④ *James Legge: Missionary and Scholar*, p. 40.

⑤ 王国维:《沈乙庵先生七十寿序》，载《王国维遗书》第4册之《观堂集林》卷23，上海：上海书店出版社，2011年，第25—26页。

前无古人，也可以说是后无来者的。”[①]

1843年，理雅各随英华书院迁至香港，时值清道光二十三年。此时的中国，乾嘉考据之风犹在。来港后的理雅各，既可方便获取各种考据专书，也可获得熟谙考据之学的中国文人的助力。余英时说：“理雅各如果不到香港，他便不可能直接接触到当时中国经学研究的最新成果，他的译注的学术价值将不免大为减色。”[②]这一点，可以从理雅各《中国经典》各卷所列的参考文献得到印证。据笔者统计，理雅各在《中国经典》各卷绪论中均列出了他翻译各卷所参阅的中文文献，其中，第一卷25种，第二卷2种，第三卷58种，第四卷55种，第五卷57种。值得一提的是，理雅各并非简单地罗列其所参阅文献的文献题名，他对每种文献均有简要介绍，说明这些文献均为理雅各的知见文献。这些文献多为清人辑录或注疏，其中有顾炎武的《日知录》《音论》《易音》《诗本音》《左传杜解补正》、阎若璩的《四书释地》《四书释地续》《四书释地又续》《四书释地三续》《古文尚书疏证》、胡渭的《禹贡锥指》《洪范正论》、惠栋的《春秋左传补注》、戴震的《毛郑诗考正》《诗经补注》、段玉裁的《古文尚书撰异》《毛诗故训传》《诗经小学》《六书音韵表》、王引之的《诗述闻》《经传释词》《经义述闻》等清代经学著述。不难看出理雅各对当时以考据见长的中国学术研究之深，吸收之广。

五、中国文人：理雅各中国学术的重要助力

理雅各的中国学术亦得益于中国文人的助力。他们或为理雅各分担教务，或协助理雅各整理翻译中国经典所需文献。早在马六甲时，英华书院的三位华人学生吴文秀、李剑麟和宋佛检曾陪同理雅各返英，并在汉德利正式受洗成为基督徒。在当时的英国媒体人眼中，这些华人青少年是理雅各所皈化的异教徒中最令理雅各引以为傲的典范。在接下来的数年中，他们极大地影响了理雅各作为传教士和学者的人生。[③]

另一位在理雅各学术生涯中扮演了重要角色的中国人是何进善。他是伦

① 刘梦溪主编：《中国现代学术经典：鲁迅、吴宓、吴梅、陈师曾卷》，石家庄：河北教育出版社，1996年，第12页。

② 余英时：《现代学人与学术》，桂林：广西师范大学出版社，2006年，第457页。

③［美］吉瑞德：《朝觐东方：理雅各评传》，段怀清、周俐玲、周振鹤译，桂林：广西师范大学出版社，2011年，第27页。

敦传教会香港分会传教士，是近代中国第一位神学家。何进善于1840年开始在英华书院任教，是英华书院唯一的华裔主讲教师。1843年，他与理雅各一道随英华书院随迁至香港。何进善熟悉中国经典，有较好的英文基础，曾英译《正德皇帝下江南》，由理雅各为其润色语言并作序。[①]1844年，理雅各与何进善合作翻译、注释了《耶稣山上垂训》。1846年开始，协助理雅各翻译《中国经典》第一卷（《论语》《大学》和《中庸》）[②]。也由于何进善对香港教会事务的分担，理雅各才有更多时间和精力翻译《中国经典》。[③]

给予理雅各中国学术，尤其是《中国经典》翻译最大助益者非王韬莫属。1862年，王韬抵达香港之时，理雅各已经完成了《中国经典》前两卷的翻译，正在进行《中国经典》第三卷《尚书》的翻译准备工作。王韬对理雅各敬慕之至，认为理雅各古典学识“渊博”。理雅各对王韬也是惺惺相惜，对于王韬的文学修养非常钦佩，视王韬为自己职业上的同事和私人朋友。这种关系持续了11年之久。[④]笔者通过对《中国经典》各卷所引述的文献进行统计发现，从第三卷开始，理雅各所参阅的文献的数量显著增多：第一卷32种，第二卷2种（如果如其所说包括第一卷全部文献，也不过34种），而第三卷则多达57种，第四卷60种，第五卷64种，前述清代名家名作大多在第三卷之后才进入理雅各的视野。这一方面反映出理雅各在翻译过程中对中国学术的精进，同时，也可看出王韬1863年加盟后，理雅各研究视野的显著变化。

此外，与理雅各交游者还有何启（何进善之子）、黄胜、洪仁玕、车锦光、罗中番、王风等，这些人中有学者、有太平天国领袖，还有华人基督徒。

结　语

理雅各与中国学术之缘，源自其宗教责任。本为皈化中国而来，却与中

① ［美］吉瑞德：《朝觐东方：理雅各评传》，段怀清、周俐玲、周振鹤译，桂林：广西师范大学出版社，2011年，第27页。

② 王丹：《中国近代史上第一位基督教神学家——何进善》，《福音时报》2018年6月4日，http://www.gospeltimes.cn/index.php/portal/article/index/id/45049.

③ 岳峰：《架设东西方的桥梁——英国汉学家理雅各研究》，博士学位论文，福建师范大学，2003年，第44—45页。

④ ［美］吉瑞德：《朝觐东方：理雅各评传》，段怀清、周俐玲、周振鹤译，桂林：广西师范大学出版社，2011年，第49页。

国经典，尤其是与儒家经典产生共情。纵观其理解中国、翻译中国经典的几十年跨文化之旅，理雅各带给西方的，不只是“四书五经”等儒家经典，他还以自己的实际行动，实践了历久绵长的中国学术，将其与中国经典一道带给了西方。理雅各与中国学术的不解之缘，既有其先天语言天赋及勤奋好学、坚持不懈的精神这些内在因素，也有理解中国、服务传教的原动力，还有乾嘉时期的中国学术大环境以及中国文人的助力等外在推动力。可以说，是理雅各来华时期的天时、地利与人和造就了他精湛的中国学术。

“温故”，是为“知新”；“述往事”，是为“知来者”。在坚定“四个自信”，倡导“走出去”的今天，我们不能全盘否定西方理论对中国实践的解释力，盲目夸大中国学术，亦不能怀疑中国学术的博大精深，全盘套用西方理论来阐释中国实践。学术的中西对话和交流，不是要生拉硬拽，把中国学术纳入西方轨道或把西方学术强加于中国，而是要找出一条转型性创造之途，使东西方学术思想得以沟通和互补。学术之风景，并非西方独好。

俞森林　西南交通大学外国语学院教授
方　霞　西南交通大学外国语言文学翻译学方向硕士研究生

·汉籍合璧研究·

主持语

王承略

“全球汉籍合璧工程”是山东大学在“《子海》整理与研究”“俄藏中文古籍的调查编目、珍本复制与整理研究”等一系列国家社科基金重大项目基础上，实施的针对境外中文古籍的调查编目、复制整合、整理研究、数据库建设的大型文化工程。目前同亚、欧、美、大洋洲等地图书收藏机构展开了广泛的合作，陆续推出了系列研究成果。本集的十篇文章，即是合璧工程开展汉籍调查与汉学研究过程中取得的部分成果。

聂济冬、丁蒙恩《加拿大不列颠哥伦比亚大学图书馆藏〈妆史〉文献学考察》一文，对《妆史》的版本和创作旨趣进行了述论，探讨了《妆史》作者的闲适心态及对女性美的赏鉴态度，可借此观察清前期文人的审美意识。辛智慧《日藏元刻本〈孟子集成〉价值述略》一文，认为日藏元刻本《孟子集成》直接影响了元代其他“纂疏体”四书类著作的编纂与刊刻，是明初纂修《四书大全》时的两种蓝本之一，为相关著作的辑佚、校勘、研究提供了更多可能。林相《大英图书馆藏〈时敏学堂课艺〉内容及价值谫论》一文，对现庋藏于大英图书馆的《时敏学堂课艺》进行了考察，认为其保留了时敏学堂初创之时考课的主要情况，直观而形象地展现了戊戌时期教育改革的主要内容，诠释了新式教育的教学目标和教育理念，是研究学堂变迁史、科举史、史学史的重要资料。李若楠《日藏孤本〈乐成六议〉作者及内容考述》一文，详考作者生平仕履，认为该书不仅能补作者作品著录之遗，见其为官初期治理地方的智识谋略，同时对明代万历时期乐清县的自然风貌和社会情状的研究具有参考价值。陈福盛《俄藏钱谦益批注〈齐东野语〉文献价值考论》一文，通过对俄藏钱谦益批注本《齐东野语》的考察，纠正了当下学界对《齐东野语》版本认知的偏失，同时着力于分析钱氏在考据之学、民歌俚曲以及特定历史问题等方面的思考，为全面了解钱氏学行提供了参考。黄莞

《加拿大不列颠哥伦比亚大学图书馆藏抄本〈南迁录〉》一文，认为加拿大不列颠图书馆大学所藏抄本《南迁录》书法精善，字体古雅，包含校改、批注，又有多家藏书印记、题识序跋，是《南迁录》存世版本中最精善者，具有较高的文物价值、文献价值、艺术价值。毕研哲《傅圣泽汉籍旧藏的形成、流散与文化价值考释》一文，对耶稣会索隐派传教士傅圣泽在1722年返欧时携走的5600余册汉籍的流传、存藏进行了考释，认为傅圣泽旧藏的这批汉籍对于发掘中华文化的传播、中西思想的碰撞，具有重要意义与价值。刘红《论〈左传〉学在日本的传播与接受——以竹添光鸿〈左氏会笺〉为例》一文，认为竹添光鸿的《左氏会笺》在经解注疏上充分展现了纵深的大历史观，是日本《左传》学发展的关键著述。葛恒新《柯马丁〈秦始皇石刻〉铭文的翻译策略》一文，分析了柯马丁翻译的“忠实”风格，既强调了译文的文献性与阐释性等翻译充分性问题，又体察了译文语义的变异性等翻译接受性问题，对实现石铭的语境化效果起到积极作用，是推动“中华文化走出去”的可取路径。孙红苑《艾森·盖乐〈盐铁论〉英译本的译介方法与学术价值》一文，以“盖乐《盐铁论》英译本”为中心论题，对盖乐的译介方法、英译本的学术价值及影响进行了考述。

这十篇文章，是从存藏海外的中文古籍及其重要版本、汉籍的流布、海外汉学研究等不同视角作出的考察，或能在一定程度上为拓宽学术思路、深化学术研究带来契机。汉籍是中华传统文化的重要组成部分，对汉籍的整理与研究，越来越受到海内外学者的重视。随着合璧工程的不断推进，汉籍与汉学的研究成果也在不断推出，兹借助《汉学研究》这一重要学术平台，努力为传承与弘扬中华优秀传统文化做出贡献。

王承略　山东大学国际汉学研究中心教授

加拿大不列颠哥伦比亚大学图书馆藏《妆史》文献学考察*

聂济冬　丁蒙恩

摘　要：《妆史》二卷，是有关古代女性的妆饰类书，为雍乾时期山左文人田霡的闲情偶寄。《妆史》未曾刊刻，现有两个写本，一是藏于国家图书馆的稿本，一是藏于加拿大不列颠哥伦比亚大学图书馆的抄本。国图虽为稿本，但有些地方字迹模糊，有讹误处。加拿大不列颠哥伦比亚大学图书馆所藏的抄本，字迹清晰，文上有朱笔校语；且增有清人蒋一和的序和刘峙的序。《妆史》引书种类繁杂，经史子集四部皆有，主要重于子部小说类和集部诗集类。该书反映了田氏的闲适心态，和他对女性美的赏鉴态度，由此亦可观清前期文人的审美意识。

关键词：加拿大不列颠哥伦比亚大学图书馆　《妆史》　田霡　引书　庞镜塘

加拿大不列颠哥伦比亚大学（University of British Columbia，以下简称UBC）图书馆藏《妆史》二卷，清抄本，9行23字至25字，小字双行同，无界栏。作者田霡，是雍乾时期山左诗人，以诗名闻世。该书是古代女性妆饰的类书，旁征博引。文前有蒋一和、刘伯峰的序。该书稿传承有序，上钤“一和藏书”朱文椭圆印、“蒋”“一和”朱文连珠小方印、“余事作诗人”朱文长方印、“六不艹堂”朱文长方印、“刘峙私印”白文方印、“固安刘峙珍藏印记”朱文长方印、“赢缩砚斋藏书”朱文方印、“镜塘读过”白文方印，当为清人蒋一和、刘峙和今人庞镜塘收藏品。该书是庞镜塘的外孙方志豪捐赠的庞镜塘藏书中的一种。庞镜塘，原名庞孝勤，山东菏泽人，1947年前后任国民党山东省党部主任委员，藏书家。方氏向不列颠哥伦比亚大学图书馆捐赠庞氏藏古籍64种，共796册。

* 本文为国家社科基金重大项目“加拿大不列颠哥伦比亚大学图书馆藏汉籍调查编目、珍本复制与整理研究”的阶段性成果，批准号（19ZDA287）。

一、作者田雯简介

田霡（1652—1728），字子益，号乐园、香城居士，晚年号菊隐，貤赠修职郎。田霡早慧，少年时受学于山东提学副使宫梦仁，后拔入太学，在京师中已有诗名。《山左诗钞》云："先生颖悟绝人，早受知于学使者宫定山梦仁，拔入太学，游京师，与海内前辈角雄争长。"[①]田霡虽然声名早扬，但他前半生蹉跎于科场，其《送人应试自述二首》之二："堂堂日月去难留，老叹浮名未易求。计把佳辰虚断送，棘闱七度过中秋。"[②]至康熙二十五年（1686）科拔贡，授堂邑县（今聊城）教谕，但他却以腿脚有病为由，辞官不赴，后闲居逍遥，与世无争。田霡有诗名，（道光）《济南府志》云：田霡"筑鬲津草堂，多种菊，延致名流，饮酒赋诗，擅风雅者三十年。"[③]在晚年时，田霡的诗歌创作进入丰硕期。田霡著有《鬲津草堂诗集》《菊隐集》《南游稿》《乃了集》等，其代表作是《鬲津草堂诗集》，收录诗歌1006首，入《四库全书》存目书。

田霡诗歌题材，主要集中于写景抒情、田园风情、交游唱和方面，其诗风呈现出悠闲从容、清新晓畅的审美特色。这一方面是由其常年居乡教授的生活方式、与世无争的生活状态所造就。另一方面是受王士禛诗风的影响。《四库全书总目提要·鬲津草堂诗集》说："（田）霡乃独从士祯游。是编凡《鬲津草堂》五字古体诗一卷、五字今体诗一卷，皆士祯评而序之。"[④]四库馆臣认为田霡的诗风呈现出散逸情趣，但诗力弱于他的长兄田雯："然观霡所作，虽密咏恬吟，成一邱一壑之趣，至才力富健，究不足以敌雯也。"[⑤]

清初，山左出现了一批有影响力的诗人，他们多出身于世家望族。田霡就是其中之一，他出生于山东德州官宦世家，其父田绪宗，顺治壬辰（1652）科进士，浙江丽水知县，累赠通奉大夫。田霡兄弟三人，长兄田雯、

① 钱仲联:《清诗纪事·康熙朝卷·田霡》，南京：凤凰出版社，2004年，第934页。

② 李士明:《鬲津草堂诗集校注》，合肥：黄山书社，2018年，第181页。

③（清）成瓘等纂修:《新修济南府志》卷五六《人物》一二，清道光二十年刻本，第73页b。

④（清）永瑢等撰:《四库全书总目》卷一八三，集部三六，别集类存目一〇《鬲津草堂诗集》，北京：中华书局，1965年，第1663页。其中"祯"，应为"禛"，乾隆时因避讳改为"祯"。

⑤（清）永瑢等撰:《四库全书总目》卷一八三，集部三六，别集类存目一〇《鬲津草堂诗集》，北京：中华书局，1965年，第1663页。

次兄田需皆举进士，二人为当时所重。田霡因其出身和才学，交游广泛，交往者多是当时名士。他曾学诗于王士禛，学文于汪琬，与谢重辉为好友，是卢见曾的启蒙老师，门生诗友遍江南江北。

二、《妆史》的创作旨趣

《妆史》作于雍正三年（1725），是以时间为序，以类相从，编纂而成，其具体类别，依次是镜台、衣服、发髻、奁饰、脂粉、眉唇……虽是按类排列，但田霡在编纂中有史述的概念，《妆史》凡例中自言："是集自后嫔命妇以及妇人女子半自诸史采出，故以史名。"[①]从引书数量、部属看，《妆史》所用材料是史部和子部小说类兼重。

《妆史》是田霡晚年所作，与他散澹的生活状态和闲适心态有密切关联。该书序称："香城居士年七十有三，溽暑时淫雨经旬，除摇扇饮水，别无适情事。忽忆十年前欲著《妆史》，仅得百余条，检破簏中，其稿尚存，因广搜博采以充之。"[②]田霡编纂了《妆史》，却一直收纳于箧中，未示人。可见，他的创作动机不在于商业目的，只是自我适情而作。该书凡例亦称："藏书不富，就架上古今书所有者，摘取成编，未免挂一漏万。"[③]此言道出作者是从家藏书中摘录编纂。凡例所称，可旁证《妆史》是一闲适作品。

《妆史》在传统目录著录上，有两种认识：一是傅增湘将此视为类书，增补入《藏园订补郘亭知见传本书目》卷十下《子部》十一《类书类》。[④]二是王绍曾主编《清史稿艺文志拾遗》中，将此归入子部艺术类游艺属。[⑤]分类的不同，反映了分类者对此书的认识不同。从编纂方式上看，《妆史》是按类排列的女性妆饰的书，属于类书；内容上看，《妆史》讲述了古代女性的妆饰，无关社会宏旨，是文人游戏之作。《妆史》虽然叙述琐细，无关政

---

①（清）田霡编：《妆史》，《北京图书馆古籍珍本丛刊》七〇子部杂家类，北京：书目文献出版社，第763页。

②（清）田霡编：《妆史》，《北京图书馆古籍珍本丛刊》七〇子部杂家类，北京：书目文献出版社，第763页。

③（清）田霡编：《妆史》，《北京图书馆古籍珍本丛刊》七〇子部杂家类，北京：书目文献出版社，第763页。

④（清）莫友芝撰：《藏园订补郘亭知见传本书目》，傅增湘订补、傅斯年整理，北京：中华书局，2009年，第810页。

⑤ 王绍曾：《清史稿艺文志拾遗》，北京：中华书局，2000年，第1387页。

治教化旨意，没有太深刻的思想史价值，但它体现了清前期文人散澹无求、以文为戏的心态，反映了当时的一种士风；在一定程度上也反映了闲居文人的知识构架和学术好尚；同时，该书稿是古代女性妆饰品的类书，亦可视为观照古代妇女生活史的一个视角，故该书有文献价值和生活思想史意义。具体如下：

（一）《妆史》体现出一定的关怀女子天性的正面视角。清代士人对妇女多持有同情、欣赏的态度。清初，除《妆史》之外，张芳亦创作《黛史》。宋长白《柳亭诗话》云："可见，天地英灵之气，原不专属于男子也。"①在明末以来"显扬女子，颂其异能"②的创作风气影响下，《红楼梦》的出现，绝非偶然。"自有《红楼梦》出来以后，传统的思想与写法都打破了。"③田霢曾以王士禛为师，有重性情、尚自然的品性和审美认知。蒋一和的序语中就提到田氏"抒寓性灵"。在男尊女卑的封建社会里，传统的女性叙事，多是以儒家伦理道德为标准，褒奖或贬抑女性的社会角色。例如正史中的《列女传》、类书中人事部下的"母仪""孝女""义妇""贞女"、小说戏曲中塑造的善良母性。但过分强调褒扬、渲染女性社会角色的正面性，忽略女性群体的天性追求，也并非健康、良性的社会发展态势。《妆史》像当时赞颂女性的文学作品一样，突破传统的女性叙事俗套，表现出对女性美丽的赏鉴态度。在凡例中田霢就自言："古来女子甚多，无涉于妆者不录"④。可见，田氏推崇的是女性妆饰美。这与清官修类书截然不同，作于康熙年间的《古今图书集成》中女性部类的编纂部类顺序，"除总部外，下分孝、义、烈、节、识、藻、慧、奇、巧、福、艳、恨、悟、职、饰诸部，其中尤以前四部篇幅最多，占去全典约83%，深切反映出传统社会对女性孝、义、烈、节等行为之重视，远在识、藻、慧、巧等才华之上"⑤。官修类书的政治教化立场和儒家女性观，突出女性德行美，所以在排序上"饰"必定是在末尾。此外，田

①（清）宋长白：《柳亭诗话》卷二九《名媛诗》，上海：上海杂志公司，1935年，第641页。

② 鲁迅：《中国小说史略》，南宁：广西人民出版社，2017年，第212页。

③ 鲁迅：《中国小说的历史变迁》，载《鲁迅全集》第八卷，北京：人民文学出版社，1957年，第350页。

④（清）田霢编：《妆史》，《北京图书馆古籍珍本丛刊》七〇子部杂家类，北京：书目文献出版社，第763页。

⑤ 刘咏聪：《〈奁史〉初探——兼论类书中女性史料之辑录》，《第二届明清史国际学术讨论会论文集》，天津：天津人民出版社，1993年，第193页。

霦《妆史》中非传统的叙事视角，还表现为平视古今有妆容的妇女，而非仅关注宫廷妃嫔、贵妇名媛。

（二）《妆史》是现存的较早的妆饰史的专著。古代描写女性妆饰的诗文很多，但除宋潘自牧所编类书《记纂渊海》“妆饰”类、“衣裳（附袜）”类，和明闵元京、凌义渠辑《湘烟录》中的《奁史》二卷外，至清代前期的妇女妆饰书写，多是零碎状态，散见于正史、别史、杂钞、笔记以及诗词文集中。田霦将散见的女性妆饰品的词、句，分门别类地搜集整理成帙。在田霦之后，相继出现了王初桐辑《奁史》一百卷、苏馥《香闺鞋袜典略》二卷等。

（三）《妆史》有文献辑佚价值。UBC藏的钞本上的刘峙跋语云该书：“采撷虽未若《奁史》之富赅，搜稽古书多有今所不存之本，亦是供博识者欣赏焉。”[①]具体来说，《妆史》对《二仪实录》《东宫旧事》等散佚书籍都具有一定辑佚价值。

（四）《妆史》是一小型专题类书。类书以类相从的编纂方式，自明代始，就为人喜闻乐见，也为书坊所喜爱。《妆史》在编纂中，有清晰的分类意识。基本上是按照身体部位从上到下的顺序，由钗钏、脂粉到衣衫、袴袜一一罗列妆饰。体例上，遵循《海录碎事》《女红余志》等类书，先列出妆饰名称，再列出包含该妆饰的记载，最后双行小字注明出处。如：“玉叶冠，玉真公主有之，人莫计其价。《海录碎事》（双行小字注）。”[②]

（五）《妆史》虽是娱情之作，但创作严谨。在辑录中，田霦有意地按类编纂、排列，并注明出处，秉持了彼时渐兴的严谨学术态度。田霦在凡例中自云：“史中故实语义不敢妄加增改，卫正叔所谓以人书为我书也。”[③]明代后期学术有疏漏之弊。图书引文多不标出处。清初顾炎武、朱彝尊等大儒针对此陋习都有纠弊之举。朱彝尊《曝书亭集·日下旧闻序》：“昔卫正叔尝纂《礼记集说》矣，其言病世儒剿取前人之说以为己出，而曰他人著书，惟恐

①（清）田霦编：《妆史》卷前刘伯峰题识，加拿大哥伦比亚大学图书馆藏抄本。

②（清）田霦编：《妆史》，《北京图书馆古籍珍本丛刊》七〇子部杂家类，北京：书目文献出版社，第786页。

③（清）田霦编：《妆史》，《北京图书馆古籍珍本丛刊》七〇子部杂家类，北京：书目文献出版社，第763页。

不出于己。予此编，惟恐不出于人。”[①]田霡也受到了顾氏、朱氏这种引书观念的影响，在《妆史》的编纂中贯穿了同样的学术认识和态度，条文后标注出处。

三、《妆史》的版本情况

《妆史》未曾刊刻。现存两个手写本，一是国家图书馆藏本，前有田霡雍正三年（1725）的自叙，并钤田氏印章“香城居士”“田霡”“香城居士书画记”“学海文河”“子益”“天许作僧”，傅增湘断定为作者编纂的原稿本。[②]据田氏自序，知稿本完成时间为雍正三年。1988年书目文献出版社影印并收录在《北京图书馆古籍珍本丛刊》。

另一是UBC藏抄本，上有蒋一和的序。蒋氏序语：“余年弱冠，始学诗，即深蒙先生奖进，为校辨声律，陶融风雅，以所本于前哲者，并钥发箧而见示玉。今于诗学源流，粗有所得，实瓣香于先生者为多。”[③]鉴于此，知蒋一和曾是田霡的学生。蒋序作于“辛巳年”，当是乾隆二十六年（1761）。

蒋氏序下有署名“固安刘伯峰”的序。卷首钤的“固安刘峙珍藏印记”朱文长方印。伯峰，当是刘峙的字。刘峙曾著（光绪）《固安县志》。刘序云：“是编乃其手辑，原本字意古拙，非抄胥所录。”[④]刘峙曾为齐河县丞。此本很可能是他在齐河县丞任上，见到了《妆史》的稿本而抄写。

国图收藏的《妆史》虽是田氏稿本，但该本有些地方字迹模糊，甚至有字漏讹的缺陷。UBC所藏抄本，不仅字迹清晰工整，为精抄本；且不列颠哥伦比亚大学藏本上有朱笔校语，或改正错字，或补上脱漏。例如，国图本“盖以银丝宛转屈曲作花枝，插髻后，随步辄摇，以赠媌婧。”[⑤]“赠媌婧”，UBC藏本同，朱校作“增媌婧”。“增”是，“赠”非，字讹。再如，“采桑，

---

①（清）朱彝尊:《曝书亭集》卷三五《日下旧闻序》，四部丛刊影清康熙本，第13页a。

② 傅增湘:《藏园群书经眼录》卷一〇子部四《类书类》，北京：中华书局，2009年，第724页。

③（清）田霡编:《妆史》卷前蒋一和序，加拿大哥伦比亚大学图书馆藏抄本。

④（清）田霡编:《妆史》卷前刘伯峰题识，加拿大哥伦比亚大学图书馆藏抄本。

⑤（清）田霡编:《妆史》，《北京图书馆古籍珍本丛刊》七〇子部杂家类，北京：书目文献出版社，第788页。

则服鳪衣。注：黄花，音卜"[①]。"黄花",UBC藏本同，朱校作"黄色"。"色"是，"花"讹。从《妆史》国图本和UBC藏本的比对情况看，UBC藏本的正文有讹误处，但它也有改正国图本的讹误处；且从该书跋语的时间看，UBC藏抄本抄录的时间很有可能是清末，而非该馆认定的"清康熙（1662—1722）稿本"[②]。

结　语

田霡身处清康雍乾时期，有诗名，其诗风体现了时代审美风范。其《妆史》二卷，是有关女性妆饰的类书，未曾刊刻，现仅有两个抄本，其书引证广博，具有文献学价值。UBC藏本是一精抄本，且上有朱校，可正稿本的讹误处。该书虽是作者的闲情偶寄、娱文戏作，但反映了清前期文人的审美趣味和闲适心态，有文学史料意义。

聂济冬　山东大学儒学高等研究院教授
丁蒙恩　山东大学儒学高等研究院硕士研究生

①（清）田霡编:《妆史》,《北京图书馆古籍珍本丛刊》七〇子部杂家类，北京：书目文献出版社，第796页。

② 沈志佳、刘静:《花叶婆娑》下册，北京：中华书局，2018年，第408页。

日藏元刻本《孟子集成》价值述略

辛智慧

摘　要：日本国立公文书馆所藏《孟子集成》，是该书目前仅存的完本。此书约刊刻于元代初年，在元明时期广为流传，直接影响了元代其他“纂疏体”四书类著作的编纂与刊刻，并且是明初纂修《四书大全》时的两种蓝本之一，具有重要地位。该书汇集的八种宋代著作，为今日对相关著作的辑佚、校勘、研究提供了可能，也是今日研究朱子学派四书学的重要参考资料，值得重视。

关键词：吴真子　《孟子集成》《四书辑释》《四书大全》

吴真子，号克斋[①]，宋末元初人，具体生平不详。由其所编纂的《四书集成》一书，在元代风行一时，曾是当时学人研读四书的基本读物，并直接影响了元人“纂疏体”四书著作的编纂，如胡炳文《四书通》、倪士毅《四书辑释》等，就均曾以该书为蓝本进行二次编纂。并且在明初纂修《四书大全》之时，该书依旧是《大全》的两个蓝本之一（另一为《四书辑释》），可见其影响力。但是该书目前已无完本，其中《大学集成》《中庸集成》已佚；而《论语集成》（20卷）尚存完本两部，分藏于中国国家图书馆和日本尊经阁文库；《孟子集成》（14卷）则仅存完本一部，藏于日本国立公文书馆，孤悬海外，尤为宝贵。

由于此书深扃书阁，不甚为外人所注意，研究元明四书学史，乃至《四书大全》编纂等问题时，未得到较好利用，殊为可惜。[②]以下即以悬藏于日本的《孟子集成》为例，略述该书的编纂、流布、价值等情况，以为后续研究参考。

---

① 据笔者目力所及，吴氏之号，首见于明正统十年（1445）序刊本《四书辑释章图通义大成》书前“重订四书辑释引用姓氏”中。

② 如当前对《四书大全》取材问题的最新研究中，即仅注意到倪士毅的《四书辑释》，而未注意到吴真子的《四书集成》，参见顾宏义《经学文献的衍生和通俗化：以近古时代的传刻为中心》，北京：北京大学出版社，2014年，第522—529页；朱冶《元明朱子学的递嬗：〈四书五经性理大全〉研究》，北京：人民出版社，2019年，第164—167页。

一

《四书集成》传入日本的时间应当甚早，现藏于尊经阁的《论语集成》卷中钤有“金泽学校”印[①]，可见至少在明初已被贮藏[②]。《孟子集成》14卷，分装7册，每册正文首页钤有“浅草文库”“日本政府图书”“大学校图书之印”朱印，末页钤有“日本政府图书”“文化甲子”朱印，以及“昌平坂学问所”墨印。其中以“昌平坂学问所”墨印最早，该学问所渊源于1630年日本汉学家林罗山开设的家塾，1797年改家塾为幕府官学，始有学问所之名。从墨印可知此书乃林罗山一族旧藏。其他诸枚朱印均为19世纪所钤，因该学问所前后名称及所属单位屡有变化所致。[③]

关于此书的纂作时间，元末汪克宽曾有提示：“真氏［德秀］有《集义》，祝氏［洙］有《附录》，蔡氏［模］、赵氏［顺孙］有《集疏》《纂疏》，相继成篇。而吴氏《集成》最晚出。”[④]考《孟子集成》采录有赵顺孙《四书纂疏》一书，以上描述是可信的。而《四书纂疏》大致刊定于南宋宝祐四年（1256）之后的几年内，[⑤]则吴氏此书纂作年份的上限自然应在此一年份之后。另考《孟子集成》内文，在集解《梁惠王下》“文王之治岐也”一句时，引有赵顺孙“宋朝属凤翔府”之语，查元刻本、通志堂本《纂疏》，此处“宋朝”二字均为“本朝”；另在集解《告子上》“学问之道无他，求其放心而已矣”一句时，引有黄榦“周、程倡明圣学”一语，查元刻本《讲义》，此处作“我本朝周、程先生，倡明圣学”[⑥]，可见吴真子删除了“我本朝”等字。这些改动，似可确定《集成》当刊刻于元代。不过在全书中，尚可见“匡”（改作“康”“正”，或缺末笔）、恒（改作“常”，或缺末笔）、贞（改作“正”）、桓（改作“威”，或缺末笔）、慎（改作“谨”）、惇（改为

① 严绍璗：《日藏汉籍善本书录》，北京：中华书局，2007年，第205页。

② 金泽文库在上杉宪实（1410—1466）管理期间，曾一度改名金泽学校。参见严绍璗：《汉籍在日本的流布研究》，南京：江苏古籍出版社，1992年，第264页。

③ 参见林申清：《日本藏书印鉴》，北京：北京图书馆出版社，2000年，第143、147、148、155页。

④（元）汪克宽：《重订四书集释》序，载《四书辑释章图通义大成》，明正统十年序刊本。

⑤《儒藏》精华编第112册，北京：北京大学出版社，2014年，“点校说明”第8页。

⑥（南宋）黄榦：《孟子讲义》，北京：北京图书馆出版社，2005年，第10页。

“厚”)、扩（改作“广”）等字避宋帝讳的情况[①]。由于《集成》汇编8种宋人著作而成，故此类避讳或为原书所有，《集成》仅是沿袭未改，由此亦可以推断此书入元刊刻的时间当不会太晚，或即在元代初年。此外，就该书的字体版式而言，也有明显的元代刻书特征，所以中日图书馆在著录时亦均定为元刻本。

此书在中国国家图书馆另存一元刻残本，仅有6卷，包括《论语·雍也第六》《述而第七》和《孟子·万章》上下、《告子》上下。该本版式与日藏本不同，每卷首题“四书集成论语卷之（几）”“四书集成孟子卷之（几）”等，第二行题四书原篇章名，如“雍也第六”“告子章句上”等，而无日藏本卷题“诸儒集成之书”及下列所辑录八书之作者、书名的一行文字。正文的排版，也是所辑诸书前后接排，而非日藏本一书完毕，另起行重排一书的格式。在内容上，除日藏本所辑录的八书外，另多收《纪闻》一种，缀于诸书之末。此一残本曾被王重民先生经眼并著录，推断《纪闻》或为作者吴真子自记所闻，但经笔者的研究生李露露将之与胡炳文《四书通》中的引文比对，已确知其为饶鲁的《论孟纪闻》（又名《石洞纪闻》，现已佚）。王重民先生另根据避讳字，判定其为元初刻本[②]，据笔者查考，该本已将日藏本“威”“常”等避讳改字予以改回，可推断其刊刻时间当晚于日藏本。

综合以上判断，可大致确定，包含《孟子集成》在内的《四书集成》，大约刊行于元代初年。或即由于宋元之交的战乱与动荡，致使目前我们查考不到作者吴真子除名号之外的更多个人信息。

二

《孟子集成》一书，是选辑8部著作而成，即朱熹《四书集注》《论孟集义》《朱子语录》《四书或问》、张栻《孟子说》、黄榦《孟子讲义》、蔡模《四书集疏》、赵顺孙《四书纂疏》。该书首列孟子原文及朱子集注，然后从下七书中摘取相关部分附录于下，依照朱子著作在前，他人著作在后为序。可以看出，这一编纂，是以汇集朱子学派的四书阐释为目的，既有朱子个人

---

① 匡改康或正，恒改常，贞改正，桓改威，慎改谨，惇改厚，扩改广，乃分别避宋太祖赵匡胤、真宗赵恒、仁宗赵祯、钦宗赵桓、南宋孝宗赵昚、光宗赵惇、宁宗赵扩讳。相关情况参见陈垣《史讳举例·第七十八·宋讳例》。

② 王重民：《中国善本书提要》，上海：上海古籍出版社，1983年，第41页。

分见于不同著作的论述，也有朱子同道或后学的疏解，总之是以纂朱疏朱为志职。这一著作方式兴起于朱熹身后，一般被称作“纂疏体”。

原本朱子一生，于四书反复沉潜，用功最密。相关著作不但留有多部，且均不断修改，相互之间更寓有详略互参、先后循阶之深意。虽然其结穴成果是《四书章句集注》一书，但在朱子生前，已自言这些著作当互相参取：看《大学》，且逐章理会。须先读本文，念得，次将《章句》来解本文，又将《或问》来参《章句》。(《朱子语类·大学一》)且须看《集注》教熟了，可更看《集义》。(《朱子语类·论语一》)

朱子身后，他的这些学术苦心，在其门下高弟那里，更成为常举以教人的法则，如陈淳就称：

> 文公《四书》，一生精力在是。……《大学》约其旨于《章句》，已的确真切，而详其义于《或问》，又明实敷畅。观《章句》中太简而或未喻，则易枯，必于《或问》详之；观《或问》中太博而或未贯，则易泛，必于《章句》约之。①

而另一高弟黄榦，则亲自编撰《论语通释》一书，聚合《集注》《集义》《或问》三书，而间下己释，从而开启了这一“纂疏体”的先河。由此而下，一直至明初编撰《四书五经大全》，此一体裁兴盛一时，著作纷呈，遍及五经四书，顾炎武曾对其中的四书部分，有一简要勾勒：

> 自朱子作《大学、中庸章句》《或问》《论语、孟子集注》之后，黄氏有《论语通释》。而采《语录》附于朱子《章句》之下，则始自真氏，名曰《集义》，止《大学》一书。祝氏乃仿而足之，为《四书附录》。后有蔡氏《四书集疏》，赵氏《四书纂疏》，吴氏《四书集成》。昔之论者病其泛滥，于是陈氏作《四书发明》，胡氏作《四书通》。而定宇之门人倪氏合二书为一，颇有删正，名曰《四书辑释》。自永乐中命儒臣纂修《四书大全》，颁之学官，而诸书皆废。②

---

①（南宋）陈淳:《北溪大全集》卷三十三《答杨行之》,《文渊阁四库全书》第1168册，台北：台湾商务印书馆，2008年，第766页。

②（清）顾炎武:《日知录》卷十八《四书五经大全》，载黄珅等主编:《顾炎武全集》第19册，上海：上海古籍出版社，2012年，第713页。

由顾炎武的这一梳理，以及上揭吴真子《四书集成》的刊刻时间，可以推定，吴真子此一著作，大约是宋儒之结穴、元人之发端。这其间的种种情形，尚可略作分辨。

三

顾炎武上文提及的宋人著作，就《孟子》部分而言，其中真德秀《集编》(顾误作《集义》)中的《孟子》并未编定，而是建宁府学正刘承依真氏遗书补编而成，所辑录的著作除《集注》之外，大体为朱子《或问》《语录》《文集》。祝洙仿真氏而编纂的《四书附录》已无完帙，故其具体辑录了哪些著作，已难得其详。此二书亦未为吴真子所采录。而黄榦、蔡模、赵顺孙的著作，则均被吴真子所录，尤其是后二书的采书范围亦略有扩大：蔡模《孟子集疏》在朱子《集注》之上，“参《或问》以见同异，采《集义》以备缺憾，《文集》则以剖决而无隐，《语录》则以讲辨而益精，以至两世［指蔡氏两代］之所见闻，门人之所敷绎……间以评论附焉”[①]；赵顺孙《孟子纂疏》“于《论语》《孟子》则一本《集注》，而采《或问》《集义》《详说》《语录》所载分注焉。”[②]吴真子辑录及此二书，这当是其书能够后来居上的必要前提。

降及元代，吴真子《四书集成》畅行一时，常与赵顺孙的《四书纂疏》，共同被元人乃至明人当作研习四书的必备参考书。如上揭顾炎武提及的几部元明人著作，即或取资，或争胜，均与《集成》有莫大关系。如元初人汪炎昶表彰陈栎《四书发明》时，称当时世有《纂疏》《集成》，“皆为四书羽翼”[③]。邓文原给胡炳文《四书通》作序，称该书“悉取《纂疏》《集成》之戾于朱夫子者，删而去之，有所发挥者，则附己说于后”[④]，可见亦是在二书基础上折中取舍而成。元人汪克宽为倪士毅《四书辑释》作序，也同样提及这一情形：

同郡定宇陈先生、云峰胡先生睹《集成》之书行于东南，辗转承误，

① 林庆彰等主编:《经义考新校》，上海：上海古籍出版社，2010年，第4230页。
②（清）纳兰容若:《赵氏四书纂疏》序，清康熙年间通志堂刊本，第1页。
③ 林庆彰等主编:《经义考新校》，上海：上海古籍出版社，2010年，第4548页。
④ 林庆彰等主编:《经义考新校》，上海：上海古籍出版社，2010年，第4543页。

> 莫知所择，乃各摭其精纯，刊剔繁复，缺略者足以己意，陈先生著《四书发明》，胡先生著《四书通考》，皆足以磨刮向者之弊。……［倪士毅］乃荟萃二家之说，字求其训，句探其旨，鸠僝精要，考订讹舛，名曰《四书集［辑］释》。①

待到明初修纂《四书大全》，依旧以吴氏《集成》和倪氏《辑释》为其蓝本。②而杨士奇亦曰："而今读《集注》者，独资《集成》及此书［指《辑释》］为多，他盖不能悉得也 。"③吴氏《集成》一书，在元明时代的流行可见一斑。

元人既然以吴书为材料渊薮而另纂新书，则其对吴书亦当必有其不满之处。概括而言，约略有两端，一是认为该书采择泛滥，不够详明，如称"若吴氏之《集成》则泛滥甚矣"④，"《集成》博而杂"⑤，"吴氏《集成》最晚出，盖欲博采而统一之，但辩论之际未为明备，去取之间颇欠精审，览者病焉。"⑥二是认为该书所采疏解文字，有与朱子违戾者，这在元人以朱子定是非的氛围中，诚为碍目，必删之而后快，如"今新安云峰胡先生之为《四书通》也，悉取《纂疏》《集成》之戾于朱夫子者，删而去之"⑦，而《四书大全》虽以《集成》《辑释》为蓝本，但也对其中与朱子"背戾者不取"⑧。

元明人的这些批评，自有其立场与合理处，但同时也有尊己卑人为个人撰述寻找合理性的动机，如四库馆臣即云：

① （元）汪克宽：《重订四书集释》序，载《四书辑释章图通义大成》，明正统十年序刊本，第2页。

② （明）胡广等编：《四书大全 · 凡例一》，《文渊阁四库全书》第205册，台北：商务印书馆，2008年，第6页。

③ 林庆彰等主编：《经义考新校》，上海：上海古籍出版社，2010年，第4569页。

④ （元）倪士毅：《重订四书辑释》凡例，载《四书辑释章图通义大成》，明正统十年序刊本，第1页。

⑤ 杨士奇语，参见林庆彰等主编《经义考新校》，上海：上海古籍出版社，2010年，第4569页。

⑥ （元）汪克宽：《重订四书集释》序，载《四书辑释章图通义大成》，明正统十年序刊本，第1—2页。

⑦ 林庆彰等主编：《经义考新校》，上海：上海古籍出版社，2010年，第4543页。

⑧ （明）胡广等编：《四书大全 · 凡例一》，《文渊阁四库全书》第205册，台北：台湾商务印书馆，2008年，第6页。

夫吴真子据真氏、祝氏[①]、蔡氏、赵氏之书纂为《四书集成》，自以为善矣，而胡炳文、陈栎重订之。胡氏、陈氏自以为善矣，而倪士毅又重订之。倪氏自以为善矣，而[刘]剡又重订之。自剡以后，重订者又不知凡几，盖隶首不能算其数也。而大旨皆曰前人未善，吾不得已而作焉，实则转相剽袭，改换其面貌，更易其名目而已。辑一四书讲章，是何名山不朽之业，而纷纷窃据如此？是亦不可以已乎？[②]

这亦当是后人批评元人在经学方面株守宋儒而无所创造的根本原因。

总之，吴真子《四书集成》一书，在汇集朱子及其后学对四书的诠解、方便学人研读方面，具有承前启后的贡献，是元明以来学人研求四书学的基本资料，不应忽视。其在明代以后未曾刊刻，当与后人多有叠床架屋的同类著作有关，又是《四书大全》挟朝廷功令广被王土所致。该书最大特点可以概括为“博而杂”。“博”是其突出的优点，也是该书不断受到后人重视和利用的原因，而“杂”则是其遭受诟病的根本缺点。对今人而言，由于我们不再有以朱子一人之是非为是非的科考压力，且另有《四书辑释》《四书大全》等书可作参考，故对于《集成》的“杂”乃至“泛滥”，已并不需要太过着意。反而是它的“博”，使得收录的资料非常丰富，且出处详明，具有其他著作不能比拟的价值，对细致把握朱子《集注》的甘苦用心，乃至理解四书原文和宋明理学均当甚为有用。此外，由于成书刊刻较早，该书更有方便校勘辑佚的价值，如蔡模《孟子集疏》、张栻《孟子说》现存最早的全本均为清通志堂本，显然《集成》所援据的版本更早更珍贵。再如所引据的《朱子语录》现仅存残卷，《集成》也为此书的辑佚和相关问题的研究提供了可能。

辛智慧　山东大学儒学高等研究院副教授

① 此处略有误，吴氏之书并未采辑真德秀、祝洙之著，馆臣或未见《集成》原书。

② 魏小虎汇订：《四库全书总目汇订》经部三十七《四书通义》，上海：上海古籍出版社，2016年，第1129页。

大英图书馆藏《时敏学堂课艺》内容及价值谫论*

林　相

摘　要："时敏学堂"是近代以来我国创办最早的新式学校之一，"敏于时务"的宗旨传达了学堂经世致用的办学倾向。现度藏于大英图书馆的《时敏学堂课艺》，保留了时敏学堂初创之时考课的主要情况，直观而形象地展现了戊戌维新时期教育改革的主要内容，诠释了新式教育的教学目标和教育理念，是研究学堂变迁史、科举史、史学史的重要资料，具有较高的史料价值、文献价值和思想价值。

关键词：时敏学堂　《时敏学堂课艺》　内容　文献价值

戊戌时期兴起了大批新式学校①，除名震一时的京师大学堂外，各省市亦涌现了不少新的学堂。如北京有通艺学堂、尚贤堂；上海有南洋公学、上海三等公学、育材书塾、上海经正女学；江苏有储才学堂、无锡三等公学堂；浙江有浙江求是书院、绍兴中西学堂；湖南有湖南时务学堂；江西有江西务实学堂。国外特别是日本和新加坡也有诸多华人华侨建设新式学堂。时敏学堂则是在广州兴起的新式学校，也是广东最早的民办新式学校，它的创建是对戊戌时期教育改革的积极回应。而存藏于大英图书馆的《时敏学堂课艺》，则是这所新式学校历史足迹的重要见证者，它记载了特殊时期"新式学校"的办学倾向、教学内容，在科举史、教育史等研究层面均具有重要价值。

---

* 本文为教育部哲学社会科学研究重大委托项目"大英图书馆所藏中文古籍的整理与文献学研究"的阶段性成果，批准号（17JZDW04）。

① 本文的"戊戌时期"主要指1895—1901年。

一、时敏学堂的创建与《时敏学堂课艺》的成书

《尚书·说命下》云:“惟学逊志，务时敏，厥修乃来。”①蔡沈《书集传》释曰:“逊，谦抑也。务，专力也。时敏者，无时而不敏也。逊其志，如有所不能；敏于学，如有所不及，虚以受人，勤以励己，则其所修，如泉始达，源源乎其来矣！”②《广州创设时敏学堂公启》指出，“凡期人读有用之书，国储远到之器，诚谊举矣，名曰‘时敏’，窃取《书》‘为学逊志，务时敏’之义，言敏于时务也。”可见“时敏学堂”之“时敏”虽取自《尚书》，但又并非宋儒所说的“无时而不敏”的意思。《公启》又云:“朱子曰：今日吾人之进德修业，乃异日国家拨乱反正之所系。使紫阳生于今世，其必为天算地舆格致之兴，而不为考据词章帖括之学也审矣。”③将“务时敏”解读为“敏于事务”，是基于现实层面的考量，同时体现了时敏学堂经世致用的办学倾向。光绪二十四年（1898），邓家让在《学规四箴并序》中云：

> 光绪戊戌孟春，家让计偕入都，濒行与同学诸子约醵金倡建学堂，讲求中西有用之学。五月南归，而学堂规模粗定，相与禀请督学长沙张公提倡焉。公韪其议，奖励有加。于是学堂方购图书，聘教习，肄英吉利、日本文字，以期译西政、西学诸书，为中国开智学。而一二高识远虑之士，惧才智之过，将以西学凌驾中学也，否则以中学傅会西学也。乃相戒以先儒义理之书，预杜客气，着为常课，刊入学规。七月岁试事蒇，督学亲临开课。④

指出了时敏学堂创办时的情形及“民办”性质。光绪二十八年（1902），谭颐年在《时敏学堂课艺》序中，进一步回忆了“时敏学堂”的创建和《时敏学堂课艺》的成书：

---

①（宋）蔡沈注:《书集传》，钱宗武、钱忠弼整理，南京：凤凰出版社，2010年，第113页。

②（宋）蔡沈注:《书集传》，钱宗武、钱忠弼整理，南京：凤凰出版社，2010年，第113—114页。

③ 汤志钧、陈祖恩编:《戊戌时期教育》，上海：上海教育出版社，1993年，第247页。

④（清）邓家让等:《时敏学堂课艺》下卷，光绪二十八年印本，第30页a。

天子命视学来粤，时同人议设时敏学堂，草创甫就。夏五月，尚书巡试广州，同人乃请于尚书而开课焉。尚书韪其议，以七月某日贲堂试士，区六门命题，使诸生分习，试毕，呈尚书点定。凡所甄录，皆淹贯古今、研究艺术之士。案既发，奖借有加，同人争睹为快。方拟付剞劂以代楮墨，时局忽变，其议遂寝。今春学堂扩充，莘莘章逢，弦诵其中者，皆追维尚书作人之盛意，而欲睹其所选拔之文也。同人因伸前议，付手民以饷同志……①

“时局忽变”当是指“百日维新”运动的失败。《课艺》的成书则是“因伸前议，付手民以饷同志”的结果。

二、《时敏学堂课艺》之内容述要

《时敏学堂课艺》二卷，清光绪二十八年（1902）排印本，现藏于英国国家图书馆，索书号为15241.b.15，半页9行，行33字，白口，双黑鱼尾，四周双边，版心自上而下，依次标注《时敏学堂课艺》及卷次、页码。末页钤蓝色椭圆入藏印章，印文为“BRITISH MUSEUM”“DE.31.1902”，可知此书是1902年12月31日法定送存。

《时敏学堂课艺》书前有谭颐年序及张百熙《时敏学堂学规》。如前所述，谭颐年序之内容，揭露了《课艺》的形成与刊刻背景。而《时敏学堂学规》主要论述了学堂的学规：“……自今以始，凡有肄习斯堂者，皆当守正心诚意之功，树开物成务之本，体用既备，华实兼资。……”并强调“以圣贤义理之学，植其根本”，提出“存诚”“主敬”“守廉”“知耻”的“四端”之旨。②

正文部分分为上下两卷，上卷主要涉及选举、法律、外交，包括邓家让、麦鸿钧、邓家仁等人《历代选举通议》各一篇；黄悠愈、邓谟《中国旧律考》各一篇；金曾澄、邓纯昌、杨藻芬《拟辑公法折诸》；下卷主要涉及经武、理财、格致等，包括麦鸿翔、陈兆煌《考究各国兵轮条议》各一篇；潘藻銮《以静击动其炮线距数测法共有几种详为图说》一篇；金曾洵《列国

①（清）邓家让等:《时敏学堂课艺》序言，光绪二十八年印本，第1页a。

②（清）邓家让等:《时敏学堂课艺》学规，光绪二十八年印本，第1页a、b。

新疆赋税考》一篇；金曾澄、甄兆俊《拟与英国外部论更定税则书》各一篇；罗文庄《唐宋度支得失总论》一篇；邬颖藻《流质定质传声速率表》一篇；梅荫桐《天有六气是生六疾与今西医之理有证否》一篇；张炳勋、盛景熙《平镜凹镜凸镜皆主回光说》。此外，《课艺》还著录有邓家让《学规四箴序》一篇。所谓的"学规四箴"即包括"存诚""主敬""守廉""知耻"，后附"自警"之言数则：邓纯昌、陈培昌《存诚》各一则；邓纯昌、屈衮华《主敬》各一则；邓纯昌、梅荫桐《守廉》各一则；邓纯昌、梅荫桐《知耻》各一则，这些篇章之后均有张百熙的简要评点。

三、《时敏学堂课艺》之文献价值

"书院课艺类文献是清代理学、汉学、文学、西学新学等传播及发展的重要文献，对于书院史、科举史、文学史、学术史等领域的研究都有着极高的价值。"① 撰作于"维新变法"这样一个特殊历史时期的《时敏学堂课艺》，不仅保存了时敏学堂初创时的学科体系、教育宗旨及学术队伍情况，还具有不同于其他课艺的深层价值，即这份课艺在很大程度上反映了戊戌时期教育改革的情况，这对于研究维新派教育思想、近代教育史以及广东新式学堂的变迁史来说，都是弥足珍贵的。此试举以下诸例以见一斑：

（一）《课艺》体现了"经济特科"设立时的情形

设立"经济特科"是戊戌变法时期教育改革的重要方面。② 光绪二十三年（1897）十一月二十三日，贵州学政严修奏请设经济专科折，认为"时政维新，需才日亟，请破常格，迅设专科"③，并首先提出：

> 新科宜设专名也。词科之目，稽古为荣，而日前所需，则尤以变今

① 刘明：《书院课艺类文献的特色及价值》，载《高校图书馆工作》2019年第3期。

② "经济特科"是清末戊戌变法时特设的一种科举考试科目，专为选拔"洞达中外时务"人员而设，由贵州学政严修率先提出。"光绪一朝，先后两度诏举经济特科：首为戊戌年（1898），由光绪帝下旨推行，但仅行保举而未及召试；次为辛丑年（1901），由慈禧太后下旨开办，癸卯年（1903）开考。尽管这两届特科命运迥异，但都是晚清新政的重要组成部分，不仅体现了国家考试制度、人才选拔机制乃至官员任用机制的重大革新，也折射出各派政治势力的浮沉、区域文运的迁转、社会人心的向背，对于晚清国运皆有不容小觑之影响"。（参见张海荣《经济特科考论》，载《安徽史学》2016年第6期。）

③ 汤志钧、陈祖恩编：《戊戌时期教育》，上海：上海教育出版社，1993年，第28页。

为切要。或周知天下郡国利病，或熟谙中外交涉事件，或算学律学，擅绝专门，或格致制造，能创新法，或堪游历之选，或工测绘之长，统立经济之专名，以别旧时之科举，标准一立，趋向自专，庶几百才绝艺，咸入彀中，得一人即获人之用。[①]

“经济特科”被梁启超推许为戊戌变法“最初之起点”[②]，其重点在于破格录用人才，以应对时局危机。清政府肯定了严修的主张，并在其基础上制定出“特科”考试的基本内容考试内容：第一是“内政”，如考求方舆险要、郡国利病、民情风俗等；第二是“外交”，如考求各国政事、条约公法、律例章程等；第三是“理财”，如考求税则、矿产、农功、商务等；第四是“经武”，如考求行军布阵、驾驶测量等；第五是“格物”，如考求中西算术、声光化电等；第六是“考工”，如考求名物象数、制造工程等。开设经济特科一方面昭示了清政府破格用人的巨大决心，另一方面也为下一步的科举改革夯实基础。《时敏学堂课艺》所收录文章，集中体现了设“经济特科”这一教育改革措施。如金曾澄、邓纯昌、杨藻芬三人撰写的《拟辑公法折诸》，是对“条约公法”的考求，属于“外交”层面；麦鸿翔、陈兆煌二人所写的《考究各国兵轮条议》以及潘藻銮《以静击动其炮线距数测法共有几种详为图说》，是对“行军布阵”的考求，属于“经武”一门；金曾洵《列国新疆赋税考》、罗文庄《唐宋度支得失总论》及金曾澄、甄兆俊的两篇《拟与英国外部论更定税则书》，是对“税则”的考求，属于“理财”一科；邬颖藻《流质定质传声速率表》、梅荫桐《天有六气是生六疾与今西医之理有证否》以及张炳勋、盛景熙的《平镜凹镜凸镜皆主回光说》，是对“中西算术、声光化电”的考求，属于“格物”一目。

另外，在光绪二十四年（1898）制定的《时敏学堂章程》“购书”条中，也鲜明地提出，学子读书，是为了“致用”。所购之书，都要“以经济之书为主”。中学之书，除四书五经之外，如历代地理、历朝掌故、本朝掌故、近代名臣奏议以及时贤新著，都应“不嫌博采，其经史子集，但取其有关经济者购之”。西学之书，如天算、地舆、格致、制造、政书、史志、交涉、

① 汤志钧、陈祖恩编：《戊戌时期教育》，上海：上海教育出版社，1993年，第29页。
② 梁启超：《戊戌政变记》，北京：中华书局，1954年，第32页。

公法，农矿工商兵刑等，则“分类广购，以扩见闻，而资讲习”。[①]

（二）《课艺》再现了废八股、改策论的选举主张

戊戌时期在人才的选拔上，除了设置“经济特科”延揽以外，还主张“废八股、改策论”。《时敏学堂课艺》所载邓家让《历代选举通议》云：

> 今上天亶聪明，首以兴学育才为重，诏京师设立大学堂，明定章程，妙选茂异，课以古今中外明体达用之学，各直省府州县之学堂，皆取法焉。学校选举，由此复合，鸿规茂矩，媲隆三代。若经济特科之设、废八股诗赋、改策论之议，一洗数百年科举之积弊，犹其显然者耳。[②]

光绪二十四年四月二十九日（1898年6月17日），康有为在《请废八股试帖楷法试士改用策论折》中云：“奏为恭谢天恩，特许专折奏事，请罢弃八股试帖楷法取士，复用策论，冀养人才，以为国用。”[③]作为维新派的重要人物，邓家让必然对此进行拥护，所以认为“废八股诗赋，改策论之议”，具有“一洗数百年科举之积弊”的功效。又如麦鸿钧的《历代选举通议》云：

> 今日士气积习方深，科举法令亦日益繁密，然而所得之士，使治官府则盗窃，使之守城则倍畔，断狱则不允，分财则不均。何者？耻尚之失所也，末学之驰骋也。上行法，下行伪，上下挟私，而治道殆矣。今欲惩前毖后，宜法汉宋之立学校，责郡守以进贤，天子亲策以试其才，贤者有赏，不肖者重罚，则郡守不敢徇其私，所策大义必折衷于先圣。[④]

批判地指出了科举的弊病，强调“策论”的重要性和必要性，实际上都是对“废八股、改策论”的教育改革的呼应。

（三）《课艺》突出了以“培养人才”为中心的戊戌教育改革理念

戊戌变法时期教育改革的一个突出特点是对于人才的重视。不论是“经济特科”的设立，还是“废八股、改策论”的科举变革，都是为了最大力度

---

① 汤志钧、陈祖恩编：《戊戌时期教育》，上海：上海教育出版社，1993年，第248页。

②（清）邓家让等：《时敏学堂课艺》上卷，光绪二十八年印本，第3页a。

③ 汤志钧、陈祖恩编：《戊戌时期教育》，上海：上海教育出版社，1993年，第37页。

④（清）邓家让等：《时敏学堂课艺》上卷，光绪二十八年印本，第5页b。

延揽人才。在当时的“上谕”中，对“人才培养”的关切多有表露。如光绪二十七年八月初二日（1901年9月14日）《上谕：人才为政事之本》云：“人才为政事之本，作育人才，端在修明学术……务使心术纯正，文行交修，博通时务，讲求实学，庶几植基立本，成德达才。”[①]又如光绪二十七年十月十五日（1901年11月25日）《上谕：建学储才实为当今急务》云：“建学储才实为当今急务。前经谕令各直省著设立学堂，责成该督抚学政切实通筹举办……”[②]而早在形成于1902年的《时敏学堂课艺》中，就有诸多关于“人才”的论述，如《课艺》所著录的《时敏学堂学规》言“使者职司学校，慨念时艰，思培有用之才，爰徇同人之请，既已别类分门，课之艺事，尤愿升堂入室，励厥儒修”。[③]提出培养人才是首要目标。又如陈兆煌在《考究各国兵轮条议举其著者》一篇课艺中，秉持“以人胜天，是在能者”的观点，认为中国讲求船政，设立海军，已经有很多年，但是外国“视我者如故，野蛮侮我者如故”，这是为什么？是“无人才故也”。并进一步将“人才”分为三等：智识决远，天资忠亮，其上也；秉性刚方，威克厥爱，其次也；操守清廉，敬慎畏法，又其次也。[④]

此外，包括邓家仁、谭颐年、陈兆煌、邓家让、邓纯昌等在内的诸人，皆是创设时敏学堂的董事，他们中又多为戊戌教育改革中举足轻重的人物，就此来看，《时敏学堂课艺》中保存的序言、课艺等诸多材料，在一定程度上也为研究戊戌变法人物的政治、学术思想提供了丰富的参考材料。总而言之，《时敏学堂课艺》包含了戊戌时期教育改革的主要内容，执行了当时关于新式教育的一般要求，是广东地区新式教育的开端，其价值和意义不容忽视。

林　相　山东大学儒学高等研究院博士研究生

① 汤志钧、陈祖恩编：《戊戌时期教育》，上海：上海教育出版社，1993年，第319页。

② 汤志钧、陈祖恩编：《戊戌时期教育》，上海：上海教育出版社，1993年，第319页。

③（清）邓家让等：《时敏学堂课艺》学规，光绪二十八年印本，第1页a。

④（清）邓家让等：《时敏学堂课艺》下卷，光绪二十八年印本，第4页a—第7页b。

日藏孤本《乐成六议》作者及内容考述

李若楠

摘　要：日本国立公文书馆红叶山文库所藏《乐成六议》国内未见馆藏及著录，系海内外孤本。作者为明代进士徐待聘，《乐成六议》为徐待聘任职乐清县令期间所作，对乐清当地存在的问题提出了自己的解决方案。本文详考作者生平仕履，认为该书不仅能补作者作品著录之遗，晓见其为官初期治理地方的智识谋略，也对了解明代万历时期乐清县的民风民俗和社会情况具有一定的文献参考价值。

关键词：孤本　徐待聘　《乐成六议》　乐清县

日本国立公文书馆藏有徐待聘《乐成六议》一卷，为海内外孤本。该书著录函号为史部五十五，书号为一三七八四号，册数一。书高27厘米，宽17厘米，首页题“乐成六议·全”五字。前为李培《乐成六议叙》，末题“时万历甲辰九秋之吉年家长水李培撰”；后为沈守正《乐成六议叙》，末题“万历甲辰腊月十日书于山阴道中武林门人沈守正”。两《叙》皆半页六行，行字数不一，四周单边，白口，版心上镌书名，下镌页数。板框高23厘米，宽15厘米。正文首行题“乐成六议附二山议”，次行题“琴川徐待聘”，页十行，行十九字，版式同两《叙》。《叙》首有“秘阁图书之章”朱文方印，系日本国立公文书馆藏书印，末有“至”字朱文方印，未审何人之印。因为其他版本信息阙如，据李培、沈守正《叙》，暂称万历三十二年（1604）序刊本。该书是徐待聘在乐清县（古称乐成县）任职期间，对当地治理存在的问题所提出的六条建设性意见。目前尚未见对该书进行研究者，笔者不揣浅陋，对该书的作者、内容略加详考，希望能使学界对该书有所关注和了解，不当之处，还请方家指正。

一、徐待聘生平考述

关于徐待聘家族，钱谦益有《明故陕西按察司按察使徐公墓志铭》①《南州徐氏先茔神道碑铭》②两文，对其家族有详细介绍。据两文，徐氏一脉乃东汉豫章南昌徐孺子后人，后迁居江苏常熟。南宋建炎年间有徐琼，娶李将军之女，为赘婿。徐待聘五世祖曰徐孜，未仕，子二：徐鲲、徐鲸。徐鲲次子曰徐天民，生徐俣、徐俶、徐伋、徐栻四子。徐俣生徐懋德，徐懋德无子，过继徐伋之子徐树德之次子，即徐待聘。徐待聘有四子：长子徐锡祚，次子徐锡胤，三子徐锡云，四子徐锡全，事迹并未详。

以上是徐待聘家族情况，关于徐待聘的生平，除钱氏《明故陕西按察司按察使徐公墓志铭》外，还杂见各地县志中，今略为考述如下③。

钱谦益《明故陕西按察司按察使徐公墓志铭》云："卒于天启丙寅正月初七日，享年七十有二。"④天启六年（1626）上推七十二年，则嘉靖三十四年（1555）徐待聘生。

万历二十九年（1601），徐待聘中进士。同治《苏州府志》："徐待聘，字廷珍，栻从孙，万历辛丑进士。"⑤万历辛丑即万历二十九年。又《乐清县志》："徐待聘，字廷珍，常熟人，进士。万历二十九年任。"⑥是徐待聘中进士之同年即出任乐清县令。《乐成六议》的写作时间即在此年至调任上虞县令之前。除《乐成六议》外，徐氏在任乐清县令期间还著有《雁山志胜》一书，《四库全书总目》："《雁山志胜》四卷，两淮盐政采进本，明徐待聘撰。

---

①（清）钱谦益:《牧斋初学集》，钱曾笺注，上海：上海古籍出版社，1985年，第1395—1397页。

②（清）钱谦益:《牧斋初学集》，钱曾笺注，上海：上海古籍出版社，1985年，第1522—1523页。

③ 今考述内容主要针对其履历以及与文学有关的活动，其在任职期间还有很多政事，如在上虞县时修县廨、建义冢、修寺桥等，杂见万历《温州府志》、康熙《上虞县志》、光绪《上虞县志校续》；其督淮南府之时，修高邮西门审港、治清河等，杂见嘉庆《扬州府志》、傅泽洪《行水金鉴》、顾祖禹《读史方舆纪要》，兹不赘论。

④（清）钱谦益:《牧斋初学集》，钱曾笺注，上海：上海古籍出版社，1985年，第1397页。

⑤（清）李铭皖、谭钧培:《同治苏州府志》（三），《中国地方志集成·江苏府县志辑》（9），南京：江苏古籍出版社，1991年，第572页。

⑥（清）李登云:《乐清县志》，台北：成文出版社，1983年，第1155页。

待聘，字廷珍，常熟人，万历辛丑进士，官至按察使副使。是编乃其官乐清知县时所撰，卷一为山之名胜及人物土产杂事，二卷、三卷皆佛刹，四卷则所自作诗文也。”[①]按：杜泽逊《台北访书记》曰：“《雁山志胜》……前有万历三十四年丙午徐如翰序。”[②]则在任上虞县令时方刊，然其成书或在任乐清县令之时。又万历年间《叙过氏谱后》：“明万历辛丑秋仲之吉，赐进士出身、文林郎、浙江乐清县令、十三世孙甥海虞徐待聘顿首。”[③]则其任乐成县令之时为《过氏谱》作序。

万历三十二年（1604），徐待聘自乐清调任上虞县令。康熙十年（1671）《上虞县志》：“甲辰，令徐公待聘自乐清调繁来任，以土地祠湫隘，谯楼敝坏，各更新之。又移耳房于协恭堂之左，建收粮房于仪门之内。”[④]甲辰为万历三十二年。其任上虞县令期间的文学活动，一是聘人修《上虞县志》，二是为《金罍子》作序。光绪《上虞县志校续》：“《上虞县志》二十卷，万历丙午邑令徐待聘、当湖马明瑞、邑人葛晓、车人远修。”[⑤]万历刊《金罍子序》：“万历丙午岁季秋谷旦，赐进士第知绍兴府上虞县事海虞后学徐待聘撰。”[⑥]丙午为万历三十四年（1605），二事并在此年。

万历三十五年（1606），徐待聘自上虞调任分宜县令。同治《袁州府志》：“徐待聘，常熟进士，三十五年任，廉惠懋著。”[⑦]三十九年（1611），以刑部主事改工部，历正郎。钱谦益《明故陕西按察司按察使徐公墓志铭》：“公起家为令十一年，为郎十二年。”[⑧]徐待聘为令十一年，自万历二十九年（1601）至三十九年（1611），其中为乐清令四年，上虞令三年，分宜令三年，凡十一年。为郎十二年，自万历三十九年（1611）至天启三年（1623）正十二年，次年升任湖广按察使。

万历四十六年（1618），督淮南府，修建水利。《宝应图经》：“四十五

---

①（清）纪昀:《四库全书总目提要》，石家庄：河北人民出版社，2000年，第2009页。

② 齐鲁书社编:《藏书家》，济南：齐鲁书社，2010年，第149页。

③（明）过家礼:《锡山过氏世谱》序，明万历年间刻本，第1页b。

④（明）徐待聘:《上虞县志》，台北：成文出版社，1983年，第299页。

⑤（清）储家藻:《上虞县志校续》，台北：成文出版社，1983年，第2844页。

⑥（明）陈绛:《金罍子》序，明万历年间刻本，第2页a。

⑦（清）骆敏:《袁州府志》卷六之一，同治十三年刻本，第46页b。

⑧（清）钱谦益:《牧斋初学集》，钱曾笺注，上海：上海古籍出版社，1985年，第1396页。

年七月……明年，郎中徐待聘督淮南府，同知判刘天惠筑北岸一带，长五千九百七丈，至次年告成。”[①]天启四年（1624），任湖广按察使，分守荆南道。钱谦益《明故陕西按察司按察使徐公墓志铭》：“升湖广按察使，分守荆南。”[②]《直隶澧州志林》：“徐待聘，常熟进士，天启四年任，升陕西。”[③]天启五年（1625），任陕西按察使。按：徐待聘任陕西按察使时间诸书未见，钱谦益《明故陕西按察司按察使徐公墓志铭》亦未言（雍正《陕西通志》陕西按察使有徐应聘，当即徐待聘之误，然亦未言时间）。考《明故陕西按察司按察使徐公墓志铭》言“秦抚乔应甲追比故刑侍王之采赃以巨万计”[④]，据雍正《陕西通志》，乔应甲于天启五年（1625）任巡抚陕西都御史，因系徐待聘任陕西按察使于此年。任陕西按察使之次年（天启六年，1626），卒。

二、《乐成六议》内容及评析

《乐成六议》一卷，乐成即今浙江省温州市乐清县，东晋宁康二年（374）始置乐成县，后梁开平二年（908），避后梁太祖朱诚讳，改称乐清县。该书首为《申文》，简论乐清当地风俗及《六议》著述原因。第一议为《职守议》，含军卫、邻县二议；第二议为《城池议》，含山城、水城、防城、海贩四议；第三议为《风俗议》，含禁统杀、禁护头、禁刁讼三议；第四议为《约保议》，含申约法、申保法二议；第五议为《里役议》，含收解、包揽、仓夫、恩免四议；第六议为《驿铺议》，含夫马、支应、旁费三议。六议之后为抚台尹、按台吴、盐台周三人对此六议的批示。批示之后有《二山议》，第一为《玉环议》，含正疆界、开垦、兵防、屯田四议；第二为《雁山议》，有公费一议。据其内容，此盖徐氏至乐清不及一年，考察分析乐清当地存在的问题，然后对诸问题进行分类概括，最后总结为六点上报抚台。其后又针对乐清当地存在的其他问题提出自己的看法，囊括为两大点，最后将自己的奏议裒辑为一册，付之剞劂。

---

①（清）刘宝楠:《宝应图经》卷三，道光二十八年刻本刻本，第57页b。

②（清）钱谦益:《牧斋初学集》，钱曾笺注，上海：上海古籍出版社，1985年，第1396页。

③（清）何璘:《直隶澧州志林》卷一一，乾隆十五年刻本，第5页b。

④（清）钱谦益:《牧斋初学集》，钱曾笺注，上海：上海古籍出版社，1985年，第1395页。

徐待聘之议的基本程序是先析其弊，然后提出自己的改革意见。如《职守议》涉及邻县的诉讼案件，徐待聘认为："民有界限事，则公家一涉隔县，往往视行关为故事，而奸民得行其术，则何能悬断一造之词，而高束未完之案乎？况乐清地卤民贫，半走沃土，平阳、永嘉、瑞安与台之黄岩、太平，多有乐民也。其间田土犬牙，钱粮飞诡，彼不兴戎，此亦树敌，关牒日飞，要犯潜匿。"[①]他认为县与县之间的诉讼案件存在很大问题，一是本县涉及当地与他县的诉讼时，往往相互推诿；二是涉及两县诉讼时由于通关文牒导致时间延误：这两点行政漏洞，被奸诈的民众用来行不轨之事。而且乐清地方土地贫瘠，人民穷困，往往去其他地方开辟、租种土地，因此更加容易产生同涉两县诉讼的情况。针对这一弊病，徐待聘认为："故职议彼此奉批则以衙门为先后，衙门相同则以日期为先后，而或事在一县者，则关文到日速与行提起解。总之以地方官了地方事，毋画尔我，毋拘成说，此亦奉公之至意。"[②]即涉及两县诉讼时，要以衙门所在的等级为先后，衙门级别高的优先受理；如果衙门级别相同，则以两县受理诉讼时间为先后，先接到诉状的优先受理；如果发生在外县而通知本县受理的，在关文收到之日立刻押解诉讼人。总之，对涉及两县的诉讼事件要制定相应政策，避免官员推诿塞责导致案件受理延误拖沓，确保诉讼案件得以迅速处理，可谓切中时弊。

该书行文可谓明代地方县令行文呈报的典范之作，所议内容体现了作者执政初期的政治理念，但总体而言，亦不可过度褒扬。一是徐氏持有传统文人的"官本位"思想，"以官为尊"的意识浓厚，对乐清当地民众带有鄙夷之态。上第一议邻县、第三议禁刁讼曰"奸民"，第二议海贩曰"贪夫狡侩"，第三议禁统杀曰"其民往往好刚""忘家及亲"，禁护头曰"好讼，性尤好胜"，第四议申约法曰"偷俗顽风""愚夫愚妇"，通过其用词可知徐氏将民众与自己划分开来，其执政理念在"驭民"而非"爱民"，故很难真正站在平民的立场为其谋求福祉，也难以俘获民心进而服众。二是其处理问题时，往往以"禁"为法，而不考虑禁止后如何正确处理民众难题。如第二议海贩，徐氏认为："乐清边海，惟藉诸陡门障海以卫田。而贪夫狡侩，往往贩谷贩盐，偷门出海，稍有所争，辄树兵作敌。小之破坏身家，致干法纪；大之破坏陡埭，遗害方隅。而更可虞者，即今鲸波生响，得无有揖盗入门之事

①（明）徐待聘：《乐成六议》，万历三十二年序刊本，第2页a。

②（明）徐待聘：《乐成六议》，万历三十二年序刊本，第2页b。

乎？”[①]如前徐待聘所云“乐清地卤民贫”，耕植不足以满足生活资料所需，所以有人去贩卖粮食和海盐。这样会导致两个问题，一是民众因利益之争而发声斗殴，二是容易引出海盗。徐待聘的做法是“职议海贩所当禁绝，而严为防者也”，即直接禁止民众从事粮食和海盐的贩卖。这种方法并不能从根本上解决“乐清地卤民贫”的现实问题，反而会进一步加剧社会矛盾。再如其在《玉环议》中，虽提出开垦、屯田等方法来发展粮食种植，但乐清“地卤”之现实情况亦无法改变，这种做法并不符合因地制宜的客观规律。光绪《乐清县志》曰：“昔张文忠论瓯习乐清，其失悍而迁流，靡所底止。以今之所为，变态百出，较昔而更甚。”[②]可见至光绪年间，乐清地卤导致人民迁徙的情况丝毫没有改善，反而更为严重。

总之，《乐成六议》的亡佚既有历史原因，也有自身原因，其价值更多体现在文物性上。

结　语

《乐成六议》因在其他书目中没有介绍，方志中亦未见著录，故其版本的流传情况已难以明晓。日本国立公文书馆所藏这一本子，由于缺乏有效的版本信息，只能称万历三十二年序刊本。我们怀疑此书流传不广，考光绪年间《乐清县志》，曾引用康熙间《乐清县志》，但无一处提及《乐成六议》，恐康熙年间此书即已失传。盖此书专写乐成之事，刊刻本数量寥少，又属奏议类文书，流传亦不广，所以很快便失传。但此书的发现，对于了解乐清风俗沿革以及徐待聘治政思想，仍大有裨益。

李若楠　山东大学儒学高等研究院博士研究生

①（明）徐待聘：《乐成六议》，万历三十二年序刊本，第4页a—b。

②（清）李登云：《乐清县志》，台北：成文出版社，1983年，第910页。

俄藏钱谦益批注《齐东野语》文献价值考论*

陈福盛

摘　要：俄藏钱谦益批注《齐东野语》乃元刻明补本，为目前可见最早版本，据此本可纠正当下学界对《齐东野语》版本认知的偏失。同时，该本保存了钱谦益批注五百余字，散布于各卷之中，内容丰富，多不见于钱氏传世著作中。通过书中批注，我们能够发现钱氏对考据之学的重视、对民歌俚曲的接纳以及对特定历史问题的思考，为全面了解钱氏学行提供重要的文献资料。

关键词：俄藏　《齐东野语》　版本鉴定　钱谦益　学行

俄罗斯国立图书馆东方文献中心所藏钱谦益批注《齐东野语》二十卷（以下简称"俄藏本"），乃元刻明补本，为《齐东野语》目前传世的最早版本，具有重要的文献价值。一方面，能够为我们重新审视《齐东野语》的版本源流，完善文本内容提供重要参考。另一方面，此本保存了钱谦益五百余字的批注，多不见于钱氏现存著作，为我们了解钱氏的治学方法和学术、政治思想提供了新的材料。本文试图从《齐东野语》的版本和钱谦益的学行两个方面展开论述，旨在抛砖引玉，以期引起学界对俄藏本的重视，进而充分挖掘其价值，为深入研究《齐东野语》和钱谦益提供一定的参考。

一、俄藏钱谦益批注《齐东野语》刊刻时间考证

俄藏钱谦益批注《齐东野语》20卷，1函10册，卷一至卷四，每半页11行，行满20字，各行起首空2格；卷五至卷十，每半页11行，行满17字，各行起首空1格；卷十一至卷二十，各行皆顶格，每半页11行，行满18字。

* 本文为国家重点文化工程"全球汉籍合璧工程"的阶段性成果。

白口，无鱼尾，四周双边，金镶玉装，书末有正德十年（1515）胡文璧、盛杲序，文中多处朱墨圈点，天头有批语，行间有朱墨注文。俄藏本各卷字体与纸张，多有不同，由此可知，应有补版。就整体版本形态而言，俄藏本的字体、纸张、版式大体呈现出元代版刻特征，将补刻的部分与中国国家图书馆藏明正德十年刻本（以下简称“正德本”）中对应的部分进行比较，字体、版式，基本一致，且俄藏本书末有胡、盛二人序，由此我们可以推知，补版所据底本应为正德本，且补刻时间不早于明正德十年。民国涵芬楼曾印《宋元人说部书》，其中收录《齐东野语》乃清末夏敬观据元刻明补本校对整理而成，借此我们可了解元刻本的部分信息，为明确俄藏本的具体刊刻年代提供了重要依据。夏氏对校元刻明补本、明代毛晋汲古阁重刻本和清代张海鹏《津逮秘书》本，在卷一“汉租最轻”条“文帝再行赐半租之令，二年、十二年”句下有校记：“原本二年误作余，十二年三字偏右，毛本、张本均作二年、十二年，疑此五字是夹注。”[①]夏氏所谓“原本”即元刻明补本，而其所言元刻明补本的特点正与俄藏本吻合，结合上文所言俄藏本的版式特征，我们认为俄藏本为元刻明补本应该是没有问题的。

根据书上钤印，我们能发现此本流传的一些线索。封面内侧钤“南满洲铁道株式会社图书印”，目录页右下钤“大连图书馆藏”，正文首页右下钤“钱谦益印”，据此可知曾被钱谦益收藏。笔者查阅《绛云楼书目》未发现相关著录，或为钱氏后期藏书。全书仅有三方钤印，说明此书在国内流传并不广泛，后入满铁大连图书馆，现藏俄罗斯国立图书馆东方文献中心。

二、当前学界对《齐东野语》版本认知的偏失

上文已经考证俄藏《齐东野语》为元刻明补本，能够帮助我们纠正学界对《齐东野语》版本认知的诸多偏失。

目前，已出版多种《齐东野语》点校整理本，以中华书局张茂鹏点校本（以下简称“中华本”）最为优良，其他版本各有优长，但均以此为宗。该书前言处详细梳理了《齐东野语》的版本源流，代表当下学界对《齐东野语》版本的基本认知。一般认为，《齐东野语》最早有元刻本，后有明正德十年耒阳胡文璧重刻本，此二本现已不得见。目前流传较好的版本有：涵芬楼

① （宋）周密：《齐东野语》，张茂鹏点校，北京：中华书局，2004年，第19页。

《宋元人说部书》中夏敬观据元刻明补本校本、《稗海》重刻本、《津逮秘书》本、《学津讨原》本，另外尚有一些选录的一卷本。[①]中华本第一版时间为1983年，以涵芬楼《宋元人说部书》中夏敬观校本为底本，校以《稗海》重刻本、《津逮秘书》本、《学津讨原》本等诸多版本，博采众长，校对精良，堪称善本。然而，对《齐东野语》版本之考察有失谨严，其最大的问题在于忽视了对正德本的参校。可能由于当时古籍普查工作没有全面开展，获取的资源和信息有限，故而整理者认为正德本已不存，然2004年中华本再版，也没有弥补这一缺失。据《中国古籍总目》可知，《齐东野语》传世版本众多，仅正德十年刻本就有北京大学图书馆、重庆市图书馆、南京图书馆等多家机构存藏。[②]2012年上海古籍出版社黄益元点校整理《齐东野语》依旧只字未提正德本，实属不该。

目前学界对《齐东野语》的版本认知仍有偏失。《中国古籍总目》[③]和《中国古籍善本总目》[④]均将孙星衍跋本认定为正德本。然据笔者查考，孙氏跋本与正德本实为两个不同的版本。中国国家图书馆藏明正德十年（1515）刻本，前有周密自序和戴表元序，书后有胡、盛二人序，卷一至卷四，每半页11行，行20字，各行起首空2格；卷五至卷十，每半页11行，行17字，各行起首空1格；卷十一至卷二十，各行皆顶格，半页11行，行18字，黑口，多黑鱼尾。清人孙星衍《平津馆鉴藏记书籍》卷二明版下著录:《齐东野语》20卷，题齐人周密公谨父，前有密自序，提行犹是宋本原款，后有正德十年胡文璧序，正德乙亥盛杲序，每页22行，行18字，卷四以上，每页空2格，卷十以上，每页空1格，有“甘润堂”朱文长印。[⑤]

据《中国古籍总目》，孙氏跋本现存上海图书馆。经目验知，孙氏跋本与正德本行款一致，然具体版式有明显不同，国图所藏正德本为黑口，多黑鱼尾，而孙氏跋本为白口，无鱼尾，部分文字亦有出入。其实，关于这个问

①（宋）周密:《齐东野语》，张茂鹏点校，北京：中华书局，2004年，第2—3页。

② 中国古籍总目编纂委员会:《中国古籍总目》子部第4册，上海：上海古籍出版社，2010年，第1665页。

③ 中国古籍总目编纂委员会:《中国古籍总目》子部第4册，上海：上海古籍出版社，2010年，第1665页。

④ 翁连溪编校:《中国古籍善本总目》子部第3册，北京：线装书局，2005年，第976页。

⑤（清）孙星衍:《平津馆鉴藏记书籍》，焦桂美标点，上海：上海古籍出版社，2008年，第90页。

题，傅增湘早已留意。傅氏《藏园群书经眼录》中梳理了《齐东野语》的三个版本系统：较早刻本、正德刻本、清抄本。[①]清抄本据正德本抄录而成，兹不赘言。傅氏所见较早明刻本钤“甘润堂”“臣星衍印”，此本应该就是孙氏跋本，后又被曾国藩收藏，几经辗转，为傅氏经眼，现藏于上海图书馆，对此傅增湘亦有一段描述：“余曾见一旧本，十一行二十字，白口，与此本不同，为湘乡曾氏旧藏，当是正德以前所镌，第流传绝少。”[②]将孙星衍跋本与俄藏本比较，两书的内容、字体、版式均基本一致，由此我们可以认为二本实为同版。孙星衍很可能是因为书后胡、盛二人序文，而主观断定其为正德十年刻本，后人又疏于核查，遂以讹传讹。俄藏本的出现，为我们重新考察《齐东野语》的版本提供了重要依据，借此纠正学界固有的错误认知，这正是其文献价值的体现。

三、钱谦益学行新探

作为明末清初著名学者，钱谦益历来受到学界重视。2003年，上海古籍出版社出版钱仲联标校《钱牧斋全集》[③]收录钱谦益传世著述，书后附有年谱、序跋、别传、祭文等资料，点校精良，网罗繁复，是研究钱谦益的主要资料。除此之外，钱谦益编著《列朝诗集》《钱注杜诗》《绛云楼书目》和潘景郑辑校《绛云楼题跋》皆为研究钱氏学行的重要文献，另有不少辑佚成果[④]，亦可资参考。俄藏钱谦益批注《齐东野语》保存了钱氏大量的批校跋语，据笔者统计，多达五百二十六字，多不见于钱氏现存著作之中，尤显珍贵。这些题跋内容丰富，涉及面广，除了文字校勘、名物考证、史实考索以外，还有对历史事件、历史人物和文学掌故的评论，为我们研究钱谦益学行提供了新的资料。

清代考据之风盛行，早在由明入清的钱谦益身上已现端倪。钱氏批校尤其重视对文本的校勘，多处批语是对文本形态的描述。如“此页在前”“此页在后”“落页”“错入”等。有对文字的考订和修改。如卷四“曝日”中提

① 傅增湘:《藏园群书经眼录》，北京：中华书局，2009年，第602页。

② 傅增湘:《藏园群书经眼录》，北京：中华书局，2009年，第602页。

③（清）钱谦益:《钱牧斋全集》，钱仲联标校，上海：上海古籍出版社，2003年。

④ 陈开林:《钱谦益佚文辑考》，载杜桂萍、陈才训主编《明清文学与文献》第8辑，2019年。

及:“楼攻魏尝取白醉二字皆以名阁，陈进道为赋诗，攻魏次之云：处世难独醒，时作映檐醉。”钱氏批注:“魏字讹，是愧字。楼钥所居名曰攻愧斋。”据查，楼钥为南宋文人，字大防，号攻愧主人，有《攻愧集》传世。卷十六“腹腴”处钱氏批注:“腹腴，腴音于，腹下肥肉也。腴非。腴今瘦。”有名物考证。如卷十“轻容方空”处钱氏批注:“轻容疑即今之水纱”。还有对史实的考证。如卷七“洪君畴”处:“翌日，果有御笔洪天锡除大理少卿，而公去国矣。”钱氏批注:“宋以御史除大理少卿为左迁，今为陞缺”。卷八“登闻鼓”处“《笔谈》言洛京留台有旧案，言国初取索卤簿法仗，报言：本京卤簿，因清泰间末帝将带逃走，不知所在。人传以为笑。”钱氏批注:“清泰系后唐庆帝年号非后梁末帝也。”由此可见，钱氏治学之严谨，实开清代考据风气之先。

钱谦益由明入清，亲历家国更迭，对朝代兴替，存亡之道体悟尤深。然而，碍于清廷严密控制，只能借历史兴叹来抒发家国情怀和一己之见，具体表现在对历史事件和历史人物的品评之中。卷二“张魏公三战本末略”第一战富平之战主要写张浚嫉贤妒能，用人不善，明知金兵屡被曲端打败，却因轻信小人谗言而弃之不用，导致宋军失利。钱氏对此深恶痛绝，批注云:“既知端为虏之所惧，奚以贬之，甚恶。”当读到“既而张中孚、李彦琪、赵彬，相继降虏，遂犯秦州，又犯熙河，又围庆州，于是五路悉陷。浚以三人皆曲端心腹，疑端必知其情，王庶复谮端不已。时西人多上书为端诉冤者，浚亦忌其得众心，乃杀之于秦州狱。”处，用“犹有是人”四字，来表达内心的愤怒和憎恶。卷七“洪君畴”下“六月（洪君畴）上封事，力陈公田、关会之弊”处，钱氏批注:“宋之亡国在此。”南宋末年，豪强兼并，膏腴土地集中于贵势之家，农民田土日少而差役日重，难以负担。同时，政府财政入不敷出。公田法是南宋政府为增加赋税收入而向民间强制征购土地的措施。本意是为限制土地过度集中，将官户田产超过标准的部分抽出三分之一，由国家回买作为官田，租赁给无地农民耕种，政府增加收入，农民有地可种，一举两得，解决财政危机。然而，在具体的实施过程中严重变形，名为回买，实为强夺，反而加深了社会危机。官吏舞弊，中饱私囊，激化了社会矛盾。官田收租，横征暴敛，激起阶级冲突。官府为了买田，大量增印关子、会子，严重加剧了通货膨胀，让风雨飘摇的南宋王朝更加动荡不安。钱氏一针见血地指出南宋王朝的弊政之所在，可谓真知灼见。

除了考证和史论以外，还有对文本内容和文学掌故的评论。如卷八“罗春伯政事”言：

> 罗点春伯为浙西仓摄平江府。忽有故主讼其逐仆欠钱者，究问虽得实，而仆黠甚，反欲污其主，乃自陈尝与主馈之姬通，既而物色，则无有也。于是遂令仆自供奸状，甚详，因判云：“仆既欠主人之钱，又且污染其婢。事之有无虽未可知，然其自供罪状已明，合从奸罪定断，徒配施行。所有女使，候主人有词日根究。”闻者无不快之。[①]

钱氏批注：“此断殊快人意。”此处钱氏对文本内容的评价与周密一致，皆认为罗点断案机智公允，合乎天理民心。钱氏另有一些批注，表达出与前人不同的看法。如卷十一“朱芮杀龙”：

> 吴兴彰南朱教授，失其名，尝江行，舟人急报小龙见，请祷之。朱出视之，小蛇也，以箸夹入沸汤中，蛇跃出，自投于江，却行波面，盼朱再四乃没。有顷，片云霹雳，烟雾蔽舟。既而视之，舟上一窍如钱，朱已毙于舟中矣。
>
> 又王村芮祭酒烨，初任仁和尉。长河堰有龙王庙，每祭则有小蛇出，或止香炉，或饮于杯，往来者谨事之。堰岁数坏，人以为龙所为。芮疲于修筑之役，一日，焚香设奠，蛇果出炉上。芮端笏数之曰：“有功于民者乃得祀。龙，庙食于此，未尝有功，而岁数坏堰，劳民之力，为罪多矣。无功有罪，于国法当杀。”即举笏击之，应手碎。是夕，宿于近地，疾风甚雨，大木尽拔，土人大恐，而芮处之自若。后卒为名臣，其幸不幸也如此。[②]

最后一句“其幸不幸也如此”，正德本、俄藏本均做“其幸也如此”。“朱芮杀龙”记载两则故事，同为杀蛇，主人公结局迥异，其一主人公葬身舟中，客死他乡；其二主人公拜将封侯，青史留名。周密将两则故事放在一起，用意很明确，“其幸也如此”代表了周密的态度，他认为结果不同跟个人运气有关。钱谦益对此却有不同的看法，他认为：“此乃芮公浩然之气充塞宇宙，邪不胜正耳，周公谨以为幸免，议论乖张，不可为训。”钱氏认为后

①（宋）周密：《齐东野语》，张茂鹏点校，北京：中华书局，2004年，第133页。
②（宋）周密：《齐东野语》，张茂鹏点校，北京：中华书局，2004年，第208页。

者秉持公道，正道而行，自然无所畏惧，与运势无关。显然，钱氏的说法更有见地。钱氏批注中还涉及对诗词的评点，如卷十一“蜀娼词”中娼妓作小词答客：

说盟说誓，说情说意，动便春愁满纸。多应念得脱空经，是那个先生教底？不茶不饭，不言不语，一味供他憔悴。相思已是不曾闲，又那得工夫咒你？

又述送行词云：

欲寄意，浑无所有，折尽市桥官柳。看君著上征衫，又相将放船楚江口。后会不知何日又，是男儿，休要镇长相守。苟富贵无相忘，若相忘有如此酒。①

对于此二首小词，钱氏注云：“淡而多旨。”娼妓在中国古代社会里是较为特殊的女性群体，虽然地位卑微，但是往往敢爱敢恨，直爽泼辣，且多有才情。两首小词，与传统文学式样不同，然而读起来朗朗上口，感情真挚热烈，诚可谓语淡而情深，言简而意长。由此亦可看出，钱氏对民间通俗文学的重视。

结　语

限于篇幅，俄藏钱谦益批注《齐东野语》的诸多价值未能一一展示，他日另撰文讨论。然就上文所述，已见其端。钱氏批校文字，他处不可见，能够为我们更加全面地了解钱氏的学行及思想提供更多直观材料。同时，作为目前可见最早的版本，俄藏《齐东野语》与正德本、中华书局点校整理本均有不少出入，拙文仅从宏观角度进行了一些探索，尚需更加深入细致地比对，方可弥补当下通行本之不足。希望拙文能够引起学界更多的关注，抛砖引玉，以期更为可靠、完善的《齐东野语》点校整理本出现。

陈福盛　山东大学儒学高等研究院博士研究生

①（宋）周密:《齐东野语》，张茂鹏点校，北京：中华书局，2004年，第195页。

加拿大不列颠哥伦比亚大学图书馆藏抄本《南迁录》*

黄　莞

摘　要：加拿大不列颠哥伦比亚大学图书馆藏有《南迁录》抄本一卷，誊录工整，字体美观大方，钤多家藏书印，又有详细注文校补，可以说是《南迁录》现存版本中的善本，海外所藏仅此一种，国内版本皆不如该本内容精善。《南迁录》虽然充满争议，所记内容与史不合，然而清朝西北史地学的兴盛以及其中蕴含的文化价值，使之得到了李文田等一众名家的关注而得以流传。

关键词：李文田　《南迁录》　流传

《南迁录》记载金朝在内忧外患中由燕京南迁开封之始末，内有诸王叛乱，外有蒙古铁骑步步紧逼，由诛郑王允蹈始，至贞祐南迁而终。《南迁录》现存版本多达21种，其中加拿大不列颠哥伦比亚大学图书馆所藏抄本书法精善，字体古雅，工整不苟；有校改、批注，用《大金国志》补全了传世版本之逸文；又有多家藏书印记、题识序跋，可谓是《南迁录》存世版本中最精善者，具有较高的文物价值、文献价值、艺术价值。加藏本《南迁录》有温澍梁跋，称此本为李文田抄本。

一、李文田与《南迁录》抄本

李文田，字芍农，广东顺德人。清道光十四年（1834）生，咸丰九年（1840）探花，官至礼部侍郎兼工部侍郎。光绪二十一年（1895）卒，年六十一，谥号“文诚”。李文田学识渊博，涉猎广泛，长于书画、金石、天文、地理、历算、兵法，治学勤奋，对于西北史地、水利尤其精善，是清末重要的书法家、碑学家、史地学家、藏书家，藏书室称“泰华楼”。李文田对于西北史地研究颇深，考索极详，著有《元朝秘史注》《元史地名考》《西游录注》《塞北路程考》，对于西北史地的学术热情使得李文田注意到《南迁录》一书，对其进行抄校勘补，使之成为善本。

《南迁录》李文田抄本，现藏于加拿大不列颠哥伦比亚大学图书馆。半叶10行，21字，蓝格，四周双边，版心花口，单鱼尾。天头与行间有温澍梁朱笔批注，李文田所抄脱文之处均有温澍梁朱笔增补校改。书名页题“《南迁录》一卷，史部杂史类存目五十二号，金张师颜撰”。卷首有钦定四库全书总目《南迁录》提要，右下角钤梁汝洪“紫云青花砚斋”朱文方印，温澍梁“漱绿楼藏书印”朱文方印。后接张师颜序，张序后为浦元玠序，天头钤曾钊“面城楼藏书印”朱文方印，姚钧石“民国庚辰”朱文方印、“钧石所藏金石书画印”朱文方印。正文首页钤“妻梅子鹤”朱文方印，梁汝洪“紫云青花砚斋”朱文方印，姚钧石“姚钧石印”朱文方印、“姚钧石藏书”朱文方印、“蒲坂书楼”白文方印，“栋臣”朱文方印，“曾钊之印”白文方印。正文后附浦梅隐题识，钤“紫云清花砚斋”朱文方印，“漱绿楼藏书印”。后附李文田朱笔抄录《宾退录》评价《南迁录》的部分，并附李文田后记三则。其后有温澍梁朱笔题识，钤“紫云清花砚斋”朱文方印。书末附李文田抄录李心传《建炎以来朝野杂记》一集第十九边防门“女真南徙”条。

除李文田抄本外，《南迁录》现存版本多达20种，现将其藏本状况与藏书地罗列如下：

1. 纯白斋明抄本，现藏于国家图书馆，10行22字，白口，四周双边，钤藏书印“武昌柯逢时收藏校定本”“石香室”。无张师颜序，有浦元玠、浦梅隐跋。该本有注文，但漫漶不清，难以辨认。

2. 明抄本，现藏于台湾图书馆，9行，18字，无格。钤藏书印“吴湖帆”“应陛手记印”“吴湖帆印”“吴氏宝库”“德均所藏”“价藩”“百耐眼福”“莲圃收藏”“吴湖帆珍藏印”“梅景书屋”“吴氏图书记”“密均楼”“祖诒审定”“甲子丙寅韩德均钱润文夫妇两度携书避难记”“韩印绳夫”“吴印湖帆”“东庄”“松江读有用书斋金山守山阁两后人韩德均钱润文夫妇之印”“古娄韩氏应陛载阳父子珍藏善本书籍印记”。有张师颜序，浦元玠、浦梅隐跋。有近人蒋祖诒、吴湖帆手书题记。

3. 明苍雪庵抄本，现藏于上海图书馆。

4. 明崇祯七年（1634）陆嘉颖抄本，现藏于国家图书馆。

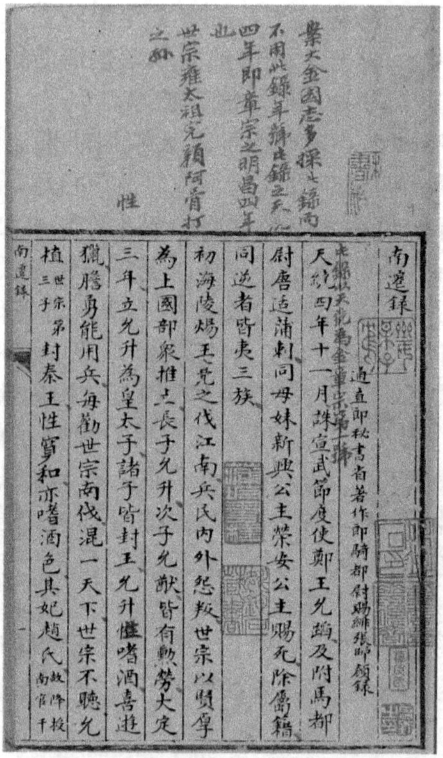
南遷録
通直郎秘書省著作郎騎都尉賜緋張師顔録
天統四年十一月誅宣武節度使鄭王允蹈及附馬都
尉唐适蒲剌同母妹新興公主榮安公主賜死除屬籍
同逆者皆夷三族
初海陵煬王亮之伐江南兵民内外怨叛世宗以賢厚
為上國部衆推立長子允升次子允猷皆有勲勞大定
三年立允升為皇太子諸子皆封王允升儘嗜酒喜遊
獵膽勇能用兵每勸世宗南伐混一天下世宗不聽允
植世宗第三子封泰王性寛和亦嗜酒色其妃趙氏

图1　李文田抄本书影

5. 明穴砚斋抄本，现藏于台湾图书馆。14行22字，四周单边。无张师颜序，有二浦跋。

6. 清初抄本，现藏于山东省图书馆。10行24字，无格。无张师颜序，有浦元玠、浦梅隐跋，有王士禛跋。钤王士禛藏书印“池北书库”“文学侍从”“怀古田舍”。

7. 清初徐轨抄本，现藏于苏州图书馆。

8. 宝闲斋清抄本，现藏于国家图书馆，10行20字，花口，左右双边。钤藏书印“铁琴铜剑楼”。有张师颜序，有浦元玠、浦梅隐跋。

9. 毛氏汲古阁抄本，现藏于国家图书馆，14行22字，黑格，白口，四周单边。有周叔弢校跋并录黄丕烈校，有黄丕烈题识。钤毛晋藏书印“字子晋”“子晋私印”，钤藏书印“天贰李仲樽印”。有浦元玠、浦梅隐跋。有张师颜序，黄本无张序，周叔弢据叶本补。

10.清咸丰年间刘履芬抄本，现藏于国家图书馆。10行25字，无格。钤刘履芬藏书印“江山刘履芬观”“刘履芬字彦清”“江山刘履芬彦清手收得”“莎厅课经”，钤藏书印“长州章氏四当斋珍藏书籍记”。有张师颜序，有刘履芬跋，无二浦跋。

11.清抄本金国南迁录，现藏于国家图书馆。11行20字，白口，左右双边。钤藏书印“王宗炎所见书”“翁斌孙印”。无张师颜序，有二浦跋。

12.清抄本，现藏于台湾图书馆。11行，22字，无格。钤藏书印“古香楼”“休宁汪季青家藏书籍“曾经东山柳蓉邨过眼印”“扊研斋”“柯庭浏览所及”。有张师颜序，有二浦跋。

13.清抄本，现藏于台湾图书馆。8行，17字，无格。封面书“朱竹垞藏本”，扉页书“南迁录、南烬纪闻皆伪书”。钤藏书印“王氏二十八宿研斋秘籍之印”“谦牧堂藏书记”“朱彝尊锡鬯父”“梅会里朱氏潜采堂藏书”“常熟翁同龢藏本”“谦牧堂书画记”。有张师颜序，有二浦跋。有翁同龢过录彭元瑞读书跋尾并手跋。

14.道光十一年（1831）晁氏六安刻本。10行21字，花口，左右双边。有张师颜序，有二浦跋。

15.清劳格校本，藏于上海图书馆，有劳权校跋。

16.清抄本金国南迁录，现藏于上海图书馆。有屈振镛跋，曹元忠、潘景郑校跋，程铭敬跋。

17.清抄本，现藏于南京吴江图书馆。有顾我德校跋，佚名录吴翊凤跋。

18.清袁氏贞节堂抄本，现藏于台湾图书馆。

19.清末天尺楼抄本，现藏于国家图书馆。

20.清宣统二年曾刚甫抄本，现藏于国家图书馆。

《南迁录》版本虽多，但各个版本内容大体一致，仅细微之处文字有所区别，皆有脱文缺页，内容不全。其中最精善本为李文田抄本，李文田以学海类编本对校，又因《大金国志》全收《南迁录》之内容为故，以《大金国志》校补缺页脱文，使之文从字顺，内容完整，得成善本。温澍梁赞该本“勘补精详，世间是书当无有善于此本者。亟为之校录一过，且拟命工排印，以公诸海内。”①不知何故，竟未见付梓。

①（金）张师颜：《南迁录》，温澍梁题识，加拿大不列颠哥伦比亚大学图书馆藏李文田抄本，第53页a。

二、《南迁录》的传抄原因

历代学者对《南迁录》一书多有争议，或认为其中记载荒诞不经，是为伪作，或以为其中意义并未被挖掘。早在产生年代，南宋著名史学家赵与时就判其为伪书："虏事中国不能详，然灼知其伪者已如此，而士大夫多信之。"[①]此书内容与史抵牾不合，历代学者多以为是伪书无疑。四库馆臣称其"出于宋人雪愤之词，而又假造事实以佐证之。"[②]邓广铭更是断言《南迁录》是不具有任何参考价值的伪书。[③]然而《大金国志》几乎全文收录了《南迁录》，魏源编纂《元史新编》多处采用《南迁录》的内容，李文田认为其中所蕴含的史料价值并未被彻底挖掘。

这样一本充满争议的小书受到了历代藏书家的青睐，现存版本数量多达21种，几乎全部为抄本，还带有名家题跋。毛晋、王士禛、劳格、劳权、周叔弢、李文田、翁同龢、彭元瑞、叶景葵、顾我德都曾收藏或誊录过《南迁录》，其中原因大抵有三：其一是家国情怀的隐晦表达；其二是受西北史地研究风潮的影响；其三是其文献价值之外的文化价值。

《南迁录》记载金王朝由盛而衰，与士人的家国情怀产生共鸣，以史为鉴。古代士人具有强烈的家国情怀，陶铸民族大义，将个人命运与国家兴亡紧紧相连。《南迁录》现存大量明末清初抄本。陆颖嘉抄本抄于崇祯七年（1634）。陆颖嘉字子垂，又字明吾，嘉定人。天启年间官至主簿，明亡后与其子陆坦隐居。曾作《心史跋》称"'我知我《久久书》必开大明之天'，已兆我太祖攘夷之谶，何其神也！"[④]崇祯七年天灾不雨，赤地千里，农民起义势头正盛；李自成张献忠等部入河南，破关中；后金大军二次攻明，沿边寨堡多地失守。此时的大明四面楚歌，危在旦夕，正如《南迁录》中金末的颓败之势。穴砚斋本抄于崇祯年间，其誊抄者徐轨，崇祯九年（1636）生人，

---

①（宋）赵与时:《宾退录》卷三，齐治平点校，上海：上海古籍出版社，1983年，第40页。

②（清）永瑢等:《四库全书总目》卷五二《史部八·杂史类存目一·南迁录一卷》，北京：中华书局，1965年，第473页。

③ 邓广铭:《史籍考辨》,《邓广铭全集》第九卷，石家庄：河北教育出版社，2005年，第548页。

④（宋）郑思肖:《郑思肖集》，陈福康点校，上海：上海古籍出版社，1991年，第302页。

清初随父隐居，康熙十七年（1678）获隽博学鸿儒词科，入翰林院修撰《明史》。汲古阁毛晋、纯白斋本校者金俊明明亡后也以遗民自居，隐居不仕。可以想见，异族入主，明朝无力回天的悲凉处境，正如《南迁录》中金朝的溃败之象。“江南的文人才子们常常在风流诗酒之间，不断通过怀旧的方式寄托对前朝的哀思与怀念……满人在江南屠杀的记忆弥散到各种著作和诗文中，往往导致江南士人以各种怪异的行为或言辞表达对满人作为‘夷狄’入主中原的不认同感。”①清初严苛的文化政策使得士人寄情于隐喻，并不计较该书真伪，抄录一过，以抒发其家国情怀。明亡之时如此，清末亦是如此。王朝鼎革之际，文人士子只可将家国忧患植埋于笔墨，以该录所绘之图景为宣泄对象，从历史轮回中求得超然。刘履芬跋云：“同治甲子夏五，从戎袁浦，烛下拾此，感念旧都成宿草。余经历忧患十余年，学问毫无长进，观河面皱之，叹常不在波斯匿王也。”②近人吴湖帆亦有云：“丁丑残冬，兵事正亟，读此录知古今似一辙也，曷胜慨叹，漫志书后，掷笔惘然。”③

清朝后期，在经世思想及中西交冲的世界格局影响之下，西北史地蔚然成风。边陲史事与现实政治相结合成为当时学者的研究方向。然而少有亲自考察边疆的机会，西方地理学知识的缺乏，西北史地资料的稀缺，学者纷纷重回文献整理的研究路数。由于金史与蒙元史研究资料的缺失，《南迁录》一书因其对于蒙金战争的记载，重新回到了人们的视野中。彭云楣“以金源文字传者甚少，亟录之。”④并以《金史》详校之。李文田也对《南迁录》做了详细校对，在李文田看来，《南迁录》一书虽为伪书，其中所记内容却并非虚构，有其独特的史料价值，足以与史书互证，“足见宋人辑此录时，虽依托金人，然亦不尽向壁虚造，当分别观之也。”⑤这也是李文田手抄批校《南迁录》的原因之所在。程铭敬以为《南迁录》所载秦桧为奸细确有其事：“金国迁汴之时，其直学士孙大鼎奏疏明言天会八年之冬，诸大臣会于黑龙江之柳林，相议谓桧可用。下云秦桧自理欺世，不料后日金人自言之甚详。又王应麟《困学纪闻》自注金虏《南迁录》载孙大鼎疏言遣桧间我以就

---

① 杨念群：《何处是江南》增订版，上海：上海三联书店，2017年，第14页。

②（金）张师颜：《南迁录》，国家图书馆藏刘履芬抄本，第1页a。

③（金）张师颜：《南迁录》，台湾图书馆藏明抄本，第59页b。

④（金）张师颜：《南迁录》，台湾图书馆藏清抄本，第74页b。

⑤（金）张师颜：《南迁录》，加拿大不列颠哥伦比亚大学图书馆藏李文田抄本，第60页a。

和，桧之奸状若矣云云。据云《南迁录》无有未可厚非此。”[①]又以为《南迁录》记载与《金史》不同之处也有参考价值，“不无以乖异至此……是书之与以意度之，或当时正统未定，诸王（世宗子九人）纷纷之争立，各自植党私窃，著录因之载而异然乎。”[②]清人治学严谨，重视西北史地一手资料，故而对于《南迁录》十分重视，并没有随意当作伪书而弃之不顾。

明清藏书家有借书抄书以互通有无之风气，《南迁录》问世以来并未付梓，靠传抄誊录的形式才得以流传，不断的传抄过程赋予了《南迁录》独特的文化价值、文物价值与收藏价值。明末清初之际这书被叶树廉、金俊明、毛晋等著名藏书家誊录收藏之后更是身价倍增。王士禛、黄丕烈、朱彝尊、翁同龢、劳格、李文田、周叔弢等名家都曾收藏过是书。曹元忠跋云：“（《南迁录》）当出于南朝小说家手……惟传写本不易得，明钞尤为可宝。”[③]《南迁录》的流传正是学术交游与藏书风气的缩影，在其序跋中也多有体现。现存抄本中，有些抄自其他藏书家，譬如黄丕烈跋云：“右叶石君校藏本，海宁陈仲鱼借以示余。”[④]周叔弢跋云：“己巳十月，得黄荛圃校叶石君本与此册对勘一过，并补录张序。……顷见松江韩氏藏旧抄本《金国南迁录》有金孝章墨笔手校，因传写一过。”[⑤]也有些抄自亲朋师友，譬如温澍梁抄自其师李文田“癸未花朝同邑李仲田约学士见过，出其手自校补本，见示勘补精详，世间是书当无有善于此本。”[⑥]吴湖帆得自亲友“明钞金国南迁录，为吾乡金耿庵先生旧藏书，有先生手校十余处，昔藏华亭韩氏，去年韩氏书散，遂为密韵楼主所得，楼主以吾家老屋为先生故居，曩先祖所收耿庵先生书画数事，今皆藏余处，因举相赠，以符先志也。”[⑦]

黄　莞　山东大学儒学高等研究院博士研究生

①（金）张师颜：《南迁录》，上海图书馆藏清抄本。

②（金）张师颜：《南迁录》，上海图书馆藏清抄本。

③（金）张师颜：《南迁录》，上海图书馆藏清抄本。

④（金）张师颜：《南迁录》，国家图书馆藏汲古阁本，第33页b。

⑤（金）张师颜：《南迁录》，国家图书馆藏汲古阁本，第34页a。

⑥（金）张师颜：《南迁录》，加拿大不列颠哥伦比亚大学图书馆藏李文田抄本，第53页a。

⑦（金）张师颜：《南迁录》，台湾图书馆藏明抄本，第59页b。

傅圣泽汉籍旧藏的形成、流散与文化价值考释*

毕研哲

摘　要：耶稣会索隐派传教士傅圣泽在1722年返欧时携走的5700余册汉籍是马礼逊之前规模最大的一次汉籍西渡，在整个汉籍西传史上亦属罕见。其中约3980册属傅圣泽个人藏书，1760余册是他为法国皇家图书馆所购书。然而，大批傅圣泽藏书却悄然散佚，不知何往。经考证和目验，大英图书馆在1844年1月购入的一批数量为1166册的藏书，绝大多数都是傅圣泽遗藏。这批藏书经历了拿破仑战争，随后转卖至伦敦，被德文郡公爵购买，最后入藏英图。在这批藏书中，最重要的书籍莫过于傅圣泽以法语、拉丁语批注的《周易》《尚书》《诗经》《礼记》《道德经》《说文解字》等书。傅圣泽返欧后，在启蒙思想家、文学家中传播中国文化和思想，极大推动了中国文明在欧洲的接受。

关键词：英图　傅圣泽　汉籍　流布

傅圣泽（Jean-Françoise Foucquet，1665—1741），法国耶稣会传教士，1699年来华，1722年返欧，属索隐派汉学家。最初在福建、江西传教，1711年被康熙帝召入宫与白晋一同研习《易经》，继而研究天文、历法，并教授康熙帝西方数学。[①]康熙末年，礼仪之争再度被激化，傅圣泽被召回欧洲。其返欧时，傅圣泽携其私人藏书以及为法国皇家图书馆（以下简称法图）所购书籍，与其中国助手胡若望，分乘两艘帆船西行。这批汉籍数量庞大，雷慕沙（Abel-Rémusat，1788—1832）即云：傅圣泽藏书是那个时代“一位

---

* 本文为教育部哲学社会科学研究重大委托项目“大英图书馆所藏中文古籍的整理与文献学研究”的阶段性成果，批准号（17JZDW04）。

①［美］魏若望《耶稣会士傅圣泽神甫传：索隐派思想在中国及欧洲》，吴莉苇译，郑州：大象出版社，2006年，中文版序第2页。

欧洲人能完成的最大宗最上乘的收藏”[①]。后来，傅尔蒙（Étienne Fourmont，1683—1745）公布了一份《1722年耶稣会傅圣泽神甫从中国带来的中文书籍目录》[②]，收书约3980册，这部分藏书据说最初被存放于罗马传信部。

目前梵蒂冈教宗图书馆的傅圣泽藏书是不完整的，在法图、英图亦发现了傅圣泽藏书的遗迹，尤其是英图发现较多傅圣泽遗书。而傅圣泽藏书如何在中国被购买并运往罗马，如何从罗马被转移至英图，英图到底藏有多少傅圣泽汉籍，种种问题均悬而未决。下文以傅圣泽藏书的流转脉络为突破口，论及英图庋藏傅氏遗书的形貌，以及傅氏藏书所带来的文明交互意义。

一、傅圣泽藏书的形成与流布

（一）傅圣泽藏书的形成

傅圣泽在华22年之久，其间收藏了数量庞大的汉籍。1720年11月5日，傅圣泽在有16只骡子的车队陪同下，带着他的藏书从北京出发去往广州，以乘船返欧。[③]根据其藏书中的一份由中国学者用汉字书写的《十四夹板内书单》，这批书籍一共有14包348种，包含一些被称为“洋书”的西方书，该行李书单即被钟鸣旦（Nicolas Standaert）称为“北京书单”[④]。傅圣泽并未将他在北京的所有书籍带至广州，他在1725年被任命为主教后，曾开出一份遗失清单，大约有25种书题。根据另一份法文书单，在滞留广州期间，傅圣泽又购入了100余种新书，书籍总数达到325种，以及约29种附加书题，该书

---

① Rémusat Abel, *Nouveaux Mélanges Asiatiques*（Paris：Schubart and Heideloff, 1829），p. 261.

② 傅尔蒙发布：《1722年耶稣会傅圣泽神甫从中国带来的中文书籍目录》，英图新增抄本，索书号：Add. Mss. 20583 A，第1—25页。

③［美］魏若望：《耶稣会士傅圣泽神甫传：索隐派思想在中国及欧洲》，吴莉苇译，郑州：大象出版社，2006年，第222页。

④ Standaert Nicolas，“Jean-François Foucquet's Contribution to the Establishment of Chinese Book Collections in European Libraries：Circulation of Chinese Books，” *Monumenta Serica*，63：2（2015）：369.

单并未包含西文书籍，被称为“广州书单”[①]。

滞留广州期间，他为法图购买书籍。长期协助黄嘉略（1679—1716）编目法国皇家图书馆汉籍的比尼翁（Jean-Paul Bignon，1662—1743）在1715年就任馆长，他让傅尔蒙准备一个汉籍书单，将其送往广州以购入。傅圣泽经手了这件事，由法国广州东印度公司指派一名中国商人到南京购买清单上的书籍，但书没能购全，这批书被放在7个盒子中。傅圣泽认为该书单过简，因此他在广东为法图留下了第二份书单。[②]最终这两部分藏书分别登上了“孔蒂亲王”号和“加拉蒂”号，在历经曲折的航行后抵达法国。在经过与法国政府的长期拉锯后，傅圣泽及其藏书最终在1723年11月抵达罗马传信部。

这段并不复杂的记录出现一个问题：法图汉籍中出现傅圣泽目录，所以究竟傅圣泽藏书在法图，还是在罗马。对此魏若望、钟鸣旦进行了考证，均认为傅圣泽带回欧洲的书籍仍是两部分。一部分是傅圣泽个人藏书，这应是他在北京收藏并在广州补充的那批书籍，最终去往罗马。这部分藏书的最终显示应是《1722年耶稣会傅圣泽神甫从中国带来的中文书籍目录》，这份书单由傅尔蒙发布但编写者已无考，包含了286个书题，共3980册。另一部分是他为比尼翁购买的7箱书籍，这部分书籍最终留在了法图。最初抵达后，它们被转移到傅尔蒙的家中由他编目，傅尔蒙清点了书籍，写信给比尼翁报告说这些箱子里大约有1764册。在随后的傅尔蒙编制的两份早期印刷的法国图书馆藏书目录中显示，这部分藏书有85件。[③]

（二）傅圣泽藏书的流散

目前已知傅氏藏书部分遗留在梵蒂冈教宗图书馆，其余的分散于英图、法图等地，尤以英图较多，法图存有多个原始目录。梵蒂冈有180多种来自傅圣泽遗藏，而英图的傅圣泽藏书的书名则较难寻觅。傅圣泽藏书流出传信部的原因已无考，据钟鸣旦推测，这可能与拿破仑战争有关。1792年2月法

---

① Standaert Nicolas，“Jean-François Foucquet's Contribution to the Establishment of Chinese Book Collections in European Libraries：Circulation of Chinese Books，” *Monumenta Serica*，63：2（2015）：381.

②［美］魏若望《耶稣会士傅圣泽神甫传：索隐派思想在中国及欧洲》，吴莉苇译，郑州：大象出版社，2006年，第260页。

③ Standaert Nicolas，“Jean-François Foucquet's Contribution to the Establishment of Chinese Book Collections in European Libraries：Circulation of Chinese Books，” *Monumenta Serica*，63：2（2015）：405—432.

军进入罗马，直至1799年9月离开，尽管档案馆损失不大，但图书馆已经支离破碎。此时，傅圣泽抄本部分因为放置在巧克力经销商处而幸免，但其他藏书却没有如此幸运。

意大利汉学家蒙图奇（Antonio Montucci，1762—1829）的记录对寻找傅圣泽藏书有很大帮助。1803年，当蒙图奇住在伦敦时，他被要求编制一份最近从意大利运来并在伦敦出售的汉籍的目录。这份简明目录含1182册书，并于次年在三种杂志上发表，即《文学杂志》《月刊杂志》《绅士杂志》。[①]目录分两部分，一是他对书籍的总体描述，二是他对8种特别感兴趣的书的介绍。蒙在这份目录上写道，该批书籍与《1722年耶稣会傅圣泽神甫从中国带来的中文书籍目录》有着惊人的对应关系，其中有些卷册都夹杂着传教士的翻译和注释。在1815年9月的一篇文章中，蒙图奇云，该藏品“现在由德文郡公爵拥有”。[②]

此后，蒙图奇收到6种中国作品，作为他编写这份目的酬劳，这6种书现存于梵蒂冈教宗图书馆，它们分别是:（1）字典《同文译》;（2）瓦罗（Varo）神甫的西班牙语册子，1703年在广东印刷，记录一种简短的忏悔方法;（3）葡萄牙—拉丁—中文词汇小册子;（4）中国古代和现代字典《篆字汇》;（5）《字汇补》;（6）《六子全书》。这些书籍均可以在傅圣泽从中国带到罗马的书籍清单上找到。此处的踪迹表明，蒙图奇收到的作为报酬6本书也极可能是傅圣泽遗书，这6种汉籍随蒙图奇藏书而返回到了梵蒂冈。[③]

二、英图所藏傅圣泽汉籍考释

基于以上考察，傅圣泽遗书从罗马流转到英图的大致过程已然明了，但我们仍需精确圈定在英图的傅圣泽藏书。在我们目验的约2300种中文古籍

---

① Montucci，Antonio，“Catalogue of a Valuable Collection of Chinese Books，” *The Gentleman's Magazine and Historical Chronicle*，74：1（1804）：133—135.

② Standaert Nicolas，“Jean-François Foucquet's Contribution to the Establishment of Chinese Book Collections in European Libraries：Circulation of Chinese Books，” *Monumenta Serica*，63：2（2015）：415—417.

③ Standaert Nicolas，“Jean-François Foucquet's Contribution to the Establishment of Chinese Book Collections in European Libraries：Circulation of Chinese Books，” *Monumenta Serica*，63：2（2015）：417.

中，部分书籍内含相同笔迹的手写翻译批注，均钤印“皇家之臂”（Royal Arms）红色椭圆章，印章旁用铅字写明入藏时间为1844年1月12日，入藏编号一并写入。据英图中心档案馆《DH52/14：印刷部书籍登记手册》（以下简称DH52/14），该批藏书共有1166册。[①]从目录和目验两个角度，我们确信该批书籍的大部分都是傅圣泽遗藏。

（一）从目录对比看，这批藏书与傅圣泽目录有强烈的对应关系。这表现在以下几个方面：

第一，在英图《1877年版大英博物馆藏中文写本、刻本、绘本目录》和1903年《补编》中，道格拉斯（Robert K. Douglas）鉴定部分书籍原属傅圣泽，它们分别是：（1）赵君卿注《周髀算经》，索书号：15255.d.21；（2）《齐物论》，索书号：15314.e.4；（3）蔡沈集注《奎壁书经》，索书号：15215.b.8；（4）申时行《古本官板书经大全》，索书号：15215.c.10。

第二，某些书出现在“广东清单”中，却并不在梵蒂冈，而是出现在英图目录中。这部分书籍有：索书号为15212.b.10的《易经来注》，索书号为15212.c.4的《古易汇编》，以及《周易广义》等。

第三，蒙图奇在三种杂志上发表的1182种中文书籍目录中提到的许多书题同样出现在英图的目录中，这部分书题有《六书正伪》《六经图》《博古图》《佩文韵府》等。

最后，至少有一项例证表明，在梵蒂冈和英图均有收藏的，且都有残缺的两部书可能共属于同一原件。此书指的是索书号为15229.a.4的清康熙刻本《孝经衍义一百卷》，在英图存39卷（卷三十四至七十二），而梵蒂冈则存该书的61卷（卷一至卷三十三，以及卷七十三至卷一〇〇），二者叠加正好是一部完整书籍。

（二）根据入馆登记册和目验，该部藏书绝大多数与傅圣泽目录有强烈对应关系。

首先，根据DH52/14所载入库书名录，该部入藏汉籍共134种1166册，加上蒙图奇6种汉籍，在数量上与蒙图奇目录的1182册基本吻合。据登记册比对傅圣泽的“广州书单”和“北京书单”，我们发现登记册中的大部分书

---

① British Library Corporate Archive（英图档案馆），*16 October 1843 to 14 March 1844*，*DH 52/Volume14*，*Department of Printed Books*：*Register of Accessions*. London，British Library，1844.

题均可以在这2种书单中找到。其次，在我们目验的约2300种汉籍中，所见该部分汉籍共78种，绝大多数与傅圣泽的“北京书单”或“广州书单”有一一对应关系。但这并非说明这批书籍全部为傅圣泽藏品，可以确定的是一部《经筵进讲原本孟子二卷》为乾隆三十七年（1771）刻本，晚于1722年傅圣泽返欧的时间。

至此，我们可以确定该批藏书确系傅圣泽旧藏，而蒙图奇的记载亦为我们勾勒出傅圣泽汉籍流入英图的全过程。在1792年2月法军进入罗马后，传信部的傅圣泽藏书流出，后来部分流入梵蒂冈教宗图书馆，部分被运至伦敦出售。为了便于出售，卖主以6种书籍的酬劳请蒙图奇为该批书籍编目并登报，之后该批藏书进入了英国皇室成员德文郡公爵的府邸，最后在1844年1月12日进入了大英博物馆图书馆的馆藏。

三、傅圣泽汉籍旧藏的意义与价值

（一）文化的传播

傅圣泽汉籍是18世纪欧洲引入的汉籍数量最多的一批。正如雷慕沙所言，傅圣泽收藏是那个时代“一位欧洲人能完成的最大宗最上乘的收藏”。在此之前，柏应理、白晋、洪若翰等传教士，携回的汉籍至多数十种。除去为法图购置的1700余册，傅圣泽个人藏品即有3980册之多。该批藏书以经部为主，尤其侧重《周易》，这对西方学者接触中国核心典籍，促进中西文明的相互交流与理解具有重要意义。这批藏书流入英图，时至今日仍对文明的交流产生巨大作用。

傅圣泽对中国文化的态度根植于耶稣会的传统，致力于全面译介中国核心典籍。傅圣泽手写的翻译批注的汉籍无疑最重要，目前我们发现的有傅圣泽批注的有：（1）明闽芝城建邑书林杨氏刻本《申学士校正古本官板书经大全十卷》；（2）明金陵奎壁斋刻本《书六卷》，书名页题《奎壁书经》；（3）明陈仁锡刻本《老子翼三卷庄子翼八卷》，书名页题《老庄翼合刻 老子道德经庄子南华经》；（4）明刻本《周易二卷》，书名页题《周易来注》；（5）明书林詹文粲刻本《新镌首释正韵分章分节诗经正文四卷》；（6）明天启刻本《道德经评注二卷》；（7）清康熙三十七年（1698）刻本《礼记集说三十卷》；（8）明万历二十五年（1597）师古斋刻本《性理大全书七十卷》；（9）明天启七年（1627）世裕堂重刻《重刊许氏说文解字五音韵谱十二卷》；（10）

明刻本《周髀算经》;（11）明集古堂本《四书直解二十六卷》。不排除有进一步发现的可能性。部分批注夹杂工整的中文小字，而法文或拉丁文批注则在中文批注后做出解释，这些中文小字也与胡若望的笔迹完全不同。据此推断，这些翻译应在北京时已经完成，翻译得到了一些中国士人的帮助，应是傅圣泽早期的精华。英图亦藏傅圣泽其他论文著作，譬如《中国葬礼初步研究》《关于中国礼仪之争的著作目录》《节译古籍〈道德经〉，证明古代中国已有“三位一体说”》等，具备独特的史料和研究价值。

在此之前，利玛窦翻译的四书、金尼阁翻译的五经和柏应理翻译的部分《大学》《中庸》《论语》都是拉丁文，而傅圣泽译本则主要以法语为主，并且首次全文翻译了《道德经》。他更加关注“道”与天主教内在意涵的联系，对于《易经》的理解也与白晋等人有许多不同。他继承利玛窦深入理解中国文化的传教路线，与白晋、马若瑟、郭中传等坚持索隐主义的路线，深入细致地研读中国古籍，坚定地认为天主教义的真理隐藏于中国经典本身。礼仪之争影响下的傅圣泽黯然回国，却依然试图影响教宗，使之接受中国礼仪的纯洁性，撤回对中国传教的粗暴干涉。尽管未能如愿，傅圣泽对于中国文化的理解与尊重，和谐与兼容体现了中西文化交流应有的范式。

（二）思想的碰撞

傅圣泽将自己的思想传递给当时的一些文坛巨匠，如伏尔泰（Voltaire，1694—1778）、孟德斯鸠（Charles-Louis de Secondat，baron de La Brède et de Montesquieu，1689—1755）、圣西门（Louis de Rouvroy，duc de Saint-Simon，1675—1755）、拉姆塞（Andre-Michel-Ramsay，1686—1743）等人。这些人都是傅的座上客，尽管他们与傅圣泽的交流未必都涉及中国课题，但这些学者正在通过与中国思想的对比而探查西方思想中的一些深刻而确切的概念。譬如，伏尔泰推崇中国文化，赞同傅圣泽关于中国宗教起源于诺亚子孙的见解。拉姆塞在与傅圣泽长期交流后，甚至在他《伊朗行记》中提出了大量历史的隐义，或许是拉姆塞找到了早期人类的起源和繁衍与索隐派理论的契合点。①或许是与傅圣泽的谈话，使孟德斯鸠在其出版的《论法的精神》中详细论证了中国的专制主义。②傅圣泽甚至将他的《中国历史年表》及论文

① [美] 魏若望:《耶稣会士傅圣泽神甫传：索隐派思想在中国及欧洲》，吴莉苇译，郑州：大象出版社，2006年，第285—286页。

② [法] 孟德斯鸠:《论法的精神》，孙立坚等译，西安：陕西人民出版社，2001年，第345—363页。

《新编中国历史年表启示》赠送伦敦皇家学会和斯隆等人。

一方面，这在某种程度上帮助了这些文坛巨匠理解中国的古迹、典籍、编年史、起源、社会、语言、政治、建筑等，而与此同时傅圣泽亦不吝将其索隐主义与之分享。另一方面，相对国内学者的习而不察，西方学者用差异化的文化语境和思维来审视中华文化，其视角独特，可资借鉴。可以说，傅圣泽的汉学不仅是文明交流的桥梁，在其影响下的欧洲对中国的理解，也是审视华夏的镜子，促使汉学研究更加关注中国文化与精神本身。

毕研哲　山东大学儒学高等研究院博士研究生

论《左传》学在日本的传播与接受

——以竹添光鸿《左氏会笺》为例

刘　红

摘　要:《左传》在日本的传播、接受经历了漫长期，日本对其史学、经学、文学等价值的发掘形成了影响政治、文化、思想的《左传》学。其中竹添光鸿的《左氏会笺》是日本《左传》学研究的高峰，融汇了汉唐以来的笺注，兼具训诂、义理特色，侧重版本、校勘探索。书志学家岛田翰参与该书的校勘，呈现高水平的日本文献学水准。而竹添光鸿、岛田翰的校勘实践又反过来影响中国学者，形成中日《左传》学的双向影响，促进了日本经学文化的深刻化。

关键词:《左传》《左氏会笺》 竹添光鸿　传播　接受

日本服膺中国儒家经学。《左传》东渡日本后，其丰富的历史文化内涵为日本诗学、文学、史学征引而得以传播、接受，对日本的行政措辞、诗史学等在修辞上有指导作用。明治时期，《左传》学理论体系构建逐步完善，竹添光鸿（1842—1917）的《左氏会笺》是这一时期《左传》的最佳注本，对《左传》字句进行训诂考辨，尤长于义理的探究。该书在经解注疏上充分展现纵深的大历史观，在文献学领域为日本的古籍整理提供范式，是研究日本《左传》学发展的关键著述，掀起了日本《左传》研习热潮，完善了日本儒家经典的理论构建。

一、《左传》东传日本及其传播、接受

尊经理念在日本汉学文化体系中由来已久，将儒家经典视为其文化起源的重要根据而构建本土化的六经系统，“经”文化影响随处可见。《左传》在日本经历了漫长的传播、接受期，其最早传入日本的确切时间已不可知。据《日本书纪》记载，继体天皇十年（516）百济派遣五经博士高安茂代替博士

段杨尔到日本，携《左传》等儒家经典开坛讲学。另有500多名五经博士涌向日本，写经生人数速增。[①]604年的“推古朝改革”及645年的“大化改新”使儒学在日本的影响达到高潮，平安末期儒学在日本的传播体系基本形成。

日本在17—19世纪以汉学为主，江户时代朱子学兴盛，享保年间理学因空疏学风式微，以荻生徂徕为代表的古学派兴起，不久颁布《异学禁谕达书》压制古学，直到文化年间禁学思潮才消弭。日本的官学及藩校掀起学习《左传》热潮，吸引了不同学术流派的学者研习。研究方式创新多变，精究《左传》原委，以鉴往知来的历史眼光探寻文化价值，在制度制定、文化发展及伦理思想的形成上发挥作用。受清代考据学影响，日本解经开始注重名物、典章制度的考证及义理诠释，形成系统的《左传》传播体系，《左传》研究论著大量涌现，有广濑淡窗与伊藤仁斋的《春秋经传通解》、中井履轩的《春秋左传雕题》《左氏逢原》、大田锦城的《春秋左氏传杜解纠谬》、龟井南冥的《春秋左传考义》、龟井昭阳的《左传缵考》、安井息轩的《左传辑释》、竹添光鸿的《左氏会笺》、古贺煜的《左传探颐》等，丰富了日本的《左传》学内涵。《左传》传播形式多样化，在政治、教育、文化等领域的传播加速了《左传》学的本土化、深刻化发展。

首先，借鉴《左传》的君臣理念。日本推古天皇十二年（604）制定的《宪法十七条》借鉴《左传》的“亡人无党，有党必仇”[②]“以私害公非忠也”[③]“君，天也”[④]“上下和睦”[⑤]等词句，形成以礼为本、君权至上、以和为贵等理念。其次，教育系统推广《左传》。718年日本政府颁布《养老律令·学令》，明确日本各级学校的教科书必须增加包括《周易》《春秋左氏传》《仪礼》《论语》等儒家经典研读科目，在大学寮别曹及地方国学中教授《左传》等经典。正如武内义雄所言：“《左传》特别重视君臣之义和父子纲纪，日本

①［日］舍人亲王：《日本书纪》卷一七，成都：四川人民出版社，2019年，第228页。

②（清）阮元校刻：《十三经注疏》（清嘉庆刊本），北京：中华书局，2009年，第3909页。

③（清）阮元校刻：《十三经注疏》（清嘉庆刊本），北京：中华书局，2009年，第4005页。

④（清）阮元校刻：《十三经注疏》（清嘉庆刊本），北京：中华书局，2009年，4060页。

⑤（清）阮元校刻：《十三经注疏》（清嘉庆刊本），北京：中华书局，2009年，第4162页。

在大学科目中取《左传》来代表《春秋》之义，或许与此有关。"[①]《左传》本就蕴含丰富多元的君臣之义，褒奖贤君、忠臣、义士，志在揭露黑暗统治秩序，这是日本变革期在教育体系的经学教育实践。

再次，诗文创作征引《左传》。森槐南、大须贺履、安东省庵等作诗征引《左传》名言警句以提升诗作价值。森槐南《摸鱼儿》"葵能卫足休轻举，此意寄鸿持赠"[②]的"葵能卫足"，引自《左传·成公十七年》"仲尼曰：'鲍庄子之知不如葵，葵犹能卫其足'"[③]，"卫足葵"杜预注"葵倾叶向日，以蔽其根"[④]，孔子借"葵"讽喻鲍庄子不善于自我保护。大须贺履《夜与菊畦晤》"诗书三昧业，缟纻百年心"[⑤]的"缟纻"，引自《左传·襄公二十九年》的吴公子季札"聘于郑，见子产，如旧相识。与之缟带，子产献纻衣焉"[⑥]，意为两人的深情厚谊可以相交百年。

二、《左氏会笺》是日本《左传》学的经典

以《毛诗会笺》《论语会笺》《左氏会笺》等"三笺"闻名日本学界的竹添光鸿，兼采百家《左传》研究成果，借鉴清代考据学经验，搜讨异代，在版本、校勘、训诂、史学等方面对该书进行全面阐释，提出诸多进步的历史观。其深受儒家入世精神熏陶，善于以史为鉴，被俞樾赞誉"又知君负经世之才，非徒沾沾于章句者"[⑦]，行文皆以儒家经典为依据，从对《左传》解读进阶为儒家思想的阐释以达成弘扬孔子之道的目的。

《左氏会笺》汇聚时贤成说，《总序》言："近儒之注《左氏》者，予所

---

① [日]藤原文亮:《圣人与日中文化》，北京：社会科学文献出版社，1999年，第172页。

② 夏承焘选校，张珍怀、胡树森注释:《域外词选》，北京：商务印书馆，2018年，第45页。

③（清）阮元校刻:《十三经注疏》（清嘉庆刊本），北京：中华书局，2009年，第4171页。

④（清）阮元校刻:《十三经注疏》（清嘉庆刊本），北京：中华书局，2009年，第4171页。

⑤ 程千帆、孙望注释:《日本汉诗选评》，北京：东方出版社，2020年，第409页。

⑥（清）阮元校刻:《十三经注疏》（清嘉庆刊本），北京：中华书局，2009年，第4361页。

⑦ [日]竹添光鸿注:《左氏会笺》，成都：巴蜀书社，2008年，第11页。

涉猎，在皇朝则中井积德、增岛氏固、太田氏元贞……在清则顾氏炎武、魏氏禧、万氏斯同……各有创获，去其奇僻，取其精确。其他古今诸家论说涉《左氏》者，普搜博采，融会贯通，出之以己意，名曰《左传会笺》。"[①]书中提及日本学者有7家，清代学者有29家。俞樾《左氏会笺序》评价《左氏会笺》："其所采博矣，合众说而折其衷，务去其非，以成其是，体大物博，其犹在安井先生《管子纂诂》之上乎。"[②]《左氏会笺》注重对《左传》作者身份、成书年代、历史价值等考证，驳斥了朱熹、郑樵、尤侗等人的观点。其中关涉文献学的问题则邀请岛田翰襄助，从《古文旧书考》可寻其校勘踪迹。

（一）底本细致优选

《左氏会笺》对《左传》的最古文本进行细致考究，《自序》载："《左氏传》之存于皇国者，以御府旧钞卷子金泽文库本为最古，凡三十卷。盖隋唐之遗经而音博士清原氏世世相传，以授于北条氏者也。"[③]选择金泽文库本是因为时代最早、篇卷最完整、异文较少、形制优良、流传有序，符合古籍整理择善而从的宗旨。金泽文库本而外，勤力搜讨汉碑、唐石经本、北宋监本、宋嘉定六年（1213）江公亮本、嘉定九年（1216）兴国军学本、正中覆宋本等版本，参考《左传正义》《经典释文》《太平御览》等典籍。尽管金泽文库本存在脱、讹、衍、倒等现象，经严谨校勘补订工序，仍能览其概貌，也可推知其注疏、整理目的在于恢复《左传》版本原貌，以此提高《左氏会笺》的版本价值。

《左氏会笺》经由竹添光鸿的学生岛田翰近7年的精心校勘，撰成12篇《左氏会笺提要》《旧钞卷子本提要》《书册装潢》。孙赫男认为高野静子在其《苏峰和他的时代（十九）：天才的版本目录学家——岛田翰》中论证岛田翰与《左氏会笺》的紧密关联。[④]《古文旧书考》成于《左氏会笺》之后，其卷一"旧抄本考"、卷二"宋椠本考"、卷三"旧刊本考"在论述《春秋经传集解》时均参照了《左氏会笺》，是岛田翰受《左氏会笺》影响的依据。

（二）以中国校勘法进行精审校勘

《左氏会笺》注重字词的精准解析，利用多种史料论证已见，今略举数

① [日] 竹添光鸿注:《左氏会笺》，成都：巴蜀书社，2008年，第1页。
② [日] 竹添光鸿注:《左氏会笺》，成都：巴蜀书社，2008年，第2923页。
③ [日] 竹添光鸿注:《左氏会笺》，成都：巴蜀书社，2008年，第1页。
④ 孙赫男:《〈左氏会笺〉研究》，北京：中国书籍出版社，2020年，第204页。

例以言之。如《春秋·隐公元年》曰:“冬十月,伯姬归于纪。”[1]杜预注:“无《传》,伯姬,鲁女,裂所逆者也。”[2]《左氏会笺》曰:“《注》‘无’字,宋本作‘無’。凡《经》《注》‘无’字,石经、宋本皆作‘無’。”[3]《左传·昭公二年》曰:“迟速本末以相及,中声以降五,降之后,不容弹矣。”[4]《左氏会笺》曰:“上‘之’字,石经、宋本皆无,盖因下句而衍耳。”[5]《左传·定公十年》曰:“城其西北隅而守之宵熸。”[6]《左氏会笺》曰:“石经、宋本俱无‘隅’字。《正义》曰:‘本或北下有隅。’昭二十五年《传》:‘陷西北隅以入。’又云:‘登西北隅以望。’涉彼而误耳。”[7]

《左氏会笺》引证材料有时未标明来源,颇受学者诘难。冈村繁《试论竹添井井〈左传会笺〉的剽窃行为》[8]将《左氏会笺》与龟井南冥的《春秋左传考义》、龟井昭阳的《左传缵考》进行比较,认为《左氏会笺》不注出处为掠人之美。其实博采众长不注出处史有先例,郑玄遍注群经征引不标出处,传至杜预注《春秋经传集解》在征引服虔、贾逵《左传》观点时也未标明依据,清代考据学家的征引更是如此,可见竹添光鸿深得汉学注疏本旨。

(三)字词训释精当

《左氏会笺》训诂基于对字书及文献的精熟。《左传·僖公二十二年》曰:“《诗》曰:‘协比其邻,昏姻孔云。’”[9]《左氏会笺》曰:“‘云’有相亲之义。‘云’本古文‘雲’,《说文》以雲‘象回转之形’。又有古文‘雲’作‘’。《埤雅》引《诗》‘昏姻孔云’,《传》以雲象周旋盘薄之形,故训

①(清)阮元校刻:《十三经注疏》(清嘉庆刊本),北京:中华书局,2009年,第3731页。

②(清)阮元校刻:《十三经注疏》(清嘉庆刊本),北京:中华书局,2009年,第3731页。

③[日]竹添光鸿注:《左氏会笺》卷一,成都:巴蜀书社,2008年,第40页。

④(清)阮元校刻:《十三经注疏》(清嘉庆刊本),北京:中华书局,2009年,第4396页。

⑤[日]竹添光鸿注:《左氏会笺》卷二〇,成都:巴蜀书社,2008年,第1639页。

⑥(清)阮元校刻:《十三经注疏》(清嘉庆刊本)北京:中华书局,2009年,第4665页。

⑦[日]竹添光鸿注:《左氏会笺》卷二八,成都:巴蜀书社,2008年,第2222页。

⑧[日]冈村繁:《日本汉文学论考》,上海:上海古籍出版社,2009年,第689页。

⑨(清)阮元校刻:《十三经注疏》(清嘉庆刊本),北京:中华书局,2009年,第3936页。

‘云’为‘旋’是也。”[①]“云”与“雲”原义相异，使用场合不同。《左传·成公十六年》曰：“旦而战，见星未已。”[②]《左氏会笺》曰：“《说文》：‘旦，明也。从日见一上。一，地也。’据《说文》则日出也，五更至日出可通称‘旦’。”[③]竹添光鸿对时间字词的准确把握以及通过《说文解字》《埤雅》等进行因形求义，这种训诂方式与清高邮王氏父子、戴东原等的训诂方法一致。

（四）秉笔求实的史学观

《左传》秉笔求实的进步历史观及民贵君轻的理政智慧为《左氏会笺》吸收。竹添光鸿以辩证的历史观看待日本的剧烈变革。其于1876年拜访俞樾，明确论述当时日本的情况：“自封建废而诸侯失国，士亦削禄。列国学宫，多用西学，以谋仕进之捷径。孔孟之道，几乎扫地，一时殆有焚书之议。”[④]时代剧变激发忧患之思，“此番归国后，必当再来中国”[⑤]是对中国文化的钟情与赏识。满人入主中原，日本开始将汉文化视为软弱之学；晚清威望扫地，尊崇中国文化的日本开始轻视汉学。而竹添光鸿则是坚定传扬中国儒家文化的践行者，坚持为《左传》笺注，对《左传》在日本的传播和接受起了极大的推动作用。他认为经学是人学，治世安民当以有用为首要考量因素。同时代的安井衡《左传辑释》也注重对治世思想的阐释，认为《左传》深得《春秋》大义，其进步的历史观值得统治阶层借鉴。

三、《左氏会笺》在中日《左传》学中的纽带作用

（一）《左氏会笺》扩大日本《左传》学影响

《左氏会笺》意在探明孔子之道。安井衡评价《左氏会笺》：“其详于传而略于经者，不独经义深奥难窥，传意明，然后经可得而言也。”[⑥]通过笺注《左传》体悟圣贤的治世理念。上野贤知评价《左氏会笺》：“兼摄中日，大量采掇前人成果，融旧铸新，注释《左传》，准确地掌握左氏文意，以便深

①［日］竹添光鸿注：《左氏会笺》卷六，成都：巴蜀书社，2008年，第571页。

②（清）阮元校刻：《十三经注疏》（清嘉庆刊本），北京：中华书局，2009年，第4167页。

③［日］竹添光鸿注：《左氏会笺》，成都：巴蜀书社，2008年，第278页。

④（清）俞樾：《春在堂随笔》，杭州：浙江古籍出版社，2017年，第121页。

⑤（清）俞樾：《春在堂随笔》，杭州：浙江古籍出版社，2017年，第121页。

⑥［日］安井衡：《左传辑释》自序，新北：广文书局，1967年，第100页。

入地探讨《左传》所反映的历史时代特质。”[①]革新旧说使得《左氏会笺》超越同类著述而扩大了在日本的影响，让乱世中的日本能获得中国传统经典蕴含的治世经验，以此作为其治国依据。

（二）中日《左传》学的双向影响

《左氏会笺》借鉴清代考据学的释经方式，可谓日本《左传》学的最佳笺注本。该书征引内容广博，校勘精审，充分吸收、补充中国《左传》学成果。《左氏会笺》流传至中国后，受到学者的积极关注。清代学者黄绍箕《古文旧书考跋》言：“去年嘉纳君寄赠竹添先生所著《左传会笺》，其书博观而约取，具有断裁，可称善本。今读君书，乃知作者于井井书屋，在亲炙之列，《会笺》之成，左右采获，与有力焉。”[②]与竹添光鸿友善的俞樾言：“是年秋，君以书来求序，其书洋洋千余言，大意谓学孔子之道，不当求之空言而当求之实事。左氏因《春秋经》而为传二百四十年，事实备焉。故将出其所著《论语会笺》，而先出此《左氏会笺》，以左氏乃洙泗之津梁也。味君之言，盖欲以经术治世，其所见有在训诂名物之外者，而‘学人’又不足尽君矣。”[③]《左氏会笺》整理者岛田翰积累7年校勘实践撰成极有影响力的《古文旧书考》，中国学者对《左氏会笺》的评价及岛田翰的谈论，证实了日本左氏学对中国左氏学在研究视角及理论构建上的影响。

结　　语

《左传》在日本的异质文化中被广泛传播与接受是必然的，这是《左传》价值的扩展与日本本土化改造的结果。日本有意借鉴《左传》中的优秀治世经验以解决国内问题。而《左氏会笺》成书于经术合一、民权兴起时代，其扶危定倾的精神为日本弘扬儒学做出了应有贡献，对日本左氏学的发展具有深远影响。《左氏会笺》借鉴中国《左传》注解方式，通过对经文字义、文理、名物制度的解读以诠释经典，拓宽了日本对《左传》的讨论范围，创新了注解方式，而日本学者多元化的注经实践又反过来影响中国学者的解经实践。

刘　红　山东大学儒学高等研究院博士研究生

---

① 孙郝男：《〈左氏会笺〉研究》，北京：光明日报出版社，2011年，第193页。

②［日］岛田翰：《汉籍善本考》，北京：北京图书馆出版社，2003年，第13页。

③（清）俞樾：《春在堂杂文补遗》卷二，南京：凤凰出版社，2010年，第2923—2925页。

柯马丁《秦始皇石刻》铭文的翻译策略

葛恒新

摘　要：秦始皇石刻铭文是中国经典的石刻作品，美国著名汉学家柯马丁在《秦始皇石刻》一书中曾对始皇石刻铭文做了英译工作，不论是忠实地传达中国文化，还是在翻译过程中所产生的变异，可看出他作为一名优秀译者的审慎与变通。同时概述柯马丁始皇石刻铭文译本的原因与不足，可为更好地调整"中华文化走出去"战略，及指导后学者完善翻译策略提供有效借鉴。

关键词：秦始皇石刻铭文　文化传达　翻译变异

柯马丁（Martin Kern）是域外著名汉学家，他的《秦始皇石刻：早期中国的文本与仪式》一书的主要内容是对秦始皇东巡石刻文献进行翻译与研究。其中翻译始皇7篇石刻铭文①是一种接近与传播中国文化比较直接的形式，同时也表现了柯马丁对中国传统文化的一种解读与诠释。在柯马丁之前，还有华兹生（Burton Watson，1925—2017）②、杨宪益③、雷蒙·道森

---

① 根据《史记·秦始皇本纪》"（秦始皇）二十八年，始皇东行郡县，上邹峄山，立石。与鲁诸儒议刻石颂秦德，议封禅望祭山川之事""于是乃勃海以东，过黄、腄，穷成山，登之罘，立石颂秦德焉而去"推知，秦始皇在峄山、之罘二山仅仅立石，并未刻写铭文，现存的相关铭文或为当时群臣颂文，或为后人伪作，所以秦始皇的石刻铭文数目有待商榷。柯马丁在峄山石刻铭文翻译的注释中，提过峄山石铭是"后来的作者托名于秦始皇"，作者"最晚可能是初唐时期"，但柯马丁仍对其进行翻译。本文从尊重柯马丁作品的原则出发，对柯马丁所翻译的七篇铭文全部进行分析。

② Burton Watson，*Records of The Grand Historian*：*Qin Dynasty*（New York：Columbia University Press，1993），pp.46—61.

③（汉）司马迁：《*Selections From Records of The Historian*》，杨宪益、戴乃迭译，北京：外文出版社，2008年，第169—184页。

（Raymond Dawson，1923—）[①]、倪豪士（William H.Nienhauser，1943—）[②]等学者也对始皇石刻铭文做了英译，但他们只是将铭文视为《史记》学的附属部分，缺乏精细化处理。所以，柯马丁是第一个专门对始皇石刻铭文进行英译的学者，而他的翻译效果关联到对中西两方文化的交流与碰撞，值得学界加以关注。

一、翻译铭文的目的与原因

始皇石刻是中国早期史上最具实质性的官方档案之一，但尚未得到充分研究。为了便于汉学家研究与始皇石刻相关的历史，致力于石刻铭文的语境化，是柯马丁译注始皇石刻铭文文本的目的。[③]而这一翻译目的背后的原因应该有两个层面：

一是主观层面，与柯马丁的文化教育背景有关。柯马丁在求学阶段不光接受了西方学术理论的训练，还来到北京大学学习古典文学，精通德、英、中、日等多国语言，研究范围涉及《尚书》、《诗经》、汉魏六朝诗、礼仪文化等多个领域。在中西双重文化的熏陶下，柯马丁对当前早期中国研究中的本土主义与原教旨主义这两种意识形态提出质疑，他认为早期中国研究应该突破单语主义和单一文化的中国中心观，借助国际化与比较性视野展开研究。[④]于是在尊重中国文化传统的前提下，柯马丁将西方学术研究的新视角和方法纳入汉学研究的框架中，创作出《秦始皇石刻：早期中国的文本与仪式》一书，而翻译始皇石刻铭文便是研究工作的第一步。

二是客观层面，与始皇石刻铭文本身蕴含的文化知识有关。始皇石刻铭文是与中国早期政治、制度、思想等历史文化存在直接联系的文本文献，所以译注石铭既便于柯马丁开展后续的礼仪研究工作，又助于传播中国文化。

① Raymond Dawson，*Sima Qian*：*Historical Records*（Oxford：Oxford University Press，1994），pp.67—83.

② William H.Nienhauser，*The Grand Scribe's Records*（Bloomington：Indiana University Press，1994），pp.139—153.

③［美］柯马丁:《秦始皇石刻：早期中国的文本与仪式》，刘倩译，上海：上海古籍出版社，2018年，第5—7页。以下引用《秦始皇石刻：早期中国的文本与仪式》不再单独标出。

④［美］柯马丁:《超越本土主义：早期中国研究的方法与伦理》，载《学术月刊》2017年第12期。

由于礼仪文化这一领域的研究所需，柯马丁把石铭看作是文化读本，而非是文学读本，更重视石铭中所承载的礼仪、宗教、制度等文化方面的信息。这一观点也在柯马丁的翻译工作中有所体现：更倾向于准确、忠实地传达石铭中的文化知识内容，对石铭的结构与韵律等文学表现形式不予重视。

为了实现始皇石刻铭文的语境化意图，柯马丁在翻译上做了哪些努力呢？以下就这一问题进行分析。

二、译文中的文化传达

文化间翻译的原则是忠实于原文。柯马丁在翻译秦始皇东巡石刻铭文时，在英文用词、分析铭文、划分铭文韵部、保留异文等方面努力忠实地传达中国文化，正是遵循了原文为主的原则。

一是译文用词方面。始皇石刻铭文的主要内容是歌颂秦始皇帝统一六国的功德和强调社会秩序，如《之罘石刻》中“皇帝哀众，遂发讨师，奋扬武德。义诛信行，威燀旁达，莫不宾服”两句的用意便是表明始皇统一六国的合法性与正义性，同时宣扬天下臣服于秦的统治。柯马丁译作“The August Thearch felt pity for the multitudes，and consequently sent out His punitive troops，vehemently displaying His martial power.Just was He in punishment，trustworthy was He in acting，His awesome influence radiated to all directions，and there was none who was not respectful and submissive.”译文“pity”与“awesome influence”二词，将原文“以德服人”的正义意识传达了出来，同时使用“there was none who was not……”句式，以双重否定表示秦帝国统一天下的威严感。美国翻译家华兹生是第一位将《史记》中始皇6篇石铭进行英译的学者，他将“威燀旁达，莫不宾服”译为“he displayed his might in all quarters，till there were none who failed to submit.”[①]其中“displayed might”与“none who failed to submit”突出了始皇的专制和强横，与铭文宣扬德政的主旨相违背。通过对比，可以看出柯马丁此处的译文更为贴近原文所传达出的思想内核。

而且在译文的整个情境中，柯马丁使用首字母大写的“He”“His”第三

① B.Watson，*Records of The Grand Historian*（*Qin Dynasty*），（New York：Columbia University Press，1993），p.239.

人称专指秦始皇，这种采用首字母大写的翻译策略正与中国古代文书尊讳制度相契合，虽然形式不同，但借以彰显伟人形象可以说是相通的。文化负载词如“阳和方起”之“阳”，柯马丁则采取了直译的方式，译作“yang”，突出了中国本土文化的特色。

二是分析汉词方面。一个词语在不同的铭文中出现，柯马丁会根据具体语境分析词语的具体含义，如《泰山石刻》“本原事业”，柯马丁认为此处“事业”是指皇帝功绩，于是将此句译作“trace the roots and origins of His deeds and achievements”。而《琅琊石刻》“事业有常”中的“事业”，柯马丁则认为是指群臣恪守职责，将此句译作“duties and responsibilities have constancy”。结合上下文可知两处的“事业”含义是不同的，柯马丁的译文符合实际语境。《琅琊石刻》“应时动事”“节事以时”二句中“时”的含义，柯马丁认为具有两个维度：一方面，“时”与各个季节性的职事联系在一起，意在使农事、礼事与自然界的循环相一致；另一方面，“时”是一种意识形态化的观念，意在使政治活动与当下的需求步调一致。故他在翻译“time”一词时使用复数：“to execute the tasks by responding to the times”“He regulates the tasks according to the times”。中国古人言行举止讲究含蓄，故在行文时往往谨慎选词，以将自己的态度、抱负寄寓其中，柯马丁准确把握了隐含在“时”字中的微言大义，体现了他深厚的中文素养。

另外，柯马丁还注意到了铭文的韵部、来源、异文等方面问题。柯马丁根据铭文韵律的变化，将韵字所在的一行用数字标出相应的行数，同时分析每篇铭文几句一韵和押的什么韵。如《碣石门石刻》铭文以“遂兴师旅”开篇，前人曾有关于“脱简”的推测①，柯马丁在前人的基础上，对照其他石铭内容，并结合韵字“息、服、域”所属的韵部，作了如下推断：“脱简”内容应该包括时间、巡狩目的地（石刻所在的地理位置）、皇帝本人等，同时韵字应属“职”韵②，开篇的“遂兴师旅”应是铭文的第10行。根据现存碣石

① 参见容庚：《秦始皇刻石考》，载《颂斋述林》，北京：中华书局，2012年，第548页；（清）严可均校辑：《全上古三代秦汉三国六朝文》卷一《全秦文》，北京：中华书局，2012年，第122页。

② 柯马丁认为现存《碣石门石刻》铭文有三个“之”韵。案：现存文本中所押的三个“之”韵的韵字分别为息、服、域，此三字均押“职”韵，且柯马丁在第一次分析此篇铭文的韵部时，亦言“职韵”。故《碣石门石刻》题注中所说的两处“之韵”是错误的，均应改作“职韵”。

门石铭内容三句一韵的规律，以及“脱简”的大致内容，柯马丁的这一推断较为合理。《碣石门石刻》“德并诸侯，初一泰宇”中的“宇”字，宋版《史记·碣石门石刻》作“平”[①]。柯马丁认为“平”字在21行，属于韵字，并总结出以“皇帝奋威”开始的后半段押“鱼”韵，于是将“泰平”改作“泰宇”，与韵部、文意均合，此说可取。

石铭文本在流传的过程中，出现了书写变异。柯马丁注意到了这一问题，在列出铭文变异字的同时，也会利用异文校对铭文，如《会稽石刻》“德惠脩长”的“脩”，柯马丁采用司马贞、严可均、容庚等人的意见[②]，按异文“攸”字翻译：“His virtuous power and favor is permanent and lasting.”古“脩”同“修”，许慎释“修”字为“饰也”，释“攸”字为“行水也”，[③]如此看来，“攸长”则为水流绵延之貌，可引申为形容始皇的德惠长久不衰，比“脩长”一词更合适，故柯马丁采用“攸”字进行翻译，是妥当的。

其实，柯马丁在解释铭文的含义、来源、异文等问题时是以小注形式呈现的。这些小注虽然作为译文的“陪衬”和附属，但其作为热奈特（Gérard Genette）“副文本”（paratext）[④]意义上的要素，其数量之众、涉及范围之广构成了译文不可分割的部分。除了小注，副文本的呈现方式还有《峄山石刻》拓片、泰山石刻残片、琅琊石刻残片3张插图，它们与正文（铭文、译文）相辅相成，不仅有助于彰显铭文主旨，也有利于英语读者领会中国文化语境。而这些副文本内容是在柯马丁之前的英译文本中所没有的。

---

①（汉）司马迁:《史记》卷六《秦始皇本纪》，影印宋建安黄善夫家塾刻本，北京：北京图书馆出版社，2003年。

② 经检裴骃《史记集解》与司马贞《史记索隐》二书，可知在“德惠脩长”一句后，裴骃并未作解释，司马贞则引张徽《会稽南山秦始皇碑文》以说明“脩”作“攸”的可能性，可见柯马丁在“脩”字的问题上，未能采用裴骃的意见。故柯马丁在《会稽石刻》篇“脩”字小注中“据裴骃（《史记·秦始皇本纪》，页262）”一句属于舛人，应当删除。参见（汉）司马迁:《史记》卷六《秦始皇本纪》，北京：中华书局，1959年，第262页;（宋）裴骃:《史记集解》卷六《秦始皇本纪》，顺治十三年汲古阁刻本;（清）严可均:《全上古三代秦汉三国六朝文》卷一《全秦文》，第122页；容庚:《秦始皇刻石考》，载《颂斋述林》，北京：中华书局，2012年，第552页。

③（清）段玉裁:《说文解字注》，上海：上海古籍出版社，1981年，第243、760页。

④ 1979年，法国文论家热拉尔·热奈特（Gérard Genette）提出了副文本概念，在《副文本：阐释的门槛》一书中论证了包括封面、标题、注释、插图等在内的“副文本”因素对作品主旨的作用。参见 Gérard Genette. *Paratexts*: *Thresholds of Interpretation*（New York & Melbourne：Cambridge University Press，1997）.

从上述之例可以看出，柯马丁具有鲜明的文献意识，他所使用的多种翻译策略都是为了更好地观照铭文中涉及的文字、人物、史实与思想等内容，体现出他对翻译的审慎态度。

三、翻译中的文化变异

当一种文化转译为另一种文化时，它的本来面貌是很难保持完整与真实的，其中必然会产生变异，柯马丁的译文亦不例外，主要体现在以下两个方面：

一是文辞方面。由于中西地理环境、政治背景、思维方式等方面的差异，以致中西文辞在概念和外延上并不能完全对等。如在描述帝国疆域之广阔时，李斯在《琅琊石刻》中分别用“涉、尽、有、过”四字描述秦帝国所到达、所包括的疆域：“西涉流沙，南尽北户，东有东海，北过大夏。”而柯马丁对上述四词均译作“to”：“To the west it ranges to the flowing sands，to the south it completely takes in where the doors face north，to the east it enfolds the eastern sea，to the north，it goes beyond Ta-hsia.”

“皇帝躬圣”之“圣”，柯马丁译作“sagehood”；“圣智仁义”“大圣作治”“圣法初兴”“长承圣治”等中的“圣”，柯马丁译作“sage”，在中国文化中，此处“圣”偏重于儒家所强调的仁、义、中、正，而西方的“sage”则指“获得了智慧的人”，在有的语境中，又可指“贤人”，“sagehood”偏重于圣果、圣明之境界。由此可见，中、西方文化中关于“圣”的内涵不可等同，其间的差异是值得细细推敲的。“道”一词亦是，很多译者将其译作“Way”，虽然二者的概念与内涵不太相同，但考虑到西方人的接受程度与现有的知识背景，译者只好在尽可能传达原文本的基础上做出一定的让步、妥协，这也是多种文化在交流、融合的过程中难以避免的碰撞与调和。

二是意境方面。秦始皇7篇石铭的政教意味不言自明，但柯马丁的部分译文却淡化，甚至改写了原文本中的政治教育主题。如《峄山石刻》：“讨伐乱逆，威动四极，武义直方……廿有六年，上荐高号，孝道显明。”译文作：

> He launched punitive attack against the rebellious and recalcitrant，his might shook the four extremities，martial order and rightness stood upright and straight……In his twenty-sixth year，he presents the lofty designation to those

above，the way of filial piety brilliantly manifest and shining!

原文采用四字短句的表达形式，精练且有气势，但柯马丁的译文均为参差不齐的长短句，在很大程度上弱化了原文本所呈现的政治气势，这就使文本的基调从政治颂扬诗变成了平铺直叙的叙事诗。

而且汉语文化中的意象，贵在于“隐”，即通过立象以尽意。而在英语语境下的翻译，往往会忽视汉语文本中意象的“意”，只针对表面上的物象在语义层面进行翻译，也就是原文本中的“意”被翻译成了显喻之物，由隐变为显，“意”反而被隐没了，这样就会导致象与意之间的关联发生断裂。例如《碣石门石刻》：“赏及牛马，恩肥土域。”柯马丁译文作：“His rewards extend to oxen and horses，His favor fertilizes the soil and land.”原文本中以“牛马”“土域”为喻，昭示了秦始皇的恩惠遍布之广，但译文改变了“牛马”“土域”的意象内涵，从而导致始皇的恩惠范围发生变化。

由于中西文化在词语、句式、意境等方面的差异，虽然造成了译文与原文之间产生变异，但就翻译策略而言，柯马丁针对文化差异所采用的每一个译文，也不是随意的，是在变异中谋求和合，体现了灵活的翻译态度。

四、结 论

通过对比始皇石刻铭文与相应的译文，可以发现无论是词语与句式的选择，还是副文本、文化补偿等方法的采用，柯马丁的译文都在尽量使译文与原文在内容上和含义上相贴近，呈现出翻译的“忠实”风格。虽然有些译文选择了“背叛”，但这是中国文化要进入以英语为主导的文化世界，必然要经历的创造性变异，况且中国文化传播的宗旨是构建人类命运共同体，讲求“和而不同”。总之，柯马丁的翻译思想具有强烈的忠实意识，既强调了译文的文献性与阐释性等翻译充分性问题，又体察了译文语义的变异性等翻译接受性问题，对实现石铭的语境化效果起到积极作用，是推动“中华文化走出去”的可取路径。

柯马丁的译注总体上简洁凝练、详细周密，但白璧微瑕，除了上述“之”韵和“脩”字小注中的问题外，还有以下两处：1.《泰山石刻》“遵奉遗诏”是铭文的结束部分，柯马丁认为这是继承了青铜器铭文的崇拜模式。但在始皇封禅刻石之前，秦地已有石鼓、诅楚文等石头上刻写文字的传统，因此始皇刻石行为来源于哪种具体类型的文化传统，有待商榷。2.柯马丁在对铭文进行翻译之前，会在吸取众家之说的基础上，择取适当文意，故他的译文大多可信。但《会稽石刻》“始定刑名”之“刑名”一词，柯马丁依据海外汉学家梅约翰（John Makeham）的研究成果：“刑”按“据标准而言所取得的实际成绩”之意翻译，“名”按“对目的与能力的最初要求”之意翻译。按铭文中与“刑名”相对举的是“旧章”，强调的是国家法则、社会规范，而梅约翰的研究偏于法家“刑名”的原始含义，与此处文意并不完全吻合，不宜采用。

葛恒新　临沂大学文学院讲师

艾森·盖乐《盐铁论》英译本的译介方法与学术价值*

孙红苑

摘　要：艾森·盖乐（Esson M. Gale，1884—1964）是20世纪初美国著名的中国问题专家，曾于1914—1927年在北洋政府盐务稽核等部门任职。为了更好开展盐税改革工作，盖乐对中国历代盐政文献进行了较为深入的研究，尝试以此指导当时中国的盐务改革。他是英语世界翻译《盐铁论》的第一人，译文质量较高，而且对《盐铁论》的文体、词汇、文献征引等展开多维度研究，受到伯希和（Paul E.Pelliot，1878—1945）等汉学家的关注，成为西方研究中国古代经济思想史的必读书。返回美国后，他执教于加州大学等高校，成为传播中国文化的载体，推动了美国中国学研究，特别是中国经济思想史的发展。艾森·盖乐是"外交家学者"的典型代表，体现了美国中国学发展史的一个重要阶段。对其学术研究进行考察，对厘清美国中国学发展与传播历程意义重大。

关键词：艾森·盖乐　《盐铁论》英译本　盐政盐务　"学者外交家"　美国中国学

一、艾森·盖乐简介

艾森·盖乐（Esson M. Gale，1884—1964），号智山。是20世纪美国著名远东问题专家、汉学家，1884年出生于密歇根州，1908年作为美国学生译员团（Corps of Student Interpreters of the US）前往中国，在中国陆续度过20余年岁月。

美国学生议员团是美国于1902年开始实施的外事项目，旨在培养精通外语的外交和领事人员，以维护其海外特权，增强国际影响力。参与项目的学

* 本文为国家重点文化工程"全球汉籍合璧工程"的阶段性成果。

生被派往日本、中国等亚洲国家，接受本地语言培训，并在当地外国机构中担任职务。

盖乐于1914年起先后任职北洋政府盐务稽核总所华中盐务稽核、吉黑盐务稽核处盐务稽核，在开展盐务实践的同时，他对中国盐政历史文献进行挖掘，试图"以古鉴今"，指导工作。

在其回忆录《龙盐》中，盖乐称"干枯的学院派"不利于美国中国学研究的发展，研究楔形文字或者梵文文本的方法不应移植到中国学研究中，因为"中国的文化是活的"[①]。可以看出，盖乐主张学问应"学以致用"，并在继承的同时大力创新，从而把学问做"活"。盖乐的观点也正反映了美国中国学注重实际的主流观点。本文拟以盖乐的盐政史研究，特别是《盐铁论》前28章的英译本为中心，对其研究中国，做"活学问"的特点和实现方法进行探讨。

二、《盐铁论》英译本的成书过程

1913年，为解决国库空虚问题，北洋政府签订《善后大借款》条约，并在北洋政府财政部内设稽核处，聘用丁恩（Richard M.Dane，1854—1940）为盐务稽核总所会办，推行盐务改革。盖乐于1914年开始在汉中盐税稽核部门工作，参与了当时的盐税改革。作为盐务稽核，盖乐对两淮、长江流域的盐业、盐务情况进行了实地调研，对两淮流域盐业、盐务的复杂情形有了初步认识，撰写了若干调查报告。同时通过爬梳原始文献，对中国历代盐政史进行研究，发表了《中国盐务公共管理的历史调查》[②]等论文，系统介绍了中国的盐税史。这些前期的实地调查和学术写作，为《盐铁论》的翻译打下了一定的基础。1931年，由盖乐翻译的《盐铁论》(1—19章）在荷兰出版。1932年，伯希和在《通报》上发表书评，对该译本进行了评议。[③]1934年由

① Esson M. Gale, *Salt for the Dragon*,（Michigan: Michigan State College Press, 1953）, p.8.

② Esson M. Gale, "Public Administration of Salt in China: A Historical Survey ," *The Annals of the American Academy of Political and Social Science*, Vol. 152（1930）: 241—251.

③ Paul E. Pelliot, "Review: Discourses on Salt and Iron, a Debate on State Control of Commercial and Industry in Ancient China, Chapters I-XIX by Esson M. Gale ," *T'oung Pao*, Vol. 29, second series, No. 1/3（1932）: 127—130.

盖乐和卜弼德（Peter A.Boodberg，1903—1972）、林同济等共译的《盐铁论》第20—28章发表在《皇家亚洲学会华北分会会刊》上。这也是迄今为止西方《盐铁论》唯一英译本。在其书评中，伯希和对此译本进行了充分的肯定，特别指出译本的前言等副文本的重要意义。

《盐铁论》英译本是盖乐“活学问”的集中体现。首先，《盐铁论》英译本的生产具有很强的现实目的性。盖乐在华工作的初期，主要任务是学习语言并处理勤杂文书等事务性工作。初入盐税部门时，他对中国盐业盐政的理解几乎为零。正是靠着大量的实地调查，以及对中国历代盐政文献的学习，盖乐才逐渐找到了工作的切入点。这种“以古鉴今”的治学方法，正是盖乐“活学问”的精髓。其次，在研究历史文献，特别是在翻译《盐铁论》的过程中，盖乐既运用了中国传统的版本目录学，对《盐铁论》的版本进行了系统梳理，品评了优劣，为正文的翻译打下基础。此外，盖乐还从文章学、词汇学等多个角度对文本以及盐铁会议这一历史事件进行分析，在《盐铁论》研究领域开拓了若干新领域，体现了盖乐在研究历史文献时灵活多样的观照角度以及较强的创新性。

三、《盐铁论》英译本的学术方法与价值

在《盐铁论》英译本中，盖乐先是在前言部分对《盐铁论》进行了整体性的研究与分析，然后开始正文的翻译。译文下常有详细的脚注，把原始文献中不易厘清的部分或者译文中无法体现的部分进行说明。通过梳理，可以发现在整个译本生产过程中，盖乐主要采用了以下几种方法。

（一）利用副文本进行学术阐发

或许是出于对中国古典文献中以序跋的形式开展研究的青睐，盖乐选择在译文序言等副文本部分集中阐述了他研究《盐铁论》的成果。副文本由前言、脚注、附录表格等构成。

前言中，盖乐首先分析了盐铁会议发生的历史背景，论述了先秦以来儒、法两派所处的政治格局，对辩论中涉及的重要概念如“生产”和“分配”“重农”与“重商”的观点进行了比较研究。他指出，战国以前诸子百家都承认农业的主导地位，工商业是农业的附属。战国时期经济不断发展，法家逐渐分化为两派，一派重农，一派重商。后者认为国家应该重视商业并进行统筹管理，一方面充实国库，另一方面防止价格操纵等不良竞争，控制

贫富差距。两派虽然有不同的主张，但均以拓疆土、足国用为宗旨。墨家虽也重视生产，但更强调节流，倡导节用、节葬、非乐。儒家则强调分配规则的重要性，同时以孟子为代表，主张发展贸易。儒家一方面强调“均”，认为治理国家“不患寡而患不均”，另一方面强调生产，“生之者众，食之者寡，为之者疾，用之者舒，则财恒足矣”，主张发展“集体经济”，反对法家的“充盈国库”说，反对政府对个人生产行为的干预。到了盐铁论所处的西汉前期，儒家的思想产生了变化。孟子所倡导的贸易不再受到重视，甚至遭到反对。盖乐认为，变化的主要原因是贸易行为受到国家机器的控制，成为富商巨贾牟利的工具，违背了儒家倡导的自由经济政策，因而受到儒家的批判。此外，西汉统治者以法家治国的同时，以儒家修饰门面，形成外儒内法的统治格局。盖乐认为，这一时期儒家反对贸易，法家却宣扬恢复礼制，看似悖论，实际都是为了更好地维护各自的政治主张和统治。①

此外，对版本的梳理、文体文风的讨论、文献的辨伪常用词汇的总结，都利用前言、脚注、附录表格等副文本展开。虽然文本的主体是对原始文献的翻译，但副文本的合理设置和充分利用，大大提高了目的语言群体对译文的接受度。

（二）梳理《盐铁论》的主要版本

盖乐指出《盐铁论》最早的刻本是《宋元本书目行格表》中记载的2种版本，并梳理了明代以降的各种版本。结合王先谦的论述，盖乐认为早期流传最广的本子应为宋嘉泰本，但嘉泰本现已亡佚，而涂祯翻刻本与嘉泰本最为接近，因而认定其最能反映“原作”。张之象本未提祖本，将其与涂本比较，可知张之象对文本进行了改造，同时也是《汉魏丛书》的底本。译者还对《永乐大典》本、卢文弨《群书拾补》、张敦仁本等进行了论述，理顺了各个版本之间的关系。盖乐认为，王先谦本以涂祯本为底本，并综合张之象、卢文弨、张敦仁等各家观点，参以己见进行校注，并附《校勘小识》，辑录唐宋年间《艺文类聚》《北堂书钞》《太平御览》等书对《盐铁论》的征引，为善本之最。盖乐的这种观点，与清末诸学者的看法基本一致。正如伯希和在撰文评价《盐铁论》英译本时说的那样，通过梳理《盐铁论》的版本

---

① Huan Kuan, *Discourses on Salt and Iron*, *A Debate on State Control of Commerce and Industry in Ancient China*, *Chapter I-XIX*, trans. Esson M. Gale（Leiden: Brill, 1931）, pp. 17—30.

系统，确认了译本所遵从的底本问题。[①②]

在肯定盖乐的版本研究之外，伯希和指出了他在版本收集上的一些缺失，如没有参考锡山华氏活字本。伯希和还指出对于前人的《盐铁论》的研究，如孙诒让《札逐》等，盖乐也缺少全面的关注和研究。[③]

盖乐虽以王先谦本为底本，但针对王本中存在争议之处，均与其他版本进行参考，并将自已的选择反映在翻译与脚注中。比如，盖乐在脚注提到，卢文弨认为《本议》一篇中“忧边用”中“忧”字有误，而王先谦认为可解释为“边用绝乏可忧”，所以无误，盖译本从王本。这种对文本的批判与接受体现了中国传统校勘学的理念，反映出译者较为深厚的文献学功底。

（三）用计量统计的方法研究《盐铁论》中先秦、西汉时期的征引文献

通过对《盐铁论》中的直接引语的统计分析，发现直接引语中有五分之四为贤良文学所引；对儒家经典的征引占到百分之八十，其中一半出自《诗》《论语》，引用时注重与原文保持一致。引文中有一些已不存于传世文献，或内容不完全一致。针对这些现象，盖乐做了如下推断，一方面《盐铁论》征引经典并非照本宣科，而仅是引以表意。一方面，秦朝书厄时很多文献被焚毁，很多文献桓宽无法阅读，或者以桓宽的身份，即使文献存世，也无权阅读。[④]其次，盖乐认为，《盐铁论》写作时期儒家经典已经形成，对经典文本进行引用比较谨慎，而对经典以外的文献持排斥态度，所以《盐铁论》中极少征引法家文献。从引《春秋》的内容来看，盖乐发现引文基本出自《公羊》，对《左传》无反映，认为这与作者桓宽治《公羊》相关。另外，贤良文学与御史大夫之间征引文献的不同，可能表明其所治典籍不同。

《盐铁论》中出自《史记》的直接引语仅有自桑弘羊方的一条，盖乐推测，桓宽对《史记》的规避是有意为之，可能与当时《史记》被统治阶级和儒家学者所忌讳有关。而司马迁在《史记》中对归属不同流派的文献征引时

---

① 在实际翻译中，译者以王本为底本，参考《古书丛刊》本、涂本、《汉魏丛书》本。

② *Discourses on Salt and Iron*，*A Debate on State Control of Commerce and Industry in Ancient China*，*Chapter I-XIX*，pp.34—37.

③ Paul E. Pelliot，“Review：Discourses on Salt and Iron，a Debate on State Control of Commercial and Industry in Ancient China，Chapters I-XIX by Esson M. Gale，” *T'oung Pao*，Vol. 29，second series，No. 1/3（1932）：130.

④ 在对文本进行判断的时候，盖乐忽视了一种可能性，《盐铁论》引文与传世文献有异，亦可能是辗转传抄中出现的讹误或脱衍。

不加区分，是他受到当时学人批判的原因之一。结合新近的经学研究成果可知，虽然盖乐通过文献征引分析得出的某些观点有失片面，但在《盐铁论》研究领域中，其引书考的分析有开拓性质，对《公羊》《左传》征引比例等问题的关注其本身具有重要意义。[①]伯希和肯定了盖乐对引文的考证，认为盖乐对《盐铁论》引先秦两汉文献的考证是“值得赞扬”的。盖乐系统梳理了原始历史文献中大量的征引文献，进行了初步的比较研究，一定程度上揭示了辩论双方以至整个文人阶层的学术情况，成为《盐铁论》引书考在20世纪最为完备的研究之一。

（四）从文章学、词汇学角度分析《盐铁论》文本

盖乐灵活运用文章文体学、词汇学等理论，对《盐铁论》文本进行研究。首先，他指出《盐铁论》所代表的对话式辩论文在春秋战国业已出现，在《论语》《孟子》《商君书》《孙子》等文献中均有体现。到了汉代，这种文体在屈原的《九问》、司马相如的《子虚赋》、班固《两都赋》等文学作品中得到发展和完善，不但被广泛运用于楚辞、汉赋等文学作品，而且出现在《史记》这样的正史作品中。由此，译者认为桓宽也受此文学形式的启发，并做出总结，认为先秦古朴简洁的创作风格受到了楚辞和纵横家的影响，致使战国以降文风渐趋冗长华丽，到汉武帝时期此种写作风格进一步发展，其表现为对经书的注解愈发复杂，以及写作时往往旁征博引，铺张扬厉。盖乐认为汉赋华丽铺陈之风格的勃兴有其客观原因，即西汉的建立后文献整理工作渐入佳境，为文人征引提供了充足的文献支持，出现了“汉代文艺复兴”。其中对儒家文献的征引成为重点，体现了对“述古”传统的继承，桓宽创作《盐铁论》有明显的赋体特征，正是这种文学环境的产物。盖乐还指出，《盐铁论》将对话辩论与训诫说教相结合，体现出文学的“教化”功能。

盖乐提到《盐铁论》的用词问题，认为两汉时期的文学创作大量使用同意复合词以及连绵字，是汉语言从使用单音节词向双音节词转变的过渡期。针对这种变化，他提出两种可能，一是为了区别同音异义字所带来的理解问题，另一种可能仅是创作过程中的个性化选择。盖乐判断，文中保留了较多口语语法和结构，特别是连绵字的使用，正是书面语尚未与口语完全分化的反应和体现。盖乐尝试使用现代的词汇学理论对《盐铁论》词汇使用特点等

① *Discourses on Salt and Iron*，*A Debate on State Control of Commerce and Industry in Ancient China*，*Chapter I-XIX*，pp. 45—51.

语言现象进行分析，具有较强的独创性，学界对这一问题的探讨一直延续到21世纪初。[①]

总体来看，《盐铁论》英译本中，副文本的设置、多角度的考察集中体现了盖乐对《盐铁论》的深入研究，同时对文献翻译起到良好的辅助支撑作用，堪称亮点。当然，盖乐的译本也不无缺陷。由于盖乐在选择底本时未穷尽所有善本，且对乾嘉以来《盐铁论》研究未能完全观照，所以王先谦本中的一些问题未得到译者的注意，从而造成了翻译上的一些可供商榷之处。虽然由盖乐领衔翻译的《盐铁论》只有前28章，但成为欧美汉学界研究中国古代经济思想史的必读书目，受到李约瑟（Joseph Needham，1900—1995）[②]、鲁惟一（Michael Loewe）[③]等学者的广泛关注。通过上述研究以及实地考察，盖乐对中国从春秋战国到清以来的盐税、盐产、盐禁等方面的认识不断深入，为他在长江地区盐税改革提供了一定的决策根据，可以说达到了其“学以致用”的目的。而《盐铁论》英译本的问世，不仅为西方社会了解中国经济思想史打开了窗口，同时开辟了中西方《盐铁论》研究领域的一些新领地，译本中所采用的种种研究工具与手段，也为社科学术研究提供了一种新颖的范式。

19世纪末20世纪初，美国涌现出一批“学者外交家”类型[④]的中国问题专家，盖乐是其中典型的一位。在开展专业工作时，他们往往会自觉地将中国历史与现实进行结合，一方面利用传统的学术对传统文献资料进行挖掘，并结合最新的学术研究方法，尝试提出并解决新问题，开拓新方向，推动学术研究不断前进。西方学者这种把学问做“活”，为学术研究创造良性循环的方式，值得深刻学习与借鉴。

孙红苑　山东大学儒学高等研究院博士研究生

① *Discourses on Salt and Iron*, *A Debate on State Control of Commerce and Industry in Ancient China*, *Chapter I-XIX*, pp.42—45.

② Joseph Needham, *Within the Four Seas*: *The Dialogue of East and West* (London: Routledge, 2013), p.43.

③ Michael Loewe, *Divination*, *Mythology and Monarchy in Han China* (Cambridge: Cambridge University Press, 1994), p.324.

④ 著名的西藏学专家柔克义（William Woodville Rockhill，1854—1914）等也被称为“学者外交家”。

冯承钧：法国汉学研究的奠基人

张西平　张雨澄

摘　要：冯承钧是民国期间介绍与推动法国汉学研究的最重要学者，本文从其对法国汉学的翻译成就，翻译汉学著作的基本方法以及他的翻译实践，说明他对中国海外汉学研究所作出的杰出贡献。

关键词：冯承钧　汉学　翻译　中西文化交流史

冯承钧（1887—1946），字子衡，祖籍安徽省徽州府，出生于湖北夏口（现汉口）。1902年留学比利时，1906年入法国巴黎大学攻读法律，师从伯希和（Paul Pelliot，1878—1945），同时，又结识著名法国汉学家沙畹（Emmanuel—èdouard Chavannes，1865—1918）、沙海昂（Antoine Henry Joseph Charignon，1872—1930）、鄂卢梭（Léonard Aurousseau，1888—1929）等人。1911年大学毕业后，受辛亥革命的感召，毅然归国参加革命，先后任湖北都督府秘书、北京新国会众议院一等秘书、教育司检事等职，同时在北京大学、中国大学、法政大学兼课，并任立法编纂委员、中华教育文化基金会编辑等职。1929年以后，因患中风，行动不便，遂居家从事著述。日本侵入北京后，原中华教育文化基金会的每月200元资助中断，家庭开支仅靠在辅仁大学历史系任教的长子冯先恕的工资维持。而冯先恕又因参加抗日活动，遭到敌宪兵追捕，处境极其危险同时又重病缠身，于1943年夏逝世。冯承钧晚年丧子，又逢国事危难，生活艰辛。1946年2月9日因肾脏炎不治逝世于北平，终年60岁。

一

在一般对冯承钧的研究中，都是围绕他在蒙元史、中外交通史研究上的贡献展开的，但如果从民国欧洲汉学史这一研究角度来考察，会发现因为冯承钧精通英、法、意、比、梵、蒙古、拉丁等多种语言，且学识渊博，他不仅是一位中外交通史研究的大家，同时也是一位欧洲汉学著作的伟大的翻译家。根据学者的整理，冯承钧有著述52种，其中翻译的欧洲汉学著作经整理如下：[①]

冯承钧翻译汉学著作书目

序号	书名	作者	备注
1	摩尼教流行中国考	［法］沙畹、伯希和著	商务印书馆，1931年；国难后1版，1933年。
2	昆仑及南海古代航行考	［法］费琊著	商务印书馆，1920年；国难后1版，1933年。
3	法住记及所记阿罗汉考	［法］莱维、孝阀纳著	商务印书馆，1930年。
4	佛学研究	［法］普征共司基著	商务印书馆，1930年；国难后1版，1932年。
5	东蒙古辽代旧城探考记	［法］牟里著	商务印书馆，1930年；国难后1版，1933年。
6	中国史乘中未详诸国考证	［法］希格勒著	商务印书馆，1928年；国难后1版，1922年。
7	大孔雀经药叉名录舆地考	［法］莱维（也译烈维）著	商务印书馆，1931年。
8	正法念处经阎浮提州地志勘校录	［法］莱维著	商务印书馆，1931年、1933年。
9	中国之旅行家	［法］沙畹著	商务印书馆，1926年。
10	史地丛考	冯承钧编译	商务印书馆，1931年；国难后1版，1935年。
11	史地丛考续编	冯承钧编译	商务印书馆，1933年。
12	大庄严经探源	［法］莱维著	商务印书馆，1934年。
13	苏门答剌古国考	［法］费琅著	商务印书馆，1931年，1935年入史地小丛书。

① 黎难秋:《近代杰出史地学、宗教学翻译家冯承钧》，载《上海翻译》2017年第1期。

续　表

序号	书名	作者	备注
14	中国西部考古记	[法]蛮加达（又译谢阁兰、色伽兰）著	商务印书馆，1932年。
15	占婆史	[法]马司帛乐（又译马司培乐、马伯乐）著	商务印书馆，1933年。
16	秦代初评南越考	[法]鄂卢梭著	商务印书馆，1934年。
17	交广印度两道考	[法]伯希和著	商务印书馆，史地小丛书，1933年。
18	帖木儿帝国	[法]布哇著	商务印书馆，汉译世界名著，1934年； 万有文库，1935年。
19	蒙古史略	[法]格鲁赛著	商务印书馆，史地小丛书，1934年； 万有文库，1935年。
20	西突厥史料	[法]沙畹著	商务印书馆，1935年； 万有文库，1958年。
21	郑和下西洋考	[法]伯希和著	商务印书馆，1935年。
22	马可·波罗行纪	[法]沙畹译，冯承钧转译	商务印书馆，1936年、1947年3版、1948年4版； 中华书局，1954年。
23	多桑蒙古史	[瑞典]多桑著	商务印书馆，1939年；万有文库，1935年； 大学丛书，1936年。
24	入华耶稣会士列传	[法]费赖之著	商务印书馆，1938年。
25	西域南海史地考证译丛正编	冯承钧编译	商务印书馆，1932年、1934年。
26	西域南海史地考证译丛续编	冯承钧编译	商务印书馆，1934年。
27	西域南海史地考证译丛三编	冯承钧编译	商务印书馆，1936年。

续　表

序号	书名	作者	备注
28	西域南海史地考证译丛四编	冯承钧编译	商务印书馆，1940年。
29	西域南海史地考证译丛五编	冯承钧编译	中华书局，1956年。
30	西域南海史地考证译丛六编	冯承钧编译	中华书局，1957年。
31	西域南海史地考证译丛七编	冯承钧编译	中华书局，1957年。
32	西域南海史地考证译丛八编	冯承钧编译	中华书局，1958年1月。
33	西域南海史地考证译丛九编	冯承钧编译	中华书局，1958年8月。
34	卜弥格传	［法］沙不烈著	商务印书馆，1941年。
35	吐尔罗语考	［法］伯希和著	中华书局，1957年。
36	西域考古记（举要）	［法］郭鲁柏著	中华书局，1957年。
37	西域南海史地考证译丛，第一卷（1—5编）	冯承钧译	商务印书馆，1962年；1995年二版。
38	西域南海史地考证译丛，第二卷（6—9编）	冯承钧译	商务印书馆，1962年；1995年二版。
39	西域南海史地考证译丛，第三卷	冯承钧译	商务印书馆，1999年。
40	蒙古与教廷	［法］伯希和著，冯承钧译	中华书局，1944年。
41	吐火罗语考	［法］伯希和著	中华书局，2004年。（内又含冯承钧译文，即列维与伯希和的论文各2篇）
42	宋云行记笺注	沙畹笺注，冯承钧译注	
43	在华耶稣会士列传及书目补编		收入“中外关系史名著译丛”，中华书局，1995年。
44	西洋汉学家佛学论集	［法］列维等著，冯承钧译	

以一人之力翻译如此多的汉学著作，民国期间仅有冯承钧一人。翻译学术著作是一项严谨的工作，凡是从事过翻译之事的人，都能体会到严复所说的“一名之立，旬月踟蹰”之艰辛。近代以来的翻译大家严复等，均以翻译西方作品为主，以翻译西方汉学著作为其方向的冯承钧当属领军之人。在翻译领域，翻译一般西方学术著作和翻译西方汉学著作，虽然都是翻译，但各有特点。就其难度而言，翻译西方汉学著作要在翻译西方一般学术著作之上。因为汉学书中所涉及的人名、地名、职官、典籍均为中国文献固有之，这就要求译者必须熟知中国历史典籍。冯承钧所翻译的汉学书籍以中外交通史为其重点，这涉及大量的中亚、南海诸国的地名、人名，其难度更是难上加难。他在翻译时要解决某些特殊的“名物疏释”的问题。因为国外各种特产皆有其本国音名，若不知该本国语言之对音，则无从注释起。

> 如《瀛涯胜览》祖法儿国条，述其国炉烧俺八儿香，祖法儿位于阿拉伯半岛南岸之哈得拉毛，其国通用阿拉伯语，冯先生即注：俺八儿“阿剌壁语anbar之对音，犹言龙诞香也”。再就以地名而论，有的地名为本国语的古译，如不了解这一点，则对此地名便无法注释，如《诸番志》之新拖国，冯先生考其为爪哇西顺塔之古译，从而解决了这一疑难地名的注释问题。像这类海外国家特产的名称、海外古国的国名等，如搞不清，或弄错了，则所从事的中国海外交通史研究工作就没有任何意义，或只能“误人子弟”了。①

二

冯承钧为汉学著作的翻译树立了榜样，确定了翻译的原则，这些都是今日在翻译汉学著作时所必须遵循的。

（一）关于汉学著作中地名人名的翻译方法

冯承钧在翻译七卷本的《多桑蒙古史》（*Histoire des Mongols*）时遇到书中译名前后不一，检索困难的问题。为此，冯承钧确定了一套统一译名的办

---

① 郑鹤胜:《冯承钧对中国海外交通史、中外关系史研究的贡献》，载《海交史研究》1994年第1期。

法："第一，凡原名之初见者，皆附西文原名于其下；第二，元代史籍所无之人名、地名而有旧译者，则用元代前后之古翻，不用今读译古名，也不用古读译今名。"[①] 凡是地名、人名译名后均附外文原文。"确能知其汉名者，举其汉名；稍有疑义者，则录其罗马字国语，以俟将来之考订。"[②] 这一原则在今日的汉学著作翻译时仍必须坚持，凡译文中涉及中国历史的地名、人名，均应以中国史籍为准，凡是有疑义的人名要注录出外文人名。

（二）译者翻译汉学著作中地名、人名的三个条件

冯承钧在写作《成吉思汗传》时，涉及考订地名人名、年代等问题，同时通过翻译来修订《元史》，若做好这项工作，他认为"其故则在修史者未具备若干条件，盖修《元史》者，必须：（一）名从主人；（二）了解北方西方若干语言；（三）明了汉字古读，尤应知元人读法；此三条缺一不可。"[③]

"名从主人"就是中国史籍译名繁多，如何取舍。"中国史书中此类异译极多，兹亦从其旧译，附原名之下。昔日史书认为王名人名之误，今经对堪而自明。此外译名，皆同前例，唯加注释，不附新翻。"[④] 例如翻译汉学家佛教典籍的研究著作时，必须依循唐人译经之例，不可以随便音译。

"了解北方西方若干语言"就是面对汉学著作人名、地名回译时，如何考证。因为中国史籍译名不同，冯承钧认为"汉译虽殊，原名一也。编注异译，则注不胜注，兹唯附注原名于下，其异同立辨。"[⑤]

"明了汉字古读，尤应知元人读法"就是在翻译汉学家蒙古史时，不仅要懂汉字古读，更要知道蒙古语的读法。例如：

> Dji常译成"赤"，而不能译成"只"。多桑（Abraham Constantin Mouradgea d'Ohsson，1779—1851）在写作《多桑蒙古史》时，在翻译中国史籍时常把译文"法语化"，比如蔑儿乞惕已经是蒙古语表示多数的

① 许荣胜：《冯承钧对蒙元史研究的贡献》，载《历史教学问题》1998年第2期。

②［法］费琅：《昆仑及南海古代航行考、苏门答剌古国考》，冯承钧译，北京：中华书局，2002年，第5页。

③［瑞典］多桑：《多桑蒙古史》（上），冯承钧译，上海：上海社会科学院出版社，2016年，序言第3页。

④［法］费琅：《昆仑及南海古代航行考、苏门答剌古国考》，冯承钧译，北京：中华书局，2002年，第72页。

⑤［法］费琅：《昆仑及南海古代航行考、苏门答剌古国考》，冯承钧译，北京：中华书局，2002年，第72页。

名称了，应该写作Merkit，可是他只写作Merkites，另外添加了1个法语的多数，弄成画蛇添足。①

这说明，只有知道蒙古语后才能判断汉学家的原文是正确还是错误，从而采取正确的翻译。

根据以上3个条件，冯承钧认为日本著名的元史专家那珂通世（1851—1908）在翻译《成吉思汗实录》时，虽然符合第二、第三条件，但在“名从主人”上做得不好。比如那珂通世在根据《元朝秘史》中的译音译写成近代西文地名时，将“契丹”改作“乞坛”（Qitan），将“波斯”译为“珀儿昔阿”（Persia），冯承钧认为如果以上2个名字还勉强说得过去，但把“埃及”译成“额只魄惕”（Egypte）就没有遵从“名从主人”的条件。而汉学家洪氏在《元史译文证补》中的译名，则完全不遵从以上3个条件，译名的翻译错误令人惊愕，被冯承钧认为“在学界种毒最深的”②，例如他将Catchoun译成“哈準”，而不用元译的“合赤温”或“哈赤温”。译者自以为是，其实不知“古人翻译很明了汉字的读音”。③

冯承钧通过翻译《多桑蒙古史》提出的这3个条件，对翻译汉学著作具有普遍性指导。翻译汉学著作与一般翻译西方社会科学著作的区别就在于翻译汉学著作时要求对汉籍文献人名、地名做好回译。这就要求译者既要懂西方几种语言，又要知道汉字在古代的读音或者民族语言的古读。要熟悉中国古代典籍的译名，翻译时遵循“名从主人”的条件。这在知识能力上给译者提出了很高的要求。

（三）译者应通过翻译重新统一古文献之译名

由于中国历史悠久，史书中记载了大量的西域南海史地的文献，这些文献在西方文献中均未记载。法国汉学家来华后发现了这批文献对研究中亚史、海上交通史的价值，认为这些文献可以补西方世界史研究之不足。因此，法国汉学家关于中国西北南海史地的研究著作较多。冯承钧在翻译这些

① [瑞典] 多桑：《多桑蒙古史》（上），冯承钧译，上海：上海社会科学院出版社，2016年，序言第6页。

② [瑞典] 多桑：《多桑蒙古史》（上），冯承钧译，上海：上海社会科学院出版社，2016年，序言第3页。

③ [瑞典] 多桑：《多桑蒙古史》（上），冯承钧译，上海：上海社会科学院出版社，2016年，序言第4页。

汉学著作时面临的难题，就是在翻译时如何回译这些中国历史文献中的外国译名。他说：

> 研究吾国史地之书，最感困难者，莫若外国语之译名。或因声韵之变迁，方音之殊异，传译有别。或因名称之假用，风习之不同，混解未免。夫“天竺”“身毒”“印度”，为同一地域之名；“韦纥”“回纥”“回鹘”“畏吾儿”“辉和尔”，为同一种族之号。①

冯承钧在翻译时，面临如何回译这些地名，如何在众多古书记载中选择一地名的问题，他认为应：

> 将我国史地书中之译名，作一种综合及分析之研究。综合云者，将史地书中同名异译之名，综合为一，如合史书之“波斯”，《西域记》之“波剌斯”同为一国；合史书之“苏利城”“宿利城”“苏兰城”，《西域记》之“苏剌萨傥剌”，《新唐书》之“苏利悉单”，《化胡经》之“苏邻国”，西文之Suristan为一地是也。②

正因为，冯承钧通过翻译，将中国古籍中的地名重新加以综合分析，给出一个确定的地名，这样就将翻译和研究结合了起来，通过翻译，来整理中国古籍地名。这说明，翻译汉学著作，可以使译者对中国古籍地名加以整理。为此，在长期翻译的基础上，冯承钧整理出了西域地名，专门出版了此书。③将翻译与研究集于一身，翻译质量才能有所保证，这是冯承钧先生留给我们翻译汉学著作的又一原则。

（四）译者可以用汉学著作弥补中文文献之不足

冯承钧通过域外史料的翻译和引进来校补中国史书的缺失。如“《亲征录》载有‘木华黎’率‘王孤’‘火朱勒’‘忙兀’‘弘吉剌’‘亦乞剌’五

---

① ［法］费琅：《昆仑及南海古代航行考、苏门答剌古国考》，冯承钧译，北京：中华书局，2002年，第3页。

② ［法］费琅：《昆仑及南海古代航行考、苏门答剌古国考》，冯承钧译，北京：中华书局，2002年，第4页。

③ 冯承钧：《西域地名》，载冯承钧撰，邬国义编校《冯承钧学术著作集》（上），上海：上海古籍出版社，2015年。

部，以及‘契丹’‘女真’之兵南侵中国一文，其中的‘火朱勒’部，久知未详其对音为何。”[①]但他通过对《多桑蒙古史》的翻译，知道其对音为“Qošiqol”，则《亲征录》原译应该是“火失火勒”，再查“别列津”本《史集》，此名屡见，意指每十人队中挑选出二人组成的军队。冯氏还考证此字根qos在突厥语中有“双”之意。“可见，域外史料往往能提供某些线索和资料，帮助解决一些中国史书中悬而未决的难题。”[②]

又如，冯承钧在翻译法国汉学家费琅（G.Ferrand，1864—1935）的《昆仑及南海古代航行考、苏门答剌古国考》（*Le K'ouen—louen et les anciennes navigations interoceaniques dans les Mers du Sud*；*L'Empire Sumatranais de Çrivijaya*）一文时，他说：

> 在中国史籍中外国列传最为难读。其中人名地名错讹脱略者，开卷即是。而同名异译之事，不惟异传有之，即在同一传中亦复不免。印度及南海梵化诸国，昔号其王摩诃罗阇（Mahārāja）此言大王也。唐宋元明诸史传译语对音，皆无定字，远不及佛经译例之谨严。[③]

这是中国史籍在外国人名地名记载上的问题，而汉学家费琅集汉、梵、巴利、大穆、波斯、古蔑、暹罗、爪哇、马来、大食、葡萄牙文，综合对南洋地名加以考证，从而纠正或者明确了中国史籍中的不少模糊记载。

冯承钧这一翻译原则也是在汉学著作翻译时独有的，西人在中国历史研究，尤其是边疆史、中外交通史研究中多有创造，而这正是中国历史研究之薄弱环节。因此通过翻译汉学著作，来补充中国史之不足就成了翻译汉学著作时要遵守的原则。

（五）译者要对汉学著作的不足给予补证

西人研究中国虽然多有贡献，但其著作中总有缺漏、错误，将汉学著作翻译成汉语时，对于汉学家们研究中的这些问题应在中译本中加以补证。即便是翻译著名汉学家的著作也应如此。

---

①［瑞典］多桑：《多桑蒙古史》（上），冯承钧译，上海：上海社会科学院出版社，2016年，序言第5页。

② 许荣胜：《冯承钧对蒙元史研究的贡献》，载《历史教学问题》1998年第2期。

③［法］费琅：《昆仑及南海古代航行考、苏门答剌古国考》，冯承钧译，北京：中华书局，2002年，第69页。

冯承钧在翻译伯希和的《郑和下西洋考》（*Les grands voyages maritimes chinois au début du 15ème siècle*）和《交广印度两道考》（*Deux itinéraires de Chine en Inde à la fin du VIIIe siècle*）中就贯彻了这个原则。伯希和的《15世纪初年中国人的伟大航海上旅行》（即《郑和下西洋考》）一文是对法国汉学家兑温达（J.J.L. Duyvendak，1889—1954）关于《瀛涯胜览》研究的书评，主要是对版本的考察。伯希和考察之细，对中国典籍中关于郑和文献和《瀛涯胜览》《星槎胜览》之熟悉，充分显示了伯希和的学术功底。但冯承钧在译者前言中明确地指出伯希和在考证中没有提到的关于郑和下西洋的相关文献，例如《三宝征彝集》，伯希和就没有看过。伯希和认为郑和第3次奉使的年月，是永乐十年（1412）冬月，但冯承钧根据《重修清净寺记》中的记载认为，郑和在永乐十一年（1413）夏季尚未出发；伯希和认为郑和第4次奉使年月，是永乐十四年（1416）冬，冯承钧根据文献认为郑和第二年五月尚在泉州。同时还论证郑和是信奉回教之人，他在奉使中还有佛教的僧人也参与了旅行等等，这些都是伯希和或者未提，或者说错了的，冯承钧弥补和纠正了伯希和的这些不足。冯承钧的这些知识来源于他的朋友向达先生的《关于三宝太监下西洋的几种资料》一文。他认为向达先生“所寻究的史源较广，版本较多。比方《瀛涯胜览》尚有《国朝典故》本；《星槎胜览》两卷本尚有《国朝典故》本，罗以智校本，广州中山大学覆刻天一阁本，四卷本尚有《历代小史》本，皆是伯希和此文所遗漏者。”①正是依靠向达先生的研究成果和帮助，冯承钧在翻译伯希和的这篇文章时，才能做到这一点。冯承钧的这个做法是今日翻译海外汉学著作时应坚持的原则之一，对其翻译内容要熟知国内学者研究之进展，以中国学者研究的成果、补充、修正汉学家之不足。

（六）译罕见之名词要反复斟酌而定

朱杰勤认为冯承钧在翻译中“间遇罕见之名词，又为之厘定汉名，斟酌至善。其翻译之中，又须考证。”②冯承钧曾以“麒麟”一词的翻译，来说明罕见之名词如何翻译。他说：

① [法] 伯希和:《郑和下西洋考、交广印度两道考》，冯承钧译，北京：中华书局，2003年，第5页。

② 朱杰勤:《中外关系史》，桂林：广西师范大学出版社，2011年，第222页。

前检《明史》，见外国有兽名日“麒麟”。日本动物学书谓斐洲鹿身长颈之兽亦为麒麟。始皆不得其解，近检《瀛涯胜览》阿丹国条，有麒麟，前足高九尺余，后足六尺余，项长头昂至一丈六尺，傍耳生二短肉角，牛尾鹿身，则即英德文之giraffe，法文之girafe也，始知麒麟一名之出处。检寻久之，又知其本于斐洲东岸琐马里（Somali）语之对音。复检《诸蕃志》，斐洲东岸之弼琶啰，有兽名徂蜡，状如骆驼，而大如牛，色黄。前脚高五尺，后底三尺。头高向上。又检《星槎胜览》，天方国有兽名祖剌法，此名一见即知为徂蜡之异译。吾又联想及于麒麟。此三名盖指一兽也。初不知后一对音之所本，唯知徂蜡、祖剌法与英法名相近耳。检寻久之，始知本于大食文之zurafa。一物之名，考证之难如此，脱译名更多，其难必较更甚。准是以观，外国列传之事实名物尚待考据证明者不少。我国载籍价值固高，然非比较对勘不能得其解矣。①

这个例子说明，在翻译汉学著作时，不仅仅人名、地名要遵从三个条件，在翻译其他名词遇到难处时，应效仿冯承钧的破解之法，即中外文献反复斟酌而定，不可轻易下笔。

（七）以案语形式展示译者之见解

在翻译汉学著作时，不能将著作奉若神明，译著有不明了之处，可通过案语形式表达译者之见识与观点。如在翻译《多桑蒙古史》第一章时，冯承钧认为多桑采用的材料是《元史》《续通鉴纲目》《续弘简录》3种典籍，但在关于西京之取和獾儿嘴之战的时间记载上，史籍记载又各有不同。《续通鉴纲目》写的是辛未年下（1211），而《元史》和《续弘简录》则是壬申年下（1212）。面对这个问题《多桑蒙古史》则不说明究竟是哪一年。显然这是问题，因此冯承钧就以“钧案”在章后标出。他在翻译伯希和的《郑和下西洋考》一文中就写了25个“钧案”。

冯承钧的翻译受到学术界的好评，朱杰勤认为“就翻译而论，冯先生是近代第一流翻译家。清末翻译界中严复（几道）与林纾（琴南）并称，但因时代关系，他们的翻译技术尚未达到完美地步，持较冯先生，则他们好像椎

---

①［法］费琅：《昆仑及南海古代航行考 苏门答剌古国考》，冯承钧译，北京：中华书局，2002年，第73页。

轮，而冯先生好像大辂了。”[①]季羡林在谈到冯承钧的翻译成就时说：

> 五六十年前，冯承钧翻译了大量的法国学者关于敦煌吐鲁番研究以及中外交通史的论著。用力至勤，成就最大，大大地扩大了我们的眼界。至今学者蒙受其益。其间还有许多学者，如向达、贺昌群、方壮猷、姚枬、朱杰勤、王左鲁、张小柳、何建民等先后翻译介绍了不少日本、法国、英国等国的学者有关这方面的研究论著，国内学人至今还感谢他们。可惜的是，从那时以后，学者大都忙于自己的名山事业，翻译介绍之事，只是偶一为之，像冯承钧先生那种锲而不舍终身从事的劲头，而今真已成广陵散了。[②]

严耕望先生甚至认为冯承钧对中国学术界的贡献绝不在陈寅恪之下。[③]李孝迁认为，冯承钧对中国史学贡献“厥功甚伟，百年来无有第二人”[④]。

张西平　北京语言大学一带一路研究院特聘教授
张雨澄　中国劳动关系学院讲师

① 朱杰勤:《纪念冯承钧先生》,《中外关系史》，桂林：广西师范大学出版社，2011年，第221页。

②［瑞士］戴密微:《吐蕃僧诤记》，耿昇译，拉萨：西藏人民出版社，2001年，序第1页。

③ 严耕望:《治史三书》，沈阳：辽宁教育出版社，1998年，第188页。

④ 李孝迁:《域外汉学与中国现代史学》，上海：上海古籍出版社，2014年，第153页。

《诗经》在19世纪法国的译介与接受*

钱林森

摘　要:《诗经》自18世纪来华传教士汉学家马若瑟神父首译《诗经·颂·雅》8首诗篇引入法国，揭开《诗经》法国译介传播史的大幕，后经白晋等索隐派的“经学解读”和韩国英、钱德明神父的助力推进，以及世俗汉学家弗雷莱的诗学解读、启蒙思想家伏尔泰推波助澜和诗人谢尼埃的推崇接纳，促成了18世纪法国《诗经》学史的初具规模的草创期，为19世纪法国《诗经》的译介与传播和诗经学史的发展奠定了基础。在19世纪，法国《诗经》全译本就有1830年孙璋神父翻译、莫尔整理出版的《诗经》拉丁文全译本、1872年鲍特埃《诗经》法译全本和1898年顾赛芬神父《诗经》法—拉—中全译本。与此同时，也先后出现了汉学家研究《诗经》的长篇专论，以及19世纪下半叶浪漫主义唯美主义诗人俞第德《白玉诗书》(1867)、布雷蒙《中国诗歌》(1887)，将法国《诗经》译介与研究推进到一个新的发展阶段。本文仅以如上三位汉学家三部《诗经》全译文本为解读底本，结合上述相关学者、诗人们《诗经》选译与研究专论，从法国《诗经》学史生成、发展的角度，加以论析和比较观照，揭示19世纪法国《诗经》的译介与研究如何伴随法国汉学的勃兴、发展而发展的鲜明特色，以及19世纪法国诗经学史的拓展、繁荣的风貌。

关键词:《诗经》　西渐译介　19世纪法国　《诗经》学史

《诗经》是我国最早的一部诗歌总集，它作为我国古代灿烂文化文学源头、中华文明的瑰宝，自明末清初来华耶稣会士传教士马若瑟神父（Joseph Marie de Prémare，1666—1735）打头阵，首译《诗经》中《周颂》《大雅》《小雅》8首诗歌，刊发在杜赫德神父（Jean-Baptiste du Holde，1674—1743）主编的《中华帝国全志》1735年第2卷，引入法国和欧洲，成为《诗经》西渐的先行，开启了法国《诗经》译介传播史的序幕。中经马神父同侪

* 本文为国家社科基金项目“19世纪中法文学交流史研究”的阶段性成果，批准号（19Bzw104）。

白晋（Joachim Bouvet，1656—1730）神父等索隐派的经学解读和18世纪后期韩国英（Pierre-Martial Cibot，1727—1780）神父、钱德明（Jeau joseph-Marie Amiot，1718—1793）神父的助力推进，以及世俗汉学学者弗雷莱（Nicolas Freret，1688—1749）的诗学解读、启蒙思想家伏尔泰（François-Marie Arouet，1694—1778）的推波助澜、18世纪末法国诗人安德烈·谢尼埃（Andre Chenier，1762—1794）的推崇与接纳，《诗经》就一直是法国传教士汉学家、世俗汉学（经院汉学、学术汉学）家和诗人们热心迻译、极力推介的中华文化经典，它也就由此一直充当着中法（中西）文化文学交流、互动的先锋角色。《诗经》西渐法国和欧洲，受惠于18世纪法国汉学的勃兴，得益于明末清初知识渊博、汉学水平、文化造诣俱佳的来华传教士汉学家率先译介引进，这就促成了18世纪法国《诗经》学史的初具规模的草创期，为《诗经》在19世纪法国的译介与接收和19世纪诗经学史的拓展与繁荣，奠定了坚实的基础。

在19世纪法国，单就《诗经》的译著，就先后出版过3种不同全译本：1830年孙璋神父（Le père Lacharme，1695—1767）翻译，尤利乌斯·冯·莫尔（Julius Mohl）整理出版的《孔夫子的诗经》拉丁文散文体全译本①，是法国和欧洲第一部《诗经》全译本；1872年，由G. 鲍特埃（G. Pauthier，1801—1873）直接从中文翻译的《诗经》全本②，是第一部法文全译本；此后，又有顾赛芬神父（Séraphin Couvreux，1835—1919）1896年的法文－拉丁文－中文对照的《诗经》全译本③，是法国最流行的本子。与此同时，也出现了一些探索《诗经》的长篇系统专论，或带有研究性的译本长篇序文，前者如爱德华·毕奥（Edouard Biot，1803—1850）于1838年发表在《北

---

① Lacharme interpretatione，Julius Mol édidit. *Confucii Chi-King sive liber carminum. Stutgartiae et Tübingae*（Stuttgardtiae：Sumtibus J.G. Cottae，1830）. 该译本由孙璋神父于1733年至1752年间，直接从顺治皇帝时代的满译本迻译过来的拉丁文散文体《诗经》全译本，原稿一直保存在巴黎国家图书馆No. 1082，直到19世纪，才由雷慕沙的德国籍弟子尤里乌斯·冯·莫尔整理，于1830年在斯图加特和图宾更的科塔出版社出版。转引自刘国敏、李慧：《法国诗经译介史》，石家庄：河北教育出版社，2021年，第80页。

② Pauthhieu，Jean-Pierre Guillame.*Chi-king ou livre des vers*. Paris：maisonneuvre et Cie，1872.

③ Couvreur，Séraphin.，trad.，*Cheu King. Ho Kien Fou*（premiére édition：1896），rééd.Sien-hien，Imprimerie de la Mission catholique，1934，p.555.

方杂志》(*Revue du Nord*)《诗经，即诗歌经典》[①]、1843年《亚细亚学报》(*Journal Asiatique*)连载的《根据诗经探讨中国古代风俗民情》[②]长篇专论，后者如顾赛芬《诗经》法文、拉丁文、中文对照的《诗经》全译本序文，德理文（圣·德尼）侯爵（Le Marquis D' Hervey de Saint-Denys，1822—1892）1862年《唐诗》[③]长篇序言《中国诗歌艺术和诗律学》[④]，以及19世纪中叶后浪漫主义唯美主义诗人俞第德（Judith Gautier，1845—1917）《白玉诗书》(*Le livre de jade*，1867）和布雷蒙（Émile Blémont，1839—1927）《中国诗歌》(*Poèmes de Chine*，1887）对《诗经》相关诗歌的选译与"仿作"，这就将《诗经》西渐法国的译介与研究推进到一个纵深发展的新阶段。在这里，我们仅以如上三位汉学家三部《诗经》全译文本为解读底本，并结合上述相关学者、诗人们《诗经》选译与研究专论，从法国《诗经》学史生成、发展的角度，加以梳理、论析和比较观照，便不难见出，19世纪法国《诗经》的译介与研究如何伴随法国汉学的勃兴、发展而发展的鲜明特色，以及19世纪法国诗经学史的拓展、繁荣的风貌。

1830年，孙璋神父翻译、莫尔整理出版的《孔夫子的诗经》拉丁文全译本，是法国和欧洲《诗经》首部西文译本——孙璋1695年出生于法国里昂，1712年入耶稣会，完成学业后获准赴华传教，1728年入华，在北京生活了近39年。他精通汉语和满语，据说他能相当熟练地用汉语和满语写作。他曾担任过清朝与俄罗斯外交往来中的翻译，曾担任北京耶稣会的财务员。孙璋于1767年在北京去世，享年72岁[⑤]。孙璋生前著述甚丰，身后遗存大量手稿，分别藏于法国、德国和中国的图书馆和档案馆，重要的有《孔夫子的诗经》拉丁文译稿、《性理真铨》六卷本（*Phlosopihae naturalis vera explication*，

---

① Edouard Biot，"Le Chi-king ou le livre des vers." *Revue du Nord*，1838.

② Edouard Biot，"Recherches sur les mœurs anciennes des Chinois，d' après le Chi-king"，*Journal Asiatique*.1843.

③ L Marquis d' Hervey de Saint Denys，*Poésies de l' époque des Tang.* Paris: Amyot，1862.

④ L Marquis d' Hervey de Saint Denys，"L' Art poétique et la prosodie chez les Chinois"，*Poésies de l' époque des Tang*，*traduites du chinois.* Paris: Amyot，1862.

⑤ *Notices biographiques et bibliographiques sur les Jésuites de l'ancienne mission de Chine*，*1552—1773*，Vol. 1，(Shanghai：IMPRIMRIE de la Mission Cathlique，1932，1934)，p.721.［法］费赖之:《明清间在华耶稣会士列传（1552—1773）》，梅乘骐、梅乘骏译，上海：上海光启出版社，1997年。

6 vol. Pékin，1753）、《〈礼记〉法译本》手稿、《汉—蒙—法词典》（*Dictionarium Sinico-Mongolico-Galicum*六卷本手稿，共800页）、《拉汉词典》等。

孙璋神父于18世纪来华传教期间（1733—1752）完成《诗经》拉丁文译本手稿。原手稿[①]共71页，在孙璋辞世后与其天文学手稿混在一起，被收藏在巴黎天文馆，后来由法国经院汉学大师雷慕沙的德籍弟子，东方学家莫尔悉心整理，于1830年在德国斯图加特和图宾庚的科塔出版社出版。根据本书编译整理者莫尔在《编者序言》推介称："那个将整部《诗经》译成拉丁文并加以评论的是耶稣会的孙璋神父，由于他自己不在乎名气，他一直没有受到关注。他十分博学，精通汉语和满语，他没有留下任何生活的轨迹，就连这部杰出的著作也一样……"[②]孙璋神父的译本1830年刊行问世，被公认为是首部《诗经》西文全译本。译本附有三篇拉丁文序言：《编者序言》《顺治皇帝满译本序言》《欧洲译者序言》，我们可从中略知孙璋神父当年译介《诗经》的动因、译介策略，并由此而对其译本的价值意义进行定位。

以布道传教为根本宗旨、以探索中华古老文明奥秘为己任、以寻求异教文明与基督教义相汇融为旨归的法国入华耶稣会士，为着传教事业的需要，十分注重中国文化经典的译述与介绍，孙璋神父也不例外。他在《欧洲译者序言》中开门见山道："我也尝试参与其中，如观察天文和翻译中国书籍。《诗经》非常适合理解中国古代文化，于是我开始翻译这部作品。"——但我们知道，孔子编纂的《诗经》在来华传教士那里，向来受到推崇和青睐，孙璋的欧洲前驱柏应理神父在其《中国哲学家孔子》一书的前言中就对《诗经》作过高度评价，认定它是中国诗歌集中最有影响的一部，"其风格非常艰深和晦涩，晦涩的原因是语言的简洁，而这简洁之中又充满了各种比喻和极为古老的格言。此外凝练的话语还有字数限制，这比那些没有字数限制的语句更难懂。"[③]这对初涉译事、志在首译《诗经》全本的孙神父来说，绝非

---

① 孙璋神父《诗经》拉丁文手稿，据整理刊行的德国籍东方学家莫尔说："如果我没说错的话，我所用的在北京完成的手稿正是由孙璋神父所写，手稿共有71页，曾属于德力勒（Delisle）的藏书，之后属于船舶部行政属于巴黎天文馆。" voir Julius von Mohl. Prefatio editoris，*in Confucii CH-King*，*Sive liber carminum*，*ex latina* P.Lachrrme interpretation，P.Ix-x.

② 参见刘国敏、李慧：《法国诗经译介史》，石家庄：河北教育出版社，2021年，第87页。

③ 参见刘国敏、李慧：《法国诗经译介史》，石家庄：河北教育出版社，2021年，第89页。

易事。他是何以下定决心翻译这部艰深的《诗经》圣典呢？他从《诗经》中体会到，“任何古老的民族对上帝的信仰都是更加古老的。这些诗歌大部分是在周朝时期创作的，而其中很多是从更久远的古代流传下来的。”[①]因此，他决心将这部“远古时代的伟大作品”[②]翻译成西文，将译本献给对古代有兴趣的人。这是孙璋神父迻译《诗经》的动因与初衷。为使译本便于西方读者、受众理解，他严格恪守着“宁愿让译文晦涩，也不想让译文不忠实”的译介原则和翻译策略，并想方设法添加必要的注释，旨在让西方读者、受众更易于真确理解、接受。

孙璋神父译介的《诗经》拉丁文译本，参照的汉语读物是宋朝著名理学家朱熹的相关阐释，依据的底本，除汉语《诗经》原著外，还有清顺治皇帝赐序的满文《诗经》译本，因为他本人通晓满语。在他看来：

> 这部满译版《诗经》是在顺治皇帝命令下，由精通两种语言的学者们翻译的，他们将诗歌从语句的翻译影响了宗教信仰。由于满语与欧洲语言的差距不那么大，没有汉语中那么多模棱两可的、空泛的概念和不确定的意义，对满语的掌握对于我理解汉语文献的含义有很大帮助。[③]

那么，孙璋神父这部首译《诗经》拉丁文译本是如何实现他严守的译介原则和翻译策略呢？他看到，在他那个时代，一些将汉语书籍翻译成欧洲语言的人中，有不少将中国阐释者的话语与原文相混淆，从而导致译文并不忠实的弊病。为避免这种弊端产生，他的译本，凡需在译文中添加注释、说明文字的一律用括号标出，以防读者将这些说明文字和中国学者的阐释相提并论，如此一来，诗歌的本义就更为清晰、准确，贴近原著原文精神。孙璋神父曾不无感慨而欣慰地声称：“事实上我力求紧密地贴近原文，因为我宁可让译文晦涩，也不想让译文不忠实：如此一来，我将《诗经》这部书，这部古

① 参见刘国敏、李慧:《法国诗经译介史》，石家庄：河北教育出版社，2021年，第88页。

② 孙璋序言，转引自刘国敏、李慧:《法国诗经译介史》，石家庄：河北教育出版社，2021年，第89页。

③ 孙璋序言，转引自刘国敏、李慧:《法国诗经译介史》，石家庄：河北教育出版社，2021年，第90页。

代的、自然的、远处的著作不加修饰地带给欧洲。”[①]

孙璋神父还对《诗经》原著内容、诗歌创作的历史时代背景，进行简明清晰的介绍。他这样明示读者：由孔子编纂的《诗经》是古代中国的诗歌集，共分四个部分。第一部分名为“国风”，是普通百姓吟诵的诗歌，由王公们下令收集、整理。这些诗歌极好地展现了国家的风貌，使那些服从国家统治的人能从这些诗歌中了解到不同国家的不同风俗文化，使行为不端的人得到纠正，好人得到赞扬。这些诗歌会传颂各国的大小王侯，皇帝通过对音乐的加工来审阅文学和保护文学。公元前771年，平王开始执政时，这个传统已经衰落了，孔夫子为了补救，以同样方式来收集诗歌，希望伟大的言语或事件通过诗歌被纪念，通过阅读这些诗歌来将他的学生们引向美德，把恶人从恶行中劝离。然而对于那些他不喜欢的、与自己目的相悖的诗歌他都将它们摒弃。第二部分名为“小雅”，第三部分名为“大雅”，为周朝人所作，这些诗歌有的歌颂帝王的美德，有的赞扬王公贵族，有的是王侯向天子致谢或祈求福祉，有的描绘亲人葬礼仪式之后的宴会，有的反对天子和国家统治，有的介绍农业，有的包含国家治理方面的文献，有的为国家遭受的灾难痛惜，等等。第四部分为“颂”，是葬礼诗，是在周朝天子和鲁国王公统治时期，以及商朝王公祭奠他们的祖先时演唱的。无疑问的是，这部书在中国真实且完整地流传到今天，并毫发无损地逃过了焚书这一劫。[②]最后，译者还对中国古代诗歌韵律和规则，作了介绍。

孙璋神父这部《诗经》首译本问世后，对法国和欧洲后世汉学界产生很大影响。受益最多的是他的后世同胞，19世纪法国“汉学三杰”之一的爱德华·毕奥在1838年《北方杂志》发表的《诗经，即诗歌圣经》专论中就对孙璋《诗经》拉丁文译本作注，给予很高评价，认为“孙璋神父的翻译，以及其中优秀的笔记，允许所有接受过普通教育的人能够与古代中国对话，并研究与在西亚和欧洲大相径庭的社会原始道德习俗。”[③]孙璋的译本对后来的弗里德里希·吕克特（Friedrich Rûchert，1788—1866）的德文本、理雅各的英文本、顾赛芬的法文本都有深远影响。

① 孙璋序言，转引自刘国敏、李慧:《法国诗经译介史》，石家庄：河北教育出版社，2021年，第90页。Edouard Biot. “Le Chi-king ou le livre des vers”，*Revue du Nord*. 1838.

② 孙璋序言，转引自刘国敏、李慧:《法国诗经译介史》，石家庄：河北教育出版社，2021年，第91页。

③ Edouard Biot，“Le Chi-king ou le livre des vers”，*Revue du Nord*，1838.

1838—1843年，毕奥《诗经，即诗歌经典》（1838）、《根据〈诗经〉探讨中国古代的风俗民情》（1843）开启了西方《诗经》民俗学研究的先河——爱德华·毕奥，1803年生于巴黎一个科学世家，其父是著名天文学家、数学家、物理学家，老毕奥本人曾涉足中国天文学。小毕奥年轻时代在巴黎路易大帝中学学习古典学和数学，1822年入巴黎综合理工大学，1822—1826年，他协助其父完成在意大利、西班牙的科学考察，回国后任铁路工程师，为建设法国最早的铁路做出过贡献。他从1833年师从儒莲，专事汉学研究，1847年当选铭文与美文学院院士，1850年他英年早逝。毕奥短暂一生，撰写了大量涉及中国的科学、天文、地理、气候、教育、工艺等汉学著述，主要的有《诗经，即诗歌经典》（1838）、《论中国自远古时代的土地所有制条件》（*Mémoire sur la condition de la propiété territoiale en Chine depuis les temps les plus ancienes*，1838）、《根据〈诗经〉探讨中国古代的俗民情》（1843）、《论中国公共教育和儒学史》（*Essai sur l'histoire de l'instruction publique en Chine et de la corporation des lettres* ，1847）、《周礼》（译著，1851）等。

毕奥对1830年孙璋神父《诗经》拉丁文译本作注，先后在《北方杂志》（1838年）发表《诗经，即诗歌经典》、在《亚细亚报》（1843年）发表《根据〈诗经〉探讨中国古代的风俗民情》两篇专论，开启了《诗经》民俗文化的研究。毕奥在《诗经，即诗歌经典》专论中，开宗明义地说："当人们在历史研究中想方设法探究某一民族在特定历史时期内的民俗习惯、社会生活以及发展的程度时，一般很难在充斥着大大小小战争纪实的正史里找到构成这一时期民俗画面的特征，反而会在保留他们世代特征的神话传说、故事、诗歌民谣里得益更多。"他说他之所以要选择《诗经》为蓝本来探讨古风民俗，就在于他当时正着手进行一系列关于自古至今的中国社会经济和文明阶段的研究，而研究这一课题最适宜的中国古书，就是《诗经》：

> 《诗经》是最著名的作品之一，就像是东亚曾传递给我们的一幅风俗画，……"诗"（shi）这个字的意思是"诗歌"（vers），"经"指的是构成天朝的信仰和道德的五本神圣的典籍，这两个字连在一起意味着"神圣的诗书"。《诗经》并不是我们所认为的那样，是单一的历史主题的诗歌，而是一本并不是有条理地汇集了很久之前的诗歌集，这些诗歌是在中国城市和乡村传诵的，就如同我们欧洲早期的乐曲传唱在古希腊一样。这些诗歌的风格是简朴的，主题是变化的，它们为我们真实地呈现了中国早期的通

俗歌谣。这种单一的叙述足够引起我们去阅读《诗经》以理解这一特殊的体裁，它没有任何雄伟壮丽的装饰，没有任何我们在大部分东方诗史中所常遇的夸张，而是在简朴中指引我们研究古代中国风俗。①

这就是毕奥为何要以《诗经》为蓝本来探讨古代中国风俗的原因所在。而孙璋神父《诗经》拉丁文全译本的重新发现和刊行问世，适逢其会地为毕奥这一课题探讨提供了可能。

接着，毕奥在《诗经，即诗歌经典》这一专论中简要叙及了《诗经》的编纂与流传过程，对《诗经》的“风、雅、颂”作了简明扼要的阐释。他将《诗经》中的诗篇内容和风格与希腊的诗歌进行了总体的平行比较考察，认为：

世界的和平、安定，是《诗经》中的所有诗歌所希求的；对劳作和个人生活的热爱，是他们所颂扬的。相反，在希腊的诗歌里在罗马共和国的作品中，因为公民自治和评议，赞颂的都是政治战争、是公众生活。没人怀疑这最新的政权不再提供多样的风格和思想的活力，《诗经》诗歌总体而言都是平淡、单调的颜色，反映了绝对政权的顺从；但是可能这种顺从比所有好斗的（希腊人）能够谋得更舒适的物质生活。这种文化的差别是中西方古代历史中的最大的界线。然而中国人以他们共同的血脉形成联盟，依附于中央权力而彼此相识，至高无双的权力是他们安全的保障。这种状况就导致了内心爱情生活的相同特征和对权力的顺从，在这大国不同地方的诗歌中呈现出来。②

毕奥通过《诗经》的分析，归纳总结出了《诗经》的内容，在此他翻译了描述普通百姓生活的《郑风·女曰鸡鸣》、描述儿子服役父母兄弟为之痛惜的《魏风·陟岵》，歌颂农业的《魏风·伐檀》《小雅·无羊》，有关战争的《小雅·采薇》《豳风·破斧》《小雅·何草不黄》，并对《诗经》中的战争诗与希柏莱的诗歌进行了比较，认为：

---

① *Le Chi-king ou le livre des vers*，p.219.

② *Le Chi-king ou le livre des vers*，p.224.

> 《诗经》中这些关于军队的诗歌中哀叹、悲伤与近乎同一时期的充斥了希伯来历史中的歼灭、报复形成了强烈的对比。中国的诗歌中没有呈现出任何可怕的憎恶的形象。即使发动一场战争，也是针对撼动天平横梁的反叛者，与那些维护绝对权力的北方蛮夷部落对抗是为了保护中原的城市居民，而且那些参与平叛的士兵都抱怨披挂上阵。中国人的这一特征自《诗经》起完整地呈现出来，即温柔、充满了人文关怀、少战争。[①]

如此，毕奥对《诗经》进行深入观察、探讨，让他更清晰地看到："《诗经》向人们显示着中国人生活的永恒图画，他们识得钟、鼓、陶器或土瓮；他们懂得发酵从大米里提取的汁液，传教士们称之为酒，属于是烧酒的一种。他们用犁耕地，耐心地拔除野草，最后将这种耕作方式推广至中国多个省市。"[②]"《诗经》到处都有古今习惯相似的痕迹。"[③]——他以现今的婚俗习惯与《诗经》时代相同的婚俗为例进行比较说明。同时，还以《小雅·斯干》为例阐述中国人轻视女童的观念。最后，毕奥还特别指出：

> 《诗经》中的诗歌通常都是押韵的，他们对韵这种认识如此久远，在世界大事记中是引人注目的。既然《诗经》的篇章被指定这样唱，我们猜测在歌谣里这样的习惯。就如同在山上放牧时所唱的牧歌一样，通常也是押韵的，且往往类似的道德风俗或地区之后，我们也能在国家内相距甚远的两个地区发现相同的叠句。[④]

据他看，这种押韵，其实是对山羊叫声的一种模仿。最后，他认为：《诗经》作为一部诗集：

> 与希腊诗歌杰出的构思相比，它没有突出的特征。对于欧洲人而言，因为其不连贯的思想，这部书的阅读是令人疲乏的；但是作为道德的画卷，它完全在其他古书之上，同时它是一座可以从中挖掘东亚历史的宝库，然

---

① *Le Chi-king ou le livre des vers*，p.231.
② *Le Chi-king ou le livre des vers*，p.232.
③ *Le Chi-king ou le livre des vers*，p.232.
④ *Le Chi-king ou le livre des vers*，p.236.

而直至今天我们美其名曰世界历史的辑录或纲要里都完全被忽视。[①]

这就是说，在毕奥来看，《诗经》的价值在于它是“东亚历史的宝库”，他对《诗经》关注重点在于古代东亚（中国）的民风习俗。毕奥对民风民俗的关注，使之力图运用民俗学方法对《诗经》进行解读，开启了对《诗经》民俗文化的探究。

1843年，毕奥在《亚细亚报》发表第2篇《诗经》专论《根据诗经探讨中国古代的风俗民情》对《诗经》进行具体的民俗学的勘察、研究。毕奥在这篇专论中，开门见山地指出：“《诗经》是东亚传给我们的最优秀的描画风俗的作品之一，同时也是真实性最不容置疑的作品之一。我们知道，这是一部诗歌的圣经，孔子在这部诗集中汇集了公元前6世纪之前、在中国的典礼节庆以及私人日常生活中唱颂的歌谣、颂诗，它们和我们欧洲最早的诗人在希腊吟唱的歌诗一样，不过其编排缺乏清晰的条理。这些诗歌风格朴素，题材丰富，而且事实上也向我们展示了中国最初阶段的民谣。”[②]他把自己比作旅行者，犹如一个旅行者般挖掘《诗经》，探索公元前6世纪的中国民风古俗，他认为相较于《书经》《左传》《国语》等其他中国古籍，《诗经》更容易用于研究中国的古代风俗。他以孙璋的译本为主要的阅读蓝本，同时从《书经》《易经》《史记》《周礼》《中华帝国全志》《中国丛刊》及传教士的其他游记中选取例子予以佐证，分20个小标题进行阐释：中国人的体貌（constiution physique des chinois）、服饰（habillements）、建筑与住宅（constiruction et habitations）、狩猎（chasse）、捕鱼（pêche）、农牧（culture et pacage）、居民的食物与食材的准备（nourriture habituelle et préparation des sbstances）、常用的金属（métaux emloyés）、精制的材料（matières travalliées）、军队—战争（armes-guèrre）、政府机构—头衔或爵位（organisation générale du gouvernement-dignités）、宗教信仰（croyances religieuse）、命运—占卜（sort-augures）、原始天文（astronomie primitive）、典礼和宗教仪式—祭祀（cérémoniees et solennités religieuse-culte）、婚姻的礼俗（formalités du mariage）、家庭内部习俗（mœurs intérieures）、惩

① *Le Chi-king ou le livre des vers*，p.236.

② Edouard Biot. “Recherches sur les mœurs anciennes des Chinois，d’après le Chi-king”，*Journal Asiatique*.1843.

罚（punitions）、谚语和习见（proverbes et préjuges）等19个标题内容“形成中国古代道德的一幅缩略图”。而第20个小标题“历史材料”（documents historiques）是为使读者更好地理解而增设的，这一节的内容，同样是从《诗经》篇章中总结、摘录出来的。

毕奥以如此开创性的《诗经》解读模式，旨在让西方读者真确了解《诗经》——这部“诗歌圣经”歌唱古代中国民风习俗的真实风貌，使西方读者清晰地看到远古中国人形象。

中国人的体貌——齐国公主婚礼的颂诗这样描述了这一时期中国美人形象：“手如柔荑，肤如凝脂，领如蝤蛴，齿如瓠犀，螓首蛾眉，巧笑倩兮，美目盼兮。”（《卫风·硕人》）将头的形状比喻为蝉或是螽斯，很显然是指额角隆起（方广如螓），头发是黑色，是中国人当时的肖像特征。眉毛细长象征命长，就像《小雅·南山有台》中所说的“遐不眉寿”。在《鄘风·君子偕老》中对魏国公主的美貌有相似的描述。人们夸奖她额头白皙，黑色头发像云朵一样，“鬒发如云，不屑髢也。”《小雅·天保》《大雅·桑柔》《大雅·云汉》三首颂歌都称中华民族为黑头发的民族（“黎民”）。这种称呼在《书经》的第一章里也能找到，《孟子》《左传》和其他中国古书里都有描述。

服饰——中国官员因官职不同有不同材质、不同颜色、不同花纹的服饰，不同季节也有不同穿着打扮。一年不同的季节中，官员们共有六种不同的官服，王子们有七种（《唐风·无衣》）。文王的宫廷里，穿着用五种用不同的丝线缝制的羊毛大衣（《召南·羔羊》）。许多王室中，衣服的下面是用豹的皮毛装饰的（《郑风·羔裘》《唐风·羔裘》《秦桧·羔裘》）。王子的衣服通常都是用丝线缝制的（《曹风·蜉蝣》《周颂·丝衣》）。周朝王室官员和王子的衣服是红色的（《曹风·候人》《小雅·车攻》）。诸侯国的官员穿的是白衫红领的衣服（《唐风·扬之水》）。王室之家、达官显贵还有各色各样的配饰。王子戴的是“充耳琇莹”的无边软帽（《卫风·淇奥》）。夏天，官员们戴的是用“台”草编制的帽子；冬天，戴的是黑布制成的束发小帽（《曹风·鸤鸠》）。魏国王室的一位公主穿着绿衣红裳（《邶风·绿衣》）。吊唁的时候，帽子和衣服都是白色的（《秦桧风·素冠》）。王族穿着红色的鞋子（《幽风·狼跋》《大雅·韩奕》）、镀金红鞋（《小雅·车攻》）。

建筑与住宅——房屋的墙壁通常是用土建造，建造方法如同法国南部称为“黏土建筑”（pisé）的方法。为了打牢地基，人们在预计安置墙壁的地方拍打泥土（《小雅·斯干》）。在这块地上，人们用四块木板搭成板架，其中两两相对，并用绳索捆扎牢固。接着将泥土和稀，盛土于筐，填于木板的间隙之中。人们用大块的木板将泥夯实。人们把一定长度的墙筑到一定的高度，不同地方的连接之处都用泥土填补，同时削去凸起部分多余的泥土（《大雅·绵》，同时参看《尔雅》第四章）。再接着，人们把框架继续加高，再筑上面的墙，也就是如上所说的“黏土建筑”的方法。横梁用竹子、松树（《小雅·斯干》）或柏树制作（《鲁颂·閟宫》）。门槛也一样是用木头做的（《商颂·殷武》）。房屋的门是朝西或是朝南开的（《小雅·斯干》），一般是朝西南开的。人们根据正午太阳的影子来定方向，或者是通过子午时已知星宿的轨迹来定位（《鄘风·定之方中》），冬天，农民用淤泥堵住门缝以此御寒（《豳风·七月》）。人们反复捶打房屋的地面使其平整，搜集巨大的枯木，在上面铺上竹席，当作床用来睡觉（《小雅·斯干》）。

狩猎——在人类文明初期，对于开垦森林的先祖们，狩猎是一种重要的生存方式。通常先民使用的狩猎武器是弓箭。弓是用木头雕刻的（《大雅·抑》），用绿藤捆绑（《鲁颂·閟宫》），可能是为防潮人们把它装在皮套子里（《郑风·大叔于田》《小雅·采绿》）。孤独的狩猎者捕捉鹅、野鸭（《郑风·女曰鸡鸣》）、野猪（《召南·驺虞》《小雅·吉日》）、狼（《齐风·还》）、狐狸（《豳风·七月》），在第一个月，或者年初时捕捉野兔（《小雅·小弁》《小雅·巧言》《小雅·何人斯》）。大型狩猎时，领头人拍打树木赶出猎物。人们在树林的周围布置大网固定在打在地上的木桩上，专门用来网住兔子，这些兔子是由专门的人赶向猎人的（《周南·兔罝》）。人们还在大型的原野里放火烧草，让猎物聚集，在终点集中射杀。这种猎杀方式，《郑风·叔于田》《郑风·大叔于田》里都有描述。如果有许多人，或是地上没有足够高的树木可以生火时，人们自己围成圆圈，所有人都朝一个中心点迈进，把猎物赶向猎人（《秦风·驷驖》《豳风·七月》《小雅·车攻》《小雅·吉日》）。人们还会捕捉一群群的鹿（《小雅·吉日》）、野牛（《召南·驺虞》）。

捕鱼——捕鱼也是很重要的生存方式之一。人们用钓鱼竿钓鱼（《卫风·竹竿》《小雅·采绿》），但习惯上的方式是用渔网（《卫风·硕人》《齐风·敝笱》）。人们在河傍钉上木栅，在木栅前安置渔网（《齐风·敝笱》《小雅·小弁》及《小雅·白华》）。网是竹制的捕鱼笼（《齐风·敝笱》）。就像人们捕捉兔子一样，鱼笼装有袋子（《豳风·九罭》），当鱼进入就会被捕捉。《召南·采蘩》中有许多种鱼的名字，其中提到鲤鱼。我们同样在鱼塘里找到很多鱼（《周颂·潜》《小雅·正月》）。捕鱼的习俗促使船的建造，船是柏树造的（《邶风·柏舟》《鄘风·柏舟》），也有用白杨建的（《小雅·彤弓》）。

农牧——根据许多诗歌所提供的数据，灌溉农业主要建立在黄河广阔的冲积平原，从龙门之北直隶海湾，注入大河（《邶风·新台》《小雅·白华》《小雅·大田》《周颂·载芟》及《周颂·良耜》）。每一块田地划分一户佃农，以环绕四周的沟渠作为界限（《小雅·信南山》），这些沟渠与大的运河相连最后注入黄海。主要的谷物，根据《诗经》里提到的是稻谷、小麦、大麦、黑麦、荞麦，后两种称为"黍、稷"，一种近似于小米，另一种与大麦类似。稻、黍在春天播种，播种时要举行仪式（《周颂·臣工》），秋天同样要举行收获的仪式（《鲁颂·閟宫》）。主要的农具有带犁铧的犁、锄头或铲、镰刀，在几首诗中都有记载（《小雅·无羊》《周颂·清庙》《周颂·载芟》《周颂·良耜》）。拔除野草或者说锄草有特殊的方式（《小雅·大田》《周颂·载芟》《周颂·良耜》。人们把禾捆扎成束，燃烧火把，表达对掌管丰收的天神的敬意（《小雅·大田》）。这些灰烬又使土地肥沃。人们同时要除去虫子或害虫。农户还会在菜园里种植一些黄瓜、南瓜、甜瓜和其他一些蔬菜（《小雅·信南山》）以及种植提取染料的植物（《魏风·十亩之间》）。

居民的食物和食材的准备——稻谷用杵（《大雅·生民》）去掉外面的壳。人们用水洗净筛子筛过的米（《小雅·大东》《大雅·生民》），然后用沸水的蒸汽来蒸（《大雅·生民》），同时准备仪式上吃的糕点。麦、黍、稷用同样的方式处理，就如同中国现在还在做的馒头一样。肉放在炭火上烤，或用铁杆串起来烤（《大雅·生民》《大雅·行苇》），或者像鱼一样放在锅里煮（《桧风·匪风》《小雅·大东》）。人们用酸枣木做的勺舀水到锅里（《小雅·大东》）。《商颂·烈祖》描述了鲤鱼的料理。寻常的百姓家里养猪（《大雅·公刘》）和狗，用来食用。牛肉和羊肉只会出现在拥有羊群或牛群的达官贵人的餐桌上（《小雅·伐木》《大雅·绵》《王风·君子于役》）。大型宴会上，人们准备八道不同的菜肴（《小雅·伐木》）。鳖被看作一道精致的菜肴（《大雅·韩奕》）。每一个佃农园子里都会种植黄瓜、南瓜和甜瓜（《豳风·七月》《小雅·信南山》）。酒是一种用大米发酵的饮料（《豳风·七月》）。人们将（发酵的）酒倒入深底的篮子里分离酒糟（《小雅·伐木》），在就餐时饮用（《小雅·伐木》《大雅·旱鹿》），把胡椒放入酒菜肴中使其产生香味。人们把酒装在陶瓮或陶壶里储存（《陈风·防有鹊》《大雅·韩奕》）。人们用空心的犀牛角或野兽角喝酒（《小雅·桑扈》《豳风·七月》）。

周朝时的王子们是用宝玉酒杯喝酒（《大雅·旱鹿》）。

常用的金属——《诗经》里提及中国著名的金属主要有金、银、铜、铁、铅。《鲁颂·泮水》写到优质金属（金）在南部矿区开采，由中国南方的蛮族开采进宫。《大雅·棫朴》谈论的是饰。《大雅·既醉》里提到了金制马嚼子;《秦风·小戎》谈及长矛的杆是镀银或镀金的。战马的胸部披着金甲（《秦风·小戎》）。精炼、闪亮的金属和铅在《卫风·淇奥》中有提及。《大雅·公刘》讲述了公元前18世纪，公刘在陕西开采铁矿的事。

精制的材料——《卫风·淇奥》《大雅·棫朴》《大雅·抑》这几首诗提到了宝石切割和抛光的技术。富贵的孩子佩戴象牙指环（《卫风·芄兰》）。《鲁颂·泮水》指出象牙跟金属一样是中国南方的蛮族开采进贡的。弓箭的末端常配有打磨过的象牙（《小雅·采薇》）。

军队—战争——每一个朝代和王国都有军队，都有不少战争，毕奥在此以《诗经》诗篇为底本，详细论述了《诗经》时期的军队和战争，包括军队的建制、征兵制、战车、武器配备等。战争时，王国边境或蛮夷部落边境的哨所年复一年从农户里征兵；这种服役就是真正的徭役，守卫的士兵都很忧伤（《王风·扬之水》）。这一时期的中国军队，是由佃农组成的步兵，而这些佃农痛苦地抱怨他们的命运（《邶风·击鼓》《豳风·乐山》《豳风·破斧》《小雅·祈父》《小雅·熟苗》）尤其是在荒芜的北方蛮夷部落的时候（《小雅·渐渐之石》）；他们特别害怕北方的玁狁（后来的匈奴人）（《小雅·采薇》）。中国军队必备的是两匹马或四匹马的战车。战车上载着三位穿着护甲的战士：中间是将领，右边是他的侍从，左边是驾驶者（《郑风·清人》）。步兵跟在战车之后，保护战车（《小雅·采薇》《鲁风·泮水》）。（《鲁颂·闷宫》）中记载：一千辆战车只有三万步兵，即每辆战车只有三十名步兵。而另一首诗《小雅·采芑》，君主率领两千五百人的守卫队出行，称为“师”。达官贵人有五百人——“旅”的守卫队（《小雅·采芑》《小雅·黍苗》）。武器配备：正规军都有一把佩剑（《小雅·瞻彼洛矣》《陈风·东门之杨》）、两柄长矛、两张弓（《陈风·东门之杨》《鲁颂·闷宫》）。就像狩猎用的弓一样，战弓也是用木制并以绿丝装饰（《鲁颂·闷宫》），首领的弓用象牙饰品装饰（《小雅·采薇》）。穿有护甲的士兵都有盾牌（《周南·兔罝》《大雅·公刘》）和木柄的战斧（《豳风·破斧》《大雅·公刘》）。步兵通常都配有戈和矛（《豳风·破斧》）。

政府机构—头衔、爵位——直接与皇帝相连的最高的官员称为“师”

(instructeur),在《诗经》里可以读到(《小雅·节南山》《大雅·烝民》)。紧承“师”是“保”(le ministre),根据官职总称指定为左、右太保(《大雅·棫朴》)。其中一个在《诗经》中称为“司徒”,掌管民众的管理和人们的教化;另一个是“司空”,掌管公共建筑(《大雅·绵》)。我们还能在《诗经》中找到“大夫”一词,他们被派往封地的不同地区(《大雅·云汉》《鄘风·载驰》),“士”是文人或是依附统治者的上层官员(《大雅·棫朴》)。诸爵位之首的诸侯,会收到两种珍贵宝石做的板,作为身份尊严的象征,其中一种叫“圭”,是长方形的;另一个叫“璧”,是椭圆形的(《卫风·淇奥》《大雅·崧高》)。君主一般在一年中的春季或秋季访问各地(《小雅·沔水》)。

宗教信仰——《诗经》中的一些诗以无可置疑的方式表达对上帝,对至高无双的主的信仰。《大雅·大明》里文王虔诚地崇拜敬奉上帝,上帝赐给了这位王子和他的种族以繁荣。同一首诗中武王的同伴在著名的“牧野之战”前对他说:“上帝临女,无贰尔心!”在同一时期,上帝对武王军队的喜爱是众所皆知的(《鲁颂·閟宫》)。《大雅·韩奕》表明,上帝厌烦夏朝和商朝层出不穷的错误,就让周朝代替了他们。上帝在西部地区指引周朝的前任领袖太王,上帝保护他开垦的工程,提升首领的威严,上帝要求在太王的三个儿子中选择一个成为统帅,他支持太王的小儿子,为卓越的智者,他就是文王。[①] 同样在《玄鸟》一诗中,上帝选择著名的、有胆量的成汤统治四方。《长发》颂扬成汤对上帝的敬意。上帝深受感动,让这位有美德的王子成为九州的首领。毕奥在此特别指出:一些传教士对中国是否有着对至高无上的主的信仰很不确定,其原因在于中国对“天”的表达,相对于“上帝”而言,中国的评论家更喜欢用“苍天”。毕奥还同时指出:天神以上帝为中心形成了天上的登记制度,就像人间的天子统领诸侯一样。这些天神在空中并监视着人间的行动。每个家族都将自己的祖先视为保护神。因此,后稷、文王、武王就是周朝王室家族的守护神(《小雅·楚茨》《大雅·云汉》)。《大雅·卷阿》是纪念成王的,人们说天神在考察至高无上的王。

命运—占卜——一般说来,人们要建造一座城市或决定所有重要事情都要向巫师询问(《鄘风·定之方中》)。占卜有两种方式:一种用蓍草;另一

---

① 在这首的最后部分,至高无上的主被称为“帝”。我认为这个“帝”一直是清晰地标明就是上帝,孙璋神父也是这样理解的。——毕奥原注

种用龟壳（《卫风·氓》《小雅·小旻》《小雅·杕杜》)。龟壳占卜是把龟壳放在火上烧，根据燃烧后留下的裂痕来占卜。《大雅·绵》中亶父在决定把他的部落安置在岐山之下前，就用火烧龟壳进行占卜。年老的官员承担向皇帝释梦的责任。一些占卜者也向权贵释梦（《小雅·无羊》)。看见喜鹊是好的征兆（《召南·喜鹊》)。相反，看见黑色的乌鸦或红色的狐狸就是令人不快的（《邶风·北风》)。人们不敢用手指彩虹（《鄘风·蝃》)。

原始天文——《诗经》中可以找到最原始的天文学的迹象。中国天文的二十八星宿，笔者在《召南·小星》《鄘风·定之方中》《唐风·绸缪》《豳风·七月》《小雅·巷伯》《小雅·大东》等诗篇中找到了8种。它们是：参、昴、定或营室、火星或心星，与其相对应的是新、牛、毕、斗或箕。我们还从中看到了启明星的概念，与天琴相对，以及有关天河——天汉、银河的引文（《小雅·大东》)。在这同一首诗里，根据出现在早晚的时间，金星有两种不同的名字。银河也在《大雅·棫朴》《大雅·云汉》里有所提及。《小雅·雨无正》里提到了公元前77年的一次日食，形成中国年表第一个确定的标志。天体观察的重要性可以从文王天文台——灵台的声望推断一二（《大雅·灵台》)。部落的全部人员都来协助建造灵台。文王之前，他的祖先公刘根据传说，在公元前17或18世纪就已经通过观察太阳的影子来确定住宅的位置了（《大雅·公刘》)。

典礼和宗教仪式—祭祀——上帝和天神的盛大典礼一般在二至点和二分点时举行。精确确定一年中这些重大时节，也是仪式的一部分，夏至时在国都观察日晷影子的长度，在《周礼·大司斗》中作为神圣的仪式而被提及。周朝时，春纪，即冬至时始，称为“禴”；夏祭，即春分时始，称为“祠”；秋祭，即夏至时始，称为“烝”；冬祭，即秋分时始，称为“尝”(《小雅·天保》)。皇宫旁边（《大雅·绵》）一处称为“社”的地方是专门用来祭祀土地神的。一年伊始时会祭祀四方的土地神（《大雅·云汉》《小雅·莆田》)。秋天丰收之后会举行类似这样的仪式（《周颂·丰年》)。一年里，每个家庭都会在同样重大时节举行的仪式就是祭祀他们的祖先；之后会有一次大的宴席和节日的庆祝，在这样的仪式上，主要的祖先由指定孩童——称为“尸”或“公尸”（著名的死者）来代表（《小雅·天保》《小雅·信南山》)。当人们呈上牛肉、水果酒的时候，这些孩子要保持不动（《小雅·信南山》)，根据脱口而出的话预测家族未来的繁荣（《大雅·既醉》《大雅·凫鹥》)。人们在宗庙前殿举行祭祀（《小雅·楚茨》)，那里存放着家族的族谱

（《周颂·载见》）。祭祀期间，人们会烹调好隆重的宴席。一些人用挂着铃铛的刀去除牛羊的皮毛（《小雅·信南山》），另一些人烧烤这些肉。人们取出这些动物的血和油膏，给菜肴加上调料（《小雅·楚茨》《小雅·信南山》）。人们邀请家族的朋友来参加宴席，用筐子装上布帛作为礼物送给他们（《小雅·鹿鸣》）。节日期间，人们射箭、打靶（《大雅·行苇》），那些中靶的人就倒上满满一杯酒让没有中的人喝（《小雅·宾之初筵》）。人们根据宾客的职位和年龄，让宾客坐在首领的左右（《小雅·宾之初筵》）。钟、鼓和其他的一些乐器一起奏出欢乐的乐曲（《小雅·楚茨》）。《诗经》中写到的乐器还有"琴"，有五弦或六弦；另一种"瑟"，有二十五弦（《周南·关雎》《小雅·鼓钟》）；"钹"（《卫风·考槃》）。"笙"是一种多根管子的笛子，在吹口处装有可以震动的薄片（《小雅·鹿鸣》《小雅·鼓钟》）；"埙"是有六个孔的笛子（《小雅·何人斯》）。其他还有名为"柷""圉"的乐器（《周颂·有瞽》），像多根管子的笛子。此外还有不同种类的鼓（《商颂·那》）。一般的乐人都是盲人（《大雅·灵台》《周颂·有瞽》），后一首就说的是盲人的到来。《小雅·鼓钟》提到了仪式上的乐曲"雅"和"南"，这里的"雅"就是《诗经》"大雅"和"小雅"中的一些选曲。"南"是《诗经》开始的两章《周南》《召南》中的选曲，这与周室早期君王治下的两个古国"周南""召南"有关。人们随着乐调跳起了各种舞蹈。那时，"万"舞庄重雍容（《邶风·简兮》《鲁颂·閟宫》《商颂·那》），"籥"舞的舞师双手持乐器而舞（《小雅·鼓钟》）。舞师时而俯身，时而挺立，不断变换身姿（《小雅·鹿鸣》）。他们右手执羽扇，左手持笙簧（《王风·君子阳阳》）。

婚姻的礼俗——婚礼上也会举行类似的庆典。两户人家想要联姻时，会有一男一女登门献议，进而说合。（《齐风·南山》《豳风·伐柯》）这一习俗至今还保留在中国乃至俄罗斯中部。男女媒妁是未来配偶的代表，就像《豳风·伐柯》里说的："伐柯如何？匪斧不克。取妻如何？匪媒不得。"[①]在14世纪的戏剧《琵琶记》中，媒婆便是带着斧头登场的，斧头被当作其使命的标记，媒婆还针对说媒一事引用了这段《诗经》的文字。人们在年初天气回暖、冰雪融化之前筹备婚典（《邶风·匏有苦叶》），在桃花盛开之际举行婚礼（《周南·桃夭》）。喜庆的乐歌将新娘比作桃花、杏花（《召南·何彼襛矣》）。新娘若是门第高贵，便会坐在饰有翟鸟（是鹈鹕的一种）羽毛的马车

① 作者译作没有斧头，怎样砍下木头做斧柄？没有媒人，怎样娶来妻子？——译注

上，被人护送到新郎处（《卫风·硕人》）。陪嫁队伍中有乐师和许多随从人员（《召南·鹊巢》）。新郎在家门口等候未来的妻子（《齐风·著》）。新娘的队列一到，大家就开始庆贺（见《周南·关雎》，文王的祝婚歌）。武王和他的兄弟召公婚姻的神圣地位有专门的规章（《召南·行露》）。这首诗讲到了订婚的仪式和法官的干预。任何不曾得到这种认可的结合都会被宣布为非法婚姻，违禁的人将受到惩处。《王风·大车》让我们看到了一位少女拒绝接受不履行礼节的配偶，同时也影射这些法规。当时普遍倾向于就近通婚。卫国（河南）的公主就因为嫁到异地而连声吁叹（《邶风·泉水》）。《周南·汉广》劝说年轻的中国男子不要去位于汉、江另一岸的蛮夷之地寻找妻室。在夫家居住一段时间后，新嫁娘便回娘家小住两三个月。文王的妻子就是一个例证，我们可以在她身上看到这种风俗（《周南·葛覃》）。中国至今还保留着这种风俗。除非特别严重的原因，合法的妻子才可以被休弃。《邶风·谷风》中，一位遭离弃的妇女痛苦地哀叹，她的丈夫另结新欢。无论有怎样的理由，女性都无权离开丈夫。一般说来，妇女必须要屈从于收敛自己的感情：她们只能服侍她们的丈夫。在正妻之外纳娶妃嫔姬妾，这是君主王侯的惯常做法。妃嫔在《易经》第33、37卦中有所提及。每一位正妻都希望被埋葬在丈夫身边（《唐风·葛生》）。拒绝再嫁的寡妇受人敬重（《鄘风·柏舟》）。出嫁女在服丧期内不准进入已故父母的房屋（《鄘风·载驰》），她不够纯洁，不便出现在这样暂时神圣的地方。中国的古人和今人一样，非常漠视对女婴的保护：生女被视作为家庭增添包袱，但生子却让人欢欣喜悦，因为儿子可以成为父亲未来的依靠（《大雅·行苇》）。《小雅·斯干》中准确地呈现了帝王之家区别对待新生男孩和女孩的方式："乃生男子，载寝之床。载衣之裳，载弄之璋。其泣喤喤，朱芾斯皇，室家君王。乃生女子，载寝之地。载衣之裼，载弄之瓦。无非无仪，唯酒食是议，无父母诒罹。"[①]当代中国人还保有这样的习俗：女婴刚刚诞生，就将瓦放到其襁褓上。对于这种做法，他们的解释是，古代妇女用瓦[②]压平织成的布料，因此放到婴儿身边的瓦便是一个象征，表明纺布将是她日后的主要工作。

---

① 作者译作如果生男孩，就让他睡床上，为他穿上漂亮衣服；给他半个节杖。他经常啼哭。给他下半身包上红布。君主诞生了，应当将国家交托给他。如果生女孩，就让她睡地上；把她裹在普通襁褓中；在她身边放瓦锤棒。她不好也不坏。她有义务学会酿酒烹饪，应当尽量不成为父母的负担。——译注

② 即陶制的纺锤。——译注

家庭内部习俗——《诗经》有好几首诗表现女性在夫婿离家服王役时的忧愁（《召南·草虫》《召南·殷其雷》《邶风·终风》《秦风·晨风》《陈风·泽陂》），以及丈夫返家后的快乐满足（《小雅·隰桑》）。相反，其他的，即后来周朝衰落时期的诗歌却在叹息世风日下。男子酗酒、放荡，而女人则变得不知羞耻（《邶风·匏有苦叶》《鄘风·君子偕老》《鄘风·墙有茨》《鄘风·桑中》《鄘风·鹑之奔奔》《鄘风·定之方中》《鄘风·蝃蝀》《鄘风·相鼠》《陈风·株林》）。

惩罚——《诗经》中提到了毁伤肢体的肉刑。《小雅·巷伯》中遭到刑罚、变成阉人的罪犯发出惨痛的哀号，他成了“寺人”。《召南·鹊巢》中还能看到这一词，意为宫人，长期以来都指隶属宫廷的宦官、太监。《诗经》注解便是这样解释的，《小雅·巷伯》中罪犯的怨愤之言也证明他应当受了重刑[①]。《书经·吕刑》也提到肉刑，它被包括在穆王规定的各类刑罚之中。

谚语和习见——《诗经》中可以读到被引述的中国古代谚语；它们非常简单，而且与乡村的生活习惯联系在一起。以下就是一些例子：“毋教猱升木，如涂涂附”[②]（《小雅·角弓》）、“靡哲不愚”[③]（《大雅·抑》）、“谁能执热，逝不以濯”[④]、“如彼溯风”[⑤]（《大雅·桑柔》）溯、“德輶如毛”[⑥]（《大雅·烝民》）。《诗经》中另外还有一些同样简朴的谚语，这里不再赘述。不过，笔者要从这些古老的诗歌中举出两句特别的熟语。《小雅·小弁》中可以读到其中一句：“君子无易由言，耳属于垣。”[⑦]它与我们语言当中的某个常用语对应。在我看来，另外有一句话也甚为奇特。一人与朋友重逢，居然欣喜地说：“锡我百朋。”[⑧]（《小雅·菁菁者莪》）这里笔者得指出，诗句提到了贝壳[⑨]在古代具有货币的用途，同时笔者也提请大家注意，以货币来衡量喜乐之情，这一点相当独特。直到今天，讲到高兴的事情时，中国人还会说：“此乃万千（言下之意是币）之喜”。这句话在中国小说中频繁出现，而且看上去

① 见《周礼·天官》的“寺人”篇。——原注

② 作者译作不需要教猴子爬树，不必在泥路上加泥土。——译注

③ 作者译作智者也会糊涂。——译注

④ 作者译作拿着热铁的人急着把手伸入水中。——译注

⑤ 作者译作希望救治百姓苦难的人就像在逆风前行。——译注

⑥ 作者译作德行如同毛发一样柔软。——译注

⑦ 作者译作君子不轻易发言，因为有人会把耳朵贴到墙边。——译注

⑧ 译作者译作心情高兴得好像有人送了我1500枚贝壳一样。——译注

⑨ 十贝为朋。——译注

应当是专属富人的言词；英美也普遍使用这样的表述，如同在中国人身上体现的一样，这也颇能体现出他们纯物质利益导向的发展特征。

以上是笔者能够从《诗经》中汇集的、勾勒出中国古代风俗总体轮廓的主要特点。这一诗集包含诸多历史事件，笔者认为附上相关的概述是有益处的；这些史实，加上《书经》中有更加系统阐述的史实，成为公元前1世纪名垂青史的司马迁在其《史记》中重构中国历史的最初材料。

钱林森　南京大学中文系教授，前《跨文化对话》执行主编

葛兰言《古代中国的节庆与歌谣》的社会学传承和其溯源考察*

唐佳路　石雨竹

摘　要：马塞尔·葛兰言（Marcel Granet，1884—1940）是法国著名的人类学家、社会学家和汉学家。其代表作《古代中国的节庆与歌谣》是法国汉学界第一次科学运用社会事实的概念和相对规范科学的社会学方法来研究中国文明，对之后欧洲汉学的社会学研究产生了重要影响。本文将从社会学制度研究方法的角度，评述该书在思想和方法论方面的社会学特点，梳理其与过往社会学家的关系。本研究认为，虽然葛兰言该作因忽视中国上古文献的真伪而被丁文江等人诟病，但该书首次将社会学"社会事实"的概念、目的和相关研究方法引入汉学研究，在此基础上打破欧洲中心论，首次在海外汉学界建构了成熟社会体系中"中华文明"的概念，也肯定了古代中国思想和社会的系统性；同时，他勾勒了一个成熟且不断演化的古代中国文明社会，从社会史的角度分析了其社会结构、生产活动，以及制度的动态发展。这一思想，发轫于葛兰言的诗经研究，也体现在他后续对中国社会的研究中，极大地影响了之后西方《诗经》学，甚至是汉学的发展；也有助于《诗经》本身发展的多元化和跨学科化，突破狭窄的思想瓶颈，将国外科学的理论、方法和国内诗经学优良的传统结合，使之不断丰富和发展。

关键词：马塞尔　葛兰言　《古代中国的节庆与歌谣》　社会学

一、葛兰言特殊的方法论：介于涂尔干和沙畹之间

我国民俗学家杨堃先生的《葛兰言研究导论》是国内研究葛兰言生平和学术的主要著述。此书集中探讨了葛兰言的学术背景、师承以及方法论等问题。在杨堃看来，葛兰言的理论来源，大致可分为两方面："一是涂尔干与

* 本文为教育部青年课题"大众化教育阶段的精英培养与精英再生产研究"的成果，批准号（EIA160469）。

莫斯所领导的法国社会学派，二是沙畹所开创的法国的中国学派。”[①]可以说，正是在法国的中国学派与社会学派的影响下，才造就了葛兰言非常特殊的方法论与研究对象，而对于葛兰言学术定位的追问，也要回到他的学术背景上来寻求答案。杨堃花了大量笔墨评述了葛兰言在中国学研究中，尤其是方法论方面的核心贡献。他认为虽然葛氏不是社会学分析法的开创者，但他首先将法国社会学派的方法论应用于中国研究，使中国研究从此开创出一个新学派，法国社会学派的方法论也因此在新领域之应用的过程中更趋于精密，这是葛兰言最伟大的贡献。[②]遗憾的是，杨堃先生后来并未对葛兰言的具体学说和社会学渊源进行分析和梳理。但这丝毫不影响此书是国内学界第一份全面了解葛氏学术的资料，而国内后世的研究成果也多是依据此书对葛兰言进行整体的把握。

但由于葛兰言的研究方法与当时中国学者进行史学考据的方法并不相同，所以其见解在当时并未受到尊崇。直到近年来，我国学者才开始注意到葛兰言对于中国社会科学的意义，多篇回顾葛兰言思想的文章都从其生平、时代背景以及其研究方法入手，探讨为何其著作招致如此大的争议。王铭铭一文《葛兰言何故少有追随者》分析了葛兰言因为其治学方法与中国新、旧两派史学家和国学家俱不相合，且在汉学界、社会学界均少有追随者的窘境；赵丙祥的《曾经沧海难为水——重读杨堃〈葛兰言研究导论〉》和吴银玲的《杨堃笔下的葛兰言——读〈葛兰言研究导论〉》则借助杨堃对葛兰言的回顾，以梳理思想史的方式继续为葛兰言的学术发声，从更关键的角度为葛兰言辩护，肯定了葛兰言法国第三代社会学年鉴学派领军人物的地位，同时强调了葛兰言的方法论对于中国建设社会学学科时不可忽略的作用。其次，就葛兰言的《诗经》研究而言，由于仅有《古代中国的节庆与歌谣》一书的中译本，所以针对此书，赵晓杨、张华和岳红远等人从翻译理论、诗学、宗教学或人类学相结合，以及中西文化对比等角度对葛兰言及其《诗经》学做出一些专论或兼评。但他们多对文本内容进行研究和解读，并未对书中葛兰言的学术渊源做出梳理。

综上可以看出，这些成果为后世开展葛兰言研究工作提供了宝贵的经

① 杨堃:《葛兰言研究导论》，载《社会学与民俗学》，成都：四川民族出版社，1997年，第117—118页。

② 赵丙祥:《曾经沧海难为水——重读杨堃〈葛兰言研究导论〉》，载《中国农业大学学报（社会科学版）》2008年第3期。

验和扎实的基础，但由于多数学者的资料主要来自汉译和二手资料，他们大多据此来理解葛兰言的汉学，而并未具体明晰梳理葛氏的学术脉络。现有相关研究中对葛兰言学术传承研究的缺失，也体现出当前学界对葛兰言的研究认识仍不够深入，未能形成学术承启谱系的窘境。因此，本文将葛兰言的著作，置于西方社会学年鉴派和涂尔干（Émile Durkheim）开启的社会学学术发展史中，并对其特色进行梳理，重点考察葛兰言《诗经》研究的学术缘起和其特点，并尝试回答：何种西方学术渊源帮助他形成了独特的学术风格？葛兰言在观点和方法上又有哪些传承与发展？借助于上述两方面的问题，完善对葛氏学术谱系的梳理。

二、对于传统史学的革新：年鉴学派的特征和葛氏的新史学探索

葛兰言在《古代中国的节庆与歌谣》一书中尝试运用了“新史学”的方法，这一方法来源于当时经过变革的史学新秀——年鉴学派，葛氏试图在《诗经》研究中，将史学研究拓展向社会维度。

“年鉴学派”这一概念狭义而言，是先以《经济与社会史年鉴》（*Annales d'histoire économique et sociale*）杂志，后又以法国社会科学高等研究院（EHESS）为基地的史学家及其他社会科学家集团。广义而言，年鉴学派是以《经济与社会史年鉴》杂志为先导的法国当代史学新潮流，而这一潮流已渗入法国史学界各潮流、学派，构成20世纪以来法国史学的新范式。[①]20世纪的西方史学是传统史学向新史学变革的时代。年鉴学派正是诞生于20世纪初期传统史学衰落的大背景下，通过对传统史学的批判突破其藩篱。1929年，以法国史学家马克·布洛赫、吕西安·费弗尔为主办人的《经济与社会史年鉴》杂志的出版标志年鉴学派的诞生。年鉴学派作为历史学研究中极具创新精神的学术流派，通过新颖的史学理论和不断革新的研究方法确立其在西方史学界乃至世界史学史的崇高地位。

《经济与社会史年鉴》创刊号的《告读者》一文中，呼吁历史学家和社会学家、经济学家结合起来，冲破高墙壁垒，在综合研究中把历史学向前推

---

①《法国年鉴学派》，载《中国年鉴研究》2018年第1期。

进。[①]“年鉴学派”的观点主要是历史学家不应狭隘地、片面地理解历史内容，而应当从经济、社会、文化、思想等多方面拓宽研究领域，以更全面的角度去考察人类历史演变的各种形式。

而葛氏站在史学家的角度，结合社会学的方法甄别并运用有限的史料对中国古代社会进行考察，但与传统史学家执着于考证文献中的历史事实并确定其年代不同，他将自己作为史学家的责任，定位在根据那些经过史学家制造后写于书中的已失本来面貌的历史事实，来寻找出当时活的社会事实的原形这一点上。这一点葛兰言深受其老师涂尔干社会学理论的影响。

涂尔干曾将传统史学家们对短暂事件的兴趣称为“肤浅的表现”，他坚决反对从个人层面来解释社会现象，而强调通过对“社会事实”的原因和功能加以分析，从社会整体层面探求社会现象的发展规律。涂尔干进而对整个历史学科都提出了质疑，他在《社会学年鉴》（L’Année Sociologique）杂志上提出，“历史学只有在解释的范围内才是一种科学，人们也只有在比较的同时才能解释……然而一旦开始比较，历史学则与社会学毫无区别”，“历史学只有超越个人才能成为一门科学。这样，它便不再是历史学，而成为社会学的一个分支”[②]。涂尔干的观点也促使很多历史学家进行反思，增强了他们对传统史学弊端的认识，并开始尝试不同以往的新方法来改造传统历史学。年鉴学派的两位创始人马克·布洛赫（Marc Bloch）和吕西安·费弗尔（Lucien Febvre）就是其中成员，他们后来谈道：“二十几岁时，我们就带着崇拜与本能反抗的情绪拜读了《社会学年鉴》。”[③]之后，他们充分借鉴社会学的理论方法应用于传统史学的革新之中。他们从社会整体层面考察历史，他们对集体现象的关注、比较分析的强调、社会关系的重视都验证了布洛赫的话：“涂尔干学派这种科学化的巨大努力，使我们历史学得益匪浅。”[④]

而到了涂尔干的侄子，社会学第二代领导人马塞尔·莫斯（Marcel

---

① Marc Bloch，Lucien Febvre，“A nos lecteurs”，*Annales d’histoire économique et sociale - Revue trimestrielle*，No.1（1929）：1—2.

② 姚蒙：《法国当代史学主流》，香港：三联书店（香港）有限公司，1988年，第18页。

③ Lucien Febvre，Marc Bloch，“Hisoitre，économie et statistique”，*Annales d’histoire économique et sociale*，No.2（1930）：583.

④［法］马克·布洛赫：《历史学家的技艺》，张和声、程郁译，上海：上海社会科学院出版社，1992年，第15页。

Mauss）这里，他将涂尔干这种绝对主义的社会学理论方法论发展得更加柔性与相对主义，主张社会学家与史学家要采取合作的态度。[①]

葛兰言本书中显示的社会学思考起点，如团结类型及其演进、职业分工社会之形成、社会形态学等，毫无疑问，皆出于涂尔干及莫斯，而其对于中国二元对立的思维研究，对之后结构主义人类学的思想与方法的形成也产生了巨大的影响。

三、莫斯对葛兰言的影响：结构主义方法的端倪和超越民族志归纳的社会事实研究

《古代中国的节庆与歌谣》是研究《诗经》的代表性著作，是葛兰言运用法国社会学派的人类学方法研究古代中国的歌谣节庆、仪式秩序和封建道德的开创性尝试。[②]他抛弃西方学者对中国社会的研究方法与研究路径——“其一是历史学家满足于以局外评论的权宜之计来编排文本的方法，其二是民俗学家满足于根据其中国调查对象的语言来描述事实的方法”[③]，创新性地采用了法国社会学派的人类学分析方法。在《导论》中作者也指出，从文献中发现事实之真实，首先要“做一番研究来断定这些文献的性质，这样我们才能明确事实具有的确切价值”，对事实加以把握后，若要以实证性语言展现这一事实，那么“避免到术语之外寻找任何解释事实的词”不失为一种明智之举。[④]葛兰言认为，在取得研究结果之前必须采取双重谨慎态度：一是在从文献中抽出所需事实前，应先查明所用文献的性质；二是对已获得的事实材料，应尽量参以实证来加以解释和说明。[⑤]在这种方法论的指导下，葛兰言精心选择了《诗经》中的情歌作为主要研究对象，根据具体题材对其分

① 赵丙祥：《曾经沧海难为水——重读杨堃〈葛兰言研究导论〉》，载《中国农业大学学报（社会科学版）》2008年第3期。

② 张华：《葛兰言〈古代中国的节庆与歌谣〉对〈诗经〉中“歌”与“德”的解读》，载《青年与社会》2019年第1期。

③ Marcel Granet, *Fête et Chansons anciennes de la Chine*（Paris: Albin Michel, 1982）, p. 3.

④［法］葛兰言：《古代中国的节庆与歌谣》，赵丙祥、张宏明译，桂林：广西师范大学出版社，2005年，第3页。

⑤ 赵晓杨：《葛兰言〈古代中国的节庆与歌谣〉对〈诗经〉的“人类学”“异文化”解读》，载《南方论刊》2007年第12期。

类并逐一译述分析。从其中字词的注释、真实主题及古代诠释文本的阐释出发，逐层考察这些诗篇如何被译注者误读，继而推断其真实的歌咏情境。[①]

第一部分歌谣简短地描述自然界主题，对这些田园主题的研究表明：这些歌谣的诗意是和季节习俗密切相关的，同时也为探究诗歌的起源是否与仪式有关埋下了怀疑的种子。

第二部分汇聚了描述乡村爱情的歌谣，对此类田园诗的内容和创作方法的研究也有助于更好地印证前文葛兰言对诗歌作者的怀疑，即对作品的官方正统性和说教意图产生怀疑。葛兰言所说，学究为了宣扬他们的道德标准和道德准则，一厢情愿地认为诗歌都是出于弘扬道德价值、具有教育功能的目的所作。但剥去儒家腐朽的外壳，文明可以轻易看到诗歌中描述的上古时期盛行的风俗，青年男女之间的幽会与相思、离别与背叛等等。葛兰言强烈谴责道德家依据自己的想法赋予诗歌的附加意义。同时，在这一部分，葛兰言还探究了诗歌非个人性的起源、简单直白的艺术手法、对称的形式、进行曲的步调，以及似乎适于轮流对歌和需要借助手势补充语言表达的特点，他合理怀疑《诗经》中的歌谣是在乡村的即兴对歌中产生的。最后，他抛出问题引出下文：寻找出这些乡村男女是在什么样的场合中进行即兴对歌。

第三部分都以到山丘或河边远足为主题，葛兰言对此进行研究，证明情歌、爱情和诗意都是从季节性节日的仪式中产生的。葛兰言猜测，春秋两季，在草木繁茂的场所——通常位于河畔，青年男女汇聚在一起举办季节庆典，涉河、竞赛、对歌、赠花，然后便产生了爱情。

葛兰言《古代中国的节庆与歌谣》一书的前半部分主要通过列举不同主题的歌谣，以及古人学者和政府官员为各自不同目的对歌谣的注解，尽可能地做到客观陈述和列举，并没有对此主观地发表过多自己的看法。

但在每一小部分的相同歌谣列举结束后，葛兰言会进行一个总的评述。例如在第一部分自然主题结束，葛兰言对于歌谣中后人用“比”或“兴”的文学手法阐释诗经的本身产生怀疑——“田园主题除了修辞作用外，就没有其他什么意义了吗？”[②]同时，葛兰言也对后人以道德说教的目的进行《诗经》的阐释产生了怀疑。难道所有的歌谣都一定要被赋予道德教育的目的吗？葛兰

① 张华：《葛兰言〈古代中国的节庆与歌谣〉对〈诗经〉中“歌”与“德”的解读》，载《青年与社会》2019年第1期。

②［法］葛兰言：《古代中国的节庆与歌谣》，赵丙祥、张宏明译，桂林：广西师范大学出版社，2005年，第38页。

言站在异文化的立场经过仔细考证后，揭示出这些诗歌已被长久曲解误读的真相，还原《诗经》最朴实的面貌，并对古代中国社会的发展脉络和基本结构进行了探索。例如在书的第一章中对《螽斯》的论述，《毛诗序》和《郑箴》都注解为后妃存宽容不嫉妒之德[①]，这种注释比附着明显的道德说教，将自然界动物交配繁衍的现象复杂化、象征化，官方性抽取其中的道德因素为己所用，而葛兰言以跨文化和异文化的客观视角，用多文化比较的方法，剥离后人赋予的政治内涵，去探讨诗歌的民谣本质，阐释为"这些诗句包含着一种愿望和咒语，提高物种（人和动物）的繁衍"[②]，得出动物交配的田园主题。

由此，葛兰言推测，《诗经》中《国风》包括《小雅》部分篇章在内的歌谣，大部分是民间生产生活的集中反映，是民众在节庆集会上的即兴歌唱，是中国古代农民质朴情感的直接表达。歌谣的背后体现着被统治者和译注者所忽视的古代习俗的形式，而"象征主义"往往把人们导向对文本的曲解，如果离开注释去阅读这些歌谣，我们就会真正发现《诗经》中诗歌的民谣本质与原始意义。

其实，葛兰言的这种论述方法——先进行大规模的列举，最后加以个人评述——和莫斯在《礼物》中运用的方法大体一致，也就是社会学中常运用的归纳法。莫斯在《礼物》中也是首先列举了不同国家和地区内部的"礼物"制度，最后对这些地区间的"礼物"制度进行评述、对比和总结，提炼出相同的部分，以便寻找出这一大片区域内的共同特点，即不同程度"夸富宴"的存在。葛兰言可能也受到莫斯《礼物》一书的影响，与其采用了相同的行文特点。莫斯的归纳论，为孔德与涂尔干社会学方法的延续，同时，他也有其创新，他在对丰富民族志的考察和梳理之后，试图建立跨文明版图的比较框架，最终将其放于"经验事实"之上，试图获得"社会事实"和结构特点，同时在一个纵向的民族比较框架下，阐释了社会秩序与自然象征秩序之间的交互关系。[③]这一后被列维－斯特劳斯所指出的"结构主义"的特点，在葛兰言的著作中也可初见端倪。葛兰言在做出自己的解释的同时，也运用

---

① [法] 葛兰言:《古代中国的节庆与歌谣》，赵丙祥、张宏明译，桂林：广西师范大学出版社，2005年，第21页。

② [法] 葛兰言:《古代中国的节庆与歌谣》，赵丙祥、张宏明译，桂林：广西师范大学出版社，2005年，第21页。

③ 王铭铭:《物的社会生命？——莫斯〈论礼物〉的解释力与局限性》，载《社会学研究》2006年第4期。

了古代希腊、日本等国家和印度支那、中国西南地区的民俗资料进行比照，用以验证他对《国风》内容和艺术形式的阐释，即《诗经》中诗歌的原本意义是为阐明隐藏在经典正统背后的古老习俗，如农业节庆的意义、季节仪式的功能等等。可以看到，莫斯和葛兰言，都试图在史学材料阐释或民族志观察中，研究一种普遍于各民族间的关系，比如个人行为与群体的关系，个人行为如何镶嵌于社会秩序当中并借助载体与自然互动，以及社会秩序不断演化的过程逻辑。[①]在此类寻求民族间普遍社会秩序的对比当中，海外汉学中的欧洲中心论被打破，寻求社会事实成为葛兰言研究的重要作用，这一特征，既是对年鉴学派新史学的回应，也在海外汉学中，提供了一个基于成熟的体系化的中华文明和中国研究的新范式。

四、涂尔干对葛兰言的影响：制度和仪式的社会功能

葛氏也延续了涂尔干对于制度和仪式的社会功能研究。涂尔干提出："宗教明显应该是集体的事物。"[②]这种观点的核心思想就在于把宗教视为社会崇拜和社会团结的形式，其通过各种祭拜仪式及狂欢激发成员的情绪，加深组织成员对集体的认同，"强化作为社会成员的个体对其社会的依附关系"[③]，使人的社会本性增强，让社会体会到彼此的亲属关系，使社会集体得到巩固。葛氏在《古代中国的节庆与歌谣》中也论证了宗教仪式的这种社会功能。人们在年末举办"八蜡节"[④]，"以万物向万物报恩"，每个人都要献祭，让神与人之间建立一种亲属关系，维系一种黏合关系。此外，人们季节性的集会在山川附近举行，这些"地方共同体"在这些地方实现他们的重新团结。

同时，葛兰言在其论文中"以非凡的毅力和说服力"来论证——大概是

---

① Jacob Collins, "Parallel structures: André Leroi-Gourhan, Claude Lévi-Strauss, and the making of French structural anthropology," *History of the Human Sciences*, Vol.34, issue 3—4 (2020): 1—29.

② [法] 爱弥尔·涂尔干:《宗教生活的基本形式》，渠敬东、汲喆译，北京：商务印书馆，2011年，第55页。

③ [法] 爱弥尔·涂尔干:《宗教生活的基本形式》，渠敬东、汲喆译，北京：商务印书馆，2011年，第397页。

④ [法] 葛兰言:《古代中国的节庆与歌谣》，赵丙祥、张宏明译，桂林：广西师范大学出版社，2005年，第21页。

受到《礼物》的启发——妇女作为一种流通物或交换物品在传统联系的群体中的流通。可以肯定的是，葛兰言对莫斯的感激（他把他的《舞蹈与传说》献给了莫斯）在"婚姻的规则总是为了建立一个交换系统"这一观点的陈述中得到了体现。[①]例如，他在《古代中国的节庆与歌谣》中承认妇女在不同部落之间的交换，即联姻是最稳固的关系，是同盟关系的明证，也是其保障所在。婚姻联盟可以增强地方集团间更大的团结意识，同时婚姻联盟能够促进人与人的交换，从而削弱家族本位主义，也由此被视为保障并加强社会团结的有利因素。

在此，葛兰言在论证存在于异姓联盟内但同姓家族外的妇女之间的交换时，也部分地借鉴了涂尔干在《乱伦禁忌及其起源》中"外婚制"的概念，将远古中国传统婚姻制度分为"联盟外婚制"和"家族外婚制"。涂尔干在此书中花了很大篇幅证明了乱伦禁忌即是外婚制，因而他认为外婚制的起源就是乱伦禁忌的起源。在涂尔干看来，外婚制是氏族制时代普遍的婚姻形式，是乱伦禁忌的最初形态。而氏族有两个最重要的特点：第一，氏族是实行图腾制宗教的；第二，氏族就是最早的家族。这两点本身是相互关联的，而且都和乱伦禁忌息息相关。一个氏族中的不同个体认为彼此是亲戚，而他们是凭借一种非常特别的记号来确认这种亲属关系的，那就是图腾。图腾是集体的标记，也是集体的名字。氏族这种最早的家族形态，其亲属关系的基础不是血缘关系，而是图腾。[②]而外婚制的实质，就是属于同一图腾的男女之间不准发生性关系。这就是最初的乱伦禁忌，所禁止的并不是血缘关系上的近亲之间的婚姻，而是社会共同体之内的婚姻。[③]在其较复杂的阶段，禁忌涉及的往往不只是一个氏族，而是一些氏族：属于某一图腾的人不仅不能和同一图腾的人结婚，而且不能和属于另外几个图腾的人结婚，而是只能和某个图腾的人结婚，这就形成了姻族制度。姻族制度是许多人类学家都非常关注的，涂尔干认为，姻族制度是氏族发展和分化所导致的。那些不能相互通婚的氏族，往往是同一氏族分化而成的。

---

① Rémi Mathieu, "Claude Lévi-Strauss lecteur de Marcel Granet", *Études chinoises*, Vol. 4, No.2 (1985): pp. 63—74.

②［法］爱弥尔·涂尔干:《宗教生活的基本形式》，渠敬东、汲喆译，北京：商务印书馆，2011年，第4—5页。

③［法］爱弥尔·涂尔干:《宗教生活的基本形式》，渠敬东、汲喆译，北京：商务印书馆，2011年，第151页。

葛兰言在《古代中国的节庆与歌谣》中同样运用了“姻族制度”这一概念。“同姓封建诸侯因同心而结合在一起，他们是无须盟约的，并且严禁相互通婚。另一方面，对异姓诸侯来说，联姻或结盟是允许的；当然，并不是所有异姓诸侯间都是如此。”[①]这一段话体现出在联盟家族之间，并且只能在他们之间，才可能产生重组后亲密的关系，从而进行外交关系的交换和女性的交换。且这种交换始终保持在一定的范围之内，由于这种交换，联盟才会在这种稳定的结合状态中稳定下来。同时葛兰言也提到如果打破这种制度平衡，从联盟之外娶妻或者在自己家族内娶妻，会加强家族本位主义，可能会使那些由传统联系的集团组成的更大统一体面临解体的威胁，不利于地方集团间的团结。这也印证了葛兰言的辩护：禁止乱伦不是一个应该由生物学来考虑来解释的规则，乱伦在道德或生理上不应受到谴责，这种基于联盟形式组合的亲属关系系统只是出于社会功能的原则。[②]

而涂尔干与葛兰言关于“乱伦禁忌”主题的类似性，背后的关联都是为了从社会制度和宗教起源的角度说明社会功能，也就是一个社会现象或社会事实在维系和巩固集体意识与社会凝聚力所发挥的作用。同时，他们都不是孤立地研究宗教现象，即不是把宗教视为外在于社会系统的孤立存在，而是将宗教与社会联系起来，尤其是涂尔干提到的最初的宗教形式——图腾崇拜具有社会整合与团结的社会功能。这对之后结构—功能学派的社会学家影响甚大。[③]

再者，涂尔干将宗教作为一种社会现象研究，根本上也影响了葛兰言在《歌谣与传说》中对于中国古代宗教的研究。涂尔干认为：宗教与法律、伦理一样，是规范社会行为的一种主要机制，并且具有神圣性。这种神圣性来自社会，它不过是被实体化、人格化的团体力量，即道德力量，宗教具有社会功能。在涂尔干看来，只有远古时期的宗教才能够使我们理解人的宗教倾向，这是人性中永恒和本质的方面，只有了解宗教的迄今所知最原始的形

---

① [法] 葛兰言：《古代中国的节庆与歌谣》，赵丙祥、张宏明译，桂林：广西师范大学出版社，2005年，第174页。

② François Héran，“Lévi-Strauss，Disciple inconstant de Durkheim...et de Granet”，*L'Année sociologique*，Vol. 72，No.2（2022）：287—310.

③ François Héran，“Lévi-Strauss，Disciple inconstant de Durkheim...et de Granet”，*L'Année sociologique*，Vol. 72，No.2（2022）：287—310.

式，才能理解现今状态下的人们。[①]葛兰言在第二编《古代的节庆》中试图在被确认的文献性质基础上对事实进行解释，佐以民族学材料描绘古代祭礼歌谣的形态。在他看来，在《诗经》中能够很容易地看到中国古代宗教的情形，其中包括有地方性的祭礼、有季节性的共同体祭祀、有对神圣地的盛大节庆，这些祭祀有着认同或区别地方性部落与性别团体的社会功能，调整了社会生活的过程，这些均得益于涂尔干宗教社会学的启迪。同时，他也从动态演化的角度，分析了仪式从个人功能转向社会功能的演变过程。虽然葛氏研究中的史料考据充满争议，但这一社会科学分析范式，勾勒了体系化的中国古代社会，为后续汉学家开辟了社会制度研究的学术土壤，比如马伯乐对于中国古代经济制度的研究也借鉴了韦伯的类型学研究方法。葛兰言承认中华文明区别于西方文明的独特性，但也强调其平行于西方文明的完整系统性，他将其纳入普遍性的社会结构版图中，在海外不断传播和诠释。至此，在整体论视角下，汉学和社会学、人类学研究的相生相和，成为法国汉学的重要特点，中华文明也被其视为一个体系且不断演化的中国社会。

五、结　语

综上所述，在《古代中国的节庆与歌谣》一书中，葛兰言将秉承实证主义精神的涂尔干的考证了社会事实的演化过程及社会学分析法，与莫斯为从“礼物”的角度探寻跨文化的社会比较研究顺理成章地结合在一起，实践在对中国古代文献的阐释中。但是由于对中国历史和文献仍缺乏全面、正确的理解，葛兰言对诗篇的翻译、文献的使用以及大量袭用传统的传、笺、序、疏、译释十篇有不少错译和误译。[②]此外，葛兰言为证明这些歌曲起源于集会时的即兴演唱而采用的多文化比较法也暴露出一定的缺陷：在比较不同时代、不同国家和地区的民俗和歌谣时，没有区分它们的周期性和区域性差异，忽略了其中可能存在的各种因素，如习俗产生的时间顺序、人口迁移导致的习俗传承等，但未对此做出任何解释，这使得资料的说服力大打折扣。

但是，由于时代背景的缘故，我们也不能对葛兰言过分苛求，因为在中

① [法] 爱弥尔·涂尔干:《宗教生活的基本形式》，渠敬东、汲喆译，北京：商务印书馆，2011年，第1—2页。

② 朱丁:《葛兰言〈诗经〉研究方法的得失》，载《重庆社会科学》2002年第1期。

国社会史的研究中，是葛兰言首先将这种实证方法创造性地运用在了中国古代文献分析中：从大量相关文献中提取事件主题，即社会和历史事实，综合所有提取的事实来进行社会的和历史的分析。我们当然更不应该因噎废食，去根本否定葛兰言的方法。在本书中，葛兰言从中国古文献的特点出发，以涂尔干的社会事实理论作为方法论支撑，通过对古代文献的梳理，分析政治和历史因素在《诗经》中体现的机理关系，从而思考如何处理政治与历史因素附着在文本上的痕迹，从原始文本以及摘取传承千年的经学注释为提取社会事实中提取事实。这种社会学方法在中国古代和历史中的应用，对于后来的法国汉学也产生了深刻影响，如当代法国汉学家朱利安撰写大量相关著述更进一步坚持中国具有异于西方世界的文明独特性。[①]此外，其对于我们如何将有关学科的最新方法论研究成果运用到现今的汉学研究中也有重要的启示和借鉴意义。

唐佳路　西南交通大学外国语学院法语系硕士生导师
石雨竹　西南交通大学外国语学院硕士研究生

①［法］雷米·马修：《当代法国汉学——古代文学研究概况》，卢梦雅、曹艳艳译，载《国际汉学》2017年第2期。

智慧的路标

——也谈朱利安的哲学及“中国”*

张慕良　卢蒸清

摘　要：本文尝试从哲学家朱利安关注的形而上学维度，解释“中国”能够成为其建构哲学思想的文化资源的原因。朱利安哲学思考的起点是“共通”的“一”，不是“差异”的“分”，从“一”出发，发现的是西方哲学所走过的歧路，而“中国”作为承载着思想的“全”的文化资源，是救治哲学的可能性“工具”。因此，朱利安笔下的“中国”，是一种自觉纠偏的哲学性言说方式，不应对其做直接的是与非的判断式理解。朱利安在哲学层面对中国文化资源的利用，或为思考未来合理的中国哲学发展道路提供借鉴。

关键词：朱利安　智慧　折叠　间距

法国学者弗朗索瓦·朱利安①（François Jullien）是当今世界最著名的哲学家、汉学家之一，他不断言说却又自称“不感兴趣”的“中国”亦是学界最具争议的话题之一。本文将尝试“绕过”或“悬置”朱利安笔下的“中国”的是与非，回溯到朱利安作为哲学家所关注的“第一哲学”问题，进而解答为何“中国”能够成为其建构哲学思想的文化资源。

一、辨别朱利安的“所思”与“所言”

我们探究朱利安思想的起点在于其对于“第一哲学”问题的思考，故而选择“悬置”其笔下的“中国”的是与非。由于朱利安笔下的“中国”已经

---

* 本文为国家社科基金一般项目“刘宗周大传与年谱长编”的成果，批准号（20BZX079）；吉林大学横向项目“儒家思想的中庸智慧”的成果，批准号［2019（614）］。

① 又译为于连。本文除在引用中保留译者所用“于连”的译名外，正文中皆采用“朱利安”这个译名。

成为当下研究朱利安思想一个“绕不开”的话题，为使我们的“悬置”工作有其学理依据，我们有必要先作出一个前提性的说明。

读过朱利安作品的读者都会很“直接”地感受到，朱利安笔下的“中国”是西方文化的“他者”，它具有与西方思想文化中那些“熟知”（le bien connu）且“未思”[①]的概念相对立的特征，或者说具有否定那些概念的特征。例如：“虚位以待”与“自由”、“贯通道理”与“意义”、“默契”与“知识”、“调节”与“启示”等等；与以“观念”为起点的西方哲学文化相比较，中国“什么也不提出”“不要立场”“不要相对论”“也不要怀疑论”等；以及中国的圣人（见《圣人无意》）、中国的绘画（见《大象无形》《本质与裸体》等）、中国的时间观（见《论“时间”》《势》）等，都以一种近乎相同的思考方式言说着同一的主题，并给读者一种强烈的东西方文化的对立与差异之感。读者抑或不自觉地形成这样的判断：朱利安是在以“比较”的方式谈论西方与中国。在这一前在的“判断”中，或受朱利安解读的启发，发现了中国不同于西方的美、德、时、圣；抑或基于其他观念和视角的探讨，发现朱利安笔下的“中国”的缺失与不足。但朱利安自己却反复强调，其所做的并非比较的研究，并且，他强烈地拒斥任何以比较为起点的关于东西方思想的研究，那些被他形容为“人类学”式的比较研究，只会导致“肤浅的普适”或“懒惰的相对论”。[②]因此，这似乎成了一个解读朱利安思想的“矛盾”：朱利安一直在言说着他所拒斥的东西。

如何解释这种拒斥下的不断言说？为说明这个“矛盾”，我们提出把朱

① 在《从存有到生活》一书中，朱利安谈到了“熟知”这个词：“身旁的、熟知的事物肯定让我们觉得它是最容易触及的事物，可那个太熟悉的事物只不过反映了我们所有的固定信仰和心理习惯。……理性也毫不怀疑地以为能够把它们当成思考工具。……黑格尔从这些共同的范畴清单开始，把它们当作固定了的词汇使用，譬如，‘主体’——‘客体’‘神’‘自然’，面对‘感性’的‘知性’，等等，欧洲思想自此之后就绕着那些词汇……‘原地打转’（tourner en rond）；……那些哲学词汇已经变成思辨必要的支架：思辨的‘动作’（运动）穿梭于支架之间。”（［法］朱利安：《从存有到生活——欧洲思想与中国思想的间距》，卓立译，上海：东方出版中心，2018年，第288—289页、第290页。）“未思”可指对这些“熟知”产生的前提未曾有过思考。

② 详见［法］朱利安：《从存有到生活——欧洲思想与中国思想的间距》，卓立译，上海：东方出版中心，2018年，第302—303页。朱利安指出，“人类学”的研究是“差异”式的研究，是范畴化的研究，“人类学的道路毫不犹豫地以‘知识’为其目标”（第311页）。同时，朱利安也依此抨击了传统的汉学研究。

利安的文字知性地分为“所思”与“所言”：所谓“所思”，是指朱利安构建其哲学思想所思考的实质性问题，以及对于这个问题所表达的文字；“所言”是朱利安针对的问题“对象”，以及对这个“对象”所使用的纠偏文字（大体上看，这个“对象”包含两方面：一是他明确地提到的西方主流哲学的发展；二是他未明确但有意指向的西方传统汉学，后者在思维方式的确立上是源于前者）。当然，这两部分并不是完全分开的，我们不是也不可能把朱利安的所有文字分别标记为“所思”或“所言”，但作为纠偏之“所言”，往往是另一“偏”，“所言”有“过”，却不是错误，不是谬论，不是妄言，而是不得不言之言。

有了这个区分的前提，我们就需要对朱利安的文字进行“反思”：朱利安“所思”是合理的哲学理性发展，而“所言”是在纠哲学已走之路之“偏”，要把哲学的发展带回到“正”路之中。朱利安曾强调：“就我个人而言，中国并不令我感兴趣，并不比其他东西更令我感兴趣，希望这一点已说得够清楚”。[①]因此，“中国”所扮演的角色是什么？“工具”。“中国”是那个可以作为“过”的，纠正“不及”的“工具”。“工具”是什么？器、物、手段。从朱利安的文字中可以看出，他在利用“中国”这个“工具”时，是经过了仔细严谨的思考与斟酌的，因为这需要既满足于其作为“工具”的使用价值，即由“中国”而体现出的（朱利安在思考角度上更为侧重于概念[②]，而在文化载体上更为倾向于艺术）是能够与西方的“不及”形成的“过”之势，在这一点上，它可以是被“削”“砍”“折”之后的内容。但这绝不是一种无根据的妄想（或言脱离于所谓“历史”“传统”等）的诠释，“中国”之所以能够以“过”的姿态出现，其根源在于“中国”所保留的“全”（下文中将作论述）。朱利安对“中国”的惯用“描述”，比如：什么也不提出、没有个别的自我、不要立场、不要怀疑论等等，亦并非是对“中国是什么”的内容式判断。

正因如此，我们提出“悬置”这一问题，因为知性判断的思考角度并没有进入朱利安的哲学之中。朱利安哲学思考的起点是“一”，而不是“分”。

---

① [法] 弗朗索瓦·于连、[法] 阿兰·李比雄：《更新文化人类学研究方法，重估中国文化传统对人的认识》，载《跨文化对话》第1辑，上海：上海文化出版社，1998年，第24页。

② 侧重于概念亦是一种必然，因为概念是思想通过语言得以表述与沟通的基本单元。

起始于“自我”与“他者”之比较的立场已经是在“分”之上，而“他者”与“自我”之原始出发点的思想实体本身，才是其“所思”之处。从原始出发点出发，才能真正看清“哲学”所走过的那条歧路。

二、“哲学”的歧路

朱利安的作品中经常出现“折叠”（plis）一词，按其译者卓立的解释，“pli”表示“暗藏在我们（即西方）思维的层层折叠里面的‘理所当然’，那些我们据以思考的事物，因此是我们没想过要加以思考的”[①]。而这个“折叠”的根本“特征”[②]，即是西方的哲学有“所思”的起点——主体的“我”。朱利安讲道：

> 如果有一个作为开端的合理的出发点，如果有一个表达足以反省自己进而凸显出思想的确定基座，它不再需要上游也不再要求证明，但能因其“主体的真理”（certitude）而让所有其他可能的陈述将它作为“既得的和所凭靠的”；它甚至汲取了它的对立面，就是人们理性地甚至非理性地尽其可能地怀疑的出发点，因此建构了一个固定的、稳定的、不可置疑的点，每一个不喻自明就于其中确定自己——那肯定就是笛卡尔的“我思，我在”（je pense，je suis）。……有了“我思”（cogito）之后，哲学终于找到了它的立足之地（sol），或说得更明确，它的基座（socle），哲学就于其上树立起一个主体：我（ego）。[③]

而且，这个“我思”并不是西方思想发展的偶然，它不是由经院哲学所留下来的未清除掉的“遗物”之一，而是源自西方文化自其产生之时所创

---

①［法］朱利安:《从存有到生活——欧洲思想与中国思想的间距》，卓立译，上海：东方出版中心，2018年，《致读者》第4页脚注2。

②“特征”，即特有的而非普遍的，“虽然在向全世界输出的过程中，我们对真理的追求已经普及，或者说在今天已经成了标准化的东西，但这丝毫不能改变它在发展的渊源上所具有的个别性。”参见［法］弗朗索瓦·于连:《圣人无意——或哲学的他者》，闫素伟译，北京：商务印书馆，2019年，第87—88页。

③［法］朱利安:《主体与情况：论思想里的一个分岔》，载《从存有到生活——欧洲思想与中国思想的间距》，卓立译，上海：东方出版中心，2018年，第249—250页。

立的思想传统，“从远处望去，在希腊人所取得的并且由欧洲哲学所发展的脉络之下，‘我思’只是荣耀的顶端”①。“我思”乃是西方哲学文化发展的必然，与此相应，“在‘我思’的折叠里，仍旧被人们忽略的，是‘他者’与‘自我’的‘共源性’（co-originarité）”②。上述内容我们可以归结为：以主体作为思考的起点，以主客方式所建立的对于形而上加以把握的模式，是西方人“熟知”的思维方式，是奠定传统西方哲学发展历史进程的根本支点（并且，这种方式亦深深地影响了当下的中国人）。朱利安所言说的这个“实事”如此明显，已无须再借其他哲学家之口加以佐证，“本体论”（ontology）、“认识论”（epistemology）作为哲学基本问题的追问方式已经可以充分表达出“我思”的本质特征。但正如朱利安所讲，在“我思”“熟知”“折叠”的思考支点之下，所忽略的是“我思”与我思的“对象”的更为根本的“共源性”。朱利安此处所言已经为其哲学思考做了更进一步的澄清，也就是说，他为什么并不对中国特别感兴趣？因为那样的兴趣中的中国是一种立于“我思”的主体视域下的被观察为“他者”的中国。同样，那种或赞同或批判他笔下的“中国”的立场也是一种“我思”的立场，是对朱利安真正思考的“第一哲学”问题的偏离。

我们经常引用古希腊先哲所言的“惊奇”来描述哲学的始点，在朱利安看来，这“惊奇”之后的对于为何“惊奇”的追问，就已经把“哲学”本身带上了一条歧路。“哲学家在开始进行哲学思辨的时候，必然是盲目的，也是武断的。”③

> 只要开始提出一个观念，那么一切的现实（或一切可以思想的事物）……都会消失在观念的后面，以后再想接近它们，就需要付出许多努力，需要通过很多的媒介。……提出一个观念，等于从一开始就丧失了你

---

①［法］朱利安:《主体与情况：论思想里的一个分岔》，载《从存有到生活——欧洲思想与中国思想的间距》，卓立译，上海：东方出版中心，2018年，第251页。

②［法］朱利安:《主体与情况：论思想里的一个分岔》，载《从存有到生活——欧洲思想与中国思想的间距》，卓立译，上海：东方出版中心，2018年，第251页。

③［法］弗朗索瓦·于连:《圣人无意——或哲学的他者》，闫素伟译，北京：商务印书馆，2019年，第11页。

原曾想阐述的东西，不管你在这样做的时候是多么谨慎，多么有条理。[①]

而哲学的历史就是这种种“观念”的发展史：自从苏格拉底以来，我们已经习惯了凡是从个别到一般时，都是在寻求抽象的定义（比如“诚”“勇”等等）。我们习惯了从具体的例子出发，推导出普遍性（epagôgé），再追溯共同性的本质（en-soi commun）（也就是定义，逻各斯，从此以后适用于遇到的所有个别情况）。[②]所以可以说，哲学的开始就是对于思想的“大全”（或者说人类精神实体，也就是朱利安所说的智慧）的否定。[③]当哲学有了历史，理性逐渐有了权威，那个无法用理性理解的“大全”对理性来说变成了什么？朱利安认为：

> 柏拉图公然承认说，智慧是属于神的，我们是凡夫俗子，所以只能向往它，只能“热爱”它——因此，我们只能是“爱智的人”（philosophes）。这是哲学的谦虚……或者也可以说，是哲学的狡猾。尼采告诉我们说，如此矜持的态度只能用来掩饰新生的哲学的野心，这时的哲学已经准备把智慧看成是没有确定性的，未经证实的（或者尚有待于披露的）知识。柏拉图已经在这样想了。随着哲学越来越发展，这种鄙弃的态度便越来越明显。因为哲学在成长，它可以吹嘘自己有了历史，而智慧则没有。因此，智慧受到了错误的对待，人们没有把它摆在哲学之上，而是摆在了哲学之下。[④]

从这里我们能够看到，对于无法把握的“对象”（说是“对象”已经不确切，但只能以此代之），哲学的历史不是去“反思”自己能力的界限，而是“错误”地将自身能力之外的“对象”放置于自身能力范围之内，并以自己喜好的理性方式为其归类。进一步讲，既然能够把“大全”以理性喜好的

---

① [法] 弗朗索瓦·于连：《圣人无意——或哲学的他者》，闫素伟译，北京：商务印书馆，2019年，第8页。

② [法] 弗朗索瓦·于连：《圣人无意——或哲学的他者》，闫素伟译，北京：商务印书馆，2019年，第39页。

③ 谢林在晚期思想中用“否定哲学”来表达这个意思。

④ [法] 弗朗索瓦·于连：《圣人无意——或哲学的他者》，闫素伟译，北京：商务印书馆，2019年，第23页。

方式归类，“大全”本有的神秘与神圣就被“理性”贴上了不再神圣的标签，也就可以被当作遗弃的对象了，哲学的历史也就开始威胁到了形而上本身。话至于此，不仅让人感叹，哲学（理性）是如此的大胆！这同样也是朱利安作为形而上学家的担忧，“谁能看透这本小书（按：指《圣人无意》）的言外之意，谁就会明白，作者是在批判种种逃避和补偿，是在驳斥威胁着我们的未来的如潮般汹涌的非理性主义”①。

那么，既然哲学从一开始就走向了一条思想“中道”的歧路，为什么西方文明的发展没有“跟着”走上“歧路”呢？因为西方有宗教。朱利安清楚地看到：“西方主要是通过宗教的神秘来弥补哲学的缺憾的，在现代则是用诗来弥补，而诗被认为是另一种思想”②，“正是宗教性和世俗性之间的间距以及它们之间的张力，才是欧洲深具意义之处，才是欧洲得以跃进的动因”③。概括来谈，西方文明的进步与发展，正是在“理性”与“信仰”的相互作用与影响下才得以实现的。对于哲学作为思考形而上的方式而言，其最终要追问的不是哲学起点处之“偏”，而是哲学与宗教共源处之“全”，这个“全”，按海德格尔思想的指示，是古希腊哲学产生前的那个“源头活水”。这个“源头活水”应该是怎样的存在？这亦是朱利安作为形而上学家探索的那个“第一哲学”问题的唯一追问，但是这个答案不可能通过西方人惯用的方式求解出来，因为他们逃不出自己的“折叠”和“熟知”。所以，在朱利安的求索中，他找到了“中国”，通过“绕道”于“中国”来救治西方哲学之“偏”。并且，我们可以自信地说，这剂解药亦只可能是“中国”。

三、为什么只能是中国？

朱利安谈到中国—思想时讲，中国语言—思想未曾想过——想象过——“我思”，它没有提问一种开始的可能性，未想过没有前者的绝对开端。所以，通过“借道”于中国，“它也把我们带回来，不再是回到‘我思’那

① [法] 弗朗索瓦·于连：《圣人无意——或哲学的他者》，闫素伟译，北京：商务印书馆，2019年，第4页。

② [法] 弗朗索瓦·于连：《圣人无意——或哲学的他者》，闫素伟译，北京：商务印书馆，2019年，第62页。

③ [法] 朱利安：《从存有到生活——欧洲思想与中国思想的间距》，卓立译，上海：东方出版中心，2018年，第299页。

儿，而是回到‘我思’的上游，回溯到该上游的上游，回到开端的上游：我们应该探问那是来自哪种交叉，它的兴发应归功于什么，以至于一旦它出现了，它之后所带来的影响力是如此强烈而叫人无法脱离。”[①]结合上述可知，“我思”其实表达的是“爱智慧”，即哲学的方式。但这个不是真正的人类精神“实体”的源头，所以，通过“中国”，不是作为“异域色彩”的对象的“他”，不是历史意义或地缘意义的“他”，而是找到人类精神的“源头活水”，这才是朱利安用“智慧”所指代的“中国”。“中国”之所以能够成为一剂解药，正是因为只有“中国”完整地保留了“全”。

什么是“全”？当人们直接以界说的方式表示时，言说出的肯定不是“全”，而是对于“全”的否定。被限定在任何的“界说”中的“全”，都只能成为“全”的一个部分或一种属性，这和被“界说”之外的内容共同构成的那个整体，才可能是“全”。当这个“全”被表述为“非某某”“不怎样怎样”，是同样不失其为某某与怎样怎样的。如果此表述可以被理解，那么也就可以从中细绎出朱利安的思考以及言说“全”的方式了：其一，“全”虽然无法用语言界说，但可以通过语言的引导，引向语言之外的存在（即与“存有”表意不同的“生活”），这就需要在理解朱利安的语言时，存有一点心灵上的感悟，在他充满诗意的流畅表达中体味“生命”的力量；其二，通过“全”与“偏”的内容比较，以“偏”中所无有的方式引出“全”，其最大的特点就是语言表述上要指向另一“偏”，否则难以诉说那个“全”。两种表达方式在朱利安的文字中亦是相互融合的，其中第一种我们无法再作阐释，它需要读者亲自“感受”，下文侧重于论述第二种。

“智慧留下的足迹已经变得模糊不清了。我希望沿着这些淡淡的足迹，找到哲学从未想过的经验和思想的本质。在追求真理的过程中，哲学先是远远地脱离了这一本质，继而，其自身的机制又让这本质变得让人无法捉摸。”[②]在《圣人无意》的开篇处，朱利安清楚地说明了智慧和哲学的关系，智慧就是那个哲学从之分化出来的思想的（原初的）本质。哲学的出现，是以追求真理为目标的对于思想的本质的理解，但思想（或者说人类精神实体本身）并不仅仅就是“真理”。如果用《庄子》中的话来讲，思想的本质是统

①［法］朱利安：《从存有到生活——欧洲思想与中国思想的间距》，卓立译，上海：东方出版中心，2018年，第256页。

②［法］弗朗索瓦·于连：《圣人无意——或哲学的他者》，闫素伟译，北京：商务印书馆，2019年，第1页。

一之“道”，而哲学只是由“道”分化出的一个“术”，但“术”却偏偏要以自己为“道”的全，这就成了“以偏概全”。[①]哲学的出现即是如此，它先是远远地脱离了这一本质，继而，其自身的机制又让这本质变得让人无法捉摸。哲学的操作工具是语言及其背后的逻辑，这个工具是“思”之后的东西，因此，以思之后的东西追问思本身是无效的，思想的本质在哲学的语言逻辑中必然成为不可捉摸。朱利安接下来反问道：“哲学所无法把握的究竟是什么呢？”“是那些普普通通的、人们非常熟悉的事物。”[②]这里的“普普通通”，实际上蕴含着思想内容的全部，是“日用平常即道”，因为它太普通，以至于不被哲学家们所注意，但它又是最高深的，即使是最思辨的哲学思考也无法将其完全把握，终究是“知者过之，愚者不及”[③]。

因为智慧的面孔已经被遮蔽，或只是在思想发展的时间长河中偶尔露一下头，但它已经让人觉得老旧、模糊，丧失了光彩，被理性所占有的人们已经不再对它感兴趣，“智慧已经让人觉得厌烦，这是人所公知的”[④]。智慧的“谦逊”、智慧的“显而隐”在“理性”的光芒照耀下反而成了自身的“毛病”，它没有办法勾勒出与真理发展相比拟的“历史”。但精神自身却要求并召唤“智慧”的必然出场，那么，怎么样重新唤起“智慧”？它应当以什么样的方式出场？“我们是希望从她的反面——冒险的思想，疯狂的思想——窥测出一些迹象，让她披露一些东西。智慧的反面有冒险的脾气，有极端的性格。至少她是快乐的。”[⑤]为引起人们对智慧的关注，朱利安采用的是一种自觉的否定的方式，即言说着智慧的不怎样怎样，这个由“不”所不断否定的“东西”恰恰表征着智慧作为“大全”的属性特征。但同时，这种尝试也意味着一种风险，因为这种对于智慧本身的“遮诠”性描述很容易走入一种“虚无”式的风险。读者也容易在没有理解此前提之下，把这种方式当作一种界说式的表达来看待，由此，朱利安的文字就被理解成为一种对于“什么

---

① 详见《庄子·天下》。

②［法］弗朗索瓦·于连：《圣人无意——或哲学的他者》，闫素伟译，北京：商务印书馆，2019年，第1页。

③ 见《中庸》。

④［法］弗朗索瓦·于连：《圣人无意——或哲学的他者》，闫素伟译，北京：商务印书馆，2019年，第1页。

⑤［法］弗朗索瓦·于连：《圣人无意——或哲学的他者》，闫素伟译，北京：商务印书馆，2019年，第1页。

是智慧”的解读，而这种界说又是借助于“中国文化”这个“载体”表达出来的。正如朱利安在被以“汉学家”定位时，他要强调出中国不是他的兴趣之所在——他在讲中国，是因为中国文化承载了智慧的“全”，但这个中国智慧不等同于中国的智慧。中国的智慧是对“智慧”的一种界说，指向的是“智慧”的“术”，其本身已经偏离了朱利安的“所思”。

正因为要以这样一种“冒险”的方式来引出“智慧”，朱利安自己承认，“在这部作品中（按：指《圣人无意》），我希望接受平庸的挑战”[①]。这种挑战就意味着要让智慧迈出那个“全”，而走入一种自觉的“偏”。于是，至高无上的“智慧”要落于平庸的可供比较的“视域”之下，成为被比较分析的对象，神圣的东西坠入完全的凡俗与理性之中。这种冒险的行为，庄子用笔下的“混沌”道出了其可能的结局。但因为智慧已经被“哲学用思辨的野心完全遮蔽”[②]。并且：

> 在概念自上而下的烛照中，让智慧变得不那么鲜明，不那么容易辨识，或者更加糟糕的是，变得没什么意思了。这是一片没有个性的思想的废墟，一堆被时光磨蚀了的格言，快成了没有任何意义的东西，引不起人们的注意，或者我们在说话的时候还会使用，却连想也不想是什么意思了。[③]

所以，朱利安所做的工作，就是在这片不起眼的“废墟”上进行探索，将“智慧”以语言的方式（如前述，这是一种为纠偏而有的自觉的片面的语言），以便寻求到那条“与哲学在大多数情况之下所展现的可能性不同”的道路，那是思想的另一种可能性，更确切地说，是解救哲学自身之路。

> 我怀着极大的耐心清理出另一条路，设法重新找到这条路在理论上的分歧点，并由此而往回追溯，找到使哲学——至少是使经典哲学——成

①［法］弗朗索瓦·于连：《圣人无意——或哲学的他者》，闫素伟译，北京：商务印书馆，2019年，第2页。

②［法］弗朗索瓦·于连：《圣人无意——或哲学的他者》，闫素伟译，北京：商务印书馆，2019年，第2页。

③［法］弗朗索瓦·于连：《圣人无意——或哲学的他者》，闫素伟译，北京：商务印书馆，2019年，第2页。

为可能的条件。哲学已经把这些条件消抹得干干净净，因为欧洲的理性是在哲学的促使之下形成的，而使哲学成为可能的条件早就消融在理性当中。如果智慧突然站出来与理性对峙，便能让我们重新审视理性的偏见。[①]

智慧不得不以降低自身的方式站出来，当然，它既然本身是这个“全”，就可以以这个方式站出来（朱利安也通过墨家的思维方式分析并解释了智慧为何可以却没有开出理性）。在这个点上，朱利安所思考的那个具有建构性的，具有强烈的形而上学指向的内容现出了其“火种”，让智慧重新充实起来，同时表达出她的“逻辑”！

四、经由朱利安的哲学而思

朱利安在《从间距到共通》一文的开头表达出了这样一个意思——“从事哲学，就是打开间距（l’ écart）”[②]。他对西方哲学设问：它能够从那个后撤、从那种后退去期待看到别的事物，或者至少以不同的方式去观察吗？它能够与那些重大的哲学元素，诸如“存有本体”“神”“真理”“自由”等断绝关系，甚至更根本地与建构论述那些哲学元素的语汇断绝关系吗？朱利安所探索并尝试的脱离“熟知”的“工具”，是“他者”（“他方”）。通过“他”与欧洲哲学打开间距，“间距经由挖深（它把自己挖得更深）而打开了一条‘触及未思的新途径’”[③]。

这就是我所采取的策略，试图在我与“未知的熟知”之间打开间距。因为应当探问：在“存有”“神”“真理”“自由”等等的众多“支架”之间有什么关系？他们支撑着什么样的建筑？甚至我们的思想栖于什么招牌

① [法] 弗朗索瓦·于连：《圣人无意——或哲学的他者》，闫素伟译，北京：商务印书馆，2019年，第2页。

② [法] 朱利安：《从间距到共通》，载《从存有到生活——欧洲思想与中国思想的间距》，卓立译，上海：东方出版中心，2018年，第284页。

③ [法] 朱利安：《从间距到共通》，载《从存有到生活——欧洲思想与中国思想的间距》，卓立译，上海：东方出版中心，2018年，第287页。

（旗标）之下却对它毫不起疑？[①]

"他方"，它的文字呼应了另一种可能性，那是表意文字，而不是表音文字；那是一个未曾说"存有本体"的他方，因此也没建构存有"命题"；它没必要询问（证明）"神"是否存在，所以虽然它并不是不知道神明（le divin），它却"跟神无关"（n' ait pas eu 'affaire à Dieu'）；它也没有把"真理"当作思辨的赌注和准则；它没发展一种"主体"思想，而主体的首要属性是"自由"，等等。[②]

接下来，朱利安对他所讲的"间距"与"差异"作了区分，"间距并非分析性的——而差异是分析性的——间距倒是经由挖深（它也更挖深自己）而成为紧凑性的（intensif）"[③]，所谓差异是界定性的，而间距是要探索并开采的。这种方式不是前在设定某一种框架、某一个问题，就像朱利安所批评的，所谓全球化背景之下所设立的"普适"（亦即"普世"）[④]，实际是一种变相的独断，中国古代思想家对其早有判断，此即孟子所言的"子莫执中"[⑤]。

此外，间距还清理出一些可能的事物，我们会探询这些"可能的"事物能发展到什么地步：因为它们超越了人们之前所设想的，甚至超越了人们所能想象的。它们让我们脱离那些被固定的路标，因此打破了已知的和约定俗成的枷锁，使"熟知"陷入尴尬之中。它们迫使已得到开拓的和已识别的事物的界限往后退，它们因可勘察的资源而使能力更宽广。这是因为间距所打开的两方于此发现了边界——也许是一种解放——换句话说，发现了一次探险。[⑥]

---

① [法] 朱利安:《从间距到共通》，载《从存有到生活——欧洲思想与中国思想的间距》，卓立译，上海：东方出版中心，2018年，第290—291页。

② [法] 朱利安:《从间距到共通》，载《从存有到生活——欧洲思想与中国思想的间距》，卓立译，上海：东方出版中心，2018年，第290页。

③ [法] 朱利安:《从间距到共通》，载《从存有到生活——欧洲思想与中国思想的间距》，卓立译，上海：东方出版中心，2018年，第294页。

④ 详见 [法] 朱利安:《论普世》，吴泓缈、赵鸣译，北京：北京大学出版社，2016年。

⑤《孟子·尽心下》。

⑥ [法] 朱利安:《从间距到共通》，载《从存有到生活——欧洲思想与中国思想的间距》，卓立译，上海：东方出版中心，2018年，第294页。

朱利安的“间距”表明了其哲学思考的指向，这是一种“可能”，一种不可能完成的“可能”，因为它探究的“对象”是一个无限，是思想自身发展所经历的不断建构与消解，其能够通向于何处是一个“建构”的未知与“调节”的已知。因此，“差异于其界定过程里要求‘严谨’，而间距在它的发展和开采过程里要求‘大胆’”[①]，“差异”是朱利安提到的“范畴化”的产物，而间距则是“去范畴化的再范畴化”，是超越了各种同一性以被用于思考。作为哲学，必定要用间距来进行，“以将可思的边界推得更远，这，乃通过与已被思考过的事物打开间距”[②]。而“间距”只有遇到“他者”才可能确实发生，因为在自己的文化中被“折叠”“熟知”“未思”所前在的占有，在自己的思维当中，我们不知道它“已经”被塑造成形了，就西方哲学而言，就是那难以“拆解的欧洲四大象征（存有本体——神——真理——自由），以及我的语言和我的思想”[③]。

所以，哲学要超越“差距”，超越以“知识”为目标的“人类学”式道路，超越西方中心主义的“普世”外衣下所隐藏的专制的利爪，哲学就要走得更远。怎样走这条路？首先要反思的就是其自身的起点。“哲学自以为发展了思想的所有可能性，可它知道它在思想‘之旁’（à côté de）走过却没想到要思索思想么？以至于随之而来的哲学上的开展只不过是‘打开折叠’（dépliements）而已”[④]，“因为我们无法从正面攻击自己的未思，未思不同于在‘判断’的最后阶段才介入的‘成见’，否则，我们早就想过未思了”[⑤]。理性没有办法用理性反思使理性产生根基，也找不到“未思”之为“未思”的前提，而绕道于“中国”，则提供出了一种可能：

不期待一开始就有对“他者”会是“什么”的启示所掀开的宏大的

① [法] 朱利安:《从间距到共通》，载《从存有到生活——欧洲思想与中国思想的间距》，卓立译，上海：东方出版中心，2018年，第294页。

② [法] 朱利安:《从间距到共通》，载《从存有到生活——欧洲思想与中国思想的间距》，卓立译，上海：东方出版中心，2018年，第297页。

③ [法] 朱利安:《从间距到共通》，载《从存有到生活——欧洲思想与中国思想的间距》，卓立译，上海：东方出版中心，2018年，第307页。

④ [法] 朱利安:《从间距到共通》，载《从存有到生活——欧洲思想与中国思想的间距》，卓立译，上海：东方出版中心，2018年，第316页。

⑤ [法] 朱利安:《从间距到共通》，载《从存有到生活——欧洲思想与中国思想的间距》，卓立译，上海：东方出版中心，2018年，第316页。

> 综合性呈现（譬如用欧洲词汇说出中国思想会是什么）。既然我的语言也必须“对自己下功夫”，就是说，去框、除界，“渐渐地”搬离开自己并整顿自己，那种呈现如何可能呢？是故，我们只能用小移动和落差让某事物从外面渗透到里面，这里面此刻就开始敞开了、调整自己去适应并整合；换句话说，我们安排了连续偏离，这些偏离会逐渐“化解”我的语言，去范畴化而“打开语言的折叠”。假如不那么做的话，我们会有危险，会从那种外来的思想再次导出一个我们的思想的复制品，因此仍然留在自己家里。[①]

这是一个“去范畴化”的过程，同时，这亦是“再范畴化”的建立。当然，这种建立之后的“范畴”不仅是“范畴”的再界说，同时也蕴含着一种思维方式的变革。归根到底，从“间距”出发所推动的是“共通”，“共通”并非相似（le commun n’est pas le semblable）。最直接也最好的“共通”，首先是概念的“共通”。

> 每一个布置的概念性间距，它们不过是条条相交之网络中的网眼（maille）。一个网眼就是一个圈，其中的“之间”让事物通行；它只是一个交会点，随之而来的道理则是纯粹的可加性的（additive）：一个网眼接着另一个网眼，串联之后才会出现坚实的结果。需要相当数量的网眼才能织成一张网；我们也可以说，在我的工作当中，一本接着一本的论著，每一本只是一个章节。我说“网”（filet）而不说系统（système）。[②]

由此我们可以说，朱利安所做的是一项永远也不可能完成的工作，但却在逐渐地展开的过程中呈现着那个东西，“这条出路乃是‘一路做来’（chemin faisant）随着前进的步伐逐步形成的”[③]。

“去范畴化的再范畴化”的“共通”，是朱利安哲学的建设性指向。在某

---

① [法]朱利安:《从间距到共通》，载《从存有到生活——欧洲思想与中国思想的间距》，卓立译，上海：东方出版中心，2018年，第319—320页。

② [法]朱利安:《从间距到共通》，载《从存有到生活——欧洲思想与中国思想的间距》，卓立译，上海：东方出版中心，2018年，第332页。

③ [法]朱利安:《从间距到共通》，载《从存有到生活——欧洲思想与中国思想的间距》，卓立译，上海：东方出版中心，2018年，第333页。

种意义上说，我们当下所做的“中国哲学”与朱利安所谈的“西方哲学”是同样地处于“折叠”与“未思”之下，朱利安所说的承载着“智慧”的中国亦不完全等于当下我们所思的中国。相对于那个“智慧”而言，我们更像是它的“他者”，是“被”哲学化的产物，是操着西方逻辑说着复杂的中国文字的中国人。这个产物是否偏离了“智慧”以及偏离“智慧”有多远？我不敢断言。但每个人在自己的思维之中，是否时刻自觉到这个“差距”或“间距”，是十分关键的。朱利安讲到的那个期待：思想“回过头来质问：形而上的思想如何‘可能发生过’？从前的‘希腊人’很奇特，不是么？”[①]这是一个理论自觉之时，可能也是标志着朱利安工作的部分完成之时。而我们对于自己的“中国哲学”的建设也应该有一个这样的自觉的前提追问，亦即，我们实际上也需要一个“去范畴化的再范畴化”的过程。这听起来似乎有点可笑，因为“智慧”是“自家”的东西！但“自家”又如何识得自家宝呢？除此，我们还须追问：作为经历了近现代历史后的中国人，还有没有这种精神上的自信？

朱利安的思考为哲学的未来指出了一条道路，对于这条道路，我们不能说其中也包含了中国哲学之路，因为实际上这是当下合理的唯一的哲学之路。朱利安把它描述为是“进入了‘生活’的思想里（la pensée du vivre）”，“‘道’的思维（sa pensée‘taoïque’）”。这些说法不是口号，而是哲学要经历“去范畴化的再范畴化”的实际过程，这同时也是夹在“传统”与“理性”之间的精微差别之中的“蜀道”。朱利安“忙于”消解一个根深蒂固的观念，所以在其作品中所呈现的文字更多的像是一种消解而非建构，但他却是实实在在地指出了“智慧”之路的“路标”。“因为思想只盯着‘真’，变成了哲学，一条道路才会分出歧路。当我们返回交叉路口时，我们会发现，分歧并不像人们描写的那样，不像人们最终淡然相信了的那样，是人类精神的必然结果。”[②]

张慕良　吉林大学哲学社会学院副教授
卢蕊清　吉林大学哲学社会学院博士研究生

①［法］朱利安：《从间距到共通》，载《从存有到生活——欧洲思想与中国思想的间距》，卓立译，上海：东方出版中心，2018年，第321页。

②［法］弗朗索瓦·于连：《圣人无意——或哲学的他者》，闫素伟译，北京：商务印书馆，2019年，第87页。

法国汉学家白乐日学术总述

舒　星

摘　要：法国汉学家白乐日在20世纪30年代开启了西方汉学对中国社会经济史研究的先河，随后主持了当时世界上最大规模的一次跨国断代史研究工程——宋史研究计划，被欧洲汉学界视为推动近代欧洲汉学向中国学转型的倡导者和实践者，但因1963年就英年早逝，故而其学术、生平国内研究者了解甚少。本文将对白乐日生平经历、学术渊源及研究成就进行概述，从而揭示其被誉为"欧洲现代中国学之父"的缘由。

关键词：白乐日　法国汉学　学术综述

法国汉学家白乐日（Étienne Balazs，1905—1963），原名巴拉兹·伊斯托凡（Balázs István），在德国叫巴拉兹·伊斯托凡（Balázs Stefan）。费正清（John King Fairbank，1907—1991）誉之为"欧洲最伟大的中国学学者之一"，崔瑞德（Denis Twitchett，又译"杜希德"，1925—2006）冠之以"近代欧洲汉学研究之父"或"欧洲研究现代中国的第一人"的称号，荷兰莱顿大学教授、汉学家宋汉理（Harriet T. Zurndorfer）称其为"欧洲现代汉学之父"，耿昇称其"开创了法国汉学界的多个全新学科，是突破法国汉学界喜欢自成一统和拘囿小范围之传统"[①]。本文拟对白乐日学术渊源和学术成就进行概述，以为其逝世60周年之纪念。

一、生平及学术概述

白乐日出生于布达佩斯，青少年时代恰逢匈牙利遭受一战严重破坏以及其后的艰难时期，饱受战争、时局和生活的磨砺。年满18岁后，他辗转求

① 耿昇：《白乐日：一位被忽略的法国汉学家》，载李雪涛、顾彬主编《全球史与中国》第1辑，郑州：大象出版社，2017年，第167页。

学，于德国柏林奥托·福兰阁（Otto Frank，1863—1946）的研究班学习，直至1932年获得博士学位。其间，他还曾于1925—1926年到法国法兰西学院巴黎高等中国研究所（IHEC）做短期游学，受教于马伯乐，得益于此，他很早就开始与处在学科前沿的法国汉学界取得直接联系，若干年后又回到该所，并成为该所的任职教授和主持人。

1932年，时年27岁的白乐日顺利获授博士学位，他的才华已然通过其以唐代经济为题的博士论文展露无遗。此间，他又陆续发表德语论文《哲学家范缜及其反佛教论著》（Der Philosoph Fan Dschen und sein Traktat gegen den Buddhismus）[①] 和《王安石的一个先行者》（Ein Vorlaufer von Wang An-schi）[②]。1933年，德国进入希特勒时代。白乐日一度深受马克思主义的影响，在学术研究的同时也开始积极参加各种反法西斯运动。他于1934年发表《海德男爵所收藏的碑刻铭文》（Die inschriften der Sammlung Baron Eduard von der Heydt）[③]。但很快，他就由于政治问题而无法继续留在德国，并于1935年逃往曾经游学一年的法国。

即便逃到巴黎，他对政治的热情也依然处于高涨的状态，热衷马克思主义，参加反纳粹团体的活动，试图参与政治活动。这个时期的白乐日，除了是一位才华初显的年轻学者，还是一位正义且敏感于政治的热血青年。

1938年，他为与马伯乐合作的《公元1400年以前的中国制度》（Les institutions de la Chine jusqu'en 1400）[④] 撰写关于六朝和宋代社会史和经济史的文章。大战爆发后，他一边继续参与抵抗活动，一边从事教学和科研活动。但这项工作很快就中断了——战火迅速蔓延，1940年法国沦陷，战火烧到巴黎。由于其政治背景，白乐日不得不举家逃往外省的一个小村庄藏身，直到1945年战争结束。战争带给他的不仅是生活的艰辛，还有惨痛的记

---

① Balázs Stefan，„Der Philosoph Fan Dschen und sein Traktat gegen den Buddhismus"，*Sinica*，No.7（1932）：220—234.

② Balázs Stefan，„ Ein Vorlaufer von Wang An-schi"，*Sinica*，No.8（1933）：165—171.

③ Balázs Stefan，„Die inschriften der Sammlung Baron Eduard von der Heydt"，*Ostasiatische Zeitschrift*，No.10（1934）：80—96.

④ 该文是古斯塔夫·格罗兹（Gustave Glotz）《世界通史》（*L'Histoire générale de fondée*）的一部分，马伯乐逝世后由白乐日续写和整理，但该书在其有生之年也未能刊行。后经戴密微整理出版，并誉之为"属于最佳著作之列，也可能属于西方世界的最佳中国史著作之列"。

忆——对白乐日而言亦师亦友的著名汉学家马伯乐在1945年3月、大战即将结束前逝于布痕瓦尔德集中营。

战争结束，白乐日并未立即返回巴黎，而是在蒙多邦市区困居达3年之久（1945—1948）。这3年里，他一直靠为教会学校教授德文和英文课程来维持自己及家人的生活，学术生涯处于低谷。这期间，他发表了《永恒的中国》（*Zeitraffer China*）[①]。由于战乱和动荡，他深刻体会到乱世知识分子的遭遇和心境，因而将关注点放在了魏晋、东汉等乱世，发表了若干文章，如《在虚无主义的反叛和神秘主义的溃逃之间：公元3世纪中国的思潮》（Entre révolte nihiliste et évasion mystique：Les courants intellectuels en Chine au IIIe siècle de notre ère）[②]、《汉末的社会危机和政治哲学》（La crise sociale et la philosophie politique à la fin des Han）[③]等。

直到1948年回到巴黎，白乐日才得以重新完成马伯乐的遗稿。1949年，他被任命为法国国家科研中心（CNRS）科研主任，迎来姗姗来迟了10余年的学术高潮——他终于能够长期专注于一系列研究工作，从而完成了诸如《中世纪中国的社会和经济研究》I：《隋书的经济论》和II：《隋书的司法论》[Études sur la société et l'économie de la Chine médiévale，I：Le Traité économique du "Souei-chou"（1953）(4)et II：Le Traité juridique du "Souei-chou"（1954）[⑤]]、《中国的集市》（Les foires en Chine）[⑥]、《11世纪末叶中国商业中心地图》（Une carte des centres commerciaux de la Chine à la fin du Xie siècle）[⑦]等名篇佳作。

20世纪50年代是他积极参加各类学术活动的黄金时期。从1954年起，他正式提出并主持了大型宋史研究计划的工作。然而好景不长，由于战时的岁月多艰和后来的工作辛劳，白乐日的身体一再向他发出警报。1963年11月

① *Neue Zürcher Zeitung*，Februar 27，1947.

② *Études asiatiques*，No.2（1948）：27—55.

③ *T'oung Pao*，Vol.39（1949）：83—131.

④ *T'oung Pao*，Vol.42（1953）：113—327.另有单行本217页。该部分曾于1954年荣获法国金石与美文学院颁发的"斯塔尼斯拉斯·儒莲奖"。

⑤ *Bibliothèque de l'Institut des Hautes Études chinoises*，No.9（1954）：vi—227.

⑥ *Recueils de la Société Jean Bodin*，No.5（1953）：77—88.

⑦ *Annales*：*Économie*，*Société*，*Civilisaiton*，No.4（1957）：588—593.又收录于Françoise Aubin，*Études Song*：*in memoriam Étienne balazs*，Histoire et institutions 3，Série I，Paris：Mouton，1976：275—280.

29日，一次来势汹汹的心肌梗塞最终夺取了他的生命，享年58岁。

白乐日主持的一项对宋代展开全方位研究的跨国课题——“宋史计划”，是他从1950年开始就积极着手筹备实施的大型课题，从1955年开始直到他去世前，他将大部分精力倾注到这项计划之中。他的早逝，不仅使得他本人壮志未酬，还让汉学界蒙受了巨大的损失。

二、学术渊源

白乐日曾生活于三个国度：生长成人的祖国——匈牙利，求道问学的国度——德国，以及安身立命的第二故乡——法国。他的整个学术生涯在德国开始，在法国展开，不可避免地受到这两个国家学术传统的影响。

（一）求学德国

白乐日年满18岁后于德国柏林福兰阁的研究班求学，直至1932年获得博士学位。

德国堪称西方史学摇篮，早在普鲁士时期，出于建立统一民族国家的需要，西方传统史学就开始在这里生长和成熟；后来在新史学运动中，马克思和韦伯无疑是其最具有代表意义的集大成者。同时，法国也同样有着不可小觑的文史传统，其声名远扬的年鉴学派在史学革命中充当了先锋的角色，在国际史学界更是具有相当的影响度和号召力。白乐日正是背靠着德法两国资深且雄厚的学术背景，深受其熏陶和影响；再加上直接师承于诸如福兰阁、马伯乐等汉学名家，他的学术道路可谓是得到了极其牢固和妥善的铺陈。

德国是白乐日的学术启蒙地，虽然德国汉学与法国相比起步较晚，直至1909年才在汉堡殖民研究所（汉堡大学）设立第一个汉学教授席位，但获得这个职位的不是别人，正是白乐日的老师福兰阁——这位学者可以说是德国汉学当之无愧的元老之一。他一生共发表文章和著作200余种，书评100余篇，可谓著作等身。尤其其五卷本《中国通史》（又名《中华大帝国史》），上起三代，下迄元末［因福兰阁逝世而中止，后由其子傅吾康（Wolfgang Franke）接续写至清代］，是当时汉学界时间跨度最长的中国通史，为德国的汉学研究提供了范本。福兰阁有“中国通”之称，对德国汉学有杰出贡献，除其自身的汉学成就外，最重要的就是他在研究和教学方法上的创新，他主持的中国语言文化系（Seminar fuer Sprache und Kultur Chinas）践行以语言学为基础，以研究整个中国文化领域为目的的教学理念。同时，福兰阁还尽力争取汉学的独立性、学术性。在他最初接受汉学教授职位时，为了表示绝不将学术屈从于政治和商业利益的决心，特意将汉学系命名为“中国语言文化系”——这一名称保留至今。福兰阁在语言教学上的突破为白乐日打下了坚实的汉语言基础，使之在日后的研究过程中能得心应手地阅读和运用古今中文文献；而且前者的博学多识、广闻强记，及其学术主张，对白乐日更是产生了潜移默化的影响。

（二）成业法国

法国汉学最早开始学院化的步伐，是欧洲学者公认的早期欧洲汉学最先锋的部分。欧洲第一个汉学讲座［法兰西学院1814年12月11日开设的“汉族和鞑靼——满族语言与文学讲座”，主持人雷慕沙（Abel-Rémusat）］是在法国开设的，这被视为学院式汉学的建立标志。

据胡志宏《西方中国古代史研究导论》总结，此时汉学主要热衷于四大主题：中国文明起源（中国各种特殊物质文明和科学技术的缘起和推广）、中亚部落和中原文明的边缘地带、中国历史的连续性和中国社会的一般特征和长期在历史上存在的现象。[①]而汉学发展到“一战”时出现了一次高潮，其中心就是在欧洲，尤其以法国为代表——只用举例出以下的一串名字就足以证明这一切：沙畹（Édouard Chavannes，1865—1918）、伯希和（Paul Pelliot，1878—1945）、马伯乐（Henri Maspéro，1883—1945）、葛兰言（Marcel Granet，1884—1940）。求学德国期间，白乐日曾于1925—1926年到法国法兰西学院巴黎高等中国研究所（IHEC）做短期游学，受教于马伯乐，曾执弟子之礼。从德国逃到法国后，1949年又被任命为法国国家科研中心（CNRS）科研主任。法国不仅为白乐日提供了政治庇护，还为他提供了学术舞台，在这个有着悠深汉学传统的国度，他可以说是站在了巨人肩膀上，理所当然能看得更高更远。

与传统史学不同的是，新史学提倡更为广阔的研究领域，从民族国家的政治史推广到经济、社会、文化、思想、生活等领域；提倡更为广泛的研究对象，从社会上层精英推及广大平民大众；提倡更为丰富的研究方法，开展超国界的大范围地区性研究、跨时间的长时段性研究，以及打破学科限制、广泛结合其他学科研究方法和资料的综合性研究……这些崭新的学术观点和主张又有“新史学”之称。西方史学自此进入了一个新的历史阶段，一时涌

① 胡志宏：《西方中国古代史研究导论》，郑州：大象出版社，2002年，第18—20页。

现了诸多名家和学派，出现空前繁荣的景象，其中最具代表性、成就最高，对白乐日关系最为紧密的即是法国年鉴学派。这一点将在下文进行细述。

三、学术思想

只要对西方史学的发展脉络稍有了解，我们就不难意识到当时白乐日具体所处的学术背景：其时，一股朝气蓬勃的新思潮正开始席卷整个史坛——20世纪初，时局动荡、战争频仍、经济萧条等诸多问题盘桓交织，西方思想家们开始对旧有秩序产生疑议，这一动向投射到史学界就表现为对传统史学认识论、方法论等诸多方面越发强烈的质疑和否定。史学家纷纷诟病传统史学已为民族主义和大国沙文主义所劫持。于是，一场史学思潮开始萌生发芽，逐渐酝酿起一场轰轰烈烈的“史学革命”，汉学界也随之发生变化。

（一）马克思经济史观的践行者

白乐日是一个对追求真理有着强烈欲望和坚定意志的人，自青年时期就开始接触并热衷于马克思主义学说。步入成年，他对政治和革命的热情最终转化为对学术的钻研，但马克思学说对他的影响仍然深植于其学术研究之中。他经常在著作中自觉运用马克思经济史理论，其中最重要的一点就是：以社会经济研究为所有研究之首。他认为应当集中研究对社会产生最重大影响的层面，而这一层面就是社会经济结构。前文已然提到过，他在中国、日本学者正式介入中国经济史领域的研究前，就已经写出了那本具有划时代意义的博士论文《论唐代经济史》。童丕和蓝克利在《法国对中国古代经济社会史的研究》中指出：中国古代经济社会史研究是“法国史语学伟大传统的范畴”，其基础性人物是马伯乐、白乐日和谢和耐。但该文还特别强调：白乐日是这三位中唯一将全部著作都致力于该领域的汉学家。查看其著作目录不难发现，他的研究对象还有官僚制度、行政与司法（如《中国的官僚君主制》《隋书的司法论》《晋书的司法论》等），但细读之后就会发现，其目的也恰恰在于揭示中国官僚士大夫阶层如何通过把持国家权力、通过法律手段影响和制约中国资本主义工商业的发展。

白乐日的这一学术思想背景为他在后来冷战时期的中国学研究提供了一个独特的视角。但他对马克思史学理论的理解和接受是谨慎且客观的，他曾一再强调正宗马克思学说与所谓“庸俗马克思主义”的区别。例如他在论述中国资本主义诞生问题时即认识到马克思对于“亚细亚社会”的发现，认为

“这一点具有重大意义，但一般人都不知道，而庸俗马克思主义的教义问答，干脆把它省略了”。

因而，他对当时被官方作为“国家学说”的中国历史分期法，以及对中国在1949年以前的社会性质定义表示质疑。撇开意识形态的差别不论，单从学术角度而言，白乐日的这番论述无疑已日益为中国学术界接受和肯定。

（二）马克斯·韦伯的私淑弟子

但与马克思相比，白乐日还受到德国另一位著名学者——马克斯·韦伯（Max Weber）的影响。白乐日认为韦伯是第一且唯一一位正式提出中国资本主义产生和存在问题的人，他在其名作《新教伦理与资本主义精神》（Die protestantische Ethik und der Geist des Kapitalismus）中就开始通过宗教对经济和制度的作用探索东西方发展差距的主要原因；此后的《中国的宗教：儒教与道教》（Konfuzianismus und Taoismus）则更加专注于探索中国社会与西欧的差别，试图通过分析中国早期历史的儒教和道教，及在其影响下形成的社会文明和政治制度，正式探讨资本主义为何未能在中国发展的原因。这个命题不仅仅属于经济史范畴，同时也照亮了中国经济史研究的一角。他对中国资本主义问题的早期探索及其研究方法，深刻感染了白乐日的汉学研究。后者的多数研究课题很大程度都来源于对马克斯·韦伯的继承——特别是他将宗教思想和制度研究贡献于经济研究的这一方法，为白乐日认同和继承。

但白乐日对韦伯的学说不仅仅是单纯的模仿和延续，而是在其基础之上又有所发展：他将阻碍中国资本主义发展的原因锁定在了中国官僚制度上，超越了韦伯在儒家思想上找漏洞的做法。白乐日对中国儒学的评价虽也略显苛刻，但他明确指出：后儒学说不过是为官僚士大夫阶层所用，对其中于集权有利的部分大加引用、衍生夸大，以达到牢固地位、加强统治的目的。遍观白乐日的学术研究，大部分成果都旨在论述或旁证中国官僚社会对经济发展的阻碍，成为其学术论文的一大主题。正是由于白乐日对韦伯身体力行的推崇，人们往往冠之以韦伯的“私淑弟子”的美誉——尽管在他进入柏林大学之前三年（1920）韦伯就已经逝世，尽管他无缘亲身受教于这位杰出的学者。戴密微不由感叹道：“这位德国学者的大师风范、独到眼光、敏锐的直觉、自由不羁的气度，以及尖锐而优雅的笔调，都在白乐日的文章中留下了深刻的痕迹。”①

① Demiéville, Étienne Balazs（1905—1963）, *T'oung Pao*, No.2—3（1964）: 247—261.

（三）年鉴学派阵营的战士

在此，本文还得对支持白乐日开展宋史计划研究的主要机构之一——法国高等研究实践学院（EPHE）第六部加以介绍。第六部实在可谓是法国现代社会科学的一个重要的核心机构，它是法国社会科学高等学院（École des Hautes Études en Sciences Sociales，简称EHESS）之前身，集中了一大批举世闻名的专家学者，是法国年鉴学派、结构主义等重大思潮和思想运动的策源地和主要中心。以费弗尔和布罗代尔为代表的年鉴学派以第六部为阵地，展开了与以往相比截然不同的，以历史学、经济学和社会学科间的深度调和统一，且兼顾理论联合实际研究的远东学研究。总体而言，虽然受限于“二战”后的国家财政、社会经济和管理体制，第六部仍然集中了当时一大批史学与社会学科新潮流的代表人物，其中就包括了大量中国学研究者，在艰难的条件下创造了令人瞩目的成绩。

在此背景下，提出宋史计划的白乐日引起了布罗代尔的重视。该计划成为布罗代尔邀请白乐日加盟第六部的契机，同时也启发了前者对于一项宏大的创新性项目——“文化圈”（Aires Culturelles）的设想，“中国文化圈”即其中之一。此后，布罗代尔将白乐日的宋史计划列为“文化圈”第一批项目之一，推动这一大型的跨国际、跨学科的研究计划。[①]

白乐日对经济问题的关注无疑与年鉴学派“长时段”的学术主张相呼应——它提倡超越具体事件和时间限制，选取某个特定主题，并对其展开长时期的跟踪研究。这个时间段可能是若干、数十年，也可能长达数个世纪、甚至贯穿整个人类历史。白乐日的宋史计划就是这种学术理念的一个产物——他关注中国经济，尤其中国资本主义经济，对其发展状况的探索从一开始的唐代先后延伸到隋朝和六朝，并且已经意识到宋代经济在中国经济史上的重要地位，认定宋代就是中国历史上的一个重大转折点，因而开始酝酿对宋代展开大规模的研究和调查。

白乐日对中国社会经济史的关注和长时段的研究方法，以及后来贯彻包容了这些学术理念的宋史计划，均带有典型的新史学特点。他虽然将多数研究的重心放在中国社会经济上，他在宋史计划中却体现了广阔的研究视野：研究对象包括了历史（事件）、政治制度、人文地理、社会经济、思想文化、

① 阮洁卿：《法国“中国中心”与当代中国研究（1958—　）》，博士学位论文，华东师范大学历史学系，2013年，第44—47页。

文献目录等多方面，体现了跨学科研究的特色；观察时期包括两宋300余年的时间，因而也符合长时段的研究理念；关注内涵也不仅仅是宋代一朝，还往往涉及周边辽、金、西夏、蒙古等政权，也具有区域研究的意味。

除了上述总体思路，他还运用了年鉴学派的多种研究方法。例如《地名》，它不仅仅是中国宋代地名的简单对译，还包括了人口普查统计的各种数据，以及各行政单位的诸多信息，这些方法恰恰体现了年鉴学派计量法的学术特点。数据统计无疑是一种能够很好地说明差异和变化的方法，最早使用在价格史的研究上，但很快就扩散到人口史的领域，而其他研究也常常借用这种办法。白乐日的《11世纪末叶中国商业中心地图》将这种方法更是大加运用，得到了很好的效果。他所依据的资料是毕仲衍的《中书备对》，在白乐日眼里，毕仲衍是一位“近代以前最伟大、最认真负责的统计学家”；而其中的数字和地名一经白乐日之手，就转化为一幅标注着11世纪末中国商业中心的地图。布罗代尔在该文、图刊登于《年鉴》时为其作序，将其描绘为“可以设想出来的最令人惊讶的经济图表之一”。

此外，白乐日还身体力行由布洛赫发展壮大的比较史学方法。所谓历史比较研究，就是通过两种或两种以上的历史现象的比较来加深、扩大和验证对历史的认识的一种方法。同样在其《11世纪末中国商业中心图》中，白乐日不仅运用了数据统计的方法，还将两个年份不同地区的赋税朝贡加以比较研究，得出了精辟的结论；还有在他的规划蓝图中“历史地图集”选取的5个年代、“宋代州府及所对应现代18省地图”等，均提供了相同区域不同时间段的差异比较；而归总到他学术总体的研究思路和方法来说，更是通过历史上中西两种文明的对比，来探知中西差异产生的缘由……

结论：欧洲中国学之父

综上，白乐日在自己的汉学研究中融入诸多新史学的手笔。其实，这就是一种被学者称为“中国学”的研究特色。

作为史学的一个分支，汉学（Sinology）必然会跟随其上级学科新思潮的兴起而有所发展。我们常说，20世纪初，尤其“二战”后，汉学又出现了一个新的发展高峰。或者，此时我们已不应该使用“汉学”这个传统词汇了，而应用“中国学”代之。这一发展正是在新史学的带领和推动下所呈现出来的。新一代中国学研究者开始运用新史学的方法，借用其他社会学科的研究理论和方法来推动传统汉学的新发展。除了新理论和新方法，中国学的关注点也如新史学一样更加宽泛，包括对中国数千年经济和社会结构、甚至普通民众衣食住行等日常生活……而白乐日治汉学的方法其实就是对当时汉学发展新方向的一个最好注解：他是第一个将社会经济学观点引入中国学研究的学者，这一点为多数西方学者所承认，并对他冠以欧洲汉学新领域开拓者的头衔。

从诸多西方学者对白乐日学术成就的描述看来，他们认为白乐日对汉学新领域的开拓和贡献主要集中在以下两点。

第一，运用新史学研究方法，尤其是运用社会经济学研究方法开拓中国研究新领域。对此，前文已做详细论述。

第二，通过宋史计划建立起国际汉学家广泛合作研究的视野，并进一步引起西方汉学界对宋史研究的关注和兴趣。

对于第二点，我们可以从此后一系列宋史专家的涌现、国际宋史学会的组建和国际性学术刊物的诞生得到印证。尤其在美国，宋史研究一时成为显学，曾参与该计划的学者如柯睿格、刘子健等成为美国宋史研究的奠基者。同时，美国还创办了《宋代研究通讯》，其创刊号（1970年5月）“编者的话”明确提到了在国际享有盛名的，“正于巴黎、慕尼黑和日本进行的宋史计划”，而且由于宋史研究者遍布世界各地，并且他们“意识到一种迫切的需求：即更有效地沟通所有这些领域中的研究成果。《通讯》第4期（1971年10月）还通告说，宋史计划日本委员会编成《宋代史研究者名簿》，这份名簿包括了超过100位宋史研究学者的姓名和地址目录。可见，国际宋史研究开始逐渐兴盛，而白乐日及其宋史计划在其中扮演了一个相当重要的角色。因而《通讯》赞誉他为“西方宋史研究的先驱”（western pioneer in Sung studies）[①]。

舒　星　四川大学哲学系科研办副主任

① 《〈宋代研究文集——纪念白乐日〉新书通告》，载《宋代研究通讯》1971年第4期。

俄罗斯汉学家王西里的儒学观

栾东丽

摘　要：俄罗斯汉学家王西里（В.П.Васильев，1818—1900）是俄国汉学史上第一个汉学学派的创建者，在其专著《中国文学史纲要》（Очерк истории китайской литературы）和《东方宗教：儒、释、道》（Религии Востока：Конфуцианство，Буддизм и Даосизм）中，王西里对儒家思想与文学的关系、儒家思想的宗教性以及孔子的贡献等展开研究，但中俄文化不平等的立场和狭隘的研究方法导致其部分结论缺乏说服力。对王西里的儒学研究以及独特儒学观形成原因的分析对当下中国文化对外传播和中俄文化交流有一定的启示意义。

关键词：俄罗斯汉学　王西里　儒学观　中俄文化交流

王西里（В.П.Васильев，1818—1900）是帝俄时期著名汉学家，曾作为第12届俄国东正教驻北京传教团成员来华。作为19世纪下半期俄国汉学的集大成者，除了享誉国际汉学界的佛教研究，王西里的研究领域涵盖语言学、文学、历史、地理等，成果斐然。王西里创立了俄国汉学史上第一个学派——王西里学派，其学派弟子如柏百福（П.С.Попов，1842—1913）、莫纳斯特列夫（Н.И.Монастырев，1851—1881）、格奥尔吉耶夫斯基（С.М.Георгиевский，1851—1893）等均在汉学研究各领域有不凡建树。自王西里开始，“翻译和解读中国经典文本成为俄国汉学最重要的研究方法之一，并在20 世纪初得到了阿理克（В. М. Алексеев，1881—1951）院士的继承和发展，最终造就了圣彼得堡汉学学派”[①]。在王西里本人的汉学研究范围内，除了被学术界公认的佛教研究外，亦有对儒家思想的探究，成果集中反映在专著《中国文学史纲要》（Очерк истории китайской литературы）和《东方宗教：儒、释、

① 阎国栋：《俄国汉学家王西里的中国文学观——对世界首部中国文学史专论的思考》，载《文学遗产》2014年第6期。

道》（Религии Востока：Конфуцианство，Буддизм и Даосизм）中，王西里对儒家思想进行多角度考察，见解独到，但从中俄文化不平等的立场出发，他的部分结论有失偏颇。作为帝俄时期的佛学泰斗，王西里的儒学研究成果长期以来被其佛教研究掩盖，本文立足于原始文献，尝试对王西里独特的儒学观进行剖析，以期展现帝俄时期儒学在俄传播的缩影，同时为当下中俄文化交流研究提供新视角。

一、王西里对儒家思想与文学关系的论断

儒学独特的文化特性使其成为一个包含哲学、伦理、教育、文学、艺术等的大文化体系[①]，在封建时期，更是占据着文化的统治地位，对所涉及的领域均有不同程度的渗透。儒学与文学的关系，是一个历史悠久同时具有深刻意义的课题，二者互动、互渗，同时又互相融合，形成既对立又统一的关系。儒家思想对文艺学十分重视，在封建时期，学校教育和科举制度均被"儒化"，文人也因此受到儒家思想的深刻影响，儒学的教育背景使文人在创作中自觉或不自觉地践行了前者的某些文化原则，"他们的作品往往锋芒内敛，悲剧中流露出某种理想与希望，喜剧中却夹杂某些坎坷与感伤，呈现出一种温柔敦厚的儒雅特征与中和美的价值取向"[②]，使中国文艺有别于西方文艺，成为独具特色之所在。许多儒家经典同时具备哲学和文学的双重特征，例如在《周易》的卦、爻辞中可见优秀的二言体歌谣[③]，"得敌，或鼓，或罢，或泣，或歌"[④]。而《诗经》作为儒家重要的典籍之一，同时也是我国第一部诗歌总集，展现了上古时期中华文明光辉的艺术成就，也为今人探寻古代社会发展图景提供了可能。[⑤]王西里作为俄国第一位中国文学史专家[⑥]，在对中国文学的起源和发展进行全面考察时，发现儒家思想与文学之间存在一定的联系，其判断主要围绕以下三点展开：儒家思想与文学的关系；《诗经》的儒

① 陈松青：《先秦两汉儒学与文学》，长沙：湖南师范大学出版社，2004年，第1页。

② 李生龙：《儒家文化与中国古代文学》，长沙：岳麓书社，2009年，第36页。

③ 刘松来：《两汉经学与中国文学》，南昌：百花洲文艺出版社，2001年，第21页。

④ 黄寿祺、张善文：《周易译注》（新修订本），上海：上海古籍出版社，2018年，第656页。

⑤ 夏传才：《〈诗经〉研究史概要》，郑州：中州书画社，1982年，第7页。

⑥ 阎国栋：《俄国汉学史（迄于1917年）》，北京：人民出版社，2006年，第319页。

学和文学属性;《诗经》的纯文学视角解读。

首先，王西里认为儒家思想是中国文学发展的源头。1851年，为了满足教学需要，王西里首次在执教的喀山大学开设了中国文学史课程，这也是"世界上第一次将中国文学史列入大学教学计划"[①]，此后，王西里应当时俄国著名文学史专家科尔什（В.Ф.Корш，1828—1883）之邀，撰写俄国历史上第一套大型《世界文学史》丛书中的中国文学部分，1880年，王西里的《中国文学史纲要》（Очерк истории китайской литературы）问世，成为世界上（包括中国在内）第一部中国文学史专论，"比英国人翟理斯（A.Giles）的英文本《中国文学史》早了二十一年，比国人林传甲撰写并出版的国文讲义《中国文学史》也早了二十四年"[②]。而在这本名为《中国文学史纲要》的专著中，无论从结构编排还是内容设置上，儒家思想的内容都十分醒目。全书共十四章，约313页，其中儒家思想章节共四章，约174页，字数占全书总数的二分之一以上。对于文学史中儒家思想内容的偏好设置，王西里首先从儒家思想和中国传统文化之间的密切联系角度做出解释，"儒学，它已经渗透进了中国人的身体、血液甚至骨髓。儒学尽管没有我们这里的宗教形态，但与其他民族的宗教（其中也包括伊斯兰教）相比，无论过去还是现在，其对中国生活的方方面面（日常生活、经济、政治、思想以及文学）都具有更大的影响"[③]，在1863—1865年王西里在彼得堡大学东方系开设的中国文化史课程大纲中，我们可以发现如下内容："儒家学说之前的中国古代教育；儒家学说的意义；孔子生平和儒家学说在汉初之前的传播史"[④]，由此可见，王西里认可并十分重视儒家思想对中国文化的根基作用，至于儒学与中国文学的关系，王西里认为，儒学对中国文学的影响同样是深刻且久远的，"正如我们所知道的那样，如果说整个中国文明以及浩如烟海丰富多彩的中国文学的基础是儒学，而儒家甚至使反对者以及所鄙夷的作品（小说）也接受了自己的

①《俄国汉学家王西里的中国文学观——对世界首部中国文学史专论的思考》，载《文学遗产》2014年第6期。

②《俄国汉学家王西里的中国文学观——对世界首部中国文学史专论的思考》，载《文学遗产》2014年第6期。

③ Васильев В. П，Очерк истории китайской литературы. Переиздание на русском и китайском языках / Перевод на китайский язык Янь Годуна，Институт Конфуция в СПбГУ，Санкт-Петербург，2013，сс.11—12.

④ Скачков. П.Е，Очерки истории русского китаеведения，Наука，Москва，1977，стр.220.

语言和表达方式，我们又如何能抛开儒学而先言他？”[①]

其次，王西里不承认《诗经》的儒家经学属性，其认为《诗经》的种种特点使其更应归类为文学作品。王西里做此判定，主要依据有三点，其一是他否定孔子对于《诗经》整理的贡献，王西里曾在《中国文学史纲要》中这样评价孔子与《诗经》的关系，“对于《诗经》而言，孔子即便不是抄录者，至多也只是个编订者……这算什么伟大的贡献？”[②]其二，王西里反对“献诗说”，他认为分封王公贵族将反映自身政绩的诗词呈送给周天子，是荒唐可笑的行为，同时也是后人将自身思想强加于历史人物的结果，“奉旨行事的诸侯王们非常愚蠢，竟然会将于己不利的东西献给朝廷”[③]。在王西里看来，“《诗经》是整个华夏民族早期生活细节的直白映照”[④]，具有反映民生的质朴性，“我们所看到的这些诗歌显示了本土的创作才能，即中国人民的创作才能，同时也说明中国人曾几何时也拥有与其他民族一样的激情与嗜好”[⑤]。其三，王西里认为，《诗经》之所以被后世当作儒家思想作品传诵，主要原因是后世注疏家们（主要群体是儒生）在做注释时，夸大抑或是扭曲了《诗经》本来的价值和意义，使其作为一种弘扬以及宣传儒家思想的工具而存在。“儒生们目睹了外交折冲及军事阴谋的无谓和徒劳，他们在寻求一种人类得以依靠和朝廷赖以稳定的更加牢固的基础，这种原则只表现在道德层面，他们将家庭伦理作为道德的基础。《诗经》在这方面为他们指示了一条道路”[⑥]，王西里认为，《诗经》中一些对淳朴民生的描写，在儒生的曲解下，强行演变成对君臣关系等封建伦理的维护：

---

① Очерк истории китайской литературы. Переиздание на русском и китайском языках / Перевод на китайский язык Янь Годуна. стр.11.

② Очерк истории китайской литературы. Переиздание на русском и китайском языках / Перевод на китайский язык Янь Годуна. стр.63.

③ Очерк истории китайской литературы. Переиздание на русском и китайском языках / Перевод на китайский язык Янь Годуна. стр.63.

④ Васильев В. П.，Религии Востока：Конфуцианство，Буддизм и Даосизм. Типография В.С.Балашева，Санкт-Петербург，1873，стр.27.

⑤ Очерк истории китайской литературы. Переиздание на русском и китайском языках / Перевод на китайский язык Янь Годуна. стр.65.

⑥ Очерк истории китайской литературы. Переиздание на русском и китайском языках / Перевод на китайский язык Янь Годуна. стр.153.

王风·丘中有麻

丘中有麻，彼留子嗟。彼留子嗟，将其来施。
丘中有麦，彼留子国。彼留子国，将其来食。
丘中有李，彼留之子。彼留之子，贻我佩玖。

王西里通过举例说明，只有最为晚近的注释者才将上文理解为一位女子在等候恋人，但早期注家郑康、毛苌、欧阳修等人均将其理解成官员不被国君认可而远走他国的悲叹境遇[①]，王西里对此做出了这样的评价，“如此可笑的注疏很常见，每一首诗都有”[②]，至于后代学者做此解读的原因，王西里判定，儒生们出于对封建思想的宣传动机，为了表现其中的政治价值，将其过分解读至此，甚至可以说，这是将《诗经》的价值庸俗化。我国《诗经》研究专家夏传才认为，《诗经》的确曾被封建统治阶级利用，“被当作宣传圣道王化的愚民工具，为此，历代经师对它的内容进行了无数歪曲和谬误的解释，为同层层瓦砾和重重迷雾，掩盖了它真正的面目”[③]，而《诗经》“真正的面目”正是王西里眼中最质朴、最可贵的民生反映。

最后，王西里从完全文学的角度，对《诗经》进行解读，提出了自身独特的看法。一方面，王西里出于自身对《诗经》与儒家思想价值的剥离观点，认为传统意义上对《诗经》按照“风”“雅”“颂”的分类并不准确，“诗者，为上古发表性情之文章”[④]，王西里认为，《诗经》作为一部反映质朴民生的文学作品，应当严格按照诗歌本身描述的内容进行分类，因此他将所有诗歌分为两大类：第一大类为婚歌，包括《关雎》《桃夭》《鹊巢》等。第二大类为情歌，下分7个部分，（一）女子情歌，包括《卷耳》《式微》《淇奥》等；（二）男子情歌，包括《静女》《有女同车》《月出》等；（三）戏谑讽刺之歌，包括《大车》《山有扶苏》《蟋蟀》等；（四）阿那克里翁之歌，包

① Очерк истории китайской литературы. Переиздание на русском и китайском языках / Перевод на китайский язык Янь Годуна. стр.109.

② Очерк истории китайской литературы. Переиздание на русском и китайском языках / Перевод на китайский язык Янь Годуна. стр.109.

③ 夏传才：《〈诗经〉和孔子的关系》，河北省历史学会1980年年会论文选，石家庄，1980年，第53页。

④ 胡朴安：《诗经学》，长沙：岳麓书社，2010年，第99页。

括《匏有苦叶》《野有死麕》等;(五)抱怨之歌,包括《柏舟》《绿衣》等;(六)官吏之歌,包括《羔羊》《击鼓》等;(七)谋取生计之歌,包括《采蘋》《十亩之间》等。[①]除了对《诗经》进行纯文学视角分类外,王西里还从中国古代文学发展的角度对《诗经》在文学史上的意义进行了评述。王西里通过研究发现,各个诸侯国的诗歌在蕴含的文化意义和语言特点方面存在联系,这可以证明《诗经》中诗歌所蕴含的各种文化元素在中国分裂为诸侯国之前就已经形成,通过分析不同诸侯国诗歌排列顺序的异同和重复情况,王西里推测,有一部分诗歌是后人仿照孔子编订的部分而创作,而这些诗歌无疑发挥了活化石的作用,可以帮助今人对春秋战国时期的文化和文学发展史进行更细致的研究,“这些诗歌清晰地展现了(尽管是分裂的)人民之间的联系,成为一笔由文字传播开来的财富,在各个地区恢复和巩固了这种联系”[②]。

总体来看,王西里对儒家思想与中国文学发展的关系进行较为深入的考察和分析,在其看来,儒家思想和中国文学之间存在很深的联系,甚至可以说前者直接影响了后者的发展;此外,通过对《诗经》和儒家思想之间的关系的独到分析,王西里认为前者是被儒生利用和过分解读才作为儒家经典而存在,实际上,儒家思想和《诗经》之间的关系,并不是王西里极端的看法所能概括的,正是因为“《诗经》所展露的礼义和民本精神与儒家思想核心‘仁’的相似”[③],才使得儒家思想和《诗经》之间形成了某种不可分割的联系,甚至可以说,“《诗经》中的世俗人伦情感是形成儒家伦理道德规范的心理基础”[④],由此看来,王西里的观点仍有可待商榷之处。

二、王西里对儒家思想的宗教性论述

在俄国汉学史上,最早对儒家思想的宗教性进行较为深入研究的是19世纪俄国汉学家,也是公认的俄国汉学奠基人比丘林。[⑤]比丘林在综合性论著

---

① Очерк истории китайской литературы. Переиздание на русском и китайском языках / Перевод на китайский язык Янь Годуна. стр.66.

② Очерк истории китайской литературы. Переиздание на русском и китайском языках / Перевод на китайский язык Янь Годуна. стр.107.

③ 曹敬一:《浅谈〈诗经〉与孔子的关系》,载《汉字文化》2018年第19期。

④ 刘松来:《两汉经学与中国文学》,南昌:百花洲文艺出版社,2001年,第60页。

⑤ 阎国栋:《俄国汉学史(迄于1917年)》,北京:人民出版社,2006年,第216页。

《中华帝国详志》（*Статистическое описание Китайской империи*）中专辟一节对“儒教”进行分析，并对儒学和儒教分而述之[①]，重点针对儒家学派的祭祀礼仪等展开研究，并未对儒家思想本身以及是否具有宗教性进行详细分析，且其虽然称儒家思想为“儒教”，但在其研究中，“儒学的宗教特性非常模糊”[②]。与比丘林不同，王西里十分重视宗教对国家和民众的影响，他认为，“没有什么比宗教信仰更能帮助我们了解一个人”[③]，王西里发现“儒学尽管没有我们这里的宗教形态，但与其他民族的宗教（其中也包括伊斯兰教）相比，无论过去还是现在，其对中国生活的方方面面（包括生活、经济、政治、思想以及文学）都具有更大的影响”[④]，而这种影响一般是由宗教引导产生，但是“儒学既不讲上帝，不讲身后之事，也不解决有关统御宇宙的问题”[⑤]，从这一角度来看，儒学似乎不符合传统意义上对宗教的设定，即“不具宗教之名而有宗教之实”[⑥]，在专著《东方宗教：儒、释、道》中，王西里采取基督教与儒家思想对比的手法，对二者展开多角度对比分析，论证二者的异同，并通过与基督教对比，从儒家思想的宗教形式以及信仰内涵两个方面对后者展开详细论述，认为儒家思想仅具备宗教的外在表现形式，但是从宗教的文化内涵来看，儒家思想并不能算是完整意义上的宗教。

一方面，王西里认为，儒家思想中的“礼”证明其存在宗教性的外在表现形式，即各种与祭祀等相关的仪式上。根据王西里的观点，“礼”等同于儒家思想中关乎宗教的属性，但实际上，王西里并不了解，“礼”的含义不等于宗教礼仪，甚至可以说，“礼”的含义和范围远远超出了祭祀活动中应该遵守的礼仪范畴。“礼”的最初意义的确与祭祀活动有关，这可以从“禮”字最早的字形看出，左边（“示”——神）代表着祭祀的对象，右边则表示祭品和盛放祭品的工具（豊——行禮之器也。从豆，象形），可见最早“礼”的意义的确和祭神有关，但随着社会发展，“以祭祀为主的事神模式转变为

① 肖玉秋：《俄国传教团与清代中俄文化交流》，天津：天津人民出版社，2009年，第99页。

② 阎国栋：《俄国汉学史（迄于1917年）》，北京：人民出版社，2006年，第189页。

③ Религии Востока：Конфуцианство，Буддизм и Даосизм. стр.1.

④ Очерк истории китайской литературы. Переиздание на русском и китайском языках / Перевод на китайский язык Янь Годуна. cc.11—12.

⑤ Очерк истории китайской литературы. Переиздание на русском и китайском языках / Перевод на китайский язык Янь Годуна. стр.157.

⑥ 任继愈：《论儒教的形成》，载《中国社会科学》1980年第1期。

以德政为主的保民模式。相应地，礼也由最初主要处理神人关系变成处理人和人之间的关系"[①]，在春秋后期礼崩乐坏的现实环境下，儒家学派愈发重视礼的作用和意义，同时，礼和仪也逐步区分开来。对于王西里强调的祭拜神明的做法，严格来说，更应当归于"仪"的范畴，因为"礼"所处理的最根本关系是"君与民的关系"[②]，孔子既重视保守的礼仪之道，同时也主张施行"仁"道，改善普通劳动者的地位[③]，并且"孔子的理想是希望把传统宗教信仰的事务统化为道德宇宙中的事务"[④]，所以在孔子看来，"'事人'先于'事鬼'，'知生'重于'知死'"[⑤]，实际上儒家学说从建立伊始"就对鬼神权威和宗教传统采取温和然而有效的攘斥态度"[⑥]，从这个角度来说，王西里的论据显然无法证明儒家思想的宗教属性。另一方面，从内涵上来看，王西里认为，儒家思想只能说在一定程度上符合宗教的定义。在王西里的考察维度下，宗教首先要具有历史传承性，即具备"古老"的属性[⑦]。尽管王西里对儒家思想中提到的"好古"精神持强烈批判态度，认为这种对古代知识和古人的盲目崇拜严重阻碍了中国社会和文化的进步，但其源远流长的"古老"属性还是让儒学具备了宗教的特性之一。在王西里的考察标准中，一门宗教必须具有排他性和可信仰性，而通过考察，王西里发现中国民众对"儒教"的信仰并不专一，在中国，无论一个人信仰哪种宗教，他的启蒙教科书都是儒家典籍，更让其愕然的是，长大后的儒生却毫不掩饰对道教和佛教的兴趣[⑧]，就连中国的皇帝，在祭祀时也是对多个宗教的神祇进行祭拜，"一个人竟然同时要对四门宗教表达崇敬之意"[⑨]，汉学家比丘林在《中华帝国详志》"儒教"一节中也提到相似的状况，"一种宗教的仪式在其他宗教面前并不具有任何优势，中国人出于虔诚的心理，会根据每一种宗教仪式进行朝拜，但是

① 王博：《中国儒学史 · 先秦卷》，北京：北京大学出版社，2011年，第22页。

② 王博：《中国儒学史 · 先秦卷》，北京：北京大学出版社，2011年，第28页。

③ 汤一介：《中国传统文化中的儒道释》，北京：中国和平出版社，1988年，第58页。

④ 韦政通：《中国思想史上》，上海：上海书店出版社，2003年，第49页。

⑤ 韦政通：《中国思想史上》，上海：上海书店出版社，2003年，第49页。

⑥ 陈咏明：《儒学与中国宗教传统》，北京：宗教文化出版社，2003年，第186页。

⑦ Религии Востока：Конфуцианство，Буддизм и Даосизм. стр.17.

⑧ Религии Востока：Конфуцианство，Буддизм и Даосизм. стр.12.

⑨ Религии Востока：Конфуцианство，Буддизм и Даосизм. стр.12. 除了儒家思想、佛教和道教外，此处王西里还提到了皇帝信奉的萨满教，故为四种。——笔者注

其中任何一门宗教对他们来说都不具有特殊的归属性”[①]，这显然不符合王西里对宗教的界定。除了“排他性”，王西里判定，儒家思想中还缺少宗教应具有的“可信仰性”。在他看来，儒家思想过于接近政治生活的特点，使其严重脱离普通民众的内心世界，无法起到安抚人心的作用，民众对其仅停留在“信任”的基础上，而远没有达到西方宗教的“信仰”程度[②]。但实际上，在孔子的思想中，人是主动的，“相对地说，降低了‘天’的作用，这也可以说是对西周以来‘天命’观的一种否定”[③]，天已经逐渐被道德化，因而“与人的本性为同质”[④]，人追求的不再是对天的“信仰”，而是转向更高的目标，即“天人合一”的思想，在这种情况下，儒家思想反而超出了宗教的限制，成为与实际生活更为接近的哲学思想。

通过以上研究我们可以看出，王西里对儒家思想宗教性的考察，相较于比丘林，已经有了相对更加专业的研究方法和深度，这也从侧面说明，俄罗斯汉学在王西里时期已经具备了一定的学术研究深度，相较于早期以传教团成员为主体和粗略的文献节译、编译等研究方法，王西里的考察更接近科学的研究方法，在其研究中，“儒学已经成为一个科学研究的客体，是置于世界历史文化背景之下的考察对象”[⑤]，尽管如此，囿于过分自负的文化立场和狭隘的研究方法，王西里对儒家思想的研究结论仍具有偏颇之处，这一点尤其体现在他对“礼”和“道德”的过度批判上。王西里认为，作为道德的外在表现形式的“礼”过于形式化，导致中国人的生活缺乏生气和自由，正是中国人接受的过于程式化的道德和科学教育，造成中国社会整体的落后。[⑥]诸如此类过于武断和极端的结论，可以通过分析王西里的东、西方不平等文化立场和狭隘的研究方法得到答案。在《东方的宗教：儒、释、道》开篇，王西里就对自己的文化立场有清晰的论述，“‘俄罗斯的使命——教化东方’，这并不是一句空话”[⑦]，从研究视角来看，王西里是在对东、西方文化的地位

① Иакинф.，Статистическое описание Китайской империи：В2ч.Ч.1.Тип. Э. Праца，Санкт-Петербург，1842，стр.62.

② Религии Востока：Конфуцианство，Буддизм и Даосизм.стр.13.

③ 汤一介：《中国传统文化中的儒道释》，北京：中国和平出版社，1988年，第63页。

④ 韦政通：《中国思想史》上，上海：上海书店出版社，2003年，第49页。

⑤ 肖玉秋：《俄国传教团与清代中俄文化交流》，天津：天津人民出版社，2009年，第100页。

⑥ Религии Востока：Конфуцианство，Буддизм и Даосизм. стр.13，41.

⑦ Религии Востока：Конфуцианство，Буддизм и Даосизм. стр.3.

进行预设的前提下进行研究，在对儒家思想宗教性论述前，王西里的天平已经严重倾向西方基督教文化，在二者不平等且后者优于前者的视角下，王西里必然无法本着客观公正的态度对儒学进行探究，因而其得出的结论，必然是儒家思想的各个方面均劣于基督教，换言之，尽管儒家思想在一定程度上符合王西里对宗教的定义，但他仍旧无法认同儒学能够发挥类似基督教的功能；从研究方法来看，王西里采用过于保守的研究方法，“他一如既往地漠视前人所有的研究成果，只想表达个人的观点”[①]，王西里不笃信权威，力求以自身研究得出更为严谨结论的态度虽然与兰克史学类似，但从本质上来说，却只有后者的皮毛，“兰克史学偏重史实的客观叙述，不提倡草率做出结论，这又与王西里的写作风格正好相反”[②]，采用此种研究方法的结果是，王西里轻视欧洲和本国汉学家成果，同时在缺乏足够证据的前提下，武断地做出结论：

> 奥登堡等东方学家大为失望，批评他“对原始文献的鄙视，极端的教条主义，还有他自己也曾坚决反对的先入之成见。当他在《东方的宗教：儒释道》一书中重新研究他曾经感兴趣的问题时，已经完全不能接受他人的成果，对他自己的观点未能进行新的验证，结果使这部从各方面看来都很好的书没有被学术界所接受”[③]。

在对儒家思想研究过程中，多处体现了王西里故步自封，又以大国自居的傲慢态度，在研究态度不公和研究方法保守的共同作用下，王西里对儒家思想的评判显然有失公允。

三、王西里对孔子的综合性评价

孔子（前55—前479年），名丘，字仲尼，是春秋末期伟大的思想家、文学家、政治家和教育家，同时也是儒家学派的创始人，被司马迁尊为“至圣”。孔子生活在王室衰微和诸侯兼并的春秋时代，社会动乱，礼乐崩坏。在这种历史条件下，孔子创建了儒家学派，试图恢复周公制定的政治制度，

---

① 阎国栋：《俄国汉学史（迄于1917年）》，北京：人民出版社，2006年，第329页。
② 阎国栋：《俄国汉学史（迄于1917年）》，北京：人民出版社，2006年，第306页。
③ 阎国栋：《俄国汉学史（迄于1917年）》，北京：人民出版社，2006年，第330页。

认为只要“祖述尧舜，宪章文武”，便可以救万民，平乱世。[①]太史公曾言，“余读孔氏书，想见其为人……天下君王至于贤人众矣，当时则荣，没则已焉。孔子布衣，传十馀世，学者宗之。自天子王侯，中国言‘六艺’者折中于夫子，可谓至圣矣！”[②]前国际儒学联合会俄罗斯分会主席嵇辽拉认为孔子与西方宗教领袖耶稣、释迦牟尼和穆罕默德齐名，“西方宗教的先知把自己的话‘神化’，认为神通过他们向信徒传授教义，而孔子自身便可以讲学，这是真实世界中的语言”[③]，这一观点与汤一介先生有共同之处，即孔子是一个有血有肉的现实社会中的人[④]。孔子的伟大之处在于，面对世衰道微，但仍能坚持自身观点，上下求索，创立儒家学派。[⑤]但作为封建时期的思想领袖，孔子身上也必然带有难以掩盖的时代特征，在他身上，保守性和进步性实现了矛盾统一。[⑥]正因如此，在对孔子进行评价时，应怀揣更为理性、客观的态度，因为任何试图夸大或抹黑孔子的行为，都具有强烈的主观性，将孔子神圣化和绝对化，这将导致孔子形象失去自然的人性。[⑦]

王西里对孔子的评价无疑是偏离客观态度的。在对待孔子的贡献上，王西里既有正面的承认，亦有反面的抨击，且后者居多。在王西里强烈的批判主义视角下，孔子对中国文化的正面影响主要体现在两方面，“孔夫子第一个从前人和政府档案中获得了写作的技能，对其加以完善之后又将这一切传授给了民众。在他之前未曾有过一个关注民众教育的民间学派。这是他的第一大贡献……他还学会了汉语及其方言中所有汉字的书写方法，这应该是他的第二大贡献”[⑧]。相较而言，王西里更为重视孔子对教育发展的影响，认为“孔子首创平民教育先河，他不仅教会普通民众理解政令，同时引导他们认识自身”[⑨]。在孔子之前，文化教育权被封建贵族垄断，尽管存在教育的机构，但平民没有接受教育的权利。孔子创办私学，是“中国教育史上跟‘学在官

① 夏传才：《〈诗经〉研究史概要》，郑州：中州书画社，1982年，第41页。

②（西汉）司马迁：《史记》，武汉：崇文书局，2010年，第313页。

③ Переломов Л.С.，Конфуций：«Лунь юй»，Вост.лит.，Москва，1998. стр.5.

④ 汤一介：《中国传统文化中的儒道释》，北京：中国和平出版社，1988年，第55页。

⑤ 王钧林：《中国儒学史先秦卷》，广州：广东教育出版社，1998年，第88页。

⑥ 汤一介：《中国传统文化中的儒道释》，北京：中国和平出版社，1988年，第58页。

⑦ 韦政通：《中国思想史》上，上海：上海书店出版社，2003年，第46页。

⑧ Очерк истории китайской литературы. Переиздание на русском и китайском языках / Перевод на китайский язык Янь Годуна. стр.65.

⑨ Религии Востока：Конфуцианство，Буддизм и Даосизм. стр.80.

府'相对立的'学移民间'的划时代的标志"[①]，王西里肯定儒家思想对广义上的中国文化和普通民众思想发展的深远影响，这种影响以学派的形式被传承下去，最后超越了学派的界限，甚至"佛教徒和道士也是在儒家典籍熏陶下成长起来"[②]，儒家思想以及以此为基础的传统文化教育，在不同学派中不断渗透，使得中华文明沿着独有的文化特色道路向前发展。但在对孔子与儒家典籍之间的关系进行考察时，王西里却认为，孔子在中国文化发展史上享有与自身贡献不匹配的历史地位。在王西里看来，孔子的作用"只是通过阅读当时宫廷收藏的典籍和档案获得了写字的本领，并将之加以推广。他只编写过两部著作，一是《诗经》，二是《春秋》"[③]，不谈孔子对典籍的训讲和传播之功。按照王西里的观点，"述而不作"无法体现孔子的贡献，殊不知，"早期儒家与其他诸子学派相比，是最重视继承传统文化、保存和整理前代典籍的"[④]，孔子做此选择正是出于对文化的保护和传承，且以孔子对古代文化典籍的整理为基础，后代儒生对典籍进行传授和讲解，促进文化流传，更是捍卫和光大了这些文化典籍[⑤]。事实上，正是因为孔子有选择性地仅传述古代文献，而不创作新的内容，才使这些古老文献"保持着原来的内容和表达风格，具有历史的真实性，从而为后世保存了可靠的史料"[⑥]。

诚然，由于孔子是一个被奉为圣者的人物，其本身具有丰富的多面性，因而很难找出一种足以窥其全部生命意义的妥善研究方法，我们对其了解也很难摆脱个人知识的限制，但"能够讨论的是了解的态度"[⑦]，至于王西里为何对孔子的贡献有如此武断又矛盾的看法，笔者认为，原因有二，其一是王西里师承科瓦列夫斯基（О.М.Ковалевский，1800—1878）的汉学研究方法，"科瓦列夫斯基在王西里来中国前临别赠言，希望他在科学研究中时刻保持头脑冷静，力求客观公正，既不能做'偏爱中国的人'，也不能做'鄙视中国的人'"[⑧]。因此王西里在研究中自由表达富有创见的思想，"极少附和欧洲

---

① 匡亚明:《孔子评传》，济南：齐鲁书社，1985年，第274页。

② Религии Востока：Конфуцианство，Буддизм и Даосизм. стр.80.

③ 阎国栋:《俄罗斯汉学三百年》，北京：学苑出版社，2007年，第87页。

④ 陈咏明:《儒学与中国宗教传统》，北京：宗教文化出版社，2003年，第186页。

⑤ 王纯:《孔子对文献学的贡献》，载《图书与情报》2000年第2期。

⑥ 夏传才:《〈诗经〉研究史概要》，郑州：中州书画社，1982年，第42—43页。

⑦ 韦政通:《中国思想史》上，上海：上海书店出版社，2003年，第44页。

⑧ 阎国栋:《俄国汉学家王西里的中国文学观——对世界首部中国文学史专论的思考》，载《文学遗产》2014年第6期。

学者甚至中国文人的观点”[①]，但其中“弥漫着的过分的怀疑主义色彩也受到了同行的质疑”[②]。尽管王西里掌握了丰富的一手资料，但他怀疑一切的个性和研究方法，使其对孔子的贡献做出了不符合客观事实的判断。其二，是王西里在研究中秉承中西方文化不平等的思想，在《东方的宗教：儒、释、道》开篇，王西里就阐明了自身对中俄文化的定位，“‘俄罗斯的使命——教化东方’，这并不是一句空话”[③]。王西里的学生米纳耶夫（И.П.Минаев）这样评价老师的观点，“就是要向读者证明西方优于东方，西方文明一直影响着东方文明”[④]。作为一名中国文化研究者，王西里从中俄不平等的文化视角出发，必然无法得出客观的结论，这也影响了其学术研究的进一步发展。

结　语

王西里是帝俄时期极具代表性的汉学家，除了完成大量汉学研究成果外，王西里的研究方法和视角独具特色，他对史料持怀疑和批判态度，但又同时重视私家史著和其他能够还原历史面目的实物，如地图、碑铭等，不得不说，王西里的研究方法中有实证主义史学的体现，并且突破了“比丘林以单一汉语文献为基础的研究方法，将汉、满、蒙古、藏、梵、日等多种亚洲语言作为研究工具，并从语言和内容等方面进行比较”[⑤]，秉承独特研究方法的王西里及其学派为19世纪下半期俄国汉学的发展做出了重要贡献，与当时的西方汉学形成互补的格局，将“俄国汉学推进到一个新的高度”[⑥]。在肯定王西里贡献的同时，我们也应注意到，王西里漠视其他汉学家的成果，固守自身文化立场，实则对儒家思想做出了不公正评价，这不仅体现了王西里思想的保守性和研究方法的局限性，同时也反映出中国文化对外传播中的重要问题。汉学是中国文化在外传播的成果，是中外文化交流的复杂产物。我们发现，中国文化在向外传播的过程中，对象国家的文化、汉学家的研究视角与方法等均对文化传播效果有重要影响，最终呈现出的传播态势是多种因素

① 阎国栋:《俄国汉学史（迄于1917年）》，北京：人民出版社，2006年，第339页。
② 阎国栋:《俄国汉学史（迄于1917年）》，北京：人民出版社，2006年，第326页。
③ Религии Востока：Конфуцианство，Буддизм и Даосизм.стр.3.
④ Очерки истории русского китаеведения. стр.222.
⑤ 阎国栋:《俄国汉学史（迄于1917年）》，北京：人民出版社，2006年，第339页。
⑥ 阎国栋:《俄国汉学史（迄于1917年）》，北京：人民出版社，2006年，第342页。

共同作用的结果。因而，在对待汉学成果时，我们应当采取理智、客观、多角度的态度和方法进行分析，既尊重两国学者由于不同视角而产生的洞见，同时也对汉学家由于文化立场产生的偏见进行分析，总结背后的原因并试图寻找解决方案，进而襄助当今时代中国文化对外传播以及中外文化交流事业的进一步发展。

栾东丽　南开大学外国语学院俄语系博士研究生

文化翻译视域下《三字经》六次俄译考*

佘晓玲

摘　要:《三字经》在中俄文化交流史上占有重要地位，自18世纪中叶首次被译成俄语迄今共有6个俄译本，译者分别为汉学家罗索欣、列昂季耶夫、弗拉德金、比丘林、加列诺维奇与阿布拉缅科。俄罗斯汉学家重视翻译《三字经》源于该书的实用性及文化价值，各译本在不同历史时期发挥了积极作用，既充当满汉语教材，又是俄罗斯人了解中国文化的简明百科全书。译本呈现出散文体与诗体两种风格，以直译为主，意译为辅，主要与译者所处时代俄罗斯汉学研究的发展状况与译者的个人志趣相关。新旧译本间具有关联性，体现了俄罗斯汉学发展的传统与活力。

关键词: 三字经　俄译本　俄罗斯汉学　文化翻译

《三字经》是中国传统教育启蒙读本，成书七百余年来在中国的蒙学教育方面起到了不容忽视的作用，在中外文化交流上也占有重要地位，被译成多种文字在海外广泛流传。18世纪中叶第二届俄国东正教驻北京传教团成员И.К.罗索欣（И. К. Россохин，1717—1761）首次将《三字经》译成俄语，其后汉学家列昂季耶夫（А. Л. Леонтьев，1716—1786）、弗拉德金（А. Г. Владыкин，1751—1812）、比丘林（Н. Я. Бичурин，1777—1853）、加列诺维奇（Ю. М. Галенович）与阿布拉缅科（В. П. Абраменко）陆续重译，迄今共有6个俄译本，① 最新的2个译本分别于2010、2013年发表，其在中俄文

* 本文为国家社会科学基金一般项目“晚清民国时期中俄文学互动与互鉴研究”的成果，批准号（21BWW022）。

① 除加列诺维奇版（2010、2012）与阿布拉缅科版（2013）以外，当代俄罗斯还有一种《三字经》译本，即马海鹏、彭雪、乔瑞玲编著的《中华经典故事：三字经故事》（中华书局，2011）的俄文版（Ма Хайпэн, Пэн Сюэ, ЦяоЖуйлин, Троесловие. Москва: Шанс. 2017），负责策划出版的莫斯科尚思国际出版公司有中国背景。中文原版书中每个用现代汉语编著的小故事之后都列出了相对应的三字经原文，俄文版沿用的是比丘林译文。因此，该书虽然也名为《三字经》，却并不能算严格意义上的新译本。

化交流史上的意义可见一斑。从文化翻译角度对《三字经》的6次俄译进行探析，或能窥见中俄文化交流的一个缩影。

文化翻译视角的理论依据是"翻译研究的文化转向"，其所遵循的重要原则之一是"翻译绝不是一个纯语言的行为，它深深根植于语言所处的文化之中"，是"文化内部与文化之间的交流"，主要包含以下几层含义：第一，翻译应以文化作为翻译的单位，而不应停留在以前的语篇之上；第二，翻译不只是一个简单的译码重组过程，更重要的还是一个交流的行为；第三，翻译不应局限于对原文本的描述，而在于该文本在译语文化里功能的等值；第四，不同的历史时期翻译有不同的原则和规范，这些原则和规范都是为了满足不同的需要。[①]因此，翻译研究既可以把翻译作为国际交流的工具而着重研究翻译方法，也可以把翻译当作文化交流形成和发展的媒介，对译作进行历史的、文化的描写性个案研究。[②]本文采用文化翻译视角，通过考察译本的生成背景、译者的身份及翻译艺术、译本产生的影响等方面来阐明《三字经》的6次俄译始末，尝试揭示这一经典文本在俄罗斯文化语境下的传播历程及意义。

一、帝俄时期《三字经》的四次俄译

《三字经》的俄译与俄国东正教驻北京传教团成员的学习与研究活动密切相关。1712年康熙帝派图理琛等人随同俄国商队假道俄国慰问土尔扈特部，为保证使团顺利赴俄，特许俄国传教士在中国使团归国时随行来京。1715年，第一届俄国东正教驻北京传教团抵京。1727年，中俄签订《恰克图条约》，其中第5条规定，允许俄方派遣4名传教士和6名学生来京，盘费养赡由清政府承担，俄国政府由此获得了向中国派遣传教团的正式许可。[③]由此，传教团开始在中国展开了一系列宗教和文化活动。帝俄时期出现了4个《三字经》俄译本，译者皆为俄国东正教驻北京传教团成员。

① 廖七一等编著:《当代英国翻译理论》，武汉：湖北教育出版社，2001年，第361—362页。

② Bassnett Susan and Lefevere Andre（eds.），*Constructing Cultures*：*Essays on Literary Translation*（Clevedon：Multilingual Matters，1998），p. 137.

③ 肖玉秋:《俄国传教团与清代中俄文化交流》，天津：天津人民出版社，2009年，第30页。

（一）罗索欣：未曾出版的首个俄译本

1728年，学过蒙古语的罗索欣被指定为第2届俄国东正教驻北京传教团学员来京学习。在京期间，罗索欣认真学习满、汉语，于1735年被聘为理藩院通译，并在俄罗斯文馆教授俄语。1741年他回到俄国，任职于圣彼得堡皇家科学院，在翻译满汉典籍的同时也负责科学院新成立的满汉语班的教学。罗索欣被称为俄国第一位汉学家，是第一个以汉学为终身职业的俄国人。[①]

罗索欣一生完成了数种中国典籍的翻译，但出版的仅有5种。在其流传于世的众多手稿中就有《三字经》的译稿，题为《中文书〈三字经〉，即三字训诫，含中国简史》，现藏于俄罗斯科学院图书馆手稿部。[②]罗索欣翻译《三字经》是为了辅助其在圣彼得堡皇家科学院满汉语班的教学工作[③]，该班的培养目标是使学生掌握汉字及汉语口语，并通过讲授中国的礼仪使学生能够及时了解中国的政治[④]。手稿完成的具体时间目前无法考证，若按罗索欣从事满汉语教学的时间来推测，可能完成于18世纪40年代，因为其所领导的满汉语班的存在时间为1741至1751年。手稿共46页，为汉、满、俄对照文本，每页正面为汉、满语文本，标有俄文字母注音，背面是俄语译文。[⑤]他在教学时采用了中国传统的教学方法，让学生背诵《三字经》《千字文》及《四书》，并使用自己的译文手稿辅助学生理解汉语原文。通过学习，学生们能够阅读和理解中国的一些典籍，并能进行基本的翻译。[⑥]罗索欣的《三字经》俄译本在俄国的满汉语教学中发挥了实际作用，虽因其未公开出版，影响有限，但其作为《三字经》的第一个俄译本在俄国汉语教学史及中俄文化交流史上的意义毋庸置疑。

---

① 阎国栋：《俄国汉学史》，北京：人民出版社，2006年，第105页。

② 档案名称及藏地：Россохин И. К. Китайская книга Сань дзы гин，то есть троесловное нравоучение，содержащее в себе краткую историю. См.：Отдел рукописей библиотеки РАН，17，12，19.

③ Дмитриев С. В. Статья Россохин，Большая российская энциклопедия，Том 28，2015. стр. 686.

④ Куликова А. М，Востоковедение в российских законодательных актах（конец XVII в. – 1917 г.），СПб.：Центр Петербургское Востоковедение，1993. стр. 76.

⑤ Таранович В. П. И，Иларион Россохин и его труды по китаеведению. Редакционная коллегия：Баранников А. П，Крачковский И. Ю，Петров А. А. *Советское востоковедение. III.*М.；Л.：Издательство Академии наук СССР，1945. стр. 235.

⑥ Скачков П. Е. Очерк истории русского китаеведения. М：Наука，1977. стр. 46.

（二）列昂季耶夫：第一个正式出版的俄译本

罗索欣之后对《三字经》给予关注并将其翻译成文的俄国人是列昂季耶夫。他是第3届俄国东正教驻北京传教团学员，在罗索欣回国后继任理藩院通译和俄罗斯文馆教习，回国后被任命为外务院翻译，翻译了众多中国典籍，代表作有译著《八旗通志》《实践录》《中国思想》等。中国蒙学读物也是列昂季耶夫关注的一个焦点，他翻译了《三字经》和《名贤集》，题为《中国启蒙读本，两本合刊：诗体，含大量谚语》（国内通常称其为《三字经名贤集合刊本》），于1779年由圣彼得堡皇家科学院出版，早于1812年由英国伦敦会传教士马礼逊（Robert Morrison，1782—1834）出版的第一个英译本。该书篇幅不大，共49页，前半部第5—23页为《三字经》。列昂季耶夫先用俄文注音翻译了三字经书名，正文中称其为《三言诗》，并将《名贤集》里的四言、五言、六言、七言格言和谚语也统称为诗。全书排版顺序由三言诗到七言诗，形式上较为整齐，部分诗行押韵，读起来有节奏感。他对《三字经》的翻译总体来看是散文风格，以传达原文大意为基本原则，尽力体现原文的形式美，对汉语原文蕴含的大量典故、历史事件及内涵丰富的谚语做了简化处理，主要采用了编译、转述等翻译策略，附以简单注释。全文共有16条注释①，分别是"昔孟母"中的"孟"（[1]），"能温席"中的"席"（[2]），"匏土革"中的"匏"（[3]），"至四书"中的"四书"（[4]），"群弟子"中的"弟子"（[5]），与第1条注释重复的"孟子者"中"孟子"（[6]），"乃孔伋"中的"孔"（[7]），"乃曾子"中的"曾子"（[8]），"我周公"中的"周公"（[9]），第10条注释从缺，"自羲农"中的"羲农"（[11]），"号三皇"中的"三皇"（[12]），"号二帝"中的"二帝"（[13]），"称三王"中的"三王"（[14]），"嬴秦氏，始兼并"中的"嬴秦氏"（[15]），"王莽篡"中的"王莽"（[16]），"昔仲尼"中的"仲尼"（[17]）。这些注释简短，如，第1条注释"孟"写的是"孟子，孔子之后短时间内享有盛誉的哲学家"，"席"指坐垫，"四书"是四位哲学家的著作，对"嬴秦氏"的注释是"他修筑了长城"等。②在此以开篇12字的俄译为例，初探列昂季耶夫的翻译艺术：

① 原文注释编号至17，第9条之后是第11条，第10条从缺，应为编号遗漏。

② Леонтьев. А. Л. Пер. с кит. и манжур. Букварь китайской，Состоящей из двух китайских книжек，служит у китайцев для начального обучения малолетных детей основанием. Писан на стихах и содержит в себе много китайских пословиц，СПб.：Императорская Академия Наук，1779. стр. 5—23.

人之初 Человек от начала своего
性本善 Имеет природу одарованую благом
性相近 По природе человек с человеком разнится мало
习相远 По учению человек с человеком разнится много

译文的每一行对应原文中的三字短句，后两句押韵，采用了跟原文类似的句式，“природа”与“разнится”的重复使用在形式上对应了汉语中“性”与“相”的叠用，富韵律感，直译成汉语为“人在出生时即带有美好的天性，在天性上人与人区别不大，但在教育和学习上，人与人之间极为不同”，语义传达准确清晰。

列昂季耶夫是俄国外务院继舒哥满汉语班之后的第2个满汉语班的创办者，奉叶卡捷琳娜二世旨意教授4名学生学习满汉语。虽然目前没有资料显示此满汉语班具体存在了多长时间，也无法探知列昂季耶夫的教学方法，但这也不妨碍我们推断他翻译《三字经》与罗索欣的初衷一样，目的之一是为了辅助教学。列昂季耶夫是18世纪俄国出版译著较多的汉学家，其包括《三字经》俄译本在内的诸多译著的公开出版得益于叶卡捷琳娜二世奉行所谓的“开明专制”以及席卷俄国的“中国风”，《三字经》的出版可能与女皇的旨意直接相关[①]，其“包含的那套中国封建伦理和道德说教与所谓‘开明专制’的政治气氛颇为协调，因此，俄国官方喉舌《圣彼得堡通报》即于次年发表书评，将这本‘诗体箴言’推荐给俄国公众”[②]。该译本还于18世纪末被鄂木斯克亚洲学校和塔拉县中学用作汉语教材。[③]

（三）弗拉德金：译自满语的俄译本手稿

弗拉德金是第7届俄国东正教驻北京传教团学员，于1781年来京，在此居留14年，多次协助理藩院翻译俄国公文，回国后任职外务院，并从事满汉语教学。弗拉德金对满语更感兴趣，被称为俄国第一位满学家，不仅编写了满语教材，翻译了《元史》《中国历代皇帝年表》《中国皇帝法令集》等，还着手进行满语文学作品的翻译，他的“另一大成绩是翻译了青心才人所著的《金云翘传》，是为俄国最早翻译的中国长篇小说”。[④]

① 伍宇星：《三字经在俄国》，载《学术研究》2007年第8期。
② 蔡鸿生：《俄罗斯馆纪事》（增订本），北京：中华书局，2006年，第94页。
③ 阎国栋：《俄国汉学史》，北京：人民出版社，2006年，第105页。
④ 阎国栋：《俄国汉学史》，北京：人民出版社，2006年，第127页。

弗拉德金任职外务院期间，于1798年向外务院提交报告，建议挑选学生由他教授满语，为之后这些学生前往中国打下语言基础。该年5月，外务院辖下的又一个满汉语班正式开学。为开展教学，弗拉德金翻译了《三字经》和《名贤集》，组成《清文指南：启蒙读物三字经名贤集合刊本》，该书共46页，未曾出版，手稿藏于科学院东方学研究所圣彼得堡分所档案部。[①]该译本因为是从满文译成，主要用于满语教学，未公开发表，仅为俄罗斯汉学史家们所关注。

（四）比丘林：影响深远的经典译本

《三字经》的第4个俄译本出自著名汉学家比丘林之手。他是第9届俄国东正教驻北京传教团领班，著作涉及中国语言、历史、地理、法律和思想，代表作有《汉文启蒙》《中华帝国详志》《蒙古纪事》《西藏志》《北京志》《西藏青海史》《中国的民情及风尚》《中国农业》等，被称为俄国汉学奠基人。

比丘林于1829年石印出版了汉俄对照版《三字经》，附有详细注释，至今仍被视为经典译本。全书共83页，第2至26页为译文加原文，偶数页为俄文，奇数页为汉语原文，方便读者对照阅读。其后57页皆为注释，共103条。通过比对所附的汉语文本、注释所对应的原文位置和注释内容，可推断出比丘林采用的汉语原本为清朝康熙年间学者王相对王应麟1068字原本的训诂本[②]。书中附简短前言，对《三字经》进行了简单介绍，指出其涉及了中国的天干地支、五行四时、三纲五常、朝代更替、典籍产生与迭兴、教育思想及伦理道德等，包含了中国人的“全部哲学思想”，“可以当作阅读汉语译著的参考书”，并对希林格（П. И. Шиллинг，1786—1837）表达了谢意，认为正是得益于他发明的汉字字模才使该书收录的汉字原文“如此清晰正确，丝毫不亚于中国宫廷印制的版本”[③]。

比丘林在翻译时力求准确传达原意，并在形式上也尽量贴近原文。以开篇12字的翻译为例：

---

① 档案名称及藏地：Владыкин А. Руководство для учащихся по маньчжурскому языку. С приобщением двух кн. первого класса. 1. Сянь- дзы-дзин. 2. Мин-сян-дзы / пер. А. Владыкина. 46 л. Архив ЛО ИВАН，ф. 88，№ 8.

② 伍宇星：《三字经在俄国》，载《学术研究》2007年第8期。

③ Бичурин Н. Я，Сань-цзы-цзин или Троесловие. С литографированным китайским текстом，Переведено с китайского монахом Иакинфом，СПб.: Типография Х. Гинца 1829. Предисловие-2.

人之初　Люди рождаются на свет
性本善　Собственно с доброю природой
性相近　По природе взаимно близки
习相远　По навыкам взаимно удаляются[①]

译文的每一行对应汉语原文的三字短句，尽可能选用3个实词对应汉语中的3个汉字，“природа”和“взаимно”的重复使用也对应了原文中的“性”和“相”的叠用，直译成汉语为“人出生，自带善良本性，本性相近，习性上区别开来”。而他对王相训诂的翻译准确度也颇高，直译过来为：

此乃学说确立之基础，行为之开端，因此，应从人降生之刻开始讨论。人是上天所造。天对人的影响称之为天性。人生而善良。人出生后，最初做的事是认识自己的母亲，最初说的话是叫父亲。孟子曰：“孩提之童，无不知爱其亲也；及其长也，无不知敬其兄也。”朱熹也认为人性本善良。[②]

原注为：

此立教之初发端之始。固本于人之初生而言之。天之所生谓之人，天之所赋谓之性。秉彝之良谓之善。人生之初，始有知则先识其母，始学语则先呼其亲。孟子曰：“孩提之童，无不知爱其亲也，及其长也，无不知敬其兄也。”朱子曰：“人性皆善。”不其然乎。[③]

两相对比，可以说简洁准确的译文几乎与原文对应，不得不令人赞叹比丘林的造诣。

① Бичурин Н. Я，Сань-цзы-цзин или Троесловие. С литографированным китайским текстом，Переведено с китайского монахом Иакинфом，СПб.: Типография Х. Гинца, 1829. стр. 2.

② Бичурин Н. Я，Сань-цзы-цзин или Троесловие. С литографированным китайским текстом，Переведено с китайского монахом Иакинфом，СПб.: Типография Х. Гинца, 1829. стр. 28.

③（宋）王应麟著，（清）王相训诂：《三字经训诂》，北京：中国书店，1991年，第2页。

在精练翻译汉语原文的同时，比丘林也翻译了王相的所有训诂，并顾及俄国读者对中国的了解程度，在必要之处增加了自己的注释。例如，其对“性”进行了详细解释，指出“该字既表示人的道德天性，也指所有事物的本质。以中国人的思维来看，人的本性变坏是因为所受的教育不好”[①]。他还对王相注释中的“此立教之初发端之始”中的“教”进行了补充说明，指出其是“对行为规范的阐述，中国人也用这个字表示其他民族的信仰和宗派”[②]。“性相近，习相远”的训诂中有“惟君子为能有养正之功”[③]一句，他用俄文字母标出了“君子”的汉语读音цзюньцзы，并解释其意为“知识渊博且在道德上严格自律的人”[④]。除了对一些概念进行解释外，比丘林对地名的翻译也比较精确，会指出其与当代地名的对应关系，如，在翻译王相对“昔孟母，择邻处”一句中关于孟子籍贯的注释“战国邹人也”时，指出“邹”指“今山东兖州府邹县”[⑤]，类似的注释还有“燕”“齐”“鲁”等。关于中国特有物品的翻译，比丘林会用俄国类似的物品来做参照，描述其形态，如对“乃八音”训诂中“埙”的解释如下：“埙类似我们的夜莺哨，鹅蛋大小，面有七孔。”[⑥]讲到中

① Бичурин Н. Я，Сань-цзы-цзин или Троесловие. С литографированным китайским текстом，Переведено с китайского монахом Иакинфом，СПб.: Типография Х. Гинца 1829. стр. 28.

② Бичурин Н. Я，Сань-цзы-цзин или Троесловие. С литографированным китайским текстом，Переведено с китайского монахом Иакинфом，СПб.: Типография Х. Гинца 1829. стр. 28.

③（宋）王应麟著，（清）王相训诂：《三字经训诂》，北京：中国书店，1991年，第3页。

④ Бичурин Н. Я，Сань-цзы-цзин или Троесловие. С литографированным китайским текстом，Переведено с китайского монахом Иакинфом，СПб.: Типография Х. Гинца 1829. стр. 29.

⑤ Бичурин Н. Я，Сань-цзы-цзин или Троесловие. С литографированным китайским текстом，Переведено с китайского монахом Иакинфом，СПб.: Типография Х. Гинца 1829. стр. 30.

⑥ Бичурин Н. Я，Сань-цзы-цзин или Троесловие. С литографированным китайским текстом，Переведено с китайского монахом Иакинфом，СПб.: Типография Х. Гинца 1829. стр.39.

国朝代更迭时，他特别列出了辽、金、元三朝皇帝顺序及名号表。①

比丘林的译本兼顾内容与形式，并对原文内涵进行了详尽阐释，出版后引起热烈反响，他还赠送了一本给普希金（А. С. Пушкин，1799—1837）。著名批评家波列沃伊（Н. А. Полевой，1796—1846）主办的学术半月刊《莫斯科电讯》是俄国资产阶级民主派的第一份机关报，刊登了波戈金（М. П. Погодин，1800—1875）的书评，关注的是《三字经》中的东方哲学伦理“长幼序，友与朋，君则敬，臣则忠”，并对比丘林翻译此类作品给予了高度肯定，认为这比雷慕沙翻译中国小说更有意义，鼓励汉学家继续翻译。列昂季耶夫斯基（З. Ф. Леонтьевский，1799—1874）在受官方支持的《北方蜜蜂》上发表的书评推崇“蚕吐丝，蜂酿蜜，人不学，不如物”，“幼而学，壮而行，上致君，下泽民”，高度赞美了书中刊印的汉语原文。②莫斯科大学教授巴甫洛夫（М. Г. Павлов，1792—1840）主编的《雅典娜》对《三字经》评价道，如果欧洲人读了《三字经》，他就能了解“东方智慧”的思维方式。③《文学报》1830年第1期刊出了普希金好友、著名作家索莫夫（О. М. Сомов，1793—1833）的书评，重点借“孟母三迁”的故事说明教育与环境的关系，并称赞比丘林的译材选择极其成功，原作系统全面地介绍了中国文化。④

比丘林的《三字经》译本得到了俄国汉学家与批评家们的高度认可，在很长一段时间内都是恰克图华文馆、喀山大学和圣彼得堡大学的教科书，并被作为俄国东正教驻北京传教团成员来华前语言培训的教材。⑤此译本出版后的180余年间俄罗斯基本无人重译《三字经》，直到21世纪10年代才有汉学家出版新译本，他们不约而同都将比丘林的译文收录其中供读者参阅。

---

① Бичурин Н. Я，Сань-цзы-цзин или Троесловие. С литографированным китайским текстом，Переведено с китайского монахом Иакинфом，СПб.：Типография Х. Гинца 1829. стр. 73—74.

② 蔡鸿生:《俄罗斯馆纪事》(增订本)，北京：中华书局，2006年，第95页。

③ Белкин Д. И. Китаевед Н.Я. Бичурин и русские писатели конца 20-х - начала 40-х гг. XIX в.// Отв. редактор А. Н. Хохлов. Н. Я. Бичурин и его вклад в русское востоковедение. Часть 1. М.：Наука，1977. стр. 120.

④ 阎国栋:《俄国汉学史》，北京：人民出版社，2006年，第118页。

⑤ 阎国栋:《俄国汉学史》，北京：人民出版社，2006年，第105页。

二、当代俄罗斯时期《三字经》的两次新译

与帝俄和苏联时期相比，当代俄罗斯汉学研究人员老化、科研管理体制僵化低效、国家对人文社会科学研究的投入严重不足，导致汉学研究成果产出放缓，质量出现滑坡，诸多学术性汉学著作的出版都面临困难，经常需要依靠各方资助才能问世。[①]《三字经》在当代俄罗斯的两个新译本也是凭借资助才得以与读者见面，发行量都偏低。2010年汉学家加列诺维奇的《三字经》译本出版时只发行了150册，2012年在有资助的情况下再版也只印了1000册，2013年俄罗斯科学院远东研究所的阿布拉缅科的译本发行量也只有250册。值得一提的是，二人都在自己的译本中收录了比丘林的译文，这也证明了后者经久不衰的生命力。

（一）加列诺维奇版：被列入国家文化专项“文化俄罗斯”之“古典文献”书系的译本

加列诺维奇是中俄关系史、中国当代政治与外交研究专家，曾任联合国秘书处外事办公室秘书长，代表作有《世纪之交的俄罗斯与中国》《两大领袖：斯大林与毛泽东》《莫斯科—北京，莫斯科—台北：崭新的开端》《中国异形》《中国阐释》等。

加列诺维奇认为向俄罗斯读者推荐《三字经》很有必要，它是“中国古代儿童百科全书”，包含了中国几千年的文明发展史、传统礼仪与文化，凝聚了中华民族几千年的智慧，集中体现了中国人的启蒙教育思想，对想了解中国以及想学汉语的人来说是不可或缺的读物。[②]2010年他翻译的《三字经》由俄罗斯科学院远东研究所出版，为软皮袖珍口袋书，之后该译本入选俄联邦文化类专项基金“俄罗斯文化”之“古典文献”书系，由俄联邦新闻出版与传播署资助于2012年再版。此版为硬皮精装版，由前言、俄汉对照《三字经》正文、注释及附录组成，附录包括1155字版《三字经》汉语原文、比丘林译文、中国历史年表和4幅地图，正文据吉林美术出版社2004年发行的《三字经儿童版》译成。原书注有拼音，每一句之后都有生词解释和句子大意，并随附相关故事，可读性强。

加列诺维奇在译文的排版上与前人不同，以汉语原文的4个三字短句为

① 阎国栋：《俄国汉学的危机》，载《国外社会科学》2015年第6期。

② Галенович Ю. М. Троесловие，Сань-цзы-цзин. Пер. с китайского，М.：Русская панорама，2012. стр. 6—7.

一个单位，中文在上，两个短句为一行，分列两行，译文在下，采用散文体，配以“解释（Пояснение）”，并全文翻译了相关故事，四项内容加起来占一页左右篇幅。以下是开篇12字的翻译：

人之初　Человек от рождения по природе своей добр
性本善　По сути своей все люди от рождения близки
性相近　но чем дольше живет человек，тем дальше
习相远　один удаляется от другого в зависимости от того
　　　　насколько он перенимает дурные привычке①

译者没有按照原文的形式译成4行，而是将12个字作为一个整体来翻译，参照汉语解释来断句，回译成汉语为：“人出生时本性是善良的，在本质上所有人都很近似，但是人活得越久，相互之间的差别越来越大，这取决于他在多大程度保持良好的习惯。”原书中的现代汉语解释是“人刚出生时，本性都是善良的，彼此之间没有多大的差别。至于后来人性的千差万别，那是由于后天的环境和不同的教育所造成的”②。通过对比可以发现，译者没有严格按照现代汉语的解说来翻译，而是在其基础上根据自己的理解进行了编译。附在解释后的小故事“性善性恶大争论”通俗易懂，便于翻译，俄语译文基本与汉语原文一致，汉语原文如下：“春秋时，百花齐放，百家争鸣，许多思想家就人生初期的本性问题展开过大讨论。有人坚持性善论，有人主张性恶论，还有人说是一张白纸，无所谓性善性恶。他认为人刚出生时，本性都是善良的，以后的改变是由环境和教育的不同所造成的。”③

加列诺维奇的译文根据通俗易懂的现代汉语译成，语言流畅，风格类似科普读物，而附录中的比丘林的经典诗体附带详尽注释译文可作学术研究之参考，称其为雅俗共赏的合刊本应该也不为过。

（二）阿布拉缅科版：纪念比丘林《三字经》俄译本出版185周年之新译

阿布拉缅科是俄罗斯科学院远东研究所研究员，主要研究中国文化典籍，译有《道德经》《中庸》《诗经》等。2013年为纪念比丘林《三字经》译

① Галенович Ю. М. Троесловие，Сань-цзы-цзин. Пер. с китайского，М.: Русская панорама，2012. стр. 10.

② 魏西友编:《三字经儿童版》，吉林：吉林美术出版社，2004年，第9页。

③ 魏西友编:《三字经儿童版》，吉林：吉林美术出版社，2004年，第9页。

本出版185周年他完成了《三字经》新译本，由科学院院士季塔连科（М. Л. Титаренко，1934—2016）担任主编，经由俄罗斯科学院远东研究所出版。该版本共156页，扉页印有比丘林的照片，共由7部分组成，首先是季塔连科院士和俄罗斯科学院远东研究所著名汉学家卢基扬诺夫（А. Е. Лукьянов）撰写的前言《俄罗斯汉学中的中国〈三字经〉》，简要介绍了《三字经》的内容、行文特点及其蕴含的中国启蒙教育思想，并将其中提到的"天道"与屈原的《天问》进行了类比。[①]然后是比丘林版的前言、正文译文、注释，之后是阿布拉缅科的诗体新译本和雅科夫列夫（П. Я. Яковлев）的诗体楚瓦什语译文，最后是汉语原文。

阿布拉缅科的译文不含注释，在形式上参照了俄语四行诗，用一个诗行对应原文中的3字短句，通篇押尾韵，毗邻韵（AABB）占最大比重，个别诗行押交叉韵（ABAB），环抱韵（ABBA）极少。以第一句为例：

人之初　Рождаются люди – миры
性本善　Они по природе добры
性相近　Близки по природе своей
习相远　Привычки ж разводят людей[②]

前两半句押ы韵，后两半句韵脚为ей，单看这一句，可以看出译者在选词上对比丘林的借鉴，基本直译，用3个实词对应3个汉字，译成汉语为"人们出生——一片祥和，他们天性善良，在天性上近似，但习惯让他们区分开来"。除第一句为押韵增加了表"祥和"的миры，整体传达出了原文的意思。但这种对比丘林的模仿在整篇译文中所占的比重不大，如第3句就采用了意译，虽然也是诗体押交叉韵：

昔孟母　Мать Мэн-цзы в те столетья，что далеки
择邻处　Жилище по соседя выбирала
子不学　Сын перестал учиться – брать уроки

---

① Абраменко В. П. Троесловие，Сань цзы цзин. Переводы с китайского，М.: ИДВ РАН，2013. стр. 5—13.

② Абраменко В. П. Троесловие，Сань цзы цзин. Переводы с китайского，М.: ИДВ РАН，2013. стр.108.

断机杼　Мать с горя нить челночную порвала①

第1行使用了从句，第3行大概是为了押韵，用同位语учиться，брать уроки（学习、上课）对应原文的“学”，第4行也增加了含感情色彩的с горя（悲痛地），大意正确，整句译成汉语是“距今遥远年代的孟子的母亲，根据邻居来选择住处，儿子不学习不上课，母亲悲痛地剪断了织布机的线。”通过对比可以发现，阿布拉缅科在一定程度上参考了比丘林的译本，为了保持通篇押韵，在细节上进行了改动。他的诗体翻译是一种追求形式美的尝试，也是为了向比丘林致敬。

三、《三字经》的俄译模式及特色

《三字经》的俄译历史悠久，具有以下特色：

第一，翻译模式多样化，总体呈现出散文化翻译与诗体翻译这两种翻译风格，具体采用了多种翻译策略，以直译为主，意译为辅。《三字经》的6个译本中公开出版的有4个，本文暂只考察了这4个译本的翻译艺术。列昂季耶夫和加列诺维奇采用了散文化翻译，比丘林和阿布拉缅科则坚持了诗体翻译。具体到翻译策略层面，4位汉学家采取的方法又各具特色。列昂季耶夫主要采用直译，穿插适量的意译，附以少量注释；加列诺维奇依据的原本是带译文与注释的现代版三字经，通篇直译。比丘林依据的是古典训诂本，主要采用直译的方法，在传达原意的基础上考虑了原文的形式和节奏，全文翻译了训诂并添加了自己的注释；阿布拉缅科的诗体翻译与比丘林也不同，在形式上将其变成押尾韵的四行诗，直译与意译平分秋色，意译多是为了保证押韵，全文无注释。

第二，注重译本的实用性及文化承载功能。通过梳理《三字经》的6次俄译始末，可以发现其主要承担了两项功能：一是辅助满汉语教学，二是充当俄语读者了解中国文化的简明版百科全书。罗索欣、列昂季耶夫、弗拉德金翻译《三字经》主要是为了将其用作满汉语课程教材，但也不忘强调此书包含中国简史、大量谚语，比丘林、加列诺维奇、阿布拉缅科则更注重通过翻译向读者介绍中国文化。

① Абраменко В. П. Троесловие，Сань цзы цзин. Переводы с китайского，М.：ИДВ РАН，2013. стр.108.

第三，译本之间具有继承性。当代俄罗斯时期的两个新译本都收录了出版于帝俄时期的比丘林译本，且能够看到两位译者对前人翻译经验的借鉴。加列诺维奇选取附带译文与注释的现代汉语版《三字经》为翻译对象与比丘林选取古典训诂本有异曲同工之处，而阿布拉缅科采用诗体翻译，在部分诗行用3个俄语实词对应原文中的3个汉字等方面也能看到比丘林的影响。

四、结　语

通过分析《三字经》的6次俄译，可以看出俄罗斯汉学家对这部实用性强且蕴含丰富文化内涵的中文典籍的重视程度。从文化翻译角度来看，《三字经》的6次俄译从侧面体现了不同历史时期的中俄文化交往状况，而译者的翻译目的、翻译策略以及译本产生的影响都与其所处时代俄罗斯汉学的发展状况和译者个人志趣与影响力有关。罗索欣、列昂季耶夫、弗拉德金生活在18世纪，此时俄国汉学处于肇始期，学术研究与满汉语教学处于起步阶段，编制满汉语教材是一项迫切的任务，3位汉学家都专门从事过满汉语教学，将目光投向中国蒙学读物属情理之中。他们翻译《三字经》的主要目的是为了辅助满汉语教学，但也不忘强调此书包含了中国简史、大量谚语，翻译主要采用直译手法，必要时加以意译。到19世纪上半叶，俄国汉学走向成熟，汉语教学已积累了部分经验，被誉为俄国汉学奠基人的比丘林造诣颇深，治学兴趣广泛，积极编写汉语词典和汉语教科书，其不仅看到了《三字经》的蒙学意义，也深知此书蕴含中国哲学思想，最终选取《三字经》训诂本为翻译对象，兼顾内容与形式，并附以详尽注释，无怪乎其在相当长的时期内一直被当作汉语教材和阅读汉学译著的参考书，对俄国社会认识和了解中国文化起到了积极作用。当代俄罗斯汉学家加列诺维奇、阿布拉缅科则更注重通过翻译《三字经》向读者介绍中国文化。当今俄罗斯的汉语教学已相当发达，再以《三字经》当教材已不合时宜，但其蕴含的中国文化知识是汉学家们关注的重点。两位汉学家都在自己的新译本中收录比丘林译本，固然是因为比丘林译本形神兼顾，影响深远堪称经典，两位译者的新译都有对其致敬的意味；另一方面也体现了当代汉学家对帝俄时期汉学家翻译思想和翻译经验的继承，他们结合新的时代背景，做出了创新性尝试，展现了俄罗斯汉学研究的活力。

佘晓玲　南昌大学外国语学院副教授

·美国汉学研究·

美国汉学家孟旦的儒学研究：范式、特色与启示*

刘　燕

摘　要：孟旦（Donald J. Munro，1931—　）是美国新儒家的代表学者之一，著有"中国人性研究"三部曲：《早期中国"人"的观念》（1969）、《当代中国"人"的概念》（1977）、《人性形象：一位宋人的肖像》（1988）等。孟旦运用认知科学、遗传生物学、演化心理学、神经科学等跨学科的研究方法分析中国人性观及其思维模式，提出了自然平等观、人的可塑性、效法榜样、结构性形象、心灵簇、帝国式求索模式、两层效益主义等范畴，在中西比较哲学的框架内阐发儒学的现代价值。对此，我们既要关注到孟旦的个人经验、学术背景与理论创新，也要在美国汉学的历史脉络与文化语境中反思他者视角之洞见与特色，激发中西跨文化交流的创造力。

关键词：汉学家　孟旦　新儒学　人性形象　心灵簇　他者视角

孟旦（Donald J. Munro，1931—　）是美国当代新儒家（Neo-Confucius）的著名学者之一，被刘笑敢誉为"当今世界罕见的将西方哲学训练与汉籍经典研究结合得相当好的一位哲学家、汉学家与教育家。他的中国哲学研究，达到了'中国味'和'哲学味'的水乳交融"[①]。其代表作包括"中国人性研究"三部曲：《早期中国"人"的观念》（*The Concept of Man in Early China*，1969）、《当代中国"人"的概念》（*The Concept of Man in Contemporary China*，1977）、《人性形象：一位宋人的肖像》（*Images of Human Nature*：

---

* 本文为北京第二外国语学院科研专项项目"美国汉学家孟旦的儒学研究：范式、特色与启示"研究成果，批准号（KYZX21A026）。

① 刘笑敢：《从先秦到二十一世纪的人性探索和展望——孟旦先生治学简介》，载刘笑敢主编《中国哲学与文化》第1辑，桂林：广西师范大学出版社，2007年，第271页。

A Sung Portrait，1988）。此外，他还著有《20世纪中国的帝国式求索模式》（*Imperial Style of Inquiry in Twentieth Century China*，1996），两本演讲稿《应用伦理学》（*Ethics in Action*，2005）与《新世纪的中国伦理学》（*A Chinese Ethics for the New Century*，2008），主编《个人主义与整体主义：关于儒家和道家价值论的研究》（*Individualism and Holism*：*Studies in Confucian and Taoist Values*，1985）等。孟旦有关中国人性研究的成果在美国享有盛誉，但国内对此关注不够[①]，仅有《早期中国"人"的观念》及零星论文被译为中文，寥寥几位学者和硕博生发表一些研究成果。[②]

孟旦从跨学科的比较哲学视角考察中国人性观的心理学根基、中西人性论的同异，提出一系列具有高度概括性的范畴。此外，他一直任教于密歇根大学（以下简称"密大"）哲学系/东亚系，担任"中国研究中心"研究员，在长达半个多世纪的教育与学术生涯中，身体力行地促进了中美两国在外交、哲学、教育、心理学与中国学等领域的交流与合作，体现了尊师重教、修身齐家、知行合一、淡泊名利的儒者风范。

一、求异探新：孟旦的汉学求索之路

（一）书香门第与中文启蒙

1931年3月5日，孟旦出生于美国俄亥俄州克利夫兰市的一个书香门第。孟旦的父亲托马斯·门罗（Thomas Munro，1897—1974，或译"芒罗"）毕业于哥伦比亚大学哲学系，师从实用主义哲学家杜威（John Dewey，1859—1952），与师门同窗胡适有过交往；他著有《东方美学》（*Oriental Aesthetics*）和《走向科学的美学》（*Toward Science in Aesthetics*），他于1945年创立了"美国美学学会"（The American Society for Aesthetics），创

---

① 程志华《美国儒学史》有一节专论狄百瑞，但对孟旦只字不提。奇怪的是，作者在后记提及其研究不属于"儒家哲学"。参见程志华:《美国儒学史》，北京：人民出版社，2019年，第373页。

② 孟旦《早期中国"人"的观念》有两个中译本：庄国雄、陶黎铭合译，上海古籍出版社，1994年；丁栋、张兴东合译，北京大学出版社，2009年。刘笑敢、周炽成、安延明、刘燕等学者发表过孟旦相关的研究文章、访谈或译文；此外还有一些研究成果，像毛国民的《他山之石：孟旦的中国人论与政治学研究》（暨南大学出版社，2011年）及其后来发表的系列论文；庞琳的博士论文《知行合一：汉学家孟旦的中国哲学研究及其践行模式》（2020年）等。

办并主编会刊《美学与艺术批评》（*Journal of Aesthetics and Art Criticism*），他成为美国新自然主义美学、科学美学的开拓者。在一篇自传中，孟旦回忆道：

> 我尤其感激我的父亲，他是一位美学家。这影响到了我未来的多方面的兴趣发展，我先是喜欢上法语，后来又是中国文化，这对我来说似乎是轻而易举之事。从我母亲——一位钢琴家、家庭园艺师和家务总管——身上，我学到了细致入微地做好每一件事。[①]

孟旦成长于一个洋溢着多元艺术氛围的环境中，家中到处摆放着来自世界各地的艺术品（如非洲雕像、南太平洋的盾牌，或明朝壁画复制品等），萦绕着来自异域的音乐，艺术美、同情、仁爱、多元、包容、异国情调的种子在其心中悄然地孕育萌发。

不过，对于这位正处于人生迷茫与探索的年轻人来说，走向汉学之路依然显得漫长。1948年孟旦到阿默斯特学院（Amherst College）学习法国文学；次年跟随在索邦大学任教的父亲，赴巴黎就读于格勒诺布尔大学（Université Grenoble Alpes），他对哲学和异国文化发生了浓厚的兴趣。孟旦在后来的一篇回忆录中自述道：

> 自法国返回美国后，我进入密歇根大学读了一年，修了好几门哲学课，就是在这里，我初次遇见了汉语——并陷入到目眩神迷的境地。我的汉语老师是一位名为沈瑶（Yao Shen，音译）的女士，她运用了“二战”期间开发的一种教学法，从此她把我的一生都拴在汉语——这个活着的语言及其承载的文化上。[②]

值得一提的是，密大“中国研究”（Chinese Studies）始于19世纪中后期开启中美外交与留学生教育，与耶鲁、哈佛、哥伦比亚、康奈尔等5所大学成为最早接收中国留学生的指定高校。1930年成立了东方语言和文学系

① ［美］孟旦：《孟旦自传——温泉以及刻骨铭心的良师益友》，刘燕、庞琳译，载阎纯德主编《汉学研究》总第31集，北京：学苑出版社，2021年，第240页。

② ［美］孟旦：《孟旦自传——温泉以及刻骨铭心的良师益友》，刘燕、庞琳译，载阎纯德主编《汉学研究》总第31集，北京：学苑出版社，2021年，第241页。

（Department of Oriental Languages and Literature），1934年成立了“日本研究中心”，1961年设立“中国研究中心”（Center of Chinese Studies）。[①]密大为孟旦的汉学研究提供了一个优越的学术与宜居环境。他在此开启了汉语的启蒙，毕生在此工作直至荣休，成为密大的中国哲学和儒学研究的重要推动者。

（二）哲学训练与心理学叩问

1951年，孟旦赴哈佛大学哲学系就读，他选修了著名心理学家B.F.斯金纳（B.F.Skinner，1904—1990）的心理学课程，了解到“行为主义”（behaviorism）心理学派，即在研究人的行为时，剔除智慧、感情、目标或动机等“不可测量”的因素，只探讨有机体与环境之间的那些可被量化的函数关系，而忽略人的内在感受和复杂的心理活动。孟旦对此深表疑惑：

> 这促使我提出了一个问题：人的心灵是如何活动的？事实上，我们甚至不被允许使用“心灵”这样的词，因为它既不具备客观性也不可测量。于是，我只好把问题改为：“人性的内容是什么？”[②]

这种质疑让孟旦看到精确化、量化为主导的行为主义心理学模式之弊端，更关注到人性研究中的心灵、道德情感、伦理等“不可精确衡量”因素。

命运之手似乎在不知不觉中引航这位渴望广阔世界、充满好奇心的年轻人。1953年从哈佛毕业后，孟旦入伍从军，在美军驻菲律宾的海军基地工作期间，他继续关注东亚的文化和时局，请了一位私教继续学习汉语。寄居在亚洲这片陌生的土地上，面对着浩瀚星空、茫茫大海的孤寂与辽阔，孟旦深感人与自然、自我与他者之间的关联，此时随身携带的一本书——冯友兰的英语版《中国哲学简史》（*A Short of History of Chinese Philosophy*，1948）成为他心灵的慰藉。这也进一步激发了他深入研习中国哲学的兴趣。

（三）海外游学与专业汉学之路

1957年，孟旦就读哥伦比亚大学哲学系，次年转到了东亚系，师从著名

---

① 刘燕：《密歇根大学的中国学之历史渊源与研究特色》，载《东北亚外语研究》2022年第1期。

②［美］孟旦著：《孟旦自传——温泉以及刻骨铭心的良师益友》，刘燕、庞琳译，载阎纯德主编《汉学研究》总第31集，北京：学苑出版社，2021年，第242页。。

汉学家狄百瑞（W. T. de Bary，1919—2017），开启了专业汉学研究之路。读博期间，孟旦获得“福特基金会”的域外研究资助，于1959—1962年在台北师从刘毓鋆（爱新觉罗·毓鋆）、屈万里、饶宗颐等名师，进修中国古典文献学、甲骨文、金文等，大大地提升了自己的汉语水平与交往能力。刘毓鋆是清朝末代皇帝的堂弟，曾受业于陈宝琛、罗振玉、康有为、王国维等，1947年定居台湾，在台北开设私塾“奉元书院”。老先生特地给这位跟随他研习儒学的洋弟子取了一个中文名“孟旦”，“孟”与“Munro”谐音，与孟子同姓；“旦”与“Dan”谐音，取自周公“旦”，包含“开启、开拓、美好”之意。[①]此外，孟旦在1962年、1965至1966年间跟随香港新亚学院（现属香港中文大学）的唐君毅（1909—1978）学习。与中国当代大儒的切磋学问和耳濡目染，为孟旦的汉学研究打下了扎实的文化根基，并积累了诸多的学术资源，他成为“唐君毅谱系”（Tang“family”）和中国哲学研究圈的重要成员之一。[②]

1964年哥大博士毕业后，孟旦到密大哲学系任教，1973年荣升教授；自1991年起调任亚洲语言与文化系教授，其间还担任过系主任（1993—1995）。他培养了14位博士生，获得过密大颁发的优秀教学奖（1992）、赖斯人文学科奖（1993—1994）等荣誉。密大同事、研究中国古代艺术的汉学家包华石（Martin Powers）称赞孟旦是“像孔子一样的”教育家：

> 在您整个职业生涯中，您为（密大）“中国研究中心”的声誉和地位做出了卓越而巨大的贡献，您为该中心留下的声望充满着活力和影响力。您对中国文化和思想的研究和著作不仅阐发着与众不同的洞见，而且洋溢着您致力于研究的著作一样的“自由人性”（liberal humanity）之气息。您让我们看到这种“自由人性”的情感不仅限于欧洲的哲学传统，在中国伟大哲学家孔子和孟子的文本中也同样能够发现。[③]

---

① 孟旦特别喜欢恩师刘毓鋆给自己取的中文名，在位于安娜堡（密大植物园附近）的宅居门口，特地安装了一个中文门牌“孟寓”。

② Neal Mckenna. ed., *The University of Michigan And China*, *1845-Today*（Ann Arbor：Michigan Publishing，2017），p.5.

③ Martin Powers，“Establishment of the Tang Junyi Visiting Scholar Program at the University of Michigan”，载刘笑敢主编《中国哲学与文化》第8辑，桂林：广西师范大学出版社，2010年，第323—324页。

二、跨学科研究：儒家人性论与中国人的思维模式

孟旦自言道:“我是个不同的效益主义者，一只脚踏在传统里，另一只脚踏在新科学的发现里。”[①]这显示出其开阔的跨学科研究视野，即从比较哲学、史学、古文字学、教育学、心理学、文化人类学等跨学科视角探索中国人的思维模式及其现代演变。

（一）儒家的“自然平等观”与“人的可塑性”

《早期中国“人”的观念》（1969）是“中国人性研究”三部曲之首，考察了先秦时代诸子的“人性观”及其在中国思想发展历程中的萌芽与演变。一般学者认为中国思想中很难找到占据主导地位的平等观念，但孟旦却认为儒家与道家思想中蕴含着一种“人的自然平等观或描述性平等观”（natural equality or descriptive equality）：

> 自然平等的观念在中国已有强大的、持久的力量——不仅对于古代中国思想的两个主要流派，而且对于直到现代的中国哲学和政治理论的所有分支都是如此。它在17世纪的佛教中国化和20世纪的共产主义的中国化过程中都发挥了作用。……这是一个深刻体现了中国人的世界观的中心观念。[②]

这里所说的中国人之“自然平等观”主要指的是所有人生而具有的共同本性或特质，是人进入社会和承担一定的社会角色之前的平等。它与西方思想中的“评价性平等观”（在上帝面前人生而平等，强调个人享有的平等权利）有所不同。

孟旦区分了成年人与孩童两个阶段的人性特点。由于成年人的德性有高低，所以不可能获得平等的对待；但在人之初（孩童阶段），每个人都具有人类普遍的特质，从描述意义上而言都是平等的，都有成为圣贤的潜质。这导致了“人的可塑性”，道家和儒家都分享这一共同的前提。人之“自然平

① Munro,“Why New Psychological Findings are relevant to Ethics：Second Reply to Professor Thomas Metzger”，载刘笑敢主编《中国哲学与文化》第8辑，桂林：广西师范大学出版社，2010年，第345页。

②［美］孟旦:《早期中国“人”的观念》，庄国雄、陶黎铭译，上海：上海古籍出版社，1994年。

等观”，导致了中国主流思想对教育和楷模的高度重视。这一观念在秦后成为中国人建构并控制社会的重要内因。无论是孔子的“有教无类”，还是延续千年的科举制度，以及民国的三民主义或当代马克思主义教育，都被当作解决社会紧迫问题和政治问题的关键。其后果是“把人的社会行为看作人的本质这一倾向导致儒家过高估计了人（实际是社会的人）在教育中的可塑性程度。这里存在一个相应的倾向：无视人的本性中更明显的生物学属性的限制作用”①。

（二）中国人的感知方式:“心灵簇”

《当代中国“人”的概念》(1977）与《人性形象：一位宋人的肖像》(1988）两本论著持续地考察古典儒家人性论在宋代、民国和社会主义时期的演变过程。《当代中国“人”的概念》之所以先于《人性形象：一位宋人的肖像》出版，是因为1972年中美建交后，孟旦在1973年首次访问中国大陆；返美后他要为密大哲学系、政治学系和经济学系开设一门新课“共产主义下中国的演变”。

《当代中国“人”的概念》为当时美国人了解社会主义时期的中国人性特征提供了一个独特的观察视角。孟旦自创了一个描述中国人思维特点的概念“心灵簇”(clustering，或译“意识簇”“团簇”)。该英文词有“群集、丛聚、聚类”等意义，孟旦用之揭示中国哲学中关于“心”的认知过程的复合现象。中国人具有把认知与情感相互关联起来的思维方式，也即认识、情感和行动意向的丛聚。“认识”包含两个方面：一方面是理解和辨别事物的相互区别；另一方面则是道德原则。“情感”是伴随着认识过程与认识对象相一致的行动而来，如快乐、愤怒或怜悯、同情，等等。儒家思维的“心灵簇”将“认识”与“情感”处理成互为相连的状态。主客不分的感知方式导致中国人的“事实-价值的混淆”(fact-value fusion)②。中国人的“联系的”“延伸的”主客整合思维方式，不同于西方人的“孤立的”“分离的”主客二分之思维方式。

---

①［美］孟旦:《早期中国“人”的观念》，庄国雄、陶黎铭译，上海：上海古籍出版社，1994年。

② 在后期研究中，孟旦使用“价值有涉的事实”(Value—Linked Facts，或译“价值与事实关涉”)这个术语，认为价值、情感与事实一起构成了“道德律令”；这是对早期“事实—价值的混淆”观的某种修正。参见孟旦著:《当科学为价值有涉的事实作辩护》，庞琳、刘燕译，载《世界哲学》2020年第4期。

受到孟旦提出的“心灵簇”“形象（图像）思维”等概念的启发，有学者使用“间性”（Interality）这个术语加以拓展：“如果说图像的功能是显露，那么聚类（“心灵簇”）的功能就是处理那些未显露的内容。我把这些‘未能显露的东西’（which-is—not-exposed）概括为‘间性’。”[①]这是从孟旦提出的中国人“图像思维模式”（imagery—thinking mode）发展出来的一种“间性思维模式”，用以描述中国人善于通过某些形象或图像，把那些萦绕在物质或存在的各种要素，如空间、缝隙、位置、过程、空白，以及物质之间（之中、之上）的东西聚合起来、加以显现的能力。因此，孟旦提出的（心灵簇）视角为“间性”研究提供了一种行之有效的“新方法论”（new methodology）。[②]

在阶级意识的原则下，当代中国人的“心灵簇”被赋予了马克思主义、列宁主义色彩，不同的心理活动被集合在一起，感情不仅与认识相联，也与价值判断相伴：“儒家思想与毛泽东思想（或社会性质）有一个共同面，不仅为应该存在的这种政府提供了正当理由，而且也为政府行使其权力方式的职责提供了正当理由。”[③]毛泽东提出了塑造真正共产主义者的“新人”理想。政府通过“效法榜样”（model emulating）的宣传方式引导大众，如“向雷锋同志学习”“向王杰同志学习”。在孟旦看来，儒家有关“人的可塑性”的传统观念不同于西方的“人的不可塑性”，后者强调政府只能管理人的外在行为而非内在思想，每个人应为自己的行为负责。中国人的集体力量大于个人，外部设计强于内力理想。西方自然人的自我、自私倾向过于个人化、原子化，导致极端的个人主义。这两种人性观各有利弊，需要相互平衡。

（三）朱熹的“结构性形象”与“格物致知”

《人性形象：一位宋人的肖像》以宋儒朱熹为例，通过分析他用来表达思想的语言模式，阐明中古时期儒学的变化。孟旦发现朱熹使用“结构性形象”（structural images）或“图像语言”（pictorial language）阐释儒家的人性特质。“structural images”源自现代医学中的“structural imaging”，指的

---

① Shang Geling，“Image，Clustering，and Interality：Probing Alternative Ways of Understanding Chinese Philosophy，” *New Life for Old Ideas：A Festschrift in Honour of Donald J. Munro*（Hong Kong：The Chinese University of Hong Kong Press，2019），p.317.

② *New Life for Old Ideas：A Festschrift in Honour of Donald J. Munro*，p.343.

③ Donald J. Munro，*The Concept of Man in Contemporary China*（Ann Arbor：University of Michigan，1977），p.36.

是借助CT等现代仪器完成人体结构的“扫描”工作，展示其内部图像，为医生提供视觉方面的参考。孟旦把这个医学动词改造为名词，用之于概括朱熹的形象思维模式，它不同于西方注重分析的、逻辑的抽象思维。①

朱熹使用家庭、水、小溪、植物、园丁、镜子、身体、光、灯等自然或身体“隐喻”（metaphor）表达他的思考，是为了向学生清晰地传达自己的观点。这些静态或动态的图像、形象制约着儒者的哲学探索和教育理念，具有某种类似家族特点的共性。例如，“镜子”和“身体”的形象分别象征“内在的知识”（internal Knowledge）和“外在的体现”（external Embodiment），“镜子”具有“反射”功能，“身体”具有不断的生长性，它们可以协调“家庭之爱”与“公众之爱”、“个人修身”与“培养他人”之间的冲突。②

孟旦指出朱熹发展了“格物致知”的认知模式，突出“儒者”对“君王”的责任，为官学（科举制）提供了正统的课程，这能满足皇族特权的要求，但他还是没能彻底解决家庭优先（利我）与公众精神（利他）之间的矛盾关系，导致其继承人走向了前者而忽略了后者。由于朱熹哲学在宋朝后成为官方推崇的正统思想，这个偏向弱化了儒家思想中的泛爱思想（如墨子强调的无差等之“兼爱”）或人道主义，同时也忽略了对客观事实的求证（科学精神的发展），这个弊端在晚清与民国时期显得十分突出。

（四）当代中国的“帝国式求索模式”

在“中国人性研究”三部曲的基础上，孟旦在《20世纪中国的帝国式求索模式》（1996）中提出了中国人“求索”（inquiry）的思维模式：

> 首先，这种求索必须以模式（models）为指导，其合法性取决于皇帝对其认可，他是理解整体标准的最高权威；其次，“求索”要以来自世界的整体原则（totalistic portrait）为指导：它应承认各部分有等级关系，注意到各部分的目的，帮助它们实现对整体有利的目的……再次，人的固有思维是自然界作为一个有序整体的结构或模式的复制品，因此理清这种思

① 庞琳：《知行合一：汉学家孟旦的中国哲学研究及其践行模式》，博士学位论文，中国社会科学院哲学研究所，2020年，第14页。

② Donald J. Munro, *Images of Human Nature: A Sung Portrait* (Princeton: Princeton University Press, 1988), pp.50—70.

维是理解自然界现象的最佳途径。[①]

在孟旦看来，“帝国式求索模式”（The Imperial Style of Inquiry，或译“皇朝式的探问”）是我们理解中国人性发展过程的一个有效概念，它植根于孔孟儒家传统，成熟于宋明理学的“格物致知”，一直延续到了20世纪。

晚清之后的中国遭遇西方的入侵，传统儒家为主导的社会开始向现代转型，出现了一种强调参与政治、改造社会的“政治认识论”的帝国式求索模式。不过，到了近代，帝国式求索模式与来自西方的客观认知模式相互激荡与消长，开始吸纳与科学精神相一致的现代思维模式。“帝国式求索模式”在20世纪熊十力、梁漱溟、贺麟、孙中山、蒋介石、陈立夫等哲学家和政治家身上得到发展，并延续到毛泽东。他们都体现出强烈的政治诉求，希望先改变人心，然后借由这种改变来促成政治上的团结，发展新中国。这种思维模式的缺点是没有明确区分事实与价值、实然与应然之间的界限，把二者混为一谈，导致了中国人缺失理性和客观的、科学的探索精神。

概言之，孟旦有关中国人性研究的论著具有“通史”的特点，贯穿着一条主线，即探索中国人的基本的思维模式及影响力。《早期中国“人”的观念》提出了中国人的“自然平等观”，《人性形象：一位宋人的肖像》提出了中国人的形象思维或图像思维方式，《“当代”中国人的概念》提出了“意识族”的认知方式，《20世纪中国的帝国式求索模式》提出了“帝国式求索模式”，《个体主义与整体主义：儒家和道家的价值观研究》讨论了“整体主义”等。它们涉及个人家庭、教育成长中的价值观以及随之而来的社会管理与政府控制等议题。孟旦发明、自创或改用了一些来自心理学、生物学、文化人类学的概念用之于儒学研究，肯定了中国重视教育、家庭亲情与身心和谐的道德价值观；同时，他也指出儒家人性论中的政治权威、抑制个人主体性与能动性、威权主义的控制等弊端。尤其是孟旦把自然科学的最新方法用于中国哲学的阐释，这为我们反思中国传统文化之内在动力及其历史演变提供了一种独特的研究方法与观察视角。

---

① Donald J. Munro，*The Imperial Style of Inquiry in Twentieth Century China*（Ann Arbor：Center for Chinese Studies in University of Michigan，1996），p.1.

三、跨文化对话：儒学的伦理价值及现代意义

作为唐君毅的弟子，孟旦与香港的儒学研究界保持着密切关系。2003年、2006年他先后被聘为香港中文大学新亚学院钱穆讲座、唐君毅讲座教授，举办了一系列学术活动，成果汇集为两本演讲稿:《应用伦理学》(2005)、《新世纪的中国伦理学》(2008)。年过七旬的孟旦依然不知疲倦地行走中美两国，立足人类命运共同体的国际视野，尝试建构符合时代发展的新世纪的中国伦理学。

（一）“效法榜样”与公平的教育

在《新世纪的中国伦理学》中，孟旦基于人之“可塑性”原则，认为能够提供平等的受教育机会的教育才是公平的教育，教育应以学生为中心（这与杜威的教育观一致），“效法榜样（model emulating）是学习的有效方法”。[①]作为一个教育家，孟旦试图把西方的“人性自然观（不可塑性）”与中国的“后天培养观（可塑性）”综合起来，兼而用之。

孟旦强调后天培养与效法学习是两个关键，并引用演化心理学（evolutional psychology）和神经科学（neuroscience）的最新研究成果加以证明，例如“镜像神经元”（mirror neuron）是存在于灵长类动物及人脑中的一种特殊神经元系统，与人类间的理解、共鸣、学习、情感交流等心理活动密切相关，赋予我们模拟（simulation，imitation）他人动作、解读他人意图的感受能力。“同理心，通常涉及利他主义，依赖于神经模拟网络和那些调节情绪的网络之间的合作，使我们能够模仿他人的情绪。”[②]儒家的教育目标之一就是帮助学生把认知技能与道德感情融为一体。

孟旦倡导中西文化的互补与互享:“主体舒适/免除苦痛/心安，起自于家庭爱的‘爱’不仅是亚洲人或英美人的价值，也是全人类的价值。所以我认为，比之其他某些价值，例如权利、公平待人的意义以及对政治状态的一致接受等，中国和西方哲学家们在关于上述人类课题的重要性这一简单问题上可能不会有很大分歧。”[③]这些洞见体现了一个具有国际视野的当代儒者的人道主义关切。

---

① Donald J. Munro，*A Chinese Ethics for the New Century*（Hong Kong：The Chinese University of Hong Kong Press，2005），p.57.

② *A Chinese Ethics for the New Century*，p.58.

③［美］孟旦:《我的“格物”》，安延明译，载《世界哲学》2016年第2期。

（二）后设伦理学与“两层效益主义”

孟旦自称是一个“伦理学上的自然主义者”（ethical naturalist），伦理立场是“两层效益主义”（two-realm utilitarianism or two-tier utilitarianism，或译“双领域功利主义”），“对我而言，这些立场受到神经科学、生物学、认知心理学、儒家学说等的影响。所以我的工作其实是包含两个范畴的，第一个是后设伦理学；而当我讨论我的立场时，我会冒险地进入一个关于判断的领域，那就是‘两层效益主义’。”[①]

孟旦相信客观的道德性质是存在的。因此，他提出建构“后设伦理学”，研究道德抉择、道德态度、道德直觉与道德性质等议题。他愈加注重人类生物属性的直觉（个体的良知）、法律的作用；思考人类如何在利己主义（私人道德）与利他主义（公共道德）之间达成平衡关系。例如，“交互的利他主义”（reciprocal altruism）的现象在灵长类、鸟类和鱼类等物种上都得到了科学家的验证，人类的基因虽有自私的一面，同时为了生存和繁衍，也有组成团队、彼此合作的一面。

从中国新伦理学的视角，孟旦提出解决当前的社会和经济问题的可行性方案，这包括：1.中国与美国在碳的获取与储存方面可进行合作，降低碳对空气的污染；2.为中国最高人民法院提供建议，加强法律理论与实践的一致性；3.促进经济与伦理的结合，尤其是在企业界，呼吁建设具有世界性意义的“一个公平的全球社会”。

自始至终，孟旦一直探索的问题是：儒家为何能够延续2000年之久？中国人的思维模式与西方有什么不同？正如有学者指出的：“孟旦对中国哲学史的研究有一个最主要的动机，那就是要探索中国人基本的思维模式，或者说是隐藏在中国人伦理的思辨的讨论和控制人之所以被想象为人的社会公理之后的基本思维结构。”[②]孟旦试图发现中国文化传统中的某些内容与西方文化传统中的人性论与思维模式的同异与互补之处。他说：

> 我力图建构一个有关世俗道德的规范，它植根于我认识到的人性传统和儒家的部分传统。以此为核心，我能够运用从各个领域获得的材料阐

① 刘笑敢：《挑战与论辩：孟旦教授治学谈》，载刘笑敢主编《中国哲学与文化》第8辑，桂林：广西师范大学出版社，2010年，第327页。

② 毛国民：《略论孟旦的朱子研究：以“结构性形象”为中心》，载《学术研究》2008年第8期。

明我们当下有关人性的形象，它包括：生物学及文化上的事实能帮助我们解释普遍人性的社会特征（孩子与养育者的亲情，避免自己和家人受到身体伤害、回馈/分享/合作，上下等级结构），以及道德价值观（身体健康及心理健康、爱、公正、尊重/避免羞耻、对后果的前见），等等。①

总之，孟旦认为儒学并不过时，在现代社会可以发挥其中值得珍视的伦理价值。

（三）道不远人：学术研究与日常实践

对孟旦而言，儒学之道并非一套抽象的观念或礼仪，而是以己度人的日常实践，他信守“内圣外王”“知行合一”的理念，积极推动当代中国儒家学者之间的平等对话。2000年，在孟旦等多方筹集捐款下，密大设立了“唐君毅访问学者项目”（Tang Junyi Visiting Scholar Program at University of Michigan），它是美国高校第一个以中国哲学家的名字命名的研究项目，每年邀请中国研究领域的杰出学者到此访学一年。墨子刻（Thomas Metzger）、包弼德（Peter Bol）、安乐哲（Roger Ames）、安靖如（Steven C. Angle）等应邀而来。2003年该项目拓展为“唐君毅访问学者基金”（Tang Junyi Visiting Scholar Fund），参与者延伸到心理学院、艺术学院等。

2007年，孟旦与同仁在安娜堡（Ann Arbor）成立“跨信仰合作伙伴的政治行动”（The Interfaith Partnership for Political Action，简称“IPPA”），旨在让来自不同宗教信仰或文化背景的人士携手合作，参与社区的各种政治活动，推动相互之间的理解与包容。2016年，85岁高龄的孟旦偕夫人一起到广州，参加华南师范大学与美国克莱姆森大学合办的“中美人性学研究论坛”。2017年，孟旦又以自己和夫人的名义募捐，在密大哲学系设立了一个中国哲学终身教授职位（tenure-track position）。

所有这些表明，孟旦不是躲在象牙塔书斋里、两耳不闻窗外事的学究，而是以“修身齐家治国平天下”为实践目标的行动者，思考全球化时代中国儒家如何为重建人类伦理道德、精神家园提供活水之源。正如刘毓鋆、唐君毅所期待的，他们的洋弟子孟旦肩负着现代儒者的使命，让儒家精神及其现代价值在异国他乡开花结果。

---

①［美］孟旦：《孟旦自传——温泉以及刻骨铭心的良师益友》，刘燕、庞琳译，载阎纯德主编《汉学研究》总第31集，北京：学苑出版社，2021年，第246页。

四、他者视角：孟旦的儒学研究之特色与启示

汉学是一门有关“中国他者”的学问，对汉学家的研究，亦成为对这个“中国他者之他者”的探寻。对于汉学家的研究成果，中国学者既要在英文原著与中国古代文献的翻译中梳理其来龙去脉，也要在中西跨文化的比较哲学框架内进行分辨与阐释。透过孟旦的汉学研究成果，我们可以管窥美国汉学（中国学）、国际新儒学的一些研究范式与特色。总结如下：

（一）中国人性研究的阐释范式与开放性

孟旦有关中国（儒家）人性的研究有着鲜明的特点，他并非完全遵循“以西释中”的固有定论，而是注重阐释范式，他发明、运用了一套具有高度概括性的范式与概念，从具体的文本与实际现象出发，加以辨析总结。有的概念是从心理学、生物学、医学等其他学科挪用或改造过来，如“心灵簇”“结构性形象”；有些则是对传统概念的重新阐释，如“自然平等观”“效法榜样”“人的可塑性”“整体主义”等；有些则是自己的发明，如“帝国式求索模式”“两层效益主义”等。与狄百瑞、柯文等一些汉学家一样，孟旦也采纳了从研究对象的内部进入、由内而外、内外呼应的综合方法，从以西方为中心的旁观者研究趋势转向了以中国为中心的共情者研究趋向。这与“二战”后50至60年代成长的这一代汉学家的个人经历、知识结构与国际视野有关，他们是在一个更为国际化、多元化的文化环境中长大，具有较好的语言学（掌握英、法、德等西方主流语种之外的汉、日、韩、越南、菲律宾等亚洲多种语言）、文字学、文献学与考古学的基础。伴随着美国在世界主导地位的提升，他们也关注政治地缘学与国际外交关系、现代科学等研究成果。

在孟旦这里，科学的严谨与同情的理解可以并行不悖，兼而有之。孟旦重视把进化心理学与生物学、认知科学、神经科学、基因学等科学领域的最新研究方法和成果引入中国人性的研究中；在具体的研究中秉持着客观中立的科学态度，在分析历史文献时，从文本出发，先提出具体的问题，再寻找恰当的范畴，找出各种可能的证据。这是获得哲学、逻辑学与科学等学科严格训练的西方学者比较擅长之处。同时，孟旦也反对斯金纳式的僵化而机械的行为主义心理学，他承袭的是一种人文主义（humanism）的心理学，采纳的是“同情式的进入”而非以自我为中心的欧洲中心主义的傲慢与疏离态度。这体现了自费正清以来的新一代美国汉学家的中国研究范式的转向及其

主体的多样复杂性。

（二）研究者的多重身份及其时代语境

孟旦走向汉学之路，一方面与其个人的哲学、心理学研究兴趣和对异域文化的潜心探索有关，另一方面也与美国的区域国别研究的国家发展战略相关。美国的亚洲研究始于“敌情研究”，在“二战”时期研究日本与朝鲜，冷战前期研究苏联，朝鲜战争时期研究中国；到了20世纪五六十年代的范围拓展到了全方位、各领域的“中国研究”，支持这类研究的经费大部分来自“国防法案”（National Defense Act），强调实用性与现实性的目标。因此，美国汉学家（中国研究学者）不同于欧洲传统的汉学家，他们不是固守象牙塔的学究，而是关注中国的现实变化，视野开阔，放眼全球，方法新颖，极具个性。

孟旦见证了中美关系从隔离走向正常化的历史进程，在其中扮演着一个积极而活跃的文化交流角色。1973年，应中美发展关系全国委员会的邀请，孟旦担任“美国教育家协会”代表团的联席领队，率团首次访问中国大陆。1979年，孟旦代表“美国学术团体理事会”和“社会科学研究理事会”成员，率领一个全美教育家访问团来到中国考察，提交了一份有关中国当代哲学研究现状的报告。后来，1983年5至7月，他到中国社会科学院哲学研究所担任访问教授，促进了中美哲学学人之间的合作。1990年他在北京大学做访问学者，与中国同行交流。

刘毓鋆、唐君毅是引领孟旦走进中华文明殿堂的导师。孟旦追随先贤，呵护并发展着儒家文明的核心价值观。同时，他谨慎地区分了“儒家哲学”（philosophical Confucianism）与“国家儒术”（State Confucianism），批评作为统治术的国家儒学中落后于时代的弊端（如专制统治与思想控制），强调儒家哲学、伦理学可以在不断的发展之中焕发出其现代价值：“若儒家真有一项最重要的德行，那应该是‘仁’。有这种想法的儒者多从孟子传统中汲取资源。他们亦牢记格物的重要性，重视宋明儒如朱熹和王阳明。”[①]孟旦坚持在西方哲学与中国哲学之间展开平等而开放的对话，提倡一种对待人类包括所有人和历史的公平、公正、包容、共情的态度。其富有洞见的研究成果为世界了解中国人的心灵世界、思维方式与人性密码开启了一扇大门。

---

① 刘笑敢:《挑战与论辩：孟旦教授治学谈》，载刘笑敢主编《中国哲学与文化》第8辑，桂林：广西师范大学出版社，2010年，第334页。

（三）汉学家承担中国知识的阐释与传授使命

孟旦在密大从事中国哲学的研究与教学长达30多年，精心培养了14名博士生，有西方文化背景的安靖如（Steven Angle）、伊若白（Robert Eno，印第安纳大学东亚系）、任博克（Brook Ziporyn）、莫大伟（David Moser）、Alison Black，Lisa Rogers，Williams Savage，Lance Stell等人，也有中国文化背景的陈汉生（Chan Hanson）、安延明（Yanming An）、陈倩仪（Sin-yee Chan）、劳悦强（Lo Yuet Keung）等人。青出于蓝而胜于蓝，如今他们多数在高校或机构从事中国文化与哲学、比较哲学等领域的研究与文化交流。

安靖如在一次访谈提及：倪德卫（David Nivison，斯坦福大学）、孟旦、安乐哲（Roger Ames，夏威夷大学）这三位汉学家对美国儒学研究具有很大的影响力。“目前在美国研究中国哲学的领军人物都是他们三人的弟子。其中孟旦与安乐哲都曾经在香港学习过，并且受到过唐君毅的影响。因此也许可以说港台新儒家对美国的儒学研究有过影响。”[①]从唐君毅到孟旦，再到安靖如，我们看到美国新儒学的发展脉络与师承关系。例如，安靖如提出的“进步儒学”（Progressive Confucianism）把儒学视为富有生命力的传统：“包括对法规的强调（因为自我坎陷的需要），对礼仪的有限主义（ritual minimalism）、人民主权和政治参与、全球性的人权的强调，以及对压迫的批评。”[②]不难看出，比起孟旦一代，美国儒学研究的新辈们显示出承前启后、不断拓展的勇气。

（四）汉学家的他者视角、洞见与反思

孟旦的兴趣研究从最初学习西方哲学转向了中国文化，这是因为他厌倦了美国哲学界脱离现实、过度抽象的逻辑讨论，而人性、人情、伦理、道德等与“人”自身有关的问题更能吸引他的关注力，他力图在西方思想框架之外寻找一个突破口。他善于把哲学、汉学以及自然科学的研究方法结合起来，尤其是提出一系列新范畴或概念，围绕某个关键问题（如中国人性、认知方式、思维模式、教育、家庭伦理等），步步推理考究，得出的结论是历史研究与理论分析相结合的产物。

虽然孟旦十分注意揭示和论证现象背后所带有的普遍性的思维模式，

---

①［美］安靖如、武海霞：《“进步儒学”访谈录》，《中华读书报》2017年5月17日，第15版。

②［美］安靖如：《当代儒家政治哲学：进步儒学发凡》，韩华译，南昌：江西人民出版社，2015年，中文版序第2—3页。

但他从来也不宣称他所揭示的模式决定了事物的发展，他不说自己关于人性论的研究的结论决定了中国人的思想和教育的结果，而是仅仅强调这些模式可以很有意义地解释相当大部分的思想和教育的结果。这不仅仅是一种客观严谨的学风的体现，也是一种成熟的运用分寸感的素养的表现。①

孟旦的跨学科与跨文化的国际视野、严谨而开放的治学方法、特立独行的学术洞察力与前瞻性令人启发。同时，我们也要反思汉学家把中国作为研究对象时的多重身份与文化语境，他们往往借助迥异于西方的异国文明之思想资源，以“迂回与进入”（Detour and Entry）的方式进行逆向的反观：“这在遥远国度进行的意义微妙性的旅行促使我们回溯到我们自己的思想。”②孟旦也是通过中国文化思想的研究，旨在对西方文化之偏差或积弊进行批评，以此激发人类不同文明之间的互补、互证与创造力。正如杜维明先生所言：

如果说这些汉学家热爱中国文化当然对，但同时也是出于一种奇特而冷僻的智性追求，尤其是对“异质”文化的兴趣。这有点像福柯所引的比喻——中国百科全书（Chinese Encyclopedia），意即中国文化中所有的范畴、方法、结构等与西方都背道而驰。……这有点猎奇心理，因为其研究趣味和价值取决于研究对象与自己文化的距离。③

显然，孟旦的中国研究所体现的对“异国”文化的钟情、热爱与其对西方文化的反叛和反思不无关联：“中国古典哲学最初吸引我的一个层面是，它在考察道德的时候，似乎并非聚焦于拟人化的上帝话语，而是聚焦于源自人类心灵的某些自然特性。”④中国思想在事实—价值、认知与情感、精神—物质、主观—客观的非二元对立的方式，恰恰为孟旦批评西方二元对立的思维

① 刘笑敢：《从先秦到二十一世纪的人性探索和展望——孟旦先生治学简介》，载刘笑敢主编《中国哲学与文化》第1辑，桂林：广西师范大学出版社，2007年。

②［法］弗朗索瓦·于连：《迂回与进入》，杜小真译，北京：生活·读书·新知三联书店，1998年。

③［美］杜维明：《儒家精神取向的当代价值》，北京：北京大学出版社，2016年，第188页。

④［美］孟旦：《当科学为价值有涉的事实作辩护》，庞琳、刘燕译，载《世界哲学》2020年第4期。

之弊提供了批评的视角与修正的可能。

孟旦有关儒学人性、中国哲学的论述并非毫无瑕疵，也会受到各种挑战，有人质疑他使用了过多的新术语；也有从事分析哲学的学者认为其儒学研究不属于真正意义上的“哲学”。在孟旦眼中，这些抱怨或指责微不足道，重要的是我们应该持有一种开放的、创新的、对话的学术态度。孟旦的汉学研究之路不仅是其个人学术与生命走向圆满之硕果，也是近半个多世纪以来中美跨文化交流、互鉴与分享的美好见证。在一个频繁交流的全球化时代，孟旦的愿景也是我们的期盼：“‘儒家哲学’这一古老的观念无疑具有新的生命。中美学者不仅可以在这一课题上展开合作，而且他们的合作必定富于成果。”①

刘　燕　北京第二外国语学院文化与传播学院教授

①［美］孟旦著:《我的“格物”》，安延明译，载《世界哲学》2016年第2期。

北美汉学界论宋诗的政论性*

万 燚

摘 要：北美汉学界对宋诗的政论性有较为细致深入的研究。哥伦比亚大学博士Linda D' Argenio(莲达)、斯坦福大学教授Ronald Egan(艾朗诺)、普林斯顿大学博士Alfreda Murck（姜斐德）均通过细致的文本解读来揭示宋诗的政治寓意，论析宋诗所论之"政"的丰富内涵。而加拿大阿尔伯塔大学教授Colin S. C. Hawes（柯霖）则认为宋诗论政功能并不突出，诗人们以诗言政是缓解情感压力的一种表现。

关键词：北美汉学 宋诗 政论性

宋诗的"以诗论政"被认为是"宋调"的典型特征之一。北美汉学界对宋诗政论性的研究，时有标新立异、另辟蹊径之作，令人耳目一新。这些研究，或着意挖掘诗歌的政治寓意，或注重分析诗歌的创作语境，视角独特，观点新颖，其中不乏精当之论，对国内研究有一定的补益和启示作用。

一

关于宋初的诗歌创作，国内学者大多认为宋初"白体"诗人主要学习白居易的闲适诗，"晚唐体"诗人则主要描绘湖山胜景、隐居情趣，而"西昆体"诗歌"除了一小部分作品意在讽谏当朝政事或表露个人心迹，大部分主要是比较纯粹的文字游戏"①。宋初诗文革新的几位诗人如欧阳修、苏舜钦、梅尧臣、王安石等，开始自觉地以古诗或乐府表达对社会政治现实的关心，发挥诗歌的讽喻劝诫作用，或用古诗反映重大的政治事件和社会问题，

---

* 本文为国家社会科学基金一般项目"欧美汉学界中国文学史书写话语建构研究"的成果，批准号（19BWW017）；2022年海南省哲学社会科学研究重大专项课题"多语种图文版《海南东坡一百问》"的成果，批准号［HNSK（ZDZX）22-19］。

① 章培恒、骆玉明:《中国文学史新著》(第二版增订本)中卷，上海：复旦大学出版社，2011年，第216页。

或批判不合理之社会现实，或揭露弊政，这些论政之诗“比较重视对合乎官方政治伦理的教条的阐述，个人感情比较淡薄，诗歌带有程度不等的散文化倾向”[①]，体现出明显的政论性。对此，国外学者也体现出比较浓厚的学术兴趣，如哥伦比亚大学博士Linda D' Argenio（中文名：莲达）在她的博士论文《士大夫、乡绅、诗人：10—11世纪中国诗歌在士人文化中的角色》[Bureaucrats，Gentlemen，Poets：The Role of Poetry in the Literati Culture of Tenth-Eleventh Century China（960—1022）] 中，就深入探讨了宋初诗歌中所隐藏的政治意味。在她看来，“宋代第一代统治者与精英、文人间的联系，统治者为精英与文人在王朝建立中所设立的位置，以及文人对帝国政策的反映，都对诗歌创作有深刻影响”[②]。北宋开国之初的诗歌创作，即投射了政治的影子。她以白体诗人徐铉《纳后夕侍宴》一诗为例予以论证：

天上轩星正，Up in the skies lofty stars perpendicular
云间湛露垂。The clouds open，clear dew drops.
礼容过渭水，The ceremonials have crossed the Wei River，
宴喜胜瑶池。 The joy of the party surpasses the Jade Pond.
彩雾笼花烛，Multicolored mist encircles the painted candles，
升龙肃羽仪。A soaring dragon leads with its wings.
君臣欢乐日，Lord and ministers enjoy a day of merriment，
文物盛明时。 Culture flourishes in a brilliant age.
帘卷银河转，Curtains roll up，the silvery river winds
香凝玉漏迟。Fragrance condenses，the jade clepsydra slows down.
华封倾祝意，The border officer from Hua congratulatory wishes
觞酒与声诗。Wine in the vessels and the sound of poetry.[③]

① 章培恒、骆玉明：《中国文学史新著》（第二版增订本）中卷，上海：复旦大学出版社，2011年，第216页。

② Linda D' Argenio，“Bureaucrats，Gentlemen，Poets：The Role of Poetry in the Literati Culture of Tenth-Eleventh Century China（960—1022），”（PhD diss.，Columbia University，2003），p.3.

③ 北京大学古文献研究所：《全宋诗》（第一册），北京：北京大学出版社，1991年，第110页。英译见Linda D' Argenio，“Bureaucrats，Gentlemen，Poets：The Role of Poetry in the Literati Culture of Tenth-Eleventh Century China（960—1022），”（PhD diss.，Columbia University，2003），p.54.

莲达认为，宋初诗歌创作的自由度取决于帝王对诗歌所设置的限制。宫廷内的诗歌创作与个人声望、文化修养相关联。文人们在宴饮、庆典等场合进行的诗歌创作，经常是由帝王设置主题或韵律，然后由大臣进行应制文学创作。徐铉在这种背景下所创作的此类诗歌就不再仅仅承担简单的审美功能，而是“作为调剂君臣关系的宫廷社交活动，而且宫廷内的诗歌还成为衡量官员与帝国权力之间关系质量的艺术形式”[①]。徐铉的另一首诗歌《又三绝》（“汉主承乾帝道光”）借汉武帝柏梁赋诗典故颂皇家婚庆；王禹偁《寿宁节祝圣寿》（其七、其九）盛赞百姓安居乐业；王著《禁林宴会之什》、毕士安《禁林宴会之什》及苏易简《赠翰林学士宋公白》也是这一类作品。这些“歌颂王朝统治下的政治清明、天下太平与文化功绩”[②]的诗歌的背后有着权力和统治者的意志的影响。莲达指出，这种称颂和谐的君臣之谊是源于统治者团结文士与认同儒家价值观的结果。统治者团结文士的举措影响所及是文人自我意识的转换和位移。与唐初的宫廷诗歌创作相比，宋初诗人的自我身份意识更多地由文人转向了朝臣。

一般来说，对当朝政事有所讽谏是咏史诗的题中之义。莲达讨论《西昆酬唱集》中的咏史诗与当时政治环境之关系时也认为，与其他咏史诗经常承担教育与道德功能相同，《西昆酬唱集》中的“咏史诗”经常被赋予大量的政治信息及对宋王朝的批评。但她对西昆体中的咏史诗又作了进一步的分析和别样的解读。她以杨亿的《汉武》诗为例：

蓬莱银阙浪漫漫，At Penglai，by the silver palace，boundless waves，
弱水回风欲到难。Dangerous waters and whirlwinds make the approach hard.
光照竹宫劳夜拜，A ray shines on the Bamboo Palace where at night（one）labors at prayer，
露漙金掌费朝餐。Dew abundant in the golden palms：a costly breakfast.

① Linda D’Argenio，“Bureaucrats，Gentlemen，Poets：The Role of Poetry in the Literati Culture of Tenth-Eleventh Century China（960—1022），”（PhD diss.，Columbia University，2003），p.47.

② Linda D’Argenio，“Bureaucrats，Gentlemen，Poets：The Role of Poetry in the Literati Culture of Tenth-Eleventh Century China（960—1022），”（PhD diss.，Columbia University，2003），pp.53—54.

力通青海求龙种，His strength crosses the Qinghai Lake looking for the Longzhong,

死讳文成食马肝。To conceal Wen Cheng' s death (the emperor said that) he ate horse liver.

待诏先生齿编贝，The official in waiting has teeth like ranged shells,

那教索米向长安。He should not be made to seek for livelihood in Chang' an.[①]

莲达认为，与该诗类似，钱惟演的同题诗中有"立候东溟邀鹤驾，穷兵西极待龙媒"的诗句，刘筠的同题诗中有"秦桥未就已沉波"的诗句，均对汉武帝迷信道教神仙一事作了嘲讽。这些诗句可能均含有借古讽今的意图，但这些诗歌并不是直接指向最高统治者当时的具体政治行为或事件的，即反对宋真宗的泰山封禅与浪费民财。她的看法是，西昆体诗人们无论是以秦始皇、汉武帝、唐玄宗为题材，还是以某一特定历史时期或历史事件为题材的咏史诗，均只是"以一种相对安全的方式传递对帝国政策的批评"[②]。即批评的锋芒并不是指向皇帝的。

那西昆体诗人的咏史诗究竟有何用意和蕴意呢？莲达从两个方面进行了回答。一方面，她认为，杨亿及其同道的诗歌可能与其编撰《册府元龟》有关，即"咏史诗是一种编撰者个人对正在编撰事件发表评论的方式"[③]。

> 杨亿及其同道也许已经把诗歌写作视作他们对历史的个人性评判，表达他们对某些历史事件的立场，其间可能暗含对宋代统治者的警示性声明。这种阐释，去除针对皇帝的直接批评，并未减少诗歌的政治性意味。

---

①（宋）杨亿编，王仲荦注:《西昆酬唱集注》，北京：中华书局，1980年，第42—43页。英译见Linda D' Argenio, "Bureaucrats, Gentlemen, Poets: The Role of Poetry in the Literati Culture of Tenth-Eleventh Century China (960—1022)," (PhD diss., Columbia University, 2003), pp. 143—144.

② Linda D' Argenio, "Bureaucrats, Gentlemen, Poets: The Role of Poetry in the Literati Culture of Tenth-Eleventh Century China (960—1022)," (PhD diss., Columbia University, 2003), p.141.

③ Linda D' Argenio, "Bureaucrats, Gentlemen, Poets: The Role of Poetry in the Literati Culture of Tenth-Eleventh Century China (960—1022)," (PhD diss., Columbia University, 2003), pp.150—151.

在某种程度上，这些诗歌可以视作他们编撰工作的延伸。杨亿及其同道在诗歌写作中其实已经使自己承担了历史学家的权利和义务，即评价历史，并让人们以史为镜。[①]

另一方面，莲达认为这类咏史诗的创作与当时的党争有关。诗歌创作的大的背景是王钦若与寇准不和，而杨亿属寇准一派。王钦若热衷道家，并深得太宗、真宗信任。以王钦若为首的道家集团，对当时朝廷的宗教政策（religious policy）与信仰体系（system of beliefs）有直接的影响。因此，“在这样的语境中，诸如以汉武帝、唐玄宗、秦始皇为题材的诗歌，看起来较少对任何具体事件的含蓄批评，而是诗人以此表达对道家集团（指王钦若及其拥护者——引者注）影响帝王与宫廷的忧虑”[②]。

莲达考察宋初诗歌的角度较为独特。一方面是联系总体的政治文化背景，对诗歌的创作意图和动机作合乎情理的揣测和推导。另一方面，莲达往往并不将诗歌与具体历史事件直接联系在一起，而更强调考察此类诗歌的创作情境，以及诗人的立场倾向。

二

斯坦福大学东亚语言与文化系教授艾朗诺（Ronald C. Egan）在《剑桥中国文学史》中提出，梅尧臣的诗歌以“平淡”见长，但“他最负盛名的诗歌中，有好几首作品表现的是农民的艰辛，以及他经行乡村时目睹的乡村生活的其他方面。在这类诗歌中，梅尧臣虽然没有直接指斥地方官员的残酷治理，但也直言不讳地批评他们对其治下普通百姓的疾苦漠不关心”[③]，甚至不少诗作直接谈论军事、政治事件，抒发其不满之情。欧阳修的诗歌则避免个

① Linda D’Argenio，“Bureaucrats，Gentlemen，Poets：The Role of Poetry in the Literati Culture of Tenth-Eleventh Century China（960—1022），”（PhD diss.，Columbia University，2003），p151.

② Linda D’Argenio，“Bureaucrats，Gentlemen，Poets：The Role of Poetry in the Literati Culture of Tenth-Eleventh Century China（960—1022），”（PhD diss.，Columbia University，2003），p154.

③［美］孙康宜、［美］宇文所安主编:《剑桥中国文学史》，刘倩等译，北京：生活·读书·新知三联书店，2013年。

人化表达，甚有以诗歌表达社会评论、社会意识，如《初食车螯》：

累累盘中蛤，Piled high，the clams on the plate，
来自海之涯。They' ve come from the edge of the sea.
坐客初未识，At first the assembled guests did not know what they were，
食之先叹嗟。Then，tasting them，exclaimed with delight.
五代昔乖隔，During the five Dynasties the empire was divided，
九州如剖瓜。The Nine Provinces were like a melon sliced up.
东南限淮海，The southeast stopped at the Huai river，
邈不通夷华。It had no contact with the central plains.
于时北州人，At that time，people in the northern regions，
食食陋莫加。Lived on food and drink unspeakably coarse.
鸡豚为异味，Chicken and pork were their "unusual dished"，
贵贱无等差。Rich and poor all ate the same meals.
自从圣人出，But once our sage founder appeared
天下为一家。All under heaven was unified as one.
南产错交广，Southern products came equally from Jiao and Guang
西珍富邛巴。Western delicacies were plentiful from Qiong and Ba.
水载每连舳，Goods transported over water arrived in strings of boats，
陆输动盈车。Land shipment were brought in overflowing carts.
溪潜细毛发，Fresh-water streams yielded fish with delicate whiskers，
海怪雄须牙。The ocean sent powerful sea creatures with spines or teeth.
岂惟贵公侯，It was not just high-placed dukes and lords，
闾巷饱鱼虾。People in narrow lanes also gorged on seafood.
此蛤今始至，But these clams appeared in the capital only recently，
其来何晚邪。Why，I wonder，did they get here so late?
…………①

①（宋）欧阳修著:《欧阳修全集》，北京：中华书局，2001年，第98页。英译见（Kang-I Sun Chang and Steohen Owen eds.，*The Cambridge History of Chinese Literature.* New York：Cambridge University Press，2010），p.403.

艾朗诺认为，该诗第13行中的“圣人”指的正是宋代开国皇帝宋太祖。

艾朗诺还特意关注了王安石的政治诗歌。他认为，“王安石继承了前代以议论入诗的创作风格，长于在诗中发表政治见解。王安石早期诗歌最突出的特征，便是其对社会问题的触及”[①]。王安石在11世纪四五十年代创作的诗歌，就有涉及农民生活，对王朝政治予以批评的，如《促织》。此外，王安石还对诸多政治问题进了深入、复杂的思考，如《省兵》讨论了在当时引发朝廷激烈争论的军队供养问题，并提出了相应的改革方案：

有客语省兵，Someone here says we must reduce the number of soldiers，
兵省非所先。I say to do this straight away should not be our first step.
方今将不择，Today our generals are not properly chosen，
独以兵乘边。It is with the size of our armies that we guard our borders.
前攻已破散，If the first line of assault is defeated in an attack，
后距方完坚。The troops behind them remain strong and intact.
以众亢彼寡，By sending our larger numbers against the smaller enemy，
虽危犹幸全。We prevail even when caught in a crisis.
将既非其才，Our generals are of insufficient talent，
议又不得专。Their strategies are second-guessed by subordinates.
兵少败孰继，If troops are reduced，there will be no reinforcement in case of a defeat，
胡来饮秦川。The barbarians will advance to drink from the Qin river.
万一虽不尔，If you say this reasoning is incorrect，
省兵当何缘。Then by that criteria would you have us reduce the troops?
骄惰习已久，Our soldiers are accustomed to being arrogant and lazy，
去归岂能田。Send them home：do you think they will farm the land?
不田亦不桑，Not farming nor producing silk either，
衣食犹兵然。Their need for food and clothing will be the same as active troops.
省兵岂无时，The right time will come to reduce the number of soldiers，

---

①［美］孙康宜、［美］宇文所安主编：《剑桥中国文学史》，刘倩等译，北京：生活·读书·新知三联书店，2013年，第450页。

施置有后前。But it must be done in the proper sequence of steps.
…………[1]

艾朗诺注意到，王安石诗歌充满了政治讨论，此为当时奏议类文体的内容。王安石步入中年以后，尤其是在担任政府要职与担任改革领袖期间，他的诗歌“依然极易与他的公共生活、政治观点联系在一起”[2]，如名作《明妃曲》便别有深意，尤其是“君不见，长门咫尺闭阿娇，人生失意无南北”，在艾朗诺看来其“政治意涵显而易见，如果皇帝不听从臣子的建议，即使身处朝堂，也无异于被贬逐他方”[3]。在11世纪70年代，王安石的改革遭遇保守派的猛烈攻击，因此，诗歌也成为王安石回击政敌抨击的重要手段，如反对派将他视为商鞅，他亦作《商鞅》诗赞美商鞅的守信与执行力，这无疑是为己辩护，而《众人》一诗更可视为改革决心的誓言。当然随着时局的变化，王安石远离朝廷则意味着“作为诗人的王安石的活动，无论在哪种意义上，都不再取决于他作为政治领袖的身份”[4]，换言之，伴随官宦生涯的结束，其诗歌的政治色彩也随之消弭。

艾朗诺也关注苏轼诗歌，探讨了诗歌中苏轼对王安石新法的态度，其间艾朗诺评价道：

在外省为官的这些年间，苏轼将自己耳闻目睹的农民生活的艰难困苦归咎于朝廷实施的误入歧途的变法。但他不再上书抗议，显然是因为他觉得徒劳无用。他开始在个人写作中抨击“新法”，既有散文，也有诗歌。他将很多这类作品寄给朋友，或是因为朋友索文（如撰写室铭），或只是出于共赏其文的愉悦。他谈及“新法”时总是语带讥讽地谈及掌控这个国家的“圣明统治”。这类观察，散见于他的各种写作中。有时候，这类观

①（宋）王安石：《临川先生文集》，北京：中华书局，1959年，第177页。英译见（Kang-I Sun Chang and Steohen Owen eds.，*The Cambridge History of Chinese Literature.* New York：Cambridge University Press，2010），p.403.

②［美］孙康宜、［美］宇文所安主编：《剑桥中国文学史》，刘倩等译，北京：生活·读书·新知三联书店，2013年，第453页。

③［美］孙康宜、［美］宇文所安主编：《剑桥中国文学史》，刘倩等译，北京：生活·读书·新知三联书店，2013年，第454页。

④［美］孙康宜、［美］宇文所安主编：《剑桥中国文学史》，刘倩等译，北京：生活·读书·新知三联书店，2013年，第458页。

察还生硬地闯入手边主题，苏轼似乎无法克制自己对于改革喋喋不休的敌意。①

简言之，在艾朗诺看来，苏轼将诗文创作视为反对新法的重要媒介，这些作品也成为政敌攻讦的依据，由此导致文字狱——“乌台诗案”。

三

对宋诗言政现象进行细致深入解读的还有普林斯顿大学博士姜斐德（Alfreda Murck），其《宋代诗画中的政治隐情》（*Poetry and Painting in Song China: The Subtle Art of Dissent*）具体分析了几个相当典型的例子，包括苏轼与王诜关于《烟江叠嶂图》的诗歌唱和，黄庭坚《松风阁》、惠洪《潇湘八景》、胡铨《潇湘夜雨》。

姜斐德认为，苏轼和王诜借助诗歌既讨论了艺术问题，更为重要的是试图在诗中以相对安全的做法寄托非常明显的政治寓意：

> 他们从杜诗中不仅发现了有关乱世的敏锐思想，而且也发现了适用于北宋朝廷以及他们的毁谤者的尖刻批评。……故意为之隐晦表明作者深知直接（或者是谨慎）批评的危险性，而这种危险性并未阻止诗人们表达他们的思想，他们只是寻求可以规避祸患的方式。②

苏王二人虽曾因诗致祸，但他们依然关心时局，且依然试图通过诗歌来表达其政治观点，故借杜诗之韵与主题来言政。体现在二人常在诗句中指责朝廷或者政敌，如王诜《奉和子瞻内翰见赠长韵》中的首句“帝子相从玉斗边，洞箫忽断散非烟”“是对熙宁年间所发生时间的隐喻性总结。由于反对新政的举动不再被容忍，一个接一个的士大夫被逐出朝廷”③；苏轼《王晋卿作〈烟江叠嶂图〉，仆赋诗十四韵，晋卿和之，语特奇丽。因复次韵，不独纪其诗画之美，亦为道其出处契阔之故，而终之以不忘在莒之戒，亦朋友忠

① [美] 孙康宜、[美] 宇文所安主编:《剑桥中国文学史》，刘倩等译，北京：生活·读书·新知三联书店，2013年，第462页。

② [美] 姜斐德:《宋代诗画中的政治隐情》，北京：中华书局，2009年，第130页。

③ [美] 姜斐德:《宋代诗画中的政治隐情》，北京：中华书局，2009年，第117页。

爱之义也》之“惟有马埒编金泉”与“渥洼故自千里足”也是“苏轼用这种非同寻常的解读来指责当时朝中的小人，他们空踞高位，腐朽无能，使真正的贤才得不到任用”①。当然，其中也不乏表达对政治失望因而试图隐退之作，如王诜《子瞻再和前篇，非唯格韵高绝，而语意郑重，相与甚厚，因复用韵答谢之》，在姜斐德看来，“尽管苏轼或公开或隐讳地带有怒气，王诜的大夫则较为温和。或许王诜打算以此来安慰苏轼，表示自己尽管对时事失望，但仍安于天命。王诜不再提及朝廷仕途，而是代之以道家的意象和寓言，他以此暗示自己期望从错综复杂的宫廷生活中隐退”②。

与此同时，姜斐德还指出，黄庭坚的《松风阁》与惠洪的《潇湘八景》诗都与北宋政治有关。一方面，对黄庭坚而言，“如果不存在党争和政治迫害的危险，如果描述农民疾苦或质疑朝廷政策不会招致惩罚，那么黄庭坚的诗风未必会变得如此深奥晦涩”③，这为揭示黄庭坚诗风产生的外在因素提供了某种可能性。其《松风阁》之“斧斤所赦今参天”所“使用的动词提示了明显的寓意，赦表示朝廷的大赦、减刑或宽恕。他可能在回忆元丰二年（1079）乌台诗案中苏轼从死刑获得赦免”；另一方面，惠洪出入尘俗，其人其诗独树一帜，姜斐德认为其《潇湘八景》诗可能有政治隐喻，如《山市晴岚》一诗影射王安石新法。此外，胡铨作为主战派，力主抗金，后遭贬谪、流放，《题自画潇湘夜雨图》“一片潇湘落笔端，骚人千古带愁看。不堪秋著枫林港，雨阔烟深夜钓寒”也“在黯淡和秋意之中暗示了不公正的流放，以及对可悲境遇的深切悲哀”④。

四

加拿大阿尔伯塔大学（The University of Alberta）教授柯霖（Colin S. C. Hawes）在《北宋中期诗歌的社会流通——气与文人的自我修养》（*The Social Circulation of Poetry in the Mid-Northern Song: Emotional Energy and Literati Self-Cultivation*）一书设专章《作为社会与政治批评的诗歌》（Poetry as Political and Social Criticism）讨论诗歌与政治的关系。柯霖认为，北宋

①［美］姜斐德:《宋代诗画中的政治隐情》，北京：中华书局，2009年，第122页。
②［美］姜斐德:《宋代诗画中的政治隐情》，北京：中华书局，2009年，第125页。
③［美］姜斐德:《宋代诗画中的政治隐情》，北京：中华书局，2009年，第134页。
④［美］姜斐德:《宋代诗画中的政治隐情》，北京：中华书局，2009年，第188页。

诗人对诗歌的社会政治功能有清醒的意识，但那些社会政治主题诗歌更关涉个人性问题与非政治内容，且质疑前人对北宋诗歌“载道”功能的估计，即“直接的政治与社会批评不是北宋时期诗歌的最重要的功能”[①]，北宋诗人写作诗歌的目的还在于交换意见、增进联系与情感释放。且此时诗人的诗歌理论、批评也显示出他们并未突出诗歌的政治功能，而是以之缓解情感压力，他们极少公开或直接地表达其政治观点。如他认为梅尧臣《范饶州坐中客语食河豚鱼》虽然有不少批评家（如刘若愚）将该诗与当时的政治斗争相联系，但柯霖却认为梅尧臣此时被贬且作为范仲淹的座上宾，不可能批评东道主的党派主义，梅尧臣意在“以较为琐碎的主题，自如地表达共有的挫败感”[②]。梅尧臣《聚蚊》及欧阳修《和圣俞聚蚊》无疑是讽刺贪婪的收税官剥削下层人民，但欧阳修后期诗歌很难被简单地归入政治寓言，如《憎蚊》（“扰扰万类殊，可憎非一族”）“表达了欧阳修个人的挫败感，即一小撮邪恶势力破坏他的生活，通过写作将挫败转化为苦笑”[③]，传统社会政治诗歌通过描写普通百姓的苦难生活，意在说服朝廷或官员更公正地统治百姓，但欧阳修试图通过该诗来缓解个人沮丧，且该诗仅在朋友之间传阅。此外，柯霖还认为欧阳修《答梅圣俞大雨见寄》（“夕云若颓山，夜雨如洪渠”）大部分内容都聚焦自我所处困境而非普通百姓，大部分内容与政治事件并无直接关联，并不符合传统社会政治诗歌的模式。当然“尽管这些诗并不必然与政治相关，他们只在朋友圈里传播，但有时会被政敌当作攻击的靶子，诬陷他们谤讪朝廷”[④]。

但柯霖也注意到，在北宋特殊的政治环境中，政敌常在诗歌中寻找蛛丝

① Colin S. C. Hawes, *The Social Circulation of Poetry in the Mid-Northern Song: Emotional Energy and Literati Self-Cultivation*（New York: State University of New York Press, 2005）, p. 12.

② Colin S. C. Hawes, *The Social Circulation of Poetry in the Mid-Northern Song: Emotional Energy and Literati Self-Cultivation*（New York: State University of New York Press, 2005）, p. 19.

③ Colin S. C. Hawes, *The Social Circulation of Poetry in the Mid-Northern Song: Emotional Energy and Literati Self-Cultivation*（New York: State University of New York Press, 2005）, p. 20.

④ Colin S. C. Hawes, *The Social Circulation of Poetry in the Mid-Northern Song: Emotional Energy and Literati Self-Cultivation*（New York: State University of New York Press, 2005）, p. 25.

马迹来污蔑诗人不可告人的意图与对帝王不敬的证据，如1036年蔡襄所作《四贤一不肖》，诗人将年轻的改革者与古代贤才进行比较，指责无耻的弹劾者，蔡襄的政敌于1044年以该诗为据指斥其结党，范仲淹也因此被贬。由此可见，北宋中期，诗歌与政治间确有密切联系，但写诗对朝廷官员来说极具危险性，且这种危险难以预知，诗歌写作的语境通常也不被考虑，故极易被误读；另一方面，诗歌本身并不足以作为定罪的证据，它们往往与具体的犯罪行为相伴随，换言之，诗歌本身并不是政治事件的催化剂，但却极有可能被作为政治犯罪的外围证据。诗人创作并非政治行为，而是当作分享个人情感的方式，诗歌通常被误解纯属政治原因，不能证明诗人将诗歌创作视为一种政治武器。简言之“北宋诗人创作诗歌的主要目的，通过诗歌唱和行为加强社会团结，而不是通过诗歌的内容，即便是最琐碎与漫不经心的题材也能实现这一目的”①。

结　语

综上，北美汉学界充分意识到宋朝政治环境与诗歌创作之间的紧密关联，细致深入开掘宋诗所论之“政”的具体内涵。学者们也注意到宋诗论政所产生的社会历史语境以及作者身份意识的改变，正是由于宋代特殊的政治环境、宋代文人身份意识减弱而士人意识增强，宋诗政治功能得以凸显，饱含丰富的政治见解，形成宋诗鲜明的政论性，从而与唐诗区别开来。当然，尽管也有学者提出宋诗论政功能并不突出，诗人以此缓解情感压力的用意更为明显，但也注意到宋诗与政治之间的密切关联，看到宋诗虽不是政治事件的催化剂，但容易作为政治犯罪之证据。较之国内学界，北美学者从宽广的社会历史语境及其文人身份意识变化等视角切入分析宋诗政治性，且通过细致的文本解读揭示宋诗的政治内涵，体现西方学术之优长，不乏精当之论，可资镜鉴。

万　燚　四川轻化工大学人文学院教授

---

① Colin S. C. Hawes, *The Social Circulation of Poetry in the Mid-Northern Song: Emotional Energy and Literati Self-Cultivation* (New York: State University of New York Press, 2005), p. 30.

缔造文学之美

——美国学者田安关于《花间集》的研究

鞠 楠

摘 要：美国学者田安对于《花间集》创新性的研究主要包括历史文化背景以及文学内部诸种特征两大部分。前者在征引了丰富的历史文化资料后，给予《花间集》以准确的文学史定位，理顺了花间词的文学及文化生成逻辑；后半部分则从多个视角深入发掘了花间词的文学特质，足以扭转对于花间词软媚柔靡的固有评价。

关键词:《花间集》 选本 文化语境 文学特征

美国学者田安（Anna M.Shields，1966— ）师从美国著名汉学家、中国古代诗歌研究专家宇文所安（Stephen Owen，1946— ），又师从北美著名道教研究专家柏夷（Stephen R.Bokenkamp，1949— ），具有深厚的中国古代诗歌以及古代文化学科背景。田安教授的《缔造选本:〈花间集〉的文化语境与诗学实践》[The Cultural Contexts and Poetic Practice of the Huajian Ji（Collection From Among the Flowers）]，将研究目标聚焦于中国古代诗歌史重要的标志性选本《花间集》，借助自己所接受的文学以及文化史双重专业训练，从历史文化背景以及内部诗学特征两个方面，给予《花间集》及花间派词人以全新关注，得出了较为丰富的、不同于以往认识的研究成果，对于我们重新认识词史的发展逻辑，理解花间词人创作成果所具备的承上启下的历史意义，深入体会“知人论世”的学术研究方法，都具有重要参考意义。《花间集》是目前所见最早的词集，同时也是严格按照文体进行归类的一部文学选本，同时又因为专收五代时期偏安一隅的后蜀词人的作品，因而带有明确的文体学意义、特殊的时代以及地域文化属性，确实是一部进行文化史研究以及文学文体研究的极好实例。

一、时间与地点：孕育《花间集》的特殊时空环境

词这种诗体起源很早，从现有文学史材料来看，盛唐时期就有了较为成熟的词，很多文人如李白、白居易、刘禹锡等人，还饶有兴致地进行了仿作。这种来自民间的欢快乐曲越来越受到专业作家的青睐，大兴于宋，慢慢与音乐、演唱脱离，最终演变为纯粹书面文学。在词史的发展中，《花间集》作为第一部文体性质明确的选本，在词体独立及成熟的过程中具有非凡意义，那么《花间集》为什么会在蜀地产生而非文化中心长安或洛阳？为什么是在唐末五代那个特殊的时代？田安教授著作的前半部分就聚焦于此。

田安教授的研究分为两个部分。第一部分为“文化语境”，从大的文化背景方面分析花间词产生的时代背景（第一章 时代之“风”：唐文化与曲子词）、作者群体的生成及特点（第二章 诗人之“位”：10世纪蜀国朝廷与文化）和文学史的承继关系（第三章 撷诗之“英”：唐和蜀的选本）。通过以上3个方面的内容，较为完整地将花间词产生的历史与地域背景进行了细致的研究，并且将其置于广阔的文学史发展中进行研究。虽然是美国学者，但是田安教授深谙“知人论世”的重要性，将历史学、考古学、文献学、文化人类学的相关知识用于文学研究，确立了《花间集》在文学史、文化史中的重要地位。

《花间集》的产生在中国词史的发展过程中是一件意义重大的事件，词体至此基本成熟完善，但是为什么偏偏是这样一个时间，为什么偏偏是在蜀地？田安教授通过以上3章的论述将花间词的产生置于特定的文化语境中进行了深度还原，得出令人信服的结论。《花间集》的诞生，至少有以下独特的文化史条件：从纯粹文学发展角度来讲，唐代的近体诗早已定型固化，诗歌需要进化到新的体式，更加活泼的词新鲜可喜，开始登上文学舞台。作者谈到欧阳炯对于《花间集》的推崇时说道：“在中国文学史上，罕有人像他那样为歌词辩护，宣称填词是一种风雅行为。”[①]欧阳炯对于歌词的推崇，从更加宏大的文学发展背景来看，并不是离经叛道，而是处在文学发展的必然之路上。从时代背景来看，唐代外向开拓进取的时代风气一去不复返，整体文化风格转为内敛精致，比如作者敏锐地指出：“此时，中原与边疆的传统联

① [美] 田安:《缔造选本:〈花间集〉的文化语境与诗学实践》，马强才译，南京：江苏人民出版社，2016年，第8页。

系，被完全割断。"[①]因为唐王朝政治影响力的衰退，边疆少数民族地区特别是最重要的西北边疆与中央政府的联系越来越少，拥有刚健风骨的盛唐气象逐渐消失，盛唐气象的总体审美风尚明显偏向阳刚，政治趋向于主动开拓进取，艺术风格则豪迈大气，雄性色彩明显。这种审美风尚的形成，来自西北地区游牧民族的影响很大。《花间集》就产生在这种时代风气发生重要改变的时期。另外，蜀地当时的特殊性也不容忽视：在那个战乱频仍的时代，蜀地文人以及逃难到蜀地的文人们，颇有偏安一隅、旁观外部风云激荡而独享闲适人生的劫后余生之感慨，与蜀地本身就存在的享乐传统相结合，一种专注享受、淡化外界社会政治因素的抒情风格就出现了。

《花间集》在历史上曾经被认定，甚至直到今天在很多文学史书写中都被认为是奢靡软媚文风的代表，这与距离后蜀时代最近的宋代文人群体对其所做的评价结果关系密切，后代的评价基本都沿袭了宋代的相关结论。田安教授认为："宋代历史学家，一致判定南方'十国'皆为割据作乱，因而是彻头彻尾的僭伪政权。"[②]并且这种情况随着北宋政权的进一步巩固而愈演愈烈，"他们必须审慎叙述宋代统一前的历史，毫不留情地谴责分离割据者的野心。随着时间流逝，批评口吻日渐加厉。"[③]正因为宋代官方认定后蜀政权的僭伪性质，所以在评价相关的文学成就时，颇有些俯视的眼光，对其评价不高也就顺理成章了。正因存在如此的文化批评背景，所以"在宋代史家看来，欧阳炯集中代表了蜀国的堕落腐朽；……欧阳炯有关蜀地精英谈论和选编曲子词的描述，与后来史家对蜀国官员的批评（宋代史家可能会说是堕落）之间的出入参差，彰显了蜀国政治和文化生活，特征为离经叛道。"[④]其实从文化及文学的实际发展逻辑来看，这种宋代正统文人所谓的"离经叛道"实际可能更加符合社会思潮之发展以及文学演进的规律——来自民间的更加富有生活气息的艺术形式往往会取代陈旧死板的作品，只是宋代官方声音不承认而

① [美]田安:《缔造选本:〈花间集〉的文化语境与诗学实践》，马强才译，南京：江苏人民出版社，2016年，第6页。

② [美]田安:《缔造选本:〈花间集〉的文化语境与诗学实践》，马强才译，南京：江苏人民出版社，2016年，第59页。

③ [美]田安:《缔造选本:〈花间集〉的文化语境与诗学实践》，马强才译，南京：江苏人民出版社，2016年，第60页。

④ [美]田安:《缔造选本:〈花间集〉的文化语境与诗学实践》，马强才译，南京：江苏人民出版社，2016年，第56页。

已。田安教授其实对于宋代以欧阳修为代表的正统文人对于蜀地政权“腐化”的批评并不同意，即使没有明确表达反对，也曲折地提出了反对意见：“很多两蜀官员，藉由自己的文学才华，包括编辑和演奏曲子词，而获得职位。当然，唐代时候，未有人如此。相反，唐代经常奖励个人功劳，包括军功和文名。”[①]也就是说，后蜀官员们凭借的是自身的真才实学而获得的政治地位，后蜀是一个颇为政通人和的政权，并不如宋代官方评价中那般堕落。这是扭转《花间集》固有负面评价的基础。而且正如作者所说：“从9世纪初到唐朝末年，有关爱情的故事、逸闻、诗词和歌曲，以前所未闻的数量出现。”[②]这种艺术内容以及艺术风格方面的新变，实际上由来有自，并非一时新起。作者在该部著作的下编中明确：“与其说花间词的内容，代表了文学文化中的一个全新趋势，毋宁说它渊源于中、晚唐的文学风气。”[③]也就是说，花间词所谓的新，是一种继承基础上的新，自有其艺术史发展逻辑。

其实类似《花间集》这样的“异端”在中国历史上并不罕见，特别是在大一统帝国崩溃或者出现严重危机的时期，传统社会解体或者即将解体之时，社会思潮会在短期内发生重大变化，原来的“异端”可以大胆公开自己的意见而无须担心被正统所批评。中国历史上几次文化以及艺术的重大突破都是在这样的大背景下完成的。但是当政局又一次稳定下来，保守思想重新掌握话语权时，正统文人对动荡时期的新兴艺术形态可能会进行艺术批评上的重新评判，并借此完成官方话语的回归，重新确立正统思想的统治地位。

作为第一批在文体方面较为成熟的词，花间词有没有完成在文体方面的有效探索，有没有形成专属于“词”的文体特征，这是一个非常值得探讨的问题。从词体整体历史来看，花间词远远没有完成完全意义上的文体探索。当然词这种文体本身发展演变的趋势就是经历过数次重要的文体变化，也经历过多次重要的关于什么才是词的“当行本色”的文体讨论。可以说，词这种文体，就是在这些不断的文体演变以及关于文体变化的讨论中一路发展而来的，从严格意义上说，不同发展阶段，词这种文体具备不同的文体特点，

---

①［美］田安：《缔造选本：〈花间集〉的文化语境与诗学实践》，马强才译，南京：江苏人民出版社，2016年，第70页。

②［美］田安：《缔造选本：〈花间集〉的文化语境与诗学实践》，马强才译，南京：江苏人民出版社，2016年，第28页。

③［美］田安：《缔造选本：〈花间集〉的文化语境与诗学实践》，马强才译，南京：江苏人民出版社，2016年，第134页。

这才符合词这种特殊文体的真实情况。也就是说，《花间集》如果说从整个词史的发展中来看，远没有完成词体独立的文体探索，但是在其所处的那个词体萌芽时期，其实已经完全实现了相对于异常成熟的诗体的文体独立探索：词这种文体在《花间集》结集之时，在花间派词人完成几百首优美词作创作的时候，已经与成就极高的唐代诗歌拉开了距离，而且是以一种明确自觉的方式进行的。词作为一种全新的文体，独立自《花间集》始。

对于《花间集》所体现出来的文体学意义，作者基本抱有怀疑的态度。因为在作者理解中，古代中国对于文体这一问题始终不甚重视，中国文论史上著名的《文赋》和《文心雕龙》虽然对于文体早有论述，“然而他们的影响，直到清代晚期，仍未激起广泛反响。”[①]在这种背景下，《花间集》就更值得重视。“它在中国文学选本中，几乎是前所未有地稳定一致地用一种单一文学样式表达一种单一文学主题。”[②]

作者还将《花间集》作为诗歌作品选本，放到一系列中古时期的选本以及编选实践中进行对比考察，“这些选本内容，无论是正统或是异端，所有文学选本，皆为他人的遵循、反对或挑战，提供目标和范式。因此，选本有助于我们理解文学史，把握推动文学演变的动力，摸清文体超越时代的因素”[③]。通过这种历时性的对比研究，《花间集》的文体学意义更为清晰地显现出来。一种全新的文体孕育成熟，需要很多形式以及内容方面的特征，绝不仅仅只是将原有诗体的整齐语句变成长短句这样简单。词的独立，以整个中国古代社会大转型为宏大的历史背景：玄宗时期的安史之乱，不仅仅让中国遭遇了极大的摧毁，使得整个唐帝国由盛转衰，而且中断了汉唐时代的对外开拓进程，随着中原政权再也无力向外开疆拓土，甚至对边疆地区的掌控也严重下降，中国文化就此由昂扬刚健、开拓进取转向为内敛含蓄、精致文雅。中国文化中的雄性基因逐渐减少，偏向于女性的柔性审美气质开始抬头，《花间集》正处于这样一个审美文化发生剧烈转型的时期——或者说，《花间集》以自身的文学实践，深度参与了这样一场审美转型，并且为这一

① [美] 田安：《缔造选本：〈花间集〉的文化语境与诗学实践》，马强才译，南京：江苏人民出版社，2016年，第4页。

② [美] 田安：《缔造选本：〈花间集〉的文化语境与诗学实践》，马强才译，南京：江苏人民出版社，2016年，第20页。

③ [美] 田安：《缔造选本：〈花间集〉的文化语境与诗学实践》，马强才译，南京：江苏人民出版社，2016年，第5页。

时期的文学审美风尚树立了明确的标杆。

巴蜀文化在整个中国的各个地方文化中，颇有自身特点。这种独特的文化特点深植于四川盆地的自然条件。四川盆地四周高山围绕，几条与外部连接的通道都路险难行，所以极易形成一种自足且封闭的生活体系以及与之相应的整体文化。四川盆地颇多天惠，自然条件优越，自古不需要特别操劳即可实现富足生活，所以蜀地很早就形成了享乐之风，当地人们对于音乐、舞蹈、文学等艺术的热情颇高，《隋书·地理志》就指出蜀地"颇慕文学，时有斐然""人多工巧，绫锦雕镂之妙，殆侔于上国""然多溺于逸乐"①。正如作者所强调："忽视成书地域及大部分诗作的创作环境为蜀国的事实，以及此地的独特文化语境，我们会误解蜀国诗人所拥有与运用的曲子词概念。"②只有将作品置于具体的历史文化语境中分析，其独特的艺术价值才会变得更加明确。

二、文体本身的具体特征

在本书后半部分的第四章《由仿到创:〈花间集〉的诗艺》中，田安教授明确了词出于诗的文学史演变渠道，认为词就是从诗这一涵盖面更大、拥有极其完善创作规律及创作技巧的文体中孕育，从初期的模仿逐渐走向总结出真正属于词体的创作之路。在这其中，温庭筠是花间派词人的一个重要学习对象，不仅因为温家后裔"在唐代灭亡之后，已永久定居四川"③，温氏子孙深度参与了后蜀的文化生活；更重要的原因还在于温庭筠本身就是最早投入词的创作的文学家，他的词作是能够找到可以进行模仿的最早、最成熟的写作范本，而且温氏词作树立起来的"富丽"风格，也非常符合当时的审美风尚。田安教授再次展示了对于数据统计的有效应用，通过统计表格，可以直观发现，温庭筠运用最为成熟的《菩萨蛮》词牌，在《花间集》中得到广泛呼应，共有8名词人创作了27首《菩萨蛮》词。④温氏词风的重要特征之一

①（唐）魏徵等撰:《隋书》，北京：中华书局，2011年，第830页。

②［美］田安:《缔造选本:〈花间集〉的文化语境与诗学实践》，马强才译，南京：江苏人民出版社，2016年，第3页。

③［美］田安:《缔造选本:〈花间集〉的文化语境与诗学实践》，马强才译，南京：江苏人民出版社，2016年，第146页。

④ 像这样的数据统计，在本书多次出现，例如对于《花间集》中与前蜀直接相关的词人创作的统计、《花间词》所列18名诗人职官及其所知唐代品轶、选集中的"杂言韵文"等。

即为拥有异常显著的女性审美倾向：“自然环境，为人物形象的情感舞台；闺阁庭院，神秘莫测，遮掩人物，诱人一窥究竟；情感心理，要么通过景物细节暗示，要么通过偷听隐身或仅部分能见的女性主人公的凄怨而得以交流传达。”[①]既然认为从整体风格来看，女性的柔性审美倾向是花间派词人着力模仿的重点，这既是这批中国最早的词人所认可的风格导向，同时也是词作为一种全新文体的重要特征，那么紧接下来的第五章《体、象、声：花间词里的性别》，在论述逻辑上就顺理成章了。

这一章论述的是在更为具体的美学层面，《花间集》所拥有的创新性的美学特点。田安教授以“性别”统领这些审美特征，那么这些更具体层面的美学特征就应当被统一于女性审美倾向之下。这其中，“声”也就是声音方面的审美特点不仅更加符合“花间”这种女性审美倾向，而且还与“词”的文体特征结合更为紧密。词的标志性文体特征之一，就是与音乐关系异常紧密，失去了音乐性，词也就不成为词了。这种文体特征具有如下的演化趋势：随着词体的演进，与音乐的关系逐渐趋于弱化，到了后期，甚至成为纯粹的书面文学，失去了演唱的功能。但是作为早期词，花间词本身的音乐属性异常强烈。为了能够更加适应被真正唱出来，花间词留下诸多明显的痕迹。比如叠字这种典型的拟声词频繁出现：“遇酒且呵呵”“惊睡觉，笑呵呵”“人汹汹，鼓冬冬”，直接表现主动对声音的寻找、追索的“觉来闻晓莺”“坐听晨钟”“惆怅闻晓莺”等，像“管弦”“响亮”“清越”等直接与声音相关的名词、形容词，以及主动创造美妙声音的动词“吹笛、吹笙、鸣琴、唱小词、弹弦”等等，就更为常见。对于声音意象的主动追求以及大范围使用，田安将这一点上升为花间词异常显著的外在特征：“前辈诗人的风格体式对花间诗人词作有影响，然而他们对于视角和声音的选择，于己作影响更大。”[②]这除了可以用适合演唱进行解释外，应该还有更为深层的原因。田安教授对此进行了专门探讨，认为对于声音的格外关注，从属于女性审美风尚的总体特点，特别是与花间词人有意使用女性视角作为词的叙事者这一突破性写法有关。任何文学作品都有一种来自作品内部的叙事声音，花间词人虽然皆为男性，但是在作词时，常常将抒情主人公设定为女性，尽力去想象

① [美] 田安：《缔造选本：〈花间集〉的文化语境与诗学实践》，马强才译，南京：江苏人民出版社，2016年，第149页。

② [美] 田安：《缔造选本：〈花间集〉的文化语境与诗学实践》，马强才译，南京：江苏人民出版社，2016年，第218页。

模拟女性的眼光、语气。女性天生细腻敏感，对于外界精巧的声音当然会给予更多关注，这些声音意象以及声音描写，大量出现在花间词中，也就顺理成章了。欧阳炯在《花间集·叙》中所说："唱云谣则金母词清，挹霞醴则穆王心醉；名高《白雪》，声声而自和鸾歌；响遏行云，字字而偏谐凤律。"[①]这种对于声音的集体追求很明显来自花间词人审美方面的高度自觉。花间词人们对于声音的特别偏爱，其实也与蜀地文化传统息息相关。比如来到成都避难的杜甫，也惊讶于蜀地高度发达的音乐，在杜甫看来，这种对于音乐的热爱和投入在蜀地是一种群体行为，他将这种音乐兴盛的情况概括为："喧然名都会，吹箫间笙簧。"[②]在长安和洛阳生活多年，见识过大场面且与李龟年等大唐顶尖演唱家有过直接接触的杜甫，在欣赏完蜀地音乐家的演奏后，也不禁发出由衷的赞叹："锦城丝管日纷纷，半入江天半入云。此曲只应天上有，人间能得几回闻。"[③]田安教授准确把握住了花间词音乐性强的特点，并将这一问题与女性审美结合起来进行分析，得出的结论令人信服。

谈论到产生在蜀地的《花间集》，很容易与蜀地的重要地方文化之一联系起来，那就是道家信仰以及与之相应的广泛的神仙崇拜。实际上，蜀地本身就是中国道教的发源地与大本营。东汉时期的张道陵，虽然在江西龙虎山筑坛炼丹而正式出家，但他在晚年时入蜀，道教中心随之移来四川鹤鸣山，借太上老君显灵之祥瑞，创立正一道，中国道教就此正式作为宗教组织开始建立。唐代皇帝因为李姓的原因，对于道教追认的真人之一老子崇敬有加，故道教在唐代得到空前繁荣的发展。唐代很多著名文人，均喜好求仙访道。唐末到后蜀这段时间，天下大乱，普通民众将更多的热情投入来世的解脱幻想当中，道教的影响更加深入。在宗教气氛如此浓厚的文化环境之下生活的词人们，当然会受到影响。《花间集》中本身很多词牌如《女冠子》《巫山一段云》《临江仙》《河渎神》《天仙子》等等，仅从词牌名就可以看出，这些词作的浓厚道教背景。[④]在这些词作中，诸如"水晶宫""玉皇""神仙""钧天"等道教意象与词汇频频出现，"刘郎次日别天仙""霓旌绛节一群群，引见玉华君""品流巫峡外，名籍紫微中"更以道教相关仙人传说入词，支撑起整首词的叙事结构。所以，如果探讨《花间集》的文化语境这一问题，道

---

① 赵崇祚编：《花间集校注》，杨景龙校注，北京：中华书局，2014年，第1页。

② 萧涤非主编：《杜甫全集校注》，北京：人民文学出版社，第1892—1893页。

③ 萧涤非主编：《杜甫全集校注》，北京：人民文学出版社，第2335—2338页。

④ 李博昊：《〈花间集〉道教书写探微》，载《中华文化论坛》2019年第4期。

教的影响绝对不容忽视。

田安教授将这一文化背景的内容放置在第二部分“诗学实践”中讨论，使用的线索是神女，重点关注《花间集》中的仙子形象。因为蜀地自古神仙崇拜盛行，张道陵来此开坛传道后，四川更成为全国道教信仰中心，广建庙宇祠堂，信徒狂热，烟火日炽。田安教授眼光独到，在这么多的仙人崇拜中独独挑中“神女”进行分析，正契合蜀地文化特色。神女形象，来源非常明确，为三峡地区的巫山神女，三峡自古为蜀地门户，这位本来长于山区的神女，逆流而上，成为整个四川盆地共同信仰供奉的神灵。楚人整理的《山海经》中这样记载：“又东二百里，曰姑媱之山。帝女死焉，其名曰女尸，化为瑶草。”[①] 姑媱山就是巫山，这是关于巫山神女最早的记载。经过屈原《山鬼》以及宋玉的《高唐赋》与《神女赋》等楚辞类作品的描写，巫山神女的形象已经在中国文学中塑造完成，成为一位具备美丽容颜并穿戴着精美服饰的优雅女神，而且大胆主动：“闻君游高唐，愿荐枕席。”[②] 在中国低沉压抑的两性文化中，如此主动且正面的女性形象非常少见，巫山神女就此完成了经典化，此后“巫山云雨”“云雨”“朝云暮雨”“高唐”等几乎仅仅与这个神话稍有联系的词汇，都成为两性关系的代名词。《花间词》的作者们浸润于蜀地文化，整体书写风格又偏重女性审美，对这一意象表现出顺理成章的关注，在具体创作中频繁使用相关意象并进行了创造性发挥。比如牛峤的《菩萨蛮》（其四）：

> 画屏重叠巫阳翠，楚神尚有行云意。朝暮几般心，向他情谩深。风流今古隔，虚作瞿塘客。山月照山花，梦回灯影斜。[③]

整首词没有一处提到巫山神女，但是却又几乎无句不提：“巫阳翠”“楚神”“瞿塘客”等这些与巫山神女传说相关联的意象，明确将抒情主人公想象成女神一样的女子。类似的在词中将巫山神女作为爱恋对象加以表达的情况在《花间集》中多有存在，原因之一如田安教授所着重指出：虽然花间词人在这些词作中却以女性为主要抒情口吻，但内在的男性审美心理并未发生

① 郭璞注：《山海经》，沈海波校，上海：上海古籍出版社，2015年，第83页。

② 马积高：《历代辞赋总汇》，长沙：湖南文艺出版社，2014年，第69页。

③ 赵崇祚编：《花间词》，周奇文注释，长春：吉林文史出版社，2007年，第103页。

改变，他们的深层心理当然希望遇到巫山神女一样能够自荐枕席的女子，这一审美心理投射到现实政治生活中，就是明君——贤臣之间的美好际遇。这种深层心理在后蜀这样一种乱世中无疑会变得更加强烈。

因为巫山神女与楚王相关，这一美好故事又发生在三峡，所以随着时代发展，不同的情感被注入这一形象当中，逐渐分化出感叹羁旅行役之苦、抒发怀古幽思等相关情感，又作为蜀地文化环境代表符号，被后来的道教信徒吸收进入道教神仙崇拜体系，成为道教中的神仙之一。巫山神女，经过《花间集》的大量书写，被赋予了更加丰富的审美内涵。

但是同时有必须承认的是，巫山神女也好，倡导修炼登仙的道教也好，在后蜀那样一个动荡不宁的时代，都无法阻挡失去生活目标的普通人对于及时享乐的追求。温庭筠的《女冠子》直接描写了女道士：

> 含娇含笑，宿翠残红窈窕，鬓如蝉。寒玉簪秋水，轻纱卷碧烟。雪胸鸾镜里，琪树凤楼前。寄语青娥伴，早求仙。[①]

温庭筠在这首词中，将女道士描写得柔美异常，如果没有最后一句"寄语青娥伴，早求仙"的说明，只看前边秾丽美艳的直白描写，丝毫看不出词人所描写的是一位修仙求道的方外之人。这首词可以说是蜀地神仙信仰与艳丽的花间词风融合的典型，但是明显时代风气，也就是对于女性美艳的重视更占了上风。晚年入蜀的唐代诗人李洞在《赠庞炼师》一诗中的描写就更加露骨："两脸酒醺红杏妒，半胸苏嫩白云饶。若能携手随仙令，皎皎银河渡鹊桥。"[②]这简直就把女道士看作寻欢作乐的对象。宗教场所本为清静修行之地，女道士这样的宗教人士也本应该受到基本的尊重礼遇，但是在当时的蜀地诗词中却成为而闺阁情深，床第之欢，甚至沦为被亵玩的对象。由此可见，蜀地当时的享乐之风多么炽烈，在这样的文化环境中，诞生如《花间集》这样的词集，花间词整体表现出如此浓烈的享乐风尚就非常自然了。通常情况下，宗教因为指向终极解脱，宗教活动充满神秘力量，宗教场所肃静神秘，像后蜀文人所表现出来的这种恣意狂欢，实际上反映的就是蜀中民俗与末世

---

① 赵崇祚编：《花间集校注》，杨景龙校注，北京：中华书局，2014年，第184—187页。

② 中华书局编辑部点校：《全唐诗》，北京：中华书局，1999年，第8375页。

气氛所结合产生的尽情享受人生快乐的普遍心态，这种心态无拘无束，甚至不计后果。需要特别指出的是，蜀地的这种文化气质影响深远，直到北宋中期，作为蜀人的苏轼还写过这样的词：

玉骨那愁瘴雾，冰姿自有仙风。海仙时遣探芳丛，倒挂绿毛幺凤。素面翻嫌粉涴，洗妆不褪唇红。高情已逐晓云空，不与梨花同梦。①

这首《西江月·梅花》虽然是一首悼亡词，追念自己心爱的侍妾朝云，但是从行文风格上来看，这首词无疑具有典型的“花间”风格：用词秾丽，抒情对象被塑造得凄美中带有浓艳的情调。实际上，类似的词句还有很多：“一颗樱桃樊素口。不爱黄金，只爱人长久”（《蝶恋花·佳人》）、“涂香莫惜莲承步，长愁罗袜凌波去”（《菩萨蛮·咏足》）。苏轼作为地道的四川人，在使用“关西大汉，手持铁板”唱出词体向着全新方向转变风格的全新曲调的同时，还是没有忘记来自花间词那种柔美之风。根深蒂固的地域审美风格以及文学创作积淀，不仅不会一下子凭空消失，在特定群体中还会作为一种文化基因长时间存在，在不经意之间还会有意识或无意识的复现。

结　语

《花间集》在中国古代文学研究的关注序列中，通常处于一个较为尴尬的地位：明明因为具有鲜明的文体演变特征而理应受到较为充分的关注，但从宋代开始就被认为深具软媚柔靡的审美特征，从而沦为亡国之音的代表，也就失去了应有的文学史地位。田安教授关于《花间集》的专门研究，为我们展示了这样一种可能：通过材料齐备、逻辑清晰的文化史研究，给予特殊时代、具体文化背景下的文学成果以全新的理解，并且充分挖掘作品本身特有的诗学意义，以此为基础，《花间集》获得了应有的文学史定位。

鞠　楠　深圳市关山月美术馆助理研究员

① 李之亮笺注：《苏轼文集编年笺注》（第12册），成都：巴蜀书社，2011年，第12页。

·英国汉学研究·

《诗经》的史诗性重构

——韦利《诗经》1937年译本研究*

左 岩

摘 要：韦利《诗经》1937年译本借鉴荷马史诗的结构形式，突破《诗经》固有排序，建构了一个今昔治乱对比的结构框架，其中以中篇“颂扬周人的和谐之道”作为情节主线，上、下两篇又构成一个由治到乱的外围框架，17组诗前后贯通，相互呼应，形成一个规模宏大而富有立体感的长篇史诗。在290首诗的分类、解读、组接和推移之中，韦利将《诗经》“敬天保民”的思想融入基督教信仰中并予以彰显，使《诗经》在一种创新性的叙事结构中获得新的意义，推动《诗经》走向世界文学。

关键词：《诗经》英译本　阿瑟·韦利　叙事结构　史诗

阿瑟·韦利（Arthur D. Waley，1889—1966）《诗经》译本（*The Book of Songs*，以下简称韦译）第1版于1937年在伦敦爱伦昂文（Allen & Unwin）公司出版，同年该版本在波士顿、纽约的霍顿·米夫林公司（Houghton Mifflin Company）重印。1954年、1969年爱伦昂文公司分别出版了第2版和第3版修订版；1996年美国树林出版公司（Grove Press）出版由约瑟夫·R. 艾伦（Joseph R. Allen）对韦译重新排序，并加以补译和补注，宇文所安（Stephen Owen）撰写前言。

韦译不是按照《诗经》固有结构排序，而是“译者按自己所理解的主题重新进行了分类，所用的方法在世界《诗经》学史上可谓独树一帜，表现

* 本文系2021年度教育部人文社会科学研究青年基金项目“《诗经》英译主题变异研究”、广东省哲学社会科学规划2023年度一般项目“《诗经》英译中的中国形象研究”、广东外语外贸大学科研核心竞争力提升专项“中华优秀传统文化研译与阐释”的阶段性成果，项目号（21YJC751040、GD23CZW04、22CXB08）。

了独特的文化视野”[①]。本文将对韦译这一独特的叙事结构及其文化意蕴作一分析。

一、今昔治乱对比的结构框架

葛兰言（Macel Grant，1884—1940）的《古代中国的节庆与歌谣》一书是西方学者首次运用西方社会学的方法考察《诗经》，对于《诗经》研究产生深远影响。韦利对此书评价极高：“诗篇的真正本质被葛兰言所认识到，他发表于1911年的《古代中国的节庆与歌谣》讨论了大约一半的求爱诗和婚姻诗。从此汉学取得了巨大进展。”[②]葛兰言在《古代中国的节庆与歌谣》第一编中分“田园主题”“乡村爱情”“山川爱情”3个主题分析《国风》中的67首诗。他认为，传统注解对于诗旨的解读偏离了诗本义，“与类似的诗歌相比较，可以确定每首诗的含义。如果在某些情况下找不到某首诗的大意，那么，用这种方法至少也能有助于增添相关资料的收集，采用这种方法也能确定一系列诗歌主题。”[③]韦利延续了葛兰言的《诗经》主题分类的做法，他指出：“我本来倾向于保持传统的排序，它不是按照主题排列诗篇。但是，经过一番试验后我得出结论：依据主题排序的优点，远大于该版本篡改已然接受的排序的缺点。”[④]韦利在译本中将诗篇共分17大类：“求爱”（23首）、“婚姻”（47首）、“勇士与战争”（36首）、“农业”（10首）、“祝福文雅的人”（14首）、“欢迎”（12首）、“宴饮”（5首）、“家族宴饮”（5首）、“祭祀”（6首）、“音乐与舞蹈”（9首）、“王朝的诗篇”（24首）、“王朝的传说”（18首）、“建筑”（2首）、“畋猎”（5首）、“友谊”（3首）、“道德的诗篇”（6首）、“哀歌”（19首）。在“求爱”诗后又附有“秘密求爱”（6首）、“分离·绝望的感情”（23首）、“破碎的信念”（8首）、“抛弃·爱情诉讼”（6篇）、“爱情诉讼”（3篇）。译诗按类重新排序，去掉原诗题，只标序号。

实际上韦译的分类不仅是从题材内容的角度对诗篇的分组归类，而是有

① 李玉良：《〈诗经〉英译研究》，济南：齐鲁书社，2007年，第177页。

② Arthur Waley, *The Book of Songs*（Boston and New York：Houghton Mifflin Company，1937），p. 337. 以下未特别标注的均为此版译本。

③［法］葛兰言：《古代中国的节庆与歌谣》，赵丙祥、张宏明译，桂林：广西师范大学出版社，2005年。

④ *The Book of Songs*，p. 18.

着因果联系的叙事序列。韦译的每组诗构成一个故事，每个故事包含若干相互关联的事件，事件之间大致形成循序发展，有吸引力的情节结构；故事之间又构成一个大的叙事链条。如“求爱”诗，共23首，可分为10个事件，即女子与男子在林间相遇，并赞美其英俊、体贴（1、2、3），男女同室欢愉（4、5），女子赞美男子地位高贵、身体健壮、富有激情（6、7、8、9），女子思念男子（10、11），男子引诱女子（12、13），男女节日出游（14、15），善于想象的多情女子（16、17），男子向女子赠玉（18、19），女子想跟男子私奔（20、21），男子等到女子到来，两人一起私奔（22、23）。在这组诗中，每首诗的男、女主人公并不一定是同一个人物，但不同人物在每首诗中担任大致相同的角色，由此在诗篇之间产生一种互相联系的电影蒙太奇效果。两个符号化人物展示了一个女卑男尊，一见钟情，双方特别是女子一方经过内心的彷徨与担忧，终于打破等级界限与情人私奔的恋爱过程，环环相扣，一波三折。此类结构完整，情节变化丰富的组诗还有“求爱”诗附录的各类诗，“婚姻”“勇士与战争”“农业”“宴饮”“家族宴饮”“王朝的诗篇”“王朝的传说”等。还有一类组诗情节平淡，重在展示事件发展过程中的一些片段，包括“祝福文雅的人”“欢迎”“祭祀”“音乐与舞蹈”“建筑”“畋猎”“友谊”“道德的诗篇”“哀歌”等。如“音乐与舞蹈”组诗，共9首，即演奏开始，祖先之灵降临倾听（205），畋猎之舞（206、207），舞者准备跳万舞（208），跳舞驱邪（209），演唱者邀请长辈唱和（210），舞者纵情起舞（211），君臣醉而起舞（212），演奏达到高潮，总述祭祀先祖的乐舞活动（213）。这组诗尽管事件之间的联系较模糊，但仍保持着开端、发展、结局的完整结构。韦利所划分的17组诗之间也存在前后照应，波澜起伏的结构类型，从而构建了一个规模宏大而富有立体感的长篇史诗。

《诗经》从编辑之初即发挥着“观风俗，知得失，自考正”[①]的补察教化作用，《毛诗序》云：“是以一国之事，系一人之本，谓之风。言天下之事，形四方之风，谓之雅。雅者，正也，言王政之所由废兴也。政有小大，故有小雅焉，有大雅焉。颂者，美盛德之形容，以其成功，告于神明者也。”[②]《诗经》本身所蕴含的历史兴衰，人事沧桑的内在结构，奠定了韦译今昔治乱对比的结构框架。韦利还将西方自荷马史诗以来所形成的追述方式引入《诗

①（汉）班固:《汉书》，北京：中华书局，2018年，第1708页。

② 李学勤主编:《毛诗正义》(上)，北京：北京大学出版社，1999年，第16—18页。

经》英译，也就是叙述从故事的中间开始，而不是从它的源头说起。韦译以“求爱”诗与“婚姻”诗作为开端，正如宇文所安所说：“求爱和婚姻的诗歌通常最不受文化差异的影响，可能也是现代西方读者最容易立即欣赏的诗歌。”[①]“求爱”诗与所附录的“秘密求爱”“分离·绝望的感情”“破碎的信念”“抛弃·爱情诉讼”“爱情诉讼”各组诗，展示的是下层女子与贵族男子从相恋到遭到抛弃的过程。紧承上文，“婚姻”诗表现了女子从出嫁到婚后的各种生活状况。组诗末有妻子思念在外服役的丈夫和妻子哀悼战死的丈夫的诗，引起下一组“勇士与战争”诗。“勇士与战争”诗主要描写了国君欲求更大的领土与权力，不断发动战争，造成士兵因久役而夫妻离散，田园荒芜，父母无人赡养。以上两组诗构成韦译的上篇，关注的重点是专制王权与贵族特权给人民造成的苦难。

“农业”“祝福文雅的人”“欢迎”“宴饮”“家族宴饮”“祭祀”“音乐与舞蹈”“王朝的诗篇”“王朝的传说”各组诗构成了韦译的中篇，追述了战乱之前社会分化尚不严重，上下和乐融洽的氛围和先祖开创周族基业之功。上一组诗最后士兵慨叹：“什么时候事情会回到原来的样子？”[②]（151，《唐风·鸨羽》）自然引出“农业”诗的太平景象，前后对比鲜明，促使读者去寻求造成这一变化的根源。“农业”诗讲述了在上帝与祖先的保佑下，周人同心协力，大获丰收，仓廪充盈，生活安定，虔诚地向上帝与祖先报祭。农事发达、衣食丰饶为下文祝福、宴饮、祭祀和乐舞提供了前提，给情节发展积蓄了强劲的驱动力。“祝福文雅的人”这组诗讲述了百姓向执政者表达感激之情，祝颂他们子孙昌盛，健康长寿。欢迎诗表现了君王与诸侯之间频繁会见，欢迎隆重的情景。“宴饮”诗与“家族宴饮”诗分别叙述了君王宴饮异姓诸侯大臣与王族的经过。下面3组诗都是祭祀祖先之诗，“祭祀”诗是对献食祭祀的记载，“音乐与舞蹈”诗是对乐舞娱神的描述（按照祭祀诗中的第1首诗《小雅·楚茨》的记述，先献食再奏乐），“王朝的诗篇”是祭祀时祝颂文王、武王、成王等先祖的祷祝诗。大祭祖先既是对上文祖先神灵保佑下周人衣食无忧的呼应，更是对下文追忆先祖业绩的伏应。“王朝的传说”组诗追念周族先祖后稷、公刘、太王、文王、武王等秉承天命，开创基业的功绩以及鲁国、商朝立国历史。

---

① Arthur Waley, *The Book of Songs*（New York：Grove Press，1996），foreword，p.20.

② *The Book of Songs*，p. 156.

"建筑""畋猎""友谊""道德的诗篇""哀歌"各组诗构成韦译的下篇，将线索从追忆逐渐拉回到现实，与上篇汇合。这一部分讲的是都城营造完成后，随着发展贵族阶层日趋堕落，等级对立加剧，国家陷入混乱与灾难。上组诗最后写到商都营建（255,《商颂·殷武》），不仅联络了下边的"建筑"诗，也预示了周王朝的结局——商朝覆灭的悲剧又将重演。"建筑"诗再现了营建宫室的情景，最后祝愿王室人丁兴旺，也透露出严重的重男轻女的倾向。"畋猎"诗记录了贵族阶层圈地畋猎，盛大隆重，但也干扰了正常的农业生产秩序。"友谊"诗叙写了朋友之间解释误会、惺惺相惜的故事。"道德的诗篇"反映了贵族生活腐朽糜乱，纵欲放荡，威仪尽失的丑恶行为。"哀歌"诉说社会的不公平，感叹身世遭遇。王朝统治已经衰朽，弊端丛生，民不聊生，国家面临瓦解的危险。

需要说明的是，韦译这种以类相从兼按时间排序的结构框架，固然突出了叙事的连贯性与生动性，不免导致诗义发生失落、扭曲、增添等问题，带有强制阐释的色彩。每组诗根据各诗在事态发展上的先后顺序进行排列，很可能出现诗篇创作时间上的错乱，如"道德的诗篇"中最后一首《大雅·抑》其实早于第1首《鄘风·墙有茨》。更重要的是，韦利不按旧说解诗，又要将本来独立成篇的诗纳入类型化的叙事框架中，故容易出现主观预设的现象。

二、情节主线：颂扬周人的和谐之道

在总体构思上，韦译以中篇为中心，尤其是以周族社会的和谐之道，作为情节的主线，寄托着韦利深刻的历史思考与现实关怀。

"农业"诗在君臣关系上重点塑造统治者率先垂范，德惠广被的形象，如《周颂·载芟》："侯主侯伯，侯亚侯旅，侯彊侯以。"韦译（157）："There is the master and his eldest son, / There the headman and overseer."[①]原诗描写家主率子弟、壮劳力垦荒耕地，译诗只写家主和子弟是工头和监督，突显其表率作用。《小雅·甫田》："曾孙来止，以其妇子。馌彼南亩，田畯至喜。攘其左右，尝其旨否。"韦译（161）："Here comes the Descendant, / With his wife and children, / Bringing dinner to the southern acres./ The labourers

① *The Book of Songs*, p. 162.

come to take good cheer, / Break off a morsel here, a morsel there, / To see what tastes good:"[①]原诗写周王到田间，农妇和孩子送饭到田头，农官非常高兴并亲自品尝，译诗则写周王带领妻儿给农夫送饭到田头，农夫快乐地品尝食物，将周王的亲民、爱民的作风发挥到最大限度。

与上组诗相呼应，"祝福文雅的人"组诗强化民众对君王以及贵族阶层的爱戴，如《小雅·鱼丽》:"物其多矣，维其嘉矣！物其旨矣，维其偕矣！物其有矣，维其时矣！"韦译（168）:"Things they have in plenty, / Only because their ways are blessed./ Things they have that are good, / Only because they are at peace with one another./ Things they have enough and to spare, / Only because their ways are lovely."[②]原诗形容宴会上陈列的山珍海味齐备，译诗则赞颂贵族统治者被上帝赐福、和睦美好的生活方式。民众不仅对统治阶层充满感恩和敬畏，还表现出勇于承担、奉献自我的品格，如《豳风·七月》（159）、《小雅·无羊》（160）、《小雅·甫田》（161）、《小雅·大田》（162），都是描写丰年的诗篇，洋溢着丰收的喜悦，农民对君主充满感激之情，表现出接受命运安排，依靠辛勤劳作分享上帝恩典的尊严。

以下5组诗可分为两层，"欢迎""宴饮""家族宴饮"表现君王与诸侯、大臣、宗亲之间君臣和睦，上下一体的融洽氛围；"祭祀""音乐与舞蹈"描写周人祭祀先祖，先祖降临赐福的过程。以上7组诗全面系统地展示了周人上下和睦，皆大欢喜的社会氛围，为下文追根溯源显示上帝对人的赐福做了充分铺垫。

"王朝的诗篇""王朝的传说"开始重点展示周人对上帝的仰赖和对神圣价值的顺服是周人和谐秩序赖以形成的基本因素。其实农业诗中的第1首诗即第153首（《周颂·思文》）已点明上帝在周人的生存处境中的主宰地位，这首译诗说周族始祖后稷是上天力量的好伙伴，他按照上帝的旨意将瑞麦带给周人。第238首（《大雅·生民》）写上帝创造后稷并护佑其成长，可见周人是由上帝亲手创造的部落。"王朝的诗篇"第1首即第214首（《周颂·清庙》）写先祖显灵，第2首（《周颂·维天之命》）:"维天之命，于穆不已。于乎不显，文王之德之纯。"韦译（215）:"The charge that Heaven gave/ Was solemn, was for ever./ And ah, most glorious/ King wên in plenitude of

① *The Book of Songs*, p. 170.

② *The Book of Songs*, p. 177.

power!"[①]原诗写文王之德昭明显耀，可承受天命，译诗下注释："君王凭天命治理国家，就像诸侯凭君王之命管理领地一样"[②]，说明此句写上天赋予文王以强大的力量。

值得注意的是，在《诗经》中，"德"字共出现70次，大多出现在"雅""颂"两部分，周人时时不忘强调祖先与君王之德，对于西方人来说其中潜藏着弱化上帝绝对权威性的危险。关于"德"的概念，韦利说："这并不是我们所说的'virtue'，因为有好有坏。它指'virtue'时就像我们在说药物的'virtue'。拉丁词'virtus'经常有这样的意思。'tê'意味着神力，按照特里盖尔在毛利波利尼西亚比较词典中下的定义：'魔力、威望、影响力'。在我的翻译初稿中，我没有翻译这个词。但是'tê'在英语中不太容易适应，最后我翻译成'power'（参见我的译著《道德经》）、'inner power'（因为它不包括体力）；但有时是'virtue'，在没有误导的情况下。"[③]《诗经》中的"德"是人的内在之性和外在之行的统一，不邪是德性的基本规定[④]；在韦利看来"神力（Power）"是一种可善可恶（此理解与《大雅·荡》："敛怨以为德"一句有关）的内在力量。《大雅·生民》："以赫厥灵，上帝不宁。不康禋祀，居然生子。"韦译（238）："To make manifest His magic power/ God in high gave her ease./ So blessed were her sacrifice and prayer/ That easily she bore her child."[⑤]韦利所说的"神力"与"灵（magic power）"的性质相同，说明《诗经》中的"德"已发生实质性的变化，由宗法性的"德"转变为神性的"神力"。《大雅·皇矣》："帝迁明德，串夷载路。天立厥配，受命既固。"朱熹《诗集传》："明德，谓明德之君，即大王也。"[⑥]韦译（243）："God shifted his bright Power; / To fixed customs and rules he gave a path./ Heaven set up for itself a counterpart on earth; / Its charge was firmly awarded."[⑦]在韦利看来，"神力"源自上帝而非周王，周王只是受上帝之命代行天职者。《大雅·文王》："无念尔祖，聿修厥德。永言配命，自求多福。"韦译（241）：

---

① *The Book of Songs*, p. 227.

② *The Book of Songs*, p. 227.

③ *The Book of Songs*, p. 346.

④ 肖雁：《〈诗经〉"德"范畴的形上义蕴》，载《中国哲学史》2007年第2期。

⑤ *The Book of Songs*, p. 241.

⑥（宋）朱熹注：《诗集传》，赵长征点校，北京：中华书局，2011年，第245页。

⑦ *The Book of Songs*, p. 256.

"May you never shame your ancestors, / But rather tend their inward power, / That for ever you may be linked to Heaven' s charge/ And bing to yourselves many blessings." ①这里指出守持祖先之"神力"，就是顺从天命。这样说来，"神力"是天帝赋予祖先、人王的力量和获得天命的条件，具有强大且受上帝约束的特性；祖先、人王的崇高地位是借助上帝的赐予而得以神圣化的，对祖先的崇拜就是对上帝的崇拜。

在"王朝的诗篇"中，第229首（《周颂·敬之》）写周成王敬畏天命，深知天命不易保有，决心向光明之人（指智慧的祖先）学习为政之道；第230首（《周颂·小毖》）写成王自感羽翼未丰，须韬光养晦。与成王求教诲相呼应，下面诗篇倒叙周公旦、周武王、周文王获天命，顺民心，得天下的历史经验与精神遗产。第231首（《豳风·鸱鸮》）是周公写给成王表达救乱之心。第232首（《豳风·破斧》）写东方属国反叛，周公兴师东征平叛，叛国百姓感谢周公的恩惠。第233首（《周颂·丝衣》）写周王祭祀先祖，先祖送来福惠。第234首（《周颂·酌》）赞颂君王的伟大领导。第235首（《周颂·桓》）赞颂武王治理下的太平景象。第236首（《周颂·赉》）赞颂文王创建的基业，后人应当继承下来。第237首（《周颂·般》）是中篇的点题之作，原诗曰："于皇时周！陟其高山，嶞山乔岳，允犹翕河。敷天之下，裒时之对。时周之命。韦译："Mighty this people of Chou!/ It climbed those high hills, / The narrow ridges, towering peaks; / Followed gully and wide stream./ To all that is under heaven/ Is linked as compeer/ The destiny of Chou." ②原诗写周王巡狩祭祀山川，山川之神汇聚于此配祭，这是周王承受天命的缘故，译诗写周人翻山越岭，将天下和同起来，这是周人的命运；原诗抒写武王对天下归服于周的喜悦，译诗则表达周人寻求四海一家、天下大同的强烈使命感。"王朝的传说"的视点终归周人历史的原点，"王朝的传说"讲述从始祖后稷到武王在天命护佑下，多次迁徙，励精图治，实行德政，建功立业的伟大功绩。韦译之所以将西周开国史放在全书的核心位置，就是要借此揭示周王朝的立国之本，即敬天保民的思想，正如宇文所安在韦利《诗经》1994年译本前言中所言："周王朝最显著的原则之一就是，只有当周室维护其统治

① *The Book of Songs*, p. 251.

② *The Book of Songs*, p. 238.

人民的利益时，周室才拥有上天赋予其统治的‘天命’。”[1]与荷马史诗以一个人物作为叙事中心的表现手法不同，韦译创造性地以“敬天保民”的思想观念作为叙事中心，从而把众多的人物，纷繁的头绪和丰富的历史画面联结起来。换言之，“敬天保民”的思想观念是全书的辐射中心，由此统摄原本零散的诗篇，诗篇与之都存在着正反、顺逆、隐显的关系，从而形成一个完整精密的生命体。

韦译在立足西方文化立场的前提下，最大程度地汲取、转化甚至是夸大《诗经》中所蕴含的“敬天保民”的思想，由此形成一个基督教文明与中国礼乐文明相互融合、相互补充的乌托邦化的世界。在这个“君子国”里，社会和睦友爱，秩序井然，人人虔诚纯洁，谦恭辞让，带有一种孩童般的天真；尤其是，以周王为代表的上层人物更是拥有上帝所赋予的神力，博爱众生，温和正直，优雅大度，与民众融洽相处，成为一种中西文化交融下的理想人格典范。这与同样天赋神力的西方悲剧英雄形成鲜明对比，“悲剧英雄高高地挺立于芸芸众生之上，因此，似乎不可避免地成为他们周遭的万钧之力的导体，成为比一簇小草更容易遭到雷击的参天大树。”[2]另一方面，理想化的表现方式也导致人物形象略显矫饰，在一定程度上减损了《诗经》的自然质朴的特征。在这一中国想象中，包含着韦利对20世纪初西方社会贪欲肆虐，秩序混乱，信仰缺失的反思，也有对西方近代理性主义文化价值体系的反拨，其中还凝结着犹太民族对民族包容的渴望。

三、结构布局：社会秩序失衡的反思

在韦译中，不论是恋爱、家庭还是国家多以苦难与混乱告终，其中上、下两篇着重展现此类悲剧产生的过程，这就在中篇所反映的繁荣融洽的历史图景之外又构成一个由治到乱的外围框架。

韦译以等级对立作为上篇、下篇的贯穿线索，着重展示特权阶层对下层民众的压迫以及由此导致的社会混乱与苦难。在恋爱诗上，韦译多以下层女子追求贵族男子的模式解诗，如《唐风·无衣》一般认为是晋武公请

---

① Arthur Waley, *The Book of Songs* (New York: Grove Press, 1996), foreword, p. 16.

② 诺思罗普·弗莱:《秋天的神话：悲剧》，载索伦·克尔凯郭尔等《悲剧：秋天的神话》，北京：中国戏剧出版社，1992年，第103页。

命之诗，韦译（5）以“被褥”作为隐喻，描写女子向男子邀宠的场景；又如《陈风·墓门》一般认为是讽刺不良统治者之诗，韦译（69）则认为是下层女子斥责贵族男子道德败坏的诗。韦译中提到男子婚后可以纳妾，显示出男性特权（71,《齐风·南山》）。在男尊女卑的关系中，韦译表现最突出的是因贵族男子薄幸而导致下层女子被抛弃的悲剧。韦译“求爱”诗后附录的“秘密求爱”“分离·绝望的感情”“破碎的信念”“抛弃·爱情诉讼”“爱情诉讼”各组诗多描写此类内容，其中既包括《诗经》原本的弃妇诗，还有经韦利改造后的弃妇诗。贵族男子的始乱终弃将下层女子推向生存的困境，如“抛弃·爱情诉讼”设置为贵族男子引诱下层女子又将其抛弃的悲剧。另外，婚姻诗中贵族女子奢华的婚礼场面更加反衬了下层女子的悲惨遭遇。

但是,《诗经》中很多婚恋诗并未表现出明确的等级意识，韦译套用等级分化的模式解释《诗经》中的男女感情，一定程度上造成诗义的遮蔽与异化。如《鄘风·柏舟》通常被解释为女子责怪父母阻挠自己的爱情的诗，具有反抗礼教的意味，韦译（53）将其改为女子斥责贵族男子虚伪的诗;《邶风·泉水》《卫风·竹竿》是女子思归的诗，表现出对妇道观念的挑战，在韦译（81、43）中则当成女子渴望与男子私奔的诗，以上译诗导致中国文化的特殊性被遮蔽。《秦风·蒹葭》似乎是一首身份模糊的追求者与被追求者之间的情诗，韦译（34）认为是女子追求男子的诗，以叶子上带露水象征女主人公对男主人公的依附。原诗表达的是一种追求理想可望而不可得的悲剧意识，充满神秘色彩和野性生命力，而译诗则带有一种自我轻视的消极情绪，相比原诗显得庸俗乏味。此外，韦译为表现个人的贪婪与邪恶，还对人物形象进行丑化，如《召南·行露》是女子拒绝男子强行成亲之诗，韦译（68）写的则是女子骗婚的故事;《魏风·葛屦》是婢妾讽刺贵族夫人之诗，韦译（73）写的是婢女认为她在给新娘准备嫁妆时没有得到相应的回报，故意在新娘衣服上藏了一个刺，译诗倒置善恶，将抗争行为降为人性的堕落。

《诗经》的战争诗有很多描写下层人民为君王服役而陷入苦难和毁灭的诗篇，蕴含着强烈的家国利益纠葛，韦译在此基础上有所强化。与“求爱”诗类似，一是扩充篇目，如《邶风·式微》旧说是黎国臣子劝黎侯归国之诗，韦译（122）认为写的是士兵被君王奴役而深陷困境的痛苦。二是夸大等级对立，如《大雅·常武》:“进厥虎臣，阚如虓虎。”虎臣指虎贲氏之官。

韦译（139）:“Forward went his tiger slaves，/ Fierce as ravening tigers.”[①]刻意渲染将士被任意驱使的奴隶地位。三是强化矛盾冲突的尖锐性，如第121首（《邶风·击鼓》)、第125首（《豳风·东山》）都一改原诗末士兵追忆当年婚恋的美好场面，而是以士兵归家后发现妻子以为他已战死而改嫁收场。韦译将君王、诸侯获胜，并册封有功之臣与战争的承担者征夫士卒的夫妻离散并置，更加凸显了社会制度的不公平、不合理。

在结构布局上，上篇从婚恋、战争两个方面描述下层民众的苦难及原因，但尚未触及根本原因，目的是引导出中篇周族“敬天保民”的历史追忆，接着下篇将社会矛盾集中暴露出来，仍采取夸大等级对立并激化矛盾的方式，如《小雅·鹤鸣》是招贤纳士之诗，译诗（281）改写为对下层社会以及移民的歧视;《小雅·斯干》:“无非无仪，唯酒食是议，无父母诒罹。”韦译（257）:“For her no decoration，no emblems；/ Her only care，the wine and food，/ And how to give no trouble to father and mother.”[②]原诗写女子不要惹是非，译诗改写为女子没有地位，强化重男轻女的思想;《小雅·沔水》兴句比诗人忧愁祸乱而坐立不安的心情，译诗（280）注释:“意思是，我们正朝着反叛的方向疾驰而去，就像风筝或洪水中的小溪一样。”[③]译诗加上民众反抗统治的思想，将矛盾冲突推向极端，脱离了原作的历史语境。“道德的诗篇”的最后一首诗即第271首（《大雅·抑》）是下篇的点题之作，揭示出社会秩序失衡的根本原因，诗中以长辈的身份告诫周王谨慎讲究礼仪，将成为民族的楷模；可如今统治阶层酗酒放荡，你也不守祖制，使上天不悦；上天正在降下灾难，正在毁灭这个国家；通过扭曲你的力量，你将使你的人民陷入急难。最后一组诗“哀歌”“其中一些诗是出于个人的不满，但大多数是对公共生活的混乱和不公正的哀叹。”“不满的诗人针对的是君王，或者更普遍的指那些掌权者，他们打着‘上帝’或‘高高在上的上帝’的旗号。”[④]韦译最后所展现的混乱局面与“王朝的诗篇”中第242首（《大雅·荡》）中文王叹殷商的王失德慢天，民情激愤，怨声载道的状况极为相似，预示了周朝将重蹈殷商灭亡的覆辙。可以说，导致周王朝的社会秩序失衡的根本原因就是周王及其统治阶层违背上帝的意志与规则，走向放纵，使下层民众陷于

① *The Book of Songs*，p. 136.
② *The Book of Songs*，p. 284.
③ *The Book of Songs*，p. 280.
④ *The Book of Songs*，p. 304.

苦难，造成严重的等级对立和冲突。韦译以《小雅·皇皇者华》（290）作结，记述君王派使者四处征求救世良方，全书至此戛然而止，为读者留出思考的空间，召唤读者反思历史盛衰治乱的经验与教训。

上、下两篇所描绘的社会混乱局面与乌托邦化的中国形象形成鲜明对比，从而表达在历史的废墟上重建秩序与神性的愿望，呼唤"敬天保民"的中国文化精神的复归，这也是对20世纪以来人类生存与终极价值的深刻反思。需要指出的是，20世纪西方的中国形象一直在光明与黑暗之间摇摆，韦利在塑造政治腐朽、社会黑暗的中国形象时总体上较为克制，删掉《诗经》中的15首诗，分别是《小雅·节南山》《小雅·正月》《小雅·十月之交》《小雅·雨无正》《小雅·小旻》《小雅·小宛》《小雅·小弁》《小雅·巧言》《小雅·何人斯》《大雅·民劳》《大雅·板》《大雅·桑柔》《大雅·云汉》《大雅·瞻印》《大雅·召旻》，以上都是《诗经》中富于批判性且篇幅较长的诗篇。他还指出，"哀歌"中保留的19首诗"在一般读者看来，这是本书中最无趣的一组诗"[①]。韦利对这部分直斥政治黑暗的诗篇有所遮蔽，而以精练为要，将重点放在彰显中国作为文明古国的历史意义上。

结　语

《诗经》作为中国历史上第一部诗歌总集，对西周至春秋中期的社会形态、思想观念、宗教活动、田园耕作、家庭生活、风俗习俗等作了生动的描绘，具有重要的文学价值与史学价值。另一方面，作为抒情诗集的《诗经》没有贯穿始终的主要情节和中心冲突，头绪纷繁，人物众多，空间变换丰富，这对西方读者理解其历史文化意蕴造成较大困难。自1871年第一个《诗经》英语全译本（即理雅各1871年译本）问世以来，西方译者就努力尝试以叙事手法转化《诗经》的抒情特征，以便讲清楚诗篇中所发生的事件及其文化意蕴。尤其是阿连壁1891年译本，更是以叙事诗形式对《诗经》加以转换，使每首诗成为一个有始有终的故事。但由于受传统经学解释的影响，西方译本仍带有穿凿附会的弊病。20世纪随着现代学术的发展，《诗经》研究从方法到观念都发生了很大转变，这就为韦译大胆地改造《诗经》结构框架开辟了道路。韦利继承19世纪《诗经》英译叙事化的传统，打破《诗经》的

① *The Book of Songs*, p. 304.

固定顺序，借鉴荷马史诗的结构方式将《诗经》中的290首诗加工、编排和组织起来，重构了一个血脉贯通、大开大阖的史诗性巨制。

在叙事结构上，韦利设计了一个具有完整的情节线和结构布局，各组诗相互呼应，互动互补的历史叙事世界，使得头绪纷繁的诗篇、人物都能找到自己的位置和意义，形成一个统一的生命体；在诗篇的分类、解读、组接和推移之中，韦利还将《诗经》中“敬天保民”的思想融入基督教信仰中并将其作为主题予以彰显，使《诗经》在一种创新性的叙事结构中获得新的意义，推动《诗经》走向世界文学。

左　岩　广东外语外贸大学中国语言文化学院教授、
阐释学研究院研究员、翻译学研究中心兼职研究员

李白诗歌在英语世界的首次研究

——艾约瑟李白诗歌研究*

王硕丰　吕雪莹　裴　琳

摘　要：英语世界对李白诗歌的首次介绍，是德庇士《关于中国诗》中的译诗二首，但最早全面翻译和研究是1889年英国来华传教士艾约瑟在北京东方学会年会上宣读的论文《论李太白兼及其诗作》，次年发表在《北京东方学会会刊》（JPOS）第二期。该论文以较长篇幅，翻译了李白诗22首，进行了详细赏析，将李白创作风格与多部西方文学作品进行了比较研究，并将诗歌中涉及的有关中国文学、历史、地理、宗教、政治、艺术等多方面知识进行了详细介绍，在李白诗歌英译、早期中外比较文学、中外文化交流等方面具有重要意义。本文在全面介绍该文章的基础上，从译诗情况、作者译介心理、文学比较等角度，对其进行详细、深入的探讨。

关键词：李白　诗歌　艾约瑟　翻译　比较

西方有关李白的记载，最早可追溯到法国耶稣会士钱德明（Amiot, J.J.M，1718—1793）《北京耶稣会士札记》第4卷（1779）和第5卷（1780）中对李白等唐代诗人的介绍[①]，而正式的李白诗歌译介到了19世纪。在英语世界中，英汉学家德庇士（Sir John Francis Davis，1795—1890）《关于中国诗》中译李白诗两首[②]，这是李白诗的首次英译；其后，理雅各（Jane Legge,

* 本文为2020年陕西省社会科学基金项目一般项目“传教士汉语文献外来词研究”的阶段性成果，批准号（2020C005）。

① 文中，钱德明称“李白出生于四川益州，在完成经学的学习后，致力于诗歌，他感到自己是为诗歌而生的，在优雅以及崇高的诗歌体裁上同样成功”。

② 德庇士在《关于中国诗》中翻译了两首李白诗：《赠汪伦》《晓晴》。王丽娜：《李白诗歌在国外》，载郁贤皓主编《中国李白研究 2001—2002年集》，合肥：黄山书社，2002年，第616页。

1814—1891)《中国经典》引李白诗1首[①]；1888年，英国传教士艾约瑟（Joseph Edkins，1823—1905）在《中国评论》上发表《作为诗人的李太白》，译《游南阳白水登石激作》和《游南阳清泠泉》；次年，艾约瑟在北京东方学会年会上宣读题为《论李太白兼及其诗作》一文，文中翻译了22首李白的诗作，并进行了详细的赏析，将李白的创作风格与多部西方文学作品进行了比较研究，并将诗歌中涉及的有关中国文学、历史、地理、宗教、政治、艺术等多方面知识进行了详细介绍。该论文于1990年发表在《北京东方学会会刊》（JPOS）第2期，可看作是英语世界首次全面、深入地对李白诗歌的研究。

有关李白诗歌的英译，已有不少涉及，但大多集中于学界熟悉的庞德、许渊冲等，早期译作甚少涉及；王丽娜对李白诗在国外的流传，曾做以纵向历史梳理，其中提到艾约瑟《论李白及其代表作》一文译有李白诗多首[②]；另有学者在考察早期英汉学家对唐诗的研究时，提及艾约瑟译李白诗22首[③]；目前有关艾约瑟的研究，主要集中于他的语言类著述[④]、欧洲文学汉译[⑤]、《红楼梦》译介[⑥]方面，关于艾约瑟对李白诗歌的专门性研究，尚未出现。

综上，艾约瑟《论李太白兼及其诗作》一文至今基本无人问津，而其作为英文记载中对李白诗歌最早的全面研究，无论从李白诗外译角度，还是中外文学比较、中外文化交流等方面，均具有重要意义。本文将深入探索《论李太白兼及其诗作》一文，窥探译者翻译情况，并从比较文学角度，考察艾约瑟对李白诗与西方文学进行的对比，从而发现其英译李白诗歌的特色与译者心理，还原早期中外文学比较情况。

---

① 理雅各在《中国经典》第4卷第一部分序言中引用了一首李白的诗。Jane Legge, *The Chinese Classics Vol.4*（London：Trubner & Co.，1876），p.22.

② 王丽娜：《李白诗歌在国外》，载郁贤皓主编《中国李白研究 2001—2002年集》，合肥：黄山书社，2002年，第616页。

③ 江岚：《唐诗西传史论——以唐诗在英美的传播为中心》，北京：学苑出版社，2009年，第37页。

④ 陈喆：《伦敦会传教士艾约瑟的中西语言比较研究及其影响》，载《学术研究》2008年第8期。

⑤ 刘现和：《中西文学文化的摆渡者——英国汉学家艾约瑟翻译研究》，博士学位论文，上海师范大学中文系，2017年。

⑥ 王金波：《〈红楼梦〉早期英译补遗之一——艾约瑟对〈红楼梦〉的译介》，载《红楼梦学刊》2013年第4期。

一、艾约瑟与《论李太白兼及其诗作》

艾约瑟，英国伦敦人，传教士，从伦敦大学毕业后，于1848年受伦敦布道会派遣到上海，先协助处理墨海书馆的事务，后继任监理，主持该馆的编辑出版工作，其在华宣教、著述、翻译、生活57年之久，于1905年在上海辞世。艾约瑟著有多部各类书籍，如《官话口语语法》（1857）、《中国的宗教》（1878）、《植物学》（1857）等。艾约瑟学识渊博，勤于笔耕，不仅出版了多部学术专著，还在当时盛行的中英文报刊上发表了大量的文章，这些报刊有英文版的《教务杂志》《皇家亚洲学会会刊》《中国评论》等，中文版的《教会新报》《六合丛谈》《万国公报》《中西见闻录》《格致汇编》等。他发表的文章不仅数量众多，而且内容庞杂，涉及宗教、语言、文学、历史、哲学、经济、自然科学等众多领域[①]。

《论李太白兼及其诗作》一文中，艾约瑟翻译了22首李白诗，包括《静夜思》《怨情》《早发白帝城》《乌夜啼》《乌栖曲》《渌水曲》《忆东山》《独坐敬亭山》《自遣》《皇西巡南京歌三首》《送储邕之武昌》《春日归山寄孟浩然》《送友人入蜀》《寻雍尊师隐居》《丹阳湖》《赠黄山胡公求白鹇》《观鱼潭》《玉阶怨》《晓晴》《庐山谣寄卢侍御虚舟》《下终南山过斛斯山人宿置酒》《哭晁卿衡》。此外，作者介绍了《蜀道难》这首诗的创作背景和相关史实。除了李白诗外，文中在开篇提及李白非常欣赏的诗人陈子昂（658—699）时，翻译了陈子昂《登幽州台歌》，文中在提及李白好饮酒时，翻译了杜甫（712—770）《饮中八仙歌》。

艾约瑟除了翻译李白诗歌外，还将其创作风格与西方文学现象进行了比较，文中共出现7处，如将李白诗与莎士比亚（William Shakespeare，1564—1616）诗进行的对比，与《圣经·旧约·诗篇》、华兹华斯（William Wordsworth，1770—1850）诗、德莱顿（John Dryden，1631—1770）诗、格雷（Thomas Gray，1716—1771）诗的对比等。

此外，为了让读者深入了解李白诗歌的内容和思想，艾约瑟在相关译作后进行了大量的知识补充，如中国诗歌的起源与风格，乐府诗及词牌名的由来，唐诗的特点，唐代儒、释、道三教在华流布情况，佛教思想在中国诗歌

---

① 关于艾约瑟在华活动情况研究，可参见薛慧娟:《艾约瑟在华活动及其思想研究》，硕士学位论文，福建师范大学中文系，2017年。

中的应用，唐代帝王与太子、妃子等错综复杂的关系，川、秦等地貌及李白诗中涉及的名川大河、地理知识，中国绘画风格等。

在译诗中，艾约瑟常以词义的直译为主要方式，在基本保持作品原貌的基础上，尽量做到了译文工整、语句优美，同时，表达出李白在诗歌中寄托的情感，从而达到译文的信、达、雅。这样的例子在全篇中比比皆是，此处举两例。如《独坐敬亭山》：

All the birds have fled afar to the upper air. 所有的鸟儿都已飞向高空去了，（众鸟高飞尽）

That lonely cloud is moving away in the region they have left. 那朵孤独的云正在飘走。（孤云独去闲）

He（the hill）and I look at each other without weariness or discontent. 他（山）和我面面相觑，没有疲倦或不满，（相看两不厌）

Only the hill of the arbour of reverence is here with me. 只有敬亭山在这里陪我。（只有敬亭山）

在译文中，作者将原诗中出现的鸟、高空、云、山等物的动作、状态都做了精准描述，并将诗中表达的孤独、厌倦等情感也进行了翻译；同时，在译诗中，由于语言风格的不同，艾约瑟加入了一些成分，以实现英译文的通顺。在认知语言学中的“识解”，指视角的不同造成人对场景的理解不同，这也被作为分析语法和语义结构的方法。在《独坐敬亭山》原诗的第三句中没有主语，但完全合乎汉语古诗的语法习惯，而艾约瑟基于英文视角认知的不同，即完整句子需要有主语和谓语，为了译句通顺、表达清晰，补充了主语“他（山）和我”，同样地，末句也在原句基础上，添加补语“在这里陪我”，使译文更加完整，便于英语读者理解。

再如《乌夜啼》，艾约瑟首先说明这是首乐府诗，他说：“李白习惯于把旧的歌曲片断扩充成更长的片段，使其更完整，更有音乐性，效果也更好”；艾约瑟首先对这首诗进行了简单的内容概括：一只乌鸦从树枝上叫了起来，一个女人正在织布，她停下手中的活，想到了不在身边的丈夫，她因孤独而哭泣；之后，进行了诗句的翻译：

Near the city where yellow dust rises to the clouds, a raven desires to roost. He flies back here as to his home at evening, and sits on a branch calling ya ya. A woman at her loom is weaving embroidery at the city of Ch'in ch'wen. The green gauze at the window like a light veil of smoke shuts off the view of the bird, but she hears its voice as if it were words. She stops her shuttle and sorrowfully remembers her husband far away. She is alone is her solitary home and her tears fall like rain.

在城市的附近，黄色的尘土升上云霄，一只乌鸦渴望栖息。它晚上飞回来，坐在树枝上“哑哑”叫。在秦川，一个妇女拿着织布机在织布。窗户上的绿色纱布像一层薄薄的烟雾遮住了鸟儿的视线，但她却把（鸟叫的）声音当作语言。她停下梭子，伤心地想起了远方的丈夫。她是孤独的，她的眼泪像雨一样落下。（黄云城边乌欲栖，归飞哑哑枝上啼。机中织锦秦川女，碧纱如烟隔窗语。停梭怅然忆远人，独宿孤房泪如雨。）

在这首译文中，艾约瑟详细地进行了诗句的对译，描绘出一幅秋晚鸦归图，中间两句写人物身份、身世及所处环境，最后点明秦川女的愁思及其原因。其中，对原诗中的“归飞哑哑枝上啼”中描述的乌鸦叫声“哑哑”，艾约瑟采取了音译的方式，用yaya表示；“停梭怅然忆远人”句中的“远人”，指远在外边的丈夫，艾约瑟在这里译作her husband far away，实现了意译。

除了准确译诗外，艾约瑟多次对唐诗以及中国文学做了较为准确的评论，如他说：“中国社会命运的频繁逆转、贫困、贿赂、残酷和犯罪的存在，这些对诗歌产生了很大的影响，于是诗歌成了反映民族历史的武器，以及为人民发声的工具……唐诗中的思想是宝贵的艺术，它具有严格的形式、动人的典故、超越自然的表达、深入人心的思想。”类似这样给予唐诗高度评价的句子还有很多，这也是最早的国外汉学家对中国文学的认知与评论。

文中，艾约瑟对李白诗歌进行了高度赞赏，他说：

在当时涌现的众多诗人中，后人一致认为其中最伟大的当属李白，他被认为是所有诗人中最杰出的一位（李白因其作品而被尊称为所有诗人中第一位），从那个时代起，没有一位诗人的名望能与他相提并论……李白所拥有的超越一切的品质，就是他们所说的“生气”或被称作“气”（气韵：文章的意境和韵味）的东西。

但同时，艾约瑟对李白爱好饮酒进行了多次批评：

李白很喜欢喝酒，这是他的主要弱点……李白的诗歌能如此天马行空，是因为他的想象力和他有天赋，这就是天才，当这样的人坐下来写诗时，灵感会瞬间闪现，但是，从做人的角度讲，很多其他的诗人比李白优秀，因为李白不能或者不愿意控制自己的欲望，他以不清醒而闻名……他的朋友杜工部性格中有一种忠诚的特质和道德力量，这是李白所不具备的。

可以看出，艾约瑟对李白有误读，李白恰是因为其性格中的无拘无束、崇尚自由，才在饮酒后做出了流芳百世、脍炙人口、独具风格的诗篇，而这些是艾约瑟未能领会到的。由此，我们看到不少早期的汉学家在译介中国文学作品时，由于缺乏文化背景知识及对原作者的充分了解，在译介过程中难免浮于表面，在内部认知上带有偏差，不易把握中国文学的深层意蕴，这些现象在文学翻译、文化解读中时有发生。

二、增译或误译

在大部分的译诗中，艾约瑟做到了精准，此外，在部分语句中出现了增译或误译的现象，此处举例说明，如《早发白帝城》：

I sail farewell in the morning grey.

After sailing a thousand li I returned to Kiang ling before the setting of the same sun.

On each craggy shore is heard without ceasing the monkey's saddening cry.

Among these rocks there have been ten thousand changes of scene.

How swiftly has my boat passed them by!

我在晨曦中向彩云中的白帝城告别，（朝辞白帝彩云间）

在航行了千里之后，我在同一太阳落山之前回到了江陵。（千里江陵一日还）

在每一处崎岖的海岸上，都能听到猴子不停地发出的悲伤叫声，（两岸猿声啼不住）

千变万化的岩石间，有千变万化的风景。我的船，匆匆而过。（轻舟已过万重山）

第二句“千里江陵一日还”中“千里”艾约瑟译为a thousand li，首先，对于距离单位进行了直译，其次，李白的“千里”是一种夸张手法，是对描述对象进行艺术性的夸大，使作品不失生动，这种修辞手法在李白诗中并不少见，如“白发三千丈”等。如何翻译诗歌中的夸张手法，在寻求与源语表达效果一致的同时，使译语读者和源语读者产生同样的体会，兼顾意美和形美[①]，这是翻译作品中常遇到的问题，艾约瑟采取字词直译的方式，可能会引起英语读者的误解。

此外，第三句“两岸猿声啼不住”，艾约瑟译为“猴子悲伤的叫声”，在译文后的诗作解释中，他还补充道：“猿猴声音代表悲哀，唐诗中很多悲伤情调，而在中国古诗里猿猴是哀伤的象征”，并举例“东三峡巫峡长，猿鸣三声泪沾裳”，艾约瑟说得没错，中国古诗中确常以猿猴鸣叫表达哀伤，举的例子也恰如其分地说明了此点，然而在《早发白帝城》中，猿猴的叫声并没有这个象征义，恰恰相反，这首诗是李白遇赦后所作，表达的是愉快的心情和江山的壮丽多姿、顺水行舟的流畅轻快，艾约瑟此处的理解偏差，是由于其对目的语文化知识的泛化引起的，从而造成了过度解读；此外，末句“万重山”指轻快的小船驶过连绵不绝的万重山峦，艾约瑟译为“千变万化的岩石”是不精准的。

《上皇西巡南京歌十首（其十）》艾约瑟的译文如下：

A gallery armed with swords and a double entrance pretect the north gates of the Shu capital.

When the aged emperor arrives his horsemen are numerous as the clouds.

The young emperoor at Chang an monunts the purple throne.

And hangs out the sun and moon to shine on heaven and earth.

配备着剑和双入口的长廊保护着蜀都的北门，当年迈的皇帝到来时，骑士们如云一般迎接。长安的年轻皇帝登上了紫色宝座，谈论着日月照耀

① 王静：《论李白诗歌英译中修辞的不可译性及补偿手段》，载《海外英语》2016年第1期。

天地。(剑阁重关蜀北门，上皇归马若云屯。少帝长安开紫极，双悬日月照乾坤。)

该诗第三句“少帝长安开紫极”，此处“紫极”是“紫极殿”的意思，指少帝在长安大开宫门迎接上皇的归来，而艾约瑟译为“登上紫色的宝座”；末句“双悬日月照乾坤”，李白想要表达的是“二日并耀”，指唐玄宗和唐肃宗二圣如同双日并耀，朗照天地，而艾约瑟误译为“谈论日月照耀天地”，这是对李白诗中的象征义没有完全把握到的表现。李白作为中国文学史上最伟大的浪漫主义诗人，他的作品中常通过丰富的意象表达特定的内涵，有些内容由于中外文化的差异，无法进行意义方面绝对等值的转移，尤其是较为隐晦的思想情感和象征意义，作为译者若仅仅是从字面意思上进行原作的再现直译，则会造出诗歌翻译的文化缺损，这也是所有文学作品在翻译过程中给译者带来困扰和障碍的重要因素。

在翻译《忆东山》时，诗中第二句“蔷薇几度花”，艾约瑟译为：*In the cave of roses how many are there of these flowers*（在蔷薇的山洞里，这些花有多少束），“几度”是“花开几次”的意思，表示作者很久没去，甚是想念，翻译成“花开了多少束”是不正确的，这可能是艾约瑟对全诗所要体现的怀念主旨把握偏差造出的。

《哭晁卿衡》的最后一句是“白云愁色满苍梧”，艾约瑟译为：*White clouds having the color of grief covered southern China.*（充满悲伤色彩的白云笼罩着中国南部）。“苍梧”，指郁洲山。据《一统志》载，郁洲山在淮安府海州朐山东北海中。而艾约瑟译为“中国南部”，并在译文后进行了补充：“苍梧，在这里用于中国南方，可能是广西省一部分地区的古名”，属于误译，这是由于译者对中国地理名称和相关知识的缺乏造成的。

在翻译《静夜思》时，艾约瑟做到了准确的直译，但在译文后的赏析中，他说：“诗歌的最后一句，作者低下头去，躺在枕头上，他想自己还年轻，不该因为这些事（思念家乡）受到干扰”。这句是艾约瑟自己的解读，李白原诗是没有这层含义的，不知道是不是因为此时的艾约瑟已入华41年之久，思乡心切，他便加上这句，以安抚自己，同时也道于同在中国的他国传教士，勿受思乡干扰，专心工作。

全文中艾约瑟翻译不准确的地方还有若干，或因理解偏误，或因译者对相关知识的缺乏，此处不再赘述。

三、中外文学对比

《论李太白兼及其诗作》一文中，艾约瑟除了翻译22首李白诗歌外，还多次将这些诗歌与西方文学进行对比，是国外汉学家最早的从比较文学角度对中国文学进行研究的案例，具有重要价值。全文共7处，以下进行逐一说明。

在《乌夜啼》译文后，艾约瑟写道：

> 在诗的开篇，叫声忧郁的鸟儿栖息在树枝上，它那独特的叫声是对整首诗的介绍（是接下来发生的事的序言）。这种作品形式在《诗经》中很常见。在西方文学中，我们也有以自然对象作为切点、继而展开内容的诗歌，如莎士比亚的作品（《不惧冬风凛冽》）："吹，吹，你冬天的风。你不是那么不友善，作为男人你忘恩负义"，这里首先提到风，然后再用它来说明……《希伯来诗》在第42篇诗篇中说："就像雄鹿追逐溪水一样，我的灵魂追逐着你，上帝"（诗42:1），作品中首先提到口渴的鹿，然后引出这种灵魂虔诚的憧憬是对上帝的渴望。这些都是很好的例子，因为没有比莎士比亚和《旧约》更丰富的诗歌了。但在这两个例子中，诗人的目标都是培养道德，但李白的意图是什么呢？他的目标是艺术，他希望通过简洁的笔触创作出令人印象深刻的画面……创作出富有道德的作品并不是李白的意图，他不说教。

此处，艾约瑟将李白诗与莎士比亚诗、《旧约》中诗篇进行对比，想要说明三者同样有以景、物作为开篇的写法，以景寄情，但不同的是，李白想要表达的是纯粹的艺术画面，而莎翁和诗篇中是某种道德的教化象征。通过景物表达某种思绪，是中外文人常用的表现手法，李白诗常寄托个人情感，或酣畅淋漓或悲伤哀愁，的确没有教化伦理的方面。而在莎翁《不惧冬风凛冽》及《圣经·诗篇》中所举的两例，都是通过景物的描写，表达某种道德观念的提倡或申诉，由此，通过表面类似的书写方式，艾约瑟看到了原作者不同的描写意图，也体现了中外诗歌的不同意义。

在《乌栖曲》的译文后，艾约瑟说：

> 这首诗将历史的教训与自然之美相结合，使外国读者想起了莎士比

亚。从表面上看，李白是对公元5世纪时姑苏城的宫廷礼节的描述，国王夫差因对最爱的妻子西施的爱恋而失去了他的王国和生命。但在一些批评家看来，这首诗是在（影射）唐明皇，在他们的观点中，皇帝的宠妃西施实际上代表着的是杨贵妃……这首诗使我们想起了德莱顿创作的《亚历山大的盛宴》，亚历山大曾迷恋着一个柔弱的女性，她用火烧毁了巴比伦神庙。莎士比亚笔下的克莉奥佩特拉（埃及艳后）一样，她毁掉了安东尼，酿成了奥古斯都事件，成为轰动全球的灾难性事件。

此处，艾约瑟将《乌栖曲》中吴王夫差与西施的故事，引申到唐明皇与杨贵妃，同时，联想到德莱顿《亚历山大的盛宴》中的故事，以及莎翁笔下安东尼与埃及艳后的故事。李白不少诗作中有对史实、政治事件的描写或隐喻，艾约瑟在文中对这类作品均给予历史事件的介绍和相关知识补充，便于读者充分理解诗歌内容。同时，也体现了中外诗歌中共同的一类主题：对历史事件的描述、对当下的暗喻。

《独坐敬亭山》的译文后，艾约瑟写道：

诗人在这里描绘一座山作为他的陪伴，他形容正如他看着山的满足感一样，山也看着他。这有一个理想主义的元素……他与自然界的某种交流在华兹华斯和拜伦的诗歌中都可以找到……华兹华斯说：“在春天来临之前，我站着看了看它的水面，直到他们和我似乎感到一种悲伤”（《写于早春》），这是他真诚的思想，他偏爱在深山和瀑布中过着孤独的生活……中国的庄子最早使用了这一方法，首先是在自然中去思考，然后系统阐述大自然与人感应的学说……将人的情感归于自然的习惯与将超自然现象引入普通生活不同，在一首由曹子建所作的名为《洛神赋》的诗中，描写了一个鬼神，它的出现是诗中的重点，这种超自然的用法和李白的精神也有相同之处。

这里，艾约瑟提到李白与自然交流，表达某种思绪，认为在英国浪漫主义诗人华兹华斯和拜伦的诗歌中也有类似现象，并举华兹华斯《写于早春》为例；此外，他还提到了庄子是最早在作品中与大自然对话的人，同时，提到了曹子建《洛神赋》中的超自然精神。将李白诗与西方文学及中国其他文人进行比照，在艾约瑟文中经常出现，可见古今中外的文人在书写过程中，会采取类似的表达方式，这种文学现象是人类共通的。

《春日归山寄孟浩然》的译文后，艾约瑟说：

> "香气三天下"中"三天"指"无色界""欲界"和"色界"，这是佛教影响唐代诗人的例证，李白充分吸收了佛教的思想……他描写了树林、瀑布、寺院等自然美与人造美的结合，富而有韵律。许多诗人的作品中都包含一些自然美的元素，比如莎士比亚的《仲夏夜之梦》："我知道有一处山坡上生满了野麝香草/还有莲馨和摇摆的萝兰/上面遮覆着茂盛的冬青/还有芬芳的白玫瑰/野的蔷薇丛"，诗人逐一列举他所见的特定事物，通常每个事物都具有一个象征的含义……读者必须记下每个词的意义，然后结合细节来研究整首诗的意境。

此处，艾约瑟由《春日归山寄孟浩然》中描写的树林、瀑布、寺院等景物，联想到莎士比亚的《仲夏夜之梦》，认为二者同样是通过多个景物的描写，分别表达不同的内涵，由此，整体地构造出一幅意境图，传达出诗人内心所想。

在《寻雍尊师隐居》译文后，艾约瑟写道：

> 这首诗八句中的每一句都体现了作者思想的清晰，结构很简单，但呈现出一个完整的意象，我们称它为"山水诗"，它很受欢迎是因为它是可理解的，并且因为它选择了那些没有远见和天赋的人无法描绘出的美好境界。这使我想起英国诗人格雷的《乡村墓园挽歌》，诗人不说"靠在一棵树上"，而说"注视着那潺潺流淌的小溪"。像格雷一样，中国诗人也常说潺潺流水声使人愉悦。

这里，艾约瑟将中国山水诗与英国诗人格雷的《乡村墓园挽歌》进行比对，认为它们都通过单个的景物，描绘了完整的、美好的意境。

在《庐山谣寄卢侍御虚舟》的译文后，艾约瑟说：

> 李白的表达不生硬，不刻意，也不复杂，他用简单的语言表达清晰的思想，一句就是一个包含主语和谓语的完整句子，既不太多，也不太少，他的言辞简洁、迅速、有力，一幅又一幅的画面在眼前掠过，作者把

> 单独的画面组合成一张完整的景色。在莎士比亚的《人生七阶》中，我们可以看到这类作品，人的每一个阶段是一幅精巧、单独的图片，七个单独的阶段其实是人一生中七个不同的场景……这种方式是我们诗人最喜爱的写作方式。他将几幅图片合而为一，每一幅本身就是完美的，能够和其他的分离开而又不失其完整性。

《庐山谣寄卢侍御虚舟》为写景名篇，是描写庐山的千古绝唱，全文的每一段从不同角度、不同景色描绘了庐山的雄奇壮丽，艾约瑟由此联系到莎士比亚的《人生七阶》，同样也是通过不同阶段的描写，从而共同组成了诗人书写对象的完整意象。

文中，除了将某首李白诗中的具体写法与西方文学对比外，艾约瑟还从整体角度，对中外文论进行了比较。如在谈到诗歌的喜剧效应时，他说：

> 中国人喜爱的笑是由小说和戏剧引发的，很少是通过诗歌，在中国，喜剧元素很少被纳入诗歌范畴，这一特性使中国诗与众不同。一些最优秀的西方作家也是这样，比如维吉尔、米尔顿和但丁，而莎士比亚却乐于以诗歌博人一笑。中国人在这一点上与维吉尔观念类似，认为诗歌是崇高和美丽就足够了，此外，要有活力。如果读者想通过作品笑，在中国就必须选择小说或者戏曲。

艾约瑟在文中不止一次提到，中国诗歌往往是诗人对苦难生活、悲伤情绪的表达，这点与部分西方文人如维吉尔、米尔顿和但丁类似，认为诗歌是崇高的、美的、充满活力的即可。中国的喜剧表现在小说与戏曲中。此处，艾约瑟不止对诗歌体裁进行了对比，还将中西方关于喜剧表达的方式和观点进行了比较。

综上，我们可以看到，艾约瑟在文中做了不少详细的中外文学比较，从创作笔法、写作风格、文学理论等角度，均有不少深刻的体悟，类似这样的中外对比在文中其他地方也有体现，如在提到唐明皇时，他说唐明皇曾亲手调和羹汤给李白吃，表达了对唐明皇平易近人、惜才爱才品质的赞赏，他说：“这位皇帝就是中国的奥古斯都，他是中国诗歌、绘画和音乐艺术发展的大力倡导者。”

四、结　　语

本文对艾约瑟《论李太白兼及其诗作》一文进行了研究，考察了作者对李白诗歌的翻译情况，对其中翻译精准的内容做了分析，对产生增译和误译的部分做了考察，探究译者心理。同时，将文中作者对中外文学进行的比较进行了探索，这类早期由汉学家书写的中外文学比较，具有重要的史料价值和文学研究意义。艾约瑟此文作为英语世界里对李白诗歌的首次大量翻译和赏析，也是英语世界最早的李白诗与西方文学比较研究，值得学界从唐诗外译领域、比较文学等角度进行深入探索。

王硕丰　西安外国语大学中文学院教授
吕雪莹　西安外国语大学中文学院硕士研究生
裴　琳　西安外国语大学中文学院硕士研究生

启后承前一洋儒

——英国汉学家苏慧廉的治学进路及其时代*

王　媛

摘　要：苏慧廉终身从事教育、汉学研究事业，推动中西文化交流。苏氏在华凡30年，在切身生活体验的基础上深入研究中国历史和现实等，翻译经典、编撰词典、探究中国历史变迁及其中西关系史变迁、深入研究中国宗教、制度等，横亘多个研究领域，已具备专业汉学研究的范式。苏氏以讲座教授身份执掌欧美汉学重镇牛津大学汉学讲座，这不仅意味着苏氏本人作为汉学家地位的确立，同时也是牛津大学汉学史由传教士汉学走向专业汉学的重要标志，其启后承前的历史地位不可替代。

关键词：苏慧廉　牛津大学汉学讲座　启后承前

苏慧廉（William Edward Soothill，1861—1935），英国偕我会传教士、汉学家、教育家。1882年11月2日抵达上海，次年1月12日到温州。先后开办艺文学堂、定理医院等。艺文学堂是中国教会大学史上的遗珠，是近代温州第一所高等学校，孙诒让、李提摩太（Timothy Richard，1845—1919）等中外名儒出席开学典礼。1907年，苏氏复应李提摩太之邀，赴山西任山西大学堂西斋总教习。①1911年，又拟筹办"华中联合大学"，因第一次世界大战落空。1920年，受聘为牛津大学第三任汉学讲座教授，直至去世。苏氏一生从事教育、学术事业，在华凡30年，对中国文化有极深的感情和深厚的学养，兼之主持牛津大学汉学讲座长达15年，在中西关系史、中

* 本文为温州大学2021年研究生创新基金"英国汉学家苏慧廉及其中西文化交流研究"的成果，批准号（316202102037）。

① 山西大学堂西斋第一任总教习敦崇礼（Moir Dunkan，1861—1906）于1906年8月去世，苏慧廉于1906年8月接任西斋总教习，1907年7月抵达太原，正式履任，其间总教习一职由英国人毕善功（Louis Rhys Oxley Bevan，1874—1945）代理。

国文化、汉学家传记、中华经典英译乃至《圣经》方言（温州话）译本等方面都取得了卓有成就的业绩。主要著有《学生常用四千字袖珍汉英字典》（*The Student's Four Thousand字 and General Pocket Dictionary*，Shanghai：American Presbyterian Mission Press，1899）、《晚清温州纪事》（*A Mission in China*，New York：Fleming H. Revell Company，1907）、《论语英译》（*The Analects of Confucius*，Yokohama：Fukuin Printing Company，1910）、《儒释道三教》（*The Three Religions of China*，London：Hodder and Stoughton，1913）、《李提摩太在中国》（*Timothy Richard of China*，London：Seeley Service & Co. Limited，1924）、《牛津中西交通史大纲》（*China and the West：A sketch of their Intercourse*，London：Oxford University Press，1925）、《中国史纲》（*A History of China*，London：Ernest Benn Limited，1927）、《中国与英国》（*China and England*，London：Oxford University Press，1928）、《妙法莲华经》（*The Lotus of the Wonderful Law：or，The Lotus Gospel*，London：Oxford University Press，1930）、《中国佛教术语词典》（*A Dictionary of Chinese Buddhist Terms：with Sanskrit and English Equivalents and a Sanskrit-Pali Index*，London：Kegan Paul，Trench，Trubner & Co. Ltd，1937）、《明堂：中国早期君主政体研究》（*The Hall of Light：A Study of Early Chinese Kingship*，New York：Philosophical Library，Inc，1951）等。

一、江左山右两念痴

以中学学历登上大学讲堂，中外虽有同例，但确属凤毛麟角，何况苏氏成为牛津大学第三任汉学讲座教授，享誉国际汉学界。苏慧廉的经历与牛津大学第一任汉学教授理雅各（James Legge，1815—1897）有相似之处，虽然二人出身和家学渊源不同，但二人同为传教士，且先后都来华传教，都曾英译《论语》。

理雅各与法国顾赛芬（Séraphin Couvreur，1835—1919）、德国卫礼贤（Richard Wilhelm，1873—1930）并称为“汉籍欧译三大师”，被誉为“英国汉学界之鸠摩罗什、玄奘”[①]，1841年开始翻译四书五经，1861年起以《中国经典》（*The Chinese Classics*）为题陆续在香港和伦敦出版，第一卷就收录

① 莫东寅：《汉学发达史》，郑州：大象出版社，2006年，第89页。

了《论语》(*Confucian Analects*)。[1]既有珠玉在前，苏慧廉何以要重译《论语》呢？苏氏认为:《论语》最能体现孔子的思想，两千年来对塑造中华民族思想性格具有重要意义。理雅各译本过于典雅，且出版时间早，学生不易得，没有受到应有的重视。希望西方读者能通过新译本从这部经典著作中获益。[2]

苏慧廉《论语》英译本体例完整、纵横兼顾。全书共4部分，第一部分为绪论，介绍中国古代史、孔子的生平与时代、《论语》成书过程、孔门弟子、历史年表、术语释义等，第二部分为正文，逐句英译，并有字词注释，共20篇，是全书的中心内容，第三部分为附录索引，第四部分为古今地名对照表。

苏氏译本以独立翻译为基础，并参考理雅各英译本、辜鸿铭英译本、晁德莅（Angelo Pere Zottoli，1826—1902）拉丁文译本、顾赛芬译本，取诸本之精粹，集诸本之大成，因此，苏氏译本推出后，受到西方读者广泛欢迎，收入牛津大学出版社1937年出版的“世界经典丛书”(*The World's Classsics*)。纵观19、20世纪的汉学家，都从事过大量的汉籍翻译工作，因为翻译是欧美汉学家研究中国学问的基础工作，只有对中国的典籍、作品进行全面、系统地翻译，才能进一步深入的理解和研究。苏慧廉的前辈理雅各正是翻译了大量的儒家经典，才奠定了其卓越汉学大家的地位。从苏慧廉的一生回看，其所作的《论语》英译工作，是其迈向卓越汉学家道路上坚实的一步。

苏氏《论语》英译本原在1907年即可出版，但因部分书稿被焚毁，加之苏氏本人远赴山西工作，因此延迟了3年，到1910年才得以印刷。[3]1907年是苏慧廉一生中的关键转捩点之一。是年，他接受李提摩太的邀约，任山西大学堂西学斋总教习，开启了他人生的另一篇章。除李、苏二人的交情外，

① 熊文华:《英国汉学史》，北京：学苑出版社，2007年，第57页。按，翻译中国典籍并非始于理雅各，此前有已不少传教士都曾做过这一工作，但理雅各是系统地将四书五经译为典雅的英文的第一人。理雅各在翻译过程中得到了王韬、洪仁玕、何进善等学人的帮助，加之其自身严谨的治学态度和学术功底，其译本广受学界好评，奠定了理雅各在英国汉学史乃至世界汉学史上的地位。

② William Edward Soothill, *The Analects of Confucius* (Yokohama: Fukuin Printing Company, 1910), pp. 1—5.按，本文所引外文资料，除注明所据译文外，均出拙译。

③ *The Analects of Confucius*, p.5.

苏氏在温州的办学成绩，当是李提摩太选聘其当任山西大学堂西学斋总教习的重要原因。苏慧廉在温州期间曾创办艺文学堂，该校是一所具备从小学到大学兼有女校的完整体系的教育机构，是近代温州第一所、也是唯一一所教会大学。[①]李提摩太曾亲自出席1903年10月20日举行的艺文学堂新校舍落成暨开学典礼，并作了长篇演讲。该校的成功之处从其毕业生中可窥一二。如第一届学生刘廷芳是第一位获得博士学位的温州人、第一位执教于美国神学院的中国人，回国后兼任北京大学、燕京大学教授，燕京大学宗教学院院长，同时兼任燕大校长司徒雷登助理。夏廷耀曾任嘉兴海关三等二级帮办、瓯海关税务司，是第一位任海关税务司的中国人。不少毕业生进入温州定理医院（后为白累德医院），后来成为浙南地区医药事业的骨干力量，如戚文梁、郑求是等人。此外，还有一些学术文化名人，如姜琦、董每戡等。[②]

艺文学堂具有大学预科性质的课程有"国文、英文、数学、经典、世界历史、世界地理、伦理学、化学、物理学、经济学、哲学概论等科"[③]，当时正处中国新式教育的起步阶段，没有现成、统一的教材，不少教材需要自编、自译，苏慧廉到温州之初用温州话翻译的《圣经》就是该校早期所用的教科书之一。翻译《圣经》的尝试，为苏氏日后英译《论语》积累了经验，更是他从事学术研究的一次有意义的尝试。据完成时间看，苏氏英译《论语》很可能是作为艺文学堂"经典"课程的教材。

赴任山西大学堂西斋总教习之后，苏慧廉为该校的发展做了诸多努力，付出了大量心血。山西大学堂将传统书院和新式学堂相结合，采用独特的中西斋办学模式，以求中西合璧，各取所长，其独特的办学模式，为中国高等教育的创新进行了积极探索，其丰硕的办学成果使其成为当时"亚洲最好的大学之一"。[④]苏氏的夫人苏路熙曾回忆道：苏慧廉的新职务并不清闲，除了行政教务，为了与这里的中国学生保持同步，维护师长的尊严，他像学校里

---

① 张真：《温州艺文大学堂：中国教会大学史上的遗珠》，载《宗教学研究》2016年第1期。

② 张真：《温州艺文大学堂：中国教会大学史上的遗珠》，载《宗教学研究》2016年第1期。

③《温州艺文大学堂文凭》，转引自张真：《温州艺文大学堂：中国教会大学史上的遗珠》，载《宗教学研究》2016年第1期。

④ 山西大学：《论语译英·再版说明》，见［英］苏慧廉著：《论语译英》（珍藏版），闫晋玮、杨凯旋校订，北京：商务印书馆，2018年。

的学生一样刻苦钻研。[①]

1911年2月，苏慧廉代表英方正式办理了移交西学斋的手续。他的名字曾被刻在《山西大学堂西学专斋教职员题名碑》，作为永久纪念。2017年，山西大学建校115周年之际，重新校订出版苏氏《论语》英译本，认为这“既是对这百年学府的献礼，也是对这位推动跨文化交流先驱者的纪念”。[②]

二、英伦汉学鼎峙时

随着《论语》英译本的出版及在教育事业上的贡献，苏慧廉逐渐声名远播，为英国汉学研究重镇牛津大学所关注。1912年，即苏氏回国后的次年，就收到牛津大学皇后学院（Queen's College）邀约，以资深传教士及中国通的身份为即将赴华的传教士授课。苏氏在皇后学院所做的12个报告，最终汇集成学术成果《儒释道三教》（*the Three Religions of China*）一书。[③]苏慧廉将他在中国所了解的儒、佛、道三教及中西宗教之不同，向这些即将赴华的传教士们娓娓道来，希望对他们有所助益。《儒释道三教》在西方学界影响甚广，多次再版，1946年还推出了法文版，成为西方汉学界研究中国宗教史、思想史的常用参考文献。

与此同时，英国教会人士提议拟筹建华中联合大学，而苏慧廉受命出任筹建期间的校长，他在《儒释道三教》版权页所署头衔即“前山西大学堂西斋总教习，华中联合大学候任校长”（Late Principal of the Shansi Imperial University，President designate of the United Universities' proposed Central-China University）。正在苏氏为筹建华中联合大学而奔走之时，第一次世界大战的爆发打乱了这一计划，这所大学最终未能建成，但苏慧廉却客观上获得了成为牛津大学第三任汉学讲座教授的契机。

此时，执掌牛津大学汉学讲座的是布勒克（Thomas Bullock，1845—

① Lucy Soothill，*A Passport to China：Being the tale of Her Long and Friendly Sojourning amongst a Strangely Interesting People*（London：Hodder and Stoughton，1931），pp.316—317.

② 山西大学：《论语译英·再版说明》，见［英］苏慧廉著：《论语译英》（珍藏版），闫晋玮、杨凯旋校订，北京：商务印书馆，2018年。

③ William Edward Soothill，*The Three Religions of China*（London：Hodder and Stoughton，1913），p.7.

1915），著有《汉语书面语渐进练习》（*Progressive Exercises in the Chinese Written Language*）等。然而，觊觎牛津大学汉学讲座教授职位的却不乏其人，其中最强有力的是二等从男爵埃德蒙·巴克斯（Edmund Trelawny Backhouse，1873—1944）。巴氏为能继任牛津大学汉学讲座教授，曾先后多次向牛津大学博德林图书馆捐赠图书。[①]然而，第一次世界大战不仅打乱了苏慧廉筹建华中联合大学的理想，还打乱了巴克斯竞争牛津大学汉学讲座教授的计划。1915年，布勒克去世后，牛津大学并未立即选聘下一任汉学讲座教授。

在空缺长达5年之久后，牛津大学最终于1920年聘请苏慧廉出任第三任汉学讲座教授。1920年11月16日，苏慧廉正式注册成为牛津大学汉学讲座教授，并接受牛津大学授予的文学硕士学位。牛津大学历任汉学讲座教授可列表如下：

牛津大学历任汉学讲座教授（第一至八任）

任次	姓名	国籍	任期	研究方向及著作
第一任	理雅各（James Legge，1815—1897）	英国	1876—1897	英译《中国经典》（*The Chinese Classics*）
第二任	布勒克（Thomas Bullock，1845—1915）	英国	1899—1915	《汉语书面语渐进练习》（*Progressive Exercises in the Chinese Written Language*）

① 1913年，巴克斯将收藏的17000卷明人藏书赠予牛津大学博德林图书馆，“装满了二十九个板条箱，重四又四分之一吨”，其中包括宋版书、《永乐大典》6卷及名人字画150幅等，此举使得牛津大学中文藏书增加将近4倍。著名汉学家翟理斯之子、时任英国博物馆东方书籍和手稿的馆员翟林奈（Lionel Giles，1875—1958）对此大加赞赏。1914年，巴氏又向牛津大学寄出了第二批书籍和手稿，“共七十六箱，包括四百六十三卷图书、十五件手稿，一件非常精美且印有题词的中国人的棺罩和一部装在玉石中的手稿”，并声称其价值超过第一批。参见休·特雷弗·罗珀：《北京的隐士——巴克斯爵士的隐蔽生活》，胡滨、吴乃华译，济南：齐鲁书社，1986年。按，该书作者为牛津大学近代史教授。

续 表

任次	姓名	国籍	任期	研究方向及著作
第三任	苏慧廉（William Edward Soothill，1861—1935）	英国	1920—1935	《牛津中西交通史大纲》（*China and the West*：*A sketch of Their Intercourse*）、《中国史纲》（*A History of China*）、《中国与英国》（*China and England*）
第四任	陈寅恪（1890—1969）	中国	1938—1947	专研隋唐史、中外交通史，著有《隋唐制度渊源略论稿》《唐代政治史述论稿》《元白诗笺证稿》等
第五任	德效骞/德和美（Homer Dubs，1892—1969）	美国	1947—1959	英译《汉书》
第六任	霍克斯（David Hawkes，1923—2009）	英国	1960—1971	专研楚辞、杜诗，英译《红楼梦》前八十回
第七任	龙彼德（Plet van der Loon，1920—2002）	荷兰	1972—1988	研究中国戏曲和道教，著有《宋代丛书中的道教书籍：评论和索引》（*Taoist books in the libraries of the Song period*：*A critical study and index*）
第八任	杜德桥（Glen Dudbridge，1938—2017）	英国	1989—2005	研究通俗文学、宗教、神话和民俗，著有《十六世纪中国小说〈西游记〉前身考》（*The His-yu chi*：*A study of Antecedents to the Sixteenth-century Chinese Novel*）

至此，苏慧廉正式以讲座教授身份执掌欧美汉学重镇——牛津大学汉学讲座，这不仅意味着苏氏本人汉学家地位的确立，也是牛津大学汉学史由传

教士汉学走向专业汉学的重要标志。[①]牛津大学汉学讲座本身就是海外传教、经商、殖民的产物[②]，苏氏之前的理雅各、布勒克都有传教、殖民外交经历，而苏氏之后的讲座教授均为学院派专业研究人员出身，苏氏启后承前的意义不可替代。

执掌牛津大学汉学讲座期间，苏慧廉的主要教学工作是每周两次讲课和主持两次研讨会，这使得他有了相对集中的时间和安静的环境进行学术研究。其大半生的学术积累得以释放，授课讲义陆续整理成稿，有《牛津中西交通史大纲》（*China and the West*：*A sketch of Their Intercourse*，1925）、《中国史纲》（*A History of China*，1927）、《中国与英国》（*China and England*，1928）等，可谓高产。《牛津中西交通史大纲》是目前所知第一部有关中西文化交流史、中西关系史的专著，是苏氏“四十年阅读和思考的结果”，是“在一年前讲义的基础上整理而成的，旨在向牛津大学现代历史地理学院的学生及从事东方研究的学生讲授中西交通史概况。”[③]全书共15讲，分为早期中外交流概述；蒙古元以前的中外交流；蒙古元以前的佛教徒、阿拉伯人、基督徒和其他人；蒙古帝国；马可·波罗来华及蒙古帝国的衰落；海上丝绸之路的开辟及英国人来华；明清之际的中外关系；中英贸易关系；鸦片与鸦片战争；太平天国运动和第二次鸦片战争；海关、叛乱、中法战争、中日甲午战争；戊戌变法；戊戌变法、西狩、清末新政；辛亥革命、民国创立、军阀割据、复兴（期待）；东方和西方。

《中国史纲》《中国与英国》亦是多年阅读、思考的结果，旨在向西方推介中国历史文化及中英关系。3部讲义均由先秦讲至民国，涉及政治、宗教、贸易、外交等方方面面，融古代史、近代史、当代史为一体，其中近当代史占据半数篇幅。苏氏在华的30年，中国正经历着千年未有之大变局，这些讲义就是一部变局亲历者在切身生活体验的基础上以他者之眼的视角抒写的当

---

① 张西平将欧美汉学发展史分为游记汉学、传教士汉学、专业汉学三个阶段，并以1814年法兰西学院设立“汉、鞑靼—满语言与文学讲席”（首任讲席教授为雷慕沙，培养了儒莲等著名学者）为开启专业汉学阶段的标志。参见张西平主编：《欧美汉学研究的历史与现状·序言》，郑州：大象出版社，2006年，第4—5页。这是就欧美汉学整体而言，各国、各大学（研究机构）的发展阶段存在明显的“时差”。

② 杨国桢：《牛津大学“中国学”的变迁》，载《中国史研究动态》1995年第8期。

③ William Edward Soothill，*China and the West*：*A sketch of Their Intercourse*（London：Oxford University Press，1925），pp.5—6.

代史，具有珍贵的史料价值。苏氏以在华三数十年的观察和体悟，加之独特的学养和视角，其在书中所提出的问题与思考，有不少可称为一针见血，直击要害。

除了上述3部讲义外，苏慧廉在牛津大学汉学讲座教授任上还完成了《明堂：中国早期君主政体研究》（*The Hall of Light*：*A Study of Early Chinese Kingship*）一书的初稿。该书书前有苏慧廉1934年在牛津大学所作的序，已完成书稿，经苏氏长女谢福芸[①]与赫德逊（G .F. Hudson，1903—1974）整理，1952年由纽约哲学文库（Philosophical Library）出版。"明堂"是古代君王祭祀的场所，也是宣扬政教的地方，象征着君权神授。全书共23章，并附上中国的音乐、乐器，夏历、诗韵等，对王权进行了深入的研究。苏慧廉认为，中国是王权制度持续最久的国家，对中国古代王权起源与发展的研究，会引起人们的兴趣，并对当下有所启发。[②]对于王权的探究，又不能仅限于王权，所以，他从"德"与"无为"、《礼记》、《月令》、历法、早期的祭祀、周朝的王权、祭祀的形式、礼仪等角度探究。赫德逊认为，苏氏此书可以为这一领域的学者、法国汉学家格拉内（Granet，1884—1940）等人的研究提供最有价值的补充。[③]

回顾和检讨苏氏汉学的治学路径，可以明显地梳理出一条"翻译—讲义—专论"的发展演变轨迹。理雅各的时代，是以翻译汉学经典为主的传教士汉学，可谓微观研究，而苏氏汉学则体现了由微观到宏观的转变过程。翻译是基础工作，苏慧廉也是从英译《论语》起步，这是他迈向汉学界最初的、坚实的一步。而苏慧廉执掌牛津大学汉学讲座之后，他的视角从以翻译经典为主的微观研究转向以直接探究中国历史变迁及其中西关系史变迁的宏

---

① 谢福芸（Dorothea Hosie，1885—1959），苏慧廉之女，原英国驻华外交家、探险家谢立山爵士（Sir Alexander Hosie，1853—1925）之妻。生于中国，早年在中国生活，一生曾6次访华，著有《名门》（*Two Gentlemen of China*）、《中国淑女》（*A Chinese Lady*）等有关中国风物、人情的书籍，畅销于欧美，多次再版重印。1931年苏慧廉去世后，谢福芸将其父英译《论语》书稿加以编辑，作为"牛津经典丛书"之一，于1937年出版发行。

② William Edward Soothill，*The Hall of Light*：*A Study of Early Chinese Kingship*（New York：Philosophical Library，Inc，1952），pp.19—20.

③ *The Hall of Light*：*A Study of Early Chinese Kingship*，pp.13—14.

观研究。[①]苏氏《牛津中西交通史大纲》《中国史纲》《中国与英国》3部讲义，虽然篇幅不大，但都具有横亘千年、俯瞰东西的通史性质。以此为基础，苏慧廉更上层楼，其晚年的研究更向纵深发展，如《明堂：中国早期君主政体研究》是其与美国汉学家何乐益（Lewis Hodous，1872—1949）合编《中国佛教术语词典》的过程中，陆续搜集有关资料的研究成果，已完全体现出专业汉学阶段的研究方法与范式。执掌牛津大学汉学讲座之前，苏氏汉学还处在模仿、积累的承前阶段，执掌汉学讲座之后，苏氏汉学就跃升到了求创新、求突破的启后阶段。

三、何期传灯重洋外

执掌牛津大学汉学讲座时期的苏慧廉，以其特殊的地位与研究业绩，影响及于大洋彼岸的美国，可谓名扬海外。

1927年12月，苏慧廉曾致信牛津大学教务长克雷格（E.S. Craig），表示有意接受美国哥伦比亚大学邀约，担任该校汉学访问教授。苏氏提到，哥伦比亚大学此前仅向剑桥大学翟里斯（Herbert Allen Giles，1845—1935）教授和巴黎伯希和（Paul Pelliot，1878—1945）教授发出过邀约，他是第三位。苏氏认为，这无论是对牛津大学，还是对他其本人，都是一种难得的学术荣耀。由此亦可窥苏氏在欧美汉学界之影响及地位。苏慧廉的申请得到牛津大学的首肯，随即被哥伦比亚大学聘为1928年春季汉学访问教授，为期半年。[②]

苏慧廉赴美还有一个重要原因，即便于加快推进其与美国汉学家何乐益合编《中国佛教术语词典》[③]。二人在佛教研究上的交集是他们合作的基础。苏慧廉最初以传教士身份来华，对中国固有宗教思想有过深入研究，后来受邀在牛津大学皇后学院讲学，授课成果即是《儒释道三教》，出任汉学讲座

① 当然，这种跃升不是一蹴而就的，除苏氏本人积累与思考外，也参考和借鉴了同时期其他汉学家的研究成果，如《牛津中西交通史大纲》《中国史纲》中有关海关部分就对美国汉学家马士（Hosea Ballou Morse，1855—1934）所著《中华帝国对外关系史》（*The International Relations of the Chinese Empire*）有所参考。按，马士1874至1908年曾在大清皇家海关总税务司任职。

②《纽约时报》（The New York Times）（1928年1月28日），转引自沈迦：《寻找·苏慧廉》，北京：新星出版社，2013年，第428页。

③ 牛津大学档案馆致沈迦邮件，转引自沈迦：《寻找·苏慧廉》，北京：新星出版社2013年，第426—427页。

教授后，《牛津中西交通史大纲》等3部讲义均涉及佛教的传来、发展等，他还翻译过佛家经典《妙法莲华经》(*The Lotus of The Wonderful Law*: *or*, *The Lotus Gospel*)，1925年已基本完成，1930年由牛津大学出版社出版。苏慧廉在编撰《中国佛教术语词典》时，无论是字典编撰，还是佛教知识都有了经验和储备。而何乐益早年来过中国，对中国佛教和民俗方面颇有研究，著有《中国的佛教和佛教徒》(*Buddhism and Buddhists in China*)、《中国的风俗》(*Folkways in China*)等。此外，苏慧廉早有编著词典的经验，其《学生常用四千字袖珍汉英字典》(*The Student's Four Thousand* 字 *and General Pocket Dictionary*)早在1899年就已出版，此后屡有再版，至今仍是英语世界常用的汉英字典。《中国佛教术语词典》按术语汉字笔画数由多到少排列，与《学生常用四千字袖珍汉英字典》编写体制相似，并按中文、梵语、英文注释的顺序解释中国佛教术语。《中国佛教术语词典》是苏慧廉学术生涯的压轴之作，也是其奠定汉学地位的力作。可惜的是，词典出版时，苏氏已离世，未能亲眼看到这部凝结着他一生心血的大著问世。何乐益《序言》中深情地写道：

> 我们在一起工作了十年，他（指苏氏）在牛津，我在Hartford（哈特福德），手稿曾四次穿越大西洋。他在纽约哥伦比亚大学任访问教授的学期和我访问牛津大学的短暂期间里，我们有机会就一些突出的问题进行了磋商。组织材料和协调差异的工作是由苏慧廉教授完成的。他对汉语有全面的了解，完全有能力承担编写《词典》的任务。他的《学生常用四千字袖珍汉英字典》仍在使用。他了解中国的文化和宗教。他对意义重大的事物有着敏锐的洞察力，并具有将深奥的术语翻译成简洁的英语的罕见能力。但更有价值的是他对其他民族的宗教生活和思想的深刻见解和深切同情。①

牛津大学第八任汉学教授杜德桥（Glen Dudbridge）曾这样评价他的前辈：对学术界而言，他（指苏氏）最大的功绩，是与人合作编撰《中国佛教

① William Edward Soothill、Lewis Hodous，*A Dictionary of Chinese Buddhist Terms*: *with Sanskrit and English Equivalents and a Sanskrit-Pali Index*（London: Kegan Paul, Trench，Trubner&Co.Ltd，1937），pp.10—11.

术语词典》。它是我案头的参考书，也是很多人的参考书。[①]

苏慧廉对美国汉学的影响，更在他培养了著名汉学家——费正清（John King Fairbank，1907—1991）。费正清被誉为美国中国研究的开山祖。因为他，“美国的汉学研究被中国研究所取代，其标注是注重近代中国与西方的接触和相互关系，而对中国古代文明只做背景的介绍。”[②]这样一位大家，曾在1929年与苏慧廉结下了深厚的师徒情谊。

欧洲汉学发展早于美国，学术资源更为丰富。费正清获罗德奖学金（Rhodes Scholarship）前往牛津大学留学，得到了时任汉学讲座教授苏慧廉的指导，他被牛津大学聘定为费氏的“文学士论文导师”。[③]费正清晚年回忆录中多次提到苏慧廉：

> 我自学汉语始于苏慧廉博士送给我一本布勒克著《汉语书面语渐进练习》，是1923年经翟理斯修订的第三版。这是一本内容充实的自学手册，使初学者通晓简单的古典文学语句，附加逐词（或逐字）的英文译文。（中略）苏慧廉博士实际上编了一本有用的袖珍“语音”字典。人们用这种方法在汉字迷宫中熟习发音。而且甚至能够在字典中找到汉字。（中略）到1931年春天，我更加相信自己将要成为一个专门研究中国问题的后起之秀。我说服苏慧廉博士为我进行一次布勒克的古汉语句子书面测验，并对我的真诚的努力出具一份书面证明。[④]

从中可知，苏慧廉在费正清学习汉语汉字方面具有重要指导作用。当然，苏氏的指导作用不止于此：苏博士是个宽厚长者，他向我解释，他刚巧

---

① 杜德桥2008年1月29日致沈迦邮件，转引自沈迦：《寻找苏慧廉》，北京：新星出版社，2013年，第441—442页。

② 王晴佳：《美国的中国学研究评述》，载张西平编《欧美汉学研究的历史与现状》，郑州：大象出版社，2006年，第374页。

③ 费正清：《费正清对华回忆录》（*China Bound: A Fifty-year Memoir*），陆惠勤、陈祖怀等译，上海：知识出版社，1991年，第21页。

④ 费正清：《费正清对华回忆录》（*China Bound: A Fifty-year Memoir*），陆惠勤、陈祖怀等译，上海：知识出版社，1991年，第23—24、29页。按，译本称苏慧廉为“博士”，似有误，苏氏生前未获博士学位，其墓碑亦称“William Edward Soothill-Ma-Missionary-Professor of Chinese Oxford University”（转引自沈迦：《寻找苏慧廉》，北京：新星出版社，2013年，第1页），因未见费氏原书，难以臆断，姑志于此，俟考。

在校对他的《汉语佛教术语词典》，但乐意在午茶之际的任何时间接见我，并同意无论如何会与退职隐居在伦敦郊外的马士写信联系。[①]马士，即前文提到的中国通商口岸史研究专家，除前文已提及的《中华帝国对外关系史》外，还著有《东印度公司对华贸易纪事（1635—1834）》（*The Chronicles of the East India Company Trading to China*, *1635—1834*）等书，是较早研究中国外交关系的西方学者。在苏慧廉和马士共同的影响和指导下，费氏逐步走上了学术研究的正道。

结语　当年心计此心知

苏慧廉曾在温州工作生活过25年；2020年，是苏慧廉出任牛津大学第三任汉学讲座教授100周年。百年一瞬，斯人已矣。作为传教士出身的汉学家，苏慧廉身上兼有两种身份的特质，他的汉学研究，是在切身生活体验的基础上深入研究中国的历史、文化和政治等，这是其得天独厚的优势；同时，在学术重镇的牛津大学，客观条件使得他进一步进行学术研究，从他的治学进路看，已经具备了专业汉学研究的范式。无论是对中西文化交流的贡献，还是在牛津汉学转型中的意义，苏慧廉都是一位不能被忽视的汉学家。

国内外学界已经关注到苏氏，并对其进行了多角度研究，主要集中在苏慧廉生平、作为传教士的活动及其意义、《论语》英译本及办学活动等方面。这些研究扩大了苏慧廉的影响，取得了一定的成绩，但仍有深入探究的空间。本文以苏慧廉全部存世著作为基本立足点，以全文翻译《牛津中西交通史大纲》《中国史纲》、选译《中国与英国》为根本出发点，深入聚焦苏慧廉的治学进路及其启后承前的历史地位，以期在以下三方面有所助益：

第一，丰富和完善苏慧廉的历史形象。在此前多将苏慧廉作为传教士的认知基础上，突出其作为汉学家、教育学、学者的地位，在中西关系史、中国文化、汉学家传记、中华经典英译乃至《圣经》方言（温州话）译本等方面都取得了卓有成就的业绩，尽可能完整地呈现苏慧廉作为一位具有深远影响的历史人物形象。

第二，立足中国和放眼海外相结合。以一位长期在华、对中西文化都有

---

① 费正清：《费正清对华回忆录》（*China Bound*: *A Fifty-year Memoir*），陆惠勤、陈祖怀等译，上海：知识出版社，1991年，第21—22页。

精深造诣的汉学家之眼，“站在中国看中国”和“跳出中国看中国”相结合，发现和捕捉长期被忽视的角度和材料，推进对中国文化和中西文化交流更深层次的探究。

第三，促进与补益英国汉学史全局研究。苏慧廉是英国汉学史上有着重要地位的汉学家，但由于著作散见各处，且横亘多个研究领域，搜辑不易，识读尤难，对其人其事研究带来了一定的难度。本文以苏氏存世的全部著作为研究资料，且具有地处温州的地缘优势，客观呈现其在英国汉学史上的地位，并促进与补益英国汉学史全局研究。

苏慧廉一生著述等身，已译成中文者仅有《李提摩太在中国》（*Timothy Richard of China*，关志远、关志英、何玉译，广西师范大学出版社2007年）、《晚清温州纪事》（*A Mission in China*，张永苏、李新德译注，宁波出版社2011年）及拙译《牛津中西交通史大纲》、《中国史纲》、《中国与英国》（选译）。

王　媛　温州大学人文学院硕士研究生

·德国汉学研究·

老子关于人类社会的思想*

［德］赫善心著　黄礼登译

第一次听到老子话语的人，耳畔也许都会长时间回响一种特殊的祈使语气，但人们并不知道应该怎么做才是正确的。这个语气有时深藏于严肃之中，有时却更深地藏于嘲弄之中。“无为！”我们到底该怎么做？它应当是伦理的上位概念吗？伦理本身为希望设定了美好目标。如果人们想把生命用于无为，那么这真是一场异乎寻常的浪费。老子并没有否定生命本身，相反，宇宙被分为了天、地、人，其间由一种秩序支配着，所有事情都运行有序。有为正是在这个意义上受到了谴责，因为人们将其作为了根基（第29章）。即便那些被称为是罪犯的人，他们做了令人瞠目结舌的事情，人们也不应当执而杀之（第74章）。原因在于，人们自己可以轻松地绝仁弃义（第19章），那么善与恶还有什么区别呢（第20章）？这绝不是一位将死亡视为最高目标的漠视生命者的语言。老子在《道德经》的第80章勾勒了一幅美好的生活图景，足以让最挑剔的逸乐之士向往，它表达了令人信服的、诱人的中国生活乐趣。

不，将老子理解为一位生命否定论者，这完全是错误的。他既没有站在以死为乐、追求死亡的立场上，也没有秉持与快乐绝缘的立场。如果我们因其神秘的名字将他视为是一位善良的老人，或许更为合适的是把他看作一位见多识广的智慧老人，这样我们就真正走近他，所有人类的事务我们都可以向他寻求安慰和意见，他可以给门徒们解释为什么“阴”在这个世界

---

* 原文为卫礼贤1911年出版的德语版《道德经》中的一篇序，书名为*LAOTSE TAO TE KING：DAS BUCH DES ALTEN VOM SINN UND LEBEN*，页码为正文前面单独编码的第XXVI到第XXXII页。文章原标题为：Soziologisches，Laotes Gedanken über menschliche Gesellschaft。赫善心（Harald Gutherz，1880—1912），维也纳大学法学博士，1909年10月到1910年12月在中国青岛任德华大学法政科讲师，卫礼贤的好朋友。他为清末修律礼法论争中的保守派撰写的《中国新刑律论》在当时中国产生了巨大影响。——译者注

上会取得胜利（第61章）。当然这位老人有时候有点古怪——与其思想广博有关——但我们接受这个本来的他。他属于难以企及的那个古老的美好时代，那时人民不会遭受高度文明的折磨，在温和的、美好的风俗中享受着生活，并且在广阔的空间中让其他人也享受着他们的生活。在这种生活中，不存在英雄的追求，但是有平衡需求与满足的伟大价值，还有充满和煦阳光的宁静，在其中人们使用音乐、诗歌和笔墨丹青来表达内心的喜乐。可以确定的是，老子生活的时代已经过了上面所描述图景的顶点了。在生活的平衡和与之相伴的宁静被打破时，劫掠真正家园的技艺已经开始刺激人们难填的欲壑。这位智慧长者有时候也许也诅咒过欲望，超越了欲望才能达到无欲的境界。但我们不能因此把他看作邪恶的禁欲者或者卫道士，这种人只会转身背对中国人的衷心笑容。相比之下，孔子更为严苛。孔子提出各种老子闻所未闻的要求来限制自己同胞对生活的自由表达，他还推动人们博学广识，对此老子从原则上持反对态度。这种无所不晓的博学追求后来在中国流传甚广，以至于它都会扼杀真正的科学精神。当然我们不能将后来中国由于维护未加详究的知识和礼制而产生的不好结果都归咎于孔子，但可以肯定的是，孔子比老子更脱离生活，我们更愿意将他视为是严守道德的专业学者。而当老子褪去了后来加诸身上的各种神秘色彩后，我们愿意将他作为一名善良智慧的老人去接近。

对我而言，先以上述的简明形式给出一个基本立场是完全必要的。当我们仅仅使用西方科研的精密工具去处理中国著作时，我们可能会力不从心。即便是今天在中国学校里所教授的有关中国精神生活的专业，也与我们所学到的大为不同，以至可以说中国课堂里并不存在“国际的”科学甚至不存在科学，而只有中国的和西方的认知。在中国从来没有开设过逻辑课，所以我们就很清楚，为什么在那些中国的精神作品中，艺术追求从来不会为逻辑而让步，这一点与我们完全不同。在一定程度上，我们不能像期待西方作品那样，期待中国作品的逻辑连贯性。下面我将导论式介绍老子关于人类社会的思想，但这种尝试可能存在相当的误差，这种情况下我们以原文为准。

现在我们回到“无为”这个起点，在这里我们可以找到解开老子思想宝库的钥匙，前面已经说过，这个祈使式的表达，它其实根本不是一项命令。“无为”在老子那里更多是一项假定结构的前列从句，就像“如果人们无为的话”这种，之后跟随一个以“就”作为连词的句子。在后面的主句中，并不会说出一项法律后果，或者表达值得称道的价值，而是基于自然规律说出前述假定情况所带来的必然后果。这里涉及的是社会生活领域内的一般经验，它让我们看到老子思想的基本性质。它首先是一种社会学上的思想，它指出了人类社会领域中原因和后果上必然的关联。但我绝不会宣称，老子很清楚他有别于孔子，自己是一位社会学家而不是伦理学家或者政治家。我同样不会宣称，老子完全内在地遵循了社会学家不做价值判断的立场。尽管如此，对我而言，老子追求社会学上的认知意义巨大，因为他的环境是如此不适合他的追求，时至今日，自然法这个概念在中国都还是一个没有融入的舶来品。（这就是一幅价值至上的特别图景！）至于说到“无为”的条件，它本来的、与文字并不一定完全一致的意义可以从老子指出的后果推论出来。仔细研读第17章可以看出老子所说的后果：“功成事遂，百姓皆谓我自然。”这就是结果，而原因在于有一位“太上”作为统治者。关于“太上”我们知道有人王、人主和圣人，他们遵循着道并且无为，就因为“道常无为”（第37章）。在第80章所描绘的美丽图景中，我们看到的结果仍然出自统治者尊道这个原因。在对第17章的解释中所附的最古老时代传下的民谣①显示了老子关于圣人思想的出发点：无为。相应地，在人类社会生活中遵循道的结果就是快乐。这是自给自足的快乐，不会超越自己而导致不满足，这更多描绘了人类真实存在的家园。如果我们把老子理解为一位伦理学家，那么他更多是一位享乐主义者，他的思想也不会具有太大的意义。这一类人和事各个时代都有很多，今天甚至有更多的表现类型。但当我们将他理解为是一位社会学家时，情况就大不一样了。就他的学说所研究的对象而言，我们可以一再发现社会学的研究对象，而且特别有意义。也许老子大部分的话语都是探讨社会中一部分人对另一部分人的影响，他从来没有说过不要发生影响。在有的地方，“无为”甚至与所说的“不影响”相对立，因为“无为”的重要意义恰好在于其对于社会的影响。最后一点非常重要，我们可以借此来鉴别老子话语的真伪。“无为”并不是基于宗教或个体伦理原因而提出的一项原则，它更多是社会学意义上的一项原则，这体现了老子完全的原创性，我们在更古老的哲学体系中看不到这一点。如果我们想搞清楚“无为”怎么在人类社会中发生作用，我们应当进入老子创造的最深刻的社会学认知，它对于现代社会学也具有基础性的意义。如果人们思考，人类社会中——重新用画面感的方式来表达就是——每个空间都通过个体的扩张而完全被填满，以至于在

① 即《击壤歌》。——译者注

同一个位置，另外的个体只能自我限制地存在，我们可以把这种状态叫作人类社会上的恐惧留白[①]。下面这些对立的概念，即索取与亏欠、取与给、侵袭与承受、命令与听从、统治与服务，有助于澄清，人类社会中的每个位置在何种程度上同时被两个人占据，并且始终都是其中一个积极，一个消极，或一个主动，一个被动。我们可以想象它们是相对立的存在，而不是相对抗的矛盾。所谓的社会法学派（贡普洛维茨）的基本信念是社会分立为统治者和被统治者，这个信念把老子首先提出，时至今日都仍然是最清晰的原则作为了前提，即每个社会关系都需要两个相对行动的人。认识到这个简单的原则，那听起来颇为神秘的“无为”的意义就完全清楚了。它并不是要求人们什么都不做等待饿死，而是当存在足够多的对立行为时，社会仍然处在一种轻松、宁静和秩序井然的状态中。在《整体刑法学杂志》第27卷（第708页）中，我在写出下面这些话时偶然触摸到了老子的基本动机：

> 在怎样一种理论上可以设想的状态中，无政府主义才不会成为一种被渴望的东西？在这状态中，每个个体积极的权力欲在另外个体消极的权力欲中得到满足……如果我们以这种理念来验证当下的状态，它对我们来说是一种糟糕的状态，因为它存在很多积极的权力欲，与其消极面并不匹配。

老子的学说可以马上贯通到这个思想上去。老子的“无为”正是上面刚提到的“消极的权力欲”，无论是老子那个时代，还是在今天，它都是少数，所以在上面那篇文章中，老子作为政治家所倡导的就是我所谓的消极的无政府主义，它在欧洲的代表人物是托尔斯泰。老子是真正的消极的无政府主义者，他认识到社会个体成员对社会的影响可以通过他内在的方式实现，亦即“是以圣人执左契”（第79章），因此：“受国不祥，是为天下王。”（第78章）“为而不争”，这才是圣人之道（第81章）。“托尔斯泰之爱”往往更像展现消极的权力欲（第10、19、67章）。第49章在这个意义上说得更加形象：“圣人皆孩之。”此外老子还谈到了社会秩序成为这样的原因：“容乃公，公乃王”（第14章[②]），“少私寡欲”（第19章），“不欲”（第37章）。另外稍远一点的

① “恐惧留白”在文中的表达为“horror vacui”。——译者注

② 德文原文作第14章，实际上这句话出自第16章。——译者注

原因还有:“不尚贤，不贵难得之货”(第3章);减少富有(第57、53章)，离开“智多”(第65章)回到单纯。

所有这些都不意味着提倡放弃，经常提到的这句话可以证明这一点:“君子之道，譬如行远必自迩。”在没有争执之处，对社会的影响就自然可以发生。所以本来“美之与恶，相去若何”(第20章)，但“大道废，有仁义”(第18章)，而“绝仁弃义，民复孝慈”(第19章)，反过来“法令滋彰，盗贼多有”(第57章)。这里也可以看出，一个伟大的社会学家知道不过多去谈论法律。如果上面假想的状态出现了——在那里不存在无政府主义，那么法律本身完全是无关紧要的(参见上面所引述文章的第712页)。根据老子关于人类社会的自然法原则，在存在足够的消极权力欲时，这种状态就会自然出现。所以，我们这样去理解老子的法律原则才是符合逻辑的：正义是人类社会背离大道后才介入的，法律本身和礼俗(习惯法)——这里可理解为道德——是在丧失正义以后才被运用的(第38章)。礼俗和法正是因为“诚实和信用的贫乏”。老子对法律的反感没有因为人王、侯王具有老子所说的高位而淡化。在真正的中国智慧中，君主并没有被理解为是一个法律机构，而是在社会中最强力践行“无为”原则而自然取得胜利的结果。这种对西方人来说很特别的乐观主义在中国古代却处处生根，他们的第一个统治者据说完全不依靠刑罚，所以乐观主义在中国比别的地方有更坚实的土壤。在中国，善良总是和“有好处”是紧密联系在一起的，这就是乐观主义真正的原因。在我们有机自然科学中，实用也总是作为能取胜的原则被接受。当老子将柔弱的女人能胜过刚强的男人这样的例子类推，宣称保守的国家能胜过其他国家时，其中有着深刻的科学上的说服力。如果一个帝国团结和养护他们的人民，那么哪个小国不会来归顺呢(第61章)？老子是用全力憎恶战争的，战争本身就是完全荒谬的，只能用于防卫(第31章)，要恬淡为上(第31章)。此处谈到的是老子在伦理上的基本信念，就像本文结束时要强调的那样，这种信念没有演变成功利主义，它完全可以被理解为是一种感性上的信念。纯粹的功利主义不是老子的出发点，或者他没有纯粹坚持这一点，这与对《道德经》很多内容的评论相反，这里只举两句被引用得最多的话:“福兮，祸之所伏。孰知其极？其无正也。正复为奇。”(第58章)“常有司杀者杀。”(第74章)后一句话来自《道德经》反对死刑的篇章，它特别清晰地包含了一种恭顺的主从关系，这里没有进一步点明的什么处于更上层或最上层。老子不是从伦理的立场来假定他们的地位的，而是最终在充盈美学禀赋的精神的驱动下，为了追寻他所发现的人类社会的本质或者道而感受到的。如果谁完全遵从老子，他最后会对世界之“道”产生难以限制的敬意。如果谁在自身之中尊崇世界，在自身之中热爱世界，那么他与老子就非常接近了。

黄礼登　西南财经大学法学院副教授

孟浩然诗歌在德语世界的译介与研究*

何　俊

摘要：作为“盛唐六家”之一，孟浩然其人其作早在19世纪末即已通过汉学学科建制较早的法国这一中转站进入德语世界。20世纪以来，孟浩然诗歌的德语迻译继续推进，迄今有30余首孟诗被迻译成德语，尤其是卫礼贤等汉学家对孟诗情有独钟，而作曲家马勒在《尘世之歌》中对孟诗的改编成为绝唱。相比之下，德语世界的孟浩然研究尚停留在起步阶段，但近年来也有突破，具体表现为对孟浩然隐士形象的重新认识、对其诗歌的禅意解读以及涌现出来的“《春晓》热”，特别是从认识论角度出发的相关阐释。总之，德语世界的孟浩然译介和研究可以视为国际“孟浩然学”的组成部分。

关键词：孟浩然　德语世界　译介与研究

一、孟浩然诗歌在德语区的传播之滥觞

探究唐诗在德语世界传播的发端，必先谈及法国这一中转站的枢纽作用。在唐诗的翻译方面，作为汉学学科建制最早的法国拔得头筹，早期的一批法国传教士比如雷慕沙（Abel Rémusat，1788—1832）、儒莲（Stanislas Julien，1797—1873）等都在唐诗译介方面做出了卓越贡献。19世纪60年代，“中国风”席卷当时的整个欧洲，甚至影响了洛可可艺术风格。在这一宏大背景下，有两本中国古诗法语选译本先后横空出世，其一为法国汉学家德理文侯爵（Marquis d’Hervey Saint-Denys，1822—1892）的《唐诗》（*Poésies de l’époque des Thang*，1862），其二为法国女诗人戈蒂耶（Judith Gautier，1845—1917）的《玉书》（又译《白玉诗书》，*Le livre de jade*，1867）。德理文的《唐诗》是第一部在西方正式出版的唐诗法译集，为后来20世纪初问世

* 本文为国家社科基金项目“唐诗在德语世界的译介与研究”的阶段成果，项目号（17XZW025）。

的两部著名德译唐诗集提供了参照；值得注意的是，这部法译唐诗集中收录了《过故人庄》和《宿业师山房期丁大不至》两首孟诗。没有收录任何孟诗的《玉书》在1873年被转译成德语版的《中国歌曲》(*Chinesische Lieder*)，考虑到当时普法战争刚刚结束两年的政治背景，德国人对来自敌国的文化输出持排斥态度，因此该转译本反响平平。但无论如何，这标志着唐诗在德语世界传播的肇始和滥觞。

1869年，德国汉学开创者普拉特（Johann Heinrich Plath，1802—1874）在著作《两部唐诗集》中介绍了收藏在德国国立图书馆的《唐诗合解笺注》和《唐诗合选详解》，前者是雍正年间王尧衢编的《古唐诗合解》中的一部分，后者则为乾隆时期的刘文蔚编纂。同时，普拉特还提及以下事实：收有两首孟浩然诗歌的德理文《唐诗》法译本参考了以上两部唐诗集，此外还参阅了《李太白文集》和《杜甫全集详注》。另外，普拉特的著作对孟浩然也做了简单介绍，把王维与孟浩然并提，并述及"孟浩然的某些讽刺之作惹得龙颜大怒"[①]，此处应该指涉的是跟"转喉触讳"事件紧密相关的"不才明主弃"一句。

1885年，德国学者舒尔茨（Adolf Moritz Schulze，1808—1881）将清末外交官陈季同（1851—1907）的法语著作《中国人自画像》(*Les Chinois peints par eux-mêmes*)转译成德语版的《中国与中国人》(*China und die Chinesen*)。原著中收有一首孟浩然诗歌《夏日南亭怀辛大》，转译成德语后的诗题为《群山之上的光亮》(*Das Licht über den Bergen*)，标题虽然不是直译，却紧扣了全诗的内容。根据现有可考的资料，这首从法语转译成德语的《夏日南亭怀辛大》，是孟浩然诗歌进入德语世界的首开先河之作。

二、孟浩然诗歌的德语迻译

包括孟浩然诗歌在内的唐诗在德语世界迻译的书目文献，已经有学者做了殚精竭虑的爬剔梳理工作[②]，得以惠及后学。从德籍华裔学者顾正祥的统

① Johann Heinrich Plath，*Ueber zwei Sammlungen chinesischer Gedichte aus der Dynastie Thang.* München：Verlag der königlichen Akademie，1869. S. 44.

② 参见Zhengxiang Gu（Hrsg.），*Anthologien mit chinesischen Dichtungen.* Stuttgart：Hiersemann，2002；詹春花：《中国古代文学德译纲要与书目》，北京：中国文史出版社，2011年。

计数据来看，尽管目前还未像英语世界[①]那样出现专门的孟浩然诗歌德译单行本，但孟诗在很大程度上已经吸引了德语国家汉学界的关注目光：在业已出版的德译中国古诗选集中，孟浩然的作品位居前十，排在李白、杜甫、白居易、苏轼、王维之后，但位于张九龄、陶渊明、王安石和柳宗元前面[②]。孟浩然其人其作在德语区汉学界的地位不容小觑，在此可以窥见。参阅顾正祥偶有遗漏的统计[③]，再加上笔者收集的卫礼贤的孟诗翻译篇目以及新近出现的资料信息，可以确定孟浩然约有30首诗歌已经进入了德语区汉学家的视野。其中，翻译次数最多的是约有15个不同版本的《春晓》，接下来则是《宿业师山房期丁大不至》和《夏日南亭怀辛大》，它们均被翻译10次左右；翻译较多的还有《过故人庄》和《宿建德江》，都被翻译约有5次。以上皆是孟浩然耳熟能详、朗朗上口的名篇，引起异域译者和学者的注意，可谓水到渠成。值得注意的是，《唐诗三百首》选孟浩然诗15首[④]，在20世纪都被译成德语。

（一）孟浩然诗歌翻译的有力推手

有着“德国孔夫子”之称的卫礼贤（Richard Wilhelm，1873—1930），是翻译孟浩然诗歌最多的德国人之一。他以传教士的身份来到中国，却将毕生精力贡献给了中国文化典籍的翻译与传播。除了翻译四书五经之类的“经部”和“子部”中华典籍，他也旁涉了“集部”文学作品的翻译。在卫礼贤1928年所著《中国文学》一书中的唐代诗人部分，排在第一位的就是孟浩然。卫礼贤译出其诗歌8首，分别为《早梅》、《游精思题观主山房》（*Am Pfirsichblütenquell*，“在桃花源畔”）、《春晓》、《夏日南亭怀辛大》（*Sommerabend*，“夏夜”）、《万山潭作》（*Am Bergteich*，“在山塘边”）、《初秋》、《秋宵月下有怀》（*Herbstnacht*，“秋夜”）和《夜归鹿门山歌》。对比其他各位诗人的译诗数目，甚至是国内外声名远播的诗人比如诗仙李白和诗圣

---

① 参见David Hinton（trans.）. *The Mountain Poems of Meng Hao-jan*. New York：Archipelagos Books，2004.

② Zhengxiang Gu，*Anthologien mit chinesischen Dichtungen*. Stuttgart：Hiersemann，2002.S. XXI—XXII.

③ Zhengxiang Gu，*Anthologien mit chinesischen Dichtungen*. Stuttgart：Hiersemann，2002.S. 167—168.

④ 分别为《秋登兰山寄张五》《夏日南亭怀辛大》《宿业师山房待丁大不至》《夜归鹿门山歌》《临洞庭上张丞相》《与诸子登岘山》《宴梅道士山房》《岁暮归南山》《过故人庄》《秦中寄远上人》《宿桐庐江寄广陵旧游》《留别王维》《早寒有怀》《宿建德江》《春晓》，参见：蘅塘退士编：《唐诗三百首》，陈婉俊补注，北京：文学古籍刊行社，1955年。

杜甫，不难看出卫礼贤对孟浩然的偏爱：李白10首，杜甫10首（《舟行》其一其二计为两首），白居易6首，王维5首，韩愈2首。1930年，卫礼贤在他创建的法兰克福大学中国学院的门户期刊《中国学刊》（*Sinica*）第二期上又发表专门的孟浩然诗作德语译文，包括10首诗歌，其中有3首直接袭用1928年《中国文学》中的译文——《游精思题观主山房》《夏日南亭怀辛大》和《秋宵月下有怀》，另外还新译出以下7首：《美人分香》（*Das Blumenmädchen*，"花女"）、《寒夜》、《寒夜张明府宅宴》（*Das Mahl in der Winternacht*，"冬夜晚宴"）、《武陵泛舟》、《彭蠡湖中望庐山》、《初年乐城馆中卧疾怀归》（*Krank in der Fremde*，"异地抱恙"）和《长乐宫》。然而，诗题"彭蠡湖中望庐山"中的"庐山"却被误译成"鹿门山"，这也许是受到孟浩然毕生都与"鹿门山"结缘，而且在诗中多处提及"鹿门山"这一信息的误导。

1940年，弗朗约（Zoltán von Franyó，1887—1978）从中文译出两首孟诗——《春晓》和《洛中访袁拾遗不遇》，连同其他多首诗歌一起发表在《中国学刊》1940年第1—2期合刊上。曾在北京大学德文系执教四载（1920—1924）的德国日耳曼学者欧尔克（Waldemar Oehlke，1879—1949）在回国后也担当了传播中国文化的重任，几首孟诗收入他编著的两本书中——《东亚的心灵：中日名言录》（*Seele Ostasiens. Chinesisch-Japanischer Zitatenschatz*，1941）和《中国的抒情诗及格言》（*Chinesische Lyrik und Sprichwörter*，1952）。1965年，德国东方学家贡德特（Wilhelm Gundert，1880—1971）出版《东方之诗》（*Lyrik des Ostens*），里面收集了来自近东国家以及印度、中国、日本等国的诗歌，中国古诗含有孟浩然诗作7首，包括《春晓》《夏日南亭怀辛大》《望洞庭湖赠张丞相》《宿建德江》《夜归鹿门山歌》《宿业师山房期丁大不至》和《送朱大入秦》。除了前两首出自他人笔下，其余均由贡德特本人译出。不知何故，《夏日南亭怀辛大》仅译出前半部分，"欲取鸣琴弹，恨无知音赏。感此怀故人，中宵劳梦想"四句略去未译。千禧年以降，唐诗爱好者、业余译者马克（Barbara Maag）女士在中国朋友的襄助下，对孟诗翻译倾注了较多心力。她2002年翻译出版的《唐诗》采取汉德对照的方式，其中选译孟诗12首，分别为《早寒有怀》《宿桐庐江寄广陵旧游》《夜归鹿门山歌》《留别王维》《秋登兰山寄张五》《秦中寄远上人》《与诸子登岘山》《春晓》《宿建德江》《过故人庄》《夏日南亭怀辛大》和《临洞庭上张丞相》，皆是《唐诗三百首》所选的名篇，足见译者的选择眼光不俗。对孟浩然诗歌较为关注的还有来自科隆的职业汉学家吕福克（Volker Klöpsch，1948—），他在2009年推出的唐诗德译选集《丝扇：中国古诗》（*Der seidene Fächer: Klassische Gedichte aus China*）中选译了孟浩然、王维、李白、杜甫、白居易、柳宗元、杜牧和李商隐的诗歌，孟诗不仅排列在首位，其所译诗歌数目也是最多的（15首），经查证恰好是《唐诗三百首》辑录的那15首孟诗。

此外，德语区对孟浩然及其诗歌的兴趣不仅体现在学术界孜孜不倦的翻译方面，德国日常生活类期刊乃至地方小报上甚至都可以窥见孟诗的踪影。中德文化交流期刊《文武——中国文化和武术期刊》（电子版）2017年12月28日发表施多肯（Andreas Stocken）的文章《仕途还是隐逸——孟浩然的诗歌》，文中翻译出《彭蠡湖中望庐山》《秦中感秋寄远上人》《望洞庭湖赠张丞相》《宿桐庐江寄广陵旧游》《早寒江上有怀》《留别王维》和《与诸子登岘山》等7首孟诗[①]。值得一提的是，标题“留别王维”被译成“我是孤独的，可又奈之如何呢？”，抓住了充盈于整首诗中的“孤独”这一意境。孟浩然诗歌在德国地方小报也占据了一席之地，比如北威州边陲小城克莱韦（Kleve）发行的地方报纸《克雷韦尔周报》（*Klever Wochenblatt*）2012年8月4日的文化版上就刊登了克伦东克（Jan Kellendonk）翻译的《春晓》一诗[②]。

（二）马勒《尘世之歌》对孟浩然诗歌的化用

论及孟浩然诗在德语区的接受与传播，不容忽视的是奥地利著名作曲家马勒（Gustav Mahler，1860—1911）1908年创作的声名煊赫的组曲《尘世之歌》（*Das Lied von der Erde*）。这一组曲由6个乐章组成，都选取唐诗德译文作为歌词。第六乐章题为《分别》，歌词分为上下两阕，是孟浩然《宿业师山房期丁大不至》和王维《送别》的综合体。组曲歌词的文本立足于海尔曼（Hans Heilmann，1859 —1930）《中国抒情诗》（*Die chinesische Lyrik*，1905）和贝特格（Hans Bethge，1876—1946）《中国之笛》（*Die chinesische Flöte*，1907）这两本古诗德译选集，但马勒在此基础上进行了较大程度的再加工。前一本仿作的中国古诗集中收录了《宿业师山房期丁大不至》；后一

---

① Andrea Stocken，„Amtsgeschäfte oder Einsiedelei – Gedichte von Meng Haoran “，in：*WenWu：Zeitschrift für chinesische Kultur und Kampfkunst*. [http：//www.wenwu-zeitschrift.de/digital/tag/andrea-stocken/，22.07.2021]

② Jan Kellendonk，„Frühlingsdämmerung “，in：*Klever Wochenblatt*. [http：//www.lokalkompass.de/bedburg-hau/kultur/fruehlingsdaemmerung-gedicht-von-meng-haoran-690-740-510-d195573.html，10.01.2018]

本中则收有两首孟诗，除了《中国之笛》中已有的那首，还有一首《夏日南亭怀辛大》。但这两本德语译诗集也不是从中文直接译出，而是参考了前文提及的《唐诗》和《玉书》这两部中国古诗法译选集。马勒之所以将《宿业师山房期丁大不至》和《送别》两诗合二为一，笔者推测原因之一在于两首译诗在贝特格的《中国之笛》中本来就是相邻编排的，另一方面是作曲者马勒受到了贝特格注解的影响——在注释中，贝特格称孟和王是好友，并错误地言称孟诗中等候的人就是王维，而王维又作诗《告别》回赠孟浩然。[①]贝特格和海尔曼的译诗集与其说是翻译，不如说是仿作（Nachdichtung），二人均不通中文，在参考了唐诗法语译本的基础上，吸纳译诗中呈现的中国文化元素和情调，自由转译改写而成。以下对比孟浩然《宿业师山房期丁大不至》的原文以及德理文、海尔曼、贝特格和马勒的译文：

孟浩然原诗及德理文、海尔曼、贝特格和马勒译文

孟浩然原诗	德理文译诗及其回译	海尔曼译诗及其回译	贝特格译诗及其回译	马勒译诗及其回译
宿业师山房期丁大不至	Le poète attend son ami Ting-kong dans une grotte du mont Nié-chy[②]（诗人在业师山上的一个洞穴里等候他的朋友丁公）	Abend（Mong-Kao-Jen erwartet seinen Freund den Dichter Ting-Kong am Rin-chi-Berge[③]（孟浩然在山等候他的朋友丁公）	In Erwartung des Freundes[④]（等待友人）	In Erwartung des Freundes[⑤]（等待友人）

① Jürgen Weber, „Chinesische Gedichte ohne Chinesisches in Gustav Mahlers Liedvon der Erde.Eine wörtliche Übersetzung der Originale verglichen mit der Nachdichtung“，in：Jürgen Weber：In den späten Jahren begehr ich nur die Stille：Klassische chinesischeGedichte，Norderstedt：Books on demand，2009，S. 241.

② Léon d'Hervey Saint-Denys（trad.），*Poésies de lépoque des Thang*. Réimpression Éditions Champ Libre，1977，p. 282.

③ Hans Heilmann（übers.），*Chinesische Lyrik vom 12. Jahrhundert v. Chr. bis zur Gegenwart.* München/ Leipzig：Piper，1905. S. 19.

④ Hans Bethge（übers.），*Die chinesische Flöte.* Leipzig：Insel，1907. S. 18.

⑤ Gustav Mahler（übers.），*Das Lied von der Erde in Full Score.* New York：Dover Publications，1988. S. viii.

续 表

孟浩然原诗	德理文译诗及其回译	海尔曼译诗及其回译	贝特格译诗及其回译	马勒译诗及其回译
夕阳度西岭，	Le soleil a franchi pour se coucher la chaîne de ces hautes montagnes,（太阳西沉，消失在高高的群山之后）	Die Sonne sinkt und verschwindet hinter den hohen Bergen,（太阳西沉，消失在高高的群山之后）	Die Sonne scheidet hinter dem Gebirge,（夕阳沉没于山岭之外）	Die Sonne scheidet hinter dem Gebirge,（夕阳沉没于山岭之外）
群壑倏已暝。	Et bientôt toutes les vallées se sont perdues dans les ombres du soir.（群壑在夜晚的暗影中消失不见）	Die Täler verlieren sich in den Schatten des Abends.（群壑在夜晚的暗影中消失不见）	In alle Täler steigt der Abend nieder.（夜幕低垂于群壑间）	In alle Täler steigt der Abend nieder.（夜幕低垂在群壑间）
松月生夜凉，	La lune surgit du milieu des pins, amenant la fraîcheur avec elle,（月亮在松林间升起，带来了清凉）	Der Mond steigt auf zwischen den Fichten und bringt erfrischende Kühle mit,（月亮在松林间升起，带来了清凉）	Mit seinen Schatten, die voll Kühlung sind,（夜的暗影一片清凉）	Mit seinen Schatten, die voll Kühlung sind,（夜的暗影一片清凉）
/			O sieh, Wie eine Silberbarke schwebt（呵，看，月儿悠游如一弯银色的小舟）	O sieh! Wie eine Silberbarke schwebt（呵，看，月儿悠游如一弯银色的小舟）
/			Der Mond herauf hinter den dunklen Fichten.（月亮在暗黑的松林之外升起来）	Der Mond am blauen Himmelssee herauf.（月亮在蓝色的苍穹升起）

续 表

孟浩然原诗	德理文译诗及其回译	海尔曼译诗及其回译	贝特格译诗及其回译	马勒译诗及其回译
/			Ich spüre eines feinen Windes Weh'n,（我感受到清风拂面而来）	Ich spüre eines feinen Windes Weh'n,（我感受到清风拂面而来）
/			/	Hinter den dunklen Fichten!（在暗黑的松林之外）
风泉满清听。	Le vent qui souffle et les ruisseaux qui coulent remplissent mon oreille de sons purs.（微风拂过，小溪的潺潺响声盈满我的耳朵）	Der Wind weht und das Rauschen des Baches erfüllt meine Ohren mit lauterem Klang.（微风拂过，小溪的潺潺响声盈满我的耳朵）	Der Bach singt voller Wohllaut durch das Dunkel von Ruh' und Schlaf….（小溪潺潺欢唱，点缀着静谧安眠的暗夜）	Der Bach singt voller Wohllaut durch das Dunkel.（小溪潺潺欢唱，点缀着夜的幽暗）
/		/		Die Blumen blassen im Dämmerschein.（花儿在昏暗中摇曳）
/				Die Erde atmet voll von Ruh' und Schlaf.（大地吐纳着静谧与安眠的气息）
/			/	Alle Sehnsucht will nun träumen,（所有的热盼与期待现在都已走回梦中）

续 表

孟浩然原诗	德理文译诗及其回译	海尔曼译诗及其回译	贝特格译诗及其回译	马勒译诗及其回译
樵人归欲尽，	Le bûcheron regagne son gîte pour réparer ses forces épuisées,（伐木者回到他的营房，为了养精蓄锐）	Der Holzhauer sucht sein Lager auf，um neue Kräfte zu gewinnen,（伐木者回到他的营房，为了养精蓄锐）	Die arbeitssamen Menschen gehn heimwärts，（劳作后的人们走在归家的路上）	Die müden Menschen geh'n heimwärts,（疲惫的人们走在归家的路上）
/			Voller Sehnsucht nach dem Schlaf.（渴望安睡）	Um im Schlaf vergess' nes Glück und Jugend neu zu lernen!（为了在睡眠中重拾遗忘的快乐与年轻）
烟鸟栖初定。	L'oiseau a choisi sa branche，il perche déjà dans l' immobilité du repos.（鸟儿选定一根好的树枝，坐在上面一动不动）	Der Vogel wählt feinen Zweig und sitzt in regungsloser Ruhe.（鸟儿选定一根好的树枝，坐在上面一动不动）	Die Vögel hocken still in ihren Zweigen.（鸟儿安静地栖息在枝头）	Die Vögel hocken still in ihren Zweigen.（鸟儿安静地栖息在枝头）
/			Die Welt schläft ein!（这世界已沉沉睡去！）	Die Welt schläft ein!（这世界已沉沉睡去！）
之子期宿来，	Un ami m'avait promis de venir en ces lieux jouir avec moi d' une nuit si belle,（有个朋友答应要到此地跟我一起享受夜晚的美妙）	Ein Freund hatte mir versprochen zu kommen und an dieser Stelle mit mir die Schönheit der Nacht zu genießen,（有个朋友答应要到此地跟我一起享受夜晚的美妙）	Ich stehe hier und harre des Freundes，der zu kommen mir versprach,（我驻足在此，等待着一位许诺前来的朋友）	Ich stehe hier und harre meines Freundes,（我驻足在此，等待吾友）

续　表

孟浩然原诗	德理文译诗及其回译	海尔曼译诗及其回译	贝特格译诗及其回译	马勒译诗及其回译
/			/	Ich harre sein zum letzten Lebewohl.（等待着向他做最后的告别）
/			Ich sehne mich，o Freund，an deiner Seite（吾友呀！我期盼着与你）	Ich sehne mich，o Freund，an deiner Seite（吾友呀！我期盼着与你）
/			Die Schönheit dieses Abends zu genießen，（共享这夜晚的美妙）	Die Schönheit dieses Abends zu genießen，（共享这夜晚的美妙）
/			Wo bleibst du nur? Du läßt mich lang allein!（然而你身在何方？孤寂的滋味，你让我久尝！）	Wo bleibst du! Du läßt mich lang allein!（然而你身在何方？孤寂的滋味，你已让我久尝！）
孤琴候萝径。	Je prends mon luth et，solitaire，je vais l'attendre dans les sentiers herbeux.（我拿起弦琴，在青草披拂的小径上孤零零地等候他）	Ich nehme meine Laute ab und wandte einsam ihn zu erwarten auf grasbedeckten Pfade.（我拿起弦琴，在青草披拂的小径上孤零零地等候他）	Ich wandle auf und nieder mit der Laute（我拨弄着琴弦）	Ich wandle auf und nieder mit meiner Laute（我拨弄着琴弦）

续 表

孟浩然原诗	德理文译诗及其回译	海尔曼译诗及其回译	贝特格译诗及其回译	马勒译诗及其回译
			Auf Wegen, die vom weichen Grase schwellen.（在披拂着青草的小路上）	Auf Wegen, die vom weichen Grase schwellen.（在披拂着青草的小路上）
/			O kämst du, kämst du, ungetreuer Freund!（但愿你来呀，你来呀，你这不可靠的友人！）	O Schönheit! O ewigen Liebes-Lebenstrunk'ne Welt!（呵，美妙呀！呵，这永恒的、爱与生命充盈的世界呀！）

从以上对比可以窥见，德理文的译文算是较为忠实的逐译，而各个德语仿作版本则在很大程度上偏离了原文。不通中文的海尔曼在逐译时虽然参考了德理文的法译文，但绝不是直截了当的转译，而是吸纳了法译文中以“松风水月”“樵夫归家”“倦鸟栖定”“抚琴候客”等为代表的典型中国文化意象，并加入了自己对中国文化的想象成分，进而仿写出充盈着“中国风”的德语诗作。贝特格也不谙中文，他的仿作同样是在参考前人译作的基础之上，再度增删加工而成的中西合璧体。而马勒深受以上译作启发，在再加工的基础上进而创作出不朽的音乐华章。不过，也有学者认为，“告别”这一曲目在音乐上本来是为了达到马勒作曲的高潮，但如果就中文原文的曲解误读而论，则可谓是跌入了低谷：马勒在孟浩然的诗中加入了原诗中没有的“人世的悲怆”式的元素，因为改作后的“最后告别”即是对整个世界的辞别，而最后一句谢世前的深长叹息也是孟诗中没有的，由此可以说贝特格和马勒创造了一首跟传统中国文化镜像、意趣和境界格格不入的全新西方诗

歌，基于这一点，对这位伟大音乐家的无限崇敬似乎也该打点折扣。[①]

纵观迄今以来德语区世界的孟浩然诗歌翻译，可以发现几个秉持不同翻译范式和风格的译者主体。其一为古汉语纯熟的职业汉学家，以奥地利学者查赫（Erwin Ritter von Zach，1872—1942）为典型代表，他秉承逐字逐句、严格意义上的散文体直译，为了精准传达原诗的字面意义而不惜以损害原诗的韵律和诗意为代价，他的孟浩然译诗有《长乐宫》《彭蠡湖中望庐山》《游精思题观主山房》和《早梅》。这一群体还包括数目微乎其微的华裔汉学家，比如汉堡大学刘茂才曾翻译《春中喜王九相寻》和《寒夜张明府宅宴》。第二个群体是不通中文的译者，他们同时也自主创作诗歌，其唐诗迻译与其说是语言上的翻译，不如说是建立在借鉴吸纳中国意象和元素基础之上的仿作。海尔曼、贝特格以及其他多位中国古诗意译或仿作者皆是这一翻译范式的典型代表，他们采取“拿来主义”“中为西用”的原则，借唐诗之酒杯，“浇胸中之块垒”。最后一个类别则是德中合作的译者群体，德语译者的中文水平各不相同，但都会与一位中文母语者合作翻译。值得注意的是，随着中德两国文化交流日益扩大和加深，尤其是孔子学院在德国的建立以及在德华人参与传播中华文化，这种中德合作方式越来越大受欢迎。2009年，德籍华人译者赵岩（Yan Zhao）和齐滕（Dieter Ziethen）合译唐诗德译选集《静听落花》（*Leise hör' ich Blüten fallen*），其中收录孟浩然诗歌3首，分别为《春晓》《宿建德江》和《留别王维》。布鲁姆霍费尔（Andreas Blumhofer）和中国译者杨东辉（Donghui Yang，音译）在2015年合作翻译的《唐代诗歌——阅读、翻译和理解》（*Chinesische Gedichte der Tangzeit: Lesen-Übersetzen-Verstehen*）采取按需印刷的方式发行，其中收有《春晓》和《宿建德江》，封面也采用了《春晓》的书法插图。

三、德语世界的孟浩然研究

比之英语世界发展得初具规模、已经出现相关专著[②]的孟浩然研究，德

① Jürgen Weber, „Chinesische Gedichte ohne Chinesisches in Gustav Mahlers Liedvon der Erde.Eine wörtliche Übersetzung der Originale verglichen mit der Nachdichtung ", in: Jürgen Weber: In den späten Jahren begehr ich nur die Stille: Klassische chinesische Gedichte, Norderstedt: Books on demand, 2009, S. 243.

② 参见W. Paul Kroll, *Meng Hao-jan*, Boston: Twayne, 1981.

语世界的相关研究可谓方才起步。当然，考虑到英语和德语两种语言本身的国际学术地位及其所属的研究主体和受众，这一差距也很容易理解。迄今为止，德语世界还未出现专门的孟浩然研究，对其人其作的探究多置于"中国文学史"系列中的唐诗章节之中进行。就孟浩然其人而言，德语学界沿袭国内学界长期以来的固有观点——比如孟浩然由来已久、近乎盖棺定论的隐士形象，因为田园山水诗风格相近也常把王维与孟浩然对举等等，但近年来在这方面也有突破。至于德语世界对孟浩然诗歌的探究，一方面倾向于运用西方的独到视角和理论来阐释《春晓》和《与诸子登岘山》之类耳熟能详的诗歌，另一方面则专注于从人与自然关系的角度来探究孟浩然的自然诗和禅诗。此外，在探讨古诗德译的实践方面时，经常援引实例来阐发其中存在的载体、形式和历史文化等方面的重重困难，而孟浩然的《春晓》等诗因为言简意赅、意境恬淡而朗朗上口常被用作实例。[①]

（一）德语区《中国文学史》书系中的孟浩然

德语世界第一本系统性的《中国文学史》由汉学家葛禄博（Wilhelm Grube，1855—1908）在1902年撰写出版，他在著作中浓墨重彩地叙述了唐诗的发展盛况，提到了具有佛教倾向的诗人比如宋之问和王维，以及常建、韦应物、王昌龄等受到道家思想影响的诗人[②]，惜乎只字未提孟浩然。叶乃度（Eduard Erkes，1891—1958，又译"何可思"）所著的《中国文学》是用德语书写的第二部《中国文学史》，也没有提及孟浩然。一直到上文提及的1926年付梓的《中国文学》，卫礼贤才在其中的"唐代文学"一章中列举了几位唐代诗人进行个案分析与研究，排在第一位的就是孟浩然。卫礼贤提及孟浩然隐居鹿门的生活，其后译出《夜归鹿门》一诗，可谓水到渠成；作者还述及李白与孟浩然的友谊，并顺便译出那首著名的《送孟浩然之广陵》。另外，卫礼贤还提及王维与孟浩然之间的一桩著名事件：孟造访王，正闲谈之际，忽然皇帝驾到，孟为回避天子钻入床下，但王维暴露了他，皇上遂与孟促膝长谈并邀请他出任官职，但孟坚持说自己无法适应宫廷生活，于是继

---

① Menno Aden，*Übersetzung chinesischer Gedichte ins Deutsche*，S. 4—5.［http://www.dresaden.de/B--Ungedruckte-Arbeiten/III_-Literatur-und-Dichtung/uebersetzung_chinesischer_Gedichte.pdf，10.01.2018］

② Wilhelm Grube，*Geschichte der chinesischen Litteratur*. Leipzig：Amelangs，1902. S. 291.

续他的隐居生活。[①]显而易见，“皇上邀请孟出任官职”等细节并不符合“转喉触讳”的史实。

第二次世界大战后，德国汉学资料奇货可居，1945 年德国传教士汉学家菲佛尔（Eugen Feifel，1902—1999）由日本文献学家长泽规矩也（Nagasawa Kikuya，1902—1980）的日文著作转译成德文的《中国文学史》在北平出版。这部著作代表了当时日本汉学研究的较高水平，为正处于低谷的德国汉学注入了活力。著作在论述中唐时期文学时介绍了王维，之后提及孟浩然，言及他因其诗句“不才明主弃，多病故人疏”而开罪了皇上，进而断送了他飞黄腾达的前程，其后同样把王孟对举，言称孟浩然描写大自然的诗歌吐露了内心深处的情愫。[②]

艾默礼（Reinhard Emmerich，1954—）所著《中国文学史》在“盛唐诗”这一章节也花了一个段落的笔墨来介绍孟浩然，同样把他与王维并举（“王孟体”），并述及他可以作为典范的自然诗或曰“田园诗”，及其深藏在这个“自由灵魂”体内的隐士气节和情怀[③]，同时引用《寻香山湛上人》中的诗句“平生慕真隐”及其尾联“愿言投此山，身世两相弃”。另外，艾默礼还译出了孟浩然最为人知的诗歌之一《春晓》，为诗人的旷世代表之作再添一个德译版本。在施寒微（Helwig Schmidt-Glintzer，1948—）的著作《中国文学史》中，也多处提及孟浩然这个名字。著作同样把作为自然诗人和禅诗人的王孟对举并论，但显然对王维着墨更多；就孟诗而言，对《春晓》等代表作品不着一字，仅在论述一般意义上的诗艺时引用孟浩然的千古佳句“微云淡河汉，疏雨滴梧桐”，意在论述用一个字（“淡”“滴”）成就一行诗的“诗眼”艺术——所谓“不朽之点”“点铁成金”。[④]另外，该著作还谈及始于

① Richard Wilhelm，*Chinesische Literatur*. Wildpark-Potsdam：Akademische Verlagsgesellschaft Athenaion，1926. S. 139.

② Eugen Feifel，*Geschichte der chinesischen Literatur. Mit Berücksichtigung ihres geistesgeschichtlichen Hintergrundes*，*dargestellt nach Nagasawa Kikuya*：*Shina gakujutsu bungeishi*. Hildesheim/Zürich/New York：Olms，1982. S. 192.

③ Reinhard Emmerich（Hrsg.），*Chinesische Literaturgeschichte*. Stuttgart/Weimar：Metzler，2004. S. 150.

④ Helwig Schmidt-Glinzer，*Geschichte der chinesischen Literatur*. München：Beck，1999. S. 355.

唐代中期的古文运动，言称“孟浩然和韩愈主张古典理想主义”[①]，这里显然是把“柳宗元”误作了“孟浩然”。2007年，吕福克和女汉学家梅薏华（Eva Müller，1933—）共同出版的《中国文学辞典》也列出了“孟浩然”这一词条，简介了这位盛唐时期的诗人。

2013年顾彬（Wolfgang Kubin，1945—）主编发行10卷本《中国文学史》书系，第一卷就是他本人撰写的《中国诗歌史——从起始到皇朝的终结》，书中也单列一个章节介绍孟浩然和王维。在孟浩然的研究部分，顾彬或多或少地受到英美汉学界相关研究的影响。比方说，顾彬引用美国著名唐诗翻译和研究者宇文所安（Stephen Owen，1946—）的观点，认为孟浩然是一位在创作题材、风格和种类方面“最有局限性”的唐代诗人[②]，可谓“风格同类，内容狭窄”[③]。同时，顾彬称孟诗所涉范围较小，描述的都是不引人注目的事物，代表一种深受佛教影响的所谓“寂静主义”，以及“日常琐事美学”[④]。谈及孟浩然的典型形象，“隐居者”或“隐士”是一个无法规避、甚至有点固化成刻板印象的关键词；但在顾彬看来，孟浩然的隐居“与其说是迫切渴望，还不如说是迫不得已”[⑤]，换言之，既然做不到“达则兼济天下”，那么也就只好“穷则独善其身”，这其实也是一种因时而动、因地制宜的“将就”和“凑合”[⑥]。在顾彬眼中，孟浩然“闲人”或“隐士”形象绝不是无源之水、无本之木，不能脱离社会背景来考察这一形象，因为“清闲就是官场失意的结果”。[⑦]这样的看法跟近年来中国国内最新的孟浩然相关研究成果非

---

① Helwig Schmidt-Glinzer, *Geschichte der chinesischen Literatur*. München: Beck, 1999.S. 286.

②［德］顾彬:《中国诗歌史——从起始到皇朝的终结》，刁承俊译，上海：华东师范大学出版社，2013年，第186页。

③［德］顾彬:《中国诗歌史——从起始到皇朝的终结》，刁承俊译，上海：华东师范大学出版社，2013年，第191页。

④［德］顾彬:《中国诗歌史——从起始到皇朝的终结》，刁承俊译，上海：华东师范大学出版社，2013年，第187页。

⑤［德］顾彬:《中国诗歌史——从起始到皇朝的终结》，刁承俊译，上海：华东师范大学出版社，2013年，第187页。

⑥［德］顾彬:《中国诗歌史——从起始到皇朝的终结》，刁承俊译，上海：华东师范大学出版社，2013年，第187页。

⑦［德］顾彬:《中国诗歌史——从起始到皇朝的终结》，刁承俊译，上海：华东师范大学出版社，2013年，第187页。

常相似：自唐代以来孟浩然在人们心目中就一直是个隐士的形象，但是20世纪上半叶以来，随着刘甲华在《河岳诗人孟浩然》[①]一文中对诗人锐意进取的一面的探讨，越来越多的学者认定深受儒家思想影响的孟浩然有着强烈的仕进之心，而他一生中仕与隐之间的徘徊摇摆则被归结为理智与情感之间的矛盾[②]。

具体到孟浩然诗歌的分析与解读，顾彬从认识论的新颖角度解析了《春晓》一诗，认为它不仅涉及"即将到来的一天"，而且还与"即将到来的认识之光或者顿悟之光"密切相关[③]，并相应分析了"晓"这个词的双关意义——"拂晓"和"知晓"。顾彬从佛教的顿悟这一角度来阐释《春晓》，并将顿悟视为唐代的典型时代精神，暗合该章节的标题——"顿悟精神"。另一首在顾彬看来创作高妙、却又不太有名的佛诗是《过融上人兰若》，从此诗可以窥见孟浩然偏爱的作诗技巧：佛教因素构成风景描写的外部框架，而景物刻画留在一首诗的中间。[④]同时，顾彬也从感官转换（视觉到听觉）以及认识或者领悟的角度解读了这首诗，其中还套用了基督教的说法：尽管僧人在"此岸"空间（"内"）缺席，但诗人可以感觉到他来自"彼岸"空间（"外"）的精神在场：在那山巅之上，也就是在那远离尘世的地方，很有可能就是僧人所在之处。[⑤]在顾彬看来，孟浩然也是将儒、释、道三大宗教教义融入作品之中的盛唐诗人大军中的一员。从儒教精神的角度出发，顾彬如是解读《与诸子登岘山》一诗：此刻我辈悼念先辈，而后辈终有一天又来凭吊我辈，这样的思维秩序接近儒家观念，即主张社会不朽，认为身后荣誉建立在道德或言行的基础之上。[⑥]在另一部著作中，顾彬言称可以从孟浩然等人的作品中体会怀古诗的幽情和伤逝之感，并且又从《与诸子登岘山》归纳出已经成为唐代怀古诗固化印记的内容：登高、望远追怀往昔、江山依旧而

① 刘甲华：《河岳诗人孟浩然》，载《文史杂志》1946年第1期。

② 李园：《孟浩然及其诗歌研究》，博士学位论文，南京师范大学，2007年，第22页。

③［德］顾彬：《中国诗歌史——从起始到皇朝的终结》，刁承俊译，上海：华东师范大学出版社，2013年，第188页。

④［德］顾彬：《中国诗歌史——从起始到皇朝的终结》，刁承俊译，上海：华东师范大学出版社，2013年，第191页。

⑤［德］顾彬：《中国诗歌史——从起始到皇朝的终结》，刁承俊译，上海：华东师范大学出版社，2013年，第192页。

⑥［德］顾彬：《中国诗歌史——从起始到皇朝的终结》，刁承俊译，上海：华东师范大学出版社，2013年，第190页。

人生易老、历史人物及过去时代的遗迹、眼前的真实自然、涕泪。[①]

对《与诸子登岘山》一诗，德国学界也有声音认为其表现平平。在上面提到的《仕途还是隐逸——孟浩然的诗歌》一文中，施多肯就指出孟浩然的诗歌具有自我矛盾的一面：一方面，他能用高超的技巧描绘自然（比如《彭蠡湖中望庐山》），另一方面似乎又笔下贫乏，难脱风景明信片似的俗套（比如《与诸子登岘山》）；[②] 一方面，诗人抱怨身为隐士的自己乃一介布衣、一贫如洗，另一方面又言称官吏生涯阻碍了他享受隐逸的理想生活状态。[③] 这种自身对立的状态，实际上也折射出孟浩然理智与情感之间的矛盾。

（二）孟浩然的禅诗以及德语世界的"《春晓》热"

德国的孟浩然研究呈现出来的另一个维度是将其视作寒山之类的禅诗人，把孟浩然诗歌置于禅诗的类别中来考察，这自然跟孟浩然大半辈子的归隐生涯及其集中的山水田园诗创作不无关系。孟浩然的清雅高洁的隐士形象已经深入人心，并远播到德语世界，尤其是《题张野人园庐》一时中的"门无俗士驾"一句经常用于归隐诗甚至禅宗诗的代表。德国的茶道协会在介绍日本茶道文化时即援引此句[④]，并由罗洛夫（Dietrich Roloff）自中文翻译出整首诗。

瓦格纳（Hans-Günter Wagner，1957—　）2007年的专著《有如空中之云——禅诗》探究了唐宋时期的禅诗，将寂寥归隐于山林间的孟浩然列为禅诗的代表人物，除对诗人做一简介之外，还翻译出8首禅意幽深绵长的代表性诗歌：《题大禹寺义公禅房》《云门寺西六七里闻符公兰若最幽与薛八同往》《腊月八日于剡县石城寺礼拜》《春晓》《晚泊浔阳望香炉峰》《耶溪泛舟》《题融公兰若》和《过故人庄》。在《腊月八日于剡县石城寺礼拜》一诗中，瓦格纳对"下生弥勒见"一句中的"弥勒"做了注解；而在和《晚泊浔

---

① [德]顾彬：《中国文人的自然观》，马树德译，上海：上海人民出版社，1990年，第175—176页。

② Andrea Stocken，„Amtsgeschäfte oder Einsiedelei-Gedichte von Meng Haoran“，in：*WenWu*：*Zeitschrift für chinesische Kultur und Kampfkunst*. [http：//www.wenwu-zeitschrift.de/digital/tag/andrea-stocken/，22.07.2021]

③ Andrea Stocken，„Amtsgeschäfte oder Einsiedelei-Gedichte von Meng Haoran“，in：*WenWu*：*Zeitschrift für chinesische Kultur und Kampfkunst*. [http：//www.wenwu-zeitschrift.de/digital/tag/andrea-stocken/，22.07.2021]

④ Ueda S ŏ ko e.V.，*Japanischer Teeweg in Deutschland*. [https：//www.ueda-souko.de/teeweg/s ŏ kos-kalligraphie，10.01.2018]

阳望香炉峰》一诗中，又注释了“尝读远公传”中的“远公”，即慧远法师、后来在庐山东林寺修行的佛教宗派（净土宗）开山祖师。

译有包括《春晓》在内的多首孟浩然诗歌的德国汉学家德博（Günther Debon，1921—2005）谈及中国古诗的一个显著特征就是“存在的缩减”①，而《春晓》一诗就是“日常琐事艺术”的一个典型例证②。此外，还有德国学者从感官变化与认识渐进的角度阐述了这首诗：

> 诗中存在种必然性，锁定的时间正好是清晨：由黑暗向光明的过渡简直就是实实在在地向认识主体提出要求，要他意识到自己的那个突然之间变化了的环境……对自己周遭发生的事情毫无觉察的诗人，首先依赖的是听觉印象。但是，随着太阳的升起，随后感知方式就发生了变化。而与此同时，在景色变得越来越明亮之时，主体一方的“认识”过程也就得以完成。③

在上文提及的刊登在地方小报上的《春晓》译诗中，译者还对这首小诗进行了颇有见地的赏析，认为诗人抓住了一个乍看上去无关紧要的主题，但在分析完诗作内容后笔锋一转，得出处理小主题也得当心的结论。另外，译者还援引本诗被收入《唐诗三百首》的事实，评价这首诗可以沟通连接有着不同语言文字的国族，是表达细微情绪的典范之作。④作者还对“处处”一词做了很有意思的解释，认为它是鸟啁啾的拟声，因此用了一个德语拟声词（tschirpen）来迻译。也有学者从翻译实践的视角出发，探究了中国古诗德译的困难，并以《春晓》为例来描述五言诗的特征，诸如单音节词汇聚、只有一部分语法关联表达完整、句与句之间的界限没有标记、具有电影或录像剪

---

① Günther Debon，*Chinesische Dichtung*：*Geschichte*，*Struktur*，*Theorie*. Leiden/New York：Brill，1989，S. 141—142.

②［德］顾彬：《中国诗歌史——从起始到皇朝的终结》，刁承俊译，上海：华东师范大学出版社，2013年，第188页。

③ Klaus Gottheiner，*Licht und Dunkel in der Dichtung der Tang-Zeit*：*Eine Untersuchung zur Bildlichkeit in der chinesischen Lyrik*. Hanau：Haag + Herchen，1990.S. 43.

④ Jan Kellendonk，„Frühlingsdämmerung“，in：*Klever Wochenblatt*.［http：//www.lokalkompass.de/bedburg-hau/kultur/fruehlingsdaemmerung-gedicht-von-meng-haoran-690-740-510-d195573.html，10.01.2018］

辑般的连续镜头之感①等等；同时，该学者还秉承极简主义，用“简而不减”的精当形式译出了《春晓》，以暗合五言古诗的“中式”简约。《春晓》在德语世界的大受欢迎，也跟国内学界长期以来孟浩然研究中的“《春晓》热”不谋而合：早在20世纪五六十年代，学术界就开始对孟浩然的《春晓》展开热烈的专门讨论，相关情况《光明日报》曾做过综合报道。②

结　语

李白、杜甫、王维、孟浩然、高适、岑参被合称为“盛唐六家”，但长期以来李杜理所当然地成为唐代文学研究的焦点和热点，孟浩然相对来说最受冷遇。不过，20世纪以来，国内的孟浩然研究状况已有较大改观，并且取得了长足的进步。令人欣喜的是，孟浩然及其诗歌早已走出国门，进入德语世界。随着1885年第一首德译孟诗问世，迄今已有30余首孟诗在有着“诗哲国度”之称的德国以及更广泛意义上的德语区落地开花。其中卫礼贤、吕福克等汉学家和一些业余译者对孟浩然诗歌情有独钟。有关孟浩然的研究可谓“小荷才露尖尖角”，这不仅体现在古往今来的《中国文学史》书系中都少不了孟浩然的座次，而且表现在对孟浩然隐士形象的再认识、对其诗歌的禅意解读以及涌现出来的“《春晓》热”等方面。在此尤其值得一提的是，德语世界的孟浩然诗歌研究多从认识论的角度出发，切合作为哲学大国的德国“运思与作诗”“诗思并立”的研究和阐释传统，被打上了强烈的哲学思辨的烙印。另外一方面，也应看到的是，德语世界在20世纪80年代就已经出现专门的王维诗歌德译单行本③，但孟浩然的迄今还未问世。有鉴于此，德语世界的孟浩然诗歌翻译和研究还应更上一层楼，以期进一步推进国际“孟浩然学”的发展。

何　俊　西南交通大学外国语学院副教授

---

① Klaus Bayer，„Übersetzung von klassischen chinesischen Gedichten ins Deutsche. Anmerkungen aus der Sicht eines Germanisten“，in：Wolfgang Kubin（Hrsg.）：*Die Fahrt zur Roten Wand. Dichtung der Tang-Zeit und ihre Deutung*. München：edition global，2007. S. 17—53.

② 杜晓勤：《20世纪孟浩然研究》，载《唐代文学研究》1998年第8辑，第87页。

③ 参见Stephan Schumacher（Hrsg. und übers.），*Wang Wei. Jenseits der weißen Wolken. Die Gedichte des Weisen vom Südgebirge*. Köln：Diederichs，1982.

·意大利汉学研究·

德礼贤的利玛窦世界地图研究及其历史贡献评析

陈　茜

摘　要：在利玛窦世界地图研究领域中，意大利汉学家德礼贤是一位重要人物，其出版于1938年的著作《利玛窦神父的中文世界地图》及其发表于1961年的文章《对利玛窦神父世界地图的最新发现与新研究（1938—1960）》具有广泛的影响，尤其是前者更被认为是该领域的丰碑之作。本文拟从德礼贤对于各版利氏地图及其摹本之考察、对存世的海内外各利氏地图藏本之研究两个角度梳理他的研究成果，论述德礼贤对于利玛窦世界地图研究的贡献和影响。

关键词：德礼贤　利玛窦　坤舆万国全图　历史贡献

自20世纪初期以来，利玛窦在华期间绘制的多幅中文世界地图得到了国内外学界的广泛关注，而意大利汉学家德礼贤（Pasquale M. D’Elia, 1890—1963）便是诸多研究者中颇具分量的一位。1938年，德礼贤出版巨著《利玛窦神父的中文世界地图》（*Il mappamondo cinese del P. Matteo Ricci S.I.*），对利玛窦世界地图进行了全面而细致的考察，这部著作也被视为利玛窦研究领域的丰碑之作；1961年，德礼贤又撰文《对利玛窦神父世界地图的最新发现与新研究（1938—1960）》［*Recent Discoveries And New Studies (1938—1960) On The World Map In Chinese Of Father Matteo Ricci SJ*］弥补了前作的不足，修正了此前的部分看法并阐述了一些新的研究成果。

德礼贤对利玛窦世界地图的研究推动表现在多个方面：他完整复制了当时已知的所有利氏地图，将梵蒂冈馆藏《坤舆万国全图》上的中文全部译为西文，而其中对于各版本利氏地图及其摹本的考察、对存世的各个利氏地图藏本的探研更是具有重要的学术价值，对后世学者的研究影响颇深。

一、对各版本利氏地图及其摹本之考察

确认各版利玛窦地图及其摹本的名称、确定其绘制的时间范围是德礼贤考察内容的两个重点，除此以外，德礼贤亦对利玛窦绘图史相关的部分疑点和传言提出了独到的见解。德礼贤的著作一共涉及10件不同版本的利玛窦地图及其摹本，其考察结果如下表所示：

德礼贤对于利玛窦各版地图及其摹本之考察表

绘制地点	名称	绘制时间	刊刻人	备注
肇庆	《山海舆地全图》（1938）；《舆地山海全图》（1961）	1584年10月	王泮刻版	
南昌	*Descrittione di tutto il mondo universale*	1595年		绘赠建安王朱多𤊩
苏州	《山海舆地图》	1595—1597年	赵可怀勒石	翻王泮本
南京	《山海舆地全图》	1600年2月—5月	吴中明刻版	
贵州	《山海舆地全图》	1604年	郭子章刻版	缩刻王泮本（1938）；缩刻吴中明本（1961）
北京	*doi mappamondi piccoli*	？	冯应京刻版	两半球图
北京	《坤舆万国全图》	1602年8月17日—9月15日	李之藻刻版	
北京	《坤舆万国全图》	1602年8月17日—9月15日	刻工私刻版	复刻李之藻本
北京	《？》（1938）；《两仪玄览图》（1961）	1602年9月21日（李应试受洗）之后	李应试刻版	
北京	《？》	1608年	皇室版	不确定是否存在

（注：“1938”指德礼贤1938年之作*Il mappamondo cinese del P. Matteo Ricci*所持观点；“1961”指其1961年之作*Recent discoveries and new studies*所持观点）

对于王泮肇庆本，德礼贤首先在1938年的著作中提出其应名为《山海舆地全图》，依据是吴中明在北京本《坤舆万国全图》上所作的序文中所写的“利山人自欧罗巴入中国，著山海舆地全图”；然而在1961年的新作中他修正了看法，此时他已经掌握了新材料——章潢的《图书编》，该书收录有一幅《舆地山海全图》，德礼贤认为这应当是肇庆版地图之名。此观点在德礼贤提出之后得到多位西方学者[①]的赞同，但也有学者提出异议，如林东阳在《利玛窦的世界地图及其对明末士人社会的影响》中认为，章潢此图“应当取材于利玛窦居留南昌期间头两年所绘写的数本世界地图之一，极有可能就是取自于1595年利玛窦献给建安王的世界图志。”[②]黄时鉴、龚缨晏在出版于2004年著作《利玛窦世界地图研究》中也提出了不同于德礼贤的观点，认为章潢的《舆地山海全图》不会摹自利玛窦1584年的肇庆本。[③]

在考证肇庆本时，德礼贤亦对一则已流传了几个世纪的传闻进行了驳斥。传闻认为：利玛窦为了谄媚迎合中国人，不仅在这幅地图中将中国置于地图的中央，更有意地放大了中国、缩小了其他国家。这一说法初见于利玛窦去世40多年后著名的意大利籍耶稣会士里乔利（Giovanni Battista Riccioli，1598—1671）在其作品中对利玛窦的介绍[④]，但他在论述中并没有给出任何史料，德礼贤猜测其根据或许为金尼阁的作品。[⑤]洪业先生（号煨莲）也注意到“西人竟有根据金氏之言而谓利氏有谀媚中国士大夫虚荣心理之嫌”[⑥]，但并未作出判断。据德礼贤考证，并没有任何证据可以支撑这种观

① 如J. Neesham、L. Carrinton Goodrich、Helen Wallis、Marcel Destombes、Theodore N. Foss等人。

② 林东阳：《利玛窦的世界地图及其对明末士人社会的影响》，载《纪念利玛窦来华四百周年中西文化交流国际学术研讨会论文集》，台北：辅仁大学出版社，1983年。

③ 黄、龚认为，章潢《舆地山海全图》上写有亚马法、勿尔、仙尼苦老、水岛四个岛名，在将其于奥特里乌斯的世界地图对比之后，可以判断此四岛为所罗门群岛中的四个岛屿，而所罗门群岛是在1568年被发现、1587年首次出现在奥特里乌斯的世界地图中。因此作者判定《舆地山海全图》不会摹自1584年之地图。黄时鉴、龚缨晏：《利玛窦世界地图研究》，上海：上海古籍出版社，2004年，第14页。

④ P. Giovanni Battista Riccioli，*Almagestum Novum Astronomiam Veterem Novamque complectens Observationibus aliorum，et propriis，Novisque Theorematibus，Problematibus，ac Tabulis promotam*，Tomus I，Bologna，1651，p.XL.

⑤ Pasquale M. D’Elia，*Il Mappamondo Cinese del P. Matteo Ricci S. I.*，Città del Vaticano：Biblioteca Apostolica Vaticana，1938，p.26.

⑥ 洪煨莲：《考利玛窦的世界地图》，载《禹贡》1936年第五卷第三四合期。

点，相反地，由于中国在这幅地图中的面积较小，神父们甚至不敢将地图献给皇帝；而利玛窦改动地图中各大洲的位置也是合乎地理规则的，甚至与同时期的其他欧洲地理学家相比，利玛窦地图在中国地理位置上的标注更为精确。因此，此说法为不实传闻。[①]

对于利玛窦赠给建安王朱多㸅本的地图集，学界众说纷纭，颇有争议。巴德雷（J. F. Baddeley）首先猜测这本地图或许为奥特里乌斯（Abraham Ortelius，1527—1598）的地图集，利玛窦则在其上添加了中文注释；随即他又援引希伍德（E. Heawood）的观点，提出这本地图集更有可能是利玛窦集合多种地图资料自己编纂而成。[②]洪业先生猜想希伍德的观点或许正确，也举证排除了这本地图集是利玛窦地图刻本的可能性。德礼贤则认为其绝非利玛窦所绘，只是一本加上了中文注释的欧洲地图集，它可能来源于奥特里乌斯，也可能来自其他欧洲制图学家。[③]这一说法在学界得到了一定程度的认可，有学者认为此地图集就是奥特里乌斯的《地球大观》[④]，但也有一些学者提出异议[⑤]。截至目前，此书究竟是何面目还有待研究。

赵可怀勒石版地图来源于利玛窦1584年绘制的肇庆版地图——1592年上任的镇江知府王应麟曾获此图一份，他将地图转赠给应天巡抚赵可怀，赵可怀十分喜爱，将其摹刻于一块大石之上。1598年利玛窦在礼部尚书王忠铭的陪同下行至南京，赵可怀将此图拓本送予王忠铭，这幅地图也被利玛窦辨认出是自己的作品。洪业道自己曾托人查找此碑[⑥]，德礼贤亦曾嘱托苏州教区助理司铎张士琅（Don Francesco Ciamscelam）查找石碑的下落，张在1936

---

① Pasquale M. D'Elia，*Il Mappamondo Cinese del P. Matteo Ricci S. I.*，Città del Vaticano：Biblioteca Apostolica Vaticana，1938，pp.26—27.

② 巴德雷认为，如此更符合原文“bound with plats after our fashion”的描述。J. F. Baddeley，“Father Matteo Ricci's chinese world-maps，1584—1608，” *The Geographical Journal*，Vol. 50（1917）：262.

③ Pasquale M. D'Elia，*Il Mappamondo Cinese del P. Matteo Ricci S. I.*，Città del Vaticano：Biblioteca Apostolica Vaticana，1938，p.51.

④ 如黄时鉴有言：“可以认定，利玛窦在南昌赠给建安王的正是奥特里乌斯的《地球大观》。”黄时鉴：《利玛窦世界地图探源鳞爪》，载《黄时鉴文集》（三），上海：中西书局，2011年，第230页。

⑤ 如宋黎明认为，这本书是利玛窦晚年误记，实际上并不存在。参见宋黎明：《神父的新装——利玛窦在中国（1582—1610）》，南京大学出版社，2011年，第127—128页。

⑥ 洪煨莲：《考利玛窦的世界地图》，载《禹贡》1936年第五卷第三四合期。

年6月4日的回信中说，自己多方打听但均无收获；鉴于《同治苏州府志》中记载，姑苏驿从万历年间到1865年曾4度被毁，这块石碑可能也早已分崩离析，因此德礼贤推断此石已毁，无从查证，且不能仅从《苏州府志》1823年、1862—1874年记载过此碑便认为写书之时此碑还存在，因为中国府志经常记载过去之事。[①] 此外，德礼贤也否认了赵可怀"沽名"的说法：意大利耶稣会史学家巴托利（Daniello Bartoli）认为，赵可怀勒石时未言此图是利玛窦所作，是因为他"想让别人相信此地图是他本人所为"[②]。德礼贤则提出根据赵可怀在得知利玛窦是地图作者之后欣喜异常、邀其小住的反应，绝非有此念之人所能为之，赵可怀断不会有夺利玛窦作者之名的意图。[③]1608年利玛窦究竟有无新刻一版地图奉于万历皇帝，即皇室版历史地图是否真实存在，洪业先生首先提出，皇室版利氏地图实际上并未刻成，尽管利玛窦信中提及此事，但可能"只是出于诸太监口中而已"。"宫中并无刊刻此图之事……诸太监到末了只是摹绘若干份来供奉。"[④]德礼贤也表达了对该版地图究竟是利玛窦新绘还是对1602年的简单摹绘的疑虑，鉴于该图绘制时间紧张，德礼贤认为这一版即使异于1602年版地图，其增补内容也应当非常简单。[⑤]

二、对海内外存世各利氏地图藏本之研究

对现存于世的各个利氏地图藏本的考证也是利玛窦世界地图研究的重要内容。在1938年的著作中，德礼贤刊布并探析了梵蒂冈图书馆藏本、日本京都大学图书馆藏本、伦敦地理学会版藏本、北平历史博物馆藏本及理格先生（G. Nicolas）藏本这5种存世的利氏地图；1961年，德礼贤又补充了对日本宫城县立图书馆藏本、法国原克莱芒学校藏本、意大利博洛尼亚大学天文

---

① Pasquale M. D'Elia, *Il Mappamondo Cinese del P. Matteo Ricci S. I.*, Città del Vaticano: Biblioteca Apostolica Vaticana, 1938, pp.39—40.

② Daniello Bartoli, "Cina," *Opere*, II, Torino, 1825, c.94, p.187.

③ Pasquale M. D'Elia, *Il Mappamondo Cinese del P. Matteo Ricci S. I.*, Città del Vaticano: Biblioteca Apostolica Vaticana, 1938, p.40.

④ 洪煨莲:《考利玛窦的世界地图》，载《禹贡》1936年第五卷第三四合期。

⑤ Pasquale M. D'Elia, *Il Mappamondo Cinese del P. Matteo Ricci S. I.*, Città del Vaticano: Biblioteca Apostolica Vaticana, 1938, pp.92—93.

台藏本、福雷奇先生（E. A. Voretzsch）藏本、朝鲜黄炳仁藏本5个藏本的研究，其研究成果如下表所示：

利氏地图各藏本信息表

藏本	性质	所属版本	绘制时间
梵蒂冈图书馆藏本	利氏地图	北京李之藻刻本《坤舆万国全图》	1602年
日本京都大学图书馆藏本	利氏地图	北京李之藻刻本《坤舆万国全图》	1602年
英国伦敦地理学会版藏本	利氏地图的忠实摹本	北京李之藻刻本《坤舆万国全图》	1644年（明朝覆灭）—1672年？（南怀仁绘图）
北平历史博物馆藏本	伪利氏地图		1672年（南怀仁绘图）—1736年（乾隆元年）
理格先生藏本	伪利氏地图		1736年（乾隆元年）之后
日本宫城县立图书馆藏本	利氏地图	北京李之藻刻本《坤舆万国全图》	1602年
法国原克莱芒学校藏本	利氏地图	北京李之藻刻本《坤舆万国全图》	1602年
意大利博洛尼亚大学天文台藏本	利氏地图	北京李之藻刻本《坤舆万国全图》	1602年
福雷奇先生藏本	利氏地图	北京刻工私刻本《坤舆万国全图》	1602年
朝鲜黄炳仁藏本	利氏地图	北京李应试刻本《两仪玄览图》	1603年

德礼贤对于各个利玛窦世界地图藏本的具体考证如下：

1. 梵蒂冈图书馆藏《坤舆万国全图》

德礼贤确认梵本为1602年李之藻刻本的利氏地图真品。除梵本与京都本几乎一致之外，他提出两点佐证：其一，利玛窦在表达“Santo”之意时，使用了“圣”字而非“仙”字，符合他在其他中文著作中使用此二字的时间逻辑[①]；其二，地图未经上色，但图中文字却言此图用不同颜色来标明五大洲的边界、使用红色的字来书写五大洲的名字[②]。不过在确认该图真实无疑的同时，德礼贤也提出了地图中的一个不尽合理之处：此图中的中国部分远比欧洲部分要准确详细。[③]

2. 日本京都大学图书馆藏《坤舆万国全图》

1936年，中国禹贡学会为日本京都大学图书馆藏利氏地图拍摄12张照片并影印出版，[④]德礼贤也由此能够对其进行研究。此本与藏于梵蒂冈图书馆的利氏地图十分相像，但德礼贤还是注意到了二者之间的一些细微差别，[⑤]确认此本与梵本同为利氏绘制的地图真品。对于京都本缺失了3个耶稣会印章

① 利玛窦起初用“仙”字来表达“Santo”之意，如他会将福音书译为“天主仙经”，但他的《天主实义》在重印后（1604年之后），其中的“仙”字消失，转而被“圣”字替代，如“圣神”。1934年德礼贤在传信部档案馆（Archivio di Propaganda Fide di Roma）找到一本印刷于1604年末（或1605年初）的利氏著作《天主教要》，其中所有要表达“Santo”之意的地方皆使用了汉字“圣”。而梵本地图中却全部使用了“仙”，无一处用“圣”，证明此图的绘制时间应当早于《天主实义》的重印时间1604（或1605）年。Pasquale M. D’Elia，*Il Mappamondo Cinese del P. Matteo Ricci S. I.*，Città del Vaticano：Biblioteca Apostolica Vaticana，1938，pp.111—113.

② 德礼贤认为，这非但不能证伪，反而间接证明了地图的真实性：地图在完成后才会手工上色，此图可能因为印制烦琐又太受欢迎而产生印量不足的情况，出现未上色地图也可以理解；而如果是人为的伪造行为，反而不会遗留下如此明显的问题。Pasquale M. D’Elia，*Il Mappamondo Cinese del P. Matteo Ricci S. I.*，Città del Vaticano：Biblioteca Apostolica Vaticana，1938，pp.114—115.

③ 德礼贤提出，利玛窦作为一个意大利人，其所绘地图中的意大利部分却有较多瑕疵，很多城市、岛屿的地理位置都不太准确——同一时间，欧洲地图在这些地图的绘制上已经相当精确。地图中的欧洲北部地区也是如此。相反地，利玛窦地图的中国部分却绘制得相当精确，而这些资料显然不会来源于欧洲。Pasquale M. D’Elia，*Il Mappamondo Cinese del P. Matteo Ricci S. I.*，Città del Vaticano：Biblioteca Apostolica Vaticana，1938，p.120.

④ 利玛窦：《坤舆万国全图》，北京：禹贡学会，1936年。

⑤ 与梵本相比，京都本在第五条屏幅上看不到90度纬线；其最右侧文字中，前三列底部分别缺少了“南”“一”“之”三个汉字；在地图的经度113°、北纬28°处，京都本作有“西番界”，而梵本看起来则像是“西界”，至少第二个字不是“番”而“界”字难以辨认；第五条屏幅里，在红海的南部，京都本将Adel写作“訝德兒”而梵本中则缺少“德”字；梵本中第五、六条屏幅之间的文字，因损毁难以辨认，但在日版地图中却清晰可见。也正因如此，德礼贤判断京都本是真品无疑。Pasquale M. D’Elia，*Il Mappamondo Cinese del P. Matteo Ricci S. I.*，Città del Vaticano：Biblioteca Apostolica Vaticana，1938，pp.96—99.

这一问题，德礼贤认为印章是在日本长时间的禁教过程中被擦去。京都大学藏本的真实性也基本上被学界所接受，并无争议。

3. 伦敦地理学会藏《坤舆万国全图》

伦敦地理学会藏本大体上与梵本、京都大学本相同，但有一个明显的区别是伦敦本上标有"大清一统""大清海"字样。此本被发现之后，已有巴德雷、希伍德和翟林奈（Lionel Giles）3位学者对其进行过考察，[①]巴德雷认为这幅地图与梵蒂冈本出自同一版，洪业也认为此本与京都本、梵蒂冈本一样，都是1602年的李之藻刻板，只是伦敦地理学会本"唯曾挖改而后印耳。"[②]但德礼贤提出，此图是对1602年北京的6条屏幅版利氏地图的忠实复印品，其绘制时间应在1644年（明朝覆灭）—1672年间（南怀仁绘图）之间。他认为，在地图上绘制野兽、海怪和帆船等图案始见于1672年南怀仁所绘地图，在利玛窦、艾儒略等传教士的地图上都未见此类图案，而中国本土亦没有绘制此类图案的传统。因此，绘有野兽、海怪和帆船等图案的地图应该出现在1672年之后。伦敦本地图并未有此类图案出现，因此有可能绘于1672年之前。[③]后期一些学者或认为"清"字原本是"明"字，只是经"红笔涂绘"，将"明"字改为"清"字。[④]迄今，学界对伦敦本地图究竟是绘于明朝、在清朝时被挖去字样，还是直接绘制于清朝这一问题，尚有争议。

4. 北平历史博物馆藏《坤舆万国全图》

此本为1922年[⑤]北京琉璃厂悦古斋从地摊上购得，它由手工制成，上有着色，且绘有野兽、海怪和帆船等图案。经德礼贤对比，此本与梵本、京都

---

① 三位学者的研究成果分别为：J. F. Baddeley, "Father Matteo Ricci' s chinese world-maps, 1584—1608," *The Geographical Journal*, Vol. 50(1917): 254—270; E. Heawood, "The Relationships of the Ricci Maps," *The Geographical Journal*, Vol. 50 (1917): 271—276; Lionel Giles, "Translations from the chinese world map of Father Ricci," *The Geographical Journal*, Vol. 52 (1919): 367—385; Vol.53 (1919): 19—30.

② 洪煨莲：《考利玛窦的世界地图》，载《禹贡》1936年第五卷第三四合期。

③ *Il Mappamondo Cinese del P. Matteo Ricci S. I.*, Città del Vaticano: Biblioteca Apostolica Vaticana, 1938, p.103.

④ 参见阙维民：《伦敦本利氏世界地图略论》，转引自黄时鉴、龚缨晏：《利玛窦世界地图研究》，上海：上海古籍出版社，2004年，第145页。

⑤ 德礼贤在书中误写为1923年。*Il Mappamondo Cinese del P. Matteo Ricci S. I.*, Città del Vaticano: Biblioteca Apostolica Vaticana, 1938, p.99.

本和伦敦本相比错误较多。[①]此外，虽然图中的帆船上绘有包含宗教意义的十字符，但这些符号并未在梵蒂冈藏本、东京藏本中出现，且传教心切并乐于向上级汇报传教事务进展的利玛窦也从未在书信中提及，因此它一定不会出自利玛窦之手，而应当为一个不懂拉丁语且很有可能是非基督教徒的中国人所作。[②]德礼贤对北平本的真伪判定也基本上为学界所接受，他本人也在1961年的文章中写道："我曾举证说明北平历史博物馆的藏本并非利玛窦所制，而是绘于大概1672年之后，那时利玛窦去世超过60年了。现在已经过了19年，在这期间内据我所知，没有任何人提出过反对。"[③]但在确认此图并非利玛窦地图之外，有关此图还有一个争议：洪业怀疑，此版地图与理格先生藏本同为皇室版地图，是由太监摹绘李之藻版而出[④]。林东阳也在1983年发表的文章中支持了洪业的这一看法。[⑤]但德礼贤在1938年的著作中否认了这种观点，他认为此图不会是太监所摹，而应当绘于明灭之后，具体时间可能在1672—1736年之间。[⑥]黄时鉴、龚缨晏亦在著作中否认了此图是太监摹绘的可能[⑦]。

① 此版地图与前几版地图相比错误甚多，无法一一枚举，如在九重天图里，正中央的土地被绘成了一块黑斑；在抄写位于第五、第六条屏幅里的一段文字时，印制者遗漏了第五条屏幅里的前半段文字，只将位于第六条屏幅里的后半段文字抄写下来，等等。由此，德礼贤认为这幅地图的印制者并非内行，因为他在复制地图时并未完全理解其含义。

② *Il Mappamondo Cinese del P. Matteo Ricci S. I.*, Città del Vaticano: Biblioteca Apostolica Vaticana, 1938, pp.99—103.

③ Pasquale M. D'Elia, "Recent Discoveries And New Studies (1938—1960) On The World Map In Chinese Of Father Matteo Ricci SJ," *Monumenta Serica*, Vol.20 (1961): 108.

④ 洪业认为，鉴于北平本没有改动"大明海""大明一统"中的"明"字，且地图中出现了"常""洛"二字，没有避讳明光宗朱常洛（1620年在位）之名，因此这一地图应该绘于1620年之前。洪煨莲:《考利玛窦的世界地图》，载《禹贡》1936年第五卷第三四合期。

⑤ 林东阳:《利玛窦的世界地图及其对明末士人社会的影响》，载《纪念利玛窦来华四百周年中西文化交流国际学术研讨会论文集》，台北：辅仁大学出版社，1983年。

⑥ 德礼贤认为，洪业的说法反而更支持这幅地图是绘于明朝覆灭（1644年）之后的观点，且这种判断方法只适用于绘制严谨的地图而不适用于这幅错误很多的地图；这幅地图的作者应当是希望地图看起来年代久远，遂未对原有文字进行改动。*Il Mappamondo Cinese del P. Matteo Ricci S. I.*, Città del Vaticano: Biblioteca Apostolica Vaticana, 1938, pp.104—105.

⑦ 黄时鉴、龚缨晏:《利玛窦世界地图研究》，上海：上海古籍出版社，2004年，第154页。

5. 理格先生藏《坤舆万国全图》

对于北京东交民巷台基厂理格洋行主人、法国商人理格先生所藏的《坤舆万国全图》，洪业先生提出其与北平历史博物馆藏本“尽相同”，都是皇室版本、为太监所摹刻。[①]但德礼贤在仔细对照之后，确认两幅图并不完全一致，提出理格先生本不仅几乎包含了北京版地图的全部错误，甚至还更为糟糕、比北京版地图更不像真品。[②]德礼贤猜测理格先生本应该绘于1736年之后[③]，它与北平本可能来自同一份有缺损的明朝地图样本，也同样出自一个不懂拉丁语、很可能为非基督教徒的中国人之手。由于理格先生在抗战爆发后携此图回到欧洲，后来这一藏本便下落不明，对其所做的研究也戛然而止。目前，此图的影像资料只有德礼贤在1938年著作中的一幅照片[④]，德礼贤书中对这一藏本的描述也变得尤为珍贵。

6. 日本宫城县立图书馆藏《坤舆万国全图》

德礼贤从日本学者鲇泽信太郎（Shintar ō Ayusawa）的文章中了解到此图。但因为并未见过地图原图或其照片，德礼贤未能作出更多说明。

7. 法国原克莱芒学校藏《坤舆万国全图》

此图原为法国克莱芒学校（Collège de Clermont）所有，后相继为Gerard Meerman、Thomas Philipps、Philip Robinson所购买，1957年，在罗马，Robinson先生就此图向德礼贤请教，之后又将地图的照片赠送给德礼贤。在查看之后，德礼贤相信其确为利氏地图，其保存情况非常好，内容则与梵蒂冈的藏本非常相似。

8. 意大利博洛尼亚大学天文台藏《坤舆万国全图》

该藏本并不完整，只有第一、第六两条屏幅。德礼贤猜测此残本或许为前述的里乔利神父所有，他是博洛尼亚人，曾谈及利玛窦及其所绘地图。

9. 福雷奇先生藏《坤舆万国全图》

1929年，德国驻日本外交官福雷奇先生从东京购买了此图，1954年他获

---

① 洪煨莲:《考利玛窦的世界地图》，载《禹贡》1936年第五卷第三四合期。

② 理格先生本和北平本一样没有印制者姓名和印制日期，同样遗漏了大量信息，也同样绘有海怪和帆船。但这幅地图和北京版地图也并非完全一致，理格先生版地图内的度数标注以10度为间隔，而北京版地图则是20度；二者对万历皇帝名字中的“历”的写法也并不相同。

③ 理格先生藏本中，“万历”中“历”字的写法与前版皆不同，德礼贤认为这是为了避乾隆之名“弘历”，因此该版地图应绘制于乾隆登基之后。

④ 参见黄时鉴、龚缨晏:《利玛窦世界地图研究》，上海：上海古籍出版社，2004年，第152页。

悉了德礼贤1938年的著作，遂将两张地图的大照片送给德礼贤。经德礼贤考察，此图比李之藻版地图稍小（6条屏幅，每条高1.71米、宽63.5厘米），有着色，在内容上与李之藻版大体一致，只在一些微小的地方做了删减，但缺少耶稣会的印章。德礼贤据此判定它正为私刻版。德礼贤对于福雷奇藏本的描述几乎可以被称为珍贵的"独家报道"——这是目前唯一已知的刻工私刻版利氏地图，也仅有德礼贤在文章中对其进行过披露介绍；在1958年福雷奇将这幅地图卖给一位不愿透露姓名的美国人后，这幅地图的消息便石沉大海。

10. 朝鲜学生黄炳仁藏《两仪玄览图》

1936年，日本学者鲇泽信太郎、中村拓在留日朝鲜学生黄炳仁手中发现此图，中村拓教授拍下了这幅地图的照片，此图开始得到关注。德礼贤在1938年著作发表时并不知道此藏本的存在，后来在1949年出版的《利玛窦文献》第二册第173页注释中，他首次提及此图；在1961年的文章中，他又对这一藏本进行了较为详细的考察。德礼贤将此图与1602年李之藻本进行了对比，发现这两幅地图大体上相同，但仍有一些细微的区别，如标题不同、后者尺寸更大、前者的九重天在后者中增加到了11个、南北半球的位置发生了变化等。[①]

总而言之，德礼贤以1938年出版的《利玛窦神父的中文世界地图》与1960年发表的《有关利玛窦世界地图的新发现与新研究（1938—1960）》两部作品对利玛窦世界地图做了周详深入的探究，他系统地总结了前人的研究成果，为解决利玛窦世界地图领域的诸多疑点提出了独到的见解，而其对于各版本利氏地图及其摹本、对海内外各个利氏地图藏本的考察更是凸显出了重要的学术价值；其研究成果影响深远，时至今日仍为许多中外学者所借鉴和使用。"德礼贤作品的全面性与获得地图手稿的途径的缺乏，意味着在1986年Minako Debergh的文章之前，西方没有发表任何其他文章。"[②]德礼贤利氏地图研究的贡献还远不仅上述内容。他在著作中所做的地图翻译、地名考证、注解说明，其可利用之处应当还大有空间。

陈　茜　北京语言大学一带一路研究院博士研究生

① Pasquale M. D’Elia，“Recent Discoveries And New Studies（1938—1960）On The World Map In Chinese Of Father Matteo Ricci SJ，” *Monumenta Serica*，Vol.20（1961）：125—127.

② John D. Day，“The Search for the Origins of the Chinese Manuscript of Matteo Ricci’s Maps，” *Imago Mundi*，Vol. 47（1995）：102.

·阿拉伯汉学研究·

埃及中国学研究新进展：议题、范式和特点*

朱廷婷

摘　要：近年来，埃及对中国的研究完成了从传统汉学到汉学与中国学并存的转变。埃及中国学议题覆盖范围广，且主要聚焦当下，以研究中国经验和中外关系为主。在对当代中国的研究中，埃及的中国学学科逐渐形成了自己独有的范式。但遗憾的是，埃及的中国学和传统汉学并未有机结合起来，导致埃及中国学研究在一定程度上仍采用西方文献，处于西方的话语体系之下，其独立性和可持续性有待提高。

关键词：埃及中国学　中国经验研究　中外关系研究　范式特征

埃及是最早与中国建交的阿拉伯国家和非洲国家。两国友谊不仅具有深厚的历史基础，还在风云变幻的国际局势中不断升温，历久弥坚。与之相应的，双方对彼此的认知需求也越来越高。埃及自20世纪50年代在高校开设中文专业以来，传统汉学得到了极大的发展。如今，埃及对中国的认知不再满足于汉语语言和文学领域，而是扩展到中国当下的方方面面。然而，国内外学界对海外中国学的研究仍集中在发达国家，对埃及却少有关注。因此，本文有意从研究机构、研究议题、代表性观点等方面梳理埃及中国学研究的情况，从而总结其范式和特点，以期助力中埃两国的学术交流和互信互鉴。

一、埃及中国学研究机构概况

随着“一带一路”倡议的提出和中埃全面战略伙伴关系的建立，两国在

* 本文为四川外国语大学2022年度校级科研项目“全过程人民民主的阿拉伯语阐释”的成果，批准号（sisu202242）。

经贸、教育、文化等领域的合作渐入佳境，埃及学界对中国的关注也日益增多。在此背景下，埃及对中国的研究完成了从传统汉学研究到汉学与中国学研究并存的重要转变。尤其是在2015年以后，埃及各高校和智库学者纷纷加入了中国学研究的行列。

埃及高校中，宰格济格大学、哈勒万大学、苏伊士运河大学、艾因夏姆斯大学等均设有以中国学为主要内容的研究中心。但遗憾的是，受各种因素的影响，除宰格济格大学的亚洲研究院外，其他中心并未真正启动。尽管埃及高校研究中心鲜有成果，但高校本身却并非中国学研究的势衰之地，相反却呈现了生机蓬勃的特点。这主要是由于埃及各高校学者均对中国议题保持了较高的关注度，他们来自政治、经济、法律、教育、环境、科技、新闻传播等院系，积极在各个学科理论框架下开展中国学研究。

埃及智库是中国学研究的主力军，这得益于埃及政府的支持和智库研究人员出色的学术能力。中国学研究非常活跃的智库有金字塔政治与战略研究中心和国家信息服务中心。金字塔政治与战略研究中心是《金字塔报》下设机构，自2017年开始开展中国学研究，近年来成绩斐然。国家信息服务中心，其职能为埃及的官方新闻机构和公共关系机构，该中心期刊《亚洲视野》定期发布中心科研人员和埃及高校学者的亚洲研究成果，中国学研究在其中占有相当大的分量。

除了以上两个官方智库外，埃及还有一个专门从事中国学研究的民间基金会——沙拉夫可持续发展基金会，其创办人是埃及前总理伊萨姆·沙拉夫（عصام شرف）。基金会主要通过媒体和论坛阐释“一带一路”倡议和可持续发展的理念，在埃及社会中产生了积极的影响。

二、二战以来埃及中国学研究的代表性人物和作品

埃及具有悠久的汉学传统。20世纪50年代，艾因夏姆斯大学开设汉语专业，埃及由此成为较早在高校开展中文教学的国家之一。到2022年止，埃及开设中文专业的高校已达22所。艾大培养了一大批汉学家，不仅在汉语语言文学领域取得了丰硕的学术成果，其毕业生也活跃于社会各领域，积极推动中埃关系的发展。

除传统汉学研究外，埃及在20世纪已涌现出一批重要的中国学研究成果。比如，1974年，开罗大学非洲研究院地理学系主任穆罕默德·苏欧迪

（محمد سعودي）发表《中国在非洲的经济存在》，从地缘政治视角论述中国在非洲舞台的出现所反映的中非政治关系，同时从经济学视角论述中非经济关系和中国对非洲的援助，他认为这是中国与苏联在非洲的竞争，是中国以质补量的尝试。[①]1992年，本哈大学人口学研究专家维达得·玛尔戈什（وداد مرقش）发表了《中国人口政策的发展及其理论和实践支撑》[②]，分四个阶段详细论述了中国在1949年以来的人口政策以及中国如何通过人口政策的调整来解决资源和人口的平衡问题。从2000年开始，埃及中国学研究成果则较之前有了小幅度增长，其关注的核心议题主要是中国的改革开放政策、人口特征、远程教育等。2015年后，埃及学界的中国学研究开始出现井喷式增长。

三、埃及中国学研究的新进展

（一）研究议题

过去10年中，埃及中国学的研究议题呈现出多样性和发散性的特点。各领域学者普遍对中国保持关注，其中较为突出的是政治、经济和教育领域。政治领域的研究议题主要以地缘政治、"一带一路"倡议、改革开放、治理经验为主；经济领域的议题主要以吸引外资、如何发展出口、如何发展本国高新技术等为主。这些议题也是与埃及自身发展紧密相关的议题，因此，对上述议题的研究多以获取中国经验为目的。近年来，中阿或中非经贸关系、中美贸易战逐渐成为埃及学者普遍重视的研究议题。除政治和经济以外，教育也是埃及中国学研究的热门议题，其研究内容主要集中在大中小学教育质量监管体系和教师培养体系方面。值得一提的是，其他领域的议题大多只将中国列为研究样本，而教育领域的研究则更多地将中国与美、欧洲一起列为研究样本，通过对多国样本或模式的比较研究得出对埃及教育的启示。

除了以上三个领域的研究外，埃及学界对中国的环境、法律、文化、科技等领域也有所关注。在环境方面，其研究议题主要与中国的工农业发展所带来的环境污染相关；法学方面的研究主要涉及到中国宪法的制定史、中国的司法制度、线上法庭等；文化方面则涉及中国的哲学思想和中阿文化比较

① محمد عبد الغنى سعودي، "الوجود الاقتصادي الصيني في أفريقية"، *مجلة الدراسات الأفريقية*، 1974: 1-22.

② وداد مرقص، "تطور السياسة السكانية في الصين ودعائمها النظرية والعملية"، *مجلة كلية الآداب، بنها*، 1991، 1（1）: 69-86.

等；科技方面的议题则与人工智能相关。

（二）学术群体及其主要观点

1. 以中国的“内在”为研究对象的群体

这类学术群体以中国本身为研究对象，其研究内容主要聚焦于“一带一路”倡议的内涵、中国文化的内核，或者与中国治理经验、经济改革、教育和金融等相关的中国经验。

在政治领域，2021年金字塔政治与战略研究中心主任穆罕默德·法耶兹·法拉哈特（محمد فايز فرحات）出版专著《一带一路：二十一世纪的伟大竞赛》（الحزام والطريق: المباراة الكبرى في القرن الحادي والعشرين），这是埃及第一本全面而详尽地阐释“一带一路”倡议的学术著作。作者从倡议所提到的“经济走廊”和“数字走廊”、所针对的主要部门、倡议成功的要素等方面进行全位阐述，并提出对倡议的7个解释维度。随后，作者对倡议面临的主要挑战及其战略意义展开论述。最后，作者在权力转移论、霸权稳定论和制度自由主义的理论框架下，论述国际秩序过渡和转移的进程，并对“一带一路”倡议将带来冲突还是造成国际秩序的转变得出推论。[①]除研究中国的重要政策外，埃及学界还非常关注当前中国的热点问题。比如，埃及国家信息中心研究员巴斯玛·萨阿德（بسمة سعد）在《香港暴乱：若干动机与有限选择》一文中，对香港修例风波的前因后果进行了梳理，并对两岸关系和“一国两制”，以及暴乱对香港经济的影响等进行了评析。[②]

埃及学界还对中国共产党的发展保持着高度关注和浓厚兴趣。《今日中国》阿文版副主编侯赛因·伊斯玛仪（حسين إسماعيل）在《亚洲视野》上发表文章《中国共产党十九大：新中国的第三次出发》，对中国共产党产生的内外因以及三个历史发展阶段进行详细梳理，重点提到中国共产党对“脱贫”和“开放”的理解，还详细阐释中国经济“新常态”“四个全面”“小康”“全面依法治国”和“坚定不移坚持党的全面领导”的内涵，最后提出中国共产党发展所面临的内外挑战。[③]

中国传统文化同样是埃及学者的关注对象。埃及本哈大学哲学教授萨

① https://gate.ahram.org.eg/daily/News/817176.aspx، مركز الأهرام للدراسات السياسية والاستراتيجية، 2021.07، 2022年7月16日登录。

② بسمة سعد، "احتجاجات هونج كونج.. دوافع متعددة وخيارات محدودة"، *آفاق آسيوية*، 2019، 5（5）: 181-192.

③ حسين إسماعيل، "المؤتمر التاسع عشر للحزب الشيوعي الصيني: الانطلاقة الثالثة للصين الجديدة"، *آفاق آسيوية*، 2017، 1（2）: 271-280.

维·萨维（الصاوي الصاوي）在《中国来自哪里？去向何方？》一文中，从历史学的角度分析了中国由弱变强的历史进程，认为中国的对内对外政策无一不体现了中国人对孔子“和谐”的哲学思想的贯彻。[①]无独有偶，埃及国家信息服务中心的席琳·马希尔（شرين ماهر）研究员在《孔子：中国的精神之父》文章中也谈到了孔子思想中的“礼仪”和“道德”，她认为中国人当下对“国”“家”“和谐”的看法深受孔子思想影响。[②]此外，还有学者对于当代中国的文化产业进行了细致入微的研究，比如，中国电影的流派、导演群体、资金来源、电影主题等。

中国经济领域也是埃及学界关注的重点，研究议题从宏观的经济制度、经济发展史到微观的金融制度、外资、企业管理，等等。近年来，围绕这些议题涌现了一批重要的研究成果。比如《中国市场经济转变模式》《中国经济复兴与文化价值复兴的关系》《中国区域外交政治导向中的经济作用》《中国反倾销案例及其对区域贸易协定的经济影响》《普惠金融的决定因素及其对中国经济发展的作用》等都在埃及学界引起了重要关注。其中，《亚洲视野》主编萨玛尔·易卜拉欣·穆罕默德（سمر إبراهيم محمد）发表的《中国在全球经济中的地位上升》一文深入分析了中国在全球经济中的作用、中国经济实力的经济指数，以及中国为加强其在全球经济秩序中的作用所采用的机制等。[③]

在教育领域，埃及学界大多从获取中国教育经验的角度进行研究，研究议题纵向涵盖从义务教育到高等教育的各个阶段，横向涵盖学科建设、教育技术、教师选拔、教师素质培养、高校合并、学校管理制度、教育质量保障等等。不过，埃及学者对于这一议题的研究并不局限于中国本身，而是在比较教育学的框架内开展。他们试图分析和研究包括中国在内的多国教育学样本，进而得出对埃及教育发展的重要启示。这方面的代表作品包括《中国的教师职业发展》《高校发展中的远程教育：中国经验》《中国的社会教育机构及其对埃及的启示》《中国、日本、挪威中小学评价体系和竞争机制比较研究及其对埃及的影响》《中国和美国经验对埃及公立中学语言教育监管体系的启示》《中国和澳大利亚跨国高校教育应用比较研究及其对埃及的启示》

① الصاوي الصاوي أحمد عبد الرحيم، "الصين من أين وإلى أين؟" *آفاق آسيوية*، 2022، 6 (9): 1-7.

② شيرين ماهر، "كونفشيوس.. الأب الروحي للثقافة الصينية"، *آفاق آسيوية*، 2022، 6 (9): 8-23.

③ سمر إبراهيم محمد، "تصاعد مكانة الصين في الاقتصاد العالمي"، *آفاق آسيوية*، 2017، 1 (1): 77-96.

等等。

2. 以国际关系为研究对象的群体：

与中国有关的外交与国际关系研究也是埃及中国学研究的重要内容。总体而言，这方面的研究成果主要分为两大类：一是对中国与阿拉伯地区关系的研究；二是对中国与非阿拉伯地区关系的研究。在中阿关系研究领域，较有代表性的学者是开罗大学穆罕默德·艾哈迈德·塔哈（محمد أحمد طه）的《埃中关系：主要历史时期和复杂关系》。该书对1949年以后的中埃关系史和近10年来两国在政治、经济、文化领域的合作关系进行了全面梳理。① 曼苏拉大学穆罕默德·苏卜希·易卜拉欣（محمد صبحي إبراهيم）在《1991—2016的埃中对外贸易地理》一文中，对中埃贸易的发展史、中埃贸易的地理分布、商品构成、影响中埃贸易的地理因素、中埃贸易的能力、问题和前景等进行了系统的分析。作者还提出了发展中埃贸易的若干建议，比如加强对中国进口商品的管控和质量监督，禁止从中国进口可在埃及本地生产或可以更低成本生产的商品等。② 近年来，埃及金字塔政治与战略研究中心“将中国文化视作了解中国发展模式和中国外交政治的重要前提”，该中心所从事的一项有关中国文化研究的大规模科研项目即旨在“研究中埃文明和文化体系的异同”。③ 该项目第二阶段——“中埃文化关系”的研究从中埃哲学观、价值体系对比、文化互动模式、战略共同体的构建等方面全面而详尽地论述中埃两国的文化和政治关系。

关于中国和非阿拉伯世界关系研究的代表性成果主要有《中法关系的未来》《中国在拉美地区的作用：动因、角度和前景》《印度对中国联合国席位的立场：1949—1971》《中国南太平洋突围的意义》等。这方面的研究并未局限于政治关系研究，还涉及了中国与其它国家的双边或多边经济关系研究，其代表成果主要有《1971—1985年中国对塞拉利昂的援助》《中美贸易战》《金砖：国际经济新秩序？》《冷战后中国经济对东南亚国家的影响》《冷战后中非经济关系》等。

① محمد أحمد طه السيد مطاوع، "العلاقات المصرية – الصينية: مراحل تاريخية كبرى وعلاقات متشعبة" *آفاق آسيوية*، 2017، 1（1）: 52-43.

② محمد صبحي إبراهيم، "جغرافية التجارة الخارجية المصرية الصينية في الفترة (١٩٩١-٢٠١٦)" *مجلة كلية الآداب، بنها*، 2017، 48: 540-434.

③ مركز الأهرام للدراسات السياسية والاستراتيجية، العلاقات المصرية - الصينية: من المشترك الحضاري إلى الشراكة الاستراتيجية، آمنة فايد، 2021.12, https://acpss.ahram.org.eg/News/17361.aspx，2022年7月15日登录。

总的来说，埃及学者关于中国与非阿拉伯地区关系的研究主要在地缘政治理论框架下展开，其中代表人物是金字塔政治与战略研究中心的艾哈迈德·甘迪尔（أحمد قندير）。甘迪尔勤于笔耕，成果丰硕。他擅长研究国际热点问题中的中国立场，及其所反映的中外关系。甘迪尔在《特朗普与中国：新冷战在望》和《拜登与中国：缓和与上升的可能性》两篇文章中，系统地分析了中美关系的背景，以及中美关系回温或爆发冲突的可能性。[①]在《中国与欧盟的历史性投资协议与国际平衡》中，甘迪尔分析了该协议对中欧双方的益处，以及该协议产生的必然原因。[②]在《中国和伊朗签署协议之后，中国会加大其在中东的势力吗？》一文中，甘迪尔认为《中伊25年全面合作协议》的签署是中方团结其盟友的重要举措，也是一项双方互利的举措，这意味着中国在中东地区作用的进一步上升，特别是中国所倡导的“普遍安全和集体安全”为中东区域安全提供了新见解。[③]在《台湾：中美关系的极度紧张》一文中，艾哈迈德·甘迪尔分析了2021年海空演习后中美激烈对抗的原因，他认为台湾问题反映了中美在印太地区的军事之争。[④]

穆罕默德·法耶兹·法拉哈特也是金字塔政治与战略研究中心中国学研究的另一重要学者。他在《中国在俄乌危机中的得失》中分析了中国在俄乌冲突中的政策模式和效果。他认为，中国在危机中开始了解到现阶段国际秩序下安全联盟的严重性并思考如何消除美国安全联盟在印太地区的不稳定因素，然而，与俄罗斯结盟将面临“基于规则的秩序”叙事的倒塌。[⑤]法拉哈特在《中国南海争端和埃及的利益》中分析了南海地区的战略重要性，认为基于中国同东南亚国家军事实力的悬殊、该地区各国的共同利益、美国不愿

① https：//acpss.ahram.org.eg/News/16998.aspx احتمالات..بايدنو الصين، السياسية والاستراتيجية، اسات
أحمد قندير، مركز الأهرام للدر، التهدئة والتصعيد 2020.12، 2022年7月7日登录。

② https：//acpss.ahram.org.eg/News/17031.aspx اتفاقية الاستثمار، ام للدراسات السياسية والاستراتيجية
أحمد قندير، مركز الأهر، "التاريخية" بين الصين والاتحاد الأوروبي والتوازنات الدولية، 2021.01، 2022年7月7日登录。

③ https：//acpss.ahram.org.eg/News/17101.aspx بعد الاتفاق الصيني، اسات السياسية والاستراتيجية
أحمد قندير، مركز الأهرام للدر، الإيراني.. هل تعزز بكين نفوذها في الشرق الأوسط؟ ، 2021.04، 2022年7月8日登录。

④ https：//acpss.ahram.org.eg/News/17118.aspx تايوان: تفاقم التوتر بين، اسات السياسية والاستراتيجية
أحمد قندير، مركز الأهرام للدر، الصين والولايات المتحدة ، 2021.04، 2022年7月8日登录。

⑤ https：//acpss.ahram.org.eg/News/17411.aspx الحسابات، الأهرام للدراسات السياسية والاستراتيجية
محمد فايز فرحات، مركز، الصينية في الأزمة الروسية – الأوكرانية، 2022.02، 2022年7月9日登录。

重蹈伊拉克和阿富汗的覆辙等因素，南海争端不会上升到军事冲突。①

值得一提的是，近年来埃及还涌现出了一大批以高校青年教师和在读研究生为代表的青年学者群体。他们积极投身于中国学相关的研究领域，其研究成果较少评述热点问题，而是倾向于对中国经验、政治领袖或中国文化的整体性研究。其中，较有代表性的成果有《中国的发展经验：现状与挑战》《中国政策的价值维度及其对国际秩序的影响》《中国政府在吸引外资中的作用》《毛泽东：中国政治领袖研究》《在发展中国家建立知识经济的前提—中国政府领导下的三螺旋模式的实施》等等。

四、埃及中国学研究的范式与特点

（一）埃及中国学研究的范式

通过对埃及中国学研究成果的梳理和分析，我们不难发现其研究具有如下范式：

1. 现实主义特性。在埃及的中国学研究中，很少有对中国历史或中国社会等问题的宏观叙事。相反，对中国“当下”的关注始终是埃及学界的共识。比如，“十九大”议题、“金砖国家”厦门峰会、中伊25年全面合作协议的签署、2021年海空演习、《中俄联合声明》的发表等。不仅国际关系领域的学者关注此类热点问题，其他诸如经济、法律、教育等领域的学者也从各个维度加入了中国学研究行列。

2. 全球视角。在埃及学者看来，中国并非独立存在的个体。他们自然而然地将中国纳入区域共同体或世界共同体的一部分。因此，他们总是以中国如何“牵一发而动全身”的视角进行研究，不仅分析中国的立场及其缘由，更注重分析中国立场对其他国家、区域和世界的影响。

3. 回顾性研究与前瞻性研究相结合的双向性研究。埃及学者的中国学研究大多采用回顾历史—陈述现在—假设未来的路径，尤其是在对现实问题的研究中，学者们通常先分析问题产生的原因，再陈述问题的现状以及对各方产生的影响，最后就该问题在未来可能产生的走向或影响列出若干推论。

4. 跨学科研究。埃及学者们经常综合运用多个学科的理论对中国开展研

① محمد فايز فرحات، النزاع في بحر الصين الجنوبي والمصالح المصرية،، مركز الأهرام للدراسات السياسية والاستراتيجية، 2017.01، https://acpss.ahram.org.eg/News/5638.aspx，2022年7月9日登录。

究。其中最具代表性的是穆罕默德·法耶兹·法拉哈特，他在2020年发表的论文《新冠肺炎疫情之后：对中国经验的一些推论》中，从四个维度论述了中国成功的抗疫经验。第一，政治学维度，从新自由主义的弊端反证国家传统职能回归的益处，从而得出两个推论——面对非传统危机时，西方民主政体或“新自由主义”并非必要或充分的条件；中国经验打破了最理想国家模式的理论一极化，为共识拓宽了边界，从而让大家重新审视西方传统或现代的理论。第二，文化维度，政治和文化的内核是抗疫成功与否的中间变量，因此过度追求个人自由反而阻碍政府决策的执行。第三，人口学维度，指出疫情初期中国的高死亡率使中国不得不再次面对人口构成问题，中国在疫情之后或许会关注老龄化问题。第四，经济学维度，指出资本成为抗疫的主要共同体，中国的央企、国企和大型私企投入大量资本，研发高新技术合力面对疫情。①

5.跨文化研究。埃及学者普遍认为，成功的中国经验应当归功于中国的文化内核。他们或研究中国哲学思想，或将中埃价值体系和哲学观进行比较，寻找两种文明的共通之处和有效的文化互动模式。

总的来看，埃及的中国学研究既不以中国为中心，对中国社会的历史进行细致考察，也不以“中西二元论”为框架，从西方的视角评判中国或从中国的视角评判西方。相比之下，埃及学者是以“观察者”的视角，比较客观地看待中国崛起。他们从中国的民族文化精神中找寻中国崛起的力量源泉，进而寻找其对于埃及的经验借鉴；他们以世界和全球的平等视角，从现实问题中研究中国发展，包括中国与其它国家之间的各种区域关系。

（二）埃及中国学研究的特点

通过对埃及中国学研究的梳理和分析，我们不难看出埃及中国学研究的几个明显特征：

1.埃及中国学研究的成果发散性强，覆盖面广。虽然埃及中国学研究起步很晚，但近年来发展非常迅速。它不仅覆盖了众多学科领域，还吸引了不同年龄段的优秀学者参与其中。换言之，中国学研究已经引起了埃及学界的广泛关注和共同兴趣，已经成为一个朝气蓬勃、方兴未艾的新领域。

2.埃及中国学研究具有明显的官方色彩。前文已提及，埃及中国学研究

---

① محمد فايز فرحات، "ما بعد (كوفيد-19...) استنتاجات في ضوء الخبرة الصينية"، *آفاق آسيوية*، 2020، 6（6）: 21-30.

的内容大多以为国家战略服务为旨向，具有明显的实用主义倾向。就此而言，这种井喷式的学术增长也从另一个侧面反映了埃及政府对于中国学研究的迫切需求和态度。此外，在埃及中国学研究的学术群体当中，除了专职科研人员外，还有为数众多的前政府官员和政治人物投身其中。这既在一定程度上表明了埃及官方的立场，也极大地增强了相关对策研究的针对性和适用性。如果以“中国”为关键词，对“谷歌学术”和埃及最大的学术平台“知识库”进行分时段搜索可以发现：2015年是埃及中国学研究进程中的一个重要节点。在2015年前，埃及的中国学研究相对较少；但是自2015年开始，埃及的中国学研究呈现出爆发式增长，随后相关研究成果逐年上升。这一现象并非偶然。2013年习近平主席提出了“一带一路”倡议后，第二年塞西赢得选举成为埃及总统，并开始着手推动建立中埃全面战略伙伴关系，这一时代背景决定了埃及中国学研究的旨向和范式。对埃及这样的发展中国家来说，大多数学者的研究旨趣仍然侧重于向政府提供相应的建议。

3.埃及中国学研究的独立性与可持续性等仍有待提高。首先，在研究资料来源上，很难获得或直接分析中文材料，部分材料难免借道欧美，不仅无法保证其真实性，也限制了埃及中国学研究的范围。尤其是不少学者在欧美接受了学术训练，仍然倾向于使用西方的视角和理论框架从事中国学研究。其次，受高校资金短缺因素的影响，高校学者的研究潜能还没有被充分地积聚和开发，他们对中国零零星星的研究大多出自其个人的主观能动，较少得到学术平台的支持，这降低了埃及中国学研究可持续发展的动力。事实上，埃及的传统汉学已经相当发达，如果汉学界能和中国学界合作起来，再佐以中国的高质量外译资源，形成三方联动，或许能够促进埃及的中国学研究得到更大发展。

朱廷婷　四川外国语大学东方语言文化学院副教授

日本“自写本”汉字音训研究

——以国宝岩崎本《宪法十七条》第三条为主

海村惟一　海村佳惟

摘　要： 平安中期自写本《宪法十七条》（国宝岩崎本）是同类文献中最古的写本，字体呈现和式化汉字楷书体即“楷书体日本汉字”特征，保存了同类诸本中最古的音训。以小学馆本《日本书纪》、岩波本《日本书纪》、岩波本《宪法十七条》为佐证，以角川本《新字源》、大修馆本《新汉语林》等为参考，研究《宪法十七条》第三条汉字之音训，可以明确日本上代汉字音训在现代日语中的承传状况，正本清源，厘定日本汉字音训之源。

关键词： 自写本　《宪法十七条》　日本汉字　音训

一、导　言

日本圣德太子制定的《宪法十七条》（604）通过《日本书纪》（720）保存了下来。《日本书纪》是日本最早的敕撰正史，是一部记载自神代（第1至第9代天皇）至第41代持统天皇（645—702）的皇室神话、传说、为政记录的汉文编年体史书，共30卷。本文研究对象是旧三菱财团本家岩崎家收藏的国宝平安时代自写本《日本书纪》卷第二十二中的《宪法十七条》（岩崎本）。此卷现归国有，由京都国立博物馆代为保管。此卷为纸本墨书，上乘楮纸，22叶，每叶宽51厘米，行高21.5厘米，行宽2.1厘米，24行，行约16字。

自写本《日本书纪》岩崎本就年代而言，在平安初期《神代》卷断简的“佐佐木本”“四天王寺本”以及《应神纪》卷第十的“田中本”之后，但只就收录在《推古纪》中的《宪法十七条》而言，则为最古的自写本；就其书体而言，已经呈现和式化汉字楷书体即“楷书体日本汉字”[①]特征；就音训而言，岩崎本汉字两旁音训是同类诸本中最古音训。其音训主要有岩朱训、岩墨训和岩镰墨训。

本文研究的焦点是岩崎本《宪法十七条》第三条中汉字的音训，同时参照永治二年（1142）宫内厅书陵部本（简称“宫”，原称“图书寮本”，简称“图”[②]）及稍后北野天满宫本（简称“北”[③]），并以当代学界最新研究成果小学馆本《日本书纪》（简称[小]）、岩波本《日本书纪》（简称[岩]）和岩波本《宪法十七条》（简称[宪]）为佐证，以当代两大系统代表性汉字辞典角川本《新字源》（简称[新]）和大修馆本《新汉语林》（简称[汉]）为参考，明确现代日本汉字音训承传状况，正本清源，以厘定日本汉字音训之源。此研究结果将在“自写本《日本书纪》”研究里以及《日藏唐代汉字钞本字形表》（第四至第九期）日本汉字音训库和日语索引的音训里有所反映。

二、自写本《宪法十七条》第三条音训考

自写本《宪法十七条》（岩崎本）第三条共有53字：“三曰承詔必謹君則天之臣則地之天覆臣載四時順行万氣得通地欲天覆則致壊耳是以君言臣承上行下靡故承詔必慎不謹自敗”。下面对这53字中有旁书的26组28字进行细部调研和考证。

凡例：左（ ）为“平安中期（901—1068）训”，简称“岩朱训”；右1（ ）为“院政期（也称平安末期，1068—1185）训”，简称“岩墨训”；右2（ ）为“镰仓后期（镰仓时代：1192—1333）训”，简称“岩镰墨训”；

① 岩崎本《日本书纪》卷二十二、卷二十四的整体书风，不管是走笔运锋，还是点画姿态，都已经呈现出不同于中国的楷书风范。赤尾荣庆谓之“笔画苗条，优雅端庄，力透纸背，线条柔和，极和化汉字书写之美”，石家晴通称其“体现了完成和化的汉字楷书体”。“楷书体日本汉字”术语是本文作者之一海村惟一所创，另文专述。

② 家永三郎、藤枝晃、早島鏡正、筑島裕『日本思想大系2 圣德太子集』、東京：岩波书店、1975、第5頁。

③ 家永三郎、藤枝晃、早島鏡正、筑島裕『日本思想大系2 圣德太子集』、東京：岩波书店、1975、第5頁。

下引线____为此写本的直接引用；*是以墨（院政期训）描朱（平安中期训）的部分。小为《日本书纪》小学馆本[①]；岩为《日本书纪》岩波本[②]；宪为《宪法十七条》岩波本[③]。新为《新字源》角川本[④]；汉为《新汉语林》大修馆本[⑤]；当为当用汉字[⑥]；常为常用汉字[⑦]；教为教育用汉字[⑧]；人为人名用汉字[⑨]；标为表外汉字字体表的印刷字体[⑩]。日本汉字音用平假名（ひらがな）标识，日本汉字训用片假名（カタカナ）标识。

（一）（ケ）承（タ、ウケタマハリテハ）。小：ウケタマハリテハ。岩：ウケタマハリテハ。宪：ウケタマハリテハ。新：（教）；しょう（汉）、そう（汉）；ササゲル、アゲル、ウケル、ウケイタダク、ウケイレル、ウケツグ、シタガウ、コリル、トメル、タスケル；オクル；（国训）ウケタマワル（ウケタワハル）。汉：（教）；しょう（汉）、じょう（吴）、ちょう（汉）、ぢょう（吴）；ウケル（ウク）、ツグ、シダイ、タスケル、フセグ、トドメル；（国训）ウケタマワル（ウケタワハル）。

① 小島憲之、直木孝次郎、西宮一民、藏中進、毛利正守『新編：日本古典文學全集3 日本書紀②（全三冊）』、東京：小學館、1996、第543—550頁。

② 坂本太郎、家永三郎、井上光貞、大野晉『日本古典文學大系68日本书紀（下）』、東京：岩波書店、1965、第180—187頁。

③ 家永三郎、藤枝晃、早島鏡正、筑島裕『日本思想大系2 圣德太子集』、東京：岩波書店、1975、第11—23頁。

④ 小川環樹、西田太一郎、赤塚忠『角川：新字源 改訂版』、東京：角川學藝、2010。

⑤ 鎌田正、米山寅太郎『新漢語林』、東京：大修館書店、2005。

⑥ 当用汉字：昭和21年（1946）作为内阁告示公布『當用漢字表』（1850字），昭和23年（1948）作为内阁告示公布『當用漢字別表』与『當用漢字音訓表』，昭和24年（1949）作为内阁告示公布『當用漢字字體表』，昭和48年（1973）作为内阁告示公布『當用漢字改定音訓表』，总称“当用汉字”。

⑦ 常用汉字：昭和56年（1981）作为内阁告示训令公布『常用漢字表』（1945字），谓“常用汉字”，代替了“当用汉字”。

⑧ 教育用汉字：昭和52年（1977）文部省规定小学学习『當用漢字表』中1006字，谓“教育用汉字”。

⑨ 人名用汉字：平成16年（2004）法务省第6次对人名用汉字进行改定，含常用汉字2928字。

⑩ 2000年12月8日国语审议会通过『表外漢字印刷標準字體表』，含1022字。这些字与常用汉字的使用频率一样高。

参见附录1《自写本汉字图表》“1承（教）”。此字旁书有岩朱训“ケ”，岩墨训“タ、ウケタマハリテハ”。考“宫”“北”均无此训。宪、小、岩均承岩墨训“ウケタマハリテハ”。新、汉均以“国训”的方式传承“ウケタマハリテハ”的原型“ウケタワハル”。故“承”字岩墨训“ウケタマハリテハ”的原型“ウケタワハル”可列于《日藏唐代汉字钞本字形表》“承”字头日本汉字音训库。

*（二）（ミコトノシ）詔（リ）。小：ミコトノリ。岩：ミコトノリ。宪：ミコトノシ。新：常；しょう（せう）；ツゲル（ツグ）、ミコトノリ、ミコトノリスル（オッシャル）、タスケル、ヒキアワセル（トリモチ）。汉：しょう（せう）；ミコトノリ、ツゲル（ツグ）、ミチビク。

参见附录1《自写本汉字图表》“2詔（常）”。此字旁书有岩朱训“ミコトノシ”，岩墨训“リ”。考“宫”“北”均为“ミコトノリ”。由此可見，岩朱训“ミコトノシ”为最古训；“宫”“北”之训承岩墨训；小、岩亦承岩墨训“ミコトノリ”；而宪則承岩朱训“ミコトノシ”。新、汉均未传承最古训“ミコトノシ”。故岩朱训的“ミコトノシ”可列于《日藏唐代汉字钞本字形表》“詔”字头日本汉字音训库。

（三）（無シ）謹（メ）。小：ツツシメ。岩：ツツシメ。宪：メ。新：常；きん（汉）；ツツシム、ツツシミ、キビシクキンジル。汉：常；きん（汉）、こん（吴）；ツツシム、ツツシミ、ツツシンデ。

参见附录1《自写本汉字图表》“3謹（常）”。此字旁书有岩墨训“メ”。考“宫”“北”均无此训。小、岩、宪都为同训。新、汉则均未传此训，而以“ツツシム”来传承，即把岩墨训尾音マ行四段的“メ”变尾音マ行三段的“ム”之后来传承。故岩墨训的“ツツシメ”可列于《日藏唐代汉字钞本字形表》“謹”字头日本汉字音训库。

（四）（ヤツコラマ）臣（ヤツコラマタハ）。小：しん。岩：ヤツコラマ。宪：ヤツコラマ。新：（教）；しん（汉）、じん（吴）；オミ、ケライ；（国训）オミ，贵族阶层的姓之一。汉：（教）；しん（汉）、じん（吴）；ケライ、ケライトスル、タミ；（国训）オミ，贵族阶层的姓之一，大化改新之后的第六位姓。

参见附录1《自写本汉字图表》“4臣（教）”。此字旁书有岩朱训“ヤツコラマ”，岩墨训“ヤツコラマタハ”。考岩朱训“ヤツコラマ”，最古用例见于《播磨风土记》（715年左右）美嚢“青垣の□山投（やまと）に坐しし□市邊の天皇が□御足末（みあなすゑ）奴僕良麻（やつこラマ）”，ラ和マ都是接尾词，语干是“やつこ”。考“宫”为“やつこラ”，省略了岩朱训的一个接尾词“マ”。岩墨训“ヤツコラマタハ”则在岩朱训上加了“タ”“ハ”；“タ”是接尾词，表示人之复数，是长野县上田方言之源头；“ハ”是格助词。岩朱训乃最古训。[小]音读为“シン”，[岩]、[宪]均承岩朱训“ヤツコラマ”。[新]、[汉]均未承岩朱训、岩墨训、“宫”训。故“ヤツコラマ、ヤツコラマタハ、ヤツコラ”均可列于《日藏唐代汉字钞本字形表》“臣”字头日本汉字音训库。

（五）（無シ）覆（ナリ）。[小]：オホヒ。[岩]：オホヒ。[宪]：（ひ）。[新]：[常]；ふう（惯）、ふ（汉）、ふく；おおう、オホフ、オオワレル、オホヒ、カクス、クツガヘス、クツガヘル、カエッテ、カエル（モドル）、クリカエス、ツゲル。[汉]：[常]；ふ（汉）、ふう（吴）、ふく（惯）；クツガヘス、クツガヘル、カエッテ、クリカエス、シラベル、オホフ、オホヒ。

参见附录1《自写本汉字图表》“5覆（[常]）”。此字旁书有岩墨训为“ナリ”。考“宫”“北”为“オホヒ”。[小]、[新]及[宪]均承“宫”“北”的“オホヒ”。[新]、[汉]亦承“宫”“北”的“オホヒ”。此训的传承有一惯性。

（六）（無シ）載（ノセラ）。[小]：ノス。[岩]：ノス。[宪]：（す）。新：常；さい（汉）；ノセル、ノス、オク、カザル、マカセル、ノル（ウケル）、シル、ヤスンジル、チカイノコトバ、ナス、コト（シゴト）、ハジム、クサギル、フタタビ、スナワチ、ミチル、ツグ。[汉]：[常]；さい（汉）、ざい（吴）；ノル、ノス、ニモツ、ホカノモノノセルモノ、モウケル、カサネル、ナス、ツトメ、ミチル、シル、ヤスンズル、カザル、ハジメ、ココニ。

参见附录1《自写本汉字图表》“6載（[常]）”。此字旁书有岩墨训“ノセラ”。考“宫”“北”均为“ノス”。[小]、[岩]及[宪]均承“宫”“北”之训“ノス”。岩墨训“ノセラ”为最古训。[新]、[汉]均未传承最古训。故“ノセラ”可列于《日藏唐代汉字钞本字形表》“載”字头日本汉字音训库。

（七）（無シ）四時（｜）。[小]：しじ。[岩]：ヨツノトキ。[宪]：の。[新]：しじ、しいじ。[汉]：しじ、しいじ。

参见附录1《自写本汉字图表》“四時”。此字旁书有岩墨训“｜”，此乃连字记号，即意味着“四時”两字为一词。考“宫”“北”均无此训。连字“四時”为一年四季的“四时”，典出《论语・阳货》：“四时行焉，百物生焉”。非连字“四時”，即朝・昼・夕・夜的“四之时”，典出《左传・昭

元》:“四时之序成功者去”。小训读为“しじ”，承岩墨训，即《论语·阳货》之典。岩、宪均训为“ヨツノトキ”，未承岩墨训，即承《左传·昭元》之典。新、汉均承岩墨训之训，读“しじ”。

（八）（连字符丨）顺行*（オ）（ユキ）。小：ジュンカウシテ。岩：シタガヒオコナヒテ。宪：（に）オコナハレテ。新：じゅんかう。汉：じゅんこう。

参见附录1《自写本汉字图表》“8顺行”。两字中间有岩朱连字符“丨”，即意味着“顺行”两字为一词。“行”字右旁有以墨（院政期训）描朱（平安末期训）的“オ”部分。考“宫”“北”均无此训。岩、宪均承以墨（院政期训）描朱（平安末期训）的“オ”训。小则作汉字音读。新、汉均录有“顺行”一词。小、岩、宪均以《论语·阳货》:“四时行焉，百物生焉”为出典。我们认为此义之词源恐出于《国语·晋语》:“夫以果戾顺行，民不犯也。”其注曰：戾，帅也。以果敢帅，顺道而行之，故民不犯。至镰仓后期“岩镰墨训”则训“行”为“ユキ”，未见传承。新、汉均为两字词音读“ジュンコウ”。

（九）（シルシ）氣（连字符丨）。小：き。岩：シルシ。宪：シルシ。新：（教）；き（汉）、け（吴）；オクル、キ、イキ、ココロモチ、ウマレツキ、チカラ（イキオイ）、オモムキ（ヨウス）。汉：（教）；き（汉）、け（吴）；ウンキ、クウキ、テンキ、ゲンキ、チカラ、キダテ、ウマレツキ、ニオイ、イキ、オモムキ。

参见附录1《自写本汉字图表》“9氣（教）”。此字旁书有岩朱训“シルシ”。考“宫”“北”均无此训。小音读为汉音“キ”。岩、宪均承岩朱训“シルシ”。新、汉均无“シルシ”之训。故岩朱训的“シルシ”可列于《日藏唐代汉字钞本字形表》“氣”字头日本汉字音训库。

此外，“氣”与上字“万”之间有岩墨连字符“丨”，意为“万氣”连字，即词组。考“宫”“北”亦均无此训。小训之为音读“ばんき”。岩训之为训读“ヨロヅノシルシ”。宪未有全训“万ノシルシ”，此“万”也许是“ヨロヅ”。就字形而言，“万”是日本新汉字的“教育用字”，但其字形在此自写本（平安中期）已经实用了。“万氣”在新、汉中均无传承。按诸桥辙

次《大汉和辞典》亦无“万氣”[1]。再按罗竹风《汉语大词典》[2]亦无“万气”。据此基本可谓“万氣”乃圣德太子所创之词。

（十）（無シ）得（ウ）。小：ウ。岩：ウ。宪：未训。新：（教）；とく；エル（ウ）、ウル、トク、メグム。汉：（教）；とく；エル、ウル、ウ、リエキ、モウケ、トクノアルヒト、トクトスル。

参见附录1《自写本汉字图表》“10得（教）”。此字旁书有岩墨训“ウ”。考“宫”“北”均无此训。小、岩均承岩墨训“ウ”。宪无标识。新、汉均有承传岩墨训。

（十一）（無シ）通（カヨフテラ）。小：カヨフコト。岩：カヨフコト。宪：（ふ）こと。新：（教）；つう（惯）、つ（吴）、とう（汉）；トホリ、トホル、カヨフ、カヨワセル、ヒラク、スベテ（アマネク）、マトメル（スベククル）、トリッギ。汉：（教）；とう（汉）、つ・つう（吴）；トホル、カヨフ、ノベル、ヒラク、スベテ、トリッギヲスル。

参见附录1《自写本汉字图表》“11通（教）”。此字旁书有岩墨训“カヨフテラ”，考“宫”“北”均训为“カヨフ”。小、岩及宪均承“宫”“北”训“カヨフ”。新、汉均传承“宫”“北”的“カヨフ”。岩墨训“カヨフテラ”的“テラ”是助词，表示此外还有之义，福井县大饭郡方言之源头。故岩墨训“カヨフテラ”可列于《日藏唐代汉字钞本字形表》“覆”字头日本汉字音训库。

（十二）（無シ）欲（トキハ）。小：トスルトキハ。岩：トスルトキハ。宪：す（る）トキハ。新：（教）；よく（汉）；ホッスル（ホッス）、ホシイ（ホシ）。汉：（教）；よく；ホッスル（ホッス）、ホッス、ヨク；（国训）ホシイ。

参见附录1《自写本汉字图表》“12欲（教）”。此字旁书有岩墨训“トキハ”，考“宫”“北”均无此训。小、岩、宪均承“岩墨训”的“トキハ”训，但是，小、岩以“トスル”训“欲”，宪以“スル”训“欲”。新、汉未承此训。故“スル”可列于《日藏唐代汉字钞本字形表》“欲”字头日本汉字音训库。

（十三）（無シ）覆*（オ）。小：一ハム。岩：オホハム。宪：オほ（は）

① 諸橋轍次『大漢和辭典』、東京：大修館書店、1986年。

② 罗竹风：《汉语大词典》，上海：汉语大词典出版社，1988年。

む。新:（常）；ふう（惯）、ふ（汉）；オホフ、オオワレル、オホヒ、カクス、クツガヘス、クツガヘル、カエッテ、カエル（モドル）、クリカエス、ツゲル。汉:（常）；ふ（汉）、ふう（吴）、ふく（惯）；クツガヘス、クツガヘル、カエッテ、クリカエス、シラベル、オホフ、オホヒ。

参见附录1《自写本汉字图表》“13覆（常）”。此字旁书以墨（院政期训）描朱（平安末期训）的“オ”部分，考“宫”“北”均无此训。小恐怕省略“覆”（オホ）的部分。岩、宪承院政期训。新、汉未传“オホハム”。故“オホハム”可列于《日藏唐代汉字钞本字形表》“覆”字头日本汉字音训库。

（十四）（無シ）致（イタサク）。小：イタサム。岩：イタサム。宪：致（さく）。新:（常）；ち；イタス；オモムキ（アリサマ）、ムネ、コマカイ。（国训）イタス。汉:（常）；ち；イタス；オモムキ、アリサマ、カサネル。（国训）イタス。

参见附录1《自写本汉字图表》“14致（常）”。此字旁书有岩墨训“イタサク”。考“宫”“北”均无此训。宪承岩墨训“イタサク”之古训。新、汉均未传古训，亦未传小、岩之“イタサム”。故“イタサク”、“イタサム”可列于《日藏唐代汉字钞本字形表》“致”字头日本汉字音训库。

（十五）（無シ）壊（ヤフルラフ）。小：ヤブルル。岩：ヤブルル。宪：クヅレ。新:（常）；かい（くゎい）（汉）、ゑ（吴）；ヤブル、ヤブレル、コワス（コハス）、コワレル（コハル）、ヤム（ナヤム）、クズス。汉：（常）；かい（くゎい）（汉）、け（吴）、ゑ（吴）；ヤブレル、ヤブル、コワレル（コハル）、コワス（コハス）、クズス。

参见附录1《自写本汉字图表》“15壊（常）”。此字旁书有岩墨训“ヤフルラフ”。考“宫”“北”均无此训。小、岩、宪均未承岩墨训“ヤフルラフ”最古训。“ヤフル”的“ラ”是推量助动词，“フ”是“ラ”的长音符，上古音的表示法。新、汉均未传古训“ヤフルラフ”，亦未传小、岩“ヤブルル”，以及宪。故“ヤフルラフ”“ヤブルル”“クヅレ”均可列于《日藏唐代汉字钞本字形表》“壊”字头日本汉字音训库。

（十六）（無シ）耳（ラソノミ）。小：無シ。岩：無シ。宪：ノミ。新:（教）；じ（汉）、に（吴）、じょう（汉）；ミミ、キク（ミミニスル）、ノミ。汉:（教）；じ（汉）、に（吴）、じょう（汉）、にょう（吴）；ミミ、ミミニスル、ノミ。（国训）ミミ。

参见附录1《自写本汉字图表》“16耳（教）”。此字旁书有岩墨训“ラソノミ”。考“宫”“北”均无此训。宪承“岩墨训”的“ノミ”。小、岩均未承古训。新、汉传宪“ノミ”，但未传古训“ラソノミ”。故“ラソノミ”可列于《日藏唐代汉字钞本字形表》“耳”字头日本汉字音训库。

（十七）（ノタマフ）言（トキハ）。小：ノタマフトキハ。岩：ノタマフ。宪：ノタマフ。新：（教）；げん（汉）、ごん（吴）、ぎん；コト（コトバ）、モジ、ク、イフ、ワレ、ココニ。汉：（教）；げん（汉）、ごん（吴）、ぎん；イフ、コト（コトバ）、イウココロ、ハカリゴト、モウシブミ、ワレ、ココニ。

参见附录1《自写本汉字图表》“17言（教）”。此字旁书有岩朱训“ノタマフ”和岩墨训“トキハ”。考“宫”“北”均有“ノタマフトキハ”。小承岩朱训“ノタマフ”和岩墨训“トキハ”古训。岩、宪承岩朱训“ノタマフ”古训。新、汉均不传岩朱训“ノタマフ”。故“ノタマフ”可列于《日藏唐代汉字钞本字形表》“言”字头日本汉字音训库。

（十八）（無シ）臣（ヤツコラ）。小：未训。岩：ヤツコラマ。宪：未训。新：（教）；しん（汉）、じん（吴）；オミ、ケライ。（国训）任大臣职贵族阶层的姓之一。汉：（教）；しん（汉）、じん（吴）；ケライ、ケライトナル、タミ；（国训）任大臣职贵族阶层的姓之一，大化改新之后的第六位姓。

参见附录1《自写本汉字图表》“18臣（教）”。此字旁书有岩墨训“ヤツコラ”。考“宫”“北”，唯“宫”有“ヤツコラ”之训。此训与岩墨训一致，亦为最古训。小、宪未训。岩训“ヤツコラマ”，在岩墨训“ヤツコラ”上加“マ”，此“マ”为接尾词，表敬意，作为方言存留在山形县庄内。故最古训“ヤツコラ”以及“ヤツコラマ”均可列于《日藏唐代汉字钞本字形表》“臣”字头日本汉字音训库。

（十九）（ケ）承（ウ（ケ）タマハル）。小：ウケタマハル。岩：ウケタマハル。宪：ウケ（タマハ）ル。新：（教）；しょう（汉）、そう（汉）；ササゲル（アゲル）、ウケル、ジュンジョ、コリル、トメル、タスケル。汉：（教）；しょう（汉）、じょう（吴）、ちょう（汉）、ぢょう（吴）；ウク、ツグ、シダイ、タスケル、フセグ、トドメル。

参见附录1《自写本汉字图表》“19承（教）”。此字旁书有岩朱训“ケ”；岩墨训在右上角的岩朱训“ケ”上书“ウ”，并在左下角书“タマハル”。考“宫”“北”均无此训。小、岩均承岩墨训“ウ（ケ）タマハル”和岩朱训“ケ”。宪承岩墨训“ウ（ケ）（タマハ）ル”和岩朱训“ケ”，呈“ウ（ケ）

（タマハ）ル”的简略型“ウケル”。新、汉均以“国训”的方式传“ウケタワハル”。故“承”字岩墨训“ウ（ケ）タワハル”加岩朱训“ケ”的国训“ウケタワハル”以及简略型“ウケル”均可列于《日藏唐代汉字钞本字形表》“承”字头日本汉字音训库。

（二十）（無シ）上（ハ）。小：カミ。岩：カミ。宪：未训。新：（教）；じゃう（吴）、しゃう（汉）；ウエ（ウへ）、カミ、ホトリ、タットブ、ネガワクバ、ノボル、アガル、アゲル（アグ）、ノボセル（ノボス）、タテマツル、ススメル、クワエル。“（国训）“アガリ”。汉：（教）；しゃう（汉）、じゃう（吴）；ウエ、カミ、ウハ、キミ、ホトリ、カタワラ、タットブ、ノボル、アガル、ノボス（アグ）、タテマツル、クワエル（クハフ）；（国训）“カミ”、“アガル”。

参见附录1《自写本汉字图表》“20上（教）”。此字旁书有岩墨训“ハ”。考“宫”“北”均无此训。岩墨训“ハ”乃“上”之主格系助词，故从飞鸟时代至平安时代“上”之国训“カミ”已成为共同认知了。小、岩均以国训“カミ”为注；宪未训，也许以国训“カミ”为常识之故。新、汉亦均以国训“カミ”而传。

（二十一）（颠倒符㇀）行（トキハ）。小：オコナふトキハ。岩：オコナふトキハ。宪：行（ふ）トキハ。新：（教）；かう（汉）、あん（唐）、ぎゃう（吴）、こう；ミチ、ユク（イク）、ヤル（ユカセル）、ユクユク、ミチノリ、タビ（タビジタク）、メグリ（ハタラキ）、オコナフ、オコナハル、オコナヒ、クダリ。汉：（教）；かう（汉）、ぎゃう（吴）、がう（吴）、あん（唐）；ユク、イク、オコナフ、ヤル、ミチ、タビ、ユクユク、マサニ；オコナヒ；ナラビ；ミセ、シダイ；（国训）“ぎょう”佛道の修行。

参见附录1《自写本汉字图表》“21行（教）”。此字旁书有岩朱“颠倒符”，还有岩墨训“トキハ”。考“宫”“北”均无此训。小、岩均承岩墨训“トキハ”，并训“行”之语干为“オコナ”，活用语尾为“ふ”。宪亦承岩墨训“トキハ”，但未训“行”之语干，只提示了活用语尾为“（ふ）”。故“行”之语干训“オコナ”、活用语尾训（ふ）乃飞鸟时代至平安时代之共同认知。

（二十二）（無シ）靡（ナヒク）。小：ナビク。岩：ナビク。宪：（ク）。新：ひ（惯）、び（汉）、み（吴）；ワケル（ワカレル）、クダク、チル（チラス）、ヘル（ヘラス）、ホロビル（ホロボス）、スル（コスル）；コマカイ（キメコマカイ）、ナビク（シタガウ）、サシマネク（コスリツケル）、ハビコル（ワタル）、オゴリ（オゴル）、ハナヤカ。汉:（标）；び（汉）、み（呉）、ば（汉）、ま（呉）；ナビク、ワズラワス、ウツクシイ（ウルワシイ）、コマカイ（チイサイ）、キシ（ホトリ）、オゴル、ナイ；チル（チラス）、ツキル（ツクス）、タダレル；スル、コスル。

参见附录1《自写本汉字图表》“22靡（标）”。此字旁书有岩墨训“ナヒク”。考“宫”“北”均有“ナヒク”之训。小、岩、宪均未承岩墨训“ナヒク”最古训。宪未训“靡”之语干，但以（ク）表示活用语尾训，即可知语干训为“ナビ”。小、岩、宪均源于新、汉“ナビク”。古清音向今浊音演变的轨迹亦反映在新、汉里。新、汉均不传古训“ナヒク”。故“ナヒク”可列于《日藏唐代汉字钞本字形表》“靡”字头日本汉字音训库。

（二十三）（無シ）故（ソレ）。小:カレ。岩:カレ。宪:カレ。新:（教）；こ；コロス（シヌ）、コト、タクラミ、コトサラニ（ワザト）、フルシ（イニシヘ）、フルイコトガラ、ムカシカラノシキタリ、フルナジミ、トシヨリ、モト（モトヨリ）、ユヱ、ユヱニ。汉:（教）；こ；モト（ムカシ）、モトノ、モトヨリ、フルシ、フルイコトガラ、フルナジミ、トシヨリ、シヌ、ユヱ、ユヱニ、コト、コトサラ。

参见附录1《自写本汉字图表》“23故（教）”。此字旁书有岩墨训“ソレ”。考“宫”“北”均无此训。小、岩、宪均训“カレ”。按《日本国语大辞典》[①]：“ソレ”作为接续词，其对应汉字是“夫”，见于《古事记》（712）序：“夫（そ）れ混元既に凝（こ）りて、氣象未だ效（あらは）さず。”《大唐西域记》卷十二，平安中期点（950年左右）：“夫（ソレ）滅心定に入れる者は、先づ期限有り。”而“カレ”作为接续词，其对应汉字是“故”，再按《日本国语大辞典》[②]：西大寺本《金光明最胜王经》五，平安初期点（830年左右）：“他に證知せ令めむとして、故（カレ）種々の世俗の名言を説かくのみ。”据此，我们认为在平安末期也有训故为“ソレ”的现象，作为史料非常珍贵。新、汉均未传岩墨训之“ソレ”之古训，亦未传“カレ”之古训。故“ソレ”“カレ”可列于《日藏唐代汉字钞本字形表》“故”字头日本汉字音训库。作为训点史料，亦可供《日本国语大辞典》编者思考。

（二十四）（無シ）慎（メ）。小:ツツシメ。岩:ツツシメ。宪:メ。

---

① 北原保雄等『日本國語大辭典』第二版第八卷、東京：小學館、2001、第526頁。
② 北原保雄等『日本國語大辭典』第二版第三卷、東京：小學館、2001、第1146頁。

新:（常）；しん（汉）；ツツシム、ツツシミ、ツツシンデ。汉:（常）；しん（汉）、じん（吴）；ツツシム、マコト；（国训）ツツマシイ、ツツマシ。

参见附录1《自写本汉字图表》“24慎（常）”。此字旁书有岩墨训“メ”。考“宫”“北”均无此训。岩墨训只示活用语尾“メ”训，而未示语干“ツツシ”训。小、岩均示语干“ツツシ”训，亦示活用语尾“メ”训。宪承岩墨训“メ”，未示语干“ツツシ”训。新、汉未传岩墨训“ツツシメ”。故“ツツシメ”可列于《日藏唐代汉字钞本字形表》“慎”字头日本汉字音训库。

（二十五）（無シ）自（オノツカラ）。小：オノヅカラ。岩：オノヅカ（ラ）。宪：オノヅカラ。新：（教）；し（汉）、じ（吴）；ミズカラ、ミヅカラ、オノズカラ、オノヅカラ、ヨリ、ヨル、モチイル。汉：（教）；し（汉）、じ（吴）；ミズカラ、ミヅカラ、オノズカラ、オノヅカラ、ヨリ、ヨル、モチイル、ヒキイル、ハジマリ。

参见附录1《自写本汉字图表》“25自（教）”。此字旁书有岩墨训“オノツカラ”。考“宫”“北”均无此训。小、岩、宪、新、汉均以“オノヅカラ”中的浊音“ヅ”代替“岩墨训”的“オノツカラ”中清音的“ツ”，传承最古训的“オノツカラ”。古清音向今浊音演变的轨迹亦反映在新、汉里。故“オノツカラ”可列于《日藏唐代汉字钞本字形表》“自”字头日本汉字音训库。

（二十六）（ナ）敗（無シ）。小：ヤブレナム。岩：ヤブレナム。宪：ヤブレナム。新：（教）；はい（汉）、ばい（吴）；ヤブル、コワス、ヤブル、ヤブレ、ワザワイ、キキン。汉：（教）；はい（汉）、ばい（吴）はい；ヤブル、ヤブル、ワザワイ、キキン。

参见附录1《自写本汉字图表》“26敗（教）”。此字旁书有岩朱训“ナ”。考“宫”“北”均无此训。按《日本国语大辞典》，“ナ”即“ナム”，完了助动词，确认完了并表推测之一意。用例见于《古事记》（712）下《歌谣》：“八田（やた）の　一本菅は　子持たず　立ちか荒れ那牟（ナム）あたら菅原。”其万叶假名还有“奈武”“奈牟”等。由此可见，古代学者以和文文脉概念来训点汉文则源于《古事记》。小、岩、宪均承最古训的“ナム”；新、汉均未提及此训。故“ヤブレナム”可列于《日藏唐代汉字钞本字形表》“敗”字头日本汉字音训库。

综上所考，26组28字音训占第三条53字的52.8%；有20组20字单字的28个音训可进入《日藏唐代汉字钞本字形表》日本汉字音训库和日语索引，占第三条26组的76.9%、28字单字的71.4%、28字音训的100%，可见其参考价值极高。

结　语

综观上述对《宪法十七条》第三条26组28字日本汉字音训的细缕精析，可以获悉如下信息：

（一）认定日本汉字的一个重要因素。《宪法十七条》音训的先行研究已颇有成就。从音训承传与训点承传的角度重新整理和审视这些成果，有意想不到的收获。其中一部分反映在这篇文章里，成为认定日本汉字的一个重要因素，这是文本的价值所在。本文只是对其第三条进行调研，日后还将继续。

（二）同一日本汉字在不同的时期有不同的认知。如附录1图2的“詔”字之认知，在平安中期“岩朱训”的认知里训其为“ミコトノシ”，在稍后的院政时期“岩墨训”的认知里却训其为“ミコトノリ”。再如附录1图4的“臣”字之认知，在平安中期“岩朱训”的认知里训其为“ヤツコラマ”，在稍后的院政时期“岩墨训”的认知里却训其为“ヤツコラマタハ”。

（三）同一日本汉字在一段时期内有相同的认知。如附录1图20的“上”字，此字旁书有岩墨训“ハ”，“ハ”乃“上”之主格系助词，可知从飞鸟时代至平安时代“上”之国训“カミ”已成为共同认知；小、岩均以国训“カミ”为注；宪未注，乃国训“カミ”为常识之故。新、汉亦均以国训“カミ”而传。此外，还有附录1图21的“行”字。

（四）上古的接尾词存留在现今少数的方言里。如附录1图4的“臣”字，此字旁书有岩朱训“やつこラマ”，岩墨训“やつこラマタハ”，“宮”训为“やつこラ”。岩朱训“ヤツコラマ”的最古用例见于《播磨风土记》（715年左右）美囊“青垣の□山投（やまと）に坐しし□市邊の天皇が□御足末（みあなすゑ）奴僕良麻（やつこラマ）”，ラ和マ都是接尾词，语干是“やつこ”；“宮”的“やつこラ”，省略了岩朱训的一个接尾词“マ”；岩墨训“ヤツコラマタハ”则在岩朱训上加了“タ”“ハ”，“タ”是接尾词，表示人之复述；这些接尾词都是长野县上田方言之源头。岩墨训的“ハ”是格助词。再如附录1图18的“臣”字，此字旁书有岩墨训“ヤツコラ”，与“宮”同训，为省略型之最古训。岩训“ヤツコラマ”、在岩墨训“ヤツコラ”上加“マ”，此“マ”亦接尾词，表敬意，存留在山形县庄内的方言里。

（五）以“尾音同行变段法”承传。如附录1图3的“謹”字的岩墨训为“ツツシメ”，而新、汉则以“ツツシム”来传承，即把岩墨训尾音マ行四段的“メ”变尾音マ行三段的“ム”之后来传承。

（六）日本新汉字的“教育用字”自古就有。如附录1图9的“氣”字前置的“万”字，就字形而言，“万”是日本新汉字的“教育用字”，但其字形在此自写本（平安中期）已经实用了。

（七）圣德太子自创日本汉语词汇。上述“万氣”在新、汉中均无传承。按诸桥辙次《大汉和辞典》亦无“万氣”。再按罗竹风《汉语大词典》亦无“万氣”。据此，亦可知“万氣”乃圣德太子所创词汇。

（八）圣德太子通过“国训”方法使日本汉字成为“准日本国字”。如附录1图18的“臣”字，“国训”为任大臣职贵族阶层的姓之一，大化改新之后的第6位姓。如附录1图19的“承”字，“承”字岩朱训“ケ”加岩墨训“ウ（ケ）タワハル”成为“国训”“ウケタワハル”，新、汉均以“国训”的方式传“ウケタワハル”。此外，还有附录1图12的“欲”字，以及附录1图18的“致”字。

（九）“古清今浊音变”现象。参见附录1图15的“壊”字，岩墨训“ヤフル”。考“宫”“北”均无此训。小、岩、宪均未承岩墨训“ヤフルラフ”最古训。“ヤフル”的“ラ”是推量助动词，“フ”是“ラ”的长音符，上古音的表示法。新、汉均未传古训“ヤフルラフ”，亦未传小、岩“ヤブルル”，以及宪。故“ヤフルラフ”、“ヤブルル”如附录1图22的“靡”字，岩墨训“ナヒク”，小、岩、宪均源于新、汉“ナビク”，古清音“ヒ”向今浊音“ビ”演变的轨迹，反映在新、汉里。如附录1图25的“自”字，岩墨训“オノツカラ”。小、岩、宪、新、汉均以“オノヅカラ”中的浊音“ヅ”代替“岩墨训”的“オノツカラ”中清音的“ツ”来传承最古训的“オノツカラ”，古清音“ツ”向今浊音“ヅ”演变的轨迹，亦反映在新、汉里。

（十）可供《日本国语大辞典》编者思考的训点史料。如附录1图23的“故”字，岩墨训为“ソレ”。小、岩、宪均训“カレ”。按《日本国语大辞典》:“ソレ”作为接续词，其对应汉字是“夫”，见于《古事记》（712）序：“夫（そ）れ混元既に凝（こ）りて、氣象未だ效（あらは）さず。”《大唐西域记》卷十二，平安中期点（950年左右）：“夫（ソレ）滅心定に入れる者は、先づ期限有り。”而“カレ”作为接续词，其对应汉字是“故”，再按《日本国语大辞典》：西大寺本《金光明最胜王经》五，平安初期点（830年左右）：“他に證知せ令めむとして、故（カレ）種々の世俗の名言を説かくのみ。”据此，我们认为在平安末期亦有训“故”为“ソレ”的现象，作为史料非常珍贵，可供《日本国语大辞典》编者思考。

（十一）以和文文脉概念来训点汉文。源于《古事记》的古代学者的以和文文脉概念来训点汉文传统在平安中期自写本《日本书纪》里亦有所承传。如附录1图26的“敗”字旁书有岩朱训“ナ”，“ナ”即“ナム”，完了助动词，确认完了并表推测之一意，以万叶假名“奈武”“奈牟”表示，其用例见于《古事记》（712）下《歌谣》：“八田（やた）の□一本菅は□子持たず□立ちか荒れ那牟（ナム）あたら菅原。”由此可见，平安中期的学者以和文文脉概念来训点汉文是源于奈良初期的《古事记》。

（十二）《日本书纪》卷二十二中的《宪法十七条》汉字之“训”比率很高。仅第三条53字就有28字被施朱、墨，占52.8%。这个现象与《宪法十七条》以外的《日本书纪》汉字之训相比其频率要高得多，亦可说明后世学者对飞鸟时代《宪法十七条》的日本汉字音训的承传用力极大，毕竟时迁300年。

（十三）《宪法十七条》第三条共有53字，其中有28个单字施有32次音训之朱和墨。32次音训中有7次岩朱训，占总数的21.9%；而7次岩朱训中竟有7个音训可列于《日藏唐代汉字钞本字形表》字头音训库，占总数的100%。32次音训中还有25个岩墨训，占总数的78.1%；而25次岩朱训中竟有19个音训可列于《日藏唐代汉字钞本字形表》字头音训库，占总数的76%。总之，所施朱和墨之音训可列于《日藏唐代汉字钞本字形表》字头音训库的概率之高是惊人的。

（十四）院政期的岩墨训比平安中期的岩朱训多56.2%。由此可见，随着时间的推移，日本汉字的承传力度越来越大。

（十五）仅第三条就有接近其施朱墨的 64.3% 日本汉字的上古音训还未获得现今（日本）汉字字典的承传。本研究正本清源，扩大了现今汉字字典的音训范围，同时亦使《日藏唐代汉字钞本字形表》（第4至第9期）字头日本汉字音训库的数据接近完整，充实日语的索引内涵。

（十六）《日藏唐代汉字钞本字形表》字头日本汉字音训库的数据接近完整，不仅有利于日本汉字的深入研究，而且还可以尽量准确地梳理和理解日本自写本的汉文世界。

最后提一下，本文使用的日本写本学学术概念“自写本”是本文作者之一海村惟一首创的。日本现存写本可分为三种：“域外写本”“他写本”“自写本”。“域外写本”如“隋写本”“唐写本”“朝鲜写本”等，是日本所藏域外文人用毛笔书写的文本；“他写本”是日本文人用毛笔临摹或抄写域外文本形成的写本，如日本太宰府天满宫所藏的《翰苑》；“自写本”是日本文人用毛笔书写的自创文本，如本文研究对象平安时代写本《日本书纪》卷二十二。“域外写本”的“隋写本”和“唐写本”等是中国文字；而“朝鲜写本”则是朝鲜汉字。“他写本”是中国文字、朝鲜汉字和日本汉字的桥梁。“自写本”则使用日本汉字。

如同汉字文化圈的中国文字、朝鲜汉字、越南汉字和日本汉字，“他写本”和“自写本”亦有国别的问题，分别谓之朝鲜“他写本”“自写本”，越南“他写本”“自写本”以及日本“他写本”“自写本”。这些日本写本学学术体系和理论性问题，作者会专文专述。

附录1　自写本汉字图表

			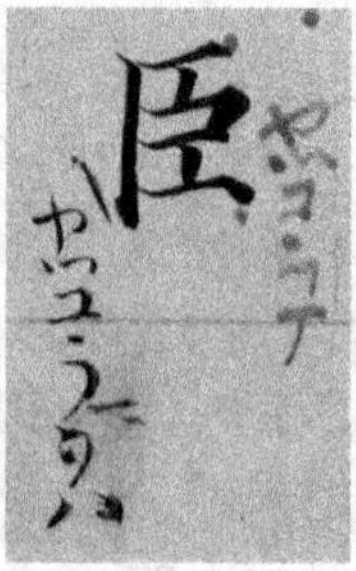	
1　承	2　詔	3　謹	4　臣	5　覆

6　載	7　四時	8　順行	9　氣	10　得

续表

11　通	12　欲	13　覆	14　致	15　壊
		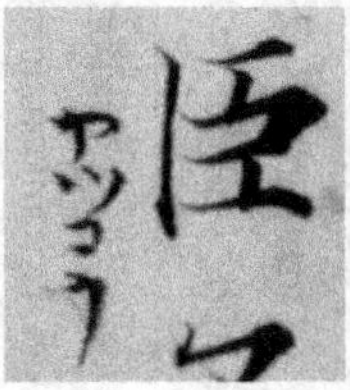		
16　耳	17　言	18　臣	19　承	20　上
		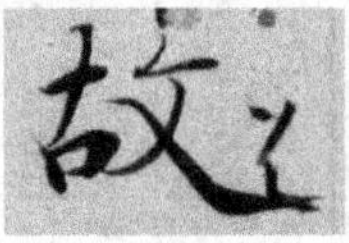		
21　行	22　靡	23　故	24　慎	25　自

26　敗				

附录2　日中汉字罗马字读音对照表

原图	日本汉字	中国文字	日本语音				中国语音
			现代音读	现代训读	平安中期训读	平安晚期训读	
	1.承	承	しょう（汉：syou）、そう（汉：sou）、じょう（吴：zyou）、ちょう（汉tyou）、ぢょう（吴dyou）	ササゲル（sasageru）（アゲルage-ru）、ウケル（ukeru）、ジュンジョ（zyunzyo）、コリル（koriru）、トメル（tomeru）、タスケル（tasukeru）、ウク（uku）、ツグ（tugu）、シダイ（sidai）、タスケル（tasukeru）、フセグ（husegu）、トドメル（todomeru）	ケ（ke）	タ（ta）、ウケタマハリテハ（uketa-mawari）	Cheng
	2.詔	诏	せう（常：syou）	ツグ（tugu）、ミコトノリ（mikoto-nori）、ミコトノリスル（mikotonorisu-ru）（オッシャルossyaru）、タスケル（tasukeru）、ヒキアワセル（hikiawa-seru）（トリモチtorimoti）、ミチビク（mitibiku）	ミコトノシ（mikoton-osi）	リ（ri）	Zhao
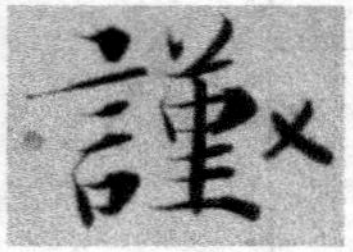	3.謹	谨	きん（汉：kin）、こん（吴：kon）	ツツシム（tutusumu）、ツツシミ（tu-tusimi）、キビシクキンジル（kibisuku-kinziru）、ツツシンデ（tutusinde）	—	メ（me）	Jing

续 表

原图	日本汉字	中国文字	日本语音				中国语音
			现代音读	现代训读	平安中期训读	平安晚期训读	
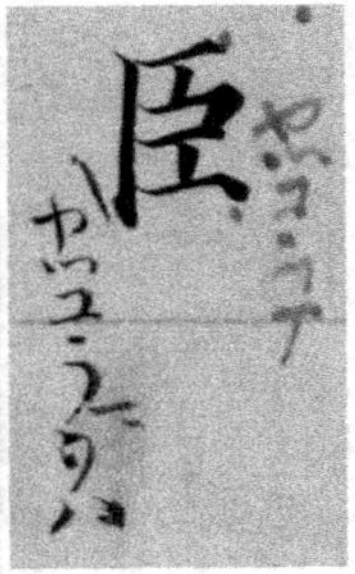	4.臣	臣	しん（汉：sin）、じん（吴：zin）	オミ（omi）、ケライ（kerai）、ケライトナル（keraitonaru）、タミ（tami）	ヤツコラマ（yatuko-rama）	ヤツコラマタハ（yatu-koramata-wa）	Chen
	5.覆	覆	ふう（惯：huu）、ふ（汉：hu）、ふう（吴：huu）、ふく（惯；huku）	オホフ（oou）、オオワレル（ooware-ru）、オホヒ（ooi）、カクス（kakusu）、クツガヘス（kutugaesu）、クツガヘル（kutugaeru）、カエッテ（kaette）、カエル（kaeru）（モドルmodoru）、クリカエス（kurikaesu）、ツゲル（tuge-ru）、シラベル（siraberu）	—	ナリ（nari）	Fu

续　表

原图	日本汉字	中国文字	日本语音				中国语音
			现代音读	现代训读	平安中期训读	平安晚期训读	
	6. 載	载	さい（常：sai）、ざい（吴：zai）	ノス（nosu）、オク（oku）、カザル（kazaru）、マカセル（makaseru）、ノル（noru）（ウケルukeru）、シル（siru）、ヤスンジル（yasunnziru）、チカイノコトバ（tikainokotoba）、ナス（nasu）、コト（koto）（シゴトsigoto）、ハジム（hazimu）、クサギル（kusagiru）、フタタビ（hutatabi）、スナワチ（sunawati）、ミチル（mitiru）、ツグ（tugu）、ニモツ（nimotu）、ホカノモノノセルモノ（hokanomononoserumono）、モウケル（moukeru）、カサネル（kasaneru）、ツトメ（tutome）、ミチル（mitiru）、シル（siru）、ヤスンズル（yasunnzuru）、カザル（kazaru）、ハジメ（hazime）、ココニ（kokoni）	—	ノセラ（nosera）	Zai

续 表

原图	日本汉字	中国文字	日本语音				中国语音
			现代音读	现代训读	平安中期训读	平安晚期训读	
	7. 四时	四时		シジ（sizi）、シイジ（siizi）	—	—	Sishi
	8. 順行	顺行		ジュンカウ（zyunkou）、ジュンコウ（zyunkou）	—	—	Shunxing

续　表

原图	日本汉字	中国文字	日本语音				中国语音
			现代音读	现代训读	平安中期训读	平安晚期训读	
	9.氣	气	き（汉：ki）、け（吴：ke）	オクル（okuru）、キ（ki）、イキ（iki）、ココロモチ（kokoromoti）、ウマレツキ（umaretuki）、チカラ（tikara）（イキオイikioi）、オモムキ（omomuki）（ヨウスyousu）、ウンキ（unki）、クウキ（kouki）、テンキ（tenki）、ゲンキ（genki）、キダテ（kidate）、ニオイ（nioi）	シルシ（sirusi）	—	Qi
	10.得	得	とく（教：toku）	ウ（u）、（ウルuru）、トク（toku）、メグム（megumu）、エル（eru）、リエキ（rieki）、トクノアルヒト（tokunoaruhito）、トクトスル（tokuto-suru）	—	ウ（u）	De Dei

续 表

原图	日本汉字	中国文字	日本语音				中国语音
			现代音读	现代训读	平安中期训读	平安晚期训读	
	11.通	通	つう（惯：tuu）、つ（吴：tu）、とう（汉：tou）	トホリ（toori）、トホル（tooru）、カヨフ（kayou）、カヨワセル（kayowaseru）、ヒラク（hiraku）、スベテ（subete）（アマネクamaneku）、マトメル（matomeru）（スベククル subekukuru）、トリツギ（toritugi）、ノベル（noberu）、トリツギヲスル（toritugiwosuru）	—	カヨフテラ（kayoutera）	Tong
	12.欲	欲	よく（教：yoku）	ホッス（hossu）、ホシ（hosi）、ヨク（yoku）	—	ト キ ハ（tokiha）	Yu

续 表

原图	日本汉字	中国文字	日本语音				中国语音
			现代音读	现代训读	平安中期训读	平安晚期训读	
	13.覆	覆	ふう（惯：huu）、ふ（汉：hu）、ふく（惯：huku）	オホフ（oou）、オオワレル（ooware-ru）、オホヒ（ooi）、カクス（kakusu）、クツガヘス（kutugaesu）、クツガヘル（kutugaeru）、カエッテ（kaette）、カエル（kaeru）（モドルmodoru）、クリカエス（kurikaesu）、ツゲル（tuge-ru）、シラベル（siraberu）	—	オ（o）	Fu
	14.致	致	ち（常：ti）	イタス（itasu）、オモムキ（omomuki）（アリサマarisama）、ムネ（mune）、コマカイ（komakai）、カサネル（kasaneru）	—	イタサク（itasaku）	Zhi
	15.壊	坏	くゎい（汉：kuai）、ゑ（吴：e）、け（吴：ke）	ヤブル（yaburu）（ヤブレルtabure-ru）、コハス（kowasu）（コハルkowa-ru）、ヤム（yamu）（ナヤムnayamu）	—	ヤフルラフ（yahururau）	Huai

续　表

原图	日本汉字	中国文字	日本语音				中国语音
			现代音读	现代训读	平安中期训读	平安晚期训读	
	16.耳	耳	じ（汉：zi）、に（吴：ni）、じょう（汉：zyou）、にょう（吴：nyou）	ミミ（mimi）、キク（kiku）（ミミニスルmiminisuru）、ノミ（nomi）	—	ラソノミ（rasonomi）	Er
	17.言	言	げん（汉：gen）、ごん（吴：gon）ぎん（教：gin）	コト（koto）（コトバkotoba）、モジ（mozi）、ク（ku）、イフ（iu）、ワレ（ware）、ココニ（kokoni）、イウココロ（iukokoro）、ハカリゴト（hakarigo-to）、モウシブミ（mousibumi）	ノタマフ	トキハ（tokiha）	Yan
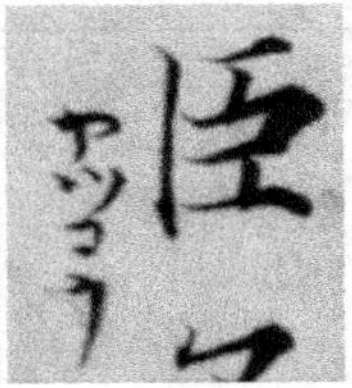	18.臣	臣	しん（汉：sin）、じん（吴：zin）	オミ（omi）（ケライkerai）、ケライトナル（keraitonaru）、タミ（tami）	—	ヤツコラ（yatukora）	Chen

续 表

原图	日本汉字	中国文字	日本语音				中国语音
			现代音读	现代训读	平安中期训读	平安晚期训读	
	19.承	承	しょう（汉：syou）、そう（汉：sou）、じょう（吴：zyou）、ちょう（汉tyou）、ぢょう（吴dyou）	ササゲル（sasageru）（アゲルageru）、ウケル（ukeru）、ジュンジョ（zyunzyo）、コリル（koriru）、トメル（tomeru）、タスケル（tasukeru）、ウク（uku）、ツグ（tugu）、シダイ（sidai）、タスケル（tasukeru）、フセグ（husegu）、トドメル（todomeru）	ケ（ke）	ウケタマハル（uketamawaru）	Cheng
	20.上	上	じゃう（吴：zyou）しゃう（汉：syou）	ウヘ（ue）（カミkami）、ホトリ（hotori）、タットブ（tattobu）、ネガワクバ（negawakuba）、ノボル（noboru）（アガルagaru）、アグ（aku）（ノボスnobosu）、タテマツル（tatematuru）（ススメルsusumeru）、クワエル（kuwaeru）、クハフ（kuwau）	—	ハ（ha）	Shang

续 表

原图	日本汉字	中国文字	日本语音				中国语音
			现代音读	现代训读	平安中期训读	平安晚期训读	
	21.行	行	かう（汉：kou）、あん（唐：an）、ぎゃう（吴：gyou）、こう（kou）	ミチ（miti）、ユク（yuku）（イクiku）、ヤル（yaru）（ユカセルyukaseru）、ユクユク（yukuyuku）、ミチノリ（mitinori）、タビ（tabi）（タビジタクtabizitaku）、メグリ（meguri）（ハタラキhataraki）、オコナフ（okonau）、オコナハル（okonawaru）、オコナヒ（okonai）、クダリ（kudari）、マサニ（masani）、ナラビ（narabi）、ミセ（mise）、シダイ（sidai）	—	トキハ（tokiha）	Xing

续 表

原图	日本汉字	中国文字	日本语音				中国语音
			现代音读	现代训读	平安中期训读	平安晚期训读	
	22.靡	靡	ひ（慣：hi）、び（汉：bi）、み（呉：mi）、ば（汉：ba）、ま（呉：ma）；ナビク、ワズラワス、ウックシイ（ウルワシイ）、コマカイ（チイサイ）、キシ（ホトリ）、オゴル、ナイ、チル（チラス）、ツキル（ツクス）、タダレル、スル（コスル）	ワケル（wakeru）（ワカレルwakareru）、クダク（kudaku）、チル（tiru）（チラスtirasu）、ヘル（heru）（ヘラスherasu）、ホロビル（horobiru）（ホロボスhorobosu）、スル（suru）（コスルkosuru）、コマカイ（komakai）（キメコマカイkimekomakai）、ナビク（nabiku）（シタガウsitagau）、サシマネク（sasimaneku）（コスリツケルkosuritukeru）、ハビコル（habikoru）（ワタルwataru）、オゴリ（ogori）（オゴルogoru）、ハナヤカ（hanayaka）	—	テヒク（tehiku）	Mi

续 表

原图	日本汉字	中国文字	日本语音				中国语音
			现代音读	现代训读	平安中期训读	平安晚期训读	
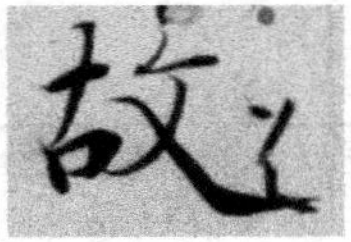	23.故	故	こ（教：ko）	コロス（korosu）（シヌsinu）、コト（koto）、タクラミ（takurami）、コトサラニ（kotosarani）（ワザトwazato）、フルシ（hurusi）（イニシへinisie）、フルイコトガラ（huruiko-togara）、ムカシカラノシキタリ（mukasikaranosikitari）、フルナジミ（hurunazimi）、トシヨリ（tosiyori）、モト（moto）（モトヨリmotoyori）、ユエ（yue）、ユエニ（yueni）	—	ソレ（sore）	Gu
	24.慎	慎	しん（汉：sin）、じん（吴：zin）	ツツシム（tutusimu）、ツツシミ（tu-tusimi）、ツツシンデ（tutusinde）、マコト（makoto）	—	メ（me）	Shen

续 表

原图	日本汉字	中国文字	日本语音				中国语音
			现代音读	现代训读	平安中期训读	平安晚期训读	
	25. 自	自	し（汉：si）、じ（吴：zi）	ミヅカラ（mizukara）、オノヅカラ（onodukara）、ヨリ（yori）、ヨル（yoru）、モチイル（motiiru）、ハジマリ（hazimari）	—	オノツカラ（onotukara）	Zi
	26. 敗	败	はい（汉：hai）、ばい（吴：bai）	ヤブル（yaburu）（コワスkowasu）、ヤブル（yaburu）、ヤブレ（yabure）、ワザワイ（wazawai）、キキン（kikin）	ナ（na）	—	Bai

注：汉，即汉音；吴，即吴音；惯，即惯用音；国，即国音（即只是表示日本汉字才有的字义音）。

附录3　自写本《宪法十七条》第三条（岩崎本）书影

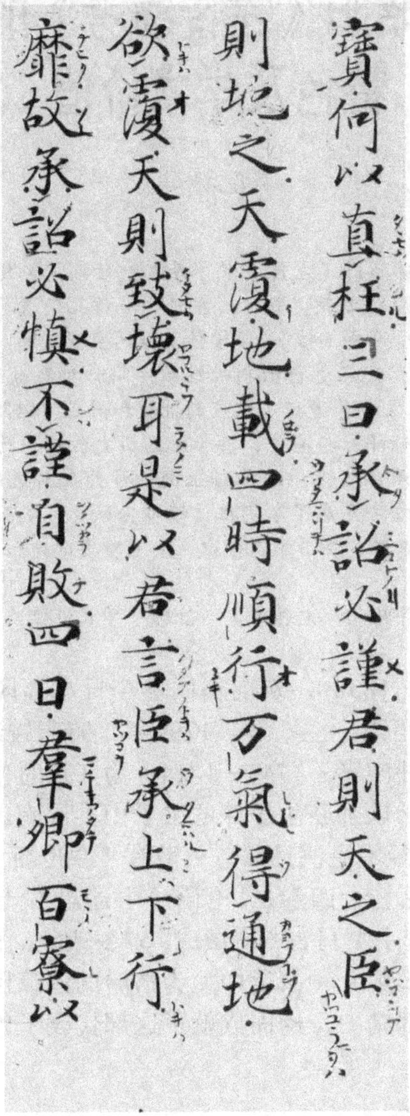
寶何以直枉三曰承詔必謹君則天之臣
則地之天覆地載四時順行万氣得通地
欲覆天則致壞耳是以君言臣承上下行
靡故承詔必愼不謹自敗四曰羣卿百寮以

海村惟一　湖南科技大学特聘教授，日本福冈国际大学名誉教授
海村佳惟　中国海洋大学外国人教师，日本久留米大学兼职讲师

龟井昭阳《左传缵考》的注释特色及学术价值*

毛振华

摘　要： 龟井昭阳《左传缵考》是江户后期《左传》注释的集大成著作，昭阳推崇周孔之教，并把《左传》当作孔门遗典，与《论语》等量齐观，同时驳斥《公羊传》《谷梁传》等的主观臆断。昭阳以批判杜预注为基础，对各家观点进行批判性继承，同时对孔颖达疏、《春秋胡氏传》《春秋左传正义》等进行了相应的批驳和辨正。昭阳还注重从多个角度对《左传》进行评点与鉴赏，善于总结历史教训，为执政者提供执政之要。昭阳是在承继古学派的基础上进一步开拓前进的，其精研训诂、尊古崇汉的注释方法开启了求实征信的考据风尚，从而进一步改变了宋学影响下的日本汉学，在日本汉学史上具有重要的地位与意义。

关键词： 龟井昭阳　左传缵考　注释　学术价值

龟井昭阳（1773—1836），筑前福冈（今日本福冈市）人，名昱，字元凤，通称昱太郎，号昭阳、空石等。1792年，昭阳曾继承父职任筑前藩儒，主持甘棠馆。其父龟井南冥（1743—1814）为江户时代中期“萱园学派”代表性儒者，曾师从儒学硕师荻生徂徕的弟子山县周南。昭阳继承家学，博通经史，“以学问渊博，经术湛湀见称”[①]，著有《左传缵考》三十卷、《毛诗考》二十六卷、《礼记抄说》十四卷、《论语语由述志》十卷等，尤以《左传缵考》用力最深，54岁着手撰写，56岁撰成，57岁改定。冈村繁先生认为：“《左传缵考》三十卷是昭阳数十种撰著中尤为浩瀚的鸿篇巨作，当时已步入中年的昭阳为此倾注了全部精力，遂而成就了这部代表了龟门经学最高水平的绝

* 国家社科基金项目“日本《左传》学史”研究成果，批准号（17BZW081）。

① 龟井昭陽「左傳纘考・亀井千里序」、『亀井南冥・昭陽全集』第三卷、福冈：葦書房有限公司、1978、第7—8頁。

世名著……绝对算得上是龟井昭阳最得意的经典注解了。”[①]

一、推崇孔门与史实

昭阳推崇周孔之教。孔子及其《论语》治学严谨，尊重史实，蕴含了丰富的哲理和生活智慧，因此成了昭阳推崇的经典。昭阳以尊重史实为主线，独尊《左传》，排斥《公羊传》《谷梁传》《孟子》《荀子》，并把《左传》放在与《论语》同等重要的位置。

（一）推崇孔门遗则

昭阳推崇孔门遗则。《左传缵考·经传大要》：“左氏绝不似孟子，所以为孔门遗书也。”[②]《论语·八佾篇》：“子曰：‘夏礼，吾能言之，杞不足征也；殷礼，吾能言之，宋不足征也。文献不足故也。足，则吾能征之矣。’”[③]《论语》论人论事秉笔直书，尊重史实。如《庄公五年经》：“公会齐人宋人。”昭阳罗列《公羊传》《谷梁传》之说，与《左传》之说比对以证之。《公羊传》曰：“此伐卫何？纳朔也。曷为不言纳卫侯朔？”《谷梁传》曰：“是齐侯、宋公也，其曰人，何也？人诸侯，所以人公也。其人公，何也？逆天王之命也。”与此同时，他竭力推崇《左传》，认为：

> 唯左氏不以诸侯为逆，不以惠公为篡，无曲辩故也。谷梁救者善则伐者不正矣（曲辩一），朔出入名以王命绝之也（曲辩二），入者内弗受也（曲辩三）……故不得不以齐人宋人为辩辞也。左氏之义坦荡荡，无它杌陧，故此经无敢以先公之说至自伐，亦非敢成先公之恶。所谓圣谟洋洋，嘉言孔彰者，与曲学丑辩之徒不同。[④]

---

①［日］冈村繁：《龟井南冥〈春秋左传考义〉解说》，载《冈村繁全集》第十卷，俞慰慈、俞慰刚、盛勤译，上海：上海古籍出版社，2009年，第173页。

② 亀井昭陽「经传大要」、『亀井南冥・昭陽全集』第四卷、福冈：葦書房有限公司、1978、第525頁。

③ 何晏注，邢昺疏：《论语注疏》，《十三经注疏》本，北京：中华书局，1982年，第2466页。

④ 亀井昭陽「左傳纘考」、『亀井南冥・昭陽全集』第三卷、福冈：葦書房有限公司、1978、第126頁。

显然，对于这段经文《公羊传》《谷梁传》有贬低曲解之意，《左传》则侧重史实的整理，从周王室的衰落、诸侯逐渐崛起以及周礼所维系的西周的统治秩序遭受前所未有的冲击等史实，客观叙述春秋社会发展的趋势。此外，昭阳对同时期的《孟子》《荀子》采取了迥然不同的态度。他认为："左氏之议论出于孔门，大非孟荀说之比。"①

（二）排斥《公羊传》《谷梁传》

昭阳尊崇《左传》，对《公羊传》《谷梁传》则常常批判其"不足据"②，"与左氏悖"③。如《僖公四年经》曰："齐人执陈辕涛涂。"杜预注曰："辕涛涂，陈大夫。"昭阳曰："称人以执，春秋之常例也，公谷胡说，以齐侯称人为贬，全不达言意耳。"④《公羊传》认为："称人而执者，非伯讨也。此执有罪，何以不得为伯讨？古者周公，东征则西国怨，西征则东国怨。"⑤《谷梁传》认为："齐人者，齐侯也。其人之，何也？于是哆然外齐侯也，不正其逾国而执也。"⑥案，"称人以执"乃春秋常例，如《桓公十一年经》曰："九月，宋人执郑祭仲。"《襄公十一年经》曰："楚人执郑行人良霄。"《襄公二十六年经》曰："晋人执卫宁喜。"《庄公十七年经》曰："齐人执郑詹。"《成公十六年经》曰："晋人执季孙行父。"案，"称人以执"从史实的角度而言乃历史记叙的常规性方式，《公羊传》《谷梁传》的阐释却有穿凿附会、主观臆说之嫌。

（三）注重史料的比对

昭阳继承南冥的《左传》注释方法，注重全文的前后照应进行归纳总结，说理透辟，论证有力。如《僖公二十八年传》曰："卫侯郑自楚复归于

---

① 亀井昭陽「左傳纘考」、『亀井南冥・昭陽全集』第三卷、福冈：葦書房有限公司、1978、第456頁。

② 亀井昭陽「左傳纘考」、『亀井南冥・昭陽全集』第四卷、福冈：葦書房有限公司、1978、第151頁。

③ 亀井昭陽「左傳纘考」、『亀井南冥・昭陽全集』第四卷、福冈：葦書房有限公司、1978、第278頁。

④ 亀井昭陽「左傳纘考」、『亀井南冥・昭陽全集』第三卷、福冈：葦書房有限公司、1978、第211頁。

⑤ 何休注，徐彦疏：《春秋公羊传注疏》，《十三经注疏》本，上海：上海古籍出版社，1997年，第2249页。

⑥ 范宁集解，杨士勋疏：《春秋谷梁传注疏》，《十三经注疏》本，上海：上海古籍出版社，1997年，第2393页。

卫。”昭阳认为：“《考义》确矣”[1]并排比如《成公十八年传》《襄公二十六年传》与《春秋左传考义》相关材料以证之。《成公十八年传》曰：“复其位，曰‘复归’。”《襄公二十六年传》曰：“卫侯入。书曰：‘复归。’国纳之也。”《考义》曰：“卫侯之归宁俞，与国人盟云云，国人闻此盟也，而后不贰。此传，盖释所以国逆为文也。杜注，传外发义，不可从焉。”[2]他通过对《左传》全文查前顾后，综合排比“复归”相关素材从而得出正确的结论。

昭阳还善于同类归纳总结。如《襄公二十五年经》：“秋，八月，己巳，诸侯同盟于重丘。”昭阳认为：“会盟异月者书日，例也。”[3]《僖公九年经》：“九月，戊辰，诸侯盟于葵丘。”《襄公二十七年经》：“十有二月，甲戌，公会诸侯盟于宋。”《昭公十三年经》：“八月，甲戌，同盟于平丘。”皆是此例也。又如《左传·隐公元年传》曰：“夷不告，故不书。”昭阳注曰：

> 凡师不告书之例四出。是传，为春秋初年。故先发之。然夷小国也。故十一年重称“宋不告”，且详示义例。二者皆因见伐者言之。僖九年，以伐者言之。令不及鲁，故不书。至哀九年，合客主而书之，备矣。不书，吴不告庆，越不告败。[4]

案，四例“不告不书”皆出自《春秋》经传材料，是在通观全书的基础上作为其考证的有力论据。

二、以批判杜预注为基础批判各注家之谬

昭阳继承南冥的注释方法，对各家观点兼容并蓄，同时也鲜明表现出自己的学术主张，以批判杜预注为基础，对各家观点进行批判性继承。

---

① 亀井昭陽「左傳纘考」、『亀井南冥・昭陽全集』第三巻、福冈：葦書房有限公司、1978、第278頁。

② 亀井南冥『春秋左传考义』、東京：无穷会、1916、第265頁。

③ 亀井昭陽「左傳纘考」、『亀井南冥・昭陽全集』第四巻、福冈：葦書房有限公司、1978、第21頁。

④ 亀井昭陽「左傳纘考」、『亀井南冥・昭陽全集』第三巻、福冈：葦書房有限公司、1978、第15頁。

（一）批判杜预注

历代对杜预疏于训诂、好逞臆说的做法多有不满，如清陈寿祺就曾批判："杜预注《左氏传》，排弃先儒，奋笔私创，其善者多出贾、服，而深没本来；其谬者每出私心，而恒乖经意。览其全篇，曾无援据经典，征信六艺。"[①]昭阳继承南冥的注释方法，大胆驳正杜预注，常常批判"杜预失考"[②]"杜误"[③]。如《庄公十四年传》："傅瑕杀郑子及其二子，而纳厉公。"杜预注曰："郑子，庄四年称伯，会诸侯。今见杀，不称君，无谥者，微弱，臣子不以君礼成丧告诸侯。"昭阳认为："卫侯之弟武，称卫子者，祭伯也，子亹与高伯偕见杀，子仪为厉公仇，故皆无谥，在春秋嗣，庄公者厉公也，三公子虽在君侯，春秋无郑伯文。《考义》规杜确矣。"[④]案，《考义》认为："郑子，子仪也。子仪虽在君位，以厉公故，未尝称爵会诸侯。厉公虽在栎，与诸侯结纳，权势相敌，故三年传，谋纪之郑伯，四年经，遇于垂之郑伯，皆厉公也。杜氏误以为子仪，遂致此解纷纭，读者详思之。"[⑤]杨伯峻认为："郑子即子仪，以无谥号，故称郑子。"[⑥]《考义》之说可信，昭阳继承了南冥的观点并进行深化阐释。又如《昭公五年传》曰："思莫在公。"杜预注曰："无为公谋终始者。"昭阳认为："鲁侯之思不在国家也。"案，《考义》："言思出其位。"[⑦]此年，鲁昭公到晋国访问，晋平公与女叔齐之间在关于鲁侯是否"知礼"上展开论辩，女叔齐的应辩都是针对鲁昭公的，因此"思莫在公"的主语应是鲁昭公，旨在批评鲁昭公"为国君，难将及身，不恤其所"。再如《庄公元年传》："王姬归于齐。"昭阳认为："杜说涉臆。十一年齐侯来，公何

① 陈寿祺：《答高雨农舍人书》，《续修四库全书》，上海：上海古籍出版社，2002年，第679页。

② 亀井昭陽「左傳纘考」、『亀井南冥・昭陽全集』第三卷、福冈：葦書房有限公司、1978、第460頁。

③ 亀井昭陽「经传大要」、『亀井南冥・昭陽全集』第四卷、福冈：葦書房有限公司、1978、第517頁。

④ 亀井昭陽「左傳纘考」、『亀井南冥・昭陽全集』第三卷、福冈：葦書房有限公司、1978、第149頁。

⑤ 亀井南冥『春秋左传考义』、東京：无穷会、1916、第240頁。

⑥ 杨伯峻：《春秋左传注》，北京：中华书局，1990年，第196页。

⑦ 亀井南冥『春秋左传考义』、東京：无穷会、1916、第311頁。

故不与接乎？然亲迎来者，独书王姬之归，而不言齐侯，盖春秋之例也。”[①]案，杜预注曰：“无传。不书逆，公不与接。”他接着援引《隐公二年经》“九月，纪裂繻来逆女。冬，十月，伯姬归于纪”以证之。

（二）批判孔颖达疏

昭阳在批驳杜预注时，对孔颖达疏错误之处也进行了一一罗列。如《桓公二年经》曰：“会于邓。”昭阳认为：“贾服以邓为国，盖依公羊。疏驳之，未确。”[②]案，孔颖达疏曰：“贾、服以邓为国，言蔡、郑会于邓之国都。《释例》以此颍川邓城为蔡地，其邓国则义阳邓县是也。以邓是小国，去蔡路远，蔡、郑不宜远会其都；且蔡、郑惧楚，始为此会，何当反求近楚小国而与之结援？故知非邓国也。”他进一步论证，认为：“夫楚武王，夫人邓曼，是邓女也。蔡郑不与邓侯会此，其明征也。”[③]案，是时楚国日隆，“会于郑”并非郑、蔡主动相聚讨论抗拒楚国之策，而是邓国因姻亲楚国的缘由，特别邀请郑、蔡来邓国相会的。又如《昭公四年传》：“余子长矣。”杜预注曰：“襄二年，竖牛五六岁。”孔颖达疏曰：“计竖牛至襄二年，四岁也。杜言：‘五六岁’者，竖牛见穆子，未必即以还年见之。”昭阳认为：“疏曲说”“小儿三四岁能奉雉，妇人岂旷日而不见邪，既立即见可知。”[④]案，孔颖达疏有违基本人伦，故其说有曲解之意。

（三）批判《春秋胡氏传》

昭阳排斥《公羊传》《谷梁传》的同时，对宋儒胡安国的《春秋胡氏传》也颇有微辞。如《庄公十二年传》曰：“遇大宰督于东宫之西。”昭阳认为：“杀督略而不书，未可知也。是经主弑君难万氏，非关杀大夫，则言牧而督可略。与三郤二赵二庆之类自异，未可以不告武断之。胡说非左氏义。”[⑤]案，胡安国《春秋胡氏传》曰：“君弑而大夫死于其难，春秋书之者，其所取

---

① 亀井昭陽「左傳纘考」、『亀井南冥・昭陽全集』第三巻、福冈：葦書房有限公司、1978、第120頁。

② 亀井昭陽「左傳纘考」、『亀井南冥・昭陽全集』第三巻、福冈：葦書房有限公司、1978、第65頁。

③ 亀井昭陽「左傳纘考」、『亀井南冥・昭陽全集』第三巻、福冈：葦書房有限公司、1978、第65頁。

④ 亀井昭陽「左傳纘考」、『亀井南冥・昭陽全集』第四巻、福冈：葦書房有限公司、1978、第148頁。

⑤ 亀井昭陽「左傳纘考」、『亀井南冥・昭陽全集』第三巻、福冈：葦書房有限公司、1978、第146頁。

也，大夫死于弑君之难，而有不书者，故知孔父牧息皆所取也。”[①]显然，胡氏之说有臆断之嫌。又如《僖公二十二年传》曰：“反其君焉，礼也。”胡安国《春秋胡氏传》曰：“书取乎不请于王命而专为母家报怨，谋动干戈于邦内，擅取人国而反其君，是以乱易乱非所以为礼也。”[②]案，昭阳认为：“须句子失国而来，故为之讨邾以复国，在君僖公之贤也。胡氏以臆造取字例，乃敢非左氏，狂矣。”[③]杜预注曰：“得恤寡小之礼。”杨伯峻认为：“礼也者，成风所谓‘崇明祀，保小寡，《周礼》也。’”[④]昭阳所论为确证。

（四）批判《春秋左传考义》

昭阳对南冥《春秋左传考义》多持肯定态度，常常认为《考义》稳矣，[⑤]但他对《考义》中的失误之处也进行了大胆揭露。如《僖公十五年经》曰：“公如齐。”《考义》曰：“公谷皆无传，未可知其必为朝，今杜氏必以为朝，不免臆断。”[⑥]昭阳认为：“凡如在公是朝，在大夫是聘，常例也。无传者，宜以是推之。朝止齐晋，聘亦齐晋屡出，而宋陈又有卫楚，若如牟如莒非我聘国……杜引五年再朝，添足也。盖以公之朝自十年始，举例示之，然我公唯朝于他国而已，如齐晋宋卫陈郑亦未尝朝于我也。”[⑦]案，刘炫云：“杜云礼者，谓文十五年传为礼，此仍非礼也。”[⑧]又如《昭公四年经》：“正月，大雨雹。”《考义》：“按传，雹为害，故记之，注误。”案，《昭公三年经》：“冬，大雨雹。”杜预注曰：“无传，记灾。”又《僖公二十九年经》：“秋，大雨雹。”其传曰：“秋，大雨雹，为灾也。”《春秋经》所载者都为非寻常之雹，因此记

---

① 胡安国：《胡氏春秋传》卷八，影印《文渊阁四库全书》本，台北：台湾商务印书馆，1983年，第7页。

② 胡安国：《胡氏春秋传》卷十二，影印《文渊阁四库全书》本，台北：台湾商务印书馆，1983年，第15页。

③ 亀井昭陽「左傳纘考」、『亀井南冥・昭陽全集』第三卷、福冈：葦書房有限公司、1978、第245頁。

④ 杨伯峻：《春秋左传注》，北京：中华书局，1990年，第393页。

⑤ 亀井昭陽「左傳纘考」、『亀井南冥・昭陽全集』第四卷、福冈：葦書房有限公司、1978、第104頁。

⑥ 亀井南冥『春秋左传考义』、東京：无穷会、1916、第257頁。

⑦ 亀井昭陽「左傳纘考」、『亀井南冥・昭陽全集』第三卷、福冈：葦書房有限公司、1978、第239頁。

⑧ 杜预注，孔颖达疏：《春秋左氏传注疏》，《十三经注疏》，上海：上海古籍出版社，1997年，第1805页。

为灾。

当然，昭阳也善于博采众说并加以考辨，亀井千里认为：“(《左氏缵考》)网络群言，划刘藤葛，摘伏发微，尤多创见。”[①]如《僖公二十五年传》曰：“晋侯辞秦师而下。”昭阳援引《国语》、韦昭注、杜预注等资料以证之，《国语·晋语》曰：“公以二军下，次于阳樊。”韦昭注曰：“东行曰下。”杜预注曰：“辞让秦师使还。顺流故曰下。”昭阳认为：“案左氏，下字应秦伯师于河上，故杜曰顺流。晋语下字应前文求东道，故韦曰东行。良史之辞，不苟注家，亦各有当。”[②]

三、注重鉴赏与评点

昭阳注重从多个角度对《左传》进行评点鉴赏，所评范围包括篇章结构、句式、语气及人物形象等，但其鉴赏方法还仅限于传统式的感悟性、总结性的方式。他常以《左传》中的重要人物为评点对象，如《庄公三年传》：“郑伯辞以难。”昭阳围绕“辞以难”展开论述，他认为：“辞以难者既与公定会期，俄而背公，此郑伯之不义也。观其与齐侯遇于垂，盖骤说齐侯灭纪之谋，而不欲与公谋救纪也。桓十年，公会卫侯于桃丘弗遇，亦申背公更与齐郑也。”[③]案，《庄公三年传》曰：“冬，公次于滑。将会郑伯谋纪故也。郑伯辞以难。”庄公与郑伯商议救纪之事，郑伯推脱。《庄公四年经》：“夏，齐侯、陈侯、郑伯遇于垂。纪侯大去其国。”次年，郑伯竟然与齐侯密谋灭纪之事。昭阳义愤难平，更引述桓公十年之事，进一步说明郑伯之不义。《桓公十年经》：“秋，公会卫侯于桃丘，弗遇。”杜预注曰：“卫侯与公为会期，中背公，更与齐、郑。故公独往而不相遇也。”杨伯峻认为：“齐之欲灭纪，盖纪国处于齐都临淄之东南，相距不过百余里，齐欲扩张，非并纪不可。纪之不能保存，其情势然也。纪侯虽多次向鲁求助，鲁亦多方为之谋，十余年间，经、传屡书。今则纪岌岌可危，鲁求助于郑伯。郑伯，即子仪。郑伯辞以难，盖

① 亀井昭陽「左傳纘考」、『亀井南冥·昭陽全集』第三卷、福冈：葦書房有限公司、1978、第8頁。

② 亀井昭陽「左傳纘考」、『亀井南冥·昭陽全集』第三卷、福冈：葦書房有限公司、1978、第268頁。

③ 亀井昭陽「左傳纘考」、『亀井南冥·昭陽全集』第三卷、福冈：葦書房有限公司、1978、第124頁。

厉公居栎，虎视眈眈，谋欲入郑，子仪自顾不暇，不能与齐大国为敌也。”[①] 昭阳以“不义”评价郑厉公是比较确切的，当时的郑国“国小而偪”[②]，以一蕞尔小国介于大国之间，可以说是处在夹缝中求生存，进退取舍、左右逢源之道是其生存的法则，郑厉公又是这一“不义”之举的典型代表，他善于把握各诸侯之间的利害关系，并深谙“没有永远的敌人，只有永远的利益”的外交法则，其“朝晋暮楚”外交策略显得尤为“不义”。

昭阳的评点重视总结历史教训，为执政者提供执政之要。如《庄公十六年传》曰：“惠王立而复之。”杜预注曰：“鲁桓十五年，经书‘桓王崩’。鲁庄三年，经书‘葬桓王’。自此以来，周有庄王，又有僖王，崩、葬皆不见于经传。王室微弱，不能复自通于诸侯，故传因周公忌父之事而见惠王。惠王立在此年之末。”昭阳认为：“忌父盖僖九年所谓宰周公也，故特终言之以见其有宠于惠王。据年表，惠王元年当鲁庄十八年。庄僖之崩，经不书者，卿士怠慢，百世苟且故也，齐桓未作，王室之衰，庄僖极矣。杜云不能复自通于诸侯，可谓辞不修矣，非不能也不为也。”[③]案，《史记·十二诸侯年表》，庄王元年当鲁桓十六年，即位十五年而崩。僖王元年当鲁庄十三年，即位五年而崩。惠王元年当鲁庄十八年，即位在十八年，而此年传说惠王之立者，杜云“传因周公忌父之事而见惠王，立在此年之末”是杜以周公忌父此年出奔，至惠王立而得复，与《史记》不违。杨伯峻认为：“惠王恢复周公忌父之位当在后，此是探后言之。鲁桓十五年经书桓王崩，庄三年经书葬桓王，自此以后，周有庄王，又有僖王，其崩、葬皆不见于经、传。据《史记》，惠王立于明年，则周公忌父之复位在明年。此与明曲沃伯为晋侯为两事，旧本合为一传，今别出之。”[④]在周平王去世后，周桓王继位，此时“王室而既卑矣，周之子孙日失其序”[⑤]，桓公五年，周、郑交恶，“祝聃射王中肩”，周王室一战而彻底衰落。庄僖的存在感不强，特别是到了周僖王，在齐国称霸的强势压力下，只是作为“尊王攘夷”的摆设而已。昭阳关于“卿士怠慢，百

① 杨伯峻:《春秋左传注》，北京：中华书局，1990年，第161页。

② 杜预注，孔颖达疏:《春秋左氏传注疏》，《十三经注疏》，上海：上海古籍出版社，1997年，第2013页。

③ 亀井昭陽「左傳纘考」、『亀井南冥・昭陽全集』第三卷、福冈：葦書房有限公司、1978、第154頁。

④ 杨伯峻:《春秋左传注》，北京：中华书局，1990年，第204页。

⑤ 杨伯峻:《春秋左传注》，北京：中华书局，1990年，第75页。

世苟且”的点评可谓精确。

昭阳也注重文学性评点，善于文学赏析与评价，体现出他把《左传》当成文学来对待的态度。如《僖公二十六年经》：“公子遂如楚乞师。”其《传》曰：“东门襄仲、臧文仲如楚乞师。”昭阳认为：“传无褒贬。睹之而可以见齐桓既殁，荆楚跋扈之状也。然论如胡氏，断非古义，夫齐屡以大国之众虐我，不乞师以报国将残灭，此举岂可深咎乎！”[①]杨伯峻认为：“齐屡来侵犯，故往外求援。”[②]案，《左传·僖公二十六年传》曰：“齐人侵我西鄙，公追齐师，至酅，不及。夏，齐人伐我北鄙。”《左传》中关于“乞师”的记载有16次，这次是小国鲁国向大国楚国“乞师”。昭阳评点中的“睹之”“跋扈之状”“虐我”“岂可深咎”等文学性的评点，生动再现了鲁国的可怜、齐国的无理、楚国的跋扈。

当然，昭阳也有失误之处，譬如《昭公元年传》：“将会孟子余。”杜预注曰：“孟子余，赵衰，赵武之曾祖。其庙在晋之南阳温县。往会祭之。”《考义》曰：“会疑当作祭，传写之误，不然，会字终不可解，杜氏强为解也。”昭阳认为：“《考义》优矣。”[③]案，会读为禬。《说文解字》曰：“禬，会福祭也。”子余是赵衰之子，赵氏世称赵孟，此会福祭即是祈求先祖保佑而举行的祭祀。

四、《左传缵考》注释特点的学术价值

龟井昭阳所撰《左传缵考》三十卷、《补遗》一卷、《附录》一卷，浩浩荡荡之巨作，“先生尊父南冥先生尝有《左传考义》若干卷，颇多创辟。先生盖受其意，博引旁证，爬罗抉剔，洪纤靡遗，蔚成大编……视之清儒毛奇龄、阎若璩诸人，联镳齐驱，未知其孰轩孰轾”[④]。这一评价未免有夸大之嫌，但也从可从中略窥其学术影响力与价值所在。

---

① 亀井昭陽「左傳纘考」、『亀井南冥・昭陽全集』第三卷、福冈：葦書房有限公司、1978、第270頁。

② 杨伯峻:《春秋左传注》，北京：中华书局，1990年，第438页。

③ 亀井昭陽「左傳纘考」、『亀井南冥・昭陽全集』第四卷、福冈：葦書房有限公司、1978、第126頁。

④ 亀井昭陽「左傳纘考・星野世恒序」、『亀井南冥・昭陽全集』第三卷、福冈：葦書房有限公司、1978、第6—7頁。

（一）继承了清儒《左传》学研究方法

龟井昭阳所处的时代基本上属于清代的康乾盛世时期，即使在德川幕府"闭关锁国"的政策压力下，中日贸易也不断取得新突破，特别是1683年台湾回归大陆后，康熙帝第二年就颁布了"展海令"，促使大量商船涌向了日本，汉籍借助这个通商口岸得以源源不断进入日本。"到了江户时代，由于汉籍的东传主要是通过商业渠道，传播的速度便大大提高了。"[①]大庭修对江户时期1714—1855年间的统计表明：中国入港船只共载书籍6630种，56844部。[②]随着清儒《左传》相关著作的不断流入，经过日本学者的借鉴学习，使得其成了日本化的《左传》学。

从清代开始，杜预注因其保存现存最古、最完整而成了集中批驳的对象，大批补正、批驳杜预的著作相继问世。相关批判从顾炎武开始，其《左传杜解补正》即是基于杜预注之失而进行的补充和修正，"是书以杜预《左传集解》时有不少缺失，而贾逵、服虔之注、乐逊之《春秋序义》今又不传，于是博稽载籍，作为此书"[③]。之后，清代学者承继顾氏的研究方法，以批判杜预注为基础，或推贾服注打压杜预注，或批判其昧于古音古义，或批判其名物、地理和典章制度考证不实，如李贻德《左传贾服疏辑述》以扬弃杜预注为目的，辑录贾逵注、服虔注；洪亮吉《春秋左传诂自序》批判杜预注"望文生义、不臻古训"[④]；王夫之《春秋稗疏》多为对杜预历史地理注释方面的驳正；高士奇《春秋地名考略》则着眼于从地名考证角度对杜预注进行考证补订；陈厚耀《春秋长历》亦为驳正杜预注而作。清儒的批判从事实出发，其考据之学越来越讲究征信和实据。

这种重考证与训诂的研究方法随着清儒著作传入，而为日本江户学者所借鉴吸纳。昭阳在承继清儒学术观点和南冥注释方法的基础上，对杜预注进行了批判性的继承与接受，其《左传缵考》不仅是杜预注的批判者，也是在兼容清儒学术方法基础上对杜预注的继承与发展者。

（二）对朱子学说的有力驳正

江户初期，德川家康接纳了藤原惺窝的建议，将适应武家政体的朱子学作为日本的官学，迎合了德川统治集团实用性、功用性的需要，而传入日本

① 严绍璗:《汉籍在日本的流布研究》，南京：江苏古籍出版社，1992年，第61页。

② 大庭脩『江户时代吸收中国文化的研究』、東京：同朋舍、1984年、第52頁。

③ 顾炎武:《左传杜解补正》，丛书集成初编本，北京：中华书局，1991年，第1页。

④ 洪亮吉:《春秋左传诂》，清经解续编本，上海：上海书店，1988年，第1页。

的儒学也发生了较大的转变，宋明理学取代汉唐注疏占据上风。黄遵宪《日本国志》云："自藤原肃始为程朱学"，并注曰："时海内丧乱，日寻干戈，文教扫地，而惺窝独唱道学之说。先是讲宋学者，以僧元惠为始，而其学不振。自惺窝专奉朱学，林罗山，那波活所皆出其门，于是乎朱学大兴。"[①]特别是在1790年，幕府颁布了《宽政异学之禁》，将朱子学思想钦定为"正学"，进一步助推了朱子学的广泛传播与接受。此时的朱子学与日本社会文化诸领域相结合，以藤原惺窝、林罗山、贝原益轩等为代表的朱子学派吸纳并融合了朱子学思想，从而引领并影响了当时的学术风尚。

朱子学的学术风气引起了日本传统汉学者的不满，以山鹿素行、伊藤仁斋、荻生徂徕为代表，强调实事求是的考据，驳斥空泛的论议。井上哲次郎《日本古学派之哲学》说：

> 虽然宋代儒教是排斥佛教的压迫，但其从中受益颇多，未复洙泗之学的本来面目。山鹿素行、伊藤仁斋以及物徂徕之徒，对于宋儒之弊而造成古圣人之道不能复明于世之事极为愤慨，奋然起笔呼号，排斥宋儒的压迫，欲发挥洙泗之学的真面目，彰显其炎炎活气，此即是我邦之古学派。[②]

古学派以恢复孔教的本来面目为追求，特别是荻生徂徕更是大声疾呼以古文辞求古义，旨在"尚辞也，主叙事，不喜议论，亦矫宋弊也"[③]。之后，山井鼎考文、物观补遗的《七经孟子考文补遗·左传》"信而好古""夙有好古癖"[④]，其经、注以古本、足利活字本为主，具有"开日本校雠学之先河"[⑤]的重要地位。古贺煜的《左氏探赜》折衷诸学，"解诸儒之纷，无偏无党"[⑥]，

---

① 黄遵宪:《日本国志》(下卷)，吴振清、徐勇、王家祥点校，天津：天津人民出版社，2005年，第777页。

② 井上哲次郎『日本古学派之哲学』、東京：富山房，1936，第2—3頁。

③ 荻生徂徕「答屈景山」、『徂徕集』、早稲田大学柳田文库藏本、第23頁。

④ 物茂卿撰「七经孟子考文叙」、山井鼎考文、物观补遗『七经孟子考文补遗』、東京：日本东都书林刻本、享保十六年版、第1頁。

⑤ 梁容若:《山井鼎与〈七经孟子考文〉》，载《中日文化交流史论》，北京：商务印书馆，1985年，第292页。

⑥ 井上金峨「经义折衷」、井上哲次郎、蟹江義丸编『日本伦理汇编』、東京：育成会、1901—1903年，第2頁。

积极吸收古文、古注的合理成分，形成兼容并蓄的学术趋向。安井衡《左传辑释》是其集解体训释专著，“萃诸子百家之说，断以独见”[①]，杂糅古今之学，成为当时的集大成者之一。而龟井南冥善于实证性探究：

> 在注重使用西汉之前材料的同时，也注重对西汉及以后的材料如《史记》《汉书》《说文解字》《淮南子》《玉篇》等的广泛征引，可取则取之，可驳则驳之，注解和观点都非常公正客观，相比于荻生徂徕的学术主张显然有较大进步。[②]

昭阳从“深得古义”的角度推崇《左传》，屡次申说：“左氏之深得古义可知。”[③]同时立场鲜明地批判宋儒“苦解”[④]，并认为：“至宋儒以拨乱反正为口实，字别句别附会臆说，而圣人所经论天下之大经遂为龌龊儒说。”[⑤]

龟井昭阳正是承继古学派的基础上进一步开拓前进的，他既继承了汉儒谨严的考据之风又注重义理之辨，注重材料的使用与方法的运用，其精研诂训、尊古崇汉的考据学方法开启了考据学求实征信的学术风气，从而进一步改变了宋学影响下的日本汉学，在日本汉学史上具有重要的地位与意义。冈村繁对此高度评价说：“虽说由南冥、昭阳开创的《龟门学》脱胎于荻生徂徕的原典主义学统，但其卓绝出众的学说见识却也足以独成一家。”[⑥]

毛振华　浙江外国语学院教授

---

① 黒江一郎『安井息轩』、東京：日向文庫刊行会、1953、第44頁。

② 毛振华：《龟井南冥〈春秋左传考义〉的注释方法及其学术史意义》，载《浙江大学学报（人文社会科学版）》2016年第6期。

③ 亀井昭陽「左傳纘考」、『亀井南冥·昭陽全集』第四巻、福冈：葦書房有限公司、1978、第297頁。

④ 亀井昭陽「左傳纘考」、『亀井南冥·昭陽全集』第四巻、福冈：葦書房有限公司、1978、第297頁。

⑤ 亀井昭陽「左傳纘考」、『亀井南冥·昭陽全集』第四巻、福冈：葦書房有限公司、1978、第8頁。

⑥［日］冈村繁：《龟井南冥、昭阳的学问——值其著述全集刊行之际》，俞慰慈、俞慰刚、盛勤译，载《冈村繁全集》第十卷，上海：上海古籍出版社，2009年，第462—463页。

方以智《通雅》在日本的流传*

——以新井白石《东雅》与方以智《通雅》比较为例

钟雪珂

摘　要：方以智《通雅》传入日本后，受到日本学者的关注和学习。作为日本江户时期早期国语学代表的《东雅》，从内容到编写原则，都明显受到方以智《通雅》的影响。文章将二者进行比较，可以看出日本学者接受《通雅》的方式和特点（承袭和新释），亦有利于了解方以智学术思想在日本的流传和影响。

关键词：新井白石　《东雅》　方以智　《通雅》　承袭　新释

《通雅》一书由姚文燮于康熙五年（1666）刊印出版后不久即传入日本。[①]蒋国保指出，以京都大学岛田虔次（1917—2000）教授为代表的日本学者常提到"方以智的著述颇影响及日本近世思想"，并常以"新井白石仿《通雅》而作《东雅》"为证。[②]《通雅》在江户时期传入日本后，"不仅为白石所宝重，江户文人始终目为备查考的重要工具"[③]，对日本江户学术影响深远。对于方以智学术思想在日本江户时期传播形式的观察，可以通过将其与《东雅》进行全面比较来实现，这是东亚整体视域学术史研究的需要。而这方面的研究在以往学者基础上，还可以进一步补充。

---

* 本文为"东亚《韵镜》学史文献发掘与研究"和"东亚汉语音韵学史文献发掘与研究"的成果，批准号（20AYY017、21VJXT014）。

① 大庭脩『江戸時代における唐船持渡書の研究』、大阪：關西大學東西學術研究所、1967、第691頁。该书关于江户时期引进《通雅》的记录总共3处，其中最早1处为正德三年（1713),《商舶载来书目》中记载传入1部52本（按:《通雅》全书分52卷)。其余2处分别是1786年和1810年。

② 蒋国保:《方以智哲学思想研究在日本》，载《国内哲学动态》1984年第5期。

③ 周一良:《新井白石——中日文化交流的身体力行者》，载《周一良学术论著自选集》，北京：首都师范大学出版社，1995年，第587—588页。

一、新井白石与《通雅》

新井白石（1657—1725）被北京大学周一良教授称作日本“江户时代许多著名的、受人重视的人物中最为多彩多姿的一个”[①]。其研究涉及日本历史、地理、经济、文学、语言学等领域，流传至今的著述数量丰硕。《东雅》是新井白石最重要的语言学著作，奠定了其在日本国语学史上的地位。该书旨在研究日语中汉字名物词的语源。全书共20卷，按照意义将690余个汉字名物词分为天文、地舆、神祇、人伦等15大类46小类。该书被称为“日本语言学的奠基作”，至今仍作为相关专业学生必读书之一[②]，是新井白石晚年退隐后所作，成书于1718年[③]。现常见版本有多种，本文使用的是日本国立国会图书馆藏明治三十六年（1903）由吉川半七发行的版本。

关于《东雅》的命名，学者常沿用大槻如电在明治三十六年（1903）刊本末附“书名解题”中所用“日东《尔雅》”的说法。[④]从中国传统小学的角度来看，《东雅》可属训诂类辞书，其序言和凡例也多次提及《尔雅》，将其归入“雅书”似也无妨。但从内容到编写原则来看，《东雅》与方以智《通雅》的关系更为直接和密切，因而才有后来中日学者所谓“仿《通雅》而作《东雅》”的言论。

事实上，白石也确有长期借阅《通雅》的经历。大庭修记录，为迎接朝鲜聘使，白石于正德三年（1713）从枫山文库借出包括《通雅》在内的5部

---

① 周一良:《新井白石论》，载《周一良学术论著自选集》，北京：首都师范大学出版社，1995年，第499页。

② 成瑞:《新井白石的语言研究》，载《科技信息》2010年第31期。

③ 白石赠书室鸠巢时说道:“吾遇丁酉之灾，寓居海上数月。傍无一书，长夏无事，乃采倭语而推论之，意有所会，随手集录。……逮明年夏，病中偶见旧稿于残箧中，乃继而成之尔。”（见《东雅·室鸠巢序》，作于享保己亥年，即1719年）丁酉年即1717年，是八代将军德川吉宗继位后第二年。1716年，七代将军德川家继夭折，八代将军德川吉宗上位即对前朝旧臣进行清理，白石也因此被罢免。所以，白石说“丁酉之灾”。新井白石在这里说到“逮明年夏”而“成之”，所谓“明年”即1718年。室鸠巢序言写于1719年，该书出版时间至少当在1719年，然其成书年代应更早，因此我们按照序言中的说法将《东雅》的成书时间定于1718年。另有高松正毅（1997）、孙文（2011: 65）、姜建强（2018: 146）等，认为《东雅》成书于1719年。该问题还可继续讨论。

④ 高松正毅「東雅において新井白石が目指したもの——貝原益軒著日本釋名との比較を中心として」、『国文学研究—123』、早稲田大学国文学会、1997年、第22頁。

书，直到自己退任时（1716）才予以归还。[①]长达4年的借阅，白石甚至留下2卷抄本。《东雅》总共引用《通雅》达19次，在引用的所有明清汉籍中排名第3位。[②]新井白石通常是以对《通雅》进行“和解”或者概括的方式来引用，可见他对《通雅》的内容相当熟悉。通过对比，可见《东雅》与《通雅》从内容到编写原则，一方面表现出高度一致性；另一方面，因为服务于追溯日语语源的目的，新井白石又在《通雅》基础上，进行了日本化的重新诠释，因而在“承袭”中又带有“新释”意味。这也是江户时期日本学者接受《通雅》的一般呈现形式。

二、《东雅》对《通雅》内容的承袭与新释

（一）《东雅》与《通雅》：分类类目

从分类类目的编排序列和命名来看，《东雅》一方面摆脱了“释～”的体例，明显不同于《尔雅》《释名》；同时，也与早期类书（如《艺文类聚》）的部类法不甚相同，而更接近明清义类辞书（雅书、类书、译语类书）。

中国历代类书的分类体系，虽然在具体名称和次序上稍有差异，但大多按照适应封建社会思想的“天—地—人—事—物”基本序列进行编排。[③]明清时期，无论是雅书，还是译语类书的分类体系，都与类书在类目的编排序列和命名上趋于一致。《东雅》也呈现出与该时期义类辞书相同的特点：一是遵循“天—地—人—事—物”的基本序列，二是类名均采用双音节词的形式。

从类目的命名能清晰地看出《东雅》与《通雅》的关系。下表为二者相

---

① 大庭脩『江戸時代における中国文化受容の研究』、京都：同朋舎、1984、第223—224頁。“枫山文库”即德川幕府官方文库。另外，任道斌《方以智年谱》（合肥：安徽教育出版社，1983年，第289页）提到《通雅》是在方以智“卒后一百余年”才流传海外。从新井白石对《通雅》的借阅记录可知，《通雅》传入日本的时间肯定早于1713年，方以智卒于1671年，到1713年，仅40余年，可见任说并不准确。

② 古藤友子：《新井白石的日语研究以及中国明代的学术》，载陈捷先主编《第十届中国域外汉籍国际学术会议论文集》，台北：联合报系文化基金会，1999年，第53页。前两位分别是李时珍《本草纲目》和张自烈《正字通》。

③ 陈宝珍：《谈谈类书的分类体系》，载《华南师范大学学报（社会科学版）》1986年第2期。

关类目[①]的比较情况：

《东雅》《通雅》类目对照表

<table>
<tr><th>《东雅》</th><th>《通雅》</th></tr>
<tr><td>天文（天象|岁时）</td><td>天文（释天|历测|阴阳|月令|农时）</td></tr>
<tr><td>地舆（土石|山泽|田园|河海|方位|国都）</td><td>地舆（方域|水注|地名异音|九州建都考略、释地）</td></tr>
<tr><td>神祇（神鬼|神祠|祭具|陵墓）</td><td>姓名（姓氏|人名|同姓名|鬼神）</td></tr>
<tr><td>人伦（亲族|人品）</td><td>称谓</td></tr>
<tr><td>宫室</td><td>宫室</td></tr>
<tr><td rowspan="3">器用（度量|附历|漏刻|乐器|宝货|布帛|冠服|几筵|帐御|农器|织纴具|裁缝具|工匠具|锻冶具|舟船|车舆|鞍辔|旅装|渔猎具|文具|武器|金器|漆器|瓦器|木器|竹器）</td><td>器用（书札|碑帖、金石|书法|装治|纸笔墨砚|印章|古器|杂用诸器|戎器具|车类戏具）</td></tr>
<tr><td>衣服（彩服|佩饰|布帛|彩色）</td></tr>
<tr><td>礼仪、乐曲、乐舞（乐舞|乐器）</td></tr>
<tr><td>饮食</td><td>饮食</td></tr>
<tr><td>谷蔬（禾谷|菜蔬）</td><td rowspan="4">植物（草|竹苇|木、谷蔬）</td></tr>
<tr><td>果蓏</td></tr>
<tr><td>草卉</td></tr>
<tr><td>树竹</td></tr>
<tr><td>禽鸟</td><td rowspan="4">动物（鸟|兽|虫）</td></tr>
<tr><td>畜兽</td></tr>
<tr><td>鳞介</td></tr>
<tr><td>虫豸</td></tr>
</table>

从大类来看，二者相同的有“天文”“地舆”“器用”“宫室”“饮食”5类；另外，《东雅》的“谷蔬”类，为《通雅》“植物”类中的一个小类，即《东雅》所分15大类中有6类与《通雅》完全相同。最值得注意的是“天文”“地舆”两类的设置。这两类并非方以智独创，但将它们同时使用，并

① 仅涉及名物类，其他内容略去。

且列于分类体系前两位，在明清义类辞书中却较为少见，即使在我们所掌握的日本相关辞书中亦是如此，而《东雅》完整继承。

另一方面，白石也并非完全照搬《通雅》的分类，而是还参考了日本辞书的分类体系，使之更好地容纳自己的收词系统。如《东雅》中设置了在日本辞书中常见的“神祇”类，这在其他国别辞书的分类中则较为少见。《东雅》还对植物、动物类作了相对细致的分类。如植物类，将《通雅》笼统的“草”“木”，细分为“果蓏”“谷蔬”“草卉”“树竹”；将《通雅》中的“鸟”“兽”“虫”“鱼”重新整合为“禽鸟”“畜兽”“虫豸”和“鳞介”。

(二)《东雅》与《通雅》：收录词目

二者体例存在较大差异，因而在收词上，《东雅》有明确词目，而采用札记方式编写的《通雅》则不设置明确词目。若抛开体例的差异，将两书中提及的词目进行比对，则《东雅》大多词目均可在《通雅》相关卷目中找到踪迹。

以典型名物词“动物名”为例（主要涉及《东雅》卷十七至二十与《通雅》卷四十五至四十七）。《东雅》总共出现146条动物名词目，与《通雅》相同的有98条，相近的7条。“植物类”的对应关系更为明显，《东雅》192条词目中，有136条与《通雅》相同，17条相近。[①]两书均为语源类辞书，《东雅》虽聚焦于日语语源，但却是对日本史书中的汉字词进行释源，源头仍为汉籍，因而二者在收词上有如此契合，也不难理解。

虽然在收词上呈现出明显的继承关系，但在词目的归属上，白石则作出了较多调整。对词目的分类及归属，可见作者对事物的归类，从而体现其对事物的认知。白石之所以进行调整，说明他与方以智的认识是有差异的。从语义学的角度来说，他们各自所收类别，通过相同的特征，形成一个大的语义场。仍以“动物名”为例。白石和方以智都分为4个小类，但具体类别却存在差异。《东雅》的分类，继承了《倭名类聚钞》[②]，将龙鱼类和龟贝类归为一类，抓住它们共同的特点“鳞介”，形成一个大的语义场“鳞介”类。《通

---

① 涉及《东雅》卷十二至十六与《通雅》卷三十九、四十一至四十四。“饮食”类中一些词目与植物类关系较密切，是由植物加工而成，在植物类中也时有出现，故放在一起比较。

②《倭名类聚钞》的分类又与中国类书《艺文类聚》关系密切，参见林忠鹏：《〈倭名类聚抄〉与中国典籍》，载《重庆师院学报哲社版》2000年第2期。

雅》将其中的“鱼”单独为类，只好将剩下的名物归于“虫”类。[1]这是二者最大的差别。因此，《通雅》中的“龙、龟、蚶、蛤、蚌、蚬、蟹、紫贝”等动物名均出现在“虫”类。这使得《通雅》“虫”类这一语义场的内涵扩大，却使该类缺乏明确的共同特征，与我们现在的分类认知体系表现出不同，倒不如“鳞介”合理。再如“蝙蝠”，白石抓住其“有翅膀、能飞”的特征，将其归入“禽鸟”类这一大的语义场；而方以智则将其归入“虫”类义场。囿于古人对其认识不足，两人都只抓住了蝙蝠的部分特征。从现代科学分类来说，他们的处理方式其实都缺乏充分的理据。

（三）《东雅》与《通雅》：引书选择

在引书的选择上，二者也具有非常一致的偏好。《通雅》中的高频引书，在《东雅》中也同样经常出现；并且在《东雅》中，这些引书及其作者称呼也都受到《通雅》影响，表现出明显的继承关系。最能体现这一点的，要属对《本草纲目》的引用。《东雅》中明确引用《本草纲目》的次数为98次。[2]李时珍《本草纲目》可谓《本草》类书籍的集大成者，在《通雅》“饮食”“动物”“植物”等卷中也多次出现。《东雅》和《通雅》引用该书，不同于同时期其他书籍。《东雅》中出现最多的是“李东璧本草”[3]，《通雅》中亦多此呼。而同时期日本学者，除稻生若水（1655—1715，本草学家、白石的好友）外，一般称作《本草纲目》《纲目》，对李时珍的称呼也少用“东璧”而称“时珍”。

二者在引书上同样存在差异。从数量上来看，《东雅》引用更多的是日本史籍，这是其适应日本国语学研究需要的结果。以《通雅》卷四十六“动物”之“能即熊”条与《东雅》卷十八“畜兽”之“熊”的引书为例作比较，如下：

《通雅》“能即熊”之引书情况：《尔雅》、《释文》、《说文》、《山海经》、《左传》、《谷梁传》、《山经》、《(西晋)束皙·发蒙记》(已佚)、《(南朝)任昉·述异记》、《(唐)张守节·史记正义》、《韵会》。

《东雅》“熊”之引书情况：《旧事纪》《古事记》《日本(书)纪》《倭名

① 其他类别更不相符。

② 古藤友子：《新井白石的日语研究以及中国明代的学术》，载陈捷先主编《第十届中国域外汉籍国际学术会议论文集》，台北：联合报系文化基金会，1999年，第53页。

③ 李时珍，字东璧。此外，还称作“东璧”“李东璧”“东璧本草”等，也有极少数地方直接写作《本草纲目》。

钞》《姓氏录》《陆词切韵》《尔雅集注》。

《东雅》引书绝大多数为日本古籍，其中提到的2部汉籍《陆词切韵》和《尔雅集注》均引自《倭名类聚钞》。二者间的差异，跃然纸上。

三、《东雅》对《通雅》编写原则的承袭与新释

（一）《东雅》与《通雅》：考据与存疑

杨慎、焦竑、王世贞、胡应麟、陈第等一批学者开启了有明一代考据之风。考据的基础资料越全面，准确性越高，才能得出更具说服力的结论。[①]因此，谨慎处理文献是考据学家的首要态度。方以智《通雅》可谓集考据之大成。《通雅·凡例》第2条就对以往雅书或字书中不注明出处的做法提出了异议，写道：

> 古人作《尔雅》体，若《广》《埤》之类，皆与《方言》《释名》同规，不载所出，直是以意取《玉篇》之字耳，无益后学。此书必引出何书，旧何训，何人辨之。今辨其所辨，或折衷谁是，或存疑俟考，便后者之因此加详也。士生古人之后，贵集众长，必载前人之名，不敢埋没。[②]

方以智赞赏《玉篇》注明出处的做法，认为“贵集众长”才能得以发展，不可“埋没”前人之功。林庆彰指出，方以智之前的明代早期的杨慎、焦竑、王世贞、胡应麟等考据学家，“或引文不注所出，或剽窃前人成说，或肆意妄断”[③]。对此，方以智亦在《通雅》序言中也进行了批评。[④]有鉴于此，方以智要求自己编写《通雅》应做到：“此书主于折衷音义，其无辨难者，或为语不经见，又所忽略，或旧名纷纠，为删举其要，以便省览，又有异者、疑者，偶书以俟正，故无断词。”[⑤]若通过自身所掌握的材料，不能给出准确结论时，方以智认为不能够妄下“断词”，而应将其记录下来，示以读者问题

① 林庆彰:《明代考据学研究》，上海：华东师范大学出版社，2015年，第22页。

②（明）方以智:《通雅》，北京：中国书店，1990年，第17页。

③ 林庆彰:《明代考据学研究》，上海：华东师范大学出版社，2015年，第492页。

④（明）方以智:《通雅》，北京：中国书店，1990年，第7—8页。

⑤（明）方以智:《通雅》，北京：中国书店，1990年，第17页。

之所在。林庆彰称“以此说征之其《通雅》，大抵得其实”。①

以卷十八“身体”之“胗中，侠季胁两旁虚要处也”条为例，其释义为：

> 侠季胁两旁虚要处也。《素问》曰：冬脉不及，令人胗中清。王冰注云：胗在季胁下，侠胁两旁虚软处，肾外当胗。今《唐韵》《韵会》《字汇》《日月灯》皆遣胗字，当音渺。②

该条释义不足100字，即引用了《素问》《素问·王冰注》《唐韵》《古今韵会举要》《字汇》《音韵日月灯》等6书，力求做到言必有出、旁征博引。

白石同样严格坚持严谨的考据态度。古藤友子指出《东雅》“总论”体现出白石的语言观以及语言研究方法，如下：

> 在指明出典的同时，引用足以说明问题的文献，并在比较和研究了各种意见以后，提出自己的见解。而在找不到可以征用的文献的时候，便收集大量的事例，作归纳性的推理。对于尚有疑点的问题，不妄作断言。③

与白石同时期也有很多学者对日语语源有所议论，但却“不辨古今详源委，乃欲以肤见而臆决之，宜其牵合附会而有不通也”（见《东雅》室鸠巢序言），与方以智所处明代“浅薄浮泛”之流相同。在《东雅》“凡例”第1—3条中，白石明确指出，对能够辨明意义的内容都应收载，且必须注明参证来源；对通过“旧释”仍有疑问的内容，则标为“义不详”，还应将参证来源抄录其下。以前3卷“天文第一”“地舆第二”“地舆第三”为例，书中出现“义不详”字样总共50次④，中日书籍44种（日籍24种、汉籍20种），可见一斑。上田万年将白石区分“义不详”的做法，称作“有良心的学者所做的

① 林庆彰：《明代考据学研究》，上海：华东师范大学出版社，2015年，第492页。

②（明）方以智：《通雅》，北京：中国书店，1990年，第230页。

③ 古藤友子：《中日实学的交流——新井白石与朱之瑜》，载《湖南大学学报》2005年第1期。

④ 包括“天文第一”中的3条“义未详”。

事”。[①]

白石的考据之风，在当时的日本可谓独树一帜。他也因此成为日本语言学史、国语学史上不可埋没的奠基人之一。与《通雅》一脉相承的注重考据、允许存疑的态度和方法，无疑是其成就的坚实基础，只是二者考据的依据各有侧重。

（二）《东雅》与《通雅》："因声求义"与古今、方俗兼顾

"因声求义"由南宋文人戴侗提出，方以智继承并明确主张"欲通古义，先通古音"；方以智《通雅》之所以能够在词义解释上超越以往各种雅书，正是得益于此。[②]

《通雅·凡例》第8条"天地岁时推移，而人随之，声音亦随之，……智考古今之声，大概五变，此事无可明证，惟以经传诸子歌谣韵语征古音"[③]；《通雅》卷首"方言说"中，也有"欲通古义，先通古音，……方言之变，犹之草木移接之变也。历代训诂、谶纬、歌谣、小说，即具各时之声称，惟留心者察焉"[④]。可知方以智认为，研究古音必须在可能保留古音成分的方言俗语、诗歌韵语等语言材料中去寻找答案。"因声求义"与旁征博引古今、方俗材料相辅相成，此即《通雅》"溯源"方法之所在。

《东雅》同样利用语音来研究古义。白石认为"得以保留上古语言原貌的是歌词和地名"，要考究古语的语源，就要依靠这些材料，关注诗歌（包括和歌歌词）、地名、方言、俗语等保留有古音痕迹的"口头"语言材料。[⑤]其本质上与《通雅》一致，都是从语音入手，兼顾古今、方俗材料。因此，白石非常注重日本史籍中反映的语音信息。在《东雅》各词目的释义中，古今、方俗中所流传的语音线索比比皆是，除了大量引用中日书籍中的相关信息以外，还随处可见"古语""俗呼""今俗""后俗""今俗呼"等字样，与《通雅》相比"有过之而无不及"，可以说比方以智贯彻得更彻底。

---

① 上田萬年「言語學者としての新井白石」、『國語のため』訂正再版、東京：富山房、1897、第103頁。

② 何九盈：《中国古代语言学史》（新增订本），北京：北京大学出版社，2006年，第228页。

③（明）方以智：《通雅》，北京：中国书店，1990年，第18页。

④（明）方以智：《通雅》，北京：中国书店，1990年，第30—31页。

⑤ 古藤友子：《中日实学的交流——新井白石与朱之瑜》，载《湖南大学学报》2005年第1期。

由于遵循“因声求义”的原则，所以白石与方以智都做到了重视语音，不拘泥于汉字，北大历史学家周一良教授称其为“抓住了问题的本质”[①]。

（三）《东雅》与《通雅》：西学引入

《东雅》与《通雅》还有一个明显的共同特点，那就是书中都引入了西学。

方以智受父亲影响，从小开始接触当时接受西学的进步人士。成年后，不仅阅读西学书籍，还亲自问学于毕方济等传教士。[②]因此，在编写《通雅》时，他不仅兼顾古今、方俗证据，还将自己所学西学知识融入其中。

新井白石同样具有西学基础。虽然其所处的江户幕府时期实行闭关锁国政策，但却留下了“睁眼看世界”的窗口——长崎。由于职务之便，新井白石在审问意大利传教士西多蒂（Giovanni Battista Sidotti，1668—1715）之时，尽力收集了当时西方和世界的概况，积极了解西方文化，还主动接触荷兰商人，最后将所获得的西学知识编写成了《采览异言》（1713）和《西洋纪闻》（1715）两书。

但是，应注意到两人所引用的西学知识在来源和内容上存在着明显不同。方以智《通雅》中的西学知识主要来源于西洋传教士译著，尤其是利玛窦著作；而《东雅》中的西学知识则是白石从西人（尤其是荷兰人）那里直接询问获知，书中多“喎兰陀”（荷兰）字样。从内容上，方以智《通雅》的西学知识集中于天文、地理相关卷目；而《东雅》却不局限于此，西方日常习俗、生活用品等情况都经常出现于书中。如《东雅》卷八“器用”之“履”条有：“又锁纽有如トンホウ之读法，近俗又有ボタン读法。トンホウ，就其形所云。ボタン则是西洋拂良机国方言之转。”[③]即日语“锁纽”的两种读法中，“ボタン”其实是借自拂良机国（按：即今之葡萄牙）的外来词（其对应的葡萄牙原语为“botão”）。

此外，《东雅》还有一个值得关注的地方。除了西方的知识以外，历史上与日本在语言、文化上有所接触的相关外国语言知识，均成为新井白石用来解释语源的依据。所以在《东雅》各词目中，大量出现中国、韩国、朝鲜的习俗，以及汉语（包括汉语方言）、梵语、百济方言、三韩方言等情况。

---

① 周一良：《新井白石论》，载《周一良学术论著自选集》，北京：首都师范大学出版社，1995年，第499页。

② 任道斌《方以智年谱》中多处有相关记载。

③ 新井白石『東雅』、東京：吉川半七、1903、第231頁。

可见，他既继承了《通雅》的做法，又有所发展，论据多样化更为明显，论证也更充分。从语言文化接触、文化比较研究的角度来看，也更具前瞻性和全球视野。

四、结　论

中国明清之际学者方以智《通雅》对江户时期日本学术影响深远。通过以上论述，可见新井白石《东雅》从内容到编写原则全面继承并发展了《通雅》的精髓。无论是内容上，分类类目、收词及引书的选择；还是编写原则上，以考据学为基础，以语音为重，综合运用古今、方俗，甚至西方材料进行论证的方法路径，《东雅》都对《通雅》有所承袭。同时，白石又不受限于《通雅》，在其基础上还作出了日本化的新释，使之服务于自己的编写目的。正因为这样的承袭与新释，才使得白石《东雅》一书具有独特的学术魅力，成为日本国语学史上的经典，时至今日仍受到日本国语学者的推崇。将二者进行比较，是东亚整体视域下的学术史研究需要，我们可以多维度地观察方以智《通雅》及其思想在日本的流传、影响，也为我们更全面地评价方以智的学术地位和贡献提供了具体而坚实的依据。

钟雪珂　厦门大学中文系助理教授

基于语料库的吉川幸次郎译者风格分析

——以吉川译《缘缘堂随笔》为例

李　尧　吴　珺

摘　要： 本研究尝试建立分离译者风格的多层对比模式，以吉川幸次郎译《缘缘堂随笔》为突破口，基于自建语料库，采取先假设再验证的方式对吉川幸次郎的译者风格进行了定性及定量考察，依托计量学方法对标准类/形符比、人称代词数量、文本难易度、平均句长进行了多层对比分析，最终推导出吉川的译者风格具有“逐语译”及“平实易懂”的特点。

关键词： 吉川幸次郎　译者风格　缘缘堂随笔　丰子恺随笔　中日双语语料库

吉川幸次郎（1904—1980）为20世纪日本杰出的中国文学学者之一，他的学术影响不限于日本，在中国的学术界，乃至西方的汉学界，都有着广泛的影响。①与此同时吉川也是一位著名译者，曾将《水浒传》《缘缘堂随笔》《四十自述》等大量汉语作品译为日语。吉川译《缘缘堂随笔》②（『縁縁堂随筆』）于1940年出版发行，是世界上第一部丰子恺作品的译作集。吉川在其所译的《缘缘堂随笔》中写道：“翻译此书时，与往常一样采取了尽可能直译原文的方式。”③那么吉川译本的特点是否如其所言，除此之外吉川的翻译还具有何种风格是本研究想要解决的问题。

有关吉川的翻译特点，国内已有若干篇相关研究。如陈安梅提出：“译文

---

① 张哲俊：《吉川幸次郎研究》，北京：中华书局，2004年，第1页。

② 豊子愷著、吉川幸次郎訳『縁縁堂随筆』、大阪：創元社、1940年。吉川译《缘缘堂随笔》并非完全出自丰子恺的《缘缘堂随笔》，而是从《缘缘堂随笔》《随笔二十篇》《车厢社会》《缘缘堂再笔》4部丰子恺的随笔集中选取13篇文章翻译而成。

③ 豊子愷著、吉川幸次郎訳『縁縁堂随筆』、大阪：創元社、1940、訳者の言葉、第6頁。

中保留了原文的语言形式和风格，最大程度上使其接近原文"[①]。曹珺红、殷雅婧以白话词汇"端的"为中心进行研究并提出："日译方法以直译为主，以意译为辅。"[②]然而上述研究并未涉及更为详尽的量化方法，且都着眼于吉川所译的《水浒传》之上，对于吉川本人认为最值得一读的随笔[③]则未见有详细研究。

鉴于此，本研究依托自建语料库，尝试通过先假设再多层对比验证的方式，最终剥离出吉川幸次郎的译者风格。与此同时笔者希望通过解析这位汉学大家的翻译风格为中华文化外译、丰子恺在日本的译介提供一定参考。

一、研究设计

（一）语料库的构建

为更好地剥离吉川的译者风格，本研究构建了4个语料库，即：吉川译《缘缘堂随笔》中日双语对照语料库（中日双语各13篇作品）、重译本语料库（7篇作品）、吉川随笔作品语料库（1930—1960年间的10篇作品）、同时期日语随笔语料库（1930—1960年间的13篇作品），详见表1。

表1　语料库组成明细表[④]

语料库	作品	作者/译者	形符数	来源
中日双语对照语料库	吃瓜子、做父亲、姓、华瞻的日记、山中避雨、记音乐研究会中所见之一、记音乐研究会中所见之二、西湖船、新年怀旧、带点笑容、送考、闲、谈自己的画	丰子恺	27392	丰子恺全集文学卷1[⑤]、卷2[⑥]

① 陈安梅：《目的论视角下吉川版〈水浒传〉翻译考论》，载《扬州大学学报（人文社会科学版）》2015年第6期。

② 曹珺红、殷雅婧：《彼得·纽马克翻译理论视域下〈水浒传〉中白话词汇"端的"日译探微——以吉川幸次郎、清水茂日译版本为例》，载《长春师范大学学报》2021年第1期。

③『縁縁堂随筆』、訳者の言葉第3頁。

④ 本语料库为中日双语语料库，故此表中的资料名称仍沿用原文，不作翻译。

⑤ 丰子恺：《丰子恺全集 文学卷1》，北京：海豚出版社，2016年。

⑥ 丰子恺：《丰子恺全集 文学卷2》，北京：海豚出版社，2016年。

续 表

语料库	作品	作者/译者	形符数	来源
中日双语对照语料库	西瓜の種を食べること、父として、苗字、華瞻の日記、山中の雨宿り、音楽研究会に於ける見所の一、音楽研究会に於ける見所の二、西湖の船、新年の思い出、ちょっとお笑いになって、試験の附添、閑、自分の画のはなし	吉川幸次郎	42491	縁縁堂随筆[①]
重译本语料库	ひまわりの種、父親のあり方	藤村とも恵	11794	わが子たちへ[②]
	姓、華瞻の日記	西槙偉		文学部論叢第102号[③]、103号[④]
	姓、山中の雨宿り、小さなぼくの日記	東滋子		小さなぼくの日記[⑤]
吉川随笔作品语料库	C教授、京劇雑感、来薫閣琴書店、雷峰塔、琉璃廠後記、梅蘭芳の地位、日本の潔癖、童年の追憶、長崎の追憶、中国の警察	吉川幸次郎	10802	増補吉川幸次郎全集第十六巻[⑥]、十七巻[⑦]、十八巻[⑧]

① 为便于数据处理及统计分析，该译本中的旧体字及假名在录入时全部改为新体字及假名，诗歌及古文翻译中用片假名表记的部分改为平假名。

② 豊子愷著、藤村とも恵訳『わが子たちへ（豊子愷児童文学全集第5巻）』、東京：日本僑報社、2016年。

③ 西槙偉「縁縁堂随筆その一」、『文学部論叢』第102号、2011年、第231—239頁。

④ 西槙偉「縁縁堂随筆その二」、『文学部論叢』第103号、2012年、第165—187頁。

⑤ 豊子愷著、東滋子訳『小さなぼくの日記（豊子愷児童文学全集第4巻）』、東京：日本僑報社、2016年。

⑥ 吉川幸次郎『増補吉川幸次郎全集第十六巻』、東京：筑摩書房、1974年。

⑦ 吉川幸次郎『増補吉川幸次郎全集第十七巻』、東京：筑摩書房、1975年。

⑧ 吉川幸次郎『増補吉川幸次郎全集第十八巻』、東京：筑摩書房、1975年。

续 表

<table>
<tr><th>语料库</th><th>作品</th><th>作者/译者</th><th>形符数</th><th>来源</th></tr>
<tr><td rowspan="13">同时期日语随笔语料库</td><td>『青丘雑記』を読む</td><td rowspan="6">和辻哲郎
若杉鳥子
吉川英治
与謝野晶子
横光利一
夢野久作</td><td rowspan="13">18339</td><td rowspan="13">选自青空文库（https://www.aozora.gr.jp）“日本文学-評論. エッセイ. 随筆”分类下的作品</td></tr>
<tr><td>独り旅</td></tr>
<tr><td>文化の日</td></tr>
<tr><td>高きへ憧れる心</td></tr>
<tr><td>作家の生活</td></tr>
<tr><td>お茶の湯満腹談</td></tr>
<tr><td>池袋の店</td><td>山之口貘</td></tr>
<tr><td>私の思い出</td><td>柳原白蓮</td></tr>
<tr><td>三十六年前</td><td>森下雨村</td></tr>
<tr><td>庭の追憶</td><td>寺田寅彦</td></tr>
<tr><td>雨粒</td><td>石原純</td></tr>
<tr><td>腹のへった話</td><td>梅崎春生</td></tr>
<tr><td>読書雑感</td><td>岡本綺堂</td></tr>
</table>

（二）研究方法

在本研究中，笔者首先通过细读原作与吉川译本提出假设，随后将吉川译与重译本、原作、同时期日语文本[①]进行对比验证，最后结合读者以及吉川本人的言说进行进一步验证最终得出较为客观的研究成果。

本研究在定量分析方面主要对标准类/形符比[②]、平均句长、文本难易度以及人称代词数量进行考察。计算STTR值、平均句长时主要使用了WordSmith8.0软件，统计人称代词数量时使用了AntConc（3.5.9）软件，计算文本难易度时使用了日本名古屋大学研发的日语难易度测量平台“日本語

① 同时期日语文本指“吉川随笔作品语料库”及“同时期日语随笔语料库”。

② 本研究中设定的计算值为500，文中的部分表达使用了标准类/形符比（standardized type-token ratio）的简称“STTR”。

テキストの難易度を測る（帯3）”（以下简称“帯3”）[①]。采用的计量分析方法为皮尔逊相关、配对样本t检验及单因素方差分析（F检验）。

二、译者风格分析

（一）提出假设

笔者细读文本后发现吉川译本具有直译倾向，且译文细致大多能与原文一一对应。如例1所示，吉川将“不复是”及“正在”分别译为“もはや…ではない”与“つつある”，又将多次出现的“为……而劳动”全部译为“ために労働”，可见吉川译文有将原文无遗漏译出的直译倾向。又如例2所示，吉川将原文中的5个人称代词全部译出，同样存在与原文相对应的情况。在日汉翻译语境中，此种类型的翻译风格可以归类为逐语译，所谓逐语译既是一种翻译方法，即直译；同时也是一种翻译理念。即忠实于源文本、严谨细致的理念。[②]因而笔者提出假设，认为吉川译本具有“逐语译”风格。

例1：

原文：他们已不复是“快活的劳动者”，正在为分数而劳动，为名誉而劳动，为智识而劳动，为生活而劳动了。《谈自己的画》

吉川译：彼等はもはや「快活な労働者」ではない。点数のために労働し、名誉のために労働し、知識のために労働し、生活のために労働しつつあるのだ。『自分の画のはなし』

例2：

原文：我无法把我所体验的境界向她们说明，也不愿使她们“大人化”而体验我所感的趣味。《山中避雨》

吉川译：私は私の体験した境涯を、彼女たちに説明してやるすべ

① 在“帯3”中有T13、B9两套难易度评分体系，T13包含13个评分等级分别为小学1—6年级（1—6）、初中1—3年级（7—9）、高中1—3年级（10—12）、大学及以上（13）；B9则是给予1—9的评分，依次表示：极易、容易、颇易、稍易、普通、稍难、颇难、困难、极难。

② 吴珺：《作为“日本式翻译范式”的“逐语译”研究——以伊藤漱平〈红楼梦〉日译本为例》，载《日本问题研究》2018年第6期。

もないし、また彼女たちを「大人化」して、私が感じた面白さを体験させたくもない。『山中の雨宿り』

其次笔者发现吉川译本直白易懂，译文中多次出现口语、俗语的表达。如例3所示，吉川将“仓皇出逃”译为易于理解的“あわてて逃げ出した”，将有偏僻村庄之意的“三家村”译为俗语“ちっぽけ”。又如例4所示，吉川将“自命不凡”译为“世間のやつらとは違う”可谓直白易懂，将“怪僻”译为俗语“変てこ”，使译文更加平实。基于此笔者提出假设，认为吉川译本具有“平实易懂”的风格。

例3：

原文：我们仓皇奔走，看见前方有一小庙，庙门口有三家村……《山中避雨》

吉川译：私たちはあわてて逃げ出したが、向こうの方に小さな寺が見える。寺の入口にはちっぽけな村があり……『山中の雨宿り』

例4：

原文：然而不拘我一向何等自命不凡地做人，……倒反而为了这姓的怪僻，屡屡打麻烦:《姓》

吉川译：ところで私がずっと、世間のやつらとは違うようになろうと、どれほど思っているかも知れないのに、……かえってこの苗字が変てこなお陰で、毎度面倒を惹き起す。『苗字』

（二）与重译本比较

1.译例分析

首先关于逐语译方面，笔者详细比对后发现吉川译本与原作逐字对应的程度最高，最为细致。如例5所示，吉川将原文中的3个人称代词悉数译出，西槇伟及东滋子则分别译出了2个及1个。又如吉川将“我上轮船，钻进房舱里”毫无省略地译为“私が汽船に乗って、この船室へもぐり込むと”，西槇伟和东滋子则采取了不同程度的省略，分别译为“客室にもぐりこんだら”及“わたしが船室に潜り込むと”。又如在例6中，吉川将“某大药房”逐字译为“さる大きい薬屋”，藤村则简化译为“某薬局”。由此可见相较于

其他译文，吉川译具有明显的逐语译倾向。然而译文整体是否具有此种倾向尚不能断定，需通过定量分析进行进一步验证。

例5：

原文：我上轮船，钻进房舱里，先有这个肥胖的钱庄商人在内。他照例问我“尊姓?”《姓》

吉川译：私が汽船に乗って、船室へもぐり込むと、そのふとった両替屋さんが中にいた。彼は例の通り私に、『御苗字は』と訊ねた。『苗字』

西槙伟译：客室にもぐりこんだら、先客に太った一人の金融業者がいた。彼は例により、「お名前は」とわたしに聞いた。『姓』

东滋子译：わたしが船室に潜り込むと、すでにこの太った両替商が中にいた。例のごとく、「お名前は？」と聞いてきた。『姓』

例6：

原文：最初是某大药房“用科学方法”创制的……《吃瓜子》

吉川译：一番初めはさる大きい薬屋が「科学的方法を用いて」創製したのだそうだが……『西瓜の種を食べること』

藤村译：一番初めに某薬局が「科学的な方法」で作り出し……『ひまわりの種』

其次关于平实易懂方面，如例7所示，吉川译的口语表达最为丰富，使用了“だって”“なんか”等多个口语词汇，而西槙伟译的口语表达较少书面感较重。如吉川与东滋子在翻译“像我们这样的同志”时使用了“みたい”，西槙伟则采用了相对生硬的“よう”。又如吉川在翻译“在一块睡觉”时还使用了幼儿语“ねんね”，凸显了主人公的幼儿特色并进一步增强了通俗感。为更客观地反映各译文的难易程度，笔者测定了该段的文本难易度[①]（T13），结果表明吉川译的难易度（6）低于西槙伟译（10）及东滋子译（9）。然而译文整体是否存在此种倾向尚不能断定，需对各译本进行进一步定量分析。

① 计算时包含中略部分。

例7：

原文：我实在无心吃饭。我晓得她一定也无心吃饭。……其实照我想来，像我们这样的同志，天天在一块吃饭，在一块睡觉，多好呢？《华瞻的日记》①

吉川译：僕は御飯なんかほんとにたべたくなかったんだ。あの人だって御飯たべたくなかったにきまってら。……ほんとは僕の考えでは、僕らみたいなこんな仲よしは、毎日毎日一しょに御飯もたべるし、一しょにねんねしたら、どんなにいいだろう。『華瞻の日記』

西槙伟译：ぼくはご飯など食べたくはない。彼女もきっと同じ気持ちだと思う。……ぼくが思うに、ぼくたちのような仲良しは、毎日一緒にご飯を食べ、一緒にお休みすれば、どんなにいいだろう。『華瞻の日記』

东滋子译：ぼくはご飯を食べる気にならなかった。きっと彼女もそうだよ。……ぼくたちみたいな仲良しは、毎日一緒にご飯を食べ、一緒に眠ることができたらどんなにいいだろう。『小さなぼくの日記』

2.定量分析

前文在一定程度上验证了吉川译本具有“逐语译”及“平实易懂”的特点，但无法判断文章整体是否具有上述特点。因此笔者测定了各译本的文本难易度（T13）、人称代词数量、标准类/形符比及平均句长（见表2），以期从定量的角度进行分析。

表2　吉川译本与重译本数据对照表

译者	对应原作名	难易度	人称代词数	STTR	平均句长
吉川	吃瓜子	13	36	40.14%	23.70
	做父亲	8	25	40.87%	18.96
	姓	9	22	39.00%	21.26
	华瞻的日记	5	97	37.36%	18.01
	山中避雨	9	34	41.00%	22.65

①《华瞻的日记》系丰子恺模仿其子丰华瞻（时年3岁）的语气写成的。

续　表

译者	对应原作名	难易度	人称代词数	STTR	平均句长
西槙伟	姓	9	20	35.80%	19.15
	华瞻的日记	8	86	36.15%	19.09
藤村	吃瓜子	7	12	39.08%	23.64
	做父亲	6	19	40.20%	23.24
东滋子	姓	9	11	35.40%	19.02
	华瞻的日记	7	64	36.35%	16.21
	山中避雨	9	15	43.50%	20.82

由表2可知吉川译《缘缘堂随笔》中仅有5篇译作有对应的重译本，样本量较少且所译篇章各不相同，因而难以进行方差分析。鉴于此笔者以吉川译为基准，计算了对应样本的平均值进行比较，结果如下：

在难易度方面，吉川译是西槙伟译的0.82倍，藤村译的1.62倍，东滋子译的0.92倍。由此可得：西槙伟译的难易度＞东滋子译＞吉川译＞藤村译。因而可以认为相较于重译本，吉川译本较为易懂。

在人称代词数量方面，吉川译是西槙伟译的1.12倍，藤村译的1.97倍，东滋子译的1.70倍。因此可得：吉川译的人称代词数量＞西槙伟译＞东滋子译＞藤村译。该结果与前文译例分析中得到的结果一致，可以说这是吉川译本具有逐语译风格的又一佐证。

在标准类/形符比方面，吉川译是西槙伟译的1.06倍，藤村译的1.0219倍，东滋子译的1.018倍。由此可得：吉川译的STTR值＞东滋子译＞藤村译＞西槙伟译。若以“通常标准类/形符比值越大，文本的词汇变化性越高，理解难度越大。”[①]为依据，则可以判断吉川译本的难度最高。然而此结论与前文所证相左，因此需要进一步深入分析。“类符/形符比”较大表示文本中不重复的词汇较多，即词汇丰富程度高。然而如果词汇难度对于读者而言并不高，则词汇丰富度的增加未必会加大文本难度。以《华瞻的日记》的各译本为例，由表2可知在难易度方面，西槙伟译（8）＞东滋子译（7）＞吉川译（5），该结果与前文对例7的分析呈现整体与局部的相互印证，可

① 王秋艳、宋学智：《基于语料库的傅译〈欧也妮·葛朗台〉风格研究》，载《外国语文》2020年第3期。

见吉川译的难易度相对较低。然而在STTR值方面则呈现吉川译（37.66%）>东滋子译（36.35%）>西槙伟译（36.15%）的结果。由此可见STTR值的增加并未引起文本难易度的增大。因而在日语语境中，仅以STTR值来判断文本难易度的方法还有待商榷，应以词汇的难易度作为判断基准。

在比对平均句长时，笔者发现《吃瓜子》一文的吉川译（23.70）略高于藤村译（23.64），但《做父亲》一文的吉川译（18.96）则远低于藤村译（23.24），因此认为两组间可能存在异常值，笔者详细对比文本后发现《做父亲》一文中存在大量对话，而两者在翻译时采取了不同的标点符号标记手法。具体而言，吉川在对话的句末使用了句号结句，而藤村则不使用句号结句，此种做法势必会增加平均句长。（如例8）

例8

原文："……我来叫你呢！"《做父亲》

吉川译：『……あたし知らせてあげますわ<u>。</u>』『父として』

藤村译：「……呼んであげるから」『父親のあり方』

鉴于此，笔者剔除了藤村译《做父亲》的平均句长，重新计算后得出：吉川译是西槙伟译的1.03倍，藤村译的1.003倍，东滋子译的1.10倍。进而得出：吉川译的平均句长>藤村译>西槙伟译>东滋子译。虽然平均句长是测量文章构造复杂性的简易指标①，在一定程度上反映了句子的难度，但随着平均句长的增加，句子未必会随之变难。康艳在其博士论文中提到"考虑到英语的语法特点，并列关系和从属关系都可以增加句长，而并列句的复杂程度要比从属句低的，从句子长度来看，并列关系的增加与句子复杂程度的增加并不一定有直接的关联。"②同样在日语中仅凭借平均句长也难以完全判断句子的复杂程度。具体而言，如果句中的修饰语成分比较复杂，则势必会使句子的难度增加。但如果是并列句且标点符号标注恰当，则未必会对句子难度造成较大影响。再以例5为例，笔者为快速测量指标使用"日本語文章難易度判別システム（http://jreadability.net）"计算了该例中各译文的平均句

① 渡邉亮彦、村上聡一朗、宮澤彬等「TRF：テキストの読みやすさ解析ツール」、『言語処理学会第23回年次大会発表論文集』、2017年、第478頁。

② 康艳：《基于语料库的〈红楼梦〉诗词英译研究》，博士学位论文，上海外国语大学英语语言文学系，2019年，第92页。

长，结果显示：吉川译的平均句长（20.5）远超西槙伟译（17.5）及东滋子译（11.67）。然而从句子结构来看，吉川译并无长修饰语成分，且标点符号标注恰当，阅读难度并不高。与此同时笔者还测量了该句的难易度（T13），结果显示：西槙伟译（9）＝东滋子译（9）＞吉川译（8）。由于三者难易度并无明显差别，因此不能断定吉川译的平均句长较长是由句式复杂所引起的。此外结合前文对例5的分析也可看出，吉川译的平均句长较长也恰恰与其逐语译的风格有关。

（三）与原作对比

为进一步考察吉川译本与原作的关系，笔者通过文本难易度、标准类/形符比、平均句长及人称代词数量对两者关系进行了对比分析。

1. 文本难易度

由于并未发现针对汉语母语读者的难易度测定工具，因此笔者在判定原作难易度时，以收录原作文章的教材、期刊上标记的年级为基准，参照“带3”的T13体系对原作进行了评分。在对所有可进行评分的原作（5篇）赋值后，笔者进行了配对样本t检验（见表3）。结果显示原作与吉川译本的难易度差异无统计学意义（$t=0.445$，$P=0.678>0.05$），故尚不能认为两组的难易度存在差异。考虑到吉川译本系由原作翻译而得，因此可以认为吉川在翻译时采取了贴合原作难易度的翻译策略。

① 丰子恺:《吃瓜子》，载《中华活页文选（高二、高三年级）》2011年第12期。该篇入选高二、高三年级的刊物故给予两年级的平均值11.5。

② 丰子恺:《作父亲》，载《中华活页文选（初二年级）》2018年第6期。该篇入选初二年级的刊物故赋值为8。

③ 丰子恺:《华瞻的日记（节选）》，载《七彩语文（高年级）》2011年第13期。该篇入选小学高年级，即小学五六年级的刊物故给予两年级的平均值5.5。

④ 丰子恺:《山中避雨》，载《中华活页文选（初一年级）》2017年第8期。丰子恺《山中避雨》，载《中华活页文选（高二、高三年级）》2013年第11期。该篇入选初一年级及高二、高三年级的两篇刊物故赋值为9.25。

⑤ 丁帆、杨久俊编:《普通高中课程标准实验教科书·语文选修 现代散文选读》，南京：江苏凤凰教育出版社，2019年，第29—32页。该篇入选高中阶段的教材故给予平均值11。

表3　原作与吉川译难易度对照及t检验结果

原作名	难易度（原作）	难易度（吉川译）	t	P
吃瓜子[①]	11.5	13	0.445	0.678
做父亲[②]	8	8		
华瞻的日记[③]	5.5	5		
山中避雨[④]	9.25	9		
送考[⑤]	11	9		

2.标准类/形符比与平均句长

在对比STTR值及平均句长时，笔者利用SPSS计算了表示两变量之间线性相关关系强弱的指标——皮尔逊相关系数[①]（见表4）。由表4可知STTR及平均句长的相关系数r分别为0.825及0.777，且皆显著（$P<0.01$），因此可以判定属于高度正相关，进而可以认为吉川译的STTR值及平均句长随原作相应数值的增加而增加。

表4　原作与吉川译的皮尔逊相关系数

变量	r	P
STTR	0.825	0.001
平均句长	0.777	0.002

3.人称代词数量

为更直观地进行比较，笔者除统计原作与吉川译本的人称代词数量[②]外，还计算了人称代词数量的译作/原作比（R），如表5。由表5可知第一人称的R值高达98.69%，第二及第三人称的R值分别为72.13%和66.89%，该结

① 该系数的r值范围在-1（完全负相关）与1（完全正相关）之间。通常其绝对值处于［0.00—0.20）为弱度相关；［0.20—0.40）为低度相关；［0.40—0.70）为中等相关；［0.70—1.00］为高度相关。

② 此处仅统计中日文的单数人称代词。

果与梁红梅验证得出的结论——“汉语人称代词使用频度明显高于日语”[①]之间存在巨大差异。由此可见在人称代词方面，吉川译本更贴近源语的语言规范，可以说这是其逐语译特点的又一佐证。

表5　原作与吉川译的人称代词数量对照表

变量	原作	吉川译	*R*
第一人称	610	602	98.69%
第二人称	61	44	72.13%
第三人称	296	198	66.89%

（四）与同时期日语文本比较

前文验证了吉川译本具有较为易懂的特点，然而该特点是其本人写作风格还是其译者风格？吉川译本相较于同时期的日语作品其难易度如何？上述问题尚无法判断，因此需要通过与同时期日语文本进行对比分析。鉴于此，笔者计算了各篇的难易度（T13）并进行了方差分析（见表6）。结果显示三组间的文本难易度差异无统计学意义（$P=0.305$，$P>0.05$），故尚不能认为吉川译本与同时期日语文本的难易度之间存在差异。但此结果与前文验证得出的“吉川译本较为易懂”的结论存在差异，因而需要进一步分析。笔者查看各文本的难易度后发现，有不少文本的难易度为T13体系中的最高值13。由于T13体系难以对大学及以上（13）文本的难易度进行详细区分，因此笔者使用了B9体系重新评测了难易度并进行了方差分析，结果显示三组间差异存在统计学意义（$P=0.035$，$P<0.05$），由此可以判定吉川译本的难易度明显低于同时期的日语随笔及其本人的随笔作品，进而可以判断吉川译本易懂的特征并非其本人的写作风格。

① 梁红梅：《基于语料库的汉日人称代词使用频度对比研究》，载《西安外国语大学学报》2010年第2期。

表6　吉川译与同时期日语文本的F检验结果

变量	吉川译（$n=13$）	对照1（$n=10$）	对照2（$n=13$）	F	P
难易度（T13）	9.31±2.02	10.10±2.42	10.62±2.02	1.232	0.305
难易度（B9）	3.54 ± 0.97^{a}	4.30 ± 0.48^{bc}	4.38 ± 0.96^{c}	3.705	0.035

注：①上标使用不同字母表示多重比较组间差异具有统计学意义。

②对照1为吉川随笔作品语料库，对照2为同时期日语随笔语料库。

（五）与译者其他译作比较

在前文中笔者通过定性定量结合的方式对吉川的译者风格进行了考察，但囿于时间和精力并未构建吉川其余译作的语料库。因而对于吉川的其他译作，笔者主要参考读者和其本人的言说来进行分析。

首先关于逐语译风格方面，在前文中通过对新旧译本的比较，证明了吉川译本具有忠实于原作逐句逐字翻译的特征。另一方面吉川译本的STTR值及平均句长与原作呈高度正相关关系、难易度与原作接近等结论体现了吉川译本对原作的尊重。此外笔者经考察后发现此种风格并非吉川译《缘缘堂随笔》所独有，如吉川在谈及自身翻译手法时曾言："在尽量不对汉语中独有的概念添加附加物或是省略的情况下，直接将其转化为日语"①。又如谈及《尚书正义》的翻译方式时，吉川曾言："对于尚书正义原文中含混不清的地方如何不强行将其挑明，这是最为令我煞费苦心的。相较于找寻清晰明了的日语，我在寻找模糊的日语上耗费了更多的精力。"②从上述言论中可见吉川的逐语译风格是具有一贯性的。

其次关于平实易懂方面，前文通过译例分析发现吉川译本中多次出现俗语和口语表达，因而可认为其具有平实的风格。之后在与重译本相较时证明了吉川译本较为易懂；与同时期日语文本相较时进一步证明了其易懂的特点。然而在与原作对比时发现吉川译本的难易度与原作相近。因此虽可证明吉川译本具有易懂的特点，但无法说明是受到了原作的影响还是其译者风格所致。鉴于此笔者对吉川的其他译作进行了考察。如前所述吉川的译作颇丰，然而无论原作是否为现代汉语，吉川都将其译为现代日语。根据大久保

①『增補吉川幸次郎全集第十七卷』第517頁。

② 吉川幸次郎『吉川幸次郎全集第十九卷』第145頁、東京：筑摩書房、1969年。

友博的论文附表[①]可知1933—1940年间仍有不少译者将汉语作品译为训读文或日语古文。由此可知在当时采用现代日语进行翻译也是译作平实易懂的表征之一。此外从有关吉川译作的言说中也可一窥端倪。例如在提及吉川所译的《尚书正义》时，严绍璗曾评价道："吉川先生把佶屈聱牙的《尚书》及孔颖达的注释翻译成现代日语。这件从现在来看也是了不起的工作，在当时更具有对'中国学'研究的革新意义……"[②]；吉川也曾言："常听有人指责《尚书正义》的译本道：'用白话翻译得如此浅近易懂要费不少气力吧'"[③]。又如竹内好曾对吉川所译的《四十自述》评价道："译文十分易懂直白，虽然胡适的原文也是如此，但译文程度更甚。"[④]对此吉川则回复道："深刻的思想与文章才是在下所厌恶的。"[⑤]从上述言说可知虽然吉川译本有贴合原作难度进行翻译的倾向，但平实易懂的风格是具有一贯性的，属于其译者风格。

结　语

本研究通过先假设再验证的方式对吉川的译者风格进行了层层分离，最终验证了吉川的译者风格为"逐语译"及"平实易懂"。与此同时笔者还查找了有关吉川译本的相关言说，证明了上述风格具有一贯性，并非吉川译《缘缘堂随笔》所独有。然而本研究涉及的吉川译作皆为1950年以前出版，因而无法断言此后吉川的译者风格是否发生了变化，日后将扩充吉川其余译作的语料开展更为细致客观的分析。

李　尧　北京语言大学外国语学部博士研究生
吴　珺（通信作者）　北京语言大学东方语言文化学院教授

① 大久保友博/大久保ゆう、『吉川幸次郎と翻訳空間（学位論文「翻訳研究序論——空白の強度と翻訳者の現象学」より抜粋）』、2009年、第14—16頁。（https://www.alz.jp/221b/aozora/ts_yoshikawa.pdf.）大久保在上述论文中列出了1933—1940年间日本岩波文库出版的中文作品日译本的类型。笔者据此计算得出：1933年（训读文66.66%，不明33.33%）、1934年（训读文100%）、1935年（训读文80%，现代口语20%）、1936年（训读文100%）、1937年（训读文80%，日语古文20%）、1938年（训读文80%，现代口语20%）、1939年（训读文100%）、1940年（训读文50%，现代口语50%）。

② 中华书局编辑部编：《学林漫录四集》，北京：中华书局，1981年，第168页。

③『増補吉川幸次郎全集第十七巻』第518頁。

④ 竹内好『竹内好全集第三巻』第51頁、東京：筑摩書房、1981年。

⑤『増補吉川幸次郎全集第十七巻』第519頁。

日本近世对明清文学的接受及展开*

——以性灵派文学为中心

陈慧慧

摘　要：古文辞派推崇的“明七子”之复古以及山本北山与“江湖诗社”推崇的“二袁”之性灵，这两种明清诗文观是江户中后期汉诗界的主流。古文辞派的格调说近年来有不少的成果，然而反对格调派的性灵派研究却相对较少。因此，本论文主要将视点聚焦于古文辞派衰落后的近世江户后期汉诗坛，展开分析江户性灵派诗人受容的性灵派文学与明清性灵说的异同，并试论两者产生异同的原因。由此可以看到日本接受了中国性灵派文学，但又带着独特性开展了自己的文学活动。

关键词：性灵派　个性　真实　在野诗人　独特性

中日两国一衣带水，其文化渊源更是深远。其中诗歌的传播与交流更是值得密切关注的一环。日本对中国诗歌的享受在不同的时期也呈现出不同的面貌。平安时代的日本，诗歌的享受群体主要是平安贵族们，尤其是平安贵族的男性，作为学问的一种象征。到了中世，学问的主导者变为五山禅僧，于是诗歌的主要创作者除了传统贵族的学问家外，便集中于僧侣，而此时的诗歌也充满着禅味。到了近世，因德川家康聘林罗山为官学顾问，抬高儒学地位而试图以儒学治国，诗歌也随之蓬勃发展。①特别是到了江户中后期，商品经济的发展，阶层流动的扩大，让称为汉学的学问向下层流动，与此同时诗歌的享受群体也呈现向下流动的面貌，涌现出大批在野诗人。继而，诗歌的创作风格也就开始变化。换而言之，诗歌的创作风格与学术思潮息息相关。江户初期的诗歌受容浅显多变并未形成隆盛的局面，到了18世纪中后期德川将军颇为赏识荻生徂徕，于是徂徕派的学问风靡一时，与此同时占据江

* 本文为2020年国家社会科学基金青年项目“近现代中国书画在日本的流播研究（1880—1945）”的阶段研究成果，批准号（2020CF02602）。

① 市川本太郎『日本漢文学概説』、長野：东洋学术研究会、1969年。

户汉诗界的也是徂徕赞赏的复古派“明后七子”倡导的格调说，其高扬的创作标杆则是“文必秦汉，诗必盛唐”。但这样一种一味强调模拟的创作方式使诗歌陷入了千篇一律的死胡同中。同时，古文辞派（徂徕派）在诗坛的一家独大也引起众多诗人的不满。终于，天明三年（1783）素有“儒中之侠”称号的山本北山以《作诗志彀》发出了批判格调诗的第一声，其中大力推赞明朝公安派袁宏道的诗风。随后市河宽斋创立江湖诗社，继承北山之志，以袁宏道、袁枚的性灵诗风为旗帜，提倡宋诗的写实，为江户后期的汉诗坛带来了一缕清新之风。随着时代的发展，到了文化繁盛自由的化政时代，清新的性灵诗风似乎已经席卷了整个汉诗坛。这种现象在俞樾的《东瀛诗选》自序中可以得知：

> 其国文运肇于天贞，盛于元保，而天贞间诗不可得而见，所见者自元和宽永始，在中国则前明万历天启时也。自是至于今，垂三百年，人才辈出，诗学日盛，其始犹沿袭宋季之派，其后物徂徕出，提倡古学，慨然以复古为教，遂使家有沧溟之集，人抱弇州之书，词藻高翔，风骨严重，几与有明七子并辔齐驱。传之既久，而梁星岩、大窪天民诸君出，则又变而抒写性灵，流连景物，不屑以模拟为工，而清新俊逸，各擅所长，殊使人读之有愈唱愈高之叹。①

上文中所说的梁川星岩、大窪天民基本都与江湖诗社关系颇深。大多是在野文人，而比起袁宏道他们更加倡导的是袁枚，这与当时传到长崎的汉籍也有着极大的关系。如文化元年（1804）发行了由柏木如亭校正的《随园诗话》十卷，文化十三年（1816）市河宽斋编的《随园诗钞》六卷都进一步推动了袁枚在日本汉诗界的影响。而这股热潮一直延续到江户末期，如弘化四年（1847）发行了由上田元冲编写的《随园绝句钞》六卷及分别于嘉永五年（1852）和嘉永六年（1853）翻刻了《清六大家绝句钞》（按：中有《随园绝句钞》十卷）及《浙西六家诗钞》（按：中有《小仓山房诗》二卷）②

① （清）俞樾编：《东瀛诗选》，曹昇之，归青点校，北京：中华书局，2016年，第1页。

② 松浦章「清中期の袁枚『随園詩話』と市河寛齊編『随園詩鈔』」、『或問』15、2008年、第125—140頁。

一、性灵派的产生

据先行研究的考证，“性灵”一词的起源很早，刘勰的《文心雕龙》中提道:“人之所以是‘有心之器’，而不同于自然界的‘无识之物’，即在于人是‘性灵所钟’，有人的灵性”[①]；在《颜氏家训·文章》中也言及“标举兴会，发引性灵”[②]，此处的“性灵”都与人的内在心灵有关。钟嵘在《诗品》中则以性灵言诗，提倡陶性灵发幽思、吟咏性情[③]。至于“性灵”变为“性灵说”作为一种诗歌创作和评论主张应源于晚明的公安派。由于当时明前后七子倡导“文必秦汉，诗必盛唐”的复古主义，使得诗坛陷入模拟蹈袭的死胡同。在此种情况下，以袁宏道为主力的公安三派高举“性灵说”的旗帜，提出“独抒性灵”[④]、表现个性、真实地体现自己的欲望感情，其核心即是强调诗歌创作要直接抒发诗人的心灵，表现真实情感，认为诗歌本质即是表达情感，流露真情。清朝的袁枚继承并发展了此种文学观。日本江户后期流行的“性灵说”就是此文脉的支流。

袁宏道的作品其实在江户前中期就已经被江户文人所知所赏识。如元政上人，就曾写道:“病来耿不寐，对灯背佳月。卧读袁中郎，欣然摩头发。”[⑤]看出其对袁宏道的喜爱。他在自己的《艸山集》:“余尝答人书漫论文章曰，所谓有德者必有言，有言者不必有德。盖流自性灵者，有德之言也。出自模拟者，不必有德之言也。”[⑥]梁川脱岩也在自己的诗文中提及过袁宏道。但是江户中期当时并未形成一股流行的浪潮，直到18世纪后期19世纪初期的化政年间风靡一时。此种诗风的盛行除了前文提及的古文辞派的弊端显现的原因外，也提到了与当时传到长崎的汉籍有着极大的关系。如文化元年（1804）发行了由柏木如亭校正的《随园诗话》十卷，文化十三年（1816）

---

①（南朝）刘勰:《文心雕龙译注》，王运熙、周锋注，上海：上海古籍出版社，2012年，第1页。

②（南北朝）颜之推:《颜氏家训译注》，檀作文注，北京：中华书局，2016年，第142页。

③ 吕德申:《钟嵘〈诗品〉校释》，北京：北京大学出版社，1986年，第76页。

④（明）袁宏道:《袁宏道集笺校》《叙小修诗》，钱伯城笺校，上海：上海古籍出版社，2018年，第201页。

⑤［日］元政:『艸山集』(卷十四)『對燈』、京都：平楽寺書店，1930年、第11頁。

⑥［日］元政:『艸山集』(卷十四)『賀李梁谿戒酒詩并序』、京都：平楽寺書店，1930年、第15頁。

市河宽斋编的《随园诗钞》六卷都进一步推动了袁枚在日本汉诗界的影响。虽然山本北山是第一个提及性灵说之人，但真正践行并推动其发展的主要是以市河宽斋为首的江湖诗社及梁川星岩等“性灵派”诗人。

性灵派文学相关的先行研究在中日两国的学界都各有一些。中国的明清诗歌研究中较多涉及明清性灵派。代表作如戴红贤的《袁宏道与晚明性灵文学思潮研究》，着重突出了阳明心学与晚明性灵派的影响，此论述多被本文所引用。其次是伊恭弘的《明代诗文发展诗》、夏咸淳的《晚明士风与文学》、王恺的《公安与竟陵派：晚明两个新潮文学流派》以及孟祥容的《真趣与性灵——三袁与公安派研究》等著作都从各个方面对明清性灵派文学的背景、特征及影响做了深入的研究。这些论述都为本文作中日性灵派文学比较的研究提供了良好的借鉴。国内对于中日性灵派对比的研究目前不是太多，王晓平的《近代中日文学交流史稿》（1987）的《袁宏道的性灵说和山本北山的清新诗论》[①]中论及袁宏道与山本北山的关系；林章新的《袁宏道对日本诗文学的影响》[②]（1993）中也针对袁宏道对江户诗坛的影响进行了研究；张伯伟的《清代诗话东传传略论稿》[③]（2007）、陈广宏的《明代文学东传与江户汉诗的唐宋之争》[④]（2010）以及严明的《明清诗风之变对江户汉诗的影响》[⑤]（2013）中也提及了日本诗坛对明诗的看法。但是，这些论述都并没有全面系统且详细地对比中日两国的性灵派文学。刘芳亮（2013）所著的《日本江户汉诗对明代诗歌的接受》[⑥]中较为系统全面地比较了两国性灵派文学，但在细节处若干观点与笔者有些出入，本文也将参照其相似观点外提出自己不同的一些见解。

在日本目前有关性灵派文学的先行研究中，以中村幸彦的《新清论的文学观》[⑦]、揖斐高的《江户诗歌论》[⑧]以及合山林太郎的《性灵论以降的汉诗

① 王晓平:《近代中日文学交流史稿》，长沙：湖南文艺出版社，1987年。

② 林章新:《袁宏道对日本诗文学的影响》，载《文艺理论研究》1993年第1期。

③ 张伯伟:《清代诗话东传传略论稿》，北京：中华书局，2007年。

④ 陈广宏:《明代文学东传与江户汉诗的唐宋之争》，载《上海师范大学学报（哲学社会科学版）》2010年第6期。

⑤ 严明:《明清诗风之变对江户汉诗的影响》，载《中国比较文学》2013年第4期。

⑥ 刘芳亮:《日本江户汉诗对明代诗歌的接受》，济南：山东大学出版社，2013年。

⑦ 中村幸彦『新清論の文学論』『近世文芸思潮論』、東京：中央公論社、1984年。

⑧ 揖斐高『江戸詩歌論』、東京：汲古书院、1998年。

世界》[1]为主。中村是第一位提出"性灵论"的人，他强调性灵派文学中的"真"说道："性灵论就是尊重性灵、情趣、清新，于眼前求诗材。废弃萱园风雅论下展示士君子的气宇而强调华丽格调的作品，在诗中反映现实抒发自己的性灵，追求写实的作品"[2]。揖斐高将性灵文学归为三个要点：①"诗风之时代的变迁是必然的，否定排他性地尊重盛唐诗歌"；②"否定模拟剽窃的陈腐的作诗方法，追求新奇、清新、淡雅的表现手法"；③"比起诗歌的格调更主张诗歌根源的性灵"[3]。合山的观点基本基于揖斐高的观点。[4]这些先行研究都为本文的研究提供了非常有意义的参考价值。很可惜，日本很少甚至没有关于中日两国性灵派比较的探讨。

二、中日性灵派的文学思想

一个国家文学思想的产生与其社会文化密切相关。虽然日本借用晚明的"性灵说"来对抗当时江户诗坛的"格调说"，意图挽救僵化的诗歌，此种现象与晚明几乎一样。然而，其毕竟是产生于日本这块土地上，承载的社会文化思想都与中国相差甚远。本节将从思想基础、生活基础以及文学理论体系三个方面对中日性灵派文学进行对比分析。

（一）思想基础

关于性灵派文学与明朝中叶的阳明学的关系之研究已经有很多学者提出。多认为主要吸收了王阳明的心学及李贽的"童心说"之上发展而来的。如，袁宏道就非常推崇王阳明的思想，他说：仆谓当代可掩前古者，惟阳明一派良知学问而已。[5]阳明、近溪，真脉络也。[6]

---

① 合山林太郎「性霊論以降の漢詩世界」、『日本文学』、東京：御茶の水書房、61（10），2012年。

② 中村幸彦「新清論の文学観」『近世文芸思潮論』、东京：中央公論社、1984年、第395頁。

③ 揖斐高『江戸詩歌論』、东京：汲古书院、1998年、第64頁。

④ 合山林太郎「性霊論以降の漢詩世界」、『日本文学』、東京：御茶の水書房、61（10），2012年、第67—76頁。

⑤（明）袁宏道:《袁宏道集笺校》《又答梅客生》，钱伯城笺校，上海：上海古籍出版社，2018年，第797页。

⑥（明）袁宏道:《袁宏道集笺校》《答陶周望》，钱伯城笺校，上海：上海古籍出版社，2018年，第1359页。

而从戴红贤的先行研究[①]中可知，晚明性灵说深受阳明良知学的影响，主要体现在以下三方面：

1. 崇尚真善，反对虚伪。王学强调真诚自然美好是良知本性，使得与真诚自然相对的虚伪做作成了良知学说的批判对象。而李贽强调的绝假纯真之“童心”便是其所谓的“真善”。这一点在袁宏道的诗歌创作中得到了很大的重视。如他所说的“发为语言，一一从胸襟流出，盖天盖地，如象截急流，雷开蛰户，浸浸乎其未有涯也”[②]。

2. 尊重个性，不拘格套。“君子论学，固惟是之从，非以必同为贵。”[③]王阳明主张在求良知大同的前提下，容许存在学说之异，开创了自由的风气。不仅为“性灵说”的出现酝酿学术风气，也直接影响了其的创作手法，即反对格调说所遵从的“文必秦汉，诗必盛唐”，以及古今变化发展的文学观，如“文之不能不古而今者也，时使之也。……夫古有古之时，今有今之时，袭古人语言之迹而冒以为古，是处严冬而袭夏之葛者也”。“古之不能为今者，势也。……世道既变，文亦因之，今之不必摹古者也，亦势也。……事今日之事，则亦文今日之文而已矣。“今之不能诗之奇之妙之工之无所不极，一代盛一代，故古有不尽之情，今无不写之景。然则古何必高，今何必卑哉？”

3. 张扬自我，解放个性。王阳明说“人者，天地万物之心也；心者，天地万物之主也。心即天，言心则天地万物皆举之矣。”即充分肯定了个体自我之主体精神。由此也就引发出袁宏道比较看重诗歌的个性独特之美，即比较偏趣。

然而在日本江户的性灵派诗人如市河宽斋（1749—1820）、菊池五山（1760—1849）、大窪诗佛（1767—1837）等人身上并没有看到阳明学的影子，只有继承他们的性灵说并自成一家诗风的梁川星岩（1789—1858）在晚年沉溺于道学，尤其是1845年后寓居京都结识阳明学者春日潜庵、吉村秋

① 可参见：戴红贤：《袁宏道与晚明性灵文学思潮研究》，武汉：武汉大学出版社，2012年。

②（明）袁中道：《珂雪斋集》（卷十八）《吏部验封司郎中中郎先生行状》，上海：上海古籍出版社，1989年，第756页。

③（明）王阳明：《王阳明全集》（卷五）《文录二·答方叔贤》，吉林：吉林文史出版，2017年，第279页。

阳等人，深受王阳明与刘念台的影响。[1]然而星岩自身的诗风形成与其吸收的阳明学有多大的关系还有待进一步考证，目前并没有这方面的研究。虽然在江户性灵派诗人身上并未发现多少阳明学的影响，但是极大程度上解放汉诗，认可诗歌性情论的江户中期儒者伊藤仁斋（1627—1705）的思想里却能捕捉到心学的影响。如《心学元论》中提道：

> 夫道心者形而上者也，故谓之道人心者形而下者也。故谓之人，本不可分。分而言之者，性情之谓而非有两心也。其形而上云者，各率其性。而不杂以人欲之谓也。形而下云者，各从其欲而不根于天理之谓也。凡目之能视，耳之能听，口之之味，鼻之问臭，以至于孩提之爱共亲及其长而敬其兄，各率其性。而不杂以人欲者，皆谓之道心不由形生者也。目之于色，耳之于声，口之于味，鼻之于臭，以至于谋功求名就利避害，各从其欲，而不根于天理者，皆谓之人心。[2]

仁斋提出了“道心”与“人心”；“性”与“欲”这两组对立的概念，充分肯定了“人心”中的“人欲”。这极大地解放了当时人们的道统思想。虽然不能确定是否受到阳明心学的影响或其程度的深浅，但由此看到日本汉文学的文脉中是存在心学思想的影响的，只是具体接受了多少，影响了多少很难判断。至少，我们能看到日本的性灵派诗人并没有如晚明性灵诗人那般有阳明学思想的基础。虽说如此，日本文学脉络中却一直存在着注重“心”的物哀文学这样的主情思想基盘。如叶谓渠认为的日本古代“真实”和“有心”的文学思潮的发端的假名序[3]：夫和歌者，以人心为种，以千万词为表现。世人遭逢种种事件，做出种种行为，其心必有所思，辄发为语言表现者。

由此看到日本文学史的地下水脉中深藏着主心主情的文学论，到了近世仍被歌学者们所继承发展，如户田茂睡就主张“以真实的心来咏歌，则其歌真实，可动天地泣鬼神。”因此，可以说日本性灵派的产生与发展虽然并没

① 陈慧慧：《幕末诗人梁川星岩之研究——以其阳明学受容为中心》，载《日语教育与日本学》2019年第3期。

② 三宅正彦『近世儒家文集集成——古学先生詩文集』（第一卷）、東京：ぺりかん社、1985年、第41頁。

③ 叶渭渠：《日本文学思潮史》，北京：北京大学出版社，2010年，第70页。

有受到很大阳明心学的影响，但却是沉浸于整个主心主情文学思潮中成长起来的。

其次，晚明的性灵派诗人的性灵诗风形成除了从明朝中叶兴起的阳明思想的影响，还受到当时社会的俗学与情学的影响。

泰州学派尤其是王艮的“百姓日用之学”[①]的思想是俗学思想兴盛的重大推力。随着明朝经济和城市的繁荣发展，市民阶层也逐渐扩大的同时士与工的流通性也变大，全社会都弥漫着重俗与倡俗的风气。传统的雅文学价值观也随之变为以俗为雅。随着重俗与倡俗风气的扩散与阳明心学的渗透，情学开始产生。肯定人的情欲，尤其是冯梦龙的《情史序》中提及：“使人知情之可久，于是乎无情化有，私情化公，庶乡国天下蔼然以情相与，于浇俗冀有更焉”[②]，提倡情教，以情感化世人，这对性灵派中重视“真情”有着很深的影响。由此可以看到中国晚明性灵派的产生之思想基础中“俗”与“情”占有重要的地位。那么，我们来看看日本江户性灵派形成的思想基础是否同样也具有“俗”“情”呢?

提到“俗学”，我们能够想到上述提到的“伊藤学派”。与泰州学派的“百姓日用之学”极其相似的是伊藤学派所提倡的“道存于百姓之间”[③]。在江户中期的元禄时期，商品经济繁荣使得商人学者增加，商人对于学问的追求是伊藤学派出现的重要背景契机。同时，伊藤学派对情欲的肯定影响了其诗学的阐释即诗抒情，进一步解放了传统的诗言志的诗学观。

> 春秋以道名分格局既定，体面各殊。惟诗出于古人吟咏性情之言。而无勉强矜持之态。无润饰雕镂之词。是以见者易人，而闻者易感，故圣人取焉……古之风俗而能绘其盛衰治乱，人情物态者，其惟诗乎。[④]
>
> 诗本于性情，故贵真，而不贵乎伪。苟不出于真，则虽极其殚巧，要不足观焉。（三宅正彦：63）
>
> 余以为诗全在于情。三百篇至于汉魏，皆专主情。景以情生，情由

① 夏咸淳：《明代学术思潮与文学流变》，上海：上海社会科学院出版社，2019年，第190—204页。

② （明）冯梦龙：《冯梦龙全集·情史序》，南京：凤凰出版社，2007年，第230页。

③ 子安宣邦『伊藤仁斎の世界』、东京：ぺりかん社，2004年、第86頁。

④ 三宅正彦『近世儒家文集集成——古学先生詩文集』（第一卷）、東京：ぺりかん社、1985年、第42頁。

竟畅，未尝不出于情。（三宅正彦；62—63）

前文部分中已经论及仁斋在道学中首先肯定了“人欲”，而上述的记载更能看到其在诗歌中又提出了诗是吟咏性情之言。“性情”概念的提出极大地解放了江户中期文人的思想，这种思潮积蓄到了江户晚期便形成了一股狂流，性灵派诗人的出现及此风潮便是这股狂流的体现。而到了化政期间商品经济与文化更加繁荣，市民阶层也同样扩大，社会阶层的流通变大。另外，草纸文学、黄表纸及狂诗戏文等俗文学也大量产生，也说明了文学享受群体的变化。这些都为江户后期性灵派文学的产生奠定了思想基础。由此，我们看到与中国晚明的社会状况相似，日本也有着“俗”学与“情”学的思想基础。

（二）生活基础

下层基础决定上层建筑，所以诗人的诗歌思想与风格都与其的生活基础有着密切的关联。本文所述的生活基础主要分为两类：在朝为官与在野为民；其次是经济的来源，通过这两点能够了解诗人的生活状况。晚明的性灵派诗人最具有代表性的当然是提倡者三袁兄弟，这三人的经历众所周知，都是入仕为官者。除了宗道的仕途之路比较顺利之外，袁宏道、袁中道及清朝的袁枚，其仕途之路都非常不理想，仕途不如意的他们在亲近佛禅、寄情山水间，诗风也发生了变化。但不管如何，他们的社会身份依然是士大夫，虽然清朝的袁枚有些不同。由此，中国性灵派诗人半官半隐者居多，他们对朝廷因自己的才华得不到施展有着不满愤懑，但也正是因为如此他们又将自己寄情山水中多了一份闲适。且因是半官半隐，所以在经济的来源上还是相对有所保障的。到了清朝袁枚之时有所改变，袁枚直接放弃读书人的仕途之路，建立随园靠卖诗画与收弟子为生，这点日本的性灵派诗人与他十分相似，在这点上可以说诗体现出了中日两国的历史共识性。

那我们看看日本江户的性灵派诗人。市河宽斋在《宽斋漫稿中》的《与源温仲先生》中写道：

社名江湖是取宋人之流派。曰吾辈不座朝不与宴。幸生大平之世、沐浴含鼓之泽。即知得为庶人即足…昌平辞职后、跧伏东郊之外、绝君子之交、日々生徒谢。于此大力展所好、与一二从游之士盟结吟社、日々以为娱乐。…或谓、诗风之变始于江湖诗社。[1]

上文宽斋阐述自己受政治风波被下野，于是组织一帮“庶人”建立起江湖诗社，不理朝堂只论诗词之风雅。这里的“庶人”即是与“官”相对的概念。可以说江湖诗社的成员都是在野的民间文人。而更值得注意的是小岛梅外是商人家庭出身。由此我们看到中日两个性灵派诗人的社会阶层属性存在着很大的差异，这也导致了两者表现出的性灵说的不同。而江户后期这些游离于政府外的在野诗人之所以能够出现的最大原因是当时的社会环境。江户后期尤其是到了文化文政时期，商品经济的高度繁荣导致富农富商对文化的需求增加，加之当时的中国趣味的流行使得汉诗成为文化素养的标杆，而在此之前即18世纪的后半汉诗已经开始脱离学问的范畴独立出来，由此产生了大量的在野职业诗人。[2]他们四处奔走尤其是去往文化需求不足的乡下，靠结诗社收弟子以及售卖字画为生。而江湖诗社的诗人们几乎都是如此谋生的。正是这样游离朝廷，四处游走的自由之身导致他们在诗作上更加追求真实，凸显个性。如柏木如亭在自己的随笔集《诗本草》中就如实地记录了自己的所思所为，在末尾坦诚地吐露自己青楼之游：“余少时尝堕在酒肴山于北里中，作吉原词30首，颇为同臭所赏，后不复作此种诗。糊口四方，稿亦散落，不复知近日都知属阿谁也。追忆往事，亦游仙枕上一梦哉，今录所记者二十首以附卷末。”[3]

（三）文学理论体系

笔者在文学理论体系这一节主要分为文学观念和作诗手法这两类来探讨。中国晚明性灵派的最主要文学观念就是“直抒性灵”与“发展的文学观”。如袁宏道提出“独抒性灵，不拘格套”[4]，袁中道也言及：“能为心师，不师于古”[5]，都是重视“心”“性灵”，讲究直接抒发自己内心真实的情感。日

① 市河寛斎『寛斎漫稿』、東京：遊德园、1926年、第89頁。

② 可参见：日野龍夫「儒学と文学」、『江戸文学と中国』、東京：每日新聞社、1977年。

③ 揖斐高『柏木如亭诗集1』、東京：平凡社、2017年、第94頁。

④（明）袁宏道：《袁宏道集笺校》《叙小修诗》，钱伯城笺校，上海：上海古籍出版社，2018年，第201页。

⑤（明）袁中道：《珂雪斋集》（卷十八）《吏部验封司郎中中郎先生行状》，上海：上海古籍出版社，1989年，第756页。

本性灵派诗人也同样有此观念，如俞樾的《东瀛诗选》中说道："梁星岩、大窪天民诸君出，则又变而抒写性灵，流连景物，不屑以模拟为工，而清新俊逸，各擅所长……"[①]但是中国性灵派还有一个非常重要的文学观念就是"发展"，认为时代在变诗文也在变，古今没有高低只是在变化。这从袁宏道所说的"文之不能不古而今者也，时使之也。一代盛一代，故古有不尽之情，今无不写之景。然则古何必高，今何必卑哉？"[②]这段话中就能明显察觉到晚明性灵派诗人所追求变化的不仅仅是样式的变化，而是古今发展的变化观。然而江户性灵派诗人似乎在"发展"观上并没有特别的重视。首先看一下第一位发声的山本北山所言。

> 中郎ハ詩ヲ性霊ニ発シ、于鱗ハ詩ヲ辞ニ求ム、中郎ガ詩ハ千篇千様、変化キワマラズ、于鱗ガ詩ハ篇々一律ニシテ、変化ナシ。[③]（译：（袁）中郎之诗发于性灵，（李）于鳞之诗求于辞，中郎之诗千篇千样，变化无穷，于鳞之诗千篇一律，毫无变化。）

上文讲袁中郎（袁宏道）的诗讲求发于性灵而李于鳞的是讲求辞，中郎的诗文千篇千样，变化无穷，而于鳞的诗千篇一律没有变化。这里可以看出北山重视的是诗歌的样式修辞的变化，并未提及诗歌时代的变化。同样实践性灵的江湖诗社的盟首市河宽斋和最追求性灵的江湖诗社门人柏木如亭[④]也都没有注意过时代变化的发展观。市河宽斋在自己的《宽斋漫言》中说："诗者心之声也……以不同之心发之所遇之异。故李杜王孟元白皮陆。各异其体。降而宋而元明。绝无有模拟剽窃之迹。是谓之各成一家之言矣。"[⑤]

可以看出柏木如亭的变化诗文观。柏木的意思是不同的人有不同的想法，不同的时代诗歌的体裁样式不同，诗歌不能模拟要成一家之言。可以看

---

① 俞樾：《东瀛诗选》，北京：中华书局，2016年，第1页。

②（明）袁宏道：《袁宏道集笺校》《与丘长孺书》，钱伯城笺校，上海：上海古籍出版社，2018年，第765页。

③ 日野龍夫「儒学と文学」、『江戸文学と中国』、東京：毎日新聞社、1977年、第224頁。

④ 日野龍夫「儒学と文学」、『江戸文学と中国』、東京：毎日新聞社、1977年、第224頁。

⑤ 富士川英郎『江戸後期の詩人たち』、東京：平凡社、2012年、第78頁。

到他对抒发性灵，变化个性的重视，虽然提及各异其体，降而宋而元明。但是柏木注重的并非是时代的发展，而是变化的个性。

在作诗手法上，笔者想从性灵派诗风的"真""雅""趣"这三方面来论述。首先是"真"，即吐露真情，将诗歌从封建礼教的束缚中脱离出来，最显著的特点就是诗歌的内容不再只是言志，还能够抒发男欢女爱。这在中日两国的性灵派诗人的竹枝词中都有所体现。柏木如亭作《吉原词》，将青楼妓女的媚态刻画得栩栩如生，而其师市河宽斋的《北里歌》也同样是描写栅栏酒肆的男欢女爱，虽然市河在晚年表明当初的风俗词只是一时戏手，不愿承认。予昔时与友人论诗云，诗无不可作者，只在上下其格耳。走笔作此亦一时戏手，后传播渐广至有图上梓者使人汗颜。[1]

这与他晚年出仕境况有所关系，也是他自身潜在的儒家意识的作用下产生的。但中国性灵派的风俗词除了私情之外还有着关注民生的现实性。如汤显祖的《闻都城渴雨，时苦摊税》"五风时雨亦为褒，薄夜焚香沾御袍。当知雨亦愁抽税，笑语江南声渐高"，这首诗文中我们明显能看到华丽纤细的文字背后，诗人对百姓因苛捐杂税而痛苦的关怀。袁宏道所作的《竹枝词》也同样如此。如"贾客相逢倍惘然，楩楠杞梓下西川。青天处处横珰虎，鬻女陪男偿税钱"也是关注民生，苦百姓之苦。这在日本的性灵派诗人的诗作中是看不到的，这与两国诗人的社会地位可能也有很大的关系。

其次是"雅"的风格。袁枚曾言："诗难其真也。有性情而后真。否则敷衍成文矣。诗难其雅也，有学问而后雅。否则俚鄙率意矣。"[2]由此可知，雅是性灵诗风的重要组成部分，"雅"的前提是"真"，但又不能真到粗鄙，所以需要学问的辅助。袁宏道所说的"雅"与学问有着莫大的关联。其次，"雅"与"淡"相呼应，即追求的是"淡雅"。如袁宏道说："苏子瞻酷嗜陶令诗。贵其淡而适也。几物酿之得甘，炙之得苦。唯淡也不可造也。不可造，是文之真性灵也。浓者不复薄，甘者不复辛。唯淡也无不可造。无比可造是真变态也"[3]，由此看出宏道提倡"淡"到不可造便是真。京都的性灵派诗人摩岛长弘（江户儒者诗人）非常重视"淡"，他写给清水长孺的序文中

① 中村佛庵「崑岡炎余」、『北里歌』、1826年、第2頁。

②（清）袁枚:《随园诗话译注》，唐婷注，上海：上海三联书店，2014年，第32页。

③（明）袁宏道:《袁宏道集笺校》《叙呙氏家绳集》，钱伯城笺校，上海：上海古籍出版社，2018年，第1195页。

道："余曰翁之淡出乎天非物之所能移也，夫淡则奇也奇则淡也，淡者自然之谓也，自然则触而发者真机活泼无往而不奇矣。"[①]由此，我们看到摩岛提及"淡"时，是将之与"奇"所联系在一起的。"淡"到物不能移即不可造时便是"奇"了。这点与袁宏道的"淡"之观念稍稍有些出入。除了摩岛外提及"淡"的日本性灵派诗人至今还未发现，由此也看到"淡雅"的受容还是比较稀少的。

性灵派诗人在"真""淡雅"的追求之外，受到阳明心学的影响及当时审美意识的影响还追求诗文的"趣"。这个"趣"主要就是凸显个性的"趣"。如"无端见白发，欲哭翻成笑。自喜笑中意，一笑又一跳"[②]（《偶见白发》）非常的浅显易懂，甚至为了突出个性的趣而有丢失淡雅之嫌。其次的这首更是充满诙谐嘲讽之趣，"骨如枯枝面如灰，顷刻酸呼四五回。人世万千穷恼病，被君包揽上身来"[③]。（《子公贫病，无日开颜，闷坐舟中，口占乞笑》）但是日本性灵派诗人的诗作中较少有如此大胆诙谐之趣的作品。虽然江户诗人们也追求诗歌的趣味，如自嘲夏天蚊子太多的清水长孺《夏闺怨》"十幅纱窗叠碧波，蚊雷四面楚声多。满身香汗难眠得，独拥青奴如若何"[④]，从诗文中能够读出作者自我调侃之趣，"近来诗癖甚，载酒问山兄"[⑤]（清水长孺《故人家在桃花岸》）中也是带着满满的童趣。但是都没有中国晚明诗人之大胆与诙谐。

三、中日性灵派异同之原因

（一）诗歌本身的内因

中日两国性灵说产生的内部原因都与格调派的独大与弊端的显露有关。明朝前后七子提出的复古模拟使得诗歌失去灵性、千篇一律。而日本也是一样，古文辞派推崇明七子的拟古做法，狄生徂徕以"文必秦汉，诗必盛唐"

① 清水長孺『蜑煙焦余集』、京都：京师书林、1824年、第2頁。

②（清）朱彝尊:《静志居诗话》卷十六，嘉庆年扶荔山房刻本，第18页。

③（明）袁宏道:《袁宏道集笺校》《广陵集》，钱伯城笺校，上海：上海古籍出版社，2018年，第603页。

④ 清水長孺『蜑煙焦余集』（下）、京都：京师书林、1824年、第2页。

⑤ 清水長孺『蜑煙焦余集』（上）、京都：京师书林、1824年、第12页。

为标杆，一味地模仿明朝拟古诗风，更是使江户汉诗坛一片死寂[①]。两国性灵派的产生都是诗歌自身发展的需要，只不过日本能够以明清为借鉴提出了解决方案。但是由于文化基础的差异，江户的性灵说并不能学到性灵说的精髓，达到真正的性灵。

另外，纵观日本整个汉诗的历史，我们能看到从平安时代开始历经中世到近世，日本的汉诗接受史中一直存在着互为对立的诗歌爱好倾向。如平安时代平易通俗的白居易文学和典雅华丽的《文选》都受到追捧与喜爱；中世虽然五山禅文学占据文坛，普遍追崇写实的宋诗风，但也不乏格调雅正的诗文；到了近世从林罗山的儒者文学开始更是一直徘徊左右于两种基调不同的汉文学中。崇唐或尊宋，高雅或通俗，格调或写实这不同风格的诗歌一直都交织于日本汉文学的脉络中，只是随着时代环境的不同互为显隐而已。且追溯于平安朝起写实真实主义的文学思潮就一直存在日本社会，到了近世国学者们如贺茂真渊提出的“真言论”（古风之歌真言也）、小泽芦庵主张的“新情论”（注重有个性的常新的情）等都为性灵派的发展推波助澜。

（二）社会环境的外因

诗歌诗论的产生都与时代背景、社会状况息息相关。晚明由于政治的崩盘使得思想控制放宽，万历后阳明心学的盛行，俗学与情学的出现发展更是为性灵说的发展提供了社会思想基础。而日本在江户后期19世纪初期的文化文政时代商品经济发达，文化繁荣，社会阶层流通性变大，人们的思想越发自由活跃，伊藤学派对人欲对俗的肯定也都为性灵说的发展提供了肥沃的土壤。同时，迎合庶民需求发展兴盛而起的国学在一定程度上也使性灵派文学的流行拥有了更广泛的受众群体和思想基础。

其次，从中国运往长崎的书中便有当时较为流行的袁枚的著作，如，1813年市河宽斋在长崎得到袁枚的《小仓山房诗集》则是性灵诗风风靡的偶然因素，就是所谓的时势造英雄。宽斋在《小仓山房诗集》的基础上编写并出版了《随园诗抄》，此书一问世更是使得性灵诗风广泛受众人喜爱与接受。[②]

---

① 揖斐高「江戸の漢詩人」、『江戸文学と中国』、東京：毎日新聞社、1977年、第78頁。

② 松浦章「清中期の袁枚『随園詩話』と市河寛齊編『随園詩鈔』」、『或問』（15）、2008年、第125—140頁。

四、日本性灵派的影响意义

大多数日本读者的汉语阅读能力有限，在接受汉诗文时历来倾向于那些通俗平易的作品。正如江户时代的学者室鸿巢（1658—1734）在《骏台杂话》中说："我朝自古以来疏于唐土文辞，能读李杜诸名家诗者甚少。即使读之，难通其旨。适有白居易的诗，平和通俗，且合于楼歌之风，平易通顺，为唐诗上等，故只学《长庆集》之风盛行。"[①]

而江户后半期性灵说的盛行打破了汉诗必须师古的格调难题，使得汉诗的传作变得容易并且所作的诗文通俗易懂，普及大众。而至近代，庶民普及平易化的汉诗更是与生活相结合受到大众喜爱。如木下彪在《明治诗话》中说道："汉诗文受庶民文学影响，变得更加平易化、游戏化，呈现出与现实生活相结合的写实倾向。"[②]同时，性灵派所主张的"个性"追求也为日本近代诗坛甚至是近代文学的发展都提供了极大的帮助。如近代文坛极有盛名的夏目漱石在《回忆往事》[③]五中曾讲到自己以"兴"以"趣"为主的诗文创作观，而这种观念我们是否可以看作是江户后期性灵派文学的遗产呢？如外交官堀口的《长城诗抄》（大门出版、1975）中如下评价夏目漱石汉诗的优点：

> 漱石の漢詩のよい処は、在来の日本の漢詩と異なつていて、全く一風変わった所謂個性のある漢詩である点である。(…) 言い換へれば、そこに本当の詩があると言ふことになるのである。[④]
>
> 译：漱石的汉诗的优点在于，它与传统的日本汉诗不同，是一首别开生面的具有个性的汉诗。(……) 换句话说，那里有真正的诗。

由此可以看到上述的评价着重于"个性"。这点恰好是性灵派最重要的追求。因此，近代文坛的汉诗追溯其源，不难发现性灵派的印记。而从性灵派中衍生出的汉诗普及对近代文学有无影响这一点，还有待考察。

---

① 吉川幸次郎：《中国诗史》，上海：复旦大学出版社，2001年，第252—253页。

② 木下彪『明治詩話』、東京：文中堂、1943年、第166—167頁。

③ 斎藤希史「漱石詩の読者たち」、『日本近代文学』(98)、2018年、第4—5頁。

④ 斎藤希史「漱石詩の読者たち」、『日本近代文学』(98)、2018年、第7頁。

五、结　语

以上，简单地比较论述了中日两国的性灵派文学。特别针对思想基础、生活基础以及文学理论这三个方面进行论述。明末的性灵派文学中，阳明学思潮、俗学及情学都发挥了较重要的作用，然而江户的性灵文学中并未看到阳明心学的影响，但是能够看到积极肯定俗与人情的思想之存在。其次，明末性灵派诗人受社会政治的影响多是半官半隐的生活状态，因其为官属于“士”阶层，所以无忧于经济收入。与此相对的江户诗人则恰恰相反，大多是游离于体制外的自由在野的文人，至于经济方面，由于化政年间商品经济发达，富农富商对文化的需求提高，而汉诗脱离于儒学成文文人趣味的一种流行，同时各地书画会的举办和兴盛产生了许多职业诗人、画家等职业文人。因此，江户的性灵派诗人大多数是作为职业诗人游离全国，来获取经济收入。这种生活方式与清朝的袁枚相似。最后，作诗观念与手法上，两者也存在着差异。中日两国同时重视“直抒性灵”这一点，但在“发展变化”观上却不同。明末性灵派不仅仅重视诗歌形式体裁的变化，更重视的是古今变化的时代发展观，而江户性灵派似乎更多地关注形式体裁的变化。作诗手法中两者同时注重“真”“雅”“趣”，但在“真”的方面，明末性灵派除了有江户性灵派所强调描述男女私情的“风俗词”外，更多了一份对民生关注的现实性。我想这与日本文学脱离政治、重视私情的传统文学观念相关①。另外，明末性灵派重视的“雅”之“淡”与因阳明学而发展得来的讲求个性诙谐大胆的“趣”在江户性灵诗中并未很好地得以体现。

因此，可以看到虽然日本借鉴吸收了中国的性灵派文学，但其性灵文学终究是植根自己本国的社会政治环境之土壤，呈现出很大不同的变貌。我们能够看到日本性灵派文学是与其自身的民族传统文学相互对话、相互影响中得以发展的。另外，由于日本性灵派文学缺乏晚明性灵派中最重要的阳明心学的思想基盘，其性灵派文学有着较大的局限性，并未达到公安派所倡导的“性灵”之高度，虽然明末后期性灵也流于模拟死板失去其意义。但即使如此，日本性灵派文学在日本文学发展史中依然具有极为深远的影响，尤其是汉诗的普及以及近代文学的发展，都受到了它的波及。这也正好印证了美国学者露丝·本尼迪克特在其《文化模式》中所言那般：“‘文化的自身意图’

---

① 铃木修次『中国文学と日本文学』、東京：東京书籍株式会社、1986年、第37頁。

从周围地区的那些可能的特性中选择其可用者，而舍弃了那些无用者。它把其他的特性都重新改造成为与它的需要相一致的样子。”[1]

陈慧慧　浙江外国语学院日语系讲师、日本关西大学东西学术研究所副研究员

①［美］本尼迪克特:《文化模式》，何锡章、黄欢译，北京：华夏出版社，1987年，第36页。

《骆驼祥子》韩译本解说中的形象建构*

刘云海

摘　要：作为文本阐释与批评的重要手段，解说常用于小说艺术中的叙事补充，鲜有研究将其聚焦于翻译副文本的文化调节。韩国汉学家金容沃1986年出版的首部《骆驼祥子》韩语全译本因解说翔实而极具特色。针对长期以来韩国人意识中的“蛮夷化”中国形象，金容沃选择坚持“理解现代中国”的文化立场，批判了当时韩国民众对现代中国的无知，在解说中通过“淡化—显化—美化”的渐次建构，实现了中国形象由“蛮夷化”到“去蛮夷化”的演进式嬗变。译本解说中汉学家的“去蛮夷化”建构改变了韩国民众对现代中国的认知模式，重构了其对现代中国的文化记忆，为探讨副文本中的文化形象塑造提供了有益参考。

关键词：中国形象　文化立场　副文本《骆驼祥子》韩语

翻译副文本不仅调节文本接受，还建构文化形象。近年来，副文本形象建构逐渐成为国内跨文化形象学研究的焦点。[①]法国文论家热奈特（Gérard Genette，1930—2018）最先提出“副文本”（paratext）概念，将协调文本与读者关系定义为副文本的主要功能。[②]英国学者凯瑟琳·巴切勒（Kathryn Batchelor）在《翻译与副文本》（Translation and Paratexts）中也指出，以副文本为译者介入或现身场所的研究是副文本与翻译研究结合中的热点，副

* 中央高校基本科研业务费专项资金资助项目阶段性成果，项目号（22YJ020010）。

① 贺显斌:《从〈三国演义〉英译本看副文本对作品形象的建构》，载《上海翻译》2017年第6期。

② 转引自邓海丽:《杜博妮英译〈在延安文艺座谈会上的讲话〉的副文本研究》，载《文学评论》2021年第3期。

文本不仅“为文本提供评论，将文本呈现给读者，还影响文本接受”①。国内有研究将副文本对文本接受的影响表述为“文化调节”，指译者通过副文本书写拉近译入语读者与文本间的文化距离，使读者不断接近源语文化现实，通过时间、空间、视角、视域和主体等方式进行调节。②然而，副文本中的形象建构不是随意而为，同样发挥着文化调节的作用，却未引起上述研究者足够重视。虽然学界多关注到“译注中的形象是对缺场文化的重组、重写”③，但鲜有学者就解说等其他副文本中的形象塑造展开深入探讨。解说对于读者理解的重要性毋庸置疑，它不只是“原创意思的表达，更是对已有意思的重构”④。解说重构叙事功能，不是译者恣意发挥，而是文化形象的理性想象。探索解说中的形象建构，可有效拓展副文本形象研究的空间和潜力。

解说中的形象建构还凸显了对社会问题的理性思考。20世纪80年代中韩建交前，为调节韩国读者意识中的文化形象，增进中韩现代文化交流，汉学家金容沃在《骆驼祥子》韩译本长篇解说中通过对中国形象的“去蛮夷化”建构，提高译入语读者接受度，为日后译本经典化奠定了坚实基础。该译本副文本特色鲜明，仅介绍中国历史、文化等背景的长篇解说就多达242页，这在文学翻译中是极为罕见的。除建构文化形象外，标新立异的解说还暗含着译者的文化立场，其在20世纪80年代推动中韩文化交流的历史价值却长期被忽视。本文将探讨解说中的中国形象“去蛮夷化”建构，解读汉学家译者的文化立场，并揭示其在特殊历史文化语境下重塑中国形象的动因。

一、“蛮夷”形象与“去蛮夷化”

由于读者固有的文化观念影响着对文本的接受，译者常通过副文本书写

① Batchelor Kathryn，*Translation and Paratexts*（London：Routledge，2018），p.12. 此处翻译参考自于洋欢、朱源、董雁：《副文本：翻译研究的另一扇窗口——凯瑟琳·巴切勒新著〈翻译与副文本〉评介》，载《中国翻译》2019年第6期。

② 胡业爽：《副文本在文学外译中的文化调节研究》，载《外语学刊》2020年第3期。

③ 魏家海：《〈荒原〉汤永宽译本注释中的文化形象建构》，载《解放军外国语学院学报》2019年第6期。

④ 傅浩：《解说的必要——以叶芝诗为例》，载《外国文学》2018年第4期。

调节文化形象，使文本更利于被理解和传播。魏家海将文化形象调节方式分为：强化、改变或增加，[①]其中形象强化指原来的文化形象由模糊变得清晰，形象改变指形象内涵由此及彼发生质的变化，形象增加指文化内涵产生增值。鉴于韩国存在一种视中国为“蛮夷”的文化现象，如何降低或消除（改变）“蛮夷”形象对文本接受的负向影响，成为译者不可回避的课题。

（一）异域的中国“蛮夷”形象

蛮夷形象首先要从“蛮夷”这个民族概念说起。古代，“蛮夷”与“华夏”相对，一般指中国的四边（分别为“北狄”“东夷”“南蛮”和“西戎”），古代朝鲜半岛和日本就属于东夷范围之内。作为一个文化术语，“蛮夷”后来衍生出边缘、落后和愚昧之义。国家层面，对“蛮夷”的认识和理解上升为中原王朝治边思想的理论基础，称为“蛮夷观”。[②]历史进程中，蛮夷观的内涵不断发展演变，逐渐由最初仅指涉边疆民族，扩展到讨论与周边国家的关系。中原王朝的蛮夷观是“传统东亚国际秩序得以建立和维系的基础”[③]，奠定了早期东亚国家民族间文化想象的雏形。在朝鲜半岛民众意识中，中国从原先的“华夏”坠落到近代以来的“蛮夷”，国家地位由中心滑向边缘，中国形象的“蛮夷化”经历了由部分（少数民族）到整体（国家）的转喻式建构。明朝时期，李氏朝鲜也仿效中原王朝，视在中国东北边疆生活的女真、契丹等民族为“蛮夷”。清朝一统中原后，朝鲜开始以“小中华”自居，内心仍然视清朝为“蛮夷”。[④]近代以降至中韩建交前，中国日趋衰落与贫穷，而韩国建国后迅速实现工业化和现代化，视中国为“蛮夷”的蔑视观念在经济发达的韩国更加流行。

究其原因，韩国视域下中国“蛮夷”形象的生成是历史与现实双重互动的结果，不仅学理上存在深厚的历史渊源，主体上也不乏深切的现实体悟。从历史角度来看，韩国继承了朝鲜时期“蔑清”的华夷观。这种鄙夷的形象

① 魏家海：《〈荒原〉汤永宽译本注释中的文化形象建构》，载《解放军外国语学院学报》2019年第6期。

② 方铁：《论元明清三朝的蛮夷观》，载《社会科学辑刊》2016年第1期。

③ 谢桂娟：《传统东亚国际秩序的多重内涵》，载《延边大学学报（社会科学版）》2016年第2期。

④ 王桂东：《韩国电影中的“蛮夷”形象解析》，载《北京电影学院学报》2020年第3期。

最早起源于元朝时期的"掠夺军"。[①]与明朝时期的"尊华"不同，朝鲜之所以不认同清朝的中华正统身份，除了"华夷之辨"的固有观念之外，还考虑到"国家（民族）利益，是为了维护国家政治统治的需要"[②]。明清之交，朝鲜"蔑清意识"达到了顶峰，不再把清朝治理下的中国看作"中心"，认为遵守清朝制度的国家同样属于"劣等"，像安南国等仍然尊奉明朝制度的国家则是文明的象征。[③]从现实角度来看，大韩民国临时政府与中华民国保持了良好关系，但受意识形态影响韩国与新成立的中华人民共和国断绝外交往来。朝鲜战争时，韩国军队屡屡败北，将正义之师中国人民志愿军"妖魔化"，大力宣传反共思想，为现代中国再次加深了"蛮夷"形象的印记。韩国人意识中的中国"蛮夷"形象拥有根深蒂固的历史传统，易于形成偏颇固执的思维定式，影响着韩国人对现代中国的整体想象。

（二）解说中的"去蛮夷化"建构

为破除固化的"蛮夷"形象，金容沃在解说中遵循"不破不立"的总体原则，尝试对中国形象进行"去蛮夷化"建构。产生这种想法的直接原因，来源于金容沃对韩国当局书籍管控政策的严重不满，他认为"现在的中共资料对我们没有任何害处，应该开放有关中共的学术资料，继续严格管控下去将危及民族文化发展"[④]。事实上，管控政策的取消，还要依赖当局者对中国看法的改变。在金容沃看来，根植于韩国因循守旧思想的中国"蛮夷"形象，是造成当局对中国恐惧不安、严防死守的根源。"去蛮夷化"的重要性在于，只有破除落后的文化形象，丢弃守旧思想，与时俱进，才能迎接光明未来。因此，金容沃在解说中综合运用多种文化调节方式，通过淡化—显化—美化的渐次建构，实现中国形象由"蛮夷化"到"去蛮夷化"的演进式嬗变。下文将依次对各个阶段的突出特点等进行一一描述。

首先是淡化"蛮夷"形象。金容沃从韩国日常饮食谈起，通过追溯饮

---

① 라오서 지음，최영애 옮김，김용옥 풀음:『루어투어 시앙쯔』，경기도：통나무，1986，29쪽.

② 谢桂娟:《传统东亚国际秩序的多重内涵》，载《延边大学学报（社会科学版）》2016年第2期。

③ 량짜오:「명청교체기 조천록의 서술방식과 작가의식 연구」，경북대학교 박사논문，2018.

④ 라오서 지음，최영애 옮김，김용옥 풀음:『루어투어 시앙쯔』，경기도：통나무，1986，242쪽.本文韩文翻译未特别说明均由本文作者翻译。

食来源，拉近中韩两国人民之间的心理距离。当时，韩国随口便称中国人为“清国奴”，就连在韩华人节庆时善意送来的粽子和鸡蛋都避之唯恐不及。其实，那些粽子和鸡蛋与韩国人喜欢的炸酱面和糖醋肉并无差别，均出自首尔餐厅“东海楼”中国师傅之手。[①]他又上升至文化层面，将饮食文化与儒家文化类比，认为它们同属中国文化，即应同等对待，对崇尚朱子理学而蔑视中国饮食的双标做法不敢苟同。金容沃还从价值观层面进行探讨，反思蔑视中国的丑陋行为。“洋鬼子”和“清国奴”同为外国人，那为什么韩国人向做尽坏事的美国外教谄媚，而不愿走近中国人呢？其原因可能是韩国深受西方价值观影响，不知不觉便戴上了有色眼镜，不仅无辨别地崇洋媚外和贬低中国，甚至连说着韩国话的韩国人都不正眼相看。译者由表及里层层递进，按照本国“文化中的模式、程序而重组、重写”[②]“蛮夷”形象，揭露“双标”行为的虚伪，批判贬低中国的错误观念，从本质上磨蚀“蛮夷”形象存在的根源。

其次是显化悲剧形象。金容沃以血和泪为线索对近现代中国的悲惨命运进行刻画，在回忆血淋淋的刻骨教训中，重重烘托悲剧中国的历史形象。鲁迅小说《药》中，迷信吃了人血馒头能治痨病的底层大众，已经在被鸦片毒害的黑暗社会中完全丧失了自我。[③]这是劳苦大众的社会悲剧。血汗钱被抢走的车夫祥子，最终走向自私和堕落，靠出卖革命党苟延残喘。这是底层旗人的人性悲剧。作为感情延续和形象过渡，译者对文本中隐含的悲剧形象显化处理，“使原来的文化形象由模糊变得清晰”[④]。解说讲述了近现代广大中国人民的凄惨经历，勾勒出悲剧中国的历史人物壮阔图景。

最后是美化（正名）红色形象。朝鲜战争时，韩国人将战争灾难和亲人伤亡归因于中国军队的参战，将他们想象为“恶人”。[⑤]冷战结束前，韩国政府一直视中国为邪恶的“敌对国”。受政府管控影响，韩国人对中国的认

---

① 라오서 지음, 최영애 옮김, 김용옥 풀음:『루어투어 시앙쯔』, 경기도: 통나무, 1986, 23쪽.

② 孟华:《比较文学形象学》，北京：北京大学出版社，2001年，第157页。

③ 라오서 지음, 최영애 옮김, 김용옥 풀음:『루어투어 시앙쯔』, 경기도: 통나무, 1986, 93쪽.

④ 魏家海:《〈荒原〉汤永宽译本注释中的文化形象建构》，载《解放军外国语学院学报》2019年第6期。

⑤ 신영덕:「한국전쟁기 남북한 소설과 미군·중국군의 형상화 양상」,『한중인문학연구』10집, 2003.

知多停留在表面，甚至“缺失对20世纪历史的学习”①，其实意识形态斗争才是导致韩国将现代中国视为“红色邪恶”形象的根源。解说中，“红色邪恶”形象被金容沃成功改写为推动历史前进的红色革命形象。从近代中国人民反帝反封建斗争开始，至中国共产党领导的新民主主义革命胜利，涌现出孙文、毛泽东等一批卓越的革命家。他们坚信“胜利不是别人赠与的，只能是革命斗争夺来的”②。在得知埃德加·斯诺夫人尼姆·威尔斯与韩国人金山在延安的故事后，金容沃认为与中国红色革命的成功相比，一度沦为殖民地的韩国才是更加悲剧的，中国人民的革命精神更加值得敬佩和学习。译者从正反对比的角度，流露出对中国红色革命的赞扬和羡慕，重塑了中国积极正面的红色形象。解说中金容沃坚持“破立结合”，深入批判了中国“蛮夷”形象的片面性与滞后性，通过对“蛮夷”形象的否定、悲剧形象的共情以及红色形象的正名，循序渐进地对中国形象的污名化进行驳斥，还原了现代中国的真实形象。金容沃的“去蛮夷化”中国形象建构，为跨文化交流中中国形象的文化自觉提供了学理支撑，客观证明了用辩证的、发展的眼光看待新中国的重要性与合理性。

二、译本解说与文化立场

解说常用于典籍阐释和文学叙事，“语内翻译”之一类。虽少见于译本翻译中，但解说与注释同样承担文化调节功能。相对于零散分布的注释，独立成篇的译本解说更加能够形成合力与气势，更具文化形象建构的张力。译本解说不仅是重要的翻译策略，而且反映了译者的文化立场。

（一）《骆驼祥子》韩译本解说特点

由崔玲爱翻译、金容沃解说的《骆驼祥子》韩译本是韩国第一个全译本，在诸多译本中因翻译独具特色、解说翔实而最具代表性。该译本从1986年至2001年间出版印刷次数多达9次，远远超过其他译本，客观佐证了其在韩国受欢迎程度之高。这与个性化鲜明的长篇解说有着密不可分的关系。

总体来看，《骆驼祥子》韩译本解说呈现以下三个特点：一是解说先行

① 라오서 지음，최영애 옮김，김용옥 풀음:『루어투어 시앙쯔』，경기도：통나무，1986，53쪽.

② 라오서 지음，최영애 옮김，김용옥 풀음:『루어투어 시앙쯔』，경기도：통나무，1986，53쪽.

于译文、独立成篇，且注重评译结合。《骆驼祥子》韩译本以长篇解说开篇，全文辅以大量注释，解说与注释为译文读者提供了高质量的专业分析，保证了译本的说服力和接受度。解说介绍与评论并重，旨在弥补翻译内缺场文化。解说介绍了《骆驼祥子》产生的社会背景，时间跨度从中国古代到近现代，着重强调中国近现代革命精神的生成。金容沃在解说中扮演了“评论者”角色，从“他者”视角纵论中国历史和英雄人物。二是学以致用，汉学研究特色突出。金容沃是韩国著名的哲学家、思想家，曾师从国学大师方东美与新儒家杜维明，在韩国被尊称为“国师”。他曾翻译注释《论语》《大学》《中庸》和《道德经》等中华典籍，广泛吸收儒家和道家思想，尤其对“中庸”“气学说”等研究颇深。解说伊始，金容沃畅谈韩国人意识中的中国人和中国观，从哲学、语言学和历史学深入批判了韩国蔑视中国的错误观念，指出韩国对现代中国的无知是造成蔑视的根源。三是运用跨文化比较策略，开展文化批评。为使韩国人更加直观、正确地理解中国文化，促进中韩文化平等交流，金容沃在解说中既有纵向上的历时比较，也有横向上的共时比较。历时层面，他发现部分韩国人对中国的认知还停留在明朝时期，比如光山金氏的族谱至今还沿用崇祯年号，而要实现全面而发展地看待中国，必须补上“现代中国”这段历史课。共时层面，他认为中国饮食中的粽子和鸡蛋与韩国的炸酱面和糖醋肉并无本质差别，甚至连韩国人眼中的“洋鬼子”和“清国奴”等，均应该同等对待，不可厚此薄彼。解说始终以反省的姿态观照历史，不仅注重文本内容的可读性，又兼顾思想观念的实践性，一定程度上丰富并拓展了《骆驼祥子》的解读模式与传播范围。

（二）从解说解读文化立场：理解现代中国

译者身份不同，在文化立场和译介理念上表现出不同的沟通行为。[①]然而，文化立场并不等同于译介理念，往往介于译介理念和文化观念之间。文化立场指引着译者的翻译实践，翻译中的文化选择根本上取决于译者对异域文化的观念与态度。[②]因此，以文化立场为中心，从解说入手考察译者行为，既可以从表层观察译介理念如何服务于文化立场，又可以从深层洞察文化观念如何影响文化立场。金容沃在译本解说中明确提到，坚信自己的汉学实力

① 许多：《闵福德的译介及中英文化沟通》，载《外语教学与研究》2020年第6期。

② 朱康有指出，人是文化的动物，不同的“文化立场”影响人们看问题的角度和方式。参见朱康有：《坚守中华文化立场》，《人民政协报》，http://www.china.com.cn/opinion/theory/2017-11/21/content_41919866.htm，最后访问日期：2022年5月20日。

不亚于在世的权威学者，对自己的汉学研究表示出高度自信。他认为，这一切都源于大学时期就确立的“理解现代中国”理念。金容沃以探究毛泽东思想的中国哲学基础为发端，开启汉学的学术之旅。汉学家金容沃将此当作毕生使命，致力于让更多韩国人从根本上“理解现代中国”，这表明了他鲜明的文化立场。①

译者采取何种翻译策略，往往受文化立场的影响，是文化立场的在场表现。金容沃的译介理念与其理解现代中国的文化立场相互印证，在语言转换和文化传播两方面表现出鲜明的动态翻译特征。从语言转换的层面来看，金容沃提出“完全翻译”的观点，强调只有语义动态的忠实，才能实现原文的再生。他既务实于语义概念，又求真于现实语音。语义上，鼓励优先选用替代源语文化原则翻译京味文化，主要使用绝对世界化、同化和有限世界化等策略。金容沃认为，“他们的译本在韩国是中国小说翻译中最早的‘完全翻译’，用汉字词翻译专名的所有翻译都不算是真正的翻译”②。语音上，他们专门研制了更加贴近现代中文语音的崔玲爱-金容沃中国语标记法，用来替代汉字词翻译法，如将“祥子”音译为“시앙쯔”。从文化传播的层面来看，金容沃对自己的汉学实力十分自信，声称在韩国没有人能比他更加了解老舍和他的作品。他将自己的文化立场外化为积极的文化阐释，通过文内的效应对等和文外的深度注解，向韩国传达最真实的现代中国。一方面，在完全消化原文的基础上，致力于将原文和中国读者间产生的反应，动态地迁移给译文和韩国读者；另一方面，通过解说、注释、后记和年谱等副文本手段，创造一个译者讲述现代中国的文化空间，为处于韩语文化语境中的读者提供认知中国的便利。译者为翻译做了充分准备，甚至连老舍先生的著书目录和祥子生活的北京城区地图都在附录中详细列出。从语言到文化的动态译介理念，旨在阐释原作的文化意蕴，折射了金容沃在翻译中为介绍现代中国所做的努力。

金容沃坚守“理解现代中国”的文化立场，最根本的原因是他对中国文化的认同以及与众不同的中国观。与当时韩国上层“反共”的意识形态不同，金容沃和崔玲爱敢于突破禁忌、坚持翻译《骆驼祥子》，首先是基于妻

① 라오서 지음，최영애 옮김，김용옥 풀음:『루어투어 시앙쯔』，경기도：통나무，1986，59—60쪽.

② 라오서 지음，최영애 옮김，김용옥 풀음:『루어투어 시앙쯔』，경기도：통나무，1986，239쪽.

子崔玲爱与老舍之间跨时空的邂逅。崔玲爱出生于山东济南，虽然很小就离开中国从仁川港返回韩国，但巧合的是老舍也曾经于30年代在济南生活写作。金容沃认为，他们与老舍都吸收了同一片土地的“气”，[①]因此与生俱来就多了一份文化亲近感。还有，金容沃研读中国哲学思想，崔玲爱专攻中国音韵学，两人都是深受中国语言文化熏陶的中国通，为中国文学与文化本身所独有的魅力所吸引。此外，在金容沃看来，韩国蔑视中国人的排他性观念是一种十分扭曲的存在，现实中并不是只有对立存在的孔子和“清国奴”。他认为，这种轻视中国人的简单二分法，最深层的原因来自对现代中国的无知。金容沃指出，唯有通过对中国现代历史的回顾与反思，全面认识中国现代历史的发展脉络，才能建立辩证统一的中国观。简单说来，即只有建立在现代历史认知基础上的中国观，才是正确的中国观。那种枉顾历史发展规律，无视现代中国的存在，仍旧从三百多年前明朝视域出发的中国观，早已不合时宜。《骆驼祥子》韩译本的长篇解说是译者文化态度在场的集中体现。解说摒弃了蔑视中国的迂腐观念，彰显了“理解现代中国”的文化立场，意欲通过回顾中国现代发展史，重构韩国人意识中的中国形象。

三、历史语境与建构动因

从深层看，“理解现代中国”的文化立场与文化认同反映了金容沃不同于普通韩国民众的中国观。除此之外，从表层看促使金容沃建构“去蛮夷化”中国形象的直接动因，又可分为翻译内动因和翻译外动因。[②]前者可理解为上文讨论的调节文本接受，即为了提高译本接受度，在此不再赘述；下文主要从文化、社会与政治等视角考察后者之翻译外动因。

（一）文化动因：中华主义与共同体意识

解说中建构“去蛮夷化”中国形象与东亚文化中心论的发展演变密切相关，是为了适应中韩两国文化关系的发展变化，满足中韩文化交流的时代需求。

近现代以来，东亚文化中心论的思想内涵发生了重大变化。传统的“中

① 金容沃尊崇中国的“气哲学”思想，注重运用“气”来思考现实问题。

② 周领顺指出，“对于研究者的译评者来说，‘翻译内’指的是翻译的内部研究，‘翻译外’指的是翻译的外部研究”。文中运用这两个概念来描述形象建构动因。参见周领顺：《译者行为批评：理论框架》，北京：商务印书馆，2014年，第13页。

华主义”文化思想已经完成了它的历史使命，建立在民族国家基础上的共同体意识接过了历史的交接棒。金容沃在解说中讨论“中华意识”的非民族性时说到，“中国因国土面积广大，而不容易区分里与外，因此认为自己就是中心国家，甚至认为整个宇宙都是自己的。韩国将这种观点称为‘中华主义’”。[①]历史上，韩国的前身朝鲜王朝深受王夫之“夏夷观”华夷之辨相对论的影响。他们认为，明朝覆灭后中原王朝逐渐丧失了文化中心地位，而“朝鲜作为中华文化的保存者、儒家道统的继承者和中国正统的继承者，朝鲜为当时东亚的文化中心国家”。[②]然而，自从民族主义在中国和韩国扎根生长以后，现代民族国家构建中产生的共同体意识逐渐取代传统的中华主义思想，与之相应的文化观也随之改变。东亚文化不应只有一个中心，而是由若干个多元文化共同构成，文化之间在地位上没有优劣之分。这一文化思想的转变，有助于削弱视中国为“蛮夷”等传统文化观念的思想根基。

此外，在克罗齐“一切历史都是当代史”的理论基础上，金容沃认为过去的历史事实是用来回答现代生活的，即读史以鉴今。[③]近代没落的清王朝内忧外患，深受西方列强之苦，国家处在风雨飘摇之中，这说明闭关锁国必然导致落后挨打。正确理解历史必须尊重历史发展规律，与时俱进，不断更新思想观念，以开放的眼光看世界。朝鲜王朝后期以来的“小中华”意识，至今仍深深影响着韩国人看待中国文化的观念。这种落后的、故步自封的传统思想，早已不符合历史发展现实。金容沃还说道：“所有的历史都必须始于对现代史的认知，不存在不观照现实的历史。”[④]然而，自新中国成立以来，韩国继续无视现代中国的历史，鄙视现代中国文化，在金容沃看来这种观点无异于“开历史倒车”。这从历史发展角度批判了中华主义思想的落后性。可见，金容沃内心中更加认可文化共同体思想，将其作为处理现代国家间文化交流的重要依据，期望韩国承认现代中国文化地位，平等看待现代中国文明。

① 라오서 지음，최영애 옮김，김용옥 풀음:『루어투어 시앙쯔』，경기도：통나무，1986，87쪽.

② 王元周:《论“朝鲜中华主义”的实与虚》，载《史学集刊》2009年第3期。

③ 라오서 지음，최영애 옮김，김용옥 풀음:『루어투어 시앙쯔』，경기도：통나무，1986，51쪽.

④ 라오서 지음，최영애 옮김，김용옥 풀음:『루어투어 시앙쯔』，경기도：통나무，1986，51—52쪽.

（二）社会动因：政府管控与接触中国

意识形态的分歧是导致中国形象差异化建构的重要原因。解说中建构“去蛮夷化”中国形象，是为了打破政府对“蛮夷化”中国形象的操控，契合与社会主义中国接触的社会需求。

冷战期间，意识形态对立加深了韩国政府蔑视中国、对抗中国的态度。其一，韩国政府在教科书中抹黑中国形象，挑战新中国政府的合理性和合法性，如韩国1968年《世界史》教科书中写道：“中国的悲惨命运从此开始……在北平成立傀儡政权。”[①]其二，韩国政府极端排斥华侨的做法十分罕见。据1947年统计，当时在韩国生活的华侨大约7万人，而1986年则锐减至不到2万人。[②]其三，韩国政府严格管控对现代中国文学、文化和历史作品的翻译与传播。中文系课程只学中国古典文学，不学现代文学；韩国人翻译中国现代小说更被认为是“禁忌”。[③]中韩两国分属于不同的意识形态阵营，韩国对中国的敌对态势明显。在此期间，韩国批判中国的口吻日益尖锐，集中表现为对中国形象的蛮夷化、妖魔化和丑化。

20世纪七八十年代，随着外部冷战格局的变化，韩国内部意识形态斗争的缓和与分歧为韩国社会接触中国、接纳中国创造了良好的条件。韩国学界首先摆脱冷战思维，从宏观上反思韩国的中国观。比如韩国高丽大学的李泳禧教授“批评韩国对中国的认知已经陷入冷战和反共思维的条件反射，将中国的社会体制、理论、思想、发展过程打上‘恶魔’的偏见，认为只有研究现代中国的真实问题并加以解释，才能重塑中国研究”[④]。作为韩国变革性学生运动的思想导师，李泳禧在他的《转换时代的论理》与《和八亿人的对话》中尝试对韩国人的现代中国观进行重塑，使得“进步的知识分子与学生们对中国民众革命与社会主义的看法大大地改变”[⑤]。金容沃在解说中也从文

① 宋尧厚:「세계사 교과서에서 중국민중운동에 관한 서술 내용 분석」,『역사교육』93권，1999.

② 라오서 지음, 최영애 옮김, 김용옥 풀음:『루어투어 시앙쯔』, 경기도: 통나무, 1986，29쪽.

③ 라오서 지음, 최영애 옮김, 김용옥 풀음:『루어투어 시앙쯔』, 경기도: 통나무, 1986，59쪽.

④ 转引自焦佩:《70年以来日韩学界的中国观变迁》，载《国外社会科学》2019年第3期。

⑤［韩］朴宰雨:《七八十年代韩国的变革运动与鲁迅——以李泳禧、任轩永两位运动家为中心》，载《鲁迅研究月刊》2001年第1期。

化批评的视角，批判了韩国人意识中错误的文化观念。他认为，韩国人不能只接受韩国化的中国文化，同时也要包容异质性的中国本土文化。[①]通过学者们的观念批判与舆论引导，韩国民众不再将意识形态当作审视中国的首要标准，开始用辩证的眼光认识现代中国，逐渐生成了重构中国形象的社会语境。

（三）政治动因：军事独裁与民主运动

为适应国内民主化运动的深入发展，满足民主斗争的需要，为反抗军事独裁的民主化运动注入外部精神力量，是中国形象“去蛮夷化”建构的政治考量。解说中的形象建构既是对政治语境权衡之后的文化选择，也是译者对读者的“顺应”与“观照”，是为“跨越翻译中的文化距离，以求得译文读者反应和原作读者反应最大程度的近似”。[②]军事独裁与民主运动是贯穿韩国20世纪80年代的时代主题。80年代初，军人出身的全斗焕通过军事政变执掌韩国政权。军事政权的“合法性”及其所推行的独裁统治一直遭到在野党势力和广大民众的强烈反对。[③]金容沃作为知识分子的代表，积极投身于韩国民主化运动中。此时，在美国留学的金容沃听到了韩国发生光州事件的消息，激动地敲着桌子写下了“悲愤诗”。[④]回国后，金容沃一开始在高丽大学担任教职，讲授中国哲学。随着民主化运动的深入，他于1986年4月8日公开发表支持民主化运动的“良心宣言”，毅然辞去高校教师工作。

金容沃致力于用毕生所学阐释政治立场，学术为政治服务的目的鲜明。解说中他曾提到，在撰写的《东洋学如何做》一书中，尝试用“气哲学”讨论申明政治主张的“良心宣言”。[⑤]另一个证据是，韩国学者朴宰雨在分析韩国出现《骆驼祥子》译介高潮期时认为：

这个时期韩国在军事独裁政权统治之下，青年学生的社会变革运动

① 라오서 지음，최영애 옮김，김용옥 풀음:『루어투어 시앙쯔』，경기도：통나무，1986，23—24쪽.

② 屠国元、李静:《文化距离与读者接受：翻译学视角》，载《解放军外国语学院学报》2007年第2期。

③ 王春来:《80年代韩国反美主义初探》，载《韩国研究论丛》1997年第3辑。

④ 라오서 지음，최영애 옮김，김용옥 풀음:『루어투어 시앙쯔』，경기도：통나무，1986，62쪽.

⑤ 김용옥:『동양학 어떻게 할 것인가』，경기도：통나무，1986，21쪽.

> 趋向于高潮，对社会分析批判的风气甚为盛行。而这样的风气之下，中国文学研究阵营里面，研究现代文学的年轻学人相当增加，对反映受压迫受痛苦的下层人民的文学表示迫切的关心，因此老舍描写下层人民生活的《骆驼祥子》也成为受注目的作品之一。[①]

金容沃对当时军事独裁政府深恶痛绝，为身处社会底层看不到光明的人们奋力疾呼，呼吁更多有识之士参与到运动中来。正是基于朴宰雨的上述看法，他对中国现代文学代表作《骆驼祥子》产生了浓厚的兴趣，寄希望通过翻译实现唤醒麻木与激励斗争的政治诉求。为达到精神启蒙和引领的目的，再现《骆驼祥子》在原文读者中产生的化学反应，解说必须首先批判鄙视中国的传统观念，重新塑造积极正面的中国形象。解说中的“去蛮夷化”建构解决的就是中国形象合理性问题，是金容沃为顺应当时政治环境，向韩国讲述祥子的悲惨故事、唤起更多韩国人反抗军事独裁政府的重要前提。

四、结　语

“翻译的意义在于对文化史和思想史的强劲塑形作用”[②]，而副文本正是译者进行介入、重构和引导等文化调节操作的主要场域。不同于多点式零散分布的注释，解说以整体篇章建构文化形象，体现出更强的感染力和说服力。它既是译者内在文化立场的外在表现，同时又不同程度地渗透着文化、社会以及政治等历史文化语境的潜在影响。这说明其文化建构功能与注释相同，甚至有所超越。鲜有关注的译本解说更加值得深入挖掘和系统研究。

韩国人意识中的中国“蛮夷”形象早已上升为一种“集体文化记忆”[③]，呈现复杂性、深层性和历史性的多元特征，深刻影响着韩国民众对现代中国的认知模式，而要实现真正的“去蛮夷化”还需要一段长期的历史过程。然

---

① [韩] 朴宰雨:《老舍研究与作品译介在韩国》，载关纪新、范亦豪、曾广灿编《老舍与二十世纪：’99国际老舍学术研讨会论文选》，天津：天津人民出版社，2000年，第463页。

② 王晓路:《论翻译的历史文化功能：认知模式与知识谱系》，载《外语教学与研究》2021年第2期。

③ 罗选民:《大翻译与文化记忆：国家形象的建构与传播》，载《中国外语》2019年第5期。

而，基于“理解现代中国”的文化立场，金容沃在解说中建构的悲剧形象和红色形象，为消除这一“污名化”文化记忆开辟了新的思路，更为韩国读者提供了一个全面、客观了解现代中国、理解现代中国的机会。在翻译学研究“文化范式”日益勃兴的今天，将解说等副文本研究深入到翻译的历史文化功能层面显得愈发重要，而汉学家译者在《骆驼祥子》韩译本解说中的形象建构为探讨这一问题提供了有益借鉴。

刘云海　北京语言大学东方语言文化学院讲师

韩国词文献整理的新创获

——柳己洙编《全高丽朝鲜词》评述*

张宇超　李悦铭

摘　要：柳己洙编《全高丽朝鲜词》收录词人315家，词作2072首，为学术研究提供了重要的文献材料，使得韩国词可以作为词学研究的一个新领域。全书文献来源广泛，从韩国文集、总集、诗话、燕行录、正史、方志及中国典籍等方面加以搜集。在此基础上，校勘文本，拟定词牌，改订文字，体例精当，十分便于阅读。严谨的文献搜集与考订，全面地展现出韩国词人的创作群体丰富，内容形式多样，为进一步的韩国词研究奠定了扎实的文献基础，从而可以考察中韩词学交流与接受的情况。

关键词：《全高丽朝鲜词》　文献考订　补遗

现代学界对于词学文献的整理，《全唐五代词》《全宋词》《全金元词》《全明词》均已出版，体量庞大的《全清词》也已出版了顺康、雍乾、嘉道等卷。韩国韩神大学柳己洙教授以一己之力，广泛收罗韩国古代词学文献，编成60余万字的《全高丽朝鲜词》。该书的出版是词学文献整理的重大创获，为学术界提供了翔实可靠的研究资料，必将进一步促进韩国词乃至东亚词学研究的深入展开。

古代朝鲜半岛以汉字作为通用文字，对中国文学的各种体裁都有不同程度的接受与实际创作。与诗、文等体裁不同，朝鲜时代的文人自谓“东人少音律之学”①，填词有着较大的难度，词作数量也较少。这已经成为东亚汉文学史的基本常识。但词作数量究竟有多少？其创作具体情况又如何？我们从

* 本文系国家社科基金青年项目“清代中后期渔洋诗学的接受研究”阶段性成果，批准号（18CZW028）。

① 柳己洙编：《全高丽朝鲜词》，上海：华东师范大学出版社，2019年，第751页。以下随文标注页码，不另外出注。

柳已洙教授《全高丽朝鲜词》一书中可以获得答案。现代韩国词的研究中，以国立首尔大学车柱环先生为首，介绍词人43家，词作421首。其后，学界对于韩国词的关心并不多。柳教授继车先生之后，在博士阶段即肆力于韩国词的研究，辑得词人114家，词作921首。博士毕业后，柳教授持续搜集整理，2006年由韩国韩神大学出版社出版《历代韩国词总集》，收入词人171家，词作1250首。此后十余年间，柳教授仍兢兢业业于韩国词文学的整理与研究工作，终成《全高丽朝鲜词》一书，共收录词人315家，词作2072首。即便是与十余年前的《历代韩国词总集》相比，增加的数量也达到了一倍以上。由此可见韩国词的数量不可谓不大。

《全高丽朝鲜词》的出版为学术研究提供了重要的文献材料，使得韩国词可以作为词学研究的一个新领域，不仅可以了解词在韩国古代文学史的发展与变化，也可以考察中韩词学交流与接受的情况。数十年间，柳教授以一己之力投入于韩国词的整理与研究，爬梳文献，广搜博采，所成大作体例精当，其功伟矣。下文拟从文献来源、文本校勘、创作群体等方面对其价值作一简要述评。

一、文献来源广泛

《全高丽朝鲜词》皇皇千余页，将古代韩国词囊括殆尽。广泛的文献来源是全书最为突出的特点，也展现出柳教授高水平的文献收集与整理的能力。就其文献来源而言，具体包括以下七个方面：

（一）文集

一般而言，研究韩国集部文献，主要使用《韩国文集丛刊》和《韩国历代文集丛书》两套大型丛书。这自然也是韩国词辑录的主要资料来源。由于词作数量不大，在文集刊刻时往往没有单独成为一类。因此，研究者泛泛地翻阅文集目录是无法做到彻底的搜集，唯有通过仔细地阅读才能发现其中的词作。如金三宜堂词7首（第604—606页），却在别集《金三宜堂稿》卷一“诗”类中。从4000余册别集中爬梳词作，其工作量之大是可以想见的。除了上述两套大型影印丛书外，柳教授还注意到一些小型的专题类丛书，如文学方面的《韩国诗话丛编》《韩国汉文小说全集》、地域方面的《岭南士林文集》、思想方面的《退溪学资料丛书》、佛教方面的《韩国佛教全书》等。在充分利用这些大型丛书之后，又采铜于山，从主要图书馆馆藏古籍中进一步搜索查找，包括国立中央图书馆、首尔大学奎章阁、庆尚大学图书馆等。如郑奎汉（第587页）词5首出自其文集《华山集》，此书现在已影印收入在《韩国文集丛刊》续编第102册，容易得见，而柳教授使用的是奎章阁藏本，可见他在既有影印资料外早已广泛地爬梳馆藏古籍，也是长期以来孜孜不倦地从事韩国词作整理的明证。

（二）总集

别集未见流传者，又从总集中辑录。朝鲜时代初期徐居正仿萧统《文选》体例，编成《东文选》130卷，收录从三国时代至朝鲜时代初期的诗文作品。崔滋《献仙桃》一首（第12页）出自《东文选》卷一〇四。崔滋别集未见流传，仅有诗话著作《补闲集》传世，因而柳教授从《东文选》中辑得一首。再如崔执钧《剔银灯》一首（第53页）从《东文选》卷八辑出，也是由于其别集未见流传。

（三）诗话

诗话是保存诗词作品的又一渊薮。南羲采《龟磵诗话》是韩国诗话中篇幅最大者，汇集中国200余种典籍，分门别类，比照韩国诗歌，并间以作者个人评论。其中卷二十三“东人不解词”条专门论述朝鲜人不解音而难作词，并胪列已作7首。[①]柳教授从此条辑得南氏词作7首（第615—618页）。[②]又如许兰雪轩（许楚姬）《渔家傲》一首（第267页），同样也是从其弟许筠的诗话著作《鹤山樵谈》中辑得。

（四）燕行录

明清时期，中朝之间有燕行使等人员往来，他们多将见闻感受详加记载，其中多有与中土文士诗歌酬唱的活动。如赵濈《燕行酬唱录》即存有其所作两题9首（第289—292页）。

（五）正史

《高丽史》是朝鲜时代初期郑麟趾奉命仿中国正史体例编修的史书，记载高丽时代王氏王朝的历史事件。全书开篇从《高丽史·世家》中录得宣宗王运的《贺圣朝影》（第1页）。接着又从《高丽史·乐志·唐乐》中辑得“佚名”词作58首（第54—75页）。高丽时代音乐分中国的“唐乐”和本

① 蔡美花、赵季主编:《韩国诗话全编校注》，北京：人民文学出版社，2012年，第8044—8045页。

② 按：唯书中将“龟磵”误作“龟碉”。

土的“乡乐”两种。“唐乐”所载的73首词曲，有15首明确可考为柳永、晏殊、欧阳修、苏轼等人的作品，其余58首作者未知。这些佚名词作是高丽人所作还是宋人所作？唐圭璋先生编《全宋词》时将此58首视为宋人所作，以“无名氏”的形式收入。吴熊和先生也持同样的看法，并以此为基础讨论了宋人词曲流传到朝鲜半岛的文化交流情况。[①]柳教授则视为高丽人之作而收入。

（六）地理方志

李荇编《新增东国舆地胜览》55卷是在中国方志《方舆胜览》《大明一统志》等书影响下产生的朝鲜时代内容最全、门类最齐的地理志，在详载朝鲜全国地理之余，又搜录与当地相关的诗文。柳教授从此书其中亦辑出多首词作，如金克己词4首（第2—3页）出自卷三五、卷五一、卷五二；陈义贵词“清安八景”8首（第50—53页）出自卷十六；安鲁生词12首（第85—89页）出自卷二四。可见朝鲜词的“八景”书写传统在方志中的留存。

（七）中国典籍

朝鲜时代文人常向中国文士请益文学创作，并希冀获得中国文士的称赞。在当时的一些文学选本中，卷末常附有朝鲜文士作品，如钱谦益《列朝诗集》、朱彝尊《明诗综》均是显例。收录在中国选本中的一些朝鲜文人作品，后来在朝鲜反而不见流传，因此从中国古代典籍中亦能辑得朝鲜佚作，可谓汉籍的另类“回传”。如权贵妃《谒金门》《踏莎行》《临江仙》3首（第93—94页）出自《众香词·礼集》。《众香词》一书由徐树敏、钱岳编选于清朝康熙年间，收录历代女性词作，包括《礼》《乐》《射》《御》《书》《数》六集。在《众香词》“权贵妃”条下小注云：“高丽王妃，见嘉定孙松坪编修使草。”大致可以推测来源于孙致弥（字松坪）在康熙十七年（1678）出使朝鲜所采之诗中。[②]此次柳教授又从《众香词》中辑出，颇见中韩书籍交流之频繁。同样的是李淑媛（一名玉峰）词3首（第231—232页）也从《众香词·书集》中辑得，而其别集《玉峰集》及《朝鲜时代女性诗文集全编》等书中均未见。又如李宝嘉《南亭词话》“朝鲜忠臣词”条记甲午之役，朝鲜

① 吴熊和：《〈高丽史·乐志〉中宋人词曲的传入时间与两国的文化交流》，载沈善洪主编《韩国研究》（第一辑），杭州：杭州大学出版社，1994年，第8—25页。

② 王士禛《池北偶谈》卷十八“朝鲜采风录”条：“康熙十七年，命一等侍卫狼瞫颁孝昭皇后尊谥于朝鲜，因令采东国诗归奏。吴人孙致弥副行，撰《朝鲜采风录》，皆近体诗也。”王士禛：《池北偶谈》，北京：中华书局，1982年，第426页。

武臣某兵败自刎，并赋绝命词一首。[①]柳教授从此处辑作武臣词一首（第772页），足见资料搜集之细密。

二、文本校勘精当

在广泛网罗文献资料的基础上，柳教授对文本做了详细的考证。第一是补充词牌。即根据词律，补标词牌，以便阅读。这样的例子在在皆是，如李奎报《望江南》（第5页）、郑士龙《南乡子》（第172页）、吴守盈《虞美人》（第217页）、李钟弘《水调歌头》（第867页）等。同时又根据词律，更正词牌名。如池光翰《南乡子》（第501页）据律改《南歌子》而成；申命显《虞美人》（第615页）据律改《蝶恋花》而成；朴尚台《临江仙》（第750页）据律改《浪淘沙》而成等。

第二是校订文字。朝鲜时代高圣谦针对当时文坛曾指出“号为能香山词者，率不知五音清浊之属”（第671页），朝鲜文人确实不容易把握词的音律节奏，在词作中也间或有失误。柳教授在校记中将这些失误之处一一指摘。如慧谌《更漏子》（第10页）“四山黄叶”句，依律当为“叶黄”，又为三三对仗句式，疑衍“四”字。元天锡《鹧鸪天》（第44页）“初收暮霭”句据词谱当为3句，疑衍“初”字。李廷荩《渔家傲》（第490页）“几阵眠鸥惊忽散。——银鳞须可数”，“数”字当韵，疑为与上句互倒。孟钦尧《满江红》（第548页）“幽人读罢黄庭篇”句“罢”字落韵。许熏《浪淘沙令》（第747页）“残红褪尽骂东风”句失韵。

第三是文本来源的问题。如崔执钧《剔银灯》（第53页）一首从《东文选》卷八辑得，柳教授进一步指出崔词实际上是将范仲淹《剔银灯》词略改数字而成，如此更便于读者对两首词的理解。《高丽史·唐乐》部分的佚名词作，中国视为宋人之作曾收入《钦定词谱》中。柳教授视为高丽人作加以收入，并指出其中《惜奴娇曲破》第三、四首的文本分合，与《高丽史》原本不同的文本形态。又如重出的情况。苏世让词12首（第153—156页）与申光汉词（第137页）文本相同，柳教授指出可能是申氏在接待明朝使臣唱和时的代作，两者文集中均收录。

广罗众本，择善而从，悉心点校，体现出柳教授高水平的文献整理能力。

---

① 李宝嘉：《南亭四话》卷八，上海：上海书店出版社，1985年，第505页。

三、创作情况多样

基于对韩国历代文献的彻底搜集整理，使得读者在士大夫文人层面之外，看到了词在不同阶层、各种人群中创作与传播。

首先是国王。全书开篇即高丽宣宗王运词，正与传统总集编纂自帝王始的体例暗合。在“有目无词”部分亦据《高丽史》记载高丽时代睿宗王俣词三首、毅宗王晛词一首，由此可见高丽国王常于宫廷宴会制乐度曲，与群臣相悦之乐。其次有武臣士兵，即上述甲午战争中的绝命词。再次是普通百姓也可作词。如权柱在弘治十六年（1503）任庆尚监司时巡视安东，当地士民献障子，其上书《南乡子》词1首（第132页）。[①]再如僧人。收录有高丽时代慧谌《更漏子》1首；朝鲜时代法宗《巫山一段云·题金刚山》（第445页），取自奎章阁藏《虚静集》（韩国国内仅有此藏本）；惠藏词（第607—610页）更是达6首之多。最后看女性的词作。既有两班贵族女性金三宜堂词（第604—606页），据韩国国立中央图书馆藏《金三宜堂稿》卷一中辑出7首；李淑媛词从中国典籍《众香词》中辑出3首。又有妓生金芙蓉词（第656—657页），据奎章阁《云楚奇玩》辑出2首。

在词人群体丰富的创作下，更可以看到创作形式的多样。中国“潇湘八景”题材的作品在高丽时代传到朝鲜半岛，一大批文士开始模仿创作，在诗词、绘画等各个领域都产生了深远的影响。但其中李齐贤用《巫山一段云》词牌创作的两组《潇湘八景》词，成为后世文人词作争相效仿的对象，是韩国词学最为突出的特点。对于这个话题，中韩两国学者都有较为深入的研究。此次总集的出版，让读者看到了更多的词作，随之也产生新的论题。如新近韩国学者陈在教教授讨论了都城八景诗在不同时代呈现出不同的时代风貌，自郑道传《新都八景》诗蕴含着建国的正统性以后，李民宬、李植等人的都城八景诗则意在战乱重建都城，而太平盛世的正祖则在书写都城的繁荣。[②]较之朝鲜汉诗中的强烈政治性，那么词作中的八景题材是否同样具有上述的时代特点，值得进一步研究。

韩国词的另一个突出特点是对中国词作的赓和与拟作，其中最多的是

---

① 按：书末引用书目载权柱《花山先生逸稿》为《韩国文集丛刊》本（第990页），疑为奎章阁藏本之误。

② 진재교:「소상팔경의 전변과 서울의 팔경시」,『고전문학연구』제56호，2019년，제165—196쪽.

苏东坡词与朱熹词。前者缘于在东亚汉文学中的典范地位，后者则是从思想史的接受而扩展到文学作品的效仿。在这次的新材料中，我们还可以发现更多的话题。如陈与义词，有郑球仿作18首（第158—170页）、权好文仿作3首（第220页）、申吉晖仿作5首（第344—345页）、金夏九次韵1首（第454页）、成彦根次韵1首（第566页）、权晋度仿作3首（第597—598页）等。再如白居易《忆江南》词，则有权韠仿作3首（第296页）、郑沇作6首（第423—425页）、赵裕寿作3首（第434—435页）、许杓作1首（第777页）。岳飞的《满江红》亦有安命夏（第469页）、崔钟和（第800页）等人的追和。甚至连不以词学名家的寇准，也得到具崟（第354页）、洪柱国（第371页）、金载显（第373页）等朝鲜文士的仿效，足见影响之广。这些材料也有助于展开对韩国词作赓和的深入研究。

四、订补与拾遗

（一）文本点校

尽管柳教授对词作进行了十分严谨可信的文本校勘，亦难免偶有失误之处。如金三宜堂《谒金门》第一首前有序云："庚申下第，在衿川锄里，三角山来龙局势在眼底。"（第604页）朝鲜时代女性无法参加科举考试，自然也谈不上"下第"。此段文字实为李光靖《水调歌头》小序（第529页），不知何故衍入此处。李光靖序中又作"历在衿川锄里"，据李氏《小山先生文集》卷一又衍一"历"字。[1]金芙蓉词两首据奎章阁藏《云楚奇玩》辑得，第二首《临江仙》校语云："本词与《临江仙》谱不合，俟考。"（第657页）金芙蓉《云楚堂诗集》版本较多，但参考价值最大者当属闵丙焘《朝鲜历代女流文集》中所收岸曙金亿藏写本。据闵本文字可重新标点："鱼戏莲钱，鹭点苹汀。扣舷望美人，但水天无际，月通灵。麟骖邈，云鹘岭环屏。凄凉前代事，只么是、山水梦中青。"如此便与词谱相合。

再看标点方面。金芙蓉《忆秦娥》（第656页）"牡丹峰下斜阳远。绫罗岛畔杨花落。""落"为仄声韵字，"远"字后当为逗号，大概为手民之误。此外亦偶有误字、漏字。赵镛宪《浪淘沙令》中"壬戌"误作"壬戍"（第838页）。何谦慎小传"晋阳人"则漏"人"字（第847页）。当然，在60余

① 李光靖：《小山先生文集》卷一《三角山》，《韩国文集丛刊》本第232册第19A页。

万字的文献整理中，这些都是白璧微瑕，丝毫不影响全书的学术价值。

（二）补遗

柳教授充分地吸收了韩国学者的词学研究成果，对中国学者的相关研究也有较为全面的掌握。就词文献辑佚而言，尚有两种可资补遗。第一种是张伯伟主编的《朝鲜时代女性诗文集全编》，其中可补徐蓝田词5首，吴孝媛词21首。[①]其次是王进明从韩国诗话中补录词作数首，较之柳教授所辑佚南羲采7首、李圭景《诗家点灯》所载李瀷《黄叶飞词》1首、许兰雪轩《渔家傲》1首外，再可补两首，分别是洪万宗《小华诗评》所载郑星卿《步虚词》1首、许筠《鹤山樵谈》所载许兰雪轩《步虚词》1首。[②]同时，在韩国方面，随着对古籍的持续整理与发现，一定会出现更多的词作。如全南大学金大炫教授整理的《湖南地域汉文文集目录》可知现存有2200余种湖南地区的文集，[③]《韩国文集丛刊》所收仅占其中的5%，还有大量的湖南文集未被整理与阅读。相信随着各地韩国古籍的不断整理，柳教授定会收获更丰，也会给中韩词学研究界带来更大的发现。

张宇超　上海大学文学院副教授
李悦铭　上海大学文学院硕士研究生

① 张伯伟：《朝鲜时代女性诗文集全编》，南京：凤凰出版社，2011年，第1337页、第1616页。

② 王进明：《朝鲜词文学传播与创作研究》，北京：中央民族大学出版社，2017年，第224—226页。

③ 김대현:『호남지역 한문문집 예비목록』, 전남대학교 호남한문학연구소, 2009년, 제3쪽.

20世纪初《三国演义》在印度尼西亚的“深度翻译”与文化价值*

宋　鸽

摘　要：20世纪初期，由印度尼西亚土生华人译者李云英和徐进贵翻译的两部马来语《三国演义》同时连载出版。这是该地区《三国演义》最早的全译本，均在译本中增加了丰富的副文本信息，呈现鲜明的“深度翻译”特征。作为19—20世纪印尼马来语译中国小说的重要代表，这两部全译本对之后印尼的《三国演义》译本产生深远的影响，为中华文化在印尼乃至东南亚地区的传播起到了积极的推助作用。

关键词：《三国演义》　马来语　印度尼西亚　深度翻译

《三国演义》是中国古代小说中在海外传播最广、影响最为深远的经典之一，其在不同国家和地区的翻译研究不断拓展，然而由于印度尼西亚历史上复杂的多民族文化和多语种混用等客观原因，致使学界对印度尼西亚[①]的

* 本文为国家社会科学基金青年项目“中国古代俗文学的马来语翻译与传播（1882—1942）”（20CZW017）和上海浦江人才项目“曾锦文马来语译中国古代小说研究（1891—1913）”（2020PJC057）的阶段性研究成果。

① 从17世纪起，在荷兰殖民控制下的印尼被称为荷属东印度。为行文方便，我们将荷属东印度、印度尼西亚统称为“印尼”。

译介研究较少[①]，特别是对早期马来语[②]译本译文缺少深入、系统的考察。1910—1913年间，由印尼土生华人[③]译者李云英和徐进贵翻译的两部马来语《三国演义》在巴达维亚（今雅加达）同时连载出版。这不仅是印尼最早的《三国演义》全译本，也足以代表用马来语翻译中国小说的最高成就，是现代印尼语《三国演义》的重要底本。本文在梳理这两部全译本的基础上，挖掘其“深度翻译”意蕴，总结词汇概念与文史典故、小说情节与小说评点等方面的阐释及译注特征，并结合具体译文和时代语境探讨它们的文学翻译与文化传播价值，以期推进相关课题的深入研究。

一、从节译到全译：1883—1913年的《三国演义》马来语译本

《三国演义》在印尼的马来语翻译经历了由节译到全译的过程，译本逐渐完善、译介渐趋准确细致。

（一）节译本

在1910年两部全译本出版之前，印尼至少出现过4版马来语《三国演义》，均为节译。其中，最早的节译本于1883年出版，单行本连载至1885年，书题为*Tjerita dahoeloe kala di benoea negri Tjina. Tersalin dari tjeritaan*

---

① 法国历史学家克劳婷·苏尔梦（Claudine Salmon）从20世纪60年代开始关注印尼土生华人的文学翻译，发表系列研究文章和目录学著作（详见本文引注）。相关中文研究资料主要参见［法］克劳婷·苏尔梦:《汉文小说的马来语译本在印度尼西亚》，载克劳婷·苏尔梦编著:《中国传统小说在亚洲》，颜保等译，北京：国际文化出版公司，1989年，第295—327页；黄跃民:《〈三国演义〉在印度尼西亚》，载陈岗龙、张玉安主编《〈三国演义〉在东方》，北京：北京大学出版社，2016年，第227—247页；［印］李莉妹:《〈三国演义〉在印尼的翻译与改编》，硕士学位论文，南京大学中文系，2014年。拙著*Indes néerlandaises et culture chinoise：deux traductions malaises du Roman des Trois Royaumes*（*1910—1913*）（Paris：Archipel，2021），侧重于从历史学、语文学等角度研究土生华人群体的文学翻译和《三国演义》在荷属东印度的传播，比较全面、宏观。而本文以两部全译本为个案，进行中观、细致、深入地研究，向纵深方面进行挖掘，是法文著作的延续与拓展。

② 马来语最初是在苏门答腊岛使用的方言之一，8世纪末开始逐渐成为南洋地区的通用语。19世纪中期，荷兰殖民政府选定马来语为官方语言，并以拉丁字母取代阿拉伯字母拼写。马来语是印尼19—20世纪主要的印刷语言，后成为现代印尼语的前身。

③ 土生华人，印尼语是peranakan，本义为混血儿，指在印尼出生的中国移民后裔，母亲多为当地民族。

Boekoe SamKok（中国古代故事，译自小说三国）。[①]译者署名Correspondant Hindia XX（东印度通讯员XX），本名应为徐红连（Tjhie Ang Lien）[②]。结合译者署名和当时报刊连载小说的惯例，这部译本有可能曾在《荷属东印度》（*Hindia Nederland*）报刊连载。该译本单行本出版12卷[③]，今存第10卷翻译至《三国演义》第二十五回。

作为现存最早的《三国演义》马来语译本，该节译本的译文具有以下三个特点：第一，节译故事情节，语言平实，采取直译策略。但小说回目、论赞诗、与主要情节无关的人物轶事等一概不译。第二，翻译中几乎没有加入译者个人的前言或注释性语言。第三，存在大量中文借词，这也是马来语译中国小说重要的共同点，即翻译某些常用中国词汇或专有名词时，按照闽南语音译为罗马字母。这些特点也普遍存在于同时期的马译中国小说。

此外，还有三部仅知存目而今已亡佚的节译本。其一，从一则1886年的图书广告诗中可知，当时还有一部陈晓赤（Tan Siauw Tjiak）译《三国演义》在售，在泗水印刷出版，惜今不存。[④]其二，1900年，《各种书籍……周刊》（*Boekoe roepa-roepa...Minggoean*）曾在第1—54期连载马译《三国演义》[⑤]，今亦亡佚。其三，笔者在印尼搜集到残存的1904—1905年6期马来语《译报》（*Ik Po*）中，发现了《三国演义》的小说连载。[⑥]这4部节译本虽并不完整，但可证明《三国演义》在印尼备受关注，译者不断挑战翻译这部文学经典。

---

① 这部马译《三国演义》现存于雅加达国家图书馆和荷兰莱顿大学图书馆。由荷兰出版社H. M. Van Dorp & Co.印刷出版。该出版社1882年成立于巴达维亚和三宝垄，亦经营《荷属东印度》等马来语报刊。

② 当时华人的姓名，在马来语中是用罗马字母按照闽南语的读音写成。由于音译拼写习惯的变化，大部分姓名现今很难确定其对应的汉字。因此本文优先保留这类人名的西文拼写。如有需要，用［ ］标注其可能对应的中文姓名。关于译者Tjhie Ang Lien的其他信息详见Claudine Salmon，*Literature in Malay by the Chinese of Indonesia*，*a Provisional Annotated Bibliography*（Paris：Éditions de la Maison des Sciences de l' Homme，Études insulindiennes-archipel，1981），p. 347.

③ 当时小说连载的单行本通常为70—80页的小册子，售价低廉，便于大众购买。

④ Claudine Salmon，"Aux origines de la littérature sino-malaise：un *sjair* publicitaire de 1886"，*Archipel*，vol. 8（1974）：p. 166.

⑤ *Literature in Malay by the Chinese of Indonesia*，*a Provisional Annotated Bibliography*，p. 492.

⑥ 小说题为*Sam Kok Tji*三國誌*Hikajat Dzaman Sam Kok*，未署译者。

（二）全译本

1910年，两部《三国演义》马来语全译本几乎同时开始连载。1910年10月1日，马来语《新报》（*Sin Po*）[①]创刊号上开始每周连载由李云英（Lie In Eng）[②]翻译的《三国故事》（*Boekoe Tjerita Sam Kok*，以下简称"李译《三国》"），并稍晚于报刊连载进度出版单行本。连载至1912年完成，共有65卷单行本（5308页）。[③]1910年底，徐进贵（Tjie Tjin Koeij）[④]开始出版由他翻译的《三国演义》，书题是当时马来语译中国小说常见的长标题:《三国或三个国家之间的战争（饰有插图）。一段真实发生在古代中国的故事，即从2世纪，从公元175年至269年。以通用马来语翻译最新出版的中文小说》（*Sam Kok atawa peprangan antara Tiga Negri*（*terhias gambar*）*. Satoe tjerita jang betoel soeda kedjadian di Tiongkok pada djeman dahoeloe kala*，*jaitoe dari abad ke 2*，*dari itoengan taon masehie 175 sampe taon 269. Tersalin ka dalam Melajoe rendah jang banjak terpake*，*dari boekoe tjerita bahasa Tionghoa*，*tjitaken jang paling baroe*[⑤]，以下简称"徐译《三国》"）。徐译《三国》单行本

---

①《新报》每周六出版，1912年改刊日报，印刷语言为马来语，整个印尼群岛均可订阅。

② 李云英（约1890—1941）生于巴东（西苏门答腊岛）的一个客家家庭，在中文私塾接受教育，精通中文和马来语。《新报》连载的《三国演义》是他的首部译作，同时他也是《新报》记者。在《三国演义》之后，他还出版了13部译作，翻译活动至少持续到1936年。

③ Lie In Eng, *Boekoe tjerita Sam Kok*, Batavia: Sin Po, 65vol., 1912, 5308p.关于《新报》中的连载，笔者在荷兰和印尼共搜集到现存的36期《新报》周刊，具体是第1—26期（1910年10月1日—1911年3月25日）和第41—50期（1911年7月8日—1911年9月9日）。由于1912年《新报》不存，无法确定李译《三国》连载完结的具体时间。在此感谢克劳婷·苏尔梦教授为笔者提供资料信息，以及印尼学者欧阳春梅（Myra Sidharta）慷慨借阅她个人收藏的《新报》。

④ 不同于李云英的中文姓名曾正式出现在文献资料中，译者Tjie Tjin Koeij的姓名写法较难确定。在中译论文集《中国传统小说在亚洲》中，其姓名写作"钱振贵"，之后的中文论文多据于此。但是笔者通过Tjie Tjin Koeij译《三国演义》中的姓名音译对照，以及与印尼华人李莉妹的交流，认为其中文姓名应为"徐进贵"。徐进贵于1890年前后，生于西爪哇的苏加武眉，随家庭教师学习中文。在1910—1925年间，徐进贵翻译了至少13部中文小说，多以历史题材为主。

⑤ 译本由巴达维亚钟昆美（Tjiong Koen Bie）出版社出版。由于马来语原题过长，引文注释中简写为*Sam Kok*。

的连载到1913年全部出版完成，共62册总计4655页（不包括附录）。

两部译本在整个印尼均可订购，加之《新报》的影响力，进一步扩大了《三国演义》的传播。在翻译策略上，李云英和徐进贵都采取了相对忠实原文的直译方法，保留并翻译了所有回目①以及大量诗歌，改进了1883年版节译本的不足。在图版设计上，两部《三国》的单行本均配有绣像插图，且绣像及封底所附三国地图均订购自中国②，这使得该译注具有更高的学术文化价值。

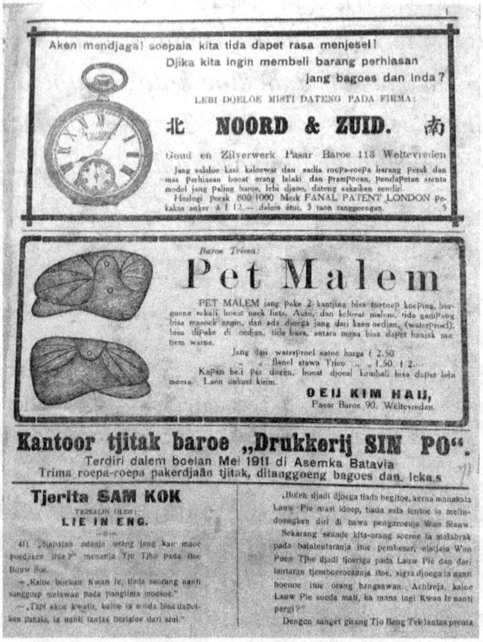

Aken mendjaga! soepaia kita tida dapet rasa menjesel!
Djika kita ingin membeli barang perhiasan
jang bagoes dan inda?
LEBI DOELOE MISTI DATENG PADA FIRMA:
北 NOORD & ZUID. 南
Goud en Zilverwerk Pasar Baroe 113 Weltevreden
Jang salaloe kasi kaloewar dan sadia roepa-roepa barang perak dan mas perhiasan boeat orang lelaki dan prampoean, pendapetan srenta model jang paling baroe, lebi djaoe, dateng saksiken sendiri.
Horlogi perak 800/1000 Merk FANAL PATENT LONDON pekakas anker à f 12.— dalem étui, 3 taon tanggoengan. 5

Baroe Trima:
Pet Malem
PET MALEM jang pake 2 kantjing bisa toetoep koeping, bergoena sekali boeat naek fiets, Auto, dan keloear malem, tida gampang bisa masoek angin, dan ada djoega jang dari kaen oedjan, (waterproef), bisa dipake di oedjan, tida basa, antara mana bisa dapet banjak matjem warna.
Jang dari waterproef satoe harga f 2.50
" " flanel atawa Trico " " 1.50, f 2.—
Kapan beli per dozijn, boeat djoeal kombali bisa dapet leb moera. Laen ongkost kirim.
OEIJ KIM HAIJ,
Pasar Baroe 90, Weltevreden.

Kantoor tjitak baroe „Drukkerij SIN PO".
Terdiri dalem boelan Mei 1911 di Asemka Batavia
Trima roepa-roepa pakerdjaän tjitak, ditanggoeng bagoes dan leka.s

Tjerita SAM KOK
TERSALIN OLEH:
LIE IN ENG.
—0—
41) „Siapatah adanja orang jang kau maoe poedjiken itoe?" menanja Tjo Tjho pada Hoe Bouw Soe.
— „Kaloe boekan Kwan Ie, tiada saorang nanti sanggoep melawan pada panglima moesoe."
— „Tapi akoe kwatir, kaloe ia soeda bisa dapetken pahala, ia nanti lantas berlaloe dari sini."
„Boleh djadi djoega tiada begitoe, kerna manakala Lauw Pie masi idoep, tiada sala fentoe ia melindoengken diri di bawa pengaroenja Wan Siauw.
Sekarang seande kita-orang soeroe ia melabrak pada balatentaranja itoe pembesar, niscaja Wan Poen Tjhe djadi tjoeriga pada Lauw Pie dan dari lantaran tjemboeroeannja itoe, sigra djoega ia nanti boenoe itoe orang bangsawan. Achirnja, kaloe Lauw Pie soeda mati, ka mana lagi Kwan Ie nanti pergi?"
Dengen sanget girang Tjo Beng Tek lantas prenta

图1 位于《新报》正文页与广告页下方的小说连载栏

图2 徐译《三国》封面

① 不同的是，李云英保持了毛评本一百回的双回目，而徐进贵则将双回目拆分为二，并据此将一回内容分为两个章节。

② Tjie Tjin Koeij，*Soen Phin-Bang Kwan*，*atawa Terbales-Himpas ! Satoe Tjerita jang betoel soedah kedjadian*，*pada dhamann dahoeloe kala*，*jaitoe pada djeman 'Tjoen Tjioe Tjian Kok' atawa 350 tahon dimoeka tarik Mesihi*（Batavia：Tjiong Koen Bie & Co.，1911）.

二、中华文化的副文本阐释：两部全译本的"深度翻译"

"深度翻译"（thick translation）概念是美国哲学家奎迈·安东尼·阿皮亚（Kwame Anthony Appiah）于1993年提出的，指将注释、说明、评论等阐释性副文本融入译本，最大限度保留源文本中的文化特征与历史语境，促进读者对他者文化的深入理解与尊重。但从广义上讲，深度翻译在翻译史中早有实践，两部马来语《三国演义》全译本即属此类。在译本颇具体量的情况下，两位译者又加入大量的副文本，分别在"意义"（meaning）和"意图"（intention）等层面进行补充说明①，从而使读者更好地理解原著中的文史知识、风俗典故、儒家观念。具体如下：

（一）词汇概念和文史典故的解释

专有名词、中国文化相关词汇及典故，是古代小说外译中最常被注释的内容。此类注释属于意义层面的知识性内容，主要有脚注和随文注两种形式，散见于《三国》译本之中，通常篇幅不长。

第一，采用多种语言互译词汇。20世纪初，印尼华人群体中口语交流仍广泛使用闽南语，因此马来语译中国小说中，很多常用词语如"将军"（Tjiang Koen）、"大人"（Taij Djin）、"先生"（Sian Seng）、"有孝"（oehauw）等，都已固定使用闽南语音译，包括已被吸纳进马来语的中文借词。此外，英语、荷兰语、爪哇语等词汇也常被借用，比如"皇帝"一词，普遍以荷兰语Keizer翻译；徐译中有不少当地民族语言的词汇，如翻译"东""西"方向时，习惯使用"wetan"（爪哇语）和"kaler"（巽他语）。多种语言互译是两版《三国》中最为常见的注释内容，如正文用"Minister"翻译"司徒"，随后括号中再附以闽南语音译"Soetouw"。这一特点，是译本所处的殖民地多元语言环境的直观体现。

第二，重视儒家观念及历史人物与典故。李云英和徐进贵都非常重视《三国演义》中的伦理体系和道德观念，对"忠""孝""义""仁"等观念在注释中皆有详细说明。例如，在翻译与"义"（Gie）这一重要概念相关涉的"忠义""仁义""信义""小义""大义"等概念时，两位译者能够根据具体语境选择合适的马来语词汇，如setiawan（忠、诚）、keadilan（正直/正义）、

① 所谓"意义"，是通过解释名物、风俗和典故等内容，为读者提供知识信息。而"意图"则更进一步，涉及对文学作品中隐喻、暗示等作者的言外之意和文化价值观的阐释。

kewadjiban/keharusan（责任/义务）、gagahan（勇烈）、kesucian（贞/圣洁）等，较为准确地传达出其文化内涵。又如，徐进贵将“道德”一词以“TOK TEK”音译大写的形式，突出其特定的中国语境。《三国演义》中出现的重要历史人物典故，译者多加以注释，例如，在介绍“周公”时，徐进贵强调“(周公）制定了我们中华民族的仪礼”①。又如，第九回开篇提到的“绝缨会”，徐、李二人均用很长篇幅予以解释，徐进贵甚至用了6页的篇幅详述故事。②相较之下，占星、五行八卦、佛道法术等宗教性内容的注释较少，这是因为两位译者都受到近代思潮影响，反对“封建迷信”③。

第三，详细注解格言谚语。格言谚语凝聚了中华民族的智慧，两位译者都非常重视对它们的翻译，多采取“闽南语音译+马来语释义”的形式进行注解。例如“获罪于天，无所祷也”，徐译写作“Hek Tjwa Ie Thian，Boe Se To Ya（ ＝Djika orang soedah berdosa pada Thian，tiada ada tempat aken bermoehoen ampoen)”④（＝如果人对天犯了错，没有地方能祈求宽恕）。徐译《三国》中，对涉及《论语》《孟子》《孙子兵法》等经典引言和民间谚语的注释多达101处。这种逐字的闽南语音译在当时并非必要，但在今天看来，这属于典型的异化翻译策略，是译者保留中华文化异质性的一种尝试。

（二）小说情节的解读

由于文化差异，在中文语境中很多不言自明的故事内容难以被域外读者理解，因此两位译者通过注释，在“意图”层面解读小说情节中包含的底层文化逻辑和价值观念。

1. 对译诗歌中的隐喻、谜语。以往马来语译中国小说中，诗词等韵文内容翻译难度大，往往被删减或节译。但李云英和徐进贵对此颇为重视，他们以马来古典诗体⑤对译中文诗词，李云英翻译了20首与情节相关的诗歌，而徐进贵共译54首，其中包括33首“有诗为证”。与情节相关的诗歌，多涉及

① *Sam Kok*，p. 274. 本文中马来语原文皆由笔者译为中文，后不再一一注明。

② *Sam Kok*，pp. 293—298；*Boekoe tjerita Sam Kok*，pp. 353—354.

③ 如《三国演义》第二十九回中于吉死后，孙策不信鬼神之事，徐、李二人皆在批注中称赞孙策是一个“不迷信”的出色首领。分别参见*Sam Kok*，p. 1150；*Boekoe Tjerita Sam Kok*，p. 1410.

④ *Sam Kok*，p. 3122.

⑤ 具体是沙伊尔（syair）和班顿（pantun），前者为长篇叙事诗，由一系列四行诗组成，通常每行四词，每节押同一韵尾；后者则多为单一的四行诗，隔行押韵。

隐喻、谜语、用典等，在翻译字面内容的基础上还要进一步阐释其寓意。如小说第九回的童谣“千里草，何青青！十日卜，不得生”，李、徐兼用音译、直译和脚注说明三种方法，解释此为预言董卓将死。[①]又如诸葛亮为周瑜转述《铜雀台赋》一处，两位译者都用大量篇幅将整篇赋文译入沙伊尔诗体，并在脚注中指出诸葛亮将“连二桥于东西兮，若长空之蝃蝀”改为“揽二乔于东南兮，乐朝夕之与共”，利用“桥”“乔”二字谐音，令周瑜盛怒之下同意联手抗曹。[②]如果没有注释，读者不易理解此章回目“孔明用智激周瑜”的含义。

2. 解释诗歌所引典故，阐明人物心境。对于原著诗句中所引的典故，两位译者进行了详细的翻译、阐释，以此彰显相关人物的品行、心境与胸怀。如在翻译“三顾茅庐”时诸葛亮诵诗：“大梦谁先觉，平生我自知。草堂春睡足，窗外日迟迟”[③]，徐进贵借用了毛宗岗的评点来解释孔明之“梦”[④]，并强调伊尹和诸葛亮一样是中国古代贤相，从而将此诗与诸葛亮的志向相连。

3. 加入评论，解释某些人物的行为动机。这方面最为典型的例子就是《三国演义》第一回中张角的学生唐州违背师命，“乃径赴省中告变”，李云英在随文注中阐释这是因为“唐州始终记得圣人五言，天、地、君、亲、师。如果他将对君王的忠诚置于老师之上，那是大错特错”[⑤]。徐进贵也有类似注解，他在翻译关羽与张辽言“我与兄，朋友之交也；我与玄德，是朋友而兄弟、兄弟而主臣者也，岂可共论乎”[⑥]时，补充说明“五伦”（Ngo Loen）即君臣、父子、兄弟、朋友、妻子，而关羽和刘备之间的关系属于第一、三、四种[⑦]。由此，读者可以了解关羽原话中包含的儒家伦理内在的价值衡量标准。

---

① *Sam Kok*，p. 317; *Boekoe tjerita Sam Kok*，p. 371.

② *Sam Kok*，p. 1709; *Boekoe tjerita Sam Kok*，p. 2078.

③《三国演义：会评本》（上、下册），陈曦钟、宋祥瑞、鲁玉川辑校，北京：北京大学出版社，1986年，第476页。

④ 徐译内容为：“有人会问：‘先生梦到了什么？’对曰：‘孔夫子之梦是梦周公，而孔明此处之梦，一定是梦到了伊尹。’” *Sam Kok*，p. 1479.

⑤ *Boekoe tjerita Sam Kok*，p. 10.

⑥《三国演义：会评本》（上、下册），陈曦钟、宋祥瑞、鲁玉川辑校，北京：北京大学出版社，1986年，第324页。

⑦ *Sam Kok*，p. 1029.

（三）小说评点的翻译

在印尼马来语译中国小说中，李云英和徐进贵最早翻译了原著中包含的小说评点。这也是《三国》译本中最具深度与独特性的阐释。兹以二人所选译的数量颇丰的毛氏评点为例进行论述。

1. 翻译毛评中的夹批、眉批、旁批。我们可按照功能，大体将其分为两类：一是分析叙事技法。李云英并未涉及此类评点，徐进贵则注意到了《三国演义》中的叙事艺术，翻译了多处涉及“伏笔”“伏线”“张本”之类的评点，意在使读者注意文本前后之呼应。《三国演义》人物众多、事件纷繁，徐译此类评点能够帮助读者理清线索，了解行文章法。二是评价人物。两位译者在翻译时均注重评点原著中的人物，评价最多的就是曹操、诸葛亮和张飞。其中，徐进贵尤为关注曹操，完整翻译了多处密集插入点评的段落。如在第五十回中，徐进贵加入了24则评点，其中半数用以阐明曹操在华容道落荒而逃时的情绪变化，表现了曹操复杂的性格。李云英所译评点均针对曹操，并以谴责为主，如将毛评“操何仁之有？但当曰才胜耳”①，改述为“曹孟德并不是公正无私之人，只是在人前假装”②。

2. 选译、改编毛宗岗的回前总评。两位译者选译的毛氏回前总评，为读者开辟了深入探讨情节与人物的空间。其中，李云英在翻译之初便试图将总评中的部分内容插入相关正文。如在第四回“宁教我负天下人，休教天下人负我”处，他以文中括号的形式评论吕伯奢之死，并引入了一段“金圣叹”的评论：

> 直到现在仍有人说，曹操杀吕伯奢是因为“不忍心”让这位老人在回家之后经受所有家人身亡的痛苦。然而从曹操对陈宫的回答来看，即他可以对他人为所欲为，但无法忍受他人以同样的方式对待他，显然曹操实施这一“故意”谋杀是出于其“非常残忍的本性”。这一点在《三国演义》的作者金圣叹接下来的文字中进一步得到印证：孟德在吕伯奢家杀人，是因为错误的猜测，这个错误尚可被原谅。然而杀吕伯奢，如曹操对陈宫所言“宁使我负人，休教人负我”，实在是罪大恶极。读至此处，所有读者

①《三国演义：会评本》（上、下册），陈曦钟、宋祥瑞、鲁玉川辑校，北京：北京大学出版社，1986年，第220页。

② *Boekoe tjerita Sam Kok*, p. 781.

必然感到愤怒并想要谴责曹操，甚至想杀了他。但无论如何，必须要说此犹曹操过人之处！因为，假使问其他人：谁没有像曹操这样的心思？但谁又能像曹孟德这样直接说出自己心中所想？喜欢引用圣人之言的人会说："宁使人负我，休教我负人"，反曹操之语，这话说得好听但只是用来冠冕堂皇或伪饰。正因如此，金圣叹才说此犹曹操过人之处。诚然，曹操生性残忍，但他坦诚地所言如所想。很多人恰恰相反，懂得讲漂亮话但其实口是心非。①

这段马来语原文占据了当期连载的很大篇幅。此处既是借"金圣叹"的评点，批评曹操不仁，又进一步阐释评点所说的"曹操过人之处"，它构成了针对读者、小说文本和中文评点的多重对话，将曹操生性残忍、多疑的本性与"过人"的才能完整呈现。但很可能因为此类评点在报刊连载中占据过多正文篇幅，容易降低阅读快感，此后李云英仅另选译了3处总评②。

相较而言，徐进贵的总评翻译更为丰富。他共选译10处，将总评内容固定置于小说回末，并以"Peroendingan"（评论）为标题。在"关公过五关"章节之后，徐进贵预告即将开始翻译"金圣叹"的讨论：

出于很多人的要求，也为取悦《三国》列位读者先生，由此开始，我将尽可能翻译《三国演义》这部书中的（金圣叹）评论；事实上，很多有识之士用中文称赞其非常精彩。但是，也很可能有不喜欢读此类评论的读者先生。只需跳过不读，因为这些评论（金圣叹）仅是附加内容，并不妨碍故事的讲述。③

徐进贵对总评的段落选译，以及加入的个人观点，侧重于突出《三国演义》中的军事、政治智慧和传统道德观念。一方面，超过半数的徐译总评是分析小说中的军事与政治权谋，如苦肉计、连环计、诸葛亮大破魏兵等。其中孔明的智慧形象最为突出，如第五十六回，徐进贵翻译"孙权之表刘备为

① *Boekoe tjerita Sam Kok*, pp. 200—202.

② 分别是第八回赞貂蝉，第三十六回解释徐庶中曹操奸计的原因，以及第四十四回分析诸葛亮如何智激周瑜。

③ *Sam Kok*, p. 1081.

荆州牧，非结备也，正欲使操之忌备而攻备也”[①]一段，加入了自己的总结来帮读者理清思路，指出周瑜和曹操都欲唆使对方攻打刘备，然而这些阴谋都被孔明挫败，称赞其不愧为“天下第一军师”（Thian He Te It Koen Soe）[②]。在白帝城托孤一回，徐进贵翻译了分析刘备所言“若嗣子可辅，则辅之；如其不才，君可自为成都之主”[③]是否出自真心的回评，并提醒读者“孔明一直在刘备身后出谋划策，而从此之后，他将走向幕前”[④]。另一方面，徐进贵“尊刘贬曹”的评价倾向同样影响到他对回评的选择[⑤]，并通过改译或新增自我表述来强化观点。如第八十四回刘备伐吴大败后，徐进贵先翻译该回总评，说明关羽与刘备之失，皆在“不听孔明东和孙权一语耳”[⑥]，但后文他并未如毛评侧重于称赞孔明，而是挪用第八十二回“还我汶阳，归我叛人”一段回评，为刘备辩护，强调其重情义，并以自己的观点收尾“由此观之，并不应该过于责备刘备大败于东吴”[⑦]。

李、徐二人翻译的评点内容，首先明确了他们当时使用的翻译底本中，必然包含假托“金圣叹”评点的百二十回毛宗岗评本。其次，两部译本在当时存在明确的竞争关系，二人均非常重视读者需求，因此李、徐翻译评点从侧面反映了部分印尼读者熟悉三国故事，并对《三国演义》的阅读具有更深层次的需求。最后，两位译者并非简单翻译毛评，还加入了自己的回应与观点，在译本中构成了“文本—评点—再诠释”的多重对话。

三、两部《三国演义》马来语全译本的价值

两部《三国演义》全译本的连载反响热烈，1911年《新报》曾多次发表

---

①《三国演义：会评本》（上、下册），陈曦钟、宋祥瑞、鲁玉川辑校，北京：北京大学出版社，1986年，第687页。

② *Sam Kok*，p. 2171.

③《三国演义：会评本》（上、下册），陈曦钟、宋祥瑞、鲁玉川辑校，北京：北京大学出版社，1986年，第1035页。

④ *Sam Kok*，p. 3191.

⑤ 如第二十七回曹操放关羽归刘却不给通关文牒的险恶用心，第三十八回为刘备谋划夺取荆州与益州的合法性辩护。

⑥《三国演义：会评本》（上、下册），陈曦钟、宋祥瑞、鲁玉川辑校，北京：北京大学出版社，1986年，第1018页。

⑦ *Sam Kok*，p. 3163.

声明，称应读者要求增加版面，以刊载更多李译《三国》的内容[①]。两部译本在印尼影响甚广，其核心价值主要分为三方面：

（一）提供马来语权威范本

在全译本问世之前，三国故事以戏曲、说唱、民间信仰、传说、建筑艺术等多种形式在印尼流传，特别是在土生华人群体中。绝大部分土生华人已不谙中文，但多热衷阅读马来语译中国小说。印尼华人学者梁友兰（Nio Joe Lan，1904—1973）曾解释其原因：一方面，他们和居于大陆的同胞一样，始终浸淫中国文化，并且由于殖民地限令，华人夜晚不能自由出行，具备阅读时间；另一方面，在如巴达维亚的大城市中，土生华人有机会听说书人表演和观看戏曲，其中很多故事都源于小说。[②]在《三国演义》被完整译入马来语之前，原著阅读在印尼是缺位的，两部全译本将民间三国文化中的故事碎片凝聚为完整的经典阅读。在两位译者看来，《三国演义》是“最优美、对读者最具吸引力的中华历史书籍”[③]，是“有益的、极美的，优雅且充满了意义与智慧的”[④]。二人最终全本翻译并深入诠释了这部经典，使三国故事在印尼的接受与传播进入新阶段。

（二）将中国文化引入多元文化读者视野

虽然两部全译本都指出其目标读者为印尼全体居民，但实际上小说的受众分为两个圈层：一是以土生华人群体为主的核心受众，二是包括印尼其他民族在内的边缘受众。中国文学和文化在当地的传播，始终呈现出以华人群体为媒介向其他民族辐射的特殊模式。土生华人既是中华文化的“他者”，也是学习者和传播者。他们生在荷兰殖民下的印尼，身处多元文化语境，与纯粹的中华文化、印尼多民族文化以及西方文化都有不同程度的间离。这种距离所带来的张力，是促使土生华人深度翻译文学经典、拓展中华文化认知的重要原因。在20世纪初华文教育缺位的时代背景下，马译中国小说客观上承担了一定的教育功能。以《三国演义》为代表的历史小说，不仅在知识层面提供了文化信息，还以文学形式展现民族历史发展进程中的集体记忆，继承与共享族裔的过去和传说。从这个角度来说，两部《三国演义》全译本通

---

① *Sin Po*，15 juilet 1911，No. 41；26 août 1911，No. 48；9 septembre 1911，No. 50.

② Nio Joe Lan，*Sastera Indonesia-Tionghoa*（印华文学），Djakarta：Gunung Agung，1962，p. 10.

③ *Sam Kok*，附录 p. 5.

④ *Sin Po*，1 octobre 1910.

过深度翻译建构的中华语境，是两位译者通过翻译经典实现的文化认知与重述，也为土生华人读者理解和传承中国文化提供了一种途径与可能。

（三）成为后世译本的重要参考

两部译本均于1920年代再版，此后印尼出版的《三国演义》都是在这两部全译本的基础上编译而成：1930—1932年间，林庆和（Liem Khing Hoo，1905—1945）根据“已有《三国演义》译本”在《自由》（*Liberty*）杂志改编连载短篇故事，笔者对比发现，林文主要参考了李译《三国》。[①]随着现代印尼语的确立，新一代读者越来越难以阅读马来语译本。1963年，梁友兰出版印尼语《三国故事的顶峰》（*Puntjak-puntjak Kisah Tiga Negara*），从政治角度介绍三国故事。他在序言中提到徐、李两部译本[②]，根据梁友兰对两首曹植诗歌的翻译[③]，其节译本至少参考了李译《三国》。1985—1987年间，印尼华人李春生（Marcus A. S.）出版了《三国演义》印尼语译本，由于语言水平限制，他并非译自中文，而是综合参考多部已有译作[④]，其中李春生认为徐进贵的译本写得最好[⑤]，并复制了徐译本中的绣像插图。尽管李春生的改编本是在印尼严禁华文的背景下推行的，但深受读者青睐，并于2002年修订出版，是印尼流传最广泛的《三国演义》译本。

结　语

在19世纪80年代到20世纪60年代，土生华人翻译出版了至少759部译自中文的马来语作品[⑥]，其中《三国演义》是最具代表性的作品。从节译本到

---

① Liem Khing Hoo, *Sam Kok*, Malang: The Paragon Press, p. 296. 林庆和在前言中指出，由于时代不同，读者已没有时间阅读长篇小说，因此将《三国演义》改写为短篇故事。

② Nio Joe Lan, *Puntjak-puntjak Kisah Tiga Negara*（*San Guo*）. *Roman Klasik Termasjhur Tiongkok Rangkaian Lo Kuan Chung dari Abad ke 14 Ditindjau dari Sudut Ilmiah Ketatanegaraan Siasat Perang dan Kesusastraan Disertai Tjatatan-tjatatan*（Djakarta: Gunung Agung, 1963）, p. 15.

③ 同上，pp. 138—139.

④ 包括1925年邓罗（C. H. Brewitt-Taylor）和1938年赛珍珠的英译本《三国》。

⑤ 参见印尼华人李莉妹对李春生的访谈，［印］李莉妹：《〈三国演义〉在印尼的翻译与改编》，硕士学位论文，南京大学中文系，2014年，第132页。

⑥ *Literature in Malay by the Chinese of Indonesia, a Provisional Annotated Bibliography*, p. 10.

全译本的发展过程，体现了译者们在翻译观念、语言能力和策略技巧上的演进，针对中国传统小说中的器物名称、格言谚语、诗歌韵文、文学评点等内容，通过翻译实践积累，逐渐形成了相应的翻译模式，这些都集中体现在两部《三国演义》全译本中。从时代语境来看，20世纪初的土生华人群体正逐渐形成近代民族观念，重新思考自己作为"中华民族"（Bangsa Thionghoa）的政治、社会与文化认同[①]，这也是中国文学与文化在印尼最为活跃的时期，李、徐二人对《三国演义》的深度翻译反映了当时的文化潮流与时代需要。

由于20世纪60年代至1999年间的印尼严禁华文，李云英和徐进贵的两部《三国演义》成为仅有的直接译自中文的全译本。在李春生的改编本之外，《三国演义》从不同语种（如英语、韩语）译为印尼语编译本和连环画，非华裔译者也开始加入。尽管这些译本不尽如人意，注释数量和文化阐释深度上都很有限，但印尼对《三国演义》的关注和讨论已重新活跃起来，新一代的印尼读者正逐渐走近三国故事。

宋　鸽　上海大学文学院中文系讲师

① 对此话题的讨论可参见拙文《同源与共进：荷属东印度〈新报〉中的"中华民族"观念（1910—1911）》，载新加坡《亚洲文化》（*Asian Culture*）2021年第45期。

典籍传播的进路与文化互释的可能：《易经》英译六版本的比较（上）*

蔡　楠　朱睿达

摘　要：《易经》作为五经之首，在海外的传播由来已久。本文结合海内外易学界的已有研究，对《易经》的代表性六家英译本（译者分别为理雅各，卫礼贤—贝恩斯，林理彰，卢大荣，汪榕培、任秀桦，傅惠生）进行文本内外的分析与评判，探讨了各个译本在《易经》与易学传播上的得失及其反映的中华优秀典籍的跨文化阐释问题。

关键词：《易经》英译　易学传播　文化互释

《易经》[①]作为中华文明的源头活水之一，被儒家尊为五经之首，备受推崇已久。历经漫长的中外文化交流历史，《易经》文本及其要义，亦早已远播海外。但对于《易经》域外译介的具体情况，国内学界仍有待开展更为细致的文本细读和更为深入的机理探究。本文试择取《易经》在英语世界传播的六个典型译本，通过不同版本及具体文本之间的比照，来考察《易经》外译中应该注意的跨文化阐释问题。

一、《易经》英译概况

选入阎纯德、吴志良主编“列国汉学史书系”的《英语世界的〈易经〉

* 本文受北京语言大学院级项目中央高校基本科研业务费专项资金资助，项目号（22YJ010303）。

① 本文所指称的《易经》《周易》二者界定基本一致，即指包括经传两部分（高亨先生称为《周易》古经和《周易》大传）的《周易》通行本及其他文字出入不大的传世版本。

译介研究》一书，对自19世纪末至21世纪初《易经》在英语世界的出版及传播情况，有较为翔实的梳理。书中第一章枚举《易经》不同英译版本共87种[①]，作者通过统计分析指出，自20世纪70年代以来，《易经》英译呈现密集出版的状态。这一情形，当然与在世界大战与和平交往中全球化进程不断加速的世界格局大背景有着密切的关系。更具体地看，则是因为以理雅各(James Legge，1815—1897)译本、卫礼贤(Richard Wilhelm，1873—1930)和贝恩斯(Cary Fink Baynes，1883—1977)译本之双璧为代表的优秀译本经过一段时间的流传之后，海外对《易经》及易学的认识和研究有了较为深厚的积淀。应当注意到，出于迎合文化消费市场的考虑，许多译本"用"过于"体"，也就是说它们多以日常占卜、经济分析、修身养性、心理治疗、亲近宗教等实际应用为目的，而非出于学术研究之目的。同时，这些译本也因译者意图不同、翻译范围不同、参照底本不同，在经传次序结构编排、语言风格转换处理等方面存在着很大差异。

二、《易经》英译六版本简介

对于《易经》英译及易学传播事业的功过得失，我们在《英语世界的〈易经〉译介研究》已提供的研究基础上，择选《易经》百余年英译史中出版的6种代表性译本进行比较研究。这6个版本分别是：理雅各的*The Yi King or Book of Changes*(1882)，为《易经》传入英语世界初期的传教士译本之经典；卫礼贤德译、经贝恩斯转译为英文的*The I Ching or Book of Changes*(1950)，是继理雅各译本之后，为西方汉学界公认的第二个典范译本，与理氏译本相较，对《易经》等中国文化传统采取更为平视的姿态；林理彰的*The Classic of Changes*(Richard John Lynn，1994)与卢大荣的*The Book of Changes*(Richard Rutt，1996)出版年份相近而翻译策略迥异，前者主采魏人王弼一扫象数的哲学注解，后者则要在彰显《易经》创制之初的具象思维及筮占程式；汪榕培(1942—2017)、任秀桦的《英译易经》(1993)和傅惠生《周易—汉英对照》(2008)，是代表国内学人对外译介《易经》水平的两种优秀译本。现对于以上列举的6个英译本，我们从译文之外的参照底本、译介体例、翻译历时等多个维度进行一番比较。

---

① 这仍是不完全统计。作者并未对21世纪以来出现的新译本进行统计。

（一）理雅各译本

1879至1910年间，由东方学家穆勒（Friedrich Max Müller，1823—1900）主编的《东方圣书》（*The Sacred Books of the East*）由牛津大学出版社刊行。这套大型丛书共50册，集中译介了印度教、佛教、儒教、道教、琐罗亚斯德教、耆那教等亚洲宗教经典。理雅各负责其中的《中国圣书》（*The Sacred Books of China*）。《易经》英译本于1882年出版，是《中国圣书》的第二册。

据理雅各的译本前言（1882），理氏首次完成《易经》经传的翻译在1854年。1876年，英国圣公会传教士麦丽芝（Canon Thomas R. H. McClatchie，1812—1885）于上海出版了《易经》的第一个英文全译本，他将易传的《彖传》《象传》《文言》部分编入经文间，和《周易》通行本一致。但理雅各认为这个译本并不十分可信，对自己的研究与翻译毫无助益。

在近三十年的研究与翻译过程中，理雅各注重对《易经》传统注疏的参考，尤其倚重《御纂周易折中》[①]这一官方权威版本，由此尽可能地避免望文生义的弊病。在体例编排方面，理雅各持经传分离的态度，与麦丽芝相异。对于周易古经部分，理氏称为“The Text”（可回译为“本文”或“正文”），循例分为上经三十卦、下经三十四卦翻译；对于周易大传部分，理氏称为“The Appendixes”（可回译为“附录”），将“十翼”分为7种“附录”，独立于“本文”之外译出。

理雅各易传译文的“附录”第一种为《彖传》，对应于上经与下经，分为《彖上》与《彖下》，是为第一、第二“翼”；第二种为《象传》，亦对应于上经与下经，分为《象上》与《象下》，而非《大象》与《小象》，是为第三、第四“翼”；第三种为《系辞》，分为《系辞上》与《系辞下》，理雅各视其为最重要的一种易传，称之为“大传”（“the Great Treatise”）[②]，是为第五、第六“翼”；第四种为《文言》，理雅各将《乾文言》《坤文言》分列处理，是为第七“翼”；第五种为《说卦》，是为第八“翼”；第六种为《序卦》，尽管原文篇幅不长，理氏仍对应于上经与下经，将其分为两篇，是为

①《周易折中》在康熙诏令下由李光地主持编撰、于清康熙五十四年（1715年）刊刻而成。李氏解易，主采朱熹《周易本义》，次取程颐《伊川易传》，广揽历代众家之说，为之折中。

② 易学传统上往往将《周易》中易传部分称为“易大传”，以与后世各家易传相区分。而理雅各对“大传”的用法仅取“十翼”中的《系辞》两篇。

第九“翼”；第七种为《杂卦》，即第十“翼”。

（二）卫礼贤—贝恩斯译本

卫礼贤德译、经贝恩斯转译的英译本是继理雅各译本之后，为西方汉学界公认的第二种典范译本。卫礼贤的翻译工作约在1913年开始。在辛亥革命（1911）之后，一批前朝遗老退隐于青岛。其时卫礼贤正由德国、瑞士基督新教同善会派驻青岛宣教，便开始向清末大儒劳乃宣学习儒道两家为代表的中国经典，并就《易经》的解读与翻译向劳乃宣请教。之后，经历了1914年“一战”期间德日两国在青岛的交战、1921年劳乃宣的辞世，卫礼贤往返中德，终于1924年在德国耶纳出版了《易经》德译本[①]。瑞士心理学家荣格是卫礼贤的好友，热忱向西方推荐卫礼贤的中国经典译介与研究。美国学者贝恩斯在瑞士跟随荣格学习分析心理学期间，遵师嘱着手将卫礼贤的《易经》德译本转译为英文。因卫礼贤于1930年辞世，不谙中文的贝恩斯未及就译稿向卫礼贤求教。随后，这一翻译工作又因“二战”的爆发而搁置。幸运的是，生长于中国、继承家学的卫氏之子卫德明之后自北京去往美国，推动贝恩斯的英译本在1949年完成修订，并于1950年面世。在贝恩斯和卫德明的协作下，这一译本于1961年推出第二版，1967年推出第三版，之后不断重印。

卫礼贤的翻译亦基于《周易折中》，但他根据自己的见地，将《周易》经传重新编排为三卷：第一卷题名“the Text（本文）”，卫礼贤视之为《易经》核心，除了古经经文，还加入了《大象》，64条传文分别置于各卦彖辞之后；第二卷题名“the Material（材料）”，包括“十翼”中的《说卦》和《大传》（即《系辞》）；第三卷题名“The Commentaries（注释）”，编排颇为复杂，糅合经传并将传文拆解，相当于第一卷的精密注释版本。第三卷的译介体例基本如此：依照上经及下经的卦序编排，对各卦依次给出《序卦》（自《屯》卦始）《杂卦》《彖辞》《彖传》《大象》《爻辞》《小象》《文言》（仅就《乾》《坤》二卦）对应经传文字的译文。卫礼贤根据自己的见地，对《周易》经传的传统编排做了较大调整，是易学在海外传播的新发展，但对于普通读者来说，多少会造成接受上的混乱。

（三）林理彰译本

汉学家林理彰（Richard John Lynn）是著名华裔学者、《中国的文学理论》作者刘若愚的学生。他的译本是积数年之功完成的一项学术译介任务，

---

① Richard Wilhelm，*I Ging*：*Das Buch der Wandlungen.* Jena：Eugen Diederichs，1924.

旨在为《易经》在西方的传播提供一个基于不同注疏与阐释传统的英译本。哥伦比亚大学出版社对1994年出版的林理彰译本抱有很大的期许，视其为理雅各和卫礼贤—贝恩斯译本通行逾25年后出现的最佳译本，并将为之后的译本提供新的标准。有别于此前译本对程朱易学的倚重，林氏译本以魏人王弼的《周易注》为底本[①]，包括王弼对六十四卦彖辞、爻辞、《彖传》《象传》《文言》的注释，以及《周易略例》。作为补充，林理彰还翻译了韩康伯对王弼未注的《系辞传》《序卦》《杂卦》《说卦》的续注。此外，林理彰还参考利用了孔颖达的《周易正义》[②]，以在译介中疏通王弼未加注释或王弼的注释晦涩难解的《易经》段落。

林氏译本以王弼易学为统摄，在呈现《周易》经传译文之前，首先完整翻译了王弼的《周易略例》，包括《明彖》《明爻通变》《明卦适变通爻》《明象》《辩位》《略例下》《卦略》七篇。其后为韩康伯注易传五种，以《系辞传上》《系辞传下》《序卦》《杂卦》《说卦》编次。最后作为林译核心的《周易》文本，题为“六十四卦与经传文字（The Sixty-Four Hexagrams，with Texts and Commentaries）”，涵括了王弼《周易注》的译文。

最后这部分译文的编排并未明确区分上经与下经，各卦译文基本以彖辞、《彖传》、《大象》、爻辞、《小象》为次，夹译王弼易注。对于《乾》《坤》二卦，另有《文言》及王注。此外，《系辞传》《序卦》《杂卦》中涉及各卦的文字亦散布于各卦译文中，然不再附带韩注。《说卦》译文则未见。

（四）卢大荣译本

理雅各翻译中国经典，得到了王韬的大力协助。卫礼贤则有劳乃宣可以求教。贝恩斯虽不通中文，但幸有卫德明检校译稿。在参照底本上，理氏与卫氏主要依据具有集成性质的官方权威版本《周易折中》，林理彰则另辟蹊径，从宋明以来为程朱所笼罩的易学传统溯流回到汉魏易学。与前述理雅各、卫礼贤—贝恩斯、林理彰三译本相较，1996年问世的卢大荣译本更具无所倚恃的个人见解。这或许和卢大荣（Richard Rutt）的学术背景有关，他并

---

① 据林理彰译本前言，其具体参照版本收于（魏）王弼著，楼宇烈校释，《王弼集校释》，北京：中华书局，1980年。

② 据林理彰译本前言，其具体参照版本收于（清）阮元校刻:《十三经注疏》，台北：艺文印书馆，1955年。

非一位专门研究汉学的学者[①]。卢大荣对《易经》及易学的译介与研究源于20世纪50年代他受英国圣公会派遣在韩国传教的经历。《易经》对韩国文化深入、持久而广泛的影响激发了他的研究与译介兴趣。

在译本的第一部分，卢大荣简明且较全面地介绍了《易经》的创制时代背景、经传流变历史、易学影响领域、多种西文译本、古经基本内容、各类占卜程式等相关内容。其中，对经传历史的介绍文字展示了卢大荣对当代易学新发现与进展的吸收。他对马王堆帛书、阜阳汉简、熹平石经中的《周易》皆有着墨，对20世纪以来顾颉刚、阿瑟·韦利（Arthur David Waley，1889—1966)、高亨、闻一多等中西学者的易学研究亦作了简要评论。另一篇梳理《易经》主要西文译本的文章也颇显重要。卢大荣大致评介了耶稣会士柏应理、刘应、雷孝思的三个译本、麦丽芝的首个英译本、理雅各英译本、卫礼贤德译及贝恩斯英文转译本，以及其他一些拉丁文、法文、俄文等西文译本。他对于“二战”之后新出现的一批译本也颇为了解，认为林理彰的译本指明了西方易学研究的一个未来方向。

卢氏译本的第二部分题为“ZHOUYI (《周易》)”，即《易经》古经。这部分译文实际上非常简省，六十四卦经文仅占64页篇幅，前有19页导读，后附73页译注。第三部分题为“APPENDIX（附录)”，即《易经》“十翼”，分为《彖传》《大象》《小象》《大传》(《系辞传》)《文言》《说卦》《序卦》《杂卦》。大传译文亦仅有85页，前有10页导读。在经传译文的呈现上，卢氏译本可算是目前所见《易经》西文全译本中最为简省的一种。

（五）汪榕培、任秀桦译本和傅惠生译本

汪榕培、任秀桦的《英译易经》(之后或简称汪任译本）和傅惠生《周易—汉英对照》是代表国内学人对外译介《易经》水平的两种优秀译本。

汪榕培、任秀桦的《英译易经》(*Book of Change*）由上海外语教育出版社于1993年6月首次出版，于2007年9月推出新版。这两个版本前后变化不大，主要为汉英对照的《周易》古经部分，分为《上经》(*The First Book*）和《下经》(*The Second Book*）两部分，无任何注释及参考文献、索引等附

---

① 卢大荣的经历颇为丰富，作为一名通晓多种语言的语言学者，他曾于“二战”期间在英国海军服役，执行破译日军无线电通讯的任务。战后，他成为英国圣公会的神职人员，并于1954年到韩国传教。20余年后他又回到英国，1979年成为莱斯特教区主教。1994年，卢大荣成为一名罗马天主教牧师。卢大荣首先是一位朝鲜文化研究专家，有多部朝鲜文学与文化翻译与研究著作出版。此外，他还是一位手工编织史研究者。

录。汪榕培、任秀桦的译本是第一个由国人独立完成的《易经》英译本，但不是第一个华人的译本[①]。

傅惠生译本《周易—汉英对照》（*The Zhou Book of Change*）收于中华文化对外传播大型工程《大中华文库》之中，于2008年由湖南人民出版社推出，分为两卷。与汪任译本相比，傅惠生倾注了更多的心力，他不仅翻译了古经部分，而且完整翻译了“十翼”部分。在译文之前，傅惠生的序言以一定篇幅简略介绍了《周易》经传的演变史、易学概史、《易经》海外传播概况，可见译者的用意不单停留在文本翻译层面，而是期求更高层次的文化意蕴的传递。然而，将傅惠生的英译与该译本中选择的张善文的白话今译对读，可以发现傅译的翻译倾向仍主要局限在文字表层的翻译，而且主要是对张善文今译的理解和翻译，参考传统传疏的痕迹甚少。在经传译文之后，傅译本亦无注释、参考文献、索引等附加内容。

在结构安排上，译者则遵循《周易》通行本的体例，即前边已介绍过的:《易经》上经系以《彖传上》《象传上》,《易经》下经系以《彖传下》《象传下》,《彖》《象》皆分置于各卦的卦爻辞之后;《文言》系于《乾》《坤》二卦;《系辞上传》《系辞下传》《说卦》《序卦》《杂卦》独立于经外。

在上述六个《易经》英译本中，与汉学家的译入版本相比，本国译者的译出版本并未交代所参照的《易经》底本、研究与翻译历程等情况，且显然在《易经》及易学的基本概念、历史文化背景、本土流变与对外传播历史等方面缺乏细致的介绍与解释，更遑论对易学问题的深入探讨。我们仅就译本篇幅做粗略的统计及比较：

理雅各译本（1882）共约456页，其中“前言”9页，“导论”56页，经传译文及注析387页，附表4页，经传译文及注析约占85%的版面；

卫礼贤—贝恩斯译本（1967，第3版）共约794页，其中“前言”“序文”“导论”等50页，经传译文及注析716页，附录17页，索引11页，经传译文及注析约占90%的版面；

林理彰译本（1994）共约595页，其中“导论”24页，王弼《周易略

① 1935年由上海的中华新教育社出版了绍兴著名藏书家沈仲涛编校的《华英易经》[Z. D. Sung, *The Text of Yi King* (*and its appendixes*), Shanghai: The China Modern Education Co., 1935]。是书为通行本《周易》的中英对照译本，摘抄袭用理雅各英译良多。此后，又出现了多个华人译者独译或与西人译者合译的英译本。

例》译文22页，经传注疏译文及注析505页，参考文献、术语词汇表、索引等44页，经传注疏译文及注析约占85%的版面；

卢大荣译本（2002，简装第1版）共约494页，其中“前言”及图表8页，六篇导论性质文章197页，古经“导读”19页，古经译文64页，另列译注73页，大传“导读”10页，大传译文85页，参考文献、字词表、索引等38页，经传译文约占30%的版面；

汪榕培、任秀桦译本（2007）共约132页，其中“卷前语”1页，古经汉英对照文本131页，古经原文与译文约占99%的版面；

傅惠生译本（2008）共约578页，正文汉英对照，其中“前言”84页，经传文本494页，经传原文与译文约占85%的版面。

从以上粗略统计可见，译出版本与译入版本相较，在“纯文本”翻译之外的“副文本”阐释方面是欠缺的。四个译入版本均在译文之外，提供了导读文字和附录信息，来支撑、辅助译文的确切阐释与顺畅传播。理雅各、卫礼贤、林理彰更在经传译文中加入了远逾原文译文的注释与评论文字。如果我们关心翻译在文字出版之后的传播生命周期，就必须意识到，翻译过程与翻译目的不仅仅是一种语言文字的转换。译者需要在译文本身负载与传递的有限的自我说明与解释之外，提供连带的必要阐释，才能让原文本在语言文字改易之后的新文化语境中延续生命，并重现意义的辉光。特别是对于文化经典的翻译而言，由于“言”“意”之间关联与对抗的曲折隐微，“译”“介”之间“介”对“译”的支援显得更为不可或缺。

蔡　楠　北京语言大学汉语速成学院讲师

北京文献语言与文化传承研究基地博士研究生

朱睿达　浙江外国语学院浙江文化“走出去”协同创新研究中心讲师

理雅各《孟子》译本对原文语言风格的诠释

陈逸鸣

摘　要：理雅各的《孟子》英译本是备受西方汉学界推崇的典范之作。《孟子》的语言风格主要是雄辩滔滔、气势磅礴，而具体实现形式则是变化多样、不拘一格的。理雅各翻译《孟子》时，注重追求译文风格与原文的“形似”，即译文尽量保留原文的句子形式；同时也力求实现文风的“神似”，即译文的内涵意义、情感色彩与原文的相似。总体而言，理雅各对《孟子》语言风格的诠释达到了“形似”或“神似”，甚至“形神兼备”的境界。然而，因为理雅各本人的失误，以及《孟子》有些文句的风格具有“不可译性”，故而译文有时无法完整地传达出原文的语言风格。

关键词：理雅各　《孟子》译本　语言风格

晚清来华的英国传教士理雅各（James Legge，1815—1897），曾将儒家的“四书五经”、道家的《老子》《庄子》等中国文化经典翻译成英文，从而开创了西方的专业汉学时代。理雅各的《孟子》英译本乃其得意之作，素来备受西方汉学界推崇。本文考察理雅各《孟子》译本对原文语言风格的诠释。刘勰《文心雕龙·体性》曾将天下文章的风格分为八类，其中说到，“壮丽者，高论宏裁，卓烁异采者也”[①]，这句话正可以概括《孟子》主要的语言风格。《孟子》呈现出壮丽的文风，这和孟子本人的浩然之气有关。孟子说：“我知言，我善养吾浩然之气”[②]，理雅各《孟子》译本对这句话作了脚注，其中说道：“Mencius，it seems to me，has before his mind the ideal of a perfect man，complete in all the parts of his constitution. It is this which gives

① （南朝梁）刘勰：《文心雕龙注》，范文澜注，北京：人民文学出版社，1958年，第505页。

② James Legge，*The Works of Mencius*（Taipei：SMC Publishing Inc.，1991），p.189.

its elevation to his language"[①]。理雅各说，在孟子的心中有一个关于完美人格的理想，孟子的一切都在充分体现这个理想，这一理想使得孟子的语言得到了升华。可见，理雅各感受到《孟子》的文风与孟子本人的气质存在高度一致性，可谓是文如其人，尽是"至大至刚"的"浩然之气"。传译出《孟子》散文中的"浩然之气"正是理雅各竭力追求的。

一、实现文风"形似"的传译

《孟子》里的句式灵活多变，修辞手法丰富多彩，排偶句、排比句、谓语前置型感叹句等造就了雄劲豪放、壮丽多姿的语言风格。理雅各翻译《孟子》时，注重追求译文风格与原文的"形似"，即译文尽量保留原文的句子形式，尤其是那些极具文学性的句子形式。以下着重介绍理雅各对《孟子》中的排偶句、排比句，以及谓语前置型感叹句的翻译。

（一）排偶句、排比句的"形似"

排偶句、排比句是将含义相关、结构一致的语句紧挨着排列出来，能够带来既整齐匀称，又富有变化的语言美感。理雅各力求传译出《孟子》中排偶句、排比句的风格，以下结合具体例子展开论述。在《滕文公上》第四章里，孟子滔滔不绝地批驳农家学说，进而批评了陈相背叛师尊的行为。孟子说："吾闻出于幽谷迁于乔木者；未闻下乔木而入于幽谷者"[②]，理雅各将这一排偶句翻译为："I have heard of birds leaving dark valleys to remove to lofty trees，but I have not heard of their descending from lofty trees to enter into dark valleys."[③]理雅各将原文翻译为两个完全独立的句子，重复使用了"I have（not）heard of"。但在英文里通常是不喜欢词汇重复出现的。如果将原句做如下翻译则更符合英语的表达习惯：I have heard birds leaving dark valleys to remove to lofty trees instead of descending from lofty trees to enter into dark valleys；或者是将这句译文里的"instead of"改成"but not of"。换言之，使用"instead of"或"but not of"，就可以将两个语句连接起来。不过，这样翻译在一定程度上将破坏原句的排偶形式。理雅各在此处力求实现译文与原

① *The Works of Mencius*，p. 190.

② *The Works of Mencius*，p. 255.

③ *The Works of Mencius*，p. 255.

文的“形似”，再现了原文的排偶手法，使目标读者能够准确地了解原文的句式特点，并从中体会出孟子对陈相的讽刺与批评的强烈语气。

再如，《梁惠王下》第十五章：“事之以皮币，不得免焉；事之以犬马，不得免焉；事之以珠玉，不得免焉。”①理雅各翻译为：“He served them with skins and silks，and still he suffered from them.He served them with dogs and horses，and still he suffered from them.He served them with pearls and gems，and still he suffered from them.”②如果只在乎传递原文的字面意思，那么可以翻译得更简洁些，比如：He served them with skins and silks; he served them with dogs and horses; he served them with pearls and gems，but still he suffered from them，即仅在结尾出现一次“不得免焉”。甚至可以翻译成：He served them with skins，silks，dogs，horses，pearls and gems，but still he suffered from them，即“事之以……”“不得免焉”都只出现一次。然而，理雅各不做这样简洁的翻译，他力求完整地保留原文的排比手法，故而不厌其烦地重复使用“He served them with...，and still he suffered from them”这一句式。

《孟子》有时将排偶句与排比句连用，从而造就独特的语言气势。比如，《离娄下》第三章：“君之视臣如手足，则臣视君如腹心；君之视臣如犬马，则臣视君如国人；君之视臣如土芥，则臣视君如寇雠。”③理雅各的翻译是：

> When the prince regards his ministers as his hands and feet，his ministers regard their prince as their belly and heart; when he regards them as his dogs and horses，they regard him as any other man; when he regards them as the ground or as grass，they regard him as a robber and an enemy.④

理雅各完整地保留了原文的排偶和排比句式。排偶手法，使君王对臣子之态度，与相应的臣子对君王之态度形成对比；排比手法，层层论述了君臣之间不同类型的关系。原文那雄辩滔滔的语言风格，在理雅各的译文里完美

① *The Works of Mencius*，p. 176.
② *The Works of Mencius*，p. 176.
③ *The Works of Mencius*，p. 318.
④ *The Works of Mencius*，p. 318.

再现。

（二）谓语前置型感叹句的“形似”

《孟子》中有许多表达强烈、奔放之情感的语句，谓语前置型感叹句就是这种直抒胸臆的句型。谓语前置型感叹句对于铸就《孟子》的激昂、豪放之文风具有独特的作用。《孟子》里的谓语前置型感叹句常用“哉”字作为标志。相关例子如下：

1. 异哉子叔疑！（《公孙丑下》第十章）译文：A strange man was Tsze-shu I.①

2. 大哉，尧之为君！（《滕文公上》第四章）译文：Great indeed was Yâo as a sovereign.②

3. 君哉，舜也！（《滕文公上》第四章）译文：Princely indeed was Shun!③

4. 固哉，高叟之为诗也！（《告子下》第三章）译文：Stupid indeed was old Kao's criticism on the ode.④

5. 大哉居乎！（《尽心上》第三十六章）译文：Great is the influence of position!⑤

6. 不仁哉，梁惠王也！（《尽心下》第一章）译文：The opposite indeed of benevolent was the king Hui of Liang!⑥

在以上例子中，理雅各的译文都采取了倒装句式，做到与原文的“形似”。这对于再现《孟子》原文的语言风格有着重要意义。以下选择《滕文公上》和《尽心下》里的两个例子来探讨。

先看《滕文公上》第四章里的例子，孟子引用孔子的话说：“大哉，尧之为君！惟天为大，惟尧则之，荡荡乎，民无能名焉！君哉，舜也！巍巍

① *The Works of Mencius*, p. 227.

② *The Works of Mencius*, p. 253.

③ *The Works of Mencius*, p. 253.

④ *The Works of Mencius*, p. 427.

⑤ *The Works of Mencius*, p. 470.

⑥ *The Works of Mencius*, p. 477.

乎，有天下而不与焉！”[①]这段话意蕴充沛，节奏感强，几乎可以看作一首讴歌尧舜的诗。且看理雅各对这段话的翻译。第一句“大哉，尧之为君”以谓语前置的形式表现强调语气，理雅各译为：“Great indeed was Yâo as a sovereign”[②]，译文同样是采用倒装句式，传达出了对尧的颂赞之情。“惟天为大，惟尧则之”，“惟”的连续使用突出了尧效法上天的无与伦比的德行。理雅各译为：“It is only Heaven that is great, and only Yâo corresponded to it”[③]，连用两个“only”与原文的两个“惟”相对应，而且使用了“It is...that”的强调句式，将原文对尧的推崇之意准确地传译出来。“荡荡乎，民无能名焉”，理雅各译为：“How vast was his virtue! The people could find no name for it”[④]。这是采用倒装句结构，以感叹的语气形容尧的恩德浩荡。理雅各还用了增译的手法，将“his virtue”（他的美德）翻译出来，使句子的意思更加清晰明了。“君哉，舜也”又是一个谓语前置型感叹句，理雅各的译文“Princely indeed was Shun”[⑤]同样做到了“形似”。“巍巍乎，有天下而不与焉”，理雅各翻译为：“How majestic was he，having possession of the kingdom，and yet seeming as if it were nothing to him”[⑥]，译文采用倒装句来赞叹舜的伟岸。“yet”表示转折语气，“as if”意为似乎，这是将原文隐含的意思翻译出来。可见，理雅各实现了译文与原文之间的“形似”，精准地传译出了原文的语言风格。

再看《尽心下》第一章里的“不仁哉，梁惠王也”[⑦]。在这一章里，孟子以极严厉的语气批判了梁惠王的不仁不义。孟子说，梁惠王驱使百姓去打仗，致使他们横尸郊野，骨肉腐烂；打了败仗之后，又驱使他所喜爱的子弟去送死。对一国之君如此直言不讳地批判，这正体现了孟子的浩然正气。对于“不仁哉，梁惠王也”一句，理雅各的翻译是：“The opposite indeed of benevolent was the king Hui of Liang”[⑧]。其中的“The opposite indeed of benevolent”的意思是与“仁”极端对立。对于“不仁”，理雅各在脚注里解

① *The Works of Mencius*，p. 253.
② *The Works of Mencius*，p. 253.
③ *The Works of Mencius*，p. 253.
④ *The Works of Mencius*，p. 253.
⑤ *The Works of Mencius*，p. 253.
⑥ *The Works of Mencius*，p. 253.
⑦ *The Works of Mencius*，p. 477.
⑧ *The Works of Mencius*，p. 477.

释道:“不仁is more than ‘unbenevolent’ would mean, if we had such a term. It is nearly = ‘cruel,’ ‘oppressive.’”[①]理雅各的意思是:如果为“benevolent”(仁)加上“un-”这一否定前缀,从而造出“unbenevolent”这个词,那么“unbenevolent”也不足以表达《孟子》此处“不仁”的贬义色彩,“不仁”的意思类似于“残忍”“暴虐”。理雅各精准地把握了《孟子》此章的语言风格,故而,他以倒装句式来翻译“不仁哉,梁惠王也”,文风的“形似”凸显了原文对梁惠王之“不仁”的谴责语气。

二、实现文风“神似”的传译

理雅各在译介《孟子》时,不仅追求译文风格与原文的“形似”,而且将文风的“神似”作为重要的传译目标。所谓文风的“神似”,就是使译文的内涵意义、情感色彩与原文的相似。

(一)内涵意义的完整性

古代汉语的一个显著特点是追求意合,一句话的主语、谓语、宾语、状语、定语等,都是可以根据具体语境省略的。省略成分,追求意合,可以实现语句的对仗工整或灵活多变,为表达某种思想感情寻得合适的语言节奏。《孟子》散文的语言就是以意合为主,具有词约义丰,风格简洁明朗的艺术特点。而英文则讲求形合,要依靠语言形式手段来表现语句之间的逻辑关系,如果省略某些句法成分可能会影响读者的理解。因此,在翻译《孟子》时,理雅各没有一味地追求“形似”而忽视“神似”的重要性。比如,《梁惠王上》第三章:“填然鼓之,兵刃既接,弃甲曳兵而走。”[②]这句话由两个四字短句和一个六字短句组成,具有节奏上的美感,正如《文心雕龙·章句》所说:“四字密而不促,六字格而非缓。”[③]但是这句话省略了主语。理雅各翻译为:“The soldiers move forward to the sound of the drums; and after their weapons have been crossed, on one side they throw away their coats of mail, trail their arms behind them, and run.”[④] “The soldiers”“they”是理雅各增译

① *The Works of Mencius*, p. 477.

② *The Works of Mencius*, p. 130.

③(南朝梁)刘勰《文心雕龙注》,范文澜注,北京:人民文学出版社,1958年,第571页。

④ *The Works of Mencius*, p.130.

出来的主语，故而，目标读者可以明白“弃甲曳兵而走”这一系列动作的主体是士兵。

《孟子》里还有在句法成分之外的省略现象，即这种省略不影响句子成分的完整。比如，在《梁惠王下》第三章里，孟子说，“惟仁者，为能以大事小”“惟智者，为能以小事大”[①]。从表面上看，这两句话都包含主语、谓语和宾语，句子成分可谓是完整的。但其中仍有省略现象，“以大事小”其实是指以大国事小国，“以小事大”则指以小国事大国。原来的形容词加名词的结构被形容词取代了。理雅各对这两句话的翻译分别是：“it requires a perfectly virtuous prince to be able，with a great country，to serve a small one”“And it requires a wise prince to be able，with a small country，to serve a large one”[②]。理雅各将原文所隐藏的“国家”之含义清楚地传译出来。

《孟子》中有些句子虽然字面上没有明显的省略现象，但理雅各在翻译时也做了适当的增译，以此力求完整地表现原文的内涵意义。比如，《万章上》第八章：“孔子不悦于鲁卫，遭宋桓司马将要而杀之，微服而过宋。”[③]理雅各的翻译是：“When Confucius，being dissatisfied in Lu and Wei，had left those States，he met with the attempt of Hwan，the Master of the Horse，of Sung，to intercept and kill him. Consequently he crossed Sung in disguise.”[④]译文中的“Consequently”的意思是因此、故而，是理雅各增译出来的词汇。理雅各通过增译出“Consequently”使句子间的逻辑关系更加清晰。再者，在英文里“Consequently”是比较书面化的词汇，符合原文的语言风格。再如，《公孙丑上》第二章里，孟子介绍北宫黝培养勇气的方法：“思以一豪挫于人，若挞之于市朝”[⑤]。理雅各翻译为：“He considered that the slightest push from any one was the same as if he were beaten before the crowds in the market-place”[⑥]。意思是，他以为受到从别人来的一点儿攻击，就好像在市场上当众被鞭打了一样。这里的“the crowds”意思是人群，属于理雅各的增译。通过这一增译，读者更能理解北宫黝将小挫折视为何等大的屈辱。

① *The Works of Mencius*，p.155.

② *The Works of Mencius*，p.155.

③ *The Works of Mencius*，p.366.

④ *The Works of Mencius*，p.366.

⑤ *The Works of Mencius*，p.186.

⑥ *The Works of Mencius*，p.186.

（二）情感色彩的准确性

孟子云：“充实之谓美。”[①]《孟子》一书的艺术之美，也反映在情感的充实饱满上。孟子将浩然之气注入字里行间，以精湛的语言技巧倾吐大丈夫之情感，尽显大丈夫之气象。除了孟子这位大丈夫形象以外，《孟子》还刻画了形形色色的人物形象，包括当时的国君、孟子的弟子、孟子的对手、古圣先贤以及寓言故事里的人物等。不同人物形象都在文中吐露着自己的思想情感，当然，这一切是为文章的情感基调而服务的。如果不关注字里行间的情感色彩，就不能把握《孟子》的文学艺术特征。因此，理雅各很重视译文情感色彩的准确性。

《孟子》中有许多直抒胸臆的语言，传达出奔放的情感色彩。《告子上》第十一章：“舍其路而弗由，放其心而不知求，哀哉！”[②]理雅各翻译为：“How lamentable is it to neglect the path and not pursue it，to lose this mind and not know to seek it again!”[③]如果从句型的角度看，原文并没有涉及倒装手法，但是，理雅各没有拘泥于对句型的“复制”，而是以倒装句来加强感叹的语气，灵活生动地传达出了孟子的思想感情。在孟子看来，仁义是人的本性，但是，现实中有太多的人居然放弃了正路而不走，丧失了良心而不晓得去找。言辞之间包含着对于世人弃仁义如敝屣的深深哀痛之情。理雅各的翻译符合孟子这段话的情感色彩，实现了译文风格与原文的“神似”。

孟子有时也靠着引经据典来抒发情感。《梁惠王下》第五章里，孟子对齐宣王说，周文王实行仁政，最先考虑到鳏寡孤独，他引用《诗经》的话说：“哿矣富人，哀此茕独”[④]。理雅各对《诗经》这句话的翻译是：“The rich may get through life well；But alas!for the miserable and solitary!”[⑤]译文的意思是：富人的生活很好，唉，但是那些贫穷孤苦的人啊！理雅各用了“Alas”这一感叹词。其实，《诗经》此处的“哀”不是感叹词而是动词，可以理解为“为……感到可怜”。不过，诗句将富人与穷人的生活状况进行对比，形成反差，这的确包含着感叹哀伤的情绪。故而，理雅各运用“Alas”这一感叹词是恰当的。译文里的“But”（但是）也属于增译，凸显出了原文里的对

① *The Works of Mencius*，p.490.

② *The Works of Mencius*，p.414.

③ *The Works of Mencius*，p.414.

④ *The Works of Mencius*，p.162.

⑤ *The Works of Mencius*，p.162.

比、反差的意味。理雅各的翻译强化了哀叹的语气，生动地传译出原文的情感色彩，使读者可以感受到孟子劝谏君王的恳切之心。

除了孟子本人以外，《孟子》里出现的许多人物都有吐露自己情感的机会。《滕文公下》第九章："是故孔子曰：知我者其惟《春秋》乎！罪我者其惟《春秋》乎！"[①]孔子的话充满了慨叹的语气，两处的"其惟……乎"起到强调"《春秋》"的作用。理雅各的翻译是："On this account Confucius said，'Yes! It is the Spring and Autumn which will make men know me，and it is the Spring and Autumn which will make men condemn me.'"[②]在译文里，"the Spring and Autumn"（《春秋》）也是被强调的重点。不过，译文的强调句形式与原文的不同。在译文里"the Spring and Autumn"成了句子的主语，理雅各连用了"It is... which..."的句型来表示强调语气。此外，理雅各还增译了"Yes!"以强化译文的感叹语气。灵活巧妙的翻译使得孔子的情感得以再现在译文里。

《孟子》里的梁惠王也是一个形象鲜明的人物，他的言语之间多带着明显的情感色彩。在《梁惠王上》第三章里，梁惠王说："河内凶，则移其民于河东，移其粟于河内。河东凶亦然"[③]。其中的"移其民于河东"，被理雅各译为："I remove as many of the people as I can to the east of the river"[④]，意思是我把尽可能多的民众转移到黄河的东边。译文中的"as many of...as I can"是理雅各的增译，意思是"尽可能多的"。此处增译不仅使原文的意义内涵更加清晰，而且传达出了如此言下之意：梁惠王自以为已经尽了最大的努力去爱护民众了。从原著的下文来看，在梁惠王的话里，自大与困惑的情感交织相伴。他的自大在于误以为自己是一个非常称职的君王；他的困惑在于为什么如此尽心竭力了，却不能使邻国的百姓前来投奔。而孟子的回答使我们明白，梁惠王的自夸不过是"五十步笑百步"的行为。理雅各巧妙运用增译的手法，将梁惠王那"五十步笑百步"的糊涂情态生动地彰显出来。

《孟子》里一些虚构人物的语言，也带有耐人寻味的情感色彩。比如，《滕文公下》第二章中描绘了这样一幅场景："女子之嫁也，母命之，往送之门，戒之曰：'往之女家，必敬必戒，无违夫子！'"[⑤]对于"往之女家，必

① *The Works of Mencius*，pp.281—282.

② *The Works of Mencius*，pp. 281—282.

③ *The Works of Mencius*，p. 129.

④ *The Works of Mencius*，p. 129.

⑤ *The Works of Mencius*，p. 265.

敬必戒，无违夫子”一句，理雅各译为：“You are going to your home. You must be respectful; you must be careful. Do not disobey your husband.”[①]译文里没有生僻词汇，完全是口语化的语言；连续使用三个“You”作为句子的开头；连续用两次的“You must be...”，再加一次的“Do not...”，构成三个祈使句。译文的这些特征，将母亲不住叮嘱出嫁之女儿的情态活灵活现地传译出来。与母亲的不住叮嘱相对应的是，出嫁的女儿没有一句“台词”，由此侧面表现了女儿的形象——“以顺为正者，妾妇之道也”[②]。孟子展示了这样一幅生活化的情境，言语间带有对纵横家代表人的讽刺意味，并且为后文阐述“大丈夫”形象做了铺垫。理雅各的翻译使读者能够准确地了解原文的情感色彩。

三、遗失原文风格的传译

理雅各在传译《孟子》语言风格时力求“形神兼备”，大多时候都是相当成功的，但是，译文中也难免存在遗失原文语言风格的现象。这种现象有些是理雅各在传译时的主观失误造成的，有些则是因为原著语言本身具有“不可译性（untranslatability）”。

（一）理雅各传译的失误

理雅各在翻译《孟子》时通常很重视文风的“形似”，但仍然有些不够明智的处理，导致传译时遗失了原文风格，未能实现译文和原文的“形似”。以下结合具体例子来讨论。比如，《告子上》第六章：“恻隐之心，人皆有之；羞恶之心，人皆有之；恭敬之心，人皆有之；是非之心，人皆有之。”[③]孟子运用排比手法不厌其烦地强调，每个人都有与生俱来的良心，这正是孟子人性论的关键之处。这段排比句意义一贯，感情洋溢，节奏感强。理雅各的译文是：“The feeling of commiseration belongs to all men; so does that of shame and dislike; and that of reverence and respect; and that of approving and disapproving.”[④]此处用了省译的翻译策略，省译目的是为了使译文简洁，符合目的语的表达习惯和修辞特点。但是，这种译法一定程度上破坏了原文的

① *The Works of Mencius*, p. 265.

② *The Works of Mencius*, p. 265.

③ *The Works of Mencius*, p. 402.

④ *The Works of Mencius*, p. 402.

排比句式，而排比句式的破坏也导致了原文气势与意蕴的遗失。

在翻译《孟子》时，某些情况下，如果译文做不到与原文的“形似”，那么它也很难达到“神似”的境界。在上面的例子中已经可以初步体会到这一点。以下例子更能说明问题。《滕文公下》第二章：“富贵不能淫，贫贱不能移，威武不能屈，此之谓大丈夫。”[①] 排比本就可以造就雄劲的气势，何况此处连用了三次以“不能”为标志的否定句，故而淋漓尽致地表现出大丈夫顶天立地、不屈不挠的品质，亦即任何力量都不能战胜大丈夫的品质。孟子此言充满了浩然之气，这正与大丈夫的品质相称。然而，理雅各翻译是：“to be above the power of riches and honours to make dissipated，of poverty and mean condition to make swerve from principle，and of power and force to make bend：—these characteristics constitute the great man.”[②] 将译文按字面意思译回白话文是：超脱了以下各种力量的影响，即富裕和尊贵使人放荡，贫穷和卑贱使人偏离原则，威权和武力使人屈服——这些特质铸就了大丈夫。译文不但破坏了原文的排比句型，而且将三个独立的否定句改成了一个冗长的肯定句。“riches and honours to make dissipated”“poverty and mean condition to make swerve from principle”“power and force to make bend”，这三个语句的意思与大丈夫的特质是完全相反的。只不过在它们前面加上了“to be above the power of...”（超脱了以下各种力量的影响），以此来表示对这三种情况的否定。但是，这种否定语气是极弱的，很容易被句子的冗长特征冲淡了。理雅各对“此之谓大丈夫”的翻译也不够理想。孟子习惯运用排比手法慷慨陈词，并在结尾以“此之谓……”来盖棺定论，具有斩钉截铁的力度。理雅各所译的“these characteristics constitute the great man”（这些特质铸就了大丈夫），缺乏原文一锤定音的力度。对于这句话，理雅各作了脚注：“此之謂，—‘this is what is called’ = such is the description of，a really ‘great man.’”[③] 在这脚注里，理雅各对“此之谓”作出了更好的翻译——“this is what is called”。换言之，此处照字面意思直译，效果更佳。

可见，《孟子》中排比句加否定句的语言形式，有着独特的艺术魅力，必须审慎翻译才能不失原文风格。再看《公孙丑上》第六章里的例子，孟子

① *The Works of Mencius*，p. 265.

② *The Works of Mencius*，p. 265.

③ *The Works of Mencius*，p. 265.

说:“由是观之,无恻隐之心,非人也;无羞恶之心,非人也;无辞让之心,非人也;无是非之心,非人也。”[①]此处连续四次使用“无……非”的双重否定句式,从而营造出一种排山倒海、不可辩驳的力量。理雅各的翻译是:

> From this case we may perceive that the feeling of commiseration is essential to man, that the feeling of shame and dislike is essential to man, that the feeling of modesty and complaisance is essential to man, and that the feeling of approving and disapproving is essential to man.[②]

理雅各将“无……之心,非人也”全部译成“the feeling of ... is essential to man”(“……的心理是人的本质”)。译文保留了排比句式,但是将四个双重否定句全部改成肯定句,这难免在一定程度上遗失了原文的语言风格。理雅各对这段话作了脚注:“The two negatives 無一非 in the different clauses make the strongest possible affirmation.Literally,‘Without the feeling of commiseration there would not be man,’ &c.,or‘If a person be without this, he is not a man,’ &c.”[③]注释的大意是:原文不同的句子都使用“无……非”的否定词,这产生最强有力的肯定语气,如果按照字面来翻译,就是“没有同情怜悯之心的,就不是人”,或者“如果一个人没有这种心理,他简直不是个人”。理雅各这段脚注对原文风格的诠释,明显比译文里的更加到位。

《孟子》中,如果某句话带有两种以上的修辞手法,就很考验译者的功力。比如,《滕文公上》第二章:“君子之德,风也;小人之德,草也。”[④]这里运用了暗喻与排偶两种手法。就暗喻而言,文中没有出现喻词,是以两个独立判断句的形式完成比喻;另一方面,这两个判断句又有排偶的特征。再者,两个判断句都只有六字,并且以“也”作为句末语气词,呈现出一种简洁明快、斩钉截铁的意味。而理雅各的翻译是:“The relation between superiors and inferiors is like that between the wind and grass.”[⑤]理雅各将原文

① *The Works of Mencius*, p. 202.
② *The Works of Mencius*, p. 202.
③ *The Works of Mencius*, p. 202.
④ *The Works of Mencius*, p. 238.
⑤ *The Works of Mencius*, p. 238.

中两个独立的判断句合并成一句，不仅使原文的暗喻变为明喻，而且放弃了排偶手法，更失去了原文的简洁有力的节奏感。相较而言，香港翻译家刘殿爵（D. C. Lau，1921—2010）的《孟子》译本，对这句话的翻译更为理想："The virtue of the gentleman is like wind; the virtue of the small man is like grass."①尽管刘殿爵也用了喻词"like"，但是他保留了两个独立判断句的形式，再现了原文的排偶手法，故而基本上做到了"形神兼备"。

在上述例子中，如果说对《告子上》第六章的"恻隐之心，人皆有之……"的翻译，理雅各有出于照顾目的语表达习惯的考虑，那么，其他例子则很难说不是理雅各传译原文风格时的失误。这些失误本来是可以避免的，只有避免了这些失误，才能"形神兼备"地传达出原文的语言风格。

（二）《孟子》语言风格的"不可译性"

《孟子》中有不少语言风格具有"不可译性"，故而在翻译时几乎不可能完美地保留原文的风格，连理雅各这样的翻译大师也不例外。这种情况就不能算为理雅各主观上的失误了。以下根据具体例子来探讨《孟子》语言风格的"不可译性"问题。

第一，《孟子》中的语气词及其表达效果，通常是无法传译出来的。在《孟子》里，语气词种类丰富，使用频繁，句末的单音节语气词有13种，共出现1616次；双音节语气词有13种，共出现85次；三音节语气词有3种，共出现3次。语气词是《孟子》语言特色形成不可或缺的元素，它们不仅赋予了语言节奏韵律，而且本身也可能包含实际意义。这给《孟子》的英译带来了很大困难。在《孟子》里，"也"是使用频率最高的一种语气词。比如，《尽心上》第十五章："亲亲，仁也；敬长，义也；无他，达之天下也。"②文中的"也"并非可有可无，它们是构成判断句的元素；再者，"也"的连续使用，串联了不同语句，使它们呈现出了一贯的韵律感。理雅各翻译成："Filial affection for parents is the working of benevolence. Respect for elders is the working of righteousness. There is no other reason for those feelings; — they belong to all under heaven."③英文里没有和语气词"也"直接对应的词。理雅各只得以"is"作为判断句的标志，固然将原文的含义表达出来了，却

① D.C Lau，*Mencius*（HongKong：the Chinese University Press，1984），p. 54.

② *The Works of Mencius*，p. 456.

③ *The Works of Mencius*，p. 456.

没有传译出原文的韵律节奏。其实，理雅各没有忽视《孟子》中几乎无处不在的语气词，他应该也意识到传译语气词是一件棘手的事，我们可以在译本的注释里找到蛛丝马迹。比如，《梁惠王上》第四章里，孟子充满义愤地批判梁国官员的恶行，并且引用孔子的话说："仲尼曰：'始作俑者，其无后乎！'"[①]对于语气词"乎"，理雅各作了脚注："其無後乎，—the 乎 is partly interrogative，and partly an exclamation"[②]。注释准确地诠释了"乎"的含义：一半表示疑问，一半表示感叹。而他对原文的翻译则是："Chung-ni said，'Was he not without posterity who first made wooden images to bury with the dead?'"[③]理雅各用了"not"和"without"，以此构成双重否定的意义，而整句话又是以疑问句的形式，对此双重否定的意义表示疑问。"始作俑者，其无后乎"，这原本直抒胸臆的、带有强烈批判语气的话，经过理雅各的翻译后变得相当复杂。这正是语气词"乎"的"不可译性"造成的。再如，《梁惠王上》第三章："梁惠王曰：'寡人之于国也，尽心焉耳矣。'"[④]这句话用了两处语气词，一处是单音节语气词"也"，一处是三音节语气词"焉耳矣"，这不仅造就了独特的韵律感，而且凸显了梁惠王的感叹语气。理雅各注意到语气词，他在脚注里说："The combination of particles—焉耳矣—gives emphasis to the king's profession of his own devotedness to his kingdom."[⑤]理雅各指出，"焉耳矣"的连用强调了梁惠王对国家真是做到尽忠职守了。而理雅各对整句话的翻译是："King Hui of Liang said，'Small as my virtue is，in the government of my kingdom，I do indeed exert my mind to the utmost.'"[⑥]译文以"do indeed"突出了强调语气，但原文中以语气词带来的节奏韵律，却无法在译文里体现出来。

第二，《孟子》中靠句子字数、句间停顿以及排偶手法等形成的简洁明快的文风，往往很难在英语译文里完整地保留下来。比如，《梁惠王上》第七章："权，然后知轻重；度，然后知长短。物皆然，心为甚。王请度之。"[⑦]

---

① *The Works of Mencius*，p. 133.
② *The Works of Mencius*，p. 134.
③ *The Works of Mencius*，p. 133.
④ *The Works of Mencius*，p.129.
⑤ *The Works of Mencius*，p.129.
⑥ *The Works of Mencius*，p.129.
⑦ *The Works of Mencius*，p.144.

这段话风格简洁，节奏明快，这从现代人所加的标点符号就能直观感受到——每个标点符号前后最多不过五个字。排偶手法的运用，更使得语言带有一种韵律美。这种语言风格体现着孟子的雄辩与自信。理雅各的翻译是：

> By weighing，we know what things are light，and what heavy. By measuring，we know what things are long，and what short. The relations of all things may be thus determined，and it is of the greatest importance to estimate the motions of the mind. I beg your Majesty to measure it.①

理雅各保留了原文的排偶手法，也精准地翻译出了原文的意思。但是，他的译文比原文长得多，难免给人一种拖泥带水的直观感受，遗失了原文简洁明快的风格。再如，《滕文公下》第九章："我亦欲正人心，息邪说，距诐行，放淫辞，以承三圣者。"②此处连续使用动宾结构的三字短语，造成一种雄劲、利落的语言风格，从中很容易感受到孟子那"舍我其谁"的使命感与自信心。理雅各译为："I also wish to rectify men' s hearts，and to put an end to those perverse doctrines，to oppose their one-sided actions and banish away their licentious expressions；—and thus to carry on the work of the three sages."③译文已经尽量做到简洁了，但是仍无法再现原文的韵律美。

第三，《孟子》中以押韵产生的诗句之美感，通常是无法传译在英文里的。比如，《梁惠王下》第五章引用《诗经》的话："乃积乃仓，乃裹糇粮，于橐于囊。思戢用光。"④理雅各译为：

> He reared his ricks，and filled his granaries，
> He tied up dried provisions and grain，
> In bottomless bags，and sacks，
> That he might gather his people together，and glorify his State.⑤

① *The Works of Mencius*，p.144.
② *The Works of Mencius*，p.284.
③ *The Works of Mencius*，p.284.
④ *The Works of Mencius*，p.163.
⑤ *The Works of Mencius*，p.163.

《滕文公上》第三章引用《诗经》的话："昼尔于茅，宵尔索绹；亟其乘屋，其始播百谷。"[①]理雅各译为：

In the day-light go and gather the grass,
And at night twist your ropes;
Then get up quickly on the roofs ; —
Soon must we begin sowing again the grain.[②]

理雅各将原文所引用的《诗经》的话语，都译成诗歌的形式加以排版，但原文诗句中以押韵造就的艺术美感，却很难在译文中显示出来。翻译《孟子》里的诗句时，要在英语里找到既契合原文意思，又彼此押韵的词汇，这自然是相当困难的。

第四，《孟子》中一些以词类活用造成的语言美感，是无法在译文里呈现出来的。比如，《梁惠王上》第七章："老吾老，以及人之老；幼吾幼，以及人之幼。"[③]此处出现了三个"老"字和三个"幼"字。第一个"老"字是名词活用作动词，即赡养、孝敬的意思，第二、三个"老"字是名词，即老人、长辈的意思。第一个"幼"字是名词活用作动词，即抚养的意思，第二、三个"幼"是名词，即子女、小辈的意思。同一个"老"字、同一个"幼"字，既作词类活用，又以词语本义出现，并且分别安排在两个句子的句首、句中与句尾，再加上排偶手法的运用，使原文具备了古汉语所独有的韵律美。理雅各的翻译是：

Treat with the reverence due to age the elders in your own family, so that the elders in the families of others shall be similarly treated; treat with the kindness due to youth the young in your own family, so that the young in the families of others shall be similarly treated...[④]

理雅各保留了原文的排偶手法，也译出了基本含义。但是，原文妙用

① *The Works of Mencius*, p.239.
② *The Works of Mencius*, p.239.
③ *The Works of Mencius*, p.143.
④ *The Works of Mencius*, p.143.

“老”“幼”二字以造成的语言美感，却没有呈现在译文里。

总而言之，理雅各在传译《孟子》散文风格时，既高度尊重原文，又照顾目标读者的阅读习惯，运用各样翻译技巧，竭力追求“形神兼备”的境界。但古汉语与英语是完全不同的两种语言，《孟子》里一些语言风格具有“不可译性”，再加上理雅各本人的失误，故而，理雅各的译文里也存在失落原文风格的现象，而这必将影响目标读者对《孟子》原著之文学性的准确体验。理雅各译介《孟子》的这些得与失提醒我们，在翻译一国的文化经典时，不仅要尽量呈现原作的面貌与神髓，而且要充分考虑目标读者的语言习惯、接受心理等。此外，必须注意文本中某些语言风格的“不可译性”问题。在尽量完善译文的同时，通过添加注释的方式，向读者作出细致说明，以此弥补译文中的不足，这或许是解决原著语言风格“不可译性”问题的有效方法。

陈逸鸣　厦门大学中国语言文学系博士研究生

海外女作家眼中的沈从文及其文学图像

——聂华苓《沈从文评传》中的评价及其根据

邹建军　甘小盼

摘　要：聂华苓《沈从文评传》英文版于1972年在美国纽约出版，2022年1月由北京联合出版公司出版中文版。聂华苓以华裔女作家的身份，以西方现代文学理论与批评为参照，采用比较文学的研究方法，以批判的眼光与艺术的精神，对中国现代作家沈从文的生平经历与文学成就，进行了全景式的观照。作者向我们呈现了一幅沈从文及其文学成就的真实图像，以个性化的方式提高了国际沈从文及其文学作品的研究水平，显示出了作者自身的鲜明个性与思想风采。

关键词：聂华苓　《沈从文评传》　现代理论　比较文学

有人说金介甫的《沈从文传》是“西方学者写沈从文的第一部传记”，其实是不准确的，因为这部传记写于1977年，1981年才被译成中文，1984年中译本才正式出版[①]。而聂华苓的《沈从文评传》写于1972年，它才是真正的第一部沈从文传。1972年中美关系还没有“解冻”的时候，美籍华裔作家聂华苓就完成了《沈从文评传》，当时这本书只是以英文原文的形式在纽约传文出版社（Twayne Publishers）推出。50年后的2022年，此书才由刘玉杰翻译、何吉贤审校为中文，由北京联合出版社公开出版。国内学者之前鲜有机会阅读此书。今天阅读此书，会有许多感慨与认识。虽然海外汉学的研究领域十分广阔，但这样一本评传也会因为沈从文的关系，而成为一个小小的学术热点。这本著作在许多方面都具有鲜明的特点与突出的优势，与国内的沈从文评传之类的著作相比，有其可圈可点之处。一方面是因为那个时代的

① 参见［美］金介甫:《凤凰之子·沈从文传》，符家钦译，北京：中国友谊出版公司，2000年。

特殊性，另一方面是因为作者是一位杰出作家。这是一部由作家撰写的作家评传，展现的是一位海外女作家眼中的沈从文及其笔下的文学图像。所以，我们认为这是一本写作年代特殊、写作环境特殊，并且个性鲜明、颇有风骨的作家评传，这本书对我们今天的作家研究和文学批评，也会有诸多重要的启示。

一、从《湘行散记》出发对沈从文生平经历的完整叙述

聂华苓受美国纽约传文出版社的邀请，开始了《沈从文评传》的写作。她说："1964年离开中国台湾来美国爱荷华城的时候，我就只带了一本书，那就是沈从文的《湘行散记》。到了美国之后，我到处寻找他的著作。"[①] 聂华苓是不是只是凭沈从文早期的这部散文作品，就写了这一部评传呢？当然不是，因为她在当时及后来还是通过各种关系，找到了沈从文的不少作品，以及一些相关的资料。除前言之外，前七章都是对沈从文一生经历的叙述，而所谓的"一生"，是指从沈从文于湘西出生到中华人民共和国成立后在故宫博物院工作的这段时间。《湘行散记》所记主要是作者早年的生活经历，如果只是根据自传性的散文作品本身，也只能简要地叙述沈从文早年的苦难经历，而不可能记述他到北京之后，一直到中华人民共和国成立后，被迫放弃自己喜爱的文学创作，而从事学术研究的生活与文学经历。因此，作家只是在《湘行散记》的基础上，参考了那个时候她可以查找到的所有资料，才完成了对沈从文前半生人生经历的比较完整的叙述。而为什么要这样做呢？她说："不同于西方作家的作品，沈从文的作品并不为多数西方读者熟知，所以在分析他的现代文学作品之前，我将分出几个章节来介绍他的生平及其所处的时代。"[②] 她这里所说的"几个章节"，包括："第一章 他自沅水支流来""第二章 血色的河流""第三章 屠夫、印刷工头、轻便手杖制造者""第四章 政治动荡""第五章 北京的学徒生涯""第六章 上海：1927年""第七章 随风而折"和"第十章 审查和沉默"。两个重要的章节构成了"评"的部分："第八章 评论一：沈从文小说中的人物"和"第九章 评论二：沈从文小说中的

① [美] 聂华苓：《沈从文评传》，刘玉杰译，北京：北京联合出版公司，2022年，第1页。

② [美] 聂华苓：《沈从文评传》，刘玉杰译，北京：北京联合出版公司，2022年，第3—4页。

主题、意象和风格”。最后才是“第十一章 结语”。沈从文到底是一个什么样的作家？聂华苓以一个海外小说家的身份，用极大的热情第一次向西方读者进行了详细的介绍与评论，这样的结构表明作者的讲述是比较全面和完整的，同时也是重点突出的、有深度的。在前面七章的每一章之下，作者可能是出于对整体性的考虑，叙述就没有再进行分节。比较多的材料是来自沈从文的早期作品，所以是有根有据的，基本上是相当可靠的一种历史性记载，也有作者的一些评述。作者一直在思考沈从文所有文学作品的来源：“也许地理的粗野、神秘主义的精微，有时可以熔铸成创造精神的重要组成部分。就沈从文来说，这些元素无疑有助于造就出一位中国一流的文学人物。”[①]她提出沈从文是“中国一流文学人物”的论断，而之所以如此，是因为他从小就开始接触到了两个重要的方面：一是地理上的粗野，是湘西所具有的原始地理环境；二是“神秘主义的精微”，就是东方的神秘主义传统与思想。没有这两个方面的滋养，现在看到的沈从文及其作品，也许就是另一副模样。

> 逃学的沈从文不会忘记肉铺里的一滴血，尸首上的一根毛发，以及一根粉条、一块铁屑、一缕汉麻、一滴汗珠，甚至是铁匠的铁砧里发出的一线微光。每一次经历都会成为他皮肤的一层，他重要财富的一部分，他就像守财奴一样囤积着每一枚硬币、废角料和小玩意儿。[②]

这是沈从文小时候生活中的一切，说明他也十分珍惜这一切，他之所以成长为中国杰出的乡土作家，与此有着直接关系。文学是需要生活的，也是需要体验的，因为文学作品不可能凭空产生，文学绝不可能是无源之水、无本之木，可见作者找到了沈从文早期作品的主要来源。在作者看来，沈从文的母亲对于儿子的成长有着很大的影响：“尽管沈从文有制作瓷器的本领，沈母却不想将他培养成陶工；尽管他懂得雕刻，沈母也不想让他成为雕塑艺

---

① [美] 聂华苓：《沈从文评传》，刘玉杰译，北京：北京联合出版公司，2022年，第3页。

② [美] 聂华苓：《沈从文评传》，刘玉杰译，北京：北京联合出版公司，2022年，第8页。

人。她认为儿子最需要的是规矩，因此将他送到了新成立的军事训练营。”①世间所谓的“严母”，可以体现在许多方面，这里表明对于儿子的成长，沈从文的母亲发挥了很大的作用。她认为他要懂得规矩，所以要经受严格的训练，母亲的眼光和胸怀是超越于常人的，那个时代所少有的母爱就体现在了她的身上。

> 漫长的恋爱期过后，沈从文和他的学生张兆和在1933年结婚，结束了单身生活。此时，沈从文还完成了一系列改编自佛经的短篇小说，皆为他的小舅子而作；这本书于次年出版，当时沈从文已经是天津《大公报》文艺副刊的编辑。1934年，沈从文的第一个儿子龙朱出生。在湖南短住后，沈从文创作了他最负盛名的短篇小说《边城》。②

一个是作为人生大事的结婚，一个是佛经短篇小说系列的写作，一个是担任重要报纸文艺副刊的编辑，一个是沈从文第一个儿子的出生，一个是小说代表作《边城》的创作。作者的说明是简要的，但也是重点突出的；是比较集中的，同时也是很有意思的。前七章虽然简约精要，但对沈从文前半生的传记书写却是相对完整的，有的时候也是细致而深入的，特别是湘西的风物、人物与事物，聂华苓叙述得很细致，主要参考沈从文作品，特别是早期散文与自传。在那样一种资料比较缺失的情况之下，聂华苓能够按时完成对沈从文前半生的历史叙述，还是有血有肉、气韵生动而活灵活现的叙述，是相当不容易的。没有全面的资料调查，没有作为作家的敏感与细致，没有作者的发现与想象，这样的历史叙述与时代记录是不可能完成的。西方读者在读了这本书之后，对于沈从文的前半生就会有一个比较清晰的印象，这正是传文出版社出版此书的目的。那个时代的中国比较封闭，世界对中国的了解渠道是有限的，通过文学艺术可以让西方更多地认识中国。值得庆贺的是也就在这一年，中美关系的大门因尼克松的访华而打开，中外交流迈上了一个新台阶。

---

①［美］聂华苓：《沈从文评传》，刘玉杰译，北京：北京联合出版公司，2022年，第19页。

②［美］聂华苓：《沈从文评传》，刘玉杰译，北京：北京联合出版公司，2022年，第86页。

二、以西方现代文学理论评判沈从文文学作品

聂华苓在《沈从文评传》中“评”的部分，不是从中国古代文学理论出发来评价沈从文的作品，而是以西方现代文学批评理论和方法，来观照沈从文及其作品，特别是沈从文一系列小说作品。她说：“公认的沈从文创作出版的著作不少于五十卷，包括诗歌、短篇小说、长篇小说、报刊文章、寓言、传记、游记、戏剧、评论随笔等。作者如此包罗万象的视野，自然相应地需要有一种对人类的全景式观察。”[①]没有想到作者对沈从文整体的文学创作是如此了解，可以说是如数家珍。沈从文文学创作特别丰富，数量巨大，要了解所有的作品，也是不容易的。显然，作者只是选取了其中的一部分进行分析，也探讨了一些相关的问题。她运用了一些什么样的现代文学批评方法呢？主要有以下几种：一个是自然与人的关系的理论，一个是来自英美的文本细读理论，一个是分析人物心理的理论，一个是社会历史批评。四个方面都做得很细心、很到位。她曾经明确地指出：“我自己是写作的，我喜欢沈从文的作品主要是由于其艺术性。我从‘为什么它们是艺术品’的角度出发，运用现代评论的方法，对他的作品进行有机的分析。”[②]她在书中写道：“日复一日，周复一周，月复一月，作为民事记录员的沈从文，不得不坐在一旁录供，成为一个永久的见证者。记下怀化的秘密地狱中，被拷打的每一个囚犯的每一个字句、每一声喘息，正是沈从文的职责。”[③]在那个动乱的时代里，那样一个偏僻的地方，居然上演着如此悲惨的人生，这正是沈从文许多文学作品的来源。如果没有这一段令人难忘和伤痛的经历，许多杰出的作品就不会产生。在沈从文的作品中，既有人性之善的内容，也有人性之恶的内容，更多的还是人性之善的东西。从沈从文的文学作品中，可以发现一到社会动乱的时候，中国社会的底层往往就会沉渣泛起，人性之阴暗与恶劣就暴露无遗。他早期的散文作品对这样令人流泪而又流不下泪的情况，有着特别丰富的描写。沈从文是如何接触新文化思潮的呢？聂华苓有如下说明：“工头

① [美] 聂华苓:《沈从文评传》，刘玉杰译，北京：北京联合出版公司，2022年，第93页。

② [美] 聂华苓:《沈从文评传》，刘玉杰译，北京：北京联合出版公司，2022年，第1页。

③ [美] 聂华苓:《沈从文评传》，刘玉杰译，北京：北京联合出版公司，2022年，第26页。

将郭沫若编辑的《创造周报》推到沈从文面前，沈从文便开始认真阅读。在工头的影响下，沈从文对期刊有了强烈的爱好。通过阅读其他许多报纸和杂志，沈从文知道了文言文和白话文的区别。更重要的是，工头强调文章要有思想。”[①]这里运用社会历史批评方法，从主人公所处的时代和社会环境入手，来厘清沈从文的文学之路：一是当时出版的报刊为他打开了一个新的天地。二是他认识到文章思想的重要性，这里所谓的“文章”，包括了所有的文学作品；这里所说的“思想”，沈从文有着自己的看法。三是沈从文开始认识到“文言文”和“白话文”的区别，新的文学创作可能要用“白话文”，而放弃作为中国传统的“文言文”。如果在少年时代没有这样的环境，特别在那样一个偏僻的小城里，要成长为杰出作家基本上是不可能的。作者对于时代的感知与把握是相当敏感和准确的，她有着如此评述：“据统计，1915年到1922年期间，军阀发动的主要内战不下十次。为了满足私欲，一些军阀勾结外国政府，倒卖属于中国人民的自然资源。少数学生向西方寻求救国救民的知识武器，当地劣绅就乘机掠夺土地。”[②]这里的叙述已经相当简要，也生动地说明了作者的眼光与识力：在沈从文去到北平之前的八年时间里，中国所发生的所有重大事件，都对沈从文的成长和发展产生了巨大影响。一是中国频繁的内战，二是军阀政府倒卖中国人民的自然资源，三是少数学生向西方寻求真理，四是各地的土豪劣绅大量地掠夺地方的土地。没有规矩、没有底线、没有人性、没有温暖、没有文明，中国社会里所有的东西都处于战乱之中，对作为青年人的沈从文所产生的影响，是至为重大而深远的。如果说西方所有的现代文学批评方法聂华苓都运用也是不可能的，她也不可能照搬所有的批评理论，主要就是采用了以上几种理论和方法。聂华苓是在中西交融的时代成长起来的一代女作家，她对于西方的文学理论本来比较熟悉，撰写这本传记的时候又正处于西方的语境之中，运用起来也得心应手。同时，她主要是向西方读者介绍这位伟大的中国作家，也只好运用西方的理论和批评方法，运用中国古代文论不仅没有效果，同时也可能不太被西方读者接受。沈从文文学作品里的许多东西都是从西方来的，运用来自西方的理论和批评方法正好具有适用性与可能性。

---

① [美] 聂华苓:《沈从文评传》，刘玉杰译，北京：北京联合出版公司，2022年，第38页。

② [美] 聂华苓:《沈从文评传》，刘玉杰译，北京：北京联合出版公司，2022年，第45页。

三、从比较文学的角度评介沈从文及他的作品

虽然聂华苓不是比较文学理论家，而只是一个中国现代小说作家，但她却自觉地运用了比较文学影响研究和平行研究的方法，分析沈从文小说里的人物、主题、意象和风格。比较视角的选择与运用在那个时代是十分难得的。因为那个时代的中国，比较文学还没有得到复兴，中国新一代的作家和批评家对于比较文学理论还不太了然。聂华苓由于得西方风气之先，运用比较文学的方法来研究沈从文及其作品，不仅是一件顺理成章的事情，也是符合向西方读者介绍沈从文及其作品的现实需要。聂华苓首先将鲁迅与沈从文进行了比较，并且得出了许多很有意思的结论。她说：

> 起初，沈从文看似不太可能成为社会文学派宝座的继承人，因为年轻的沈从文与老一代的鲁迅并无任何共同之处。作为文学家，他们的差别就如大米与玉米一样。鲁迅的性格里带有一种坚韧和不屈不挠的品质，还有一种解不开的悲观情绪，这些也浸染在他的作品中。①

她首先将沈从文与鲁迅相比，说他们之间的区别就像“大米”和“玉米”，这样的认识很有意思，同时也很有意义。鲁迅的性格与沈从文的性格有很大的区别，鲁迅的文学风格与沈从文的文学风格也差别甚大，所以她认为沈从文并不可能成为第二个鲁迅。她进一步指出：

> 鲁迅以尖锐的讽刺表达了他的失望和自我批评，其中包含着仇恨，并把这些批评像镜子一样，立于公众面前；而沈从文选择的主题和散文体风格则更为和缓乃至细腻。作为一名历经多次血腥屠杀和意识形态巨变的幸存者，沈从文是一位跨越人类苦难、走向基本人性的作家。②

在和鲁迅文学作品的全面比较中，聂华苓认为沈从文是一位“跨越人类苦难”、走向了“基本人性”的作家，而鲁迅则没有做到这一点。在她的眼

---

①［美］聂华苓：《沈从文评传》，刘玉杰译，北京：北京联合出版公司，2022年，第1页。

②［美］聂华苓：《沈从文评传》，刘玉杰译，北京：北京联合出版公司，2022年，第2页。

中，鲁迅作品充满尖锐的讥讽与批判，甚至是仇恨，总是着眼于自我解剖和社会解剖，所以也具有很大的思想和艺术价值。她还将沈从文的前后期作品进行比较：

> 如果对他早期的小说进行重估，则沈从文在今日中国文学中所占的显赫地位，在一定程度上会减弱，因为他早期的创作常常是有瑕疵的。但他后期的写作，通过描述中国的男女老幼，真实地呈现了他们在中国曾有和一直将有的生存状况，弥补了前期作品的不足与夸张。①

相对而言，聂华苓肯定沈从文的后期作品，认为早期作品总是存在这样那样的问题，两者之间是一种互补的关系；而什么是沈从文的后期作品，则没有详细的说明。就其人生的发展阶段而言，后期少有像样的文学作品，沈从文因为时代的变动而停止了自己的文学创作。不过，聂华苓将沈从文的创作分成前期和后期，并且进行比较分析，是很有意思和意义的。沈从文的创作后期（新中国成立之后），也不是完全没有文学作品，除了一些诗作之外，还有一些散文之类的，当然，这样的创作与其前期作品相比，自然是不可同日而语的。

比较文学是要跨越国界和文化界的，所以聂华苓对沈从文的作品之比较，与外国文学联系了起来。她如实地描述了沈从文如何接触到外国文学的过程与情景。“1922年的冬天，沈从文怀揣二十七块钱来到北京：……公寓里住的大学生们，热衷于歌德、海涅、拜伦、济慈和鲁迅的文学作品，也常常谈起莫泊桑、契诃夫、易卜生、莎士比亚、高尔基和托尔斯泰。”②她所列举的外国作家的名字，当是来自沈从文的记载，或者是他的散文作品，或者是他的自传。作为一个青年作家，沈从文当时能够与处于时代风气之先的北平人士交流外国文学，自然而然地拥有了一种比较文学的眼光；而聂华苓在这里的评论，也正是以比较文学的方式，来对待沈从文和他的文学作品。在评论沈从文小说中“乡下人”形象的时候，她说：“沈从文的乡下人，在某些方面有些像加缪的局外人。他们同是被疏远者。局外人处在一个没有上帝、

① [美] 聂华苓：《沈从文评传》，刘玉杰译，北京：北京联合出版公司，2022年，第3页。

② [美] 聂华苓：《沈从文评传》，刘玉杰译，北京：北京联合出版公司，2022年，第55页。

没有任何价值的世界中，乡下人则生活在一个被现代文明破坏的世界中。他们都依赖自己的感觉过活。”[①]她把沈从文小说里的“乡下人”与加缪小说里的“局外人”联系起来，认为他们同是“被疏远者”，同样都表现了不同时代与不同文化的印记。在评论沈从文的小说主题和意象的时候，她也运用了比较文学方法：“沈从文和劳伦斯世界中的自然，不是哈代（Thomas Hardy）与人为敌的阴沉的自然，而是元气淋漓、生机活泼的自然，和历史、文明、理念都没有关系的自然”[②]。她将沈从文和劳伦斯放在一起，和同是英国作家的哈代进行了比较，认为沈从文和劳伦斯作品中的自然是相近的，而与哈代作品中的自然则是完全不同的，因而具有不同的思想价值与美学意义。她将沈从文与两位英国作家及其作品同时进行比较，显示了特别开阔的视野与自觉的比较文学精神。聂华苓以一个比较文学学者的眼光来批评沈从文及其作品，开创了那个时代海外汉学研究的新格局。比较文学并不只是一种批评方法，同时也是一种批评理论，她在运用比较文学方法和理论的时候，涉及许多不同的作家和作品，说明她具有了不同的知识背景和文学思想，所以才可以做出这样的跨文化的判断，对于那个时代的海外作家来说是特别了不起的。比较文学可以解决许多从前的学者所不能解决的问题，正如钟敬文先生所说：“比较方法是现代科学研究手段之一，只要善于运用，就能奏效立功”[③]。

四、评论的重点是沈从文小说的艺术建构

聂华苓对沈从文的作品有极大的兴趣，但不是对他与政治或时代之间的关系，文学作品中的文学性与艺术性的建构成为她关注的重点。她说：“我自己是写作的，我喜欢沈从文的作品主要是由于其艺术性。”[④]作家关注作家和

① [美] 聂华苓：《沈从文评传》，刘玉杰译，北京：北京联合出版公司，2022年，第96页。

② [美] 聂华苓：《沈从文评传》，刘玉杰译，北京：北京联合出版公司，2022年，第139页。

③ 自庚胜、向云驹主编《民间文化风歌—钟敬文百年华诞纪念文集》，银川：宁夏人民出版社，2005年，第116页。

④ [美] 聂华苓：《沈从文评传》，刘玉杰译，北京：北京联合出版公司，2022年，第1页。

读者关注作家也许是不一样的，聂华苓主要是关注沈从文是如何写作，以及他为什么要这样写，在形式与技艺上形成了什么鲜明特点等方面的问题。她用了整整一章的篇幅来讨论沈从文小说里的人物，同时用了整整一章的篇幅来讨论沈从文小说里的主题、意象和风格，她对沈从文作品里的人物与艺术进行了详细的分析。“评”的部分所占的篇幅是比较大的，前面的七章加起来只有89页，而后面的三章则占到了103页。聂华苓的主要任务是对沈从文小说的评价，而不是前面“传”的部分，从某种意义上来说，“传”只是“评”的前提和基础。当然，因为是一部评传，所以不得不有前面“传”的一部分，以对作家的生平和经历有所介绍。而之所以如此，是因为她认识到了沈从文小说的重大价值首先在于艺术。她说：“在三十年代出现的中国作家中，沈从文是最广为人知，也是最重要的作家之一。但现在，他是中国大陆最沉默的作家之一，不再把主要精力用于写小说，而是去研究唐宋时代的瓷器、丝绸设计和铜镜。”[①]沈从文为什么被认为是一位伟大的艺术家？一是其作品是真正的艺术作品，二是他正是为了保持其艺术的独立性，所以才不再写作。他之所以不再写作，并不完全是时代环境的不允许，同时也是他自己的不愿意，现代文学史上典型的悲剧，就是这样造成的。所以，聂华苓认为艺术上的创造性对于作家而言是特别重要的，对于作品而言更是如此。一个作家不可能因为政治而失去了艺术，不可能为了实用的需要而放弃自己的艺术追求。她在引用了苏雪林的评论之后指出：“批评沈从文的人很少能看出他作品的现代性。他的意象和象征手法很少受到关注，而正是他的意象和象征手法，使得他的文字具有了诗歌的密度与质感。事实上，沈从文的‘单纯’和‘平铺直叙’，是经过艺术的选择、安排才最终形成的。”[②]苏雪林看到了沈从文作品的“单纯”和“平铺直叙”。聂华苓认为这样的评价只是表面性的，因为沈从文的小说作品具有现代性，而象征和意象正是其现代性的主要表现形式，正是它们带来了沈从文文字富于诗歌的“密度和质感”。这样的发现当然是具有超越性的，同时也是具有美学眼光的。如果一篇小说中只有故事，而这样的故事又是展示性的，也就说不上什么现代性；但是，如果一篇小说中在故事叙述的同时，也拥有意象和象征，那就带来了不可言说的东

① [美] 聂华苓：《沈从文评传》，刘玉杰译，北京：北京联合出版公司，2022年，第3页。

② [美] 聂华苓：《沈从文评传》，刘玉杰译，北京：北京联合出版公司，2022年，第140页。

西，有了言外之意、字外之姿。聂华苓在分析小说《静》时说："《静》这篇小说显示了沈从文作为一位意象派、讽刺的结构主义者以及对人物身体和心理刻画的大师的造诣。小说还体现出了他所运用的诗性语言，以及他所描写的蕴含着自然生命力的'静'的象征力量。"[①]这样的评价不仅是独到的，同时也是深刻的：用"诗性语言"来评价，用"象征的力量"来肯定，可以见出她对艺术之美所具有的鉴定能力。正是因此，她称沈从文是一位"意象派作家"，同时又是"讽刺的结构主义者"，还是对人物的身体和心理进行刻画的"大师"。如果聂华苓不是一位高水平的作家，她对沈从文小说艺术性及其来源的评价，采用的也许只是社会历史批评，或者是用中国传统文化中的儒、释、道思想进行阐释，对其小说中艺术之美的建构，也许就放在了次要地位。小说是一门艺术，并且是一门高超的艺术，不仅是因为它的体量大，同时也是因为它具有感染力与美学力量，而这是需要艺术形式和艺术技巧的。没有艺术与美学，何谈小说的艺术呢？

五、以批判的眼光对待前人评论

不论是对沈从文，还是对前人的沈从文研究，聂华苓在《沈从文评传》中并非都表示肯定。在引用了20世纪30年代的左翼评论家贺玉波的评论之后，她说："从表面看，沈从文的作品似乎只有'片断的影片和琐碎的生活记录'——都是生活中的琐事。但是，埋藏在沈从文作品中的表层现实，很大程度上因其内心的共鸣而发生了颤动，激发出他对人类境况的洞察。"[②]可见她并不认同贺玉波的评价，认为"片断的影片""琐碎的生活记录"只是一种表面的看法，沈从文作品多半是其"内心的共鸣"，甚至达到了可以"发生了震颤"的地步，正体现了作家对那个时代人类境况的种种洞察。她还认为，沈从文的许多作品是有深度的，表面的丰富之外还有更多深层的东西，体现了聂华苓对沈从文作品的高度肯定。同样，聂华苓对著名学者夏至清教授的评论也不认同。她明确地指出：

① [美] 聂华苓:《沈从文评传》，刘玉杰译，北京：北京联合出版公司，2022年，第160页。

② [美] 聂华苓:《沈从文评传》，刘玉杰译，北京：北京联合出版公司，2022年，第112页。

> 会明天生的快乐和不自觉地得来的智慧，并不属于道家范畴，而应归于乡下人。道家是遗世独立的，而乡下人是入世的，尽管他的家乡是自然。他从感官中获得快乐，从经验中获得不自觉地得来的智慧。他是现实的、忠于大地的，而道家则不是。[①]

夏志清认为会明的快乐多半是属于道家范畴，聂华苓则认为其属于“自然”范畴，可见，聂华苓有时也是得理不饶人的。她不会看人说话，她只看说的是什么话，对事而不对人。在引用了20世纪30年代另一位左翼批评家韩侍桁的评论后，她明确指出：“很显然，韩侍桁只是表面地阅读沈从文的作品，并没有深入研究，或者说，他未能理解作品中所蕴含的多重含义。”[②]韩侍桁的评论具有表面性与表层性，没有能够理解作品中所存在的多重含义。沈从文当然关心他所处的时代与社会，只不过是在具有独立性前提下的一种关心，而不是随顺流俗。那个时代许多人所强调的文学，首先是社会性与时代性的，认为政治正确才是文学成功的前提。聂华苓所强调的作家独立性与审美独立性，体现的正是作家的眼光与她对艺术的自然态度。同时，聂华苓对沈从文的作品本身也有所批评，她说：

> 尽管造诣令人折服，但《建设》也是沈从文被诟病有结构性缺陷的小说之一。对工人生活的描述重点不够突出，而且有些冗长；作者对工人、兵士、富人和穷人的评论也显得突兀。这些用力过度之处，削弱了小说的核心目的，即阐明一个被现代文明所玷污的乡下人的原始性。[③]

沈从文作品是不是每一篇都是精品呢？聂华苓认为他早期作品总是存在这样那样的问题，不可能一开始写作就完全是成熟的作品。她直接指出了《建设》中所存在的结构性缺陷、对工人生活的描写不突出、对小说中人物的评论失当等问题，主要是因为作家把创作的目标定为表现乡下人身上的

---

① [美] 聂华苓：《沈从文评传》，刘玉杰译，北京：北京联合出版公司，2022年，第115—116页。

② [美] 聂华苓：《沈从文评传》，刘玉杰译，北京：北京联合出版公司，2022年，第122页。

③ [美] 聂华苓：《沈从文评传》，刘玉杰译，北京：北京联合出版公司，2022年，第112页。

“原始性存在”。可见聂华苓是一位真正的文学批评者，对沈从文的研究决不只是一种介绍，也不只是一种表面的评论，而多半是一种深入的挖掘。从她的一系列论述中，可以看出沈从文独立的思想，以及具有高度创造性的美学个性与风格。在那样一个动荡不安的年代，作者身在美国而回望自己的故国，对沈从文及其作品的评价，具有如此的高度与深度。虽然时间比较紧、资料也比较少，但她以自己卓越的才华，以西方现代评论的理论和方法，对沈从文及其作品进行观照，的确有许多新的发现。她所具有的否定精神和批判眼光，让她可以发人之所未发见人之所未见，以一本《沈从文评传》极大地推进了国际沈从文研究。

六、对于沈从文及其作品充满着向往与钦佩

聂华苓为何会以一个作家的身份，写作关于另一个现代中国作家沈从文的传记？最重要的是她对沈从文的认可与对沈从文文学作品的喜爱。她说：“沈从文是我佩服的现代中国小说家之一。”[①]用了一个评论家一般不用的“最”字，就可以说明她与沈从文文学作品之间的关系。又说：“同样难能可贵的是，他并没有对生命的阴暗面视而不见，如同现实无法避免卑鄙和恶意一样，他的小说也是如此。”[②]沈从文最可贵的人格与情操，是没有回避那个时代的生活阴暗面，小说中充满着与现实相通的“卑鄙和恶意”，表明了他对人生与社会的反思与批判。在聂华苓看来，这是一种了不起的选择。多少现代作家只是以自己的作品来歌颂，多少作家只是看到了社会生活的表象，沈从文作品里则多半都是真实可靠的、丰富多彩的、有关那个时代生活的“原生态”。可见在文学观与人生观方面，聂华苓与沈从文之间产生了强烈的共鸣。在撰写《沈从文评传》之前，她和沈从文先生没有直接的交际，甚至也没有见面的机会；然而从她的字里行间，可以看出作者对她所为之作传的作家，具有一种特别的敬仰，充满着一种深厚无比的感情。其原因一方面是她对沈从文作品的热爱，另一方面是她对沈从文曲折的人生经历的感慨。中华人民共和国成立后，沈从文对文学的突然放弃，让她感到特别惋惜与感

① [美] 聂华苓:《沈从文评传》，刘玉杰译，北京：北京联合出版公司，2022年，第1页。

② [美] 聂华苓:《沈从文评传》，刘玉杰译，北京：北京联合出版公司，2022年，第96页。

动。一个杰出的作家在时代生活的影响下，不能再从事自己一生喜爱的文学写作，并且也没有什么怨言，是那个时代里所发生的特别引人同情的一件事。在后来所写的《乡下人沈从文，1984》中，聂华苓有着这样动情的回忆："走出公寓大楼，我对Paul说：沈从文是中国现代最好的小说家，三十年没有写小说了。现在，我觉得他并没有浪费三十年，他保持了人格和艺术的尊严。"①只有充分理解沈从文的人，才可以做出这样的评价。保持"人格和艺术的尊严"，不是那个时代里的每一个人都可以做到的。"中国现代最好的小说家"，再次用了一个"最"字，这不是一种表面上的恭维，而是一种真正的文学评价和学术评价。聂华苓在台北听闻沈从文先生过世的消息之后，感到特别的悲痛，说出了这样一段动情的话：

> 他学历不高，全靠自己苦修苦读，加上先天的文学才情，在46岁之前就已写了40多本包括短篇小说、长篇小说、游记、传记、寓言、戏剧、诗、论文、文学批评的作品。他在《阿丽思中国游记》的序文里说，他能够在一件事上发生五十种联想；丰富的联想力，正是成就一个作家的首要条件。②

沈从文所说的"五十种联想"，是对自我人生境况与思维方式的一种回忆，聂华苓对此高度重视，认为这是沈从文的过人之处，也是沈从文取得伟大成就的根本原因之一。由此可见，她之所以费时费力来撰写《沈从文评传》，正是出于对前辈作家沈从文的喜欢和热爱，出于对沈从文的深度理解与高度向往。如果作者没有这样的感情基础与文学根基，很难写好一部真正的作家评传。作家评传并不比学术研究，它是学术研究与文学批评的结合，是作家与作传者的相遇和相知，《沈从文评传》正是这样一部将文学、艺术、学术、哲学、美学等统一起来的作家评传。

七、一幅比较全面而清晰的沈从文文学图像

沈从文的文学创作特别丰富，民国时期就已经出版了他的40多本文学

---

①［美］聂华苓：《沈从文评传》，刘玉杰译，北京：北京联合出版公司，2022年，第239页。

②［美］聂华苓：《沈从文评传》，刘玉杰译，北京：北京联合出版公司，2022年，第243页。

作品。由于聂华苓并没有机会读到沈从文的所有作品，所以她只能就所看到的沈从文小说进行评析。她已经将沈从文的一生描画出来，把沈从文主要的小说特别是短篇小说的内涵揭示出来，把沈从文作品特别是小说的基本特征与艺术风貌，比较全面而深入地呈现出来，让西方读者可以了解与认识沈从文及其一生的行迹与大致的文学图像。金介甫的《沈从文传》，也只是写到了沈从文的前半生，相对来说也还算完整。全书共八章，包括“第一章 湘西少年”“第二章 青年时代：沈从文和湘西都在自谋出路”“第三章 故都怪客”“第四章 沈从文乡土文学的根源”“第五章 平易朴实却古怪的乡下人”“第六章 城里人：面对青春与死亡”“第七章 力争自治”“第八章 积极抵抗与消极抗争”，另有“结论”。与聂华苓著作不同的是，金著的每一章下面还有一些小标题，相当于小节。不过，这部传记厚达458页，而聂著只有245页。两部传记相近的部分在于都比较注重传记本身，金著没有专门的文学评论部分。聂华苓对其生平的完整性叙述特别重视，对于作家研究而言，个人的创作经历是一个方面，众多作品本身是另一个方面。一个方面可以是纵向的介绍，一个可以是横向的评论。聂华苓以自己纵横交织的方式，向我们展示了她所了解的沈从文及其作品，而这样的图像之建立在那个时代是了不起的。

> 沈从文在文学上的努力，自然受到了所有伟大艺术家的滋养。作为一位现代作家，他从中国文学遗产中汲取精华，从中受益。四处漂泊的经历使他感受到生活中的多姿多彩和丰富细节，而对书籍的嗜好又为他建构自己的杰作奠定了坚实的基础。①

对沈从文之所以成为沈从文的原因，聂华苓分析得特别独到而深入：一个是作家个人的丰富经历，一个是作家对文学传统的了解。没有个体生命的独立体验，没有大量的借用与受益于古今中外的艺术，不可能取得如此卓越的文学成就。“担任警察所长的舅父，每天都在家中作诗，他的许多亲戚也是如此。在怀化，书法曾是沈从文的诗歌；在沅州，他发现了真正的诗歌：

① [美] 聂华苓：《沈从文评传》，刘玉杰译，北京：北京联合出版公司，2022年，第2页。

开始阅读能找到的所有诗歌。更重要的是，他读到了狄更斯的翻译作品。”[①]说明沈从文在湘西的时候，就已经对诗歌和书法作品产生兴趣：一个方面是广泛的阅读，一个方面是自己的创作，同时还有对外国文学的特别爱好。

> 沉浸在年轻人爱情的炙热和疯狂中，沈从文没日没夜地为他的恋人写情诗，并由女孩的弟弟转交给她。像是为了烘托这种热情，在令人倦怠的四月，小城起了战事，土匪在山间肆虐。但在被浪漫之情紧紧包围的沈从文眼里，除了情诗之外，再无他物。[②]

在湘西生活的一段日子里，沈从文为了得到恋人的欢心而开始写情诗，创造出了许多自己的恋爱故事。作者指出，沈从文除了写作情诗之外，眼里再也没有世俗的东西，也不管时代风云如何变幻，倒是再真实不过的事情。“为了他自己的根，沈从文回望湖南，回望边地民族，甚至回望相对而言愉快的部队生活。然而，正是他在北京经历的饥饿、敌意、幻灭和痛苦，为《鸭子》提供了文学的基质。”[③]沈从文最早的一本散文集的来源，正是他在北平的时候对过去生活的一种回望，这样一种特殊环境中的回望，让他看清了许多从前没有看清的东西，他第一部杰出的文学作品正是这样产生的。“作家兼学者的沈从文，后半生精神上过着流亡的孤独生活。”[④]一个作家不再从事自己喜爱的文学创作，但也不能浪费自己的生命，所以他投入了一种自己本来并不擅长的领域，这是那个时代的选择、那个社会的选择，当然也是他自己的选择。不过，他并没有像外界所传说的那样，在当时受到了严重的迫害，因为他仍然可以出席一些重要的文化活动，只是与文学界和广大读者失去了联系。沈从文是一个什么样的作家，沈从文的文学创作具有什么样的特点和风格，沈从文有什么样的美学创造和文学成就，聂华苓以一个作家的眼

① [美] 聂华苓:《沈从文评传》，刘玉杰译，北京：北京联合出版公司，2022年，第31—32页。

② [美] 聂华苓:《沈从文评传》，刘玉杰译，北京：北京联合出版公司，2022年，第32页。

③ [美] 聂华苓:《沈从文评传》，刘玉杰译，北京：北京联合出版公司，2022年，第62页。

④ [美] 聂华苓:《沈从文评传》，刘玉杰译，北京：北京联合出版公司，2022年，第187页。

光，从一个批评家的角度，采用比较文学的方法，让读者们有了一个比较全面、完整、清楚的印象，这是靠她真实的、全面的、文学绘图所呈现出来的。虽然那个时代她缺少一些关于沈从文的资料，但我们发现她的记录与评论，并没有发生什么失实与失当的问题，反而是有根有据的、真实可靠的，并且她作家的眼光与胸怀，让这部传记形成了鲜明的特点和优势——同时具有很强的科学性和可读性。她作传与为评的根据是什么呢？一是她所见的沈从文早期作品，包括散文和自传；二是沈从文的文学作品，主要是小说和散文作品；三是她从事文学创作的经验与作为作家的敏感——她具有独到的艺术眼光与美学精神。这是一部作家所写的传记，而不是一位学者所写的传记，她与金介甫的《沈从文传》区别也许正在于此。

在那样一个特殊的时代里，聂华苓完成《沈从文评传》是不容易的，在正式出版的时候，她在书的前面列了详细的名单，以正式的笔法向中国香港诗人温健骝、菲律宾小说家维尔弗雷多·诺雷多、爱荷华大学创意写作项目部的艾莉奥特·安德森和威廉·戈莱特莉等表示了特别的感谢，同时也感谢了准许《沈从文评传》引用的8本图书的作者。在出版中文版的时候，作为作者的她十分慎重，不仅在全书的后面附录了关于沈从文的两篇文章：《乡下人沈从文，1984》、《与自然融合的人回归自然了——台北旅次惊闻沈从文先生辞世》（1988年5月11日），还写了热情洋溢的《中译本前言》（2020年3月31日）。今天我们向中国读者介绍这一部心血之作，也是为了表达对这位作家和批评家的崇高敬意，正如她当年一再向沈从文所表达的崇高敬意一样。

邹建军　华中师范大学文学院教授
甘小盼　华中师范大学文学院博士研究生

“世界—中国”场域中的在华实用知识传播会*

陈恩维

摘　要：1834—1839年间，来华传教士和商人在律劳卑事件的直接刺激下，借鉴英国实用知识传播会在印度的成功经验，在广州成立了在华实用知识传播会，将西方实用知识传播思潮引入中国场域，是一个具有“世界—中国”意义的文化事件。受英国母会的影响，其出版目标是向中国人提供其所欠缺的实用知识；其传播策略则借鉴中国古书的形制和中国经典的体例和语言，给著作披上中国风格的外衣，以适应中国人的接受习惯。在华实用知识传播会传播有用知识的思想和策略，不仅深刻影响了近代中国的出版事业，也直接带动了西方汉学的专业化及其实用主义转向，促进了近代“世界—中国”知识场域的构建。

关键词：在华实用知识传播会　“世界—中国”　场域

在华实用知识传播会（The Society for the Diffusion of Useful Knowledge in China，以下简称“协会”），是1834—1839年间由来华新教传教士和在华西方商人在广州成立、以向中国传播西方实用知识为目的的协会，是中国境内第一个近代意义上的出版机构，在近代出版史、传播史、中外关系史上具有十分重要的地位。目前，国际国内学术界有少数几篇论文对之进行了研

* 本文为国家社科基金项目“近代传教士中文报刊的文体发生与文体形态研究”阶段性成果，批准号（19BZW155）。

究①，为了解协会的基本运作奠定了基础。本文尝试在“世界—中国”场域中揭示其传播内容和策略及其对于中国近代出版和西方汉学的深刻影响，以期推动中西文化交流史的相关研究。

一、全球实用知识传播场域中的产物

在华实用知识传播会于1834年11月29日在广州成立。这一提议是由普鲁士来华传教士郭实猎（Karl Friedrich August Gützlaff，1803—1851）提出的。他在成立大会上阐述了协会的成立背景：“最近发生的事件，使我们更加期待与中国的进一步交流，不仅在商业层面，更是在知识层面。在较之中国人更为低等和偏执的印度，传播知识的事业取得了成功。这大大激励了我们复制这样的成功。”②

郭实猎所说的“最近发生的事件”，是指律劳卑（William John Napier，9th Lord Napier，1786—1834）事件。长期以来，英国与清廷的交流一直限于商业层面，且一直由英属东印度公司垄断对华贸易，而清廷则在朝贡体制下由广州十三行的行商实现对外通商。1833年，为了反对垄断，英国国会结束了东印度公司长期以来在对华贸易上所拥有的单一专利权，清廷方面知悉后则两次要求东印度公司派大班来总理对华贸易。英国政府于是委派律劳卑为驻华商务总监，总理对华贸易事宜。1834年7月15日，律劳卑抵达澳门，7月25日擅自进入广州。第二天，他指派下属直接前往广州城门投递一封寄给总督卢坤的“公函”。律劳卑自称是来自“大英国”的“正贵大臣”，其信件格式是“公函”而非“禀”，内文则用了“平行款式”。这一有违前例的做法，触怒了长期以“天朝大国”自居、视外国人为“蛮夷”的广州地方官员。因此，当日除了没有人敢收信外，时任两广总督卢坤分别在1834年7月

① 参见张海林:《在华实用知识传播会探析》，载《南京大学学报》2005年第1期。Michael C. Lazich，“Placing China in Its ‘Proper Rank among the Nations’：The Society for the Diffusion of Useful Knowledge in China and the First Systematic Account of the United States in Chinese，” *Journal of World History*，Vol. 22，No. 3（Sep. 2011）：527—551. Songchuan Chen，“An Information War Waged by Merchants and Missionaries at Canton：The Society for the Diffusion of Useful Knowledge in China，1834—1839，” *Modern Asian studies.* 46，6（2012）：1705—1735.

② E.C.Bridgman，“Proceedings relative to the formation of a Society for the Diffusion of Useful Knowledge in China，” *Chinese Repository*（1834）：382.

30日和7月31日下了两道谕令，勒令律劳卑立即离开广州，并下令严厉查禁外国人在华出版物。中英之间矛盾进一步加剧，最终导致第一次武装冲突，这就是律劳卑事件。裨治文（Elijah Coleman Bridgman，1801—1861）指出："吾人须知此等书籍在中国人之眼光看来，直为外国书而非播传基督真理之书，故此次迫害之起与其说是由于宗教之原因，毋宁说是由于政治之原因。如果当时中国未与英国政府发生冲突，则我侪相信此种书籍之分送一定无人阻挠。"①律劳卑事件，归根到底是近代国家贸易体系和朝贡贸易所代表的不同文明之间的冲突。因此，在粤外商和来华传教士提出建立一个协会，来推动中西之间的知识文化交流，以打破中国人在文化上的傲慢与偏见："我们现在就要进行尝试，看看这个天朝大国，在击败了一切使它与地球上的文明国家联结的努力之后，是否会屈服于科学技术的炮火，向知识拱手让出胜利的果实。"②

郭实猎所说的"印度的成功"，是说英国实用知识传播会在印度传播实用知识。总部位于伦敦的实用知识传播会（The Society for the Diffusion of Useful Knowledge），是19世纪30年代在英国由一小群热心于成人教育事业和相信"知识就是力量"的功利主义者组成。在1826年至1848年间，该会出版了《实用知识图书馆》、《便士百科全书》（*Penny Cyclopaedia*）、《英国年鉴》（*British Almanac*）以及久负盛名的《便士杂志》（*the Penny Magazine*）等。协会不仅在英国大获成功，而且在欧洲、美洲和亚洲逐渐形成了一个世界传播网络。1828年，印度加尔各答尝试以英国实用知识传播协会出版的丛书替代印度现有教育材料，取得了良好的传播效果。1833年，孟买也设立了一个当地的对应委员会。③实用知识传播会在印度的成功，进而影响到了东印度公司的在华商人以及与之关系密切的在华传教士。裨治文曾指出：

① 麦沾恩：《中华最早的布道者梁发》，载中国社会科学院近代史研究所近代史资料编辑组编《近代史资料》1979年第2期，北京：中华书局，1979年，第185—189页。

② E.C.Bridgman，"Proceedings relative to the formation of a Society for the Diffusion of Useful Knowledge in China，" *Chinese Repository*，Dec.（1834）：380.

③ Thomas Palmelund Johansen，"The World Wide Web of the Society for the Diffusion of Useful Knowledge：On the Global Circulation of Broughamite Educational Literature，1826–1848，" *Victorian Periodicals Review*，Volume 50，Number 4，Winter（2017）：709.

（他观察到）每一个在东方的人，或者是熟悉在印度的历史事件的人，以及在这里定居的外国人，都目睹了在过去的十年或二十年里巨大的进步。通过教育，通过知识的传播，通过实用技术和发明的引入，例如蒸汽机等的引入，社会有了一个新的、让人高兴的发展方向，并且获取了前进的强大动力。垄断的时代已经一去不复返，维持垄断的思想已经快速消逝。取而代之的是，一种在人们的头脑中广泛存在的更完善的思想，一种更自由、更慷慨、更活跃的思想。在这种思想的指引下，在华知识传播会建立并将持续发展。①

正是因为中英关系所遭遇的现实挫折以及英国实用知识传播会在印度的成功，使得在华商人和传教士不谋而合地萌生了成立在华实用知识传播会的想法。该想法也得到了时任英国驻华商务总督德庇时（John Francis Davis，1795—1890）的帮助和支持，他协助协会与英国实用知识传播会建立了直接联系。1834年4月18日，英国实用知识传播会通过决议削减《便士杂志》的费用，以便在广州出版一份类似的中文刊物。接收费用的是郭实猎。②不过，更多的资金来自在华外国商人的捐助。从成立大会选出的执行委员会成员名单可以看到，该协会的成员由三股力量组成。其中，在华外国商人主要提供资金支持，决定了出版的内容和方向；三位秘书主要负责中文著作的写作和协会英文文件的出版；在华外国商务监督作为政府代表主要代表一种赞助力量，因而被邀请成为本会荣誉会员。值得注意的是，协会虽然是面向中国人传播实用知识，但颇为重视国际影响力。协会的第一次报告及第一次年会纪要指出"《广州纪录报》和《广州周报》已经宣布他们将会支持本会的目标，《中国丛报》也将乐于采取同样的行动。"③除此之外，英国《每周先驱报》引述《便士》杂志上的文章，介绍了协会的目标宗旨、工作的进展、遭遇的困

① "Fourth Annual Report of the Society for the Diffusion of Useful Knowledge in China: Read a General Meeting," *Chinese Repository*, Dec.（1838）: 405.

② Thomas Palmelund Johansen, "The World Wide Web of the Society for the Diffusion of Useful Knowledge: On the Global Circulation of Broughamite Educational Literature, 1826–1848," *Victorian Periodicals Review*, Volume 50, Number 4（2017）: 709.

③ "First Report of the Society for the Diffusion of Useful Knowledge in China," *Chinese Repository*（1835）: 354.

难等。[①]与此同时，美国纽约市也成立了一个同名的协会。美国的一份报纸表示读到了美国传教士伯驾（Peter Parker，1804—1888）一篇强调人体解剖学知识对于推动中国人道德改革的重要性的文章。[②]

上述事实表明，协会在广州成立是为了回应中西交流的冲突与挑战，将国际上方兴未艾的实用知识传播思潮引入大门紧闭的中国，以推动中西在知识层面的交流，是一个具有“世界—中国”意义的文化事件。

二、提供中国人所缺乏的实用知识

英国实用知识传播会的目标之一，是使其出版物远离宗教或政治争议，以区别于它的竞争对手——基督教知识传播会和福音派宗教传播会。在华实用知识传播会的目标，更像是传教士和商人之间的一种合作和妥协。在协会成立之前，一些准备入华的传教差会如伦敦传道会等，已经在东南亚和广东沿海开始了以传播基督教为目的的福音传单的印刷和传播工作，同时也出版了少量的世俗读物，但是在华实用知识传播会的出版却是以世俗的实用知识为主而以宗教出版物为辅，明确提出“出版启蒙中国人心智，促进中国人与西方文学艺术及科学交流的书籍”“尽其所能，为中国人准备并出版廉价的浅显易懂的中文文集，内容为适宜当前中华帝国情况的各领域实用知识。”[③]

协会的第二次年度报告提出了一份出版计划，将拟出版的书籍分为8类：历史，包括传记；地理，包括游记；自然历史；医学；力学及机械技术；自然哲学；自然神学；文学作品。这一分类是按照中国人所需知识的重要程度进行排序的。那么，中国人到底需要怎样的知识呢？协会非常明智地从《四库全书总目》入手，通过对经史子集文献粗略浏览，了解中国人已有知识的范围。报告指出，在中国现有文献中，经学占据了四分之一，但完全忽略对人类起源和未来状态的思索，几乎完全局限于（现实）生活中人与人之间的关系。历史和地理学也占据了四分之一，但几乎仅讨论本国的情况，其他国

---

① “Unstamped Vendors among the Chinese,” *Weekly Herald*，Issue5（1836）：5.

② Multiple Essay Items. “Moral Reformer and Teacher on the Human Constitution,” 1836，p.193. Nineteenth Century Collections Online，http：//tinyurl.gale.com/tinyurl/CRy4f2. Accessed 5 Dec. 2019

③ E.C.Bridgman，“Proceedings relative to the formation of a Society for the Diffusion of Useful Knowledge in China,” *Chinese Repository*（1834）：379—383.

家的存在以及可以从其他国家和民族学到的实用知识，几乎完全遗忘了。除了农业和纺织业知识，生活的实用技能，在中国文献中很难找到。机械知识和化学知识，几乎没有被提及过。中国人所了解到的医学知识，大部分只是江湖骗术。天文学知识和数学知识主要从欧洲引入，仅仅掌握在少数人手中；变化无常的占星学和占卜学，却能够出现在文献典籍中，甚至还出现在政府的安排中。自然史只被看作医学的附属物。有鉴如此，中国人知识结构中所缺乏的内容得到了重视。比如，机械方面的内容被放在了优先出版的位置，是因为“我们正是依靠机器化生产得以超越中国人”[①]。

在华实用知识传播会还提出了“出版一份杂志”的计划，内容“包括一些与上述主题相关、细节较少的文章，包括道德诗集、文学杂集等”。接着又谈道：“郭实猎先生的《东西洋考每月统记传》十二期，已交由本会在新加坡的代理商出版一千份，在新加坡和邻近地区发行。将来，该杂志的出版工作将由本会完成。”[②]《东西洋考每月统记传》是在中国境内出版的第一份近代中文期刊，最初由郭实猎一人主办。他1833年8月发表了一份出版此刊的缘起：

> 这份月刊现在主要由广州和澳门的外国社区提供赞助，其出版旨在通过使中国人熟悉我们的艺术、科学和原理，来抵消中国人的自大和排外观念。它不涉及政治，也不会在任何问题上用严厉的语言来激怒中国人。为了证明我们不是野蛮人，我们有更好的办法。编者倾向于用展示事实的办法，使中国人相信他们还有许多东西需要学习。编辑清楚外国人与地方当局的服从关系，努力赢得他们的友谊，并希望最终能够成功。[③]

由此可见，《东西洋考每月统记传》的出版目的符合在华实用知识传播会的宗旨。此外，这份杂志的办刊宗旨、杂志样式以及内容安排上，模仿了《便士杂志》。德庇时曾向伦敦的实用知识传播会报告说：“《便士杂志》在这里非常流行；一位传教士郭实猎正在印刷一本中文杂志。我毫不怀疑这本杂

---

① “Second Report of the Society for the Diffusion of Useful Knowledge in China,” *Chinese Repository*（1837）：512.

② “Second Report of the Society for the Diffusion of Useful Knowledge in China,” *Chinese Repository*（1837）：512.

③ “A Monthly Periodical in the Chinese language,” *Chinese Repository*（1833）：187.

志的翻译部分在帝国中流传。”①

在华实用知识传播会还提到了一些值得优先出版的民间读物，这实际是受到中西民间流行读物的共同启迪。协会年度报告指出：“有两类出版物值得优先注意，它们在中国各阶层中几乎是普遍需要的。第一种是各种各样的年历，在每年的这个时候，书摊上挤满了买年历的人。第二种包括形式多样的文集，收录基本的实用资料。”在华实用知识传播会比较了中西年历的差别，建议学习英国实用知识传播会的做法，出版精编历书。“中国的日历，和西方国家一样多种多样。但在一件事上，中国的日历都是一样的，也与西方的旧日历相似，它们都通过占星术来分析每天的吉凶对人们行为的影响。在这方面，由政府在中国及其属国流通的黄历，与那些目标读者为最迷信的人民的历书，是一样的。”事实上，早期的英国历书包含了一般的占星术以及一些预测恒星和潮汐的运动的信息，在17世纪成为仅次于《圣经》的畅销书，而英国实用知识传播会出版的《英国年鉴》（*British Almanac*）一类著作，增加了一些天文知识和实用有趣的信息，从而使英国的历书逐渐摆脱迷信。在华实用知识传播会敏锐地注意到了这种变化，拟出版的精编历书：“将天文知识与实用且有趣的信息结合在一起，以确保可为读者所接受。”②在分析中国流行的通俗文集时，协会选取了一本他们认为最劣质的文集来讨论。这部作品被分成两部分，在平行两栏中同时呈现。给孩子们的建议为第一栏的内容，与之平行的一栏内容是孔子的主要弟子和继承者的名单，接下来的名单包括有特定时期的著名的大臣、战国四公子、汉代三杰等，接下来是《百家姓》《千字文》《增广贤文》，还有介绍基本算法的算术表。作品的第二部分是小型的儿童字典，附有非常粗糙的图画介绍。作品的第三部分也是字典，但没有图画介绍，主要内容包括如何在日常和特殊的场合根据亲戚的亲疏程度来书写合适形式的请帖的指南；血亲关系表，以及法律规定的哀悼形式；便条和信件的范式以及合同的范本等。整部作品的结尾为几张占星表，中国各朝的年代表，以及从始皇帝到上一朝代最后一位皇帝的韵文列表。它们之所以得到关注，原因有两个：“一是在同类的作品中，这部作品涵盖的领域最

---

① “Minutes,” April 18, 1834, SDUK Papers.

② “Fourth Annual Report of the Society for the Diffusion of Useful Knowledge in China: Read a General Meeting,” *Chinese Repository* (1838): 400—401.

广；二是这部作品篇幅很短，价格低廉，因此广为流通。"[①]协会认为，就中国人现在的需求而言，这两类作品的改进版，很可能比执行委员会已经出版或者准备交付出版的作品更容易流通。

综上所述，在华实用知识传播会对于出版内容的安排，既借鉴了英国实用知识传播会的一些经验，又适当考虑了中国人的知识结构和流行读物的特点，目的是以价格低廉的中文出版物传播实用知识，以实现中西之间的直接交流。

三、披上中国风格的外衣

在华实用知识传播会还竭尽所有方式，通过作品的风格和主题，来创作有趣的、有吸引力的作品。在第三次年度报告会议中，执委会指出：

> 在促进中国人熟悉自然界的准则和现象及其在实用技术方面的应用方面，执行委员会仍然注意到了传播方式的不足。……一部能够引发阅读兴趣的作品，要比若干部在写作风格、主题或是采用的模式方面令中国人无法接受的作品更有价值。直到此时，中国人对知识的渴望才能被激发。[②]

首先，协会出版的著作采用了中国古书的形制。如前所述，《东西洋考每月统记传》在内容方面模仿了《便士杂志》，但是形式主要模仿了中国书籍的形制。如道光戊戌年（1838）六月《东西洋考每月统记传》创刊号第一版刊名直排印在封面中间，刊名右侧有一句竖排格言"人无远虑，必有近忧"，最左侧是作者竖排题名"爱汉者纂"，刊名上方是刊物出版年月，自右至左横排，目录和正文内容则完全是从右到左的直排版。这种体制，明显是仿照了中国古籍的直排版版式。

具体到作品的内部形式，协会探索把西方的思想放入一个中文模式中，使之符合中国人的口味。郭实猎认为不能一味展示西方人自身在写作上的优

① "Fourth Annual Report of the Society for the Diffusion of Useful Knowledge in China: Read a General Meeting," *Chinese Repository* (1838): 309.

② "The Third Annual Report of the Society for the Diffusion of Useful Knowledge in China," *Chinese Repository* (1837): 334.

势，而要努力减少作品中的外来语。他说：

> 如果我们拒绝这个单一的规则，而去展示我们在写作知识上的优势的话，那么，我们精心写作的著作，将不会给我们的读者带来任何好处。尽管这一点还有争议，那些采用外国习语的倡导者可能会一直保留他们自己的意见，直到他们被这样的痛苦经验所教训：即这种描述的作品，无论对外国人来说多么平淡无奇，很少被他们的读者所阅读，也很少被理解。但是，为了给我们的思想披上中国风格的外衣，需要终身学习；需要秉持着最大的热情去消除这些将我们与中国人区分开来的外来语。

而减少外来语的有效的办法，就是以中国短语替换新造词。郭实猎曾指出："在这个部分，我们的许多工作是以真正的中国短语替代新造的词语。……那些参与修订的人应该力求进一步精通语言。"①至于学习和精通中国语言的具体办法，则是从中国经典中渔猎语料，直接组合应用于作品中。郭实猎曾指出："我们可以根据自己的喜好来写句子，而在中国，句子已经被组合在一起了，我们只需要把它们组合在一起。"②为此，他深入研究了清代马骕撰写的《绎史》。③其《古今万国纲鉴》大量摘引、改写《绎史》引述的经史子集文献材料，很好地实践了"把想法放进一个中文模式"，因此受到了中国读者的欢迎，成为当时中国人了解西方的重要著作，1850年曾在宁波重版。

总而言之，为了使协会的作品便于流通、易于接受，协会成员在学习中文的基础上，进而了解并模仿中国著作的用语、体例，甚至是思维模式和审美趣味。这不仅有利于其出版物在中国的流通传播，影响了后来的众多近代出版机构的出版策略；也促使一些会员逐渐成长为汉学家，从而推动了19世纪中叶以来西方汉学的专业化和转型发展。

---

① American Tract Society, *Thirteen Annual Report of the American Tract Society* (New York: printed at the Society's House, 1838), p.133.

② The Rev.Charles Gützlaff, *China Opened; or, A Display of the Topography, History, Customs, Mananers, Arts, Manufactures, Commerce, Literature, Religion, Jurisprudence, etc.of the Chinese Empire* (London: London Smith elder and Co.65.Cornhill, 1835), p.409.

③ The Rev.Charles Gützlaff, "Remarks on the Yih-She, a Historical Work of the Chinese," *The Journal of the Royal Asiatic Society of Great Britain and Ireland*, Vol. 3, No. 2 (1836): 272—286.

四、"世界—中国"的双重影响

1838年12月，道光皇帝命林则徐前往广东禁烟，协会中的英国商人被逐出广州和澳门，事实上陷入了瘫痪。1846年1月，裨治文和马地臣将协会的1300美元余款转送给马礼逊教育会，表明协会至迟在此时已经停止运作。[①]但是，协会提出的传播实用知识的思想和策略，对近代西学东渐和西方汉学的发展所产生的影响并未停止。

首先，协会作为中国境内第一个近代意义上的出版机构，其传播实用知识的思想和策略直接影响了一批近代出版机构。1843年，与协会成员关系密切的英国传教士麦都思（Walter Henry Medhurst，1796—1857）在香港创办了《遐迩贯珍》杂志，在通商口岸发行。其办刊宗旨是："为华夏格物致知之一助。"[②]其传播实用知识的主张，明显是受到在华实用知识传播会的影响。同年，麦都思又到上海创建了墨海书馆，在1844到1860年间共出版中文书刊171种，以基督教读物为主，但也有少量科学书刊，[③]一定程度受到了在华实用知识传播会的影响。第二次鸦片战争之后，中国境内出现的众多西方出版机构，多在出版理念和出版内容上继承在华实用知识传播会。该协会的第二次年度报告提出一份详细的出版计划，涉及23个项目或者分支的实用知识。[④]这一份涵盖广泛的出版计划，虽然没能由协会实现，但是却直接影响了后续的在华出版机构，如广学会等。广学会前身是由英国新教传教士韦廉臣于1887年在上海创立的同文书会，英文名为"The Society for the Diffusion of Christian and General Knowledge among the Chinese"，接近在华实用知识传播会的英文名称，显示二者在理念上的一脉相承。从1887年至1900年，广学会共出版书籍约176种；至1911年，共出版461种。据分析，在这些书籍中，纯宗教性书籍约138种，占总数的29.93%；非宗教性书籍约

---

① 周岩厦：《早期新教传教士以教育、知识传播与医务活动促进传教事业述论——以〈中国丛报〉为中心》，博士学位论文，浙江大学人文学院，2006年，第116页。

②《遐迩贯珍小记》，松浦章等编著《遐迩贯珍》，上海：上海辞书出版社，2005年，第6页。

③ 熊月之：《墨海书馆出版书目一览（1844—1860）》，《六合丛谈》（附解题索引），上海：上海辞书出版社，2006年，第242—248页。

④ "Second Report of the Society for the Diffusion of Useful Knowledge in China," *Chinese Repository*（1837）：510—512.

238种，占总数51.63%，有宗教意味的但也含有其他内容的书籍约85种，占总数18.44%。[①]其传播内容和传播策略，事实上继承了在华实用知识传播会。协会第三次年度的年度报告曾提出："是否可以通过制作出版一些通俗易懂的基础文集，提供给那些正在接受知识指导的人使用，以此来实质上支持那些教育学会的工作"。[②]1877年在上海成立的益智书会，作为基督教传教士编辑、出版教科书的编译出版机构，总计出版各科教科书共98种，编写方针是结合中国风俗习惯，科学、宗教两者结合，可说是对在华实用知识传播会所提出的出版计划的继承和发展。这些近代出版机构将西方实用知识大批引入中国社会，为近代知识分子睁眼看世界准备了条件，对近代中国的现代转型起到了积极的推动作用。

协会的主要目的虽是为了推动西学东渐，但对西方汉学的专业化发展也起到了积极作用。此前的欧洲汉学研究重点在中国语言文学和典籍的学习和研究。协会曾公开批评16—18世纪"耶稣会士对中华帝国的正面描述，使许多人相信，中国的文学及道德状况远远好于其他国家"[③]。此外，协会年度报告还提到雷慕沙（Jean Pierre Abel Rémusat，1788—1832）翻译的《真腊风土记》和乔治·斯当东爵士（Sir George Thomas Staunton，1737—1801）翻译的《诸蕃志》，认为"这两部书是有关外国的作品中最好的"，但是"已经过时了，也不容易找到"[④]。协会还不断呼吁通过英国加强汉学研究来促进本国人文与科学发展。其第二次年度报告指出："如果与中国聪明博学之士进行持续的交流，获取实用信息，我们也许反过来可以从他们那里得到相当多的直接好处，这并非绝无可能。"[⑤]1837年，英国伦敦大学国王学院在乔治·斯汤东的推动下，以马礼逊藏书为基础，设立了英国的第一个汉学教授席位。协会第三次年度报告随即评论说："作为总结，由于最近汉学教授职位已经在伦敦开始设立，执行委员会可以从中获取信心。据信第一任教授职位授予给

① 王树槐：《清季的广学会》，载《中央研究院近代史研究所集刊》1973年第4期。

② "The Third Annual Report of the Society for the Diffusion of Useful Knowledge in China," *Chinese Repository*（1837）: 335.

③ E.C.Bridgman, "Proceedings relative to the formation of a Society for the Diffusion of Useful Knowledge in China," *Chinese Repository*（1834）: 379.

④ "The Third Annual Report of the Society for the Diffusion of Useful Knowledge in China," *Chinese Repository*（1837）: 337.

⑤ "Second Report of the Society for the Diffusion of Useful Knowledge in China," *Chinese Repository*（1837）: 509.

了本会的通讯会员，可敬的塞缪尔·基德（Samuel Kidd,1799—1843）先生。随着对于这个国家的古老而独特语言的学习风靡西方国家，我们为之鼓舞，期待更多的人可以协助完成补充提供中国文学的工作。”[①]西方汉学的专业化，不仅有利于西方各国深入了解中国，并从中吸取有用的知识以丰富本国的人文与科学，也有利于中国文化的全球传播。

不仅如此，协会的一些会员还逐渐成长为著名的汉学家。如该会荣誉会员德庇时在1835年回到伦敦后，在英国实用知识传播会的支持下，出版了《中国人》一书，并且成长为一位多产的汉学家。又如威妥玛（Thomas Francis Wade, 1818—1895），是在华实用知识传播会的首任执行委员会成员，长期在中国担任译员和外交官，因发明用拉丁字母标注汉语发音系统——威妥玛式拼音法而出名，1888年任剑桥大学首任汉语教授。上述出身于在华实用传播会的汉学教授或者汉学家，一方面通过其专业汉学研究使英国汉学形成了政治主导学术[②]的特点，另一方面又积极向中国传播实用知识，成为沟通中西学术文化的先驱人物。郭实猎在加入协会之前的中文著作主要是福音传单，但他在倡议成立协会并担任协会中文秘书后，其出版目标发生了传播实用知识的转向。他以协会的名义出版了中文世俗读物《古今万国纲鉴》《万国地理全志》《大英国志》等，占协会已出版著作的一半。为了更好地帮助西方人了解中国的历史文化和现状，他以英语出版了《开放的中国》（1835）、《中华大帝康熙传》（1843）、《道光皇帝传》（1852），以德文出版了《中华帝国史：从远古叙至太平天国起义》（1847）、《中国报告（从1841年中至1846年底）》（1850）。郭实猎的多语种汉学著作，使之成了德国汉学的奠基人，其研究取向偏重于中国当代政治时事，一定程度改变了耶稣会士在欧洲所奠定的偏重文史研究的传统汉学面貌。裨治文作为美国第一位来华的基督教传教士，对美国汉学的形成也产生了重要影响。他自1834年11月起一直担任在华实用知识传播会的中文秘书。其《美理哥合省国志》是第一部中文美国史，内容涉及美国历史与现实的各个方面，直接影响了睁眼看世界的知识分子魏源、徐继畬、梁廷枏等人。1841年，裨治文《广州方言撮要》出版，是最后一部以“在华实用知识传播会”名义出版的著作，内容涉及艺

① “The Third Annual Report of the Society for the Diffusion of Useful Knowledge in China,” *Chinese Repository*（1837）: 340.

② 关诗珮：《翻译政治及汉学知识的生产：威妥玛与英国外交部的中国学生译员计划（1843—1870）》，载《中央研究院近代史研究所集刊》2013年第81期。

术、科学以及其他各个方面，具有“既为欧洲人提供与中国人开展个人交往的便利，又向中国人传播英语的双重目的”[①]。1842年，在裨治文倡议下成立了美国东方协会，标志着美国专业汉学正式起步。卫三畏（Samuel Wells Williams，1812—1884）是以印刷工的身份来到中国协助裨治文的。他于1835年10月19日参加了协会在广州举行的第一次年度会议，1841年在澳门助裨治文编著《广州方言撮要》。1841—1856年间，他与裨治文一起编辑出版刊载实用信息的《华番通书》（*Anglo-Chinese Calendar*），其实是对在华实用知识传播会出版“精编历书”计划的延续。其《中国总论》（1848）致力于“用真实的叙事还中国一个公道”[②]，改变了当时西方对中国的偏见，也奠定了他作为美国汉学第一人的学术地位。上述汉学家的成长以及西方汉学的实用主义转向，均得益于他们在在华实用知识传播会的经历。

结　语

综上所述，在华实用知识传播会的出版活动既面向中国人传播实用的知识文化，也推动了西方对中国各个方面的研究，促进了近代“世界—中国”知识场域的构建。虽然协会的文化活动带有一定的殖民和宗教色彩，但是其传播实用知识的思想、策略和实践，对于突破当时中西双方均存在的文化傲慢与偏见有积极的历史意义，对当代中西文化的交流互鉴也有一定的借鉴意义。

陈恩维　广东外语外贸大学中国语言文化学院教授

① “Fourth Annual Report of the Society for the Diffusion of Useful Knowledge in China: Read a General Meeting,” *Chinese Repository*（1838）: 403.

②［美］卫斐列:《卫三畏的生平与书信：一位来华传教士的心路历程》，顾钧、江莉译，桂林：广西师范大学出版社，2003年，第65、91—95页。

汉语史方法视野下的海外汉学家辨伪举隅*

李几昊　赵　洋

摘　要：汉语史文献史料繁多，真假杂糅，辨伪是开展汉语史研究的重要前提。传统辨伪方法更多的是从内容记载和文本形态出发，较少涉及语言文字的考订。本文从巴纳辨毛公鼎铭文、高本汉辨《左传》、明义士辨甲骨三个具体案例切入，介绍海外汉学家从语言文字角度进行的辨伪活动，以兹给传统辨伪学提供新视角。

关键词：汉语史　辨伪　汉学家

辨伪包括辨别伪书与辨别伪说两个方面。文献学中的辨伪，主要指辨别伪书，具体包括考辨古书书名、著者以及年代真伪等。古籍辨伪的最终目的，是求得古籍在历史上的真实情况，以便科学地了解和利用古籍。古籍中伪书数量众多，遍布经、史、子、集四部，而以子部为最。明代著名学者胡应麟曰：

> 凡四部书之伪者，子为盛，经次之，史又次之，集差寡。凡经之伪，《易》为盛，纬候次之。凡史之伪，杂传记为盛，琐说次之。凡子之伪，道为盛，兵及诸家次之。凡集，全伪者寡，而单篇列什，借名窜匿甚众。①

辨伪在汉语史研究中是一种双向行为，从汉语史角度而言，时空确定的文献语料是研究的基础，无论是断代共时的研究还是历时演变的研究，都必须依赖于准确的语料。从辨伪角度而言，汉语在不同发展时期都有其稳定的

---

* 此论文为李无未教授国家社科基金重大项目“东亚汉语音韵学史文献挖掘与研究”成果之一，批准号（21VJXT01）。

① 李敖主编：《四部正讹·庸言录·文心雕龙》，天津：天津古籍出版社，2016年，第51页。

标记，可以通过语法、文字、词汇、语音等典型的汉语要素来给文献材料进行断代，梳理出历史层次，辨伪存真。介绍汉语史界较少关注的甲骨类文献的辨伪问题，正如太田辰夫在《汉语史通考》（1919）[①]中所言，商代的甲骨文字、周代的金文都属于同时材料，是研究第一期汉语史的重要语料。但是囿于甲骨和金文材料的不足及较难释读，早期的汉语史研究通常会忽略这些材料。本文以巴纳、高本汉和明义士为例，介绍海外汉学家利用语言文字进行辨伪的活动。

一、巴纳毛公鼎铭文辨伪

巴纳是新西兰著名汉学家，一生围绕中国出土文献展开研究。他在1958年发表了两篇文章，即《最近出土的西周时代的有铭铜器》和《楚帛书的初步考察：文献的新重构》，对金石学和简帛学都有所贡献。此后他将主要精力放在铜器铭文研究上，特别是对中国铜器的辨伪。他在1959年发表了《金石学的新做法与研究方法》和《对一件西周式有铭铜器的真伪的一些看法》两篇文章，提出了他对传世铜器的深入怀疑。循此路径，他于20世纪六七十年代多次提出中国最有名的《毛公鼎》铭文也是伪造的，成果发表为《中国古代铜器中造伪的发生率：初步记录》（1968年）和《毛公鼎：西周时代的重要青铜器》（1974年）。因为毛公鼎是台北故宫博物院收藏的“三宝”之一，所以博物院的研究员和巴纳进行了激烈的辩论。巴纳在中国学术界的名声大概从这个事件开始。在这场辩论中，巴纳提出了一个新的辨伪方法，即所谓的“文字恒形论”（字体结构不变律）。

这个理论首次发表在一篇长达150页的书评里，即《郑德坤〈中国考古学，第三卷〉书评》（1965年）。根据巴纳的调查，在一篇文献当中，任何一个字，甚至任何一个偏旁如果出现两次或两次以上，只应该有一个构造。从这一点推论，一个字如果有不同的字形，那就证明那一篇文献是伪造的。

巴纳根据这个理论论证毛公鼎铭文和很多其他传世铭文是伪造的。根据他自己的摹写，巴氏说毛公鼎铭文的“隹”字有下列不同的写法：

---

①［日］太田辰夫:《汉语史通考》，江蓝生、白维国译，重庆：重庆出版社，1991年，第1页。

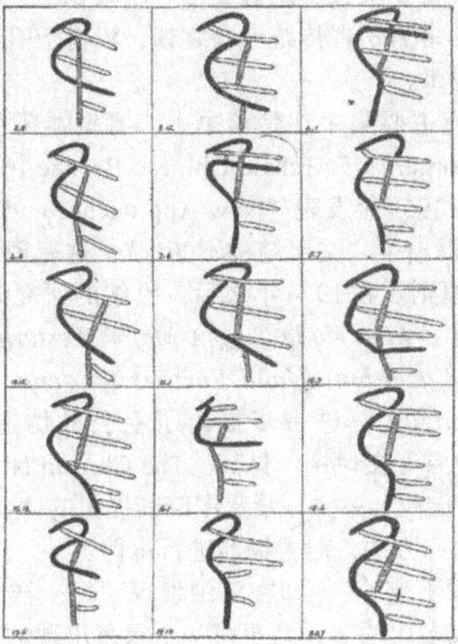

巴纳说在科学发掘的铭文上几乎看不见如此不同的写法。因此，他判断毛公鼎铭文是伪造的。[①]

当然，巴纳对文字构型的认识具有一定的局限性，例如中国传统书法艺术对文字构型要求就具有比较大的变异性。为了美观和谐，一篇作品中出现同样的字，字形要丰富，这是为了展现书法技艺而选择异体字。同时，从出土简帛来看，一词多字的情况亦比比皆是，因此文字构型“恒常”并不具备普遍性。但从汉语文献辨伪史来看，巴纳的辨伪实践是不得不提的经典案例。

在青铜器辨伪方面，我国早在宋代就有相关专著，不过多局限于器形的辨伪，如宋赵希鹄《洞天清录集》，记录了伪造青铜器铜锈的方法；清代开始重视青铜器文字的辨伪，如陈介祺《簠斋尺牍》，开始对文字痕迹做出判

① 夏含夷:《西观汉记：西方汉学出土文献研究概要》，上海：上海古籍出版社，2018年，第249页。

断；民国趋于成熟，商承祚有专文《古代彝器伪字研究》，将伪字分为字体受宋人书本之影响、拼凑字数、删截文字、临写铭语、摹刻文字五类。巴纳认为，这些辨伪方法多为学者传统经验之谈，没有上升到理论高度，因此他开始尝试找出理论规律。

巴纳早期的研究主要集中在楚帛书上，青铜器辨伪比较散见，巴纳最初在其博士论文“Forgery of Archaic Chinese Bronze Inscriptions”中对青铜器有初步讨论，并在1959年发表“New Approaches and Research Methods in Chin-shih-Hsueh”，提出了“文字结构不变论”，这一理论成为他后来进行楚系文字辨伪的重要原则。在1974年之后，巴纳的研究开始向青铜器领域倾斜，这年，他出版了“*Mao Kung Ting-A Major Western Chou Period Bronze Vessel-A Rebuttal of a Rebuttal and Further Evidence of the Questionable Aspecta of its Authenticity*”，进一步提出了毛公鼎伪造的证据。除毛公鼎外，巴纳对陈逆簠也有专文讨论，见其“The Ch’en Ni Fu-tray：Problems of Identification in Foergery”一文，紧紧围绕其提出的“文字结构不变论”，综合考虑器物形制和冶炼方法，对青铜器进行辨伪。

所谓“文字结构不变论”，即在巴纳发现“每一样个别的文件之内，每一个重复出现两次或多次的字，乃至每一个重复出现的偏旁（不管是在同一个字或是另一个字的）时常都是合乎相同的结构原则的”之后，总结认为，铜器铭文的同一文字或偏旁应当是同一结构，否则便是伪造的。当然，这一理论自提出以来就在学界引起了较多的反对声音。

随着出土文献的大量面世，从甲骨文中我们就可以看得到有结构不定的例子，甚至先人在用字时候会刻意避重，同时会根据甲骨的形态进行结构上的调整。除比较常见的“卜”字旁边的支出方向在同一版中会有不同，有些字的结构也会因为占卜次序的不同有改变，如《殷墟文字乙编》第6385片甲骨所见“疾”，左右分别写为“”“”，就是一种结构的变化。而在金文中这种例子更为常见，尤其是两件出土铭文对读时，我们可以发现部分字体的结构是允许有差异的，如1977年8月出土于陕西扶风黄堆云塘生产队的西周晚期的白公父簠，“用”在相邻的两排文字中分别写作“”“”，就是一很好的例证。

在了解巴纳的文章之后，我们看到的巴纳的“文字结构不变论”其实强调的是同一个字结构不可以变化，而具体形体可以变化，但他在举例时采取了“隹”作为例子，却并不是非常有力的证据，反而让许多学者曲解了巴纳的观点，从简单的字形角度进行批判。

除了利用“文字结构不变论”来辨伪，巴纳在对毛公鼎辨伪时也列举了其他方面的证据：1.词汇角度。巴纳认为“父唐”式的名衔结合是不可能的。按，只是较罕见，其实是可以的。2.铭文内容对比研究。巴纳将毛公鼎的上半部铭文与《文侯之命》及师询簋进行对比，认为重复率较高。按，金文往往有一定范式，此不足为奇。3.铸造技术。巴纳认为，毛公鼎上的收缩裂痕、气孔处处显示出这一鼎冶炼质量之差，在同出的铜器中明显落后，且经X光照射，可见大量气泡。4.铭文行款。巴纳认为，毛公鼎的行线、形式与其他例子不同。5.其他符号图案。在鼎足的背面有几个刻画符号，意义不明，巴纳认为这些符号毫无作用，不应该出现；且鼎底的双线三角形纹是一种错误的设计，不合规矩。

以上观点发布后，张光远先生多次撰文进行辩驳（《西周重器毛公鼎——驳论澳洲巴纳博士诬伪之说》《毛公鼎真假之辨的学术精神——记一次非正式的国际性铜器讨论会》)，后续还有张光裕先生等进行反驳。

二、高本汉《左传》辨伪

高本汉是瑞典语言学家、汉学家，曾任哥德堡大学教授、副校长，远东文物博物馆馆长，瑞典皇家人文科学院院长。研治中国文史学，尤致力于汉语音韵、训诂的研究，著有《中国音韵学研究》《汉语中古音与上古音概要》《诗经注释》《书经注解》《汉朝以前文献中的假借字》《古汉语字典重订本》《中日汉字形声论》《论汉语》等，并将《诗经》译成英文。

高本汉最具代表的辨伪学著作即《左传真伪考》，利用语言学的方法辨《左传》之真。诚如高氏所言：

> 在中国，焚书和古书发现的事情应该引起重大的注意，且对于各种真伪问题当有特别的慎重的考察——而从来没有人借助于语言学上的标准来做功夫，是一件很奇怪的事情。从西洋古代文学上的经验，指导没有语言的帮助的校勘学是不成功的，而在中国尤其重要。然而中国古代文字的校勘学，就我所知而论，从来没有用过语言学的方法。中国的校勘家固也常说某种文献的“文字并不是真正古文时代的语句”，有时也用单字当作证据来证明一部书并不想一般人所想的那样早。

从高氏的论说中得知，他所谓的语言学方法并不是广义的语言学，而是以西方语言学为标准的狭义语言学，这是值得注意的。因为在传统校勘中，中国的校勘学家就已经自觉广泛地利用文字、训诂、音韵的传统语言学方法。

随后高氏对其所谓的语言学方法进行了具体化，即利用“助词”来辨伪。因为按照语言发展规律，在共时层级内，语言具有相对的稳定性，语法尤为明显。因此利用语法特征来断代辨伪确实是科学合理的。他选择了《左传》中的七组助词，即“若”和“如”“斯解为则”“斯解作此”“乎解作于”“与字解作乎”“及和与解作和”“於和于”，然后统计这七种助词的用法、分布频次；又广泛搜集其他文献进行比较，最终确定《左传》的真伪。

研究结果表明，《左传》有一律的文法，和《国语》很近但不全同。这种文法绝不是一个后来的伪造者所能想象或实行的。所以，这一定是一部真的书，是一个人所作的，或者是属于一派或一种方言的几个人作的。他和鲁国学派没有关系（至少没有直接关系），因为它的文法和孔子师徒及孟子完全不同。此书是在公元前468年以后（书中所述最迟的一年），而无论如何，总在公元前213年前，更有可能还是在公元前468年到公元前300年之间。①

高本汉利用虚词来辨别真伪的方法启迪了大量的西方汉学家，美国汉学家李克考察了《管子》的虚词，荷兰汉学家戴闻达考察了《商君书》的真伪，其中影响最为深刻的当为杜百胜，他的《中国古籍的真伪和断代》批判性继承了高本汉的模式，比如批评高氏归纳语法特征过少，把历史的语言演变误识为方言差异等。而杜氏最大的特点就是全面、系统，穷尽式描写语法，比高氏大大推进了一步。②

三、明义士甲骨辨伪

自从1899年发现甲骨文以来，就出现商贾为牟利而大量伪造甲骨文的现象。英国浸礼会传教士、汉学家库寿龄就曾经说过自己的辨伪经验，他发现伪造者多是利用历史上遗留的未雕刻甲骨，然后模仿甲骨文刻上去，即“骨

---

① [瑞典]高本汉：《左传真伪考及其他》，陆侃如译，北京：商务印书局，1936年。

② 罗军凤：《现代语言学方法与中国古籍的辨伪与断代》，载《西安交通大学学报（社会科学版）》2017年第3期。

真字假”。因此需要用放大镜仔细比较，以区别新刻在化石上的文字和近世刻在新鲜松软甲骨上的文字。而且伪造甲骨的技术水平也是日益完善，松丸道雄就曾列出伪造甲骨的六个阶段：（一）杂凑单字而正倒不分者；（二）杂凑单字而无倒书者；（三）杂凑成句成行卜辞者；（四）全段仿刻而排列整齐者；（五）全段仿刻而依原款式者；（六）改编新奇文辞者。[①]

提到早期甲骨辨伪的佼佼者，不得不提明义士。明义士是加拿大汉学家、著名甲骨学家和考古学家。他于1914年实地探寻殷墟小屯村，是中外“第一个怀着单纯的科学兴趣到殷墟考察的考古者”。此后十多年间明氏陆续收集甲骨五万余片，并在此基础上完成了《殷墟卜辞》《殷墟卜辞后编》《柏根氏旧藏甲骨文字》三部甲骨著录书籍。[②]

许进雄曾在《殷卜辞后编·编者的话》中对他的评价：“他眼光的敏锐，是难以比拟的。”[③]这里就是对明义士的甲骨辨伪能力的肯定。明义士的甲骨辨伪成果分布在他的著作《甲骨文研究》[④]（1996）中，如：柏尔根赠济南广智院的70余片中甲骨皆真，矢簇器真，字伪刻，压胜器字皆伪造；美国芝加哥斐德图书馆藏方氏甲骨和书稿中，壁龙等形式的压胜皆伪，著作中所收压胜刻文都是文人根据金文伪造；库寿龄《河南所出的卜骨》（《皇家亚洲学会集刊》）“第一板，即Hopkinsl81为真，第二板所载厌胜全系伪造”；《中国古代王家遗物》（1912年4月载《人类杂志》）器真刻文疑伪；《殷墟卜辞》中“明758为伪”；方法敛文第四、五、六、七、八、九图，六矢簇器真文伪刻。第十、十一、十三图骨料不成器，文伪造不成体例。第十四、十五、十六、十七、十八、十九、二十图为七片真正甲骨等。又如《柏根氏旧藏甲骨文字考释》（1935）记载：七十三、七十四二片，除记录数字之“三”“八”字外，余均为伪刻。

明义士还曾和白瑞华合作辨伪，在《甲骨卜辞七集》序言中，白瑞华就交代了明义士的辨伪工作：

1937年初在多伦多，明义士教授和我一起通读摹本，并提供了各种

① 松丸道雄：《甲骨文伪作问题新探》，载《中国文字》1981年第3期。

② 邹芙都、樊森：《西方传教士与中国甲骨学》，北京：科学出版社，2015年，第85页。

③ 明义士：《殷墟卜辞后编》，台北：艺文印书馆，1961年。

④ 明义士：《甲骨文研究》，济南：齐鲁书社，1996年。

帮助，尤其在辨别伪刻和疑似伪刻上提供了很多意见。……本书图版中的伪刻有两种类型：一种是在非卜骨上作伪，这些骨上通常不会有刻辞，比如骨镞S1、S2、S3和B1、B2、B3；一种是在完全空白的卜骨残片上作伪，比如P76、P77，或者在部分空白的卜骨残片上作伪，比如B48、W5、W11。方法敛提到的护身符，形状和刻辞皆是伪造。B和P中的护身符已被剔除，另外5宗藏品中没有护身符。

本书12片上有伪刻，3片值得怀疑。在得出这个判断之前，明义士教授查看了S和B尚存的全部甲骨实物，笔者查看了S和P尚存的全部甲骨实物。我们没有查看T、B、X和R这4宗的甲骨实物，其上有无标注只是根据摹本上的字形和内容进行的判断。明义士教授在鉴别甲骨真伪上非常专业，但也可能存在一些完全抄录真刻辞的伪刻，是根据摹本、甚或拓本和照片也无法鉴别出来的。这样的伪刻非常少，作伪者更喜欢在原刻上增字，比如W5、W11。就一片伪刻而言，忠实的抄录或许对阅读卜辞无害，但对统计信息出现的频次有害。对古文字形，尤其是不常见字形的细节进行精细研究时，不能只依靠摹本。①

甲骨文面世之初，经历了较长时间的被私挖乱掘的非科学挖掘，甲骨真伪掺杂，良莠不齐，四散各处，作为传教士，明义士利用身份之便，可自由出入城市和乡村，多方蒐集，成为“中外所有私人购藏者中收买甲骨最多的一个”②。

然而，据董作宾《甲骨年表》记载，明义士在收购之初也误收了不少赝品：“惟明氏初得大胛骨，乃新牛骨仿制者，售者欺外人不识真伪，举以鬻之。未久，乃腐臭不可向迩。然明氏从此悉心考究，终成辨别真伪的能手。……以后乃知小者之不可忽，故所得甲骨以碎片为众。”③在乱象纷呈的甲骨市场前，明义士借此总结了自己鉴别甲骨的经验，为甲骨文辨别的研究做出了贡献。李济先生评价：“几个有远见卓识并研究过真的并非伪造的甲骨文的学者，为了探索区别甲骨文真假标准而更发愤工作。这个队伍中的一个

① 白瑞华:《甲骨卜辞七集·序言》，郅晓娜译，载《殷都学刊》2019年第1期。

② 邹芙都、樊森:《西方传教士与中国甲骨学》，北京：科学出版社，2015年，第33页。

③ 董作宾、胡厚宣:《甲骨年表》，上海：商务印书馆，1937年，第9页。

先锋是《甲骨研究》的作者明义士。”[①]

分组类、断代，进而研究字体、内容与年代的吻合与否是甲骨文辨伪中一个重要的方法，明义士曾根据卜骨原件进行观察分析，做了重要的断代分期工作。明义士在断代方面的成果对后来甲骨分期系统的讨论有重要影响，李学勤先生曾对此高度认可。[②]

根据明义士自己的研究成果，我们总结出以下辨伪方法：

（一）通过卜辞所见称呼来断代。明义士在《殷虚卜辞后编·序》[③]中将自己所藏的部分甲骨按卜辞内容分为田猎游行事与祭祀事两类。《殷虚卜辞后编》中收关于祭祀事的卜骨，按时代先后区之为甲屉与丙屉。通过这篇未定稿的《殷虚卜辞后编·序》，我们可以看到，明义士已经掌握根据卜辞中对先公先王的称呼来断代的技能。

如，甲屉定为武丁时期下，明义士有这样的论述：“武丁称小乙为父乙，母为母庚，阳甲为父甲，般庚为父庚，小辛为父辛。此屉诸骨为武丁后半期所卜者。此时代以前之字体，在兽骨重要部分所得者在一二集中。”明义士已明确使用称谓来对甲骨材料进行断代，甲屉五下：

> 祖庚称武丁为父丁。在此时代中之兽骨未有称祖己为兄己者。其字形为大。……予曾以长时间疑此大字诸兽骨，或属于般庚、小辛及小乙之时代，彼等之称及祖丁。但此骨之有父丁及小乙者，校之可绝属于祖庚时代。[④]

通过根据这段论述，我们不仅知道明义士在研究甲骨文时已经掌握了先公先王称谓搭配出现的搭配规律，还对占卜用的材料（龟甲或兽骨）已留心。当一篇甲骨上对于先公先王的称呼搭配出现了冲突穿帮时，基本可以判断此卜骨为假。

（二）根据甲骨字形来断代、判断。字体分析是辨别真伪甲骨最重要的手段之一。明义士对于甲骨卜辞的时代判断已经有了组类意识，能够明确认识到甲骨所见的字体的不同风格。

---

① 李济：《安阳》中译本，上海：上海人民出版社，2019年，第16页。

② 详见李学勤：《明义士对一坑卜骨的整理》，载《社会科学战线》2008年第9期。

③ 明义士：《殷虚卜辞后编考释》，曾毅译，北京：文物出版社，2016年，第2页。

④ 明义士：《殷虚卜辞后编考释》，曾毅译，北京：文物出版社，2016年，第5页。

明义士已经能够根据特殊字体进行断代推断，《殷虚卜辞后编·序》甲屉六下：“……并不在祖庚时代以前，且无祖甲时、字体之特点，其字形大而粗草。”丙屉二：“祖甲称武丁为父丁，孝己为兄己，祖庚为兄庚。此时代之字体，变为小而细整，尤以、等字，特用一种横笔。”明义士从字体的粗细、大小，以及饰笔、笔画风格等多方面判断组类，进而可以辨伪，若出现祖甲时期称谓的甲骨，字体风格却不是小而细整，则基本可以判定为假。

结　语

辨伪在汉语文献史料的整理研究中具有重大价值，也是开展汉语史研究的基础。正确辨别史料真伪，科学系统的方法和丰富的实践经验缺一不可。中国传统辨伪学多从宏观出发，着眼于书目著录、文本内容等较为外部的层面着手，而较少从文字语言等内部证据出发。因此，本文通过介绍三位海外汉学家的辨伪方法，试图为辨伪学提供一定的借鉴。

李无未教授对于东亚古典文献的研究提出了辐射、兼容、新筹、演化四大模式和宏观史、中观史、微观史三个研究尺度。[①]几位汉学家对早期汉语史料的辨伪实践确实说明了东亚文献研究的四大范畴。高本汉的《左传》辨伪是对中国传统考据学的继承和发扬，摒弃传统考据的烦琐冗杂，但是发展了其严密的文献语言考察方法。利用语法这个传统文献辨伪所忽略的点来对《左传》真伪进行考辨，对传统辨伪方法进行了补充，并对西方汉学界影响深远。[②]这就是方法论上的传统考据和语言学理论的“兼容”。

巴纳《毛公鼎》辨伪虽然颇具争议，但其提出的“文字恒形论”辨伪方法，即文字构型作为辨伪的重要工具，具有开创之功，确实可作为辨伪的重要参考。这就是方法论上的“新畴”。

明义士的甲骨辨伪成就，强调了汉语史研究当重视以甲骨为代表的“第一期”材料的辨伪成果。

而作为学术史研究者，就要用微观史角度对西方汉学家的具体辨伪实践

---

① 李无未：《东亚古典文献呈现模式：辐射、兼容、新畴、演化》，载《东疆学刊》2021年第38卷第2期。

② 陈丽娟、罗超华：《高本〈左传真伪考〉的辨伪方法及其学术史意义》，载《国际汉学》2019年第4期。

案例进行剖析，同时又要站在中观史的角度进行公允批评，最后归于宏观史的高度，把西方汉学家的辨伪研究模式置于中外辨伪学史中，做到“客观述史，公允评史”。

李几昊　厦门大学古典文献学博士研究生
赵　洋　厦门大学古典文献学博士研究生

我在日本教汉语

王晓平

日本的中文教育，除了大学中文专业之外，至少还有三种课堂。一种是大学的公共外语课，一种是市镇公民馆（近乎我国的文化馆）的市民大学的中文班，一种是社会教育机构的中文教室。作为大学教师，我曾在福冈大学文学部、九州共立大学、立命馆大学经济学部、茨城基督教大学、大阪帝冢山学院大学人间文化学部，或作为“非常勤”教授，或作为专任教授，担任过汉语课程，也曾在茨城县日立市和大阪狭山市的公民馆讲授汉语与中国文化，还曾给东京的外语教育机构短期授课。我曾作为日本代表团的成员，出席过在北京举办的第一届世界汉语大会，并在会上与大阪大学内田教授商定，继大阪大学之后，在我任教的帝冢山学院大学设立了大阪地区的第二个中国汉语水平考试（HSK）考点。

我在日本的十多年教学生涯中，在这三类教堂上的教学经历，一幕幕，早已飘进落花，没入流水。教过的学生，从大学生到公司职员，退休老人，有时就是青葱与不惑同班，少年伴白发共声。语言教学既有硬质的一面，更有柔美的一面，既有稳固的一面，也有流转的一面，通途与堑壕双叠，难解的尴尬递加会意的颔首，而不论在哪里，学生那困惑中交织着追索的眼神，永远是讲台上教师精进的引擎。

一、情与思

在日本，每年四月是新财政年度的开始，学校也是在四月开学。而大学新学期的课程，是在前一年12月就要定下来的。1989年12月，我刚到福冈大学研修《万叶集》才一个来月，文学部负责中文教育的笠征教授就跟我说，由于原来的一位汉语教师因故请假，希望我接下他的汉语课，教材是他早已确定了的，就是茹志鹃的小说《百合花》。不久，海泽州教授也提出，希望我能接手九州共立大学一个班的汉语课。本来研修工作就很繁重，但我仍然毫不犹豫答应了下来。

这里一个重要想法，就是教学是学习与体验不同语言和文化最好的手段，这对于正在钻研日本古代文学和中日比较文学的我来说，无疑是绝好的机会。课堂上的日语，不同于生活用语，有很强的专业性，同时，学生的眼神，就是教师语言和知识的瞬时检验器。那学生脸上会心的微笑，开心的表情，就是对教师所讲内容的褒奖，而那疑惑的神情，不解的眼波，则是在向教师提问，甚至有时不经意间的撇嘴，突然瞪大的眼睛，或许就表明发现了教师发音或语调的错误。学生是在用舒畅的笑声，善意的微笑，或者低头的沉默，在给教师的教学效果打分，这比起他们用笔画出的鬼脸、笑脸，打勾出的分数，更为真实。

记得小时候看过一部日本电影，名叫《二十四只眼睛》，是描写一位小岛上的小学教师与十二个学生的故事。从我成了教师以后，才明白这个名字的寓意。课堂上，教师和学生是在用眼神进行灵魂对话的。学生也在通过教师的眼神，感受许多知识以外的东西。他们从中可以解读出期待、信任、温暖，也可能解读出不满、焦躁、轻蔑、歧视，这影响的不仅是师生关系，往远的说、大的说，甚至是很长一段时间学生的自我评价和精神生活。

我在国内乡村小学复式班、高中数学课和大学语文课、古典文学专业课的教学经验告诉我，我完全可以将我未来的那些日本学生，当成我接近和熟悉日本人、日本文化的一扇扇窗口。然而，用日语来讲授中文和中国文化，对我来说，毕竟是一个全新的挑战。于是，从12月底放假之后，我便开始了自我集训，除了坐在电化教室听磁带之外，就是到各种环境中找人说话。无数次张嘴即错，无数次随口纠正，都是为了那个讲台上看似遥不可及的低失误，那个过得硬的口语实力。

来日后常常觉得，要用的话没学过，学过的话都没地方说。活的语言要在生活中学习。记得来日前，著名的早稻田大学李白研究家松浦友久在南开大学访学，有空就找我一起骑车上街，也到我家来玩。我们都把与对方的交往当作语言实践课。俩人预定，见面时我说日语，他说汉语，通信时则我写汉语，他写日语。就这样，他跟我学会了擀皮、攒饺馅这类词，我也跟他学会了自行车打气之类的话日语怎么说。我家出门就是过街天桥，有一次我带着他骑车走了一小段逆行，他马上跟我说：“有章不循！”我发现他连流行语也能活学活用了。这一次轮到我“现买现卖”了。我4月开学之前，大大提高了上街的频度，把遇到的人都当作老师。不久，所在专家楼的管理员夫妇就都问我：“你怎样这么快就会‘九州弁’（九州方言）的？”我知道这是“御世辞（おせじ）”（奉承话），真正的检验权握在学生手里。

1990年春福冈大学课间与学习汉语的学生

看到教材，我就发现了问题。封面上画的是一位披着长发的美女背影，这就是插图者描绘的那位解放战争中的新媳妇了。上课的时候，学生提出的问题，也让人意想不到。他们在超市里就可以很便宜地买到被子，所以也不太能理解那位新娘子为救护伤员拿出陪嫁被子行动的分量。说明这些问题，才能提起他们继续学好汉语的劲头。在讲解的过程中，我很快感到自己来日后的功夫没有白下。刚来时那用日语“谈笑风生”的想象也不再仅仅是梦了。更重要的，要让学生缩短与汉语、中国以及中国文化的距离，减少文化误解，就需要用对方能懂的方式说清楚，避免自说自话，那么对对方文化的理解、对学生的了解就是很重要的条件了。

认识文化差异是理解不同文化的起点，而语言文字又是这种差异的凝结点。语言学习者基于原有认知与碎片化信息来想象与框定学习对象，心怀的疑问看似出乎意料却实非空穴来风。我到日本的1989年10月中旬，在以后很长一段时间，电视台轰炸似地不断出现关于中国的负面影像，关于中国的未来，成为那些关心中国的青年人议论的核心。在他们从汉语作为切口提出的问题中，既有文化问题，如中国没有假名，怎么说和写外来语？为什么中国要有简化字？也有生活方式问题，如中国人为什么喜欢吃炒菜，碰到的中国人喝酒为什么不先给对方斟酒，还有社会政治问题，如中国的领导人是怎样选出来的？为什么有中国人会认为日本军国主义在复活？等等。对于这些问题，保持十二分的耐心是必须的。一两句怼回去是很容易的，但也滑过了文化对话的机会。笠征教授为了创造这样的对话机会，经常自掏腰包请中文研究班课程的学生喝咖啡谈中国、看中国电影。我也学他的做法，掏腰包请研究班学生在学校食堂喝咖啡，做中国游戏，请他们看《人到中年》《火烧圆明园》《少林寺》等，与许多日本学生与来日的留学生经常交谈，这些活动也让我对许多问题的思考因多了接受者的这一角度而更深了一层。

日本汉学家在讲授中国历史或文学课程的同时，普遍也讲授汉语。早年他们没有机会留学中国大陆，留学只能去台湾或香港地区。中国改革开放之后，他们非常珍惜与大陆学者的交流机会。由于地理与历史原因，九州地区集中了一批来自东京、京都等地的优秀中国学学者。我参加了九州中国学会在琉球大学举办的年会等各种活动，借此与合山究、竹村则行、甲斐胜二等异国同行交流汉语教学心得，请教诸如“大课有学生睡觉怎么办”“怎么处理学生迟到和‘不勉强’（不学）”之类的问题，跟他们学了不少好招儿。由于当时北京大学研究古代文论的张少康教授正在九州大学文学部讲授中国古典文论，我曾随他到京都和东京会见他的老朋友，结识了兴膳宏、筧文生、筧久美子、釜谷武志、爱甲弘志等中国古典文学研究家、平山久雄等语言文字研究家，以及贾平凹《废都》和莫言小说翻译者吉田富夫等。在交谈中常常听他们讲教汉语的逸事趣闻。

这一段汉语教学的经历，对于我第二年顺利完成在文部省共同利用机构国际日本文化研究中心的研究工作，不怵头一连几小时的学术对话，实在是好处多多。以后我虽然已经离开了福冈，但我教过的学生还经常给我去信，报告他们到中国留学的经历，或者寄来出席其婚礼的邀请。

二、静与动

我在茨城基督教大学的工作比较单纯，就是教汉语。在我教的学生中，有英语、文学、福祉等专业的学生。福祉专业是专门培养养老院、福利院等社会福利机构的管理和工作人员的。那时，我还没有感觉到福祉专业的价值。今天，那些我遇到的学生们，或许早已成为应对老龄化问题的骨干力量。

日本的大学和所在社区的关系比较密切，大学教师有为社区文化服务的责任，因而，到公民馆为社会人讲授汉语，也是日常工作的一部分。我曾将这一段经历，写成一篇小文，发表在1998年12月5日人民日报（海外版）第三版。这里边引用边加点按语，以作补充。原文题目是“走近中国文化的小城人”。

日立电器的名声，使日立市的名字在中国恐怕比它所在的茨城县及县府所在地——水户更为有名。其实，很久以前，太平洋侧这座依山临海的小城，便与中国文化结了缘。明末遗民朱舜水便安葬在距此不远的瑞龙山上。现在，发达的交通使小城人去中国越来越方便，同时也有越来越多的人踏上中文这座桥梁，走近现代中国文化。

“白发伴少年”的中文班

从1998年4月，我开始在茨城基督教大学担任中文教师。第一次上四年级的“高级中国语”课，便使我颇感新鲜，围成半圆形的课桌。青年学生与中老年各占了90度。原来这座学校，中老年不仅可以成为旁听生，而且也可以成为本科生。学校里还办有面对社会的中文讲座，这也使我接触到更多的三四十岁的“大学生”和六七十岁的“老学生”。

“大学生”与“老学生”学起来比青年人还主动。一位“大学生”风趣地对我说：“日本有句谚语，说人可以把马牵到水边，但马不想喝水的话，人也没办法。我们都是找水喝的马。”56岁的盐谷庸一郎是一位高中教师，下决心再次去中国留学，所以课堂上一有会话练习，总是毫不踌躇，一点儿也没有日本学生中常见的那种不肯张嘴、怯于出声的羞态。日立公司的销售科长桥本茂男的学习方法更独特，课文自己讲，练习自己做，老师只需纠正错误与剖析难点。不过，由于他总爱向我刨根问底，而且常按照日语思维对汉语的习惯用法提出质疑，老师不能不随时准备与他一起搞一番两种语言的“比较研究”。

中文班里老少学生相互激励。年轻人背得快，“大学生”与“老学生”笔头勤。几个月下来，教中文的、学中文的，都成了朋友。读一读野村清、南道子与梅原美子交上来的作文《我与中文》，就会感到，中文的确成了她们生活中的一部分。

今按：大学入学不受年龄限制，这或许是高等教育普及后大学教育发展的必然趋势。不同年龄段的学生在同一课堂学习，教师就要善于搭配调度好各自的优势。日本大学一般一课时90分钟，“满堂灌”等同于疲劳轰炸，所以教师掌握好互动节奏就是提升教学效果的关键。课堂上的师生互动、生生互动、影像与语音互动，多种互动交替，课堂上才会活起来，枯燥的语言课才会成为学生每周期待的课程。

从20世纪后期或更早，日本各大学先后抛弃了粉末横飞的黑板，而代之以更为有利于师生健康的“白板”，电化教学设备也在教室中普遍使用。白板书写折转自如，笔调灵活，轻重可观，擦拭方便。汉语教学中板书十分重要。记得听过袁行霈先生上课，学生一边听他讲唐诗，一边欣赏书法，那真是双倍享受，视听盛宴。不少学生会在爱上唐诗的同时，也爱上书法。我想如果袁先生是在白板上写，可能字更有一种风味。如果说黑板上写字，考验的是教师硬笔书法功夫的话，白板板书展示的就是教师的软笔书法，与毛笔书写更近一些。当堂书写，是汉语教学的重要因素，这是今天通行的PPT所不能完全取代的。教师多患呼吸道疾病，这是众所周知的事实。而白板书写在这方面无疑优于黑板。

“超高速制作”的中文短剧

每年茨城县收听北京广播会，都要举行一次中文讲座的集中授课，来自县内县外的中文学习者共同活动两天，这年已是第17届。其中最后半天是发表会，由全体学员自编自演中文短剧，从编剧到上演，只有一个半小时。由于我是第一次担任辅导教师，不免对这种“超高速制作”有些担心。

出乎意料，29名学员分成3个小组，很快变成了编剧、导演和演员，立即设计剧情，自编台词，接着是找地方背台词走台步，包括几位初次接触中文的学员，也扮演了角色。下午3点，短剧准时上演。剧情最复杂的，要数中级班表演的《有留的故事》。这是根据一位姓“有留”的学生，在上海的经历虚构的，由“有留”亲自扮演剧中的“有留先生”；“有留”这个姓在日本不多见，中文发音与“有瘤”相同，结果引起一连串误会，热心的中国朋友送他去医院检查，远在日本的夫人闻讯赶来才知是虚惊一场。旅馆、医院、机场，各种场景的中国会话都用上了，演员夸张的表演，不时引得台下的观众发出阵阵笑声。刚走下台，“有留”便急忙问我：“都看懂了吗？”我忙说：“看懂了，全看懂了！”他高兴地连声说：“太好了！太好了！”

今按：当年据茨城县收听北京广播会的朋友们说，从70年代中后期，那里社会人学习汉语就逐渐升温，到1989年达到巅峰。高兴的是，这次活动我还遇到了另一位中文教师王军，是80年代初在广州召开的日本文学研讨会上结识的原北京外国语大学教师。她在日本定居后，一直从事汉语教育。以后，我还遇到一些活跃在日本汉语教育战线的来自大陆的教师。在教学实践中，他们积累了丰富的教学经验。他们和日本教师，编写了不少适用于日本不同程度、不同爱好学员的教材和课外读物，让汉语走进了更多的日本家庭和课堂。

短剧在日语中叫“寸劇（すんげき）”，类似于我国的小品，即兴表演。几个学员聚在一起，碰碰剧情就上台，把学过的汉语尽可能用上。这种形式特别受到中级班和高级班的欢迎。这不过是课堂“动起来”的方式之一。教师在学员涉及剧情的过程中，适度启发与提示，会使课堂更为活跃。

没有中文的汉诗朗咏

日语中的汉诗，既包括中国诗人用汉语创作的诗歌，也指日本人用汉字，实际却是日语，按照中国诗歌规范制作的诗歌。并形成了将这些作品，按照一定的节律，朗咏的艺术欣赏形式。这种形式从古延续至今，发展成各种吟诗的流派。成立于战后的霞朗咏会，是其中一个影响较大的团体。

10月中旬，霞朗咏会的第67届全国吟咏大会在水户隆重举行，来自全国各地的600多会员同台吟咏。年龄最大的是92岁，最小的是5岁。在尺八（日本乐器）与筝的伴奏下，少则三五人，多则四五十人，吟咏中日两国诗人的传世佳作，有的还有手持折扇，身着和服的少女伴舞。会上还表彰了10多名80岁以上的高龄吟咏者。在会员吟咏的41首汉诗中，中国诗人的作品多达18首，其中李白的《早发白帝城》《静夜思》，陈子昂的《登幽州台歌》等，还是几个团体同时选用的作品。

古代的中国文化，很多已经融在日本文化之中，而现代的中国文化也有些渐渐影响到日本人的衣食住行的某些方面。今天的日本人，正是通过融会在日常生活中的中国文化理解中国的。

今按：今天，借助互联网，日本人学习汉语有了更多途径，汉语听力口语，可以通过手机、互联网随时不难看到的中国视频以及最新电影、电视剧来学习，还可以在互联网上直接与中国网友交谈，所以研究手机时代、互联网时代的汉语教育，就成为一个新课题。继承传统汉语教育的优点，创造更多当面或“隔空”的“动起来”的适合于年青一代的教学形式，恐怕就是汉语教育工作者的新任务了。虽然我已经离开日本汉语讲坛十多年了，但听到日本汉语教育的新动态、新创造，依然倍感亲切。

在面向社会公众的文化论坛上讲演

三、理与趣

日本大学的教学任务，基本是两种教员承担，一是固定编制的专任教师，一是对外聘请的所谓“非常勤”，即代课教师。此校的专任教师，往往成为他校的只拿课时费的“非常勤”。“非常勤”还可聘请作为自由职业者的博士们。专任教员人数少，除了担任两三门课之外，还要分别担任各种委员会的委员，如学生工作委员会，教学工作委员会、国际交流委员会、防止性骚扰委员会等等。并参与学校的招生、教学管理等工作。每人一间的研究室，也要定期向学生开放，与学生谈话。加上个人的研究和社会活动，甚是繁忙。所以就有人模仿日本电影名字“男人不好受（男はつらいよ）”，开玩笑说“专任不好受（専任はつらいよ）”。

帝冢山学院大学的创立，可以追溯到1916年，大学中的人间文化学部，包括教养（liberal arts）学科、心理学科、食物营养学科等。我作为专任教授，先后担任中国文化研究班课程（Seminar）、大学院生（研究生）的比较文学研究课程，同时兼任汉语课程。学生往往是通过汉语课，喜欢上中国文化，而后进入中国文化研究班，有的还继续考取中日文学比较研究生。帝冢山学院大学的校训是“力的教育”，特别注重的是能力的培养。与国内外语教育普遍重视应试与语法教学稍异，这里的外语教育更注重实用与学习兴趣的培养。

日语中有很多词汇和成语来自汉语，而且不少至今还在用。如表示人际关系的“交”字，日语中便有管鲍之交、骑竹之交、鱼水之交、金石之交、金兰之契、胶漆之交、杵臼之交、刎颈之交、莫逆之交、忘年之交等二三十种说法。它们不少来自中国的典籍。不过问题是今天不少年轻人，特别是实用学科的学生，对自己的古代语言和文化都渐渐生疏起来，兴趣也越来越淡。在教学中结合时政新闻与社会热点问题，唤醒那些看似沉睡的古代语言，就容易引起有意思的话题。时任日本外相的田中角荣之女田中真纪子，在一次演说中曾经用过“隗よりはじめよ（从隗始）”，我在课上由此讲起我国战国时代郭隗自荐、燕昭王筑黄金台招纳贤才的故事，顺便向学生介绍宫崎谷昌光的中国三代历史小说和描写春秋战国的中国电视剧。

由学生自由选择的从三年级开始的研究班课程，一般小班授课，学生与导师有充分的沟通机会。我给研究生讲《聊斋志异》比较研究，而担任地域文化研究的鹤崎裕雄教授正在给他的研究生讲授和歌山、熊野地区的地域文化，其中涉及很多民间传说。他就对我说：“比较文化研究重在不同文化间求其同，而地域文化研究则重在同一文化中求其异。中日古代民间文化中有很多相通的东西，咱们两个专业的课一起上如何？”于是，我们便开始了两位教授上一课的尝试，把研究生课堂变成了专题讨论会。鹤崎先生是位俳句家，每次师生聚会，总有人会喊一声：“鶴崎先生，一句！一句！”鹤崎先生便会大大方方站起来，吟诵起他即兴创作的俳句。在我们共同的课堂上，他也不时引用俳句讲述民俗。我有时也会想起与作品相关的诗词。这样的课，教得开心，学生们看上去也很开心。我们俩有时轮流走上讲台，在白板上一边写一边讲，学生们则随时就分发的资料和现实中的民俗现象提问，一时不能回答的，就等课下深入查询与思考后，下次课上再回答。

中日之间围绕汉字的文化交流，为今天的两国文化留下了很多宝贵的文化遗产。合理利用这些遗产，就可以让汉语教学活起来。日语中的汉字谜语、汉字游戏、汉语笑话和汉语故事，就成了快乐汉语、美味汉语的好佐料。日语中汉语游戏真是丰富多彩，接尾令、成语接龙、绕口令等都很有趣味。汉字谜语如“片方大きく、片方小さい、片方走り、片方跳ねる、片方人食い。片方草はむ”（一大一小，一跑一跳，一个吃人，一个吃草）猜出的虽都是一个“骚”字，但日语“騒ぐ”却是吵闹、着忙、骚动、极力称赞等意思。掏出三张卡片，上面分别写着“春”“夏”“冬”三个字，请学生猜一个日语汉字。爱动脑筋的学生，很快喊出“あきない”，也就是“商”字。因为“あきない”正是“商”字的日语读音，它的谐音，表示“无秋”的意思。

讲课时引用这些汉字游戏、汉字故事，不仅可以活跃课堂气氛，而且经常作为语法词汇问题的铺垫，有助于解决学习中的难点。填字游戏，如空格中填入一字，构成两个词语。翻□本，空格处填入“译”字，就组成了翻译、译本两个词。还有更为复杂的填字游戏，仿佛将人领入迷宫。[①]改动词语中的一字，将其变为反义词。如空腹（满腹）、冰点（沸点）、早熟（晚熟）等。[②]汉语中有很多日语中没有的音，有学生齿音字发不出来，分不清前鼻音后鼻音，碰到卷舌音就发晕，常把“日”读作“尼”，这些都可以通过日语中称为“早口言葉（はやくちことば）”的绕口令作为辅助练习。

有些学生因为日语中有汉字，便以为汉语好学，从而选择汉语作为第二外语，而中日汉字的差异恰好也是中日文化关系的一个缩影。志田唯史与叶千荣在《中国汉字与日本汉字》一书中曾经讲过这样一个故事。一个访华团圆满结束在中国的访问，中国厂长亲自驾车将他们送往机场，在车上，一位团员忍不住要表示一下感谢之意，便写下了“大变有難、我々上機嫌”，厂长大惊失色，以为他们遇到灾难，不愿意上飞机，结果将他们半路又拉了回去。而那位团员想说的是，非常感谢，我们非常高兴。这个故事或许有些夸

① 藁谷久三、『漢字を遊ぶ本』、東京：祥伝社、1984年、第127頁。

② 山本昌弘、『漢字遊び』、東京：講談社、1985年、第128頁。

张，但却说明了中日文字和语言的复杂关系。如果说每一个字就是一部文化史的话，每一个日本汉字也就是一部中日文化交流史。我们对这种历史知道越多，或许便越不会将复杂的文化关系简单化。在表述这种关系时，我们不妨寻找化繁为简的最佳方式，而在认知这种关系时，却万万不该简单从事，贴上标签就万事大吉。

与茨城基督教大学一样，这里的学生社团活动相当活跃。学生们新组织的同好会，活动一年，经过考察，才能升格为研究会，而老社团每年都会积极在新生中吸收新团员。同好会和研究会都需要自主请老师来担任顾问。顾问要协助学生聘请教练，参加比赛或表演，对活动提出建议和意见。对中国文化有兴趣的学生，或者就是觉得自己研究与中国有关，便来找我做顾问。汉语与中国文化研究会、乒乓球研究会自不用说，连空手道研究会也找上门来，而我虽是这两项运动的门外汉，但也乐充其任。他们出去参与比赛，都需得到顾问的签字。研究会的学生们来了，谈起他们的故事，总少不了给我的研究室带来些活力和欢笑。每年秋季，大学的“文化祭”是这些研究会的大忙时节，准备好在大学“文化祭”（文化节）上展示他们的成果，诸如制作中国美食请大家购买品尝等，常是备受欢迎的节目。

大学新学期的师生“合宿”制度和“修学旅行”制度，是课堂外师生交流和教育的重要环节。得到天津师范大学国际交流处的协助，我曾多次组织和率领人间文化学部的中国修学团，到天津、北京、上海、杭州等地旅行，在行走中领会中日文化差异。有意思的是，尽管每次来华前，我都要再三叮嘱他们到中国后一定要管好自己的肚子，但来华第一天都免不了要出闹急性肠炎的状况。闹不好还要叫急救车上医院吊瓶子。这不仅是因为中国菜比起日本化的“中国料理”别有一番味道，而且也是因为那些孩子习惯地把盘子吃光来表示对主人厨艺的赞美，而好客的主人看他们吃得这么香就兴高采烈地加量或加菜，主人怕客人不够吃，客人怕辜负主人的好意，连餐桌上的文化差异都需要“明白人”，何况更深层次的精神交流呢？

我曾多次参观大阪四天王寺等举办的包含多种中国佛教文化元素的活动，听到不少与中国交流的历史传说故事，参观了与玄奘传说与遣唐僧相关的文化遗迹。大阪狭山市离高野山不远，那是平安时代高僧弘法大师空海离华归国后落脚的地方。2002年春，帝冢山学院大学文学部所在的大阪狭山市公民馆邀请我做了一次讲演，我就选择了“从玄奘到《西游记》”做讲演的题目。讲演一结束，就有听众提出，希望这一课程长期化。以此为契机，组

"知中国会"体验踢毽之后

织起了一个名为"知中国会"的团体，由我担任讲师，每月活动，学习与体验中国文化。"知中国会"中，有的学员学习过汉语，有的正在学习汉语，有的由此开始与汉语结缘。有学员告诉我，与她一起学习汉语的一位老人家，不久前去世。在弥留之际，嘴里喃喃有词，家里人细听，好像是在说汉语。这个故事给了我很深的印象。

人间文化学部所在的堺市，历史上与中国大陆的贸易活动十分活跃。得益于大阪与中国悠久的文化交流遗存，"知中国会"的会员们自发组织了丰富多彩的活动，从身边物、身边人、身边事出发，学汉语，知中国。看中国电影，吟汉诗，聊中国历史，参观博物馆与文化展，参加中日文化交流讲演大会，在公民馆大厨房举办饺子大会等。五年中，除我短期回国外，活动风雨无阻，月月翻新。

2007年，我决定结束两头飞的"海燕"生活，完全辞去帝冢山学院大学的教职回国。"知中国会"的会员知道消息，一致决定，要"亲眼看一看王教授生活的地方"。这一年夏天，"知中国会"来到中国，捎来了那些因工作而未能来华的会员的遗憾，参观了天津的大学，我随他们一起在天津、北京等地游览。他们回国后，给我寄来了在中国拍摄的照片和写作的游记。

走出国门看汉字汉语，视野就大大开阔了。我的研究兴趣，就不再局限在汉民族创造并使用的汉字，对周边各民族的汉字文化的兴趣也更为浓厚。铃木修次曾著书，探寻汉字惊人的表现力、信息力、经济力的秘密，着重论

“知中国会”部分成员摄于北京（2007.8.22）

述汉字的融通性与经济性[①]，远藤哲夫在《汉字的智慧》一书中，认为汉字是“世界无以伦比的创造艺术”，从字源到故事成语的积淀来赏析身边的汉字。他这样说：

> 的确，如果把汉字限定于信息传递的效用的话，伴随科学机器的发达，汉字或许会从社会表面上消失，然而，即使在遥远的未来有这样的日子，我也不能不祝愿，它不会被搞得难看受损而形骸化，而最终生机勃勃并蕴藏丰富情感与逻辑，以美丽的姿态而长眠地下，因为对我们来说，汉字是无可替代的文化与智慧的原点。[②]

这段话是在20世纪80年代说的，那时人们或许还不会想象到人工智能会发展到今天的地步。关于汉语汉字的未来的思考，几十年来从来没有中断。日本学者对汉语汉字的看法也并非清一色。高岛俊男就在《汉字与日本人》一书中，谈论过所谓“汉字崇拜的愚蠢”。[③]

诚然，语言和文字总是沉浮于历史长河奔流不息，然而，如果我们考察一下当今的流行语，就不难发现，从来没有一个时代，像现在各国语言文字

① 鈴木修次、『漢字再発見』、京都：京都PHP研究所、1983年、第10—23頁。
② 遠藤哲夫、『漢字の知恵』、東京：講談社、1988年、第219頁。
③ 高島俊男、『漢字と日本人』、東京：文藝春秋社、1992年、第110頁。

通过互联网有了如此活跃的相互融通的进程，尽管对这种现状的看法见仁见智，而加强对语言文字历史与现状开放式研究的必要性却是不言而喻的。虽然我早已离开了域外汉语教学的课堂，却还没有忘记当年的遗憾。因为从事这项工作，理应是汉语或汉字专家，而我恰恰不是。机器翻译和互联网可以使沟通的方式大变，或许毕竟不能代替人与人之间情感的沟通吧。如果我还有从事对外汉语教育的机会，我想，深入探讨一下人工智能时代的新问题，该是十分有趣的事情。毕竟汉语教学的魅力，在于优美而变化无穷的汉语汉字本身，在于创新不断的教学模式，在于不同文化对汉语汉字独特的解读，也在于“人心不同各如其面”的教育者和被教育者。

王晓平　天津师范大学文学院教授

新加坡汉学家许云樵的南洋华语研究

——以《南洋华语俚俗辞典》为中心

彭　剑

摘　要： 新加坡汉学家许云樵的《南洋华语俚俗辞典》记录了20世纪60年代及以前的南洋华人社会和南洋华语。该辞典秉持俚俗化与大众化辑录原则，兼具实用功能和学术价值。辞典通过南洋华语反映出南洋图景、华人生活、殖民印记、认知方式、文化心理的多维景象。南洋华语是语言接触融合的产物，其来源广泛、层次繁复、形态多元，是典型的华洋混合语。该辞典攻考据、擅对比，运用华语特色语词和华语分区的概念和方法论，描绘了华语新陈代谢史和华人社会共变史。辞典的地理书写也折射出南洋和中华的空间交涉、家国想象、知识生产和文化互动。

关键词：《南洋华语俚俗辞典》　南洋华语特色价值　地理书写

与欧美汉学研究以及日朝越汉学研究相比，新加坡汉学研究显得相对小众。欧美具有悠久的汉学研究传统，日朝越具备与中国同属汉字文化圈和儒家文化圈的先天优势。处于华洋东西之间的新加坡汉学研究独具特色和价值，其中“南洋研究”独树一帜，包括有关南洋华人语言、文化、社会等各领域研究。[①]南洋，为东南亚地区旧称，其名大约形成于清末而兴盛于民初，至20世纪下半叶逐渐式微。[②]新加坡汉学研究的滥觞，可追述到早期华文教育，但真正蔚然成风却始于20世纪30年代，该时期的南来学者把南洋研究推向高潮，尤以许云樵为佼佼者。[③]

---

① 何培忠主编：《当代国外中国学研究》，北京：商务印书馆，2006年，第512页。

② 李金生：《一个南洋，各自界说：“南洋”概念的历史演变》，载《亚洲文化》2006年第30辑。

③［马］邱彩韵：《马新汉学家许云樵研究》，硕士学位论文，台湾成功大学，2010年，第2页。

许云樵是位值得深掘，却长期被学界忽视的学者。[①]许云樵南渡新加坡后，在50年的学术生命中，笔耕不辍、著作等身，是东南亚史地和华侨华人研究巨擘。但其著述传世情况不佳，多零散湮没，《许云樵全集》8卷23册的出版，终使一代学人的基本学术面貌公之于世，从全集总目可一览其学术涉猎和主要成果："甲、东南亚史地；乙、东南亚华侨与华人；丙、史料与史学；丁、音韵语言研究；戊、专题研究；己、史地掌故；庚、艺文杂著；辛、外文译述"[②]。目前学界对许云樵的研究较匮乏，国内学者鲜有关注，国外学者以马来西亚廖文辉的研究较广泛深入，涉及许云樵的国别史、交通史、华侨华人研究。此外还有学者从华语语系（Sinophone）视角对许云樵文学刊物和作品进行研究。针对国内研究不足、涉及领域集中的现状，本文将另辟蹊径以许云樵音韵语言代表作《南洋华语俚俗辞典》为中心，跟随汉学家的视角，以华语为切入点，探究20世纪60年代及以前的南洋图景、语言生活和文化互动，期待拓展针对许云樵的研究面向和领域，真实全面地还原一代学人丰硕、多元的学术贡献。

一、许云樵与《南洋华语俚俗辞典》

（一）作为汉学家的重新发现

许云樵，1905年出生于苏州，少时研习中国传统文化，青年时求学于苏州、上海近代新式大学。1931年南渡新加坡，先后在新马泰执教，并赴印度游学。1940年，与郁达夫等南来学人共同创建"南洋学会"，这是华人学者在海外最早成立的南洋研究学术团体，且时至今日仍发挥重要作用。许云樵曾任《南洋学报》和《东南亚研究》主编、南洋大学史地系副教授兼南洋研究室主任、英国皇家亚洲学会马来西亚和中国分会副会长。1981年逝于新加坡。[③]

许云樵26岁南渡新加坡落地生根，直至辞世再无返回中国，是20世纪30年代南来华人学者的典型和杰出代表。他学贯中西，且因游弋于南洋和中国的特殊身份以及复综游移的国族认同，其学术研究不仅观照"在地"的东

① [马] 廖文辉：《许云樵评传》，新加坡：八方文化创作室，2014年，第12页。

② [马]郑良树主编《许云樵全集》，吉隆坡：马来西亚创价学会，2019年。

③ 据新加坡国立大学许云樵生平。

南亚，也以“他者”视角审视中国问题，或以“南洋研究”的方法考察当地华侨华人生活样态并回应其关切、照顾其需求，形成“离散”（Diaspora）与“回归”的二元双向互动研究路径。基于此，许云樵除了作为东南亚研究泰斗，其汉学家身份及相关汉学研究与实践也有待重新发现和认识。

（二）《南洋华语俚俗辞典》的收录对象与编撰目的

许云樵编《南洋华语俚俗辞典》于1961年8月由星洲[①]世界书局有限公司出版，为《南洋袖珍丛书》之三，辞典“以星马为主，南洋其他各地为辅，搜罗南洋社会通用之华语俚俗语词，以笔画多寡为序而罗列之，注明其读音、意义及出处，附刊新加坡、槟榔屿、马六甲三地街名华语俗称。”[②]

1.收录语词的结构与俚俗化特征

《南洋华语俚俗辞典》共收录语词856条，分为词、短语、惯用语、歇后语四类，词和短语占绝对数量优势。其中，惯用语共8条，如“吃软饭”“捞世界”；歇后语共10条，如“公益灯——四面光”“元宵雨——众人陋”。按音节数目划分，单音节95条（占11.1%）、双音节548条（占64%）、三音节178条（占20.8%）、四音节34条（占4%）、五音节1条（占0.1%），其中双音节和三音节语词占比近85%，符合现代汉语音节数目演化规律，也印证了东南亚华语和现代汉语的同根同源关系及趋近趋同发展模式。

辞典以“深入浅出的手法处理题材，从家喻户晓的题材导入研究的正轨”[③]，“俚俗”为其显著特征。《现代汉语词典》中，“俚俗”释义为粗俗、“俚语”释义为粗俗的或通行面极窄的方言词。[④]可知，“俚俗”强调“俗化”和“方言化”特征。许云樵指出：

> 南洋华侨的文书中有许多不见于字书的奇字和别具字书所不载其义的俗语……因为他们都是从南洋的大众语来的。这里所谓的大众语并非是一种统一的语言，而是通行于南洋各地，其来源极庞杂的一大群语词，内

---

① 新加坡旧称新嘉坡、星洲、叻等。

② 许云樵编:《南洋华语俚俗辞典》，新加坡：星洲世界书局有限公司，1961年，第4页。

③ 许云樵编:《南洋华语俚俗辞典》，新加坡：星洲世界书局有限公司，1961年，第1页。

④ 中国社会科学院语言研究所词典编辑室编:《现代汉语词典》（第7版），北京：商务印书馆，2016年，第799页。

中有中国话、马来话、暹罗话、英国话、荷兰话等。我们的侨胞一律把它用方块字记下应用。[①]

《南洋华语俚俗辞典》是对南洋大众语整理汇编的成果，[②]以通俗化、大众化为基本特征，而“南洋大众语”的理念和实践深受中国20世纪30年代“大众语运动”影响[③]。

综上，《南洋华语俚俗辞典》所收俚俗语词的基本特点可概括为：以方言为主体内容、以口语为主要形式、以白话为主要文体。首先，新加坡开埠后，下南洋的华南移民主要包括福建（闽南）人、潮州人、广东（广府）人、客家人、海南（琼州）人及福州人等，[④]相同籍贯族群内部多采用各自方言交流，由此南洋地区成为闽粤潮客琼等多种南方方言交杂融汇之所，该辞典全面保留了方俗语词特征，基本每一收录语词逐条列出对应的南方方言读音。其次，俚俗语词多保留口语特征，辞典常用“俗称”“俗呼”等释诂用语引出释义对象的俗名俗称。此外，辞典收录俚俗语词，基本采用白话形式罗列词条，并以白话疏解，虽有局部少量文白夹杂，但考虑到南洋语言生活实际、作者背景以及辞典的学理性，亦可解释与理解。总体上，该辞典反映出“新文化运动”对20世纪上半叶南洋华语的深远影响和深刻改造，同时也体现出南洋华语的曲折演进、磨合创新历程。

2.辑奇辑异与实用化目的、学术化导向

《南洋华语俚俗辞典》指出“初莅南洋之人，见南洋之一切，无所不怪。语言之光怪陆离，尤以为异。”“笔者旅南卅载，俨然南洋伯矣，欲以未泯之天真，勾稽南洋日常语言中所不怪之怪。”[⑤]许云樵意识到南洋华语光怪陆离、混杂难解，当地居民习以为常的语言，对初来“新客”却是巨大的语言障碍，由此道出该辞典辑奇辑异、疏解引导的编撰初衷。

---

① 许云樵：《十五音研究》，载《南洋学报》1940年第1卷第1辑。

② [马] 廖文辉：《许云樵的华侨华人研究》，载《东南亚研究》2012年第5期。

③ [马] 邱克威：《1930年代“大众语”在新马的宣传及其对国语推广的影响》，载《全球华语》2021年第1期。

④ [新] 柯木林主编：《新加坡华人通史》，福州：福建人民出版社，2017年，第45页。

⑤ 许云樵编：《南洋华语俚俗辞典》，新加坡：星洲世界书局有限公司，1961年，第3页。

该辞典是南洋袖珍丛书之三，作为小型工具书，“一则可减轻读者的负担；二则可使有价值的零星资料单独刊行；三则因小巧玲珑、随身可携而使一般忙人得在公余车途中随手批阅。”①可见，辞典以实用性功能型“口袋书”为编撰目标。“袖珍小册轻而易举，只是我们得注意顾到学术氛围”，使其“既可供商旅翻检，复足为研究比较语言学者之参考。”②该辞典有意识将实用功能与学术研究相结合，反映出许云樵的编撰目的和学术思想。

该辞典以初到南洋的商旅新客为目标对象，为其生活、商务、旅行提供语言服务，在对照翻检中满足基本语言交际需求，可视为20世纪60年代南洋地区华语使用、华语服务典型工具辞书。除了作用于日常华语交际，该辞典也以通俗化、大众化的语词记录了南洋华语面貌，勾勒出一个言语混杂、口语方俗的南洋华语世界，具有相当的汉学研究价值。

二、《南洋华语俚俗辞典》反映的南洋图景和华人文化认知

《南洋华语俚俗辞典》是一部注音释义考源的辞书，每一收录语词反映的社会生活、文化交流、认知心理又构成一部南洋百科知识全书。从辞书到全书的跨越，反映出20世纪60年代及以前南洋华人社会方方面面，从中可一窥南洋华社风貌。

（一）南洋图景

辞典描绘记录了缤纷多元、特色鲜明的南洋异域图景。在“蕉风椰雨”的南洋，有王梨（凤梨）、树榕（橡胶）、甘蜜等热带作物，也有沙爹（炙肉串）、罗惹（冷杂拌）等南洋风味。南洋社会还有独具特色的节日庆典、社团组织、计量单位、人称称谓。节日庆典方面，有“十五冥”（元宵节）、“扒船”（端午节）、“抢孤”（盂兰盆会）。社团组织方面，有用数字代称私会党的情形。计量单位方面，用“一支碑”“一块石”表一英里，用“一罗身”表一打。人称称谓方面，有“小手”（扒手）、“土博”（无学识而有经验者）、“心贤”（店员）等，这些称谓运用隐喻转喻凸显了人物某方面特征，描摹出南洋华人众生相。

① 许云樵编：《南洋华语俚俗辞典》，新加坡：星洲世界书局有限公司，1961年，第1页。

② 许云樵编：《南洋华语俚俗辞典》，新加坡：星洲世界书局有限公司，1961年，第1页。

此外，辞典记录了地理名称，如“本坡”（新加坡本地）、“坡底”（新加坡市区）、“大坡”“小坡”，反映了新加坡的城市建设和城市风貌。城市有充满南洋风情的骑楼、五脚基等特色建筑，有三拜秧亭（礼拜堂）、阿妈宫（妈祖宫）、小牌酒吧、土库（洋行）、病厝（医院）、吃风厝（别墅）等多元社会场所。市民如要“下/落坡”（进城入市），可选择“游车河”（汽车兜风）的方式。从辞典的记述和描绘中，一幅幅20世纪中期南洋风土、南洋生活的缤纷图景徐徐展开，南洋华人跃然纸上，讲述着一幕幕海疆殊域的南洋风情。

（二）华人生活

中国去“群岛东南亚”各国的移民或侨民，从确定的唐代华人定居于此的9世纪算起，已有1100多年历史了；而在数量上相较于华人之移居于世界其他各地也是以移殖到东南亚各国（地）为最多。[①]《南洋华语俚俗辞典》保存记录了华人在南洋的生活样貌，从中可一窥南洋华人的开拓史、奋斗史、生活史。首先，华族命名方面，跟随明朝官方船队下西洋，最后留居在马六甲等地的华人与当地土著通婚后，所生男性土生华人后代称“峇峇”、女性后代为“娘惹”，暹罗土生华人因肤色较黑俗称“乌土”。其次，为保障华人权益、实行民间自管自治，华人社会内部有传承华文教育的“书院/馆”，有以地缘族缘结成的“宗亲会馆”，还有主理同乡家地事宜的组织“公司”，以及修建的同乡公冢“公司山”。此外，南洋多地还设有管理华人事务的政府部门，如“大人”为新加坡华民政务司俗称，“大人关”为槟城华民护卫司署。

近代港口码头的崛起和扩张，为殖民、贸易和移民提供了便利的基础设施，也在语言中留下痕迹，一些海外唐人街称“华埠”，一些重要港口城市如旧金山称“金山埠”，该辞典也将“新埠”作为槟城的俗称。与旧金山金矿华工类似，南洋地区也有大量锡矿华工，该辞典就记录了“金山丁，南洋伯”的对称，此外还有淘锡女工称谓“流郎婆”以及淘锡工具“淘流郎”和“金山沟”。

（三）殖民印记

从16世纪开始，南洋地区先后被葡、荷、英等国殖民，“二战”期间

① 李恩涵:《东南亚华人史》，上海：东方出版社，2015年，第1页。

又被日占领。[①]长达数个世纪的殖民统治，给南洋地区的政治生活、社会文化、语言表达镌刻下深刻印记，在南洋华语中遗留下一些颇具时代和国别特色的称名，如由葡语对音而来的“嚟隆馆”（拍卖馆），日治时代的猜赌方式“十二支”，而更大量的殖民语词则体现在特定时期的行政称谓语中，例如：荷印时代殖民政府拥立的华人首领“甲必丹”、当地土人县长“勒痕”；英国殖民统治时期，新加坡最高长官“总督”及位卑于总督的“辅政司”。

（四）认知方式

辞典所录南洋华语语词不仅反映了社会现实和历史遗留，也体现出南洋华人某些独特的认知和思维方式。时间词方面，因钟表盘上每一个字刚好为长针所指五分钟，因而口语中用“一个字”表示五分钟时长；同时，用“拜几”表示礼拜几、星期几，如“拜天”“拜一”，用“拜”作为“礼拜”的缩略语来表示“星期”时间概念，普通见于清末民初的新加坡华文报章，[②]“拜”的运用既体现了中西宗教文化用语交流，又保留了闽南方言特征，反映出南洋华人对星期时间词的特殊认知和语用。量词方面，辞典收录了“一只人”“一块人”“一条郎”等南洋俚俗名量表达，并指出这些表达源于闽客潮方言，反映出南洋华人对人称个体量词的独特认知和择取；此外，南洋华语中还有“一粒芒果”“一粒榴梿”等“粒”与大体积、圆球形事物搭配的情况，《南洋华语俚俗辞典》中“一粒”释义为一件、大小通用，并指出该用法源于闽方言，“粒”的搭配范畴从小而细碎的谷物原型泛化拓展至大而圆的水果，[③]反映出南洋华人对物量词对应搭配的形态特征的特色认知。

华人对客观事物的某些特殊认知也反映在华语语词中。例如，辞典中“霜”释义为冰，并注释“南方之人不识冰霜，现有人造冰，闽语呼之为‘霜’，粤语则为‘雪’。”霜、冰、雪为不同物理状态，但南洋华语将其混合通用，并依据不同的方言底层而有不同的称名。同时，南洋华人还将某些认知观念投射到事物中，如以生死观为基础构成的对称表达“活景”（动物园）和“死景”（博物馆）。

（五）文化心理

南洋华语作为语言外壳，其生成和使用也反映出华人文化心理，其中

① 李恩涵：《东南亚华人史》，上海：东方出版社，2015年，第91—93页。

② 车淑娅、周琼：《语言接触视角下的清末民初新加坡华文报章时点时间词研究》，载《中国语文》2018年第4期。

③ 宗守云：《汉语量词的认知研究》，北京：世界图书出版社，2012年，第36页。

既有南洋文化的在地创新，也有中华文化的薪火相传。辞典收录了部分文化词，如“三宝公”（郑和）、“大伯公”（土地神）、“南洋伯”、“峇峇”、“娘惹”等，这些文化词多是具有南洋“在地化”特色的人称称谓。

南洋华语避讳用语也是对华人文化心理的深度透视，其谦避形式和对象与中国传统避讳文化一脉相承，人们借助对语音的支配，达到操控语言所指称事物的目的，使人事活动朝着主观意愿的方向发展。[①]具体而言，辞典中南洋华语避讳用语可分为三类：第一类，避尊讳，如因“肠”与“唐”（中国）潮汕话音同，故以“唐”相对之“番”字代替，用“猪番”称“猪肠”。第二类，行业避讳，如因“摘”与“压”客家话音同，锡矿华工避“摘果子”为“拈果子”；同时，锡矿华工称筷子为“柱子”，航海船员称汤匙为“舢板”。第三类，讨吉利，如“舌”与“蚀”粤音相同，牛舌反作“牛脷”；同理，猪肝反作“猪润”，通书（历书）反作“通胜”。

三、南洋华语：语言接触融合的试验场

南洋华语来源广泛、层次复杂、形态多样，堪称语言汇杂的“大熔炉”和试验场。《南洋华语俚俗辞典》作为一部描绘记录华语接触融合的语汇集，反映了20世纪60年代及以前的华语面貌和华语交流，从中可一览千“言”万“语”、众“声”喧哗的南洋华语生活。

许云樵对本辞典所收俚俗语词的来源做出如下划分：“华语方言方音之流行于南洋者、当地土语为华语所吸收者、混合语词。”[②]下面将以这三类划分为基础，并适当增补其他来源类别，以厘清南洋华语语源，揭示南洋华语形成与接触融合过程。

（一）南方方言

华南移民下南洋，给南洋带来了闽方言、粤方言、潮汕话、客家话等多种南方方言，为南洋华语的形成注入了“原乡”成分。该辞典记录了这一方音混杂的语言世界，如来自闽方言的“三层肉”（五花肉）、“菜头”（萝卜），来自粤方言的“埋单”“返工”，来自潮汕话的“陋”（讨厌），来自客

① 尹洁：《讨喜的谐音》，载《光明日报》2021年8月15日，第5版。

② 许云樵编：《南洋华语俚俗辞典》，新加坡：星洲世界书局有限公司，1961年，第4页。

家话的“春”（蛋）。南洋华语除了杂糅方言词，还有来自粤语的方言字，如“乜”“冇”“係”。

（二）社会通用语英语

许云樵所谓“当地土语为华语所吸收者”的“当地土语”，广义上可理解为通行于南洋社会的各种非华语语言，既包括作为新马通用语的英语和马来语，也包括暹语、印尼语等。英国在新马殖民数个世纪，英语以多种方式吸收进华语。

两种语言接触初期，音译是词汇借入的首要和主要途径。[①]但外语原词和音译词的语音链接，有时选择方言而非“通语”语音为纽带，如18—19世纪澳门、广州、上海等通商口岸和租界使用的“洋泾浜”便是以粤方言或上海话对音外语，[②]又如现代汉语中的“车厘子”和“士多啤梨”便是cherry和strawberry的粤音对读转写。同样，在方言盛行的20世纪60年代，南洋华语中的英语音译词也是经由闽粤方音对读转写，可视为南洋“洋泾浜华语”，例如：受闽方言读音影响，bookie对音为“卜基”（马场赌注经纪人）、grant对音为“牙兰”（地契）、lorry对音为“罗厘”（货车）；受粤方言读音影响，summon对音为“三万”（传票）、insurance对音为“燕梳”；受闽粤方言读音共同影响，percent对音为“巴仙”、coupon对音为“固本”（赠券）、license对音为“礼申”。

除了最主流的音译，辞典中英语吸收进南洋华语的方式还有意译，如“牛油”（butter）；仿译，如“大法官”（Chief Justice），仿译华语的结构和语义均与英语原表达精准对应；音意兼译，如“泵”（pump）；半音半意，如“士担关/馆”（stamp office），“士担”为音译，“关/馆”为意译。

（三）当地马来语和其他语言

马来语作为新马官方语，同样以闽粤方言对音的形式吸收进华语，为南洋华语提供了“在地化”成分，如“马打”（警察）、“巴刹”（市场）、“甘榜”（村子）、“羔丕”（咖啡）、“多隆”（帮助）。除了马来语，其他殖民国语言以及南洋和周边国语言，也以音译为主的形式为南洋华语吸收，例如：来自荷兰语的“公班衙”（政府）、“朱葛礁”（秘书）；来自印尼语的“亚弄”

---

① 张斌主编：《新编现代汉语》（第2版），上海：复旦大学出版社，2016年，第247页。

② 史有为：《汉语外来词》（增订本），北京：商务印书馆，2016年，第198页。

（杂货店）；来自暹语的“添文”（做功德）、“越”（寺院）；来自梵语的“吉宁仔”（泰米尔人）。

（四）混合语词

南洋华语身处语言汇杂、接触、变异、融合的复杂多元环境，在与其他语言深度结合交融的基础上，形成了“合璧式”混合语词。例如，南洋华语与英语接触融合形成的“士担纸”（邮票）、“仄单”（支票），“士担纸”是stamp闽语对音和“纸”的合成，“仄单”是cheque闽语对音加“单”的混合，这类英华混合语词可看作音译加义标组合形式；除了尾缀义标，还有利用前缀构词的情形，如“大咯”（高等法院），“大”为前缀，“咯”为court闽语对音。此外，还有部分混合语词无须搭配义标或语缀，直接由音译外来语和华语连缀而成，如“二王花”（辅政司所下驱逐令），“二王”为总督和辅政司合称，“花”为warrant的粤音简讹；又如马华混合语词“五脚基”，“脚基”为马来语“尺”的闽语对音，因规定骑楼下廊道须五尺宽，故与“五”合璧成词。

（五）古语词

南洋华语保留了部分古语词，如“企”“走”“脉”“鼎”“状师”“讼师”，既维系了早期南洋华语古朴典雅、文白夹杂的文体风格，又为南洋华语赓续了“传统”成分。这些古语词多保留在南洋华语的方言中，可视为历时语言现象在共时方言层面的投射。

综上，许云樵对南洋华语来源的分类全面准确，在南洋华语的形塑中，方言提供了“原乡”成分、英语提供了“外来”成分、马来语提供了“在地”成分、古语词提供了“传统”成分，且各源流均与方言关系紧密，外来语经方音对读转写，古语词也遗存在方言中。20世纪60年代及以前的南洋华语，半文白且掺杂方言与外语，是典型的“多语多方言”来源混合语，对研究语言接触融合极具价值。

四、《南洋华语俚俗辞典》的学术特色和价值

《南洋华语俚俗辞典》除了俚俗化、大众化特色，以及提供语言服务、还原华社风貌、描绘语言生活的价值，其更丰富更精细的学术特色和价值也有待进一步挖掘，具体如下：

第一，攻考据。许云樵在治学上中西兼采，在南洋华语研究中常运用传

统考据学方法。[①]如“巫来由”释义为“马来，乃巫语Melayu闽南方言对音，惟应用最早，后更转讹作‘牛劳油’。”由此，考证了“巫来由”的语源和流变，同时也解释了“巫”为“巫来由”缩略，而有“巫语”一称。

第二，擅对比。许云樵指出该辞典具备“为研究比较语言学者之参考”的学术价值，在辞典编撰中也运用对比方法，求同寻异、聚类厘析。南洋华语的方言底层主要为闽粤方言，许云樵以母语吴方言苏白与之对比，形成华南与江南跨方言对比研究特色，例如：“百脚”指蜈蚣，与苏白同；“搭落”指何处，苏白“何处”为“落搭”，恰为倒置。此外，辞典还涉及不同籍贯侨民用语对比，反映出地缘差异对南洋华语的影响，如“闽侨呼官署曰‘关’，如言批关（邮局）、大人关、牙兰关（土地局）等。粤侨作‘馆’。”

第三，华语特色语词研究的萌芽。华语特色语词因其特异性，一直是华语研究的重要内容。《南洋华语俚俗辞典》已具备辑录特色语词的意识并付诸实践，是20世纪60年代南洋地区华语特色语词重要集成。从许云樵的自述中可一窥其早期朴素的“特色语词研究观”：“譬如他在拜大伯公，书中告诉他，大伯公是谁，他岂不高兴？……小而至于一条‘石’、一个‘字’等俚俗名词，大而至于国家的隆重庆典或军政策略……”[②]

第四，华语通行地域的界定。该辞典部分收录语词已脱离大范围、笼统化界定，转而明确其更精准的通行地域，为当下华语分区及区域词研究提供了早期线索。辞典中一般采用国家或地区对华语通行地域进行界定，这一范式延续至今，例如：印尼的出生纸（出生证）称“大字”；新自中国南来之人称“新客/唐”，通行于泰国；“甲高”指挑夫，流行于砂捞越。同时，还可具体到通行城市，例如：“电车”指汽车，通行于吉隆坡；“羔丕乌”（不加牛奶的清咖啡）加冰称“乌凉”，曼谷通行。南洋地区之外，辞典还增收了香港华语通行词，如“差寮”（警局）、“十号风波”（台风风球预警），反映出南洋地区和香港华人社会文化互动与交流。

第五，华语新陈代谢史和华人社会共变史的见证。《南洋华语俚俗辞典》记录了20世纪60年代南洋语言生活和华语面貌，向前追溯，可与清人李钟珏于1887年撰写的《新嘉坡风土记》中对南洋语言生活的描写相一致：“土

① ［马］廖文辉：《试论许云樵的乾嘉朴学传统》，载《海华与东南亚研究季刊》2004年第1期。

② 许云樵编：《南洋华语俚俗辞典》，新加坡：星洲世界书局有限公司，1961年，第2页。

人所操巫来由语，通行南洋各岛。华人久居坡中，及在坡生长者，无不习之。又多习英语。同侨往来，时而巫语，时而英语，时而闽广土话。”[①]可见，从清末到本辞典出版，南洋语言生活和华语面貌保持较高的同质性和延续性。往后推演，《南洋华语俚俗辞典》的部分语词，在当下东南亚地区仍广泛使用，并收录在最新最权威的《全球华语大词典》[②]中，另有部分语词则成为历史词汇，在语用中逐渐消失或被替代，成为特定时期南洋华语的语言记忆。《南洋华语俚俗辞典》见证了南洋华语新陈代谢、淘汰更新的历程，也反映出华人社会推陈出新、发展演进的共变历史，从语言还原生活、折射文化、剖析心态，是该辞典巨大的学术价值，又因其聚焦南洋、描摹华人、记录华语而具有相当的汉学价值。

五、南洋新发现:《南洋华语俚俗辞典》的“地理”书写

“许云樵的学问其实是以中外交通研究为基础和出发点，再延伸到其他领域。”[③]许云樵致力于南洋史地和华侨华人研究，“空间”“地理”“交通”是其研究的关键词和更广阔研究的支撑点。该辞典的词条、附录甚至版权页都满载着南洋空间交涉与地理书写。

（一）“下南洋”与“回唐山”

南洋华人有一组“唐山”（中国）与“番边”（南洋）的二元空间对立概念，从“唐”到“番”的空间位移称“过番”，初到南洋的华人称“新唐”。落叶归根的华人以“回/返/转唐山”的方式在“唐”与“番”之间形成回环往复的地理空间路线，落地生根的华人始终稳守着南洋与中国的地理空间距离，也有华人通过捎带银信等物的“水客”维系着异域空间联系。“唐山”与“南洋”的地理标识，隐喻着“出生地”和“所在国”的家国意识和国族认同，影射出南洋华人复杂游移、或统一或割裂或纠缠的家国想象。

（二）叻屿甲三地街名华语俗称

《南洋华语俚俗辞典》封面标注“附叻屿甲三州府市街华名录”，“三州府”指1826—1946年英属海峡殖民地新加坡、槟榔屿、马六甲。“南洋各大

---

①（清）李钟珏撰:《新嘉坡风土记》，新加坡：南洋书局有限公司，1947年，第7页。

② 李宇明主编:《全球华语大词典》，北京：商务印书馆，2016年。

③［马］廖文辉:《南洋史家许云樵文集出版前后》，载《中国社会科学报》2011年12月22日第17版。

都市，其街道每条别有华语俗称。”[①]“向以英语为主……致街头路牌所书，与市民口中之名，迥然不同。”[②]基于街名官方英语书面名称与民间华语口头称谓的巨大差异以及“至其命名之由来，变迁之故，更如广陵之散，行将无所问津。”[③]“若不录而释之，不免数典忘祖”[④]的历史民俗保存目的，许云樵将三地街名华语俗称附刊辞典之后，为初莅新客和本地市民提供地理索引和文化掌故，是一次重要的地理文化书写与汇释实践，描绘出南洋城市风貌和人文地理的多彩画卷。

（三）南洋与香港的知识生产和文化交涉

《南洋华语俚俗辞典》版权页注明该辞典在星洲出版、在香港承印、在吉隆坡和槟城等各地书局销售。反映出20世纪60年代前后，南洋地区和香港以书籍出版为载体，进行知识生产和跨域交流。书籍交流的结果，也对南洋华语产生影响：“留在香港的学者、作家、记者和编辑，在香港出版了许多读物，向东南亚及世界各地倾销……不只造就了香港出版业，也影响了东南亚的华语。”[⑤]

该辞典是南洋地区和香港知识互动和文化交涉的典型案例。20世纪60年代的香港是华南乃至中国对外交流的“窗口”和“前哨”，在香港和南洋之间出现了书籍生产和知识辐射，并形成勾连起香港、新加坡、马来西亚等地的文化环流谱系。香港和南洋地区的接触互动，为南洋华语注入华南方言成分，也潜移默化地影响着两地华社形态和华人风貌，为华社、华人、华语“交通”与互鉴提供了可能。

结语

与《新嘉坡风土记》等百年前仕人南洋风土纪行相比，《南洋华语俚俗

① 许云樵编：《南洋华语俚俗辞典》，新加坡：星洲世界书局有限公司，1961年，第108页。

② 许云樵编：《南洋华语俚俗辞典》，新加坡：星洲世界书局有限公司，1961年，第58页。

③ 许云樵编：《南洋华语俚俗辞典》，新加坡：星洲世界书局有限公司，1961年，第58页。

④ 许云樵编：《南洋华语俚俗辞典》，新加坡：星洲世界书局有限公司，1961年，第109页。

⑤［新］周清海：《“大华语”的研究和发展趋势》，载《汉语学报》2016年第1期。

辞典》一改近代中国“睁眼看世界”的外向型书写方法，采用从侨居华人的“他者”视角回望故土原乡、放眼在地社会，对20世纪60年代及以前的南洋华人社会和华人语言及背后潜藏的文化认知与价值观念进行描写记录，具有相当的汉学研究价值。

《南洋华语俚俗辞典》辑录南洋地区方俗化、大众化华语语词，为当地华语使用提供了服务和指南。除了查阅翻检功能，辞典记录的言语混杂的语言世界也映射出南洋社会图景、华人及华工生活、殖民历史印记、华人认知观念和文化价值。南洋华语作为汉语的域外地域变体，充分体现了华语在异域时空的接触、调试、融合、创新发展历程，其来源广泛、层次丰富，既有母体方言和古语词，也有英马等各类外来语，以及语言深度磨合产生的混合语词。该辞典在南洋华人社会广泛响应“国语运动”的背景下，反以方言俚语为核心，较少择录国语源流的“通语”语词，在同“声”共“语”的时代，描绘出众声喧哗的南洋华语世界，颇具新意。辞典运用考据、对比方法，较早提出华语特色语词和华语语词分区的概念和方法论，可作为华语新陈代谢史和华人社会共变史的缩影与见证。此外，辞典的“地理”书写折射出南洋地区与外界的空间交涉、知识生产、文化交流。

新加坡汉学家许云樵及其《南洋华语俚俗辞典》值得并有待重新发现和深入挖掘。作为20世纪早期“南渡衣冠”的典型和杰出代表，许云樵的汉学研究着眼华人社会、回应华人关切，描绘出南洋图景和华社风貌，书写出南洋华人从“落叶归根”到“落地生根”的开拓史、奋斗史、发展史，以及“南洋”与“中华”的互动交流、文化赓续、血脉传承。

彭　剑　西南交通大学人文学院讲师

活水长流与情感共鸣

——《俄语诗行里的中国形象》序言

谷　羽

> 半亩方塘一鉴开，天光云影共徘徊。
> 问渠那得清如许？为有源头活水来。

宋代理学家朱熹（1130—1200）这首《观书有感》，是广为人知的传世佳作。诗人借助方塘活水的生动意象，说明读书求知使人心胸澄澈的道理。

当代著名学者、《汉学研究》主编，阎纯德教授描绘汉学与文化交流的意义，借用了"活水"这一意象。他说：

> 中国文化是一道奔流不息的活水，活水流出去，带着中国文化的光辉影响世界；流出去的'活水'吸纳异国文化的智慧之后，形成既有中国文化因子，又有异质文化思维的一种文化，这就是汉学。[①]

阎纯德先生的学术视野开阔，他所关注的不仅是半亩方塘的天光云影，而是世界文化的交流，展现出当代中国学人的开阔胸襟和远大目光。

中国有五千年文明史，凝聚古代先哲智慧的《易经》《道德经》《论语》，就是中国文化"活水"的源头，而《诗经》《楚辞》《唐诗》《宋词》，这生生不息的"活水"不仅滋润着世世代代的中国文人，也引起了近代国外汉学家的关注与推崇。1956年联合国教科文组织认定的世界十大名人，孔子位

---

① 阎纯德:《比较文化视野里的汉学和汉学研究（代序）》,《汉学研究》第五集，北京：中华书局，2000年。

居第一[1]，《道德经》是外语译本最多的古代典籍之一。这也是当代中国人文化自信的根基。中国文化的“活水”流出国境流向世界，离不开国内学者的研究、传承、发扬光大，同样离不开国外汉学家、翻译家的翻译、评介与传播。国家与国家、民族与民族之间的文化交流，说起来是规模宏大的工程，其实是通过一个个具体的人来实现的。

中国经典感动了国外汉学家、翻译家，他们心甘情愿把优秀的作品翻译成本民族语言，帮助中国文化的“活水”流进他们的文坛诗苑，读者读了这些译作，受到感动，引发情感共鸣，如果他是诗人，就会写出回应的诗篇。这样，中国作品就从走出去，更进一步，能叩开读者的心扉，让中国诗词的“活水”，滋润他们的心田。在这个过程中，汉学家和翻译家起到了引水灌溉，开辟出一片文化园地的作用。

伴随着科学技术的进步，计算机和网络的普及，国际文化交流的步伐正在加速，取得了日新月异的可喜变化。古老的文化传统，与科学技术的突破创新，有助于实现中国人的梦想，加速人类命运共同体的构建与来临。

一

中国文化走出国门，与俄罗斯文化的交流处于重要地位。俄国人了解中国文化，比欧洲人略晚，17世纪，他们借助欧洲有关中国文学作品的译本了解中国，这成为俄罗斯社会上层人士认知中国文化的一条渠道。18世纪有些法国传教士翻译的中国作品传到了俄罗斯，比如依据《赵氏孤儿》翻译的剧本《中国孤儿》，还有《庄子休鼓盆成大道》等话本小说，在俄罗斯都引起了一定的反响。苏马罗科夫（Александр Петрович Сумароков，1717—1777）就根据法译本翻译了《中国孤儿》的片段台词。

18世纪欧洲推崇东方文明的“中国风”也吹到了俄罗斯。杰尔查文（Г.

---

① 1956年联合国教科文组织评选的世界十大文化名人，依次是：孔子（前551—前479），中国思想家、教育家；柏拉图（前427—前347），古希腊哲学家；亚里士多德（前384—前322），古希腊哲学家；阿奎那（约1225—1274），意大利哲学家、神学家；哥白尼（1473—1543），波兰天文学家、数学家；培根（1561—1626），英国哲学家、作家；牛顿（1643—1727），英国物理学家；伏尔泰（1694—1778），法国启蒙思想家、文学家、哲学家；康德（1724—1804），德国哲学家、作家；达尔文（1809—1882），英国生物学家，进化论奠基人。

Р. Державин，1743—1816）和拉季舍夫（А. Н. Радищев，1749—1802）的诗行里，都出现了赞美孔夫子贤明的词句。而圣彼得堡皇家园林里更是修建了中国式剧院、中式拱桥、中式凉亭，湖泊里的石舫跟北京颐和园的石舫相似，只不过规模稍微小一点儿。庞大的夏宫里有一座蓝厅，陈列着中国的典雅瓷瓶，墙壁上蓝色丝绸刺绣着树木、花草、人物、禽鸟，一派中国田园风光。而皇村学校就坐落在夏宫的翼楼里，那就是普希金（Александр Сергеевич Пушкин，1799—1837）当年读书的皇村学校。正是在这里学习期间，14岁的少年普希金写下了抒情诗《给娜塔丽娅》，提到了"谦恭礼貌的中国人"，调侃自己是个"苦行僧"。19世纪上半叶，俄罗斯汉学家比丘林（Никита Яковлевич Бичурин，1777—1853），作为俄罗斯修士大司祭，第九届宗教使团团长，曾留居中国14年（1807—1821），此人博学多识，译著有《四书》《大清一统志》《中国及其居民、风俗、习惯、教育》等，还有《三字经》的诗体译本（1829）。比丘林把《三字经》题写赠言送给诗人普希金，诗人认为这本书是"儿童百科全书"。他在转年创作的一首诗中，想离开俄罗斯，"走到长城脚下"，渴望访问中国，显然跟汉学家比丘林的交往有关。

继比丘林之后，另一位汉学家王西里（Василий Павлович Василиев，1818—1900），在翻译研究与传播中国文化方面居功至伟。王西里就是瓦西里·帕甫罗维奇·瓦西里耶夫院士。1840至1850年作为俄罗斯宗教使团随员，他在北京学习、生活长达10年之久。回国后成为喀山大学、圣彼得堡大学东方系教授。他翻译了《诗经·国风》当中的128首诗，1880年出版了《中国文学史纲要》，这是世界上第一部中国文学史。在这部著作当中，他把司马相如、杜甫、李太白、苏东坡与普希金相提并论。值得一提的是，他跟俄罗斯纯艺术派诗人费特（Афанасий Афанасьевич Фет，1820—1892）是好朋友，他把苏轼的绝句《花影》翻译成逐词逐句的初稿，经过费特加工润色诗化提升，发表在《祖国纪事》杂志1856年第5期，成为正式出现在俄国报刊的第一首中国古诗俄译本。

翻译与解读中国经典文本成为俄国汉学最重要的研究方法之一。王西里认为《诗经》是中国精神文化的根基。在他看来，国风中的歌谣

> 是人民创造的，令人愉快的是，我们面对的是真正的人，而不是那些戴着面具的伪君子。从这里我们看到，中国人同样有一颗单纯、友好、

充满人性的心灵，有与我们一样的悲欢离合之情。①

在他看来，《诗经》就是中国文学发展的源头，其所反映的人民朴素而真挚的情感使之具有了全人类的价值。在认知与传播中国古典文化方面，大文豪列夫·托尔斯泰（Лев Николаевич Толстой，1829—1910）同样功不可没。1878年，他开始接触《道德经》，后来阅读《论语》《孟子》的英语译本，1884年写出了短文《孔子的著作》，其中有这样一段话：

> 中国人民是世界上最古老的民族。中国人民是世界上人口最多的民族。他们有4亿5千万人，几乎比俄国、德国、法国、意大利、英国的人口加在一起还要多一倍。中国人民是世界上最平和的民族。他们不需要外国的领土，他们也不喜欢打仗。中国人是农耕民族。他们的皇帝亲自示范耕作。这就是中国人民最爱好和平的原因。②

托尔斯泰赞赏老子的“无为”，墨翟的“兼爱”。他的这些观点在俄罗斯精英阶层起着潜移默化的影响。

比丘林、王西里、托尔斯泰对于中国文化这股“活水”流进俄罗斯都做出了自己力所能及的奉献。

二

20世纪初，又一位俄罗斯学者瓦西里•米哈伊洛维奇•阿列克谢耶夫（Василий Михайлович Алексеев，1881—1951），汉语名阿理克，于1906年来到中国，他就是未来的苏联汉学奠基人。阿理克学识渊博，治学严谨，笔耕不辍，著作等身，是苏联文化界公认的学术权威。一生共发表学术著作260多种，是20世纪上半叶最有威望的汉学家。他站在世界文化的高度，深知中国文化与文学的价值，提出了东方文化与西方文化将趋向相互融合的观点，明确反对猎奇心理，反对欧洲文化中心论。

---

① 参见［俄］王西里:《中国文学史纲要》，阎国栋译，北京：中央编译出版社，2016年，第13页。

②《托尔斯泰全集》（91卷），莫斯科：苏联国家文学出版社，1937年，第25卷，第532页。

1920年，阿理克撰写了包括45项的“中国典籍翻译提纲”，他自己完成了其中的四项：《中国诗人论诗——司空图〈诗品〉翻译与研究》、蒲松龄小说《聊斋志异》、《中国散文精粹》两卷集、《常道集——唐诗选》（完成于20世纪40年代，2003年出版）。而《易经》《诗经》《楚辞》《汉乐府》《陶渊明诗选》《唐诗选》《西厢记》等项，皆由他的几位弟子完成。因此俄罗斯翻译与研究中国古代文化与文学具有系统性、连续性和科学性的特点。阿理克还提出了注重科学性和艺术性的译诗原则，以诗译诗、以俄语音步对应汉语音节的译诗方法，不仅传达原作的情感、意象，同时再现原作的节奏与音乐性，以便取得动人的艺术效果。以李白的《静夜思》为例，俄罗斯译本多达16个，翻译得最准确、最传神的是阿理克，他的译本不仅用词最少、最简练，而且再现了原作不用人称代词、抒情主人公不出场的巧妙笔法，没有高超的学术造诣，难以达到这样的艺术高度。

19世纪90年代至20世纪20年代初，被称为俄罗斯白银时代。其间俄罗斯诗坛相继出现了象征派、未来派、阿克梅派。巴尔蒙特（Константин Дмитриевич Бальмонт，1867—1942）、勃留索夫（Валерий Яковлевич Брюсов，1873—1924）、古米廖夫（Николай Степанович Гумилёв，1886—1921）等几位著名诗人都相当关注中国文学与诗歌。

巴尔蒙特不仅是象征派代表性诗人，也是名闻遐迩的诗歌翻译家，他通晓十几门外语，翻译过《道德经》14章，译过李白、杜甫和王昌龄的诗，创作了《中国天空》《中国遐想》等有关中国古代神话的十四行诗，还写出了著名的《太虚》（一译《伟大的虚无》），推崇庄子的思想。在他的诗作中出现了“龙”“凤”“麒麟”的形象，诗人认为这些都是“瑞兽”，是中华民族古代尊崇的图腾。

象征派诗人勃留索夫被高尔基称为“最有文化素养的作家”，同样通晓多门外语，他创作了《中国诗》组诗，尽力模仿并体现中国诗的简洁凝练，再现句子追求对仗的特征。他还写出了《罗马人在中国》，描述马可·波罗访问元大都的历史故事。古米廖夫是阿克梅派的核心人物，创作了一系列诗歌作品展现他对中国文化的向往。他还借助法国女诗人朱迪特·戈蒂耶（Judith Gautier，1845—1917）的译诗集《白玉诗书》，转译并出版了《中国诗集——琉璃亭》（1918），并且创作了长诗《两个梦》，对中国龙的描述充满了个性化的想象。

这三位诗人，都具备世界文化的博大情怀，把中国文学与诗歌视为人类文化的宝贵遗产。而被誉为“俄罗斯诗坛月亮”的阿赫玛托娃（Анна Андреевна Ахматова，1889—1966），不仅创作了一系列扣人心弦的抒情诗，还跟汉学家费德林（Николай Трофимович Федоренко，1912—2002）等人合作，翻译了屈原的《离骚》和李白、李商隐的诗歌作品。她翻译的李白诗有七首，其中包括《将进酒》《日出入行》和《明月出天山》等。这位诗人的译笔受到了专家和广大诗歌爱好者的一致好评。阿赫玛托娃对中国诗歌的爱好，直接影响到接近她的几位年轻诗人，比如布罗茨基（Иосиф Бродский，1940—1996）、1935年出生的莱茵和1936年出生的库什涅尔（Алекса́ндр Семёнович Ку́шнер）。有趣的是未来派诗人鲍勃罗夫（Сергей Бобров，1889—1971）阅读了阿理克的学位论文《中国诗人论诗——司空图〈诗品〉翻译与研究》，借助阿理克逐词逐句的翻译初稿，也翻译了司空图的24诗品，并且找到了当时在莫斯科的中国诗人萧三，得到了萧三的认可，于是鲍勃罗夫把这些译诗寄给阿理克过目，二人开始通信，探讨译诗问题。成为俄罗斯诗坛的一段传奇。

三

20世纪初经历了第一次世界大战、十月革命与国内战争，俄罗斯许多文化界人士流亡国外，柏林和巴黎成了俄国侨民的聚居地，有些人则漂泊到中国的哈尔滨，形成了俄罗斯侨民诗人的东方群落，其中最有成就的诗人当属瓦列里·别列列申（Валерий Перелешин，1913—1992）。米哈伊尔·沃林（Михаил Волин，1914—1997）和尼古拉·斯维特洛夫（Николай Светров，1908—1972）的作品也独具特色。

1920年，7岁的瓦列里跟随母亲来到中国，先后在哈尔滨、北京、上海、天津生活了32年，1952年移居巴西。他精通汉语，认同中国文化，把中国称为“善良的继母”和“第二故乡”，认为中国人是“黄皮肤的兄弟”，对中国人的良善与包容深有体会。在上海他结识了戈宝权，1945年11月起在龙果夫（Александр Драгунов，1900—1955）任社长的塔斯社工作，跟翻译家草婴成了同事。戈宝权帮助他找到《琵琶行》和《木兰辞》汉语原作，他译成了俄语。侨居里约热内卢，他把《道德经》和《离骚》译成俄语。他翻译的中国诗集《团扇歌》，1970年在德国法兰克福出版，为中国文学和诗歌走向世界做出了默默的奉献。诗人熟悉中国的传统文化与风土人情，其作品语言洗练优美。相当一部分诗歌题材涉及在中国的生活经历与见闻，他对中国古典诗词、绘画、书法与音乐均有所涉猎，从中汲取了养分，因而其作品接近中国诗的风格与情趣。

米哈伊尔·沃林，出生于哈尔滨，16岁开始发表诗作。1937年移居上海；1949年举家迁往澳大利亚，在中国生活35年之久。他著有诗集《穿越诗行》（1987），其抒情诗形式简洁，诗风明快，充满青春活力，极富灵性。诗人热爱俄罗斯，同样热爱中国。20世纪30至40年代，他深切同情中国人民遭遇的苦难，相信勤劳如蜜蜂、坚韧似黄牛的中国人必定拥有光明的未来，出自他笔下的两首《中国吟》，至今读来令人感动，并深深佩服诗人的超前意识以及预判未来的先见之明。

尼古拉·斯维特洛夫，早年生活于哈尔滨，1931年移居上海，1947年返回苏联。他的诗贴近中国普通民众的生活，了解民风民俗，比如《中国新年》。《大街上》则描绘了捏面人的手艺人，具有草根性和泥土气息。他跟翻译家戈宝权是好朋友，1948年勃洛克长诗《十二个》汉语译本由时代出版社印行，戈宝权在译后记中写道：

> 翻译过程中，又承司唯劳夫兄（Н. Светлов）为我解释了许多疑难处，夏清云兄（В.Перелешин）为我校阅过全部译文，……现一并在此表示感谢。[①]

这里所说的“司唯劳夫”即斯维特洛夫，“夏清云”则是别列列申给自己起的汉语名字。

四

20世纪三四十年代，中国人民经历了艰苦卓绝的抗日战争和波澜壮阔的解放战争，终于推翻了蒋家王朝，建立了新中国。从1949年开始，中国和苏联进入了中苏友好的“蜜月期”。中苏文化交流出现了第一次热潮，这期间郭沫若与费德林合作主编的四卷本《中国诗选》堪称里程碑式的译著。这部

① 李萌：《缺失的一环——在华俄国桥民文学》，北京：北京大学出版社，2007年，第260页注释⑥。

四卷本译诗集凝聚着中国和俄罗斯众多学者、诗人和翻译家的智慧与心血。中方参与《中国诗选》四卷本篇目筛选的，除了主编郭沫若，还有郑振铎、余冠英、文怀沙、蒲江清、游国恩、李广田等多名教授和学者，他们都是中国文史专家，熟读经典，有深厚的文学造诣和艺术素养，这就保证了入选篇目的经典性和系统性，为合作方的翻译奠定了良好的基础。

俄方主编者费德林（Николай Трофимович Федоренко，1912—2000），原名尼古拉·特罗菲莫维奇·费多连科。他是阿理克的博士生，博士学位论文研究《屈原的生平与创作》,《离骚》的俄译本初稿就出自他的手笔，经诗人阿赫玛托娃修改润色得以出版。费德林是学者，也是外交官，他在中国生活12年，1939—1947年任苏联驻华大使馆秘书、参赞；此后两年任苏联驻华代办。1950—1952年担任苏联驻中华人民共和国参赞兼代办。他接触过中国文化界很多学者，跟郭沫若相当熟悉。由他来担任《中国诗选》的俄方主编，是最适合的人选。

费德林把他的老师阿理克的译诗，还有休茨基（Юлиан Щуцкий，1897—1938）的译作编进了这部诗选，参与翻译的还有什图金（Алексей Штукин，1904—1963）、艾德林（Лев Эйдлин，1909—1985）、车连义（Леонид Черкаский，1925—2003）、孟列夫（Лев Меньшиков，1926—2005）、瓦赫金（Борис Вахтин，1930—1981），这几位都是阿列克谢耶夫的弟子。此外还聘请了诗人阿赫玛托娃、阿达利斯（Аделина Адалис，1900—1969）、吉托维奇（Александр Гитович，1909—1966）参与翻译，由汉学家翻译初稿，然后请诗人加工润色。

《中国诗选》四卷俄译本当时的印数为3.5万册，成为中苏文化交流巅峰的标志。四卷俄译本《中国诗选》的出版，第一次向苏联读者展示了中国诗歌几千年演变的全貌，其规模堪称世界之最，这部诗集的出版成为苏联汉学界乃至文学界的一大盛事，也是两国文学界、翻译界相互合作，优势互补、互利双赢的典范。中国历代诗人的名篇杰作，经过俄罗斯翻译家的精心翻译，像知时节的春雨一样，散落民间，滋润着一代又一代俄罗斯爱诗者的心灵。

五

20世纪50年代至60年代初，苏联派遣了大批援华专家来中国工作，许多作家、诗人来中国访问。其中有些人在中国生活的印象，他们对中国文化的了解，对中国人民的情谊，无形中影响到自己的子女，引发出不少生动感人的故事，这里介绍几位诗人和翻译家的经历。

约瑟夫·布罗茨基（Joseph Brodsky，1940—1996）出生于列宁格勒，他父亲亚历山大·布罗茨基是一名海军军官，1945至1948年作为苏联军事顾问被派遣到中国工作。回国时他给儿子的礼物有中国帆船模型、宝剑、水墨画、陶瓷工艺品渔翁；给妻子的礼物有成套的细瓷餐具，还有衣服和丝绸窗帘。这给八岁的约瑟夫留下了难忘的印象，从那时起就对遥远的中国充满了好奇与想象。少年约瑟夫15岁辍学，进入社会凭体力劳动谋生，同时开始了诗歌创作，他的诗在地下刊物发表，有些流传到国外，诗人阿赫玛托娃和汉学家瓦赫金很关注这位步入诗坛的年轻人。不料，他的写作引来了警方的干预，他曾经被关进精神病院，1964年被审判定罪，判处流放服苦役五年，罪名是“社会寄生虫”。经过阿赫玛托娃、肖斯塔科维奇、叶甫图申科等人的呼吁奔走，布罗茨基服刑一年半获释，回到了列宁格勒。但他仍然感受到精神压力，1972年被剥夺苏联国籍，驱逐出境，后来到了美国。布罗茨基在美国大学教书写作，1978年获得诺贝尔文学奖。他一直有个梦想，就是访问中国，因此继续学习汉语。他翻译过李白、王维、孟浩然的诗，也曾尝试翻译《道德经》。他于1977年创作的《明朝书信》，借助安徒生童话、中国历史、想象、虚构以及自身经历，写出了一首内涵复杂、具有象征寓意的作品。他的组诗《蝴蝶》跟庄子的“齐物论”则有内在的呼应与联系。

奥尔嘉·谢达科娃（Ольга Седакова，1949—），1949年出生，她的父亲也是援华专家，奥尔嘉六七岁的时候，曾跟随父亲在北京生活过一段日子，西直门一带给她留下了印象。后来她毕业于莫斯科大学哲学系，留校任教。谢达科娃也是著名诗人，诗歌翻译家。她喜欢老子、庄子的著作，其组诗《中国行》，题词就选自《道德经》。组诗包括18首抒情诗，反复出现的意象有垂柳，拱桥，河水，船与天空，还有李白和酒，有占卜和《易经》。诗人仿佛面对一幅水墨画，在想象中神游中国。她所向往的是和谐宁静的天地。这和老子“人法地，地法天，天法道，道法自然”的主张是直接的呼应。诗人的文字含蓄，从容，生动形象，颇耐咀嚼。

诗人伊戈尔·科博杰夫（Игорь Кобзев，1924—1986）于1960年来中国访问，在北京见到了溥仪，创作了抒情诗《在紫禁城》，用“皇帝同志”称呼这位已经改造成公民的末代皇帝。回到莫斯科以后，诗人不仅给儿子阿尔焦姆带回了中国玩具，还给儿子讲述中国诗的优美、汉语的声调悦耳动听，这给儿子留下了难以磨灭的印象。阿尔焦姆上九年级的时候，参加莫斯科有关中国的演讲比赛，荣获一等奖，此后考入莫斯科大学哲学系，以优异成绩毕业，如今是俄罗斯科学院东方研究所中国部主任，他研究王阳明新儒学和《易经》，参与翻译《金瓶梅》，由于主编《中国精神文化大典》获得俄罗斯联邦国家奖。2020年获得中国图书特殊贡献奖。科雅琼就是阿尔焦姆·科博杰夫的汉语名字。

阿尔焦姆（Артём Кобзев）不仅给我寄来他父亲的诗作，推荐了诗人凯德林的《中国情缘》，还把自己写的两首诗也让我译成中文。父子两代的诗歌作品同时编入这本诗集，也是中俄文化交流的一段佳话。

20世纪70至80年代，中苏两国关系改善，文化交流趋向活跃。这期间有两位诗歌翻译家的译作特别值得关注。

米哈伊尔·巴斯曼诺夫（Михаил Басманов，1918—2006），是外交官、诗人、翻译家。他学习过三年汉语，被派遣到中国在苏联驻华大使馆工作，也曾在天津、沈阳、新疆领事馆任职，前后长达20多年。这位外交官的业余爱好是译诗，最大特点是专注于词的翻译。李清照的《漱玉词》（1970、1974）和《辛弃疾词选》（1985）都出自他的译笔。1988年出版的《玉笛声》选译了从唐宋到清朝47位词人的284首词作，印数3万册，这对于中国“词”这种诗体在俄罗斯的译介与传播产生了广泛影响，从而提高了李清照和辛弃疾的知名度。巴斯曼诺夫翻译词，重视节奏和音韵，侧重俄罗斯读者的审美情趣和欣赏习惯，因而颇受诗歌爱好者的青睐。有些诗人受到他的影响，创作了诗篇赞美或同情李清照，比如阿拉·利普尼茨卡娅和叶列娜·洛克的作品。

诗歌翻译家列昂尼德·切尔卡斯基（1925—2006），汉语名字车连义，是著名汉学家艾德林的学生，1962年以论文《曹植的诗》获得语文学副博士学位。1972年以论文《中国的新诗》获得博士学位。在苏联诗歌翻译家当中，他是唯一专注于中国新诗的翻译家，主要译著有《雨巷（中国20—30年代诗歌）》（1969）、《五更天（中国30—40年代诗歌）》（1975）、《蜀道难（中国50—80年代诗歌）》（1983）。这三本译诗集所选译作品年代具有系统性，共选译了95位诗人的434首诗，呈现了中国新诗20世纪20至80年代创作发展的概貌。此外，车连义还翻译了艾青诗选《太阳的话》（1989），撰写了艾青评传《太阳的使者》（1993）、徐志摩评传《在梦幻与现实中飞行》（1997）。苏联解体以后，车连义1992年移居以色列。

诗歌翻译家车连义，也擅长写诗。他创作的《陆游之歌》不仅称赞了汉学家谢列布里雅科夫对陆游的研究，也塑造了诗人陆游个性鲜明的形象。这首诗的音韵独具特色，34行诗每行都押同一个韵脚“yuo”，充分显示了车连义驾驭诗歌语言的高超能力与才华。

1991年12月苏联解体。俄罗斯亲西方力量一度指望休克疗法会带来社会体制的改良，而结果却适得其反，造成了社会动荡，使民众陷入苦难。俄罗斯联邦政府吸取教训，开始执行“双头鹰”外交战略，对华关系受到高度重视。两国领导人决定和平共处，摒弃意识形态争论，共同反抗美国的霸权与欺凌，从而使两国关系逐步走向良性发展的轨道。

六

进入21世纪以来，中俄文化交流呈现出多元化趋势。有些汉学家和翻译家的奉献和成就特别值得关注。谢尔盖·托罗普采夫（Сергей Торопцев），汉语名谢公，1940年出生。他父亲阿尔卡基·托罗普采夫是建筑工程师，20世纪50年代作为苏联专家来中国工作，是修建北京苏联展览馆，上海展览馆的主要负责人。因此，谢尔盖13到14岁时在北京生活过一年半，曾经到上海、西安等城市旅游，给他留下了深刻印象。谢尔盖考大学选择了汉语专业，跟他的经历有关。大学毕业后曾在苏联驻中国大使馆工作过一段时间，后来进入苏联科学院远东研究所从事研究。他撰写过《中国电影发展史概况》，翻译过王蒙、铁凝、残雪的小说。2000年转向李白诗歌的翻译与研究。《李白诗500首》（2011）和《诗仙李白传》（2014）是他的代表作。2006年他获得中国图书特殊贡献奖，2015年获得“品读中国”第一届终身翻译成就奖。

俄罗斯汉学家阿列克谢耶夫在《1907年中国纪行》一书中有一段论述：

> 李白是中国诗歌的巅峰，是诗坛先知，是卓越的语言大师，是民族的巨人。

接下来写道：

> 李白期待着俄国文学的承认，等候着具备力量和知识、期待直视伟

大诗人灵魂的译者，就像有人能够直视拜伦和歌德的灵魂一样。①

看来，谢尔盖·托罗普采夫就是李白期待的那个俄罗斯人。试想世界上还有哪个国家哪个民族的学者翻译过李白诗500首，同时又能撰写出李白传呢？

值得庆幸的是，从2011年开始，我跟谢公联系通信，2015年开始合作翻译诗歌。我们合作编选翻译的《诗国三高峰 辉煌七百年》俄译本（2017）和中国当代诗选《风的形状》（2018）相继在圣彼得堡出版，汉俄对照中国诗歌读本系列的《唐诗读本》《宋词读本》《元曲读本》《李白诗读本》和《当代诗读本》，入选国家“十三五规划”图书工程，并得到国家出版基金资助，2020年已经由天津出版社正式出版问世，为中国和俄罗斯懂双语的读者提供了新的诗歌读本。

伊利亚·斯米尔诺夫（Илья Смирнов），1949年出生，现任俄罗斯国立人文大学东方古典文化研究所所长，兼任彼得堡东方文学出版社编辑，1999至2004年期间，他作为责编连续出版了7本中国古代诗集：艾德林翻译的陶渊明诗选《秋菊集》（2000），克拉芙佐娃翻译的六朝诗选《雕龙集》（2004），艾德林翻译的唐诗选《枯苇集》（1999），孟列夫译的唐诗选《清流集》（2001），谢列布里雅科夫编选并撰写序言的宋诗选《云居集》（2000），他自己翻译的明诗选《清影集》（2000）和明代诗人高启诗选《天桥集》（2000）。苏联解体以后，原来的国家出版社都变成了私人出版社，斯米尔诺夫责编的这一套中国古典诗歌，每本印数只有2000册，跟20世纪50年代每本诗集印数动辄高达上万册，甚至3万册，早已经不可同日而语。经济的不景气，读者关注力的分散，都导致图书出版业的萎缩。

即便面临重重困难，斯米尔诺夫还是责编再版了休茨基1923年出版的《7—9世纪中国抒情诗选》（俄罗斯第一本唐诗选），书名改为《悠远的回声》（2000）。更为难得的是，阿理克院士卫国战争时疏散到中亚期间翻译的唐诗选《常道集》，尘埋半个多世纪之后，终于出版面世，为读者提供了一本弥足珍贵的译诗杰作。阿里克这位再传弟子尊师敬道、注重精神传承的高尚品格令人敬佩。

---

①［俄］瓦·阿列克谢耶夫：《1907年中国纪行》，阎国栋译，昆明：云南人民出版社，2016年，第226页。

斯米尔诺夫不仅从事翻译、研究和评论中国诗词，近年来还在莫斯科国立图书馆举办周日公开讲座，为观众诵读讲解中国古诗词，并与听众交流互动，解答问题。听讲座者有大学生，研究生、诗歌爱好者，职业不同，年龄各异，多数人虽然不懂汉语，却听得津津有味。斯米尔诺夫说：

> 中国古诗词像音乐一样涤荡心灵，其中蕴含着一个民族的灵魂与情感。中国诗词带给世界和谐之美。

他想告诉中国朋友，感谢世界上有这样一个伟大的民族，留给世界这样伟大的精神财富，这样优美的名篇佳作。由于翻译、研究和传播中国文学的成就，2007年斯米尔诺夫荣获中国作家协会颁发的突出贡献奖，2015年获得中国驻俄使馆颁发的“品读中国”第一届诗歌翻译奖。

鲍里斯·梅谢里雅科夫（Борис Мещеряков），1960年出生于莫斯科，音乐学院毕业，熟练掌握英语、法语、德语，多年从事诗歌翻译，从20世纪80年代末借助汉英对照的《千家诗》自学汉语，进而尝试翻译其中的作品，后来把译作呈送汉学家车连义过目，受到肯定和鼓励。他翻译的《千家诗》书稿交给一家出版社，不料遭遇苏联解体，出版社倒闭，编辑不知所踪，译稿丢失，这让梅谢里雅科夫非常沮丧。后来他学会了电脑，自己开设了网站，从1999年开始，把自己翻译的中国古诗陆续张贴在《千家诗》网站上。至今这个网站的点击量超过了20万人次。我也是通过这个网站认识了这位诗歌翻译家。我把他的事迹写成随笔，发表在《中华读书报》2011年12月28日国际文化版。此后开始跟他合作翻译中国当代诗，我负责筛选当代诗歌作品，译成逐词逐句的初稿，寄给他加工润色，作诗化提升。就这样经过几年的努力，陆续选译了鲁藜、牛汉、曾卓、邵燕祥、云鹤、食指、樊忠慰等17位诗人的114首诗，这样就能让更多的俄罗斯诗歌爱好者聆听当代中国诗人的声音。

根纳季·施拉普诺夫（Геннадий Шлапунов），社会活动家，诗人，1938年出生于符拉迪沃斯托克，1963年毕业于国立远东大学历史系。他是《国际生态与安全》杂志主编，国际生态与生命安全科学研究院院士，还曾担任“欧亚作家联盟”主席。施拉普诺夫关注东西方文化碰撞与交流，热爱中国文化，推崇中国古代哲学与文学，多次访问中国。出版有俄、汉、英三语对照诗集《情感生态》（《世界知识》出版社，2008年）、《瞬间与永恒》（莫斯科：马斯卡出版社，2018年），后一本诗集中的汉语诗出自谷羽和李俊升的译笔。这部诗集包含四编：瞬间与永恒；独自思考；生命的凯歌；面向世界，共有216首哲理格言诗。前面三编的181首，都是五行短诗，形式接近西方的利马锐克诗体，但是没有严格的节奏与韵律，最后一编的35首都是三行诗，接近东方日本的俳句，但不受575音节的约束，内容偏重于思考人与自然，生与死，历史与当代，生活与生存的复杂关系。用诗人自己的话说，就是融合了杰出的西方理性与伟大的东方智慧，思考过去、现在与未来的人生感悟。

中国俄罗斯文学研究会会长刘文飞教授为施拉普诺夫的诗集《瞬间与永恒》撰写了序言。他说

> 在全球具有世界影响的文化大国中，似乎唯有中俄两国长期面临向东还是朝西的文化抉择，始自19世纪中期的斯拉夫派和西欧派思想争论至今仍改头换面地存在于俄罗斯社会，而关于中西文化、甚或中西体制孰优孰劣、何长何短的辩论与考量也始终是近代以来中国人心头或隐或现的困惑。

刘文飞认为，中俄两国之所以长期面临东西方文化矛盾，是因为这两个国家处于东西文化板块的交接处，中俄两国的文化自身就是东西方文化的综合体。对于中俄两国的文化特质、精神结构和民族传统而言，东西模式的对峙并非总是挑战和制约，而往往构成特殊的发展机遇。中俄两国恰恰可以在东西方文化交融的历史时期对人类做出更大的贡献。我认为这是当代中国学者对中俄两国文化高屋建瓴式的真知灼见。

选入这本诗集的施拉普诺夫的诗歌作品，有的赞美古圣先贤老子、孔子；有的景仰伟大诗人李白、杜甫；有的献给现代诗人郭沫若、徐志摩；有的歌颂画家齐白石、徐悲鸿。看得出这位学者的历史眼光，诗人情怀。这八首诗，语言凝练，构思巧妙，充满了诗情画意，堪称上乘佳作。这样的诗作肯定会给读者留下想象的空间与诗意的回味。

七

唐朝诗人王勃写的“海内存知己，天涯若比邻”是世代流传的名句。古

人对这两行诗的解读，不外是知己友情带来的心理安慰。有了计算机和互联网，当代人对这两句诗则有全新的体验。一台计算机摆在书桌，大大缩小了空间的距离，地球变成了地球村。正是借助计算机和互联网，我与国内的近40位诗人或已故诗人的子女保持着联系，跟俄罗斯、乌克兰、以色列20多位学者和诗人往来通信，翻译诗歌相互切磋或咨询求教，格外便捷，这在20年前简直不敢想象。

2013年12月，我从俄罗斯Яндекс网上发现了写庄子的组诗，作者是莉季娅·雷巴科娃（Лидия Рыбакова）。通过俄罗斯朋友的帮助，找到了她的邮箱，我把组诗的汉译稿寄给她，并询问了几个问题。转天收到了诗人的回信。雷巴科娃告诉我，1960年她出生于塔尔多姆，生活于莫斯科州。出版有诗集《潮汐》《不知所措》《芝诺箭矢》。她关注中国文化和古代哲学著作，创作组诗《庄子梦蝶》，是因为读过汉学家马良文翻译的《庄子》，之所以喜欢庄子，是因为这位古代先哲拥有内在的自由。而灵感的来临是机缘巧合：夏天她在树荫下休息观赏盛开的洋甘菊，一只黄凤蝶轻轻落在了她的手臂上，于是就萌发了创作的幼芽儿。不久她给我寄来了写老子的诗篇。我把中国诗人李南的几首诗译成逐词逐句的初稿，寄给她过目，她回信说很喜欢，并把修改润色的诗稿寄给我，还说特别欣赏抒情诗《呼唤》：“一个清脆的童声，呼唤‘妈妈！’几个行路的女人，和我一样微笑着扭过头来……”普天下母亲爱护子女的心灵都是息息相通的，好诗如同山泉水，最容易滋润诗人的心灵。

我在互联网上结识的另一位诗人叫叶列娜·洛克（Елена Лог）。她在距离莫斯科400公里的小城阿尔扎马斯生活与工作。洛克对中国历史、文化、文学、诗歌、电影感兴趣，尤其喜欢唐诗，大量阅读吉托维奇、艾德林、孟列夫等汉学家翻译的唐诗俄译本。李白、杜甫、王维、白居易，是她最欣赏的诗人。她感觉自己仿佛是出生在唐朝的人，往往寥寥几笔就能勾勒出人物形象和情节，构思能力出奇的巧妙，令人赞赏。与其他俄罗斯诗人相比，她的视野更开阔，题材更广泛。她不只擅长写人物，还能写文房四宝，写黄酒与茶，写黄山云海与石猴，写春到云南，总之，仿佛她曾多次来中国旅游，其实她从未到过中国，所有的作品全都出自读书与想象。洛克写的诗属于严谨的格律诗，语言简洁，形式工整，我翻译她的诗也想尽力接近原作，再现其作品的风貌。

叶列娜·洛克承认自己性格内向，很少跟人交往，她写的诗都贴在自己的网站上，喜欢跟读者互动交流。到目前为止，她创作的诗共989首，写中国的诗185首，差不多是创作的五分之一。点击量是60123人次，发表评论量3718人次。这让我再次意识到，诗歌传播的模式是：中国的名诗杰作感动了汉学家和翻译家，汉学家和翻译家精心的译作感动了国外的读者，读者当中的诗人由于情感共鸣创作出回应的诗篇，其中既有中国文化的因子，又融合了国外诗人的智慧。这样的诗篇进而激发出读者的阅读兴趣，一环套一环，恰似一粒石子投进平静的湖水，激起一圈又一圈的涟漪逐渐向外扩展。

我跟洛克一直保持通信联系，迄今已经翻译了她的一百首诗。从中挑选出十几首，编进这本诗集，读者可以聆听她的歌声，欣赏她的诗艺风采。

2018年底，我在网上发现了另一位热爱中国文化的学者。这位数学家、诗人、画家，名叫伊戈尔·布尔东诺夫（Игорь Бурдунов），1948年出生于莫斯科，莫斯科大学力学数学系毕业，俄罗斯科学院系统编程研究所首席研究员。令人惊奇的是，这位理科出身的学者，从20世纪80年代开始，大量阅读《易经》《道德经》《论语》《庄子》《史记》的俄译本。写诗，推崇陶渊明；绘画，敬重王维与石涛。他的水墨画吸取了中国画元素，使用毛笔、墨汁、图章。布尔东诺夫曾三次访问中国。2008年和2010年两次来中国，游览过很多地方，创作了诗歌和绘画，留作纪念。2019年1月11日，我开始跟他通信，陆续翻译他的诗。2019年9月，他和夫人第三次来中国旅游。9月6日，我们在天津初次见面。他带来了诗集《布尔东诺夫诗选118首》，原来是把我翻译的诗自编自印，送给我留作纪念。

离开天津，他和夫人随团去了九江，拜访陶渊明墓。转天写了一首《不一样的诗》：

有些诗，像早晨的花朵，
绚丽又柔美
临近傍晚就凋谢。
另外有些诗，像千年树
生长十个世纪，
只有到那时
树枝上才绽放
凌晨的花朵。

布尔东诺夫这首诗，让我想起了中国云南诗人晓雪的一首双行诗：

陶潜的菊花开了一千六百年，
至今仍香在人们的心上。

陶渊明的诗是千年树，也是生生不息的活水，浇灌着晓雪的诗苑苗圃，也滋润着俄罗斯诗人布尔东诺夫新栽种的花草树木。

伊戈尔·布尔东诺夫写诗的风格，跟叶列娜·洛克形成鲜明的对照。如果说洛克的诗简洁严谨：那么伊戈尔的诗则自由奔放，想象力丰富，擅长铺叙描述，篇幅较长，诗的容量有时长达几十行，甚至上百行。但是决不拖沓烦琐，反而引人入胜。比如《与王维对话》《梦游庐山阿拉山》《诗的变异》都是这样的作品。相信诗歌爱好者读了他的诗，一定会有个人的感悟与领会。

八

把众多俄罗斯诗人有关中国文化的诗歌作品翻译、汇编在一起，头脑中似乎出现了一种意象：两条细小的溪流静静流淌，逐渐汇入了一条河流，溪水由浅入深，水量由少到多，给人的印象由朦胧到清晰，从陌生到熟悉。静静的流水，渐渐泛出了声响，那是众声喧哗的歌唱，音乐的旋律奇妙而悠扬。

汉学家瓦西里·阿列克谢耶夫院士曾留学法国、英国、德国、中国，对于世界文化有宏观的把握，在他的早期著作《1907年中国纪行》中有这样一段精彩论述：

> 埃及文化的特点是对死后生活的崇拜，希腊文化崇拜美和艺术，罗马文化崇拜国家和法律，而中国文化的特点是崇拜文字和文学。中国文学是吸纳了科学、艺术、日常生活全部细流及河川的汪洋大海，是中国全部精神生活的基础。①

①［俄］瓦·阿列克谢耶夫:《1907年中国纪行》，阎国栋译，昆明：云南人民出版社，2016年，第224页。

这位俄罗斯汉学家明确提出，反对欧洲文化中心论，主张东西方文化相互融合，指明了中国传统文化的特点。他对中国文化和文学的研究与翻译产生了广泛而深远的影响。

俄罗斯文化精英关注中国文化也是围绕中国文字和文学这两个重点渐次展开，不断推进，由浅入深的。

那么，梳理一下，这些诗人的关注点究竟在哪里呢？那就是中国文化传统的悠久与辉煌，是古圣先贤的智慧，诗人与画家的才情，是中国的山川名胜，是当代中国的巨大变化。古代思想家，写老子、孔子、庄子的诗篇最多。诗人当中，陶渊明、杜甫、白居易、苏轼、李清照，进入了许多俄罗斯诗人的视野，当然，最受推崇的则是天纵之才李白。画家和书法家当中，俄罗斯诗人写到了顾恺之、王维、郭熙、石涛，最受爱戴的则是齐白石，描写他的诗篇达九首之多。城市当中，首推北京和杭州，哈尔滨、城都、桂林也有人描述。长江、黄河、泰山、黄山、庐山，是俄罗斯诗人向往的旅游胜地。进入俄语诗篇的还有中国茶、中国酒、中国瓷器、中国丝绸、汉语方块字、生肖属相，甚至还有疗效神奇的中国银针。

以描写中国长城的诗篇为例，在普希金的诗中，长城只是遥远而朦胧的想象。到了古米廖夫的笔下，他在想象中走到了长城脚下，已经找了陪伴他的中国向导。别列列申是第一个登上山海关长城的俄罗斯侨民诗人，他看到的是旧中国40年代残破凋敝的古城墙。而到了21世纪，先后有三位俄罗斯诗人攀登长城：索宁、库什涅尔、阿麦林，在他们的心目中，雄伟壮观、屹立几千年的长城已经旧貌换新颜，成了中外人民友好的象征。

《俄语诗行里的中国形象》这本书稿选译了61位俄罗斯诗人的近314首诗，作品的时间跨度超过了300年。为什么我不用《俄罗斯诗人笔下的中国形象》，而选用现在的书名呢？因为用俄语写诗的不都是俄罗斯联邦的居民。乌克兰、白俄罗斯都有诗人能用俄语写作。再者，有的俄罗斯诗人已经移居国外，比如，布罗茨基成了俄裔美籍诗人。诗人比留科夫移居德国。汉学家车连义、诗人雅科夫·索洛维奇克、阿拉·利普尼茨卡娅移居以色列。他们都用俄语写诗，但作品仍然张贴在俄罗斯诗歌网站上。这一点需要稍加说明。

九

我从事诗歌翻译，从20世纪70年代末算起，至今将近半个世纪，老系主任李霁野先生的教诲，我一直记在心里。他说：

> 文学翻译难，诗歌翻译更难，需要反复推敲，精琢细磨。你该记住两句话：一是对得起作者，二是对得起读者。

长期翻译俄罗斯诗歌，逐渐形成了自己的译诗理念：以诗译诗，以格律诗以格律诗。在忠实传达原作意象与内容的前提下，高度重视原作的形式、节奏和音乐性。为此，我采用以“顿”对应音步的方法，力求再现原作诗行的韵律感。在韵脚安排方面，力求接近原作的韵式，四行诗节，依照原作押交叉韵abab，难以达到的，退而求其次，偶行押韵；五行诗节，原作韵式为abaab或abbab，六行诗节，原作韵式为aabccb，也一律给予传达再现。这本诗集当中，像巴尔蒙特的十四行诗，尽力再现原作的韵式与结构感。形式特殊的作品，比如切尔卡斯基的《陆游之歌》，布罗茨基的《蝴蝶》组诗，每首诗12行，分为三节，全部采用环报韵，韵式为abba cbbc effe，也都给予传达，力图再现原作的风采。至于能否达到理想的高度，得失成败，只能留待读者与行家的评说与指教了。

这本书稿有机会出版，我要感谢很多人；感谢俄罗斯历代关注中国文化的汉学家，感谢那些关注中国文化并且留下了好诗的俄罗斯诗人，感谢健在的俄罗斯汉学家和诗人关注中国文化并继续创作有关中国的诗篇；特别要感谢谢尔盖·托罗普采夫（谢公）、伊戈尔·布尔东诺夫、阿尔焦姆·科博杰夫，他们三位通读了汉俄对照的本书书稿，指出了疏忽错讹，提出了宝贵的修改建议；感谢刘文飞教授的关切与帮助，感谢阎国栋教授撰写序言以及多年的情谊和帮助，感谢外语学院的资助；感谢岳巍教授审校书稿；感谢田睿编审和王霆编辑的细心审校，感谢南开大学出版社的鼎力支持。只有在国内外这么多朋友、同事的关切和支持下，这本书才有幸出版面世。当然，我也感谢未来的读者，并诚心诚意期待读者和专家给予批评指点。

谷　羽　南开大学教授

增强中华文明传播力影响力的理论建构与现实关切

——《中华文化的跨文化阐释与对外传播研究》新书发布会暨学术研讨会综述

朱睿达

2022年11月25、26日，杭州师范大学李庆本教授主持的教育部哲学社会科学重大课题攻关项目最终成果《中华文化的跨文化阐释与对外传播研究》新书发布会暨学术研讨会在杭州成功举行。来自20多所院校单位的50余位专家学者共襄盛会。

新书发布仪式由全国政协常委、杭州师范大学原校长杜卫教授主持。中国社会科学院大学校长张政文教授首先指出，党的二十大报告提出要增强中华文明的传播力、影响力，深化文明交流互鉴，推动中华文化更好地走向世界。李庆本教授团队的成果可谓恰逢其时，是对二十大胜利召开的欢呼和回应。全书主要采用跨文化研究的模式，既研究中华文化对外传播产生的影响，也研究中华文化接受者特有的文化立场和接受机制。全书理论联系实践、历史关联现状、文本观照现实，体现了对中华文化传播问题的多维度深层思考，是我国近年来在该研究领域取得的重要学术成果。

北京电影学院党委副书记、副校长胡智锋教授认为这一成果具有三方面重大意义：首先是学术意义，该著述突破了以往对于中华文化海外影响的单向研究思路，利用跨文化视角在中外文化传播互动的领域展开多维度的探究。其次是文化意义。习近平总书记多次倡导人类命运共同体和文明共鉴、文化对话，这些指导思想在这部著作中均得到充分的印证和展现。进而在政治意义上，通过这样高水平的文化互动、学术互动，以人类共同价值的互动来打破各种价值观念、意识形态的冲突，能够使不同文明获得最大限度的相互沟通和理解。

上海交通大学人文学院院长、欧洲科学院外籍院士王宁教授盛赞这一专著在某些方面填补了国内该领域研究的空白，以翔实的数据证明中华文化走向世界是完全可行的。王宁认为，对于想初步了解中国文学文化概貌的海外人士而言，跨文化阐释性质的著述可以起到导引的作用，相较于作为有限阐释的翻译更为有效。国外汉学家和中国学者直接用外文撰写的阐释性著作，如宇文所安的中国唐文学研究、夏志清的中国现代文学研究，均产生了积极影响和启迪。课题开展以来，李庆本也有诸多英文撰述在海外发表与出版。这一巨制即是他积极推广跨文化阐释的一部集大成之作。

北京语言大学《汉学研究》主编阎纯德教授将成果称作“文学理论、比较文学、比较文化和汉学的结合体”。该书将中华文化经典的外译研究和跨媒介研究有机结合，富于时代关切和理论新意。其中的“中华文化国际认知”报告，经过艰苦的海外调研工作，取得的数据弥足珍贵。此外，这一研究对海外汉学、中国学在新世纪的最新发展，也呈现了极大关注。阎纯德先生认为，当代人文社科知识分子的使命，是守护和传承中国几千年的文化，并不断汲取和融合外国其他民族的文化精华。项目首席专家李庆本的治学经历，充分展现了这一使命担当。

新书发布仪式之后的两场专家学术评议，分别由杭州师范大学弘丰中心主任陈星教授和《美育学刊》杂志社社长冯学勤教授主持。山东大学原校长曾繁仁先生在中国比较文学学术史的谱系中表彰了课题成果的理论价值。曾先生指出，跨文化研究凝聚了几代学人的思想贡献：杨周翰先生在1987年国际比较文学年会上提出坚持跨文化研究，认为这关系到中华民族的文化振兴；其后乐黛云先生强调跨文化研究的核心是平等对话而非西学东渐；已故的严绍璗先生亦极强调跨文化研究和中华文化传播的学理关联。李庆本的跨文化阐释研究，站在文化自信与平等对话的立场，主张民族文化“类型说”，来反对压制中华民族文化原生性与独立性的“线性说”，并以大量实证研究，为中华文化走向世界提供了理论的深刻根据与实践的广阔路径。跨文化研究未来的课题，就是乐先生指出和强调的，在跨文化背景下如何建设世界所能理解的学术话语体系。可喜的是，这一丰硕成果已经走上了话语建设这条道路。

北京语言大学特聘教授、《国际汉学》主编张西平先生认为，李庆本与其团队的研究以坦荡的治学襟怀和开阔的学术视野，直面当前学术界共同面临的两大难题：其一是中华文化国际传播的认知实证开展艰难，成效并不理想。例如众多外译项目收效如何，难以明确解答。其二是进入这类课题的学者都会面临广阔的海外汉学领域，如何切入本身即是难题。海外汉学研究和将近四百年的西方汉学史相比，目前所获成果仅是序章。该书既有宏观理论，也有具体个案分析，还有中华文化实际发展调研这一特色研究，选材精要、析理入微，是非常成功的海外汉学研究开拓之作。

扬州大学文学院姚文放教授谈了三点感受：首先，这部著作以跨文化研究的模式突破以往影响研究的模式，注重中外文化之间的平等对话和双向互动，提倡文化之间的双向变异和相互参证，为中华文化对外传播提供了重要的理论支撑和学术支持。其次，文化在传播过程中会遇到选择、抵制、挪用、变异及误读等情况，李庆本充分注意到要了解对方的文化立场和接受机制。再次，目前学界比较注重文献文本研究，而相对忽视实证调查研究。这部著作通过四个阶段的实地调查，获得了大量鲜活案例和数据，充分体现了实证研究的成效。

中南民族大学首席教授彭修银给出五点评价：第一，这本专著找到了研究中华文化传播与中西文化交融的一个突破点，即在自我和他者之间找到同一性。第二，对中华文化地方性、民族性话语如何进入另一话语的规律性问题进行了研究和总结。第三，就文化传播中互为他者这一问题进行了深刻研究，对如何看待跨文化关系发表了独到见解。第四，就话语范式问题做了深入探讨，即跨文化的学术话语不仅是特定的思想观点的表达，也是研究理念、研究范畴和特定概念的应用。第五，介绍和总结了跨文化传播的中国经验，这正是当前我们树立国家形象所迫切需要的。

首都师范大学教授、中华美学学会副会长王德胜认为，李庆本教授把文化对外传播问题当作理论阐释对象来研究，带来一种建构性思考，即如何在多元文化交流融合互证的背景下讨论传播问题。这一研究有助于在思维层面克服文化输出的倾向与惯性，通过对文明互鉴精神的褒扬，为中华文化争取与其他文化合作交流、共同发展的更广大天地。

深圳市政协文化文史委主任尹昌龙从三方面予以评价：其一是令人尊敬的知识旅行。支撑这一旅程的跨文化阐释理论，具有从东西二元论变成多元论、从时间性转向空间性这两大转变。其二是独具特色的实证研究。李庆本将社会学方式带入文化学研究当中，通过诸多调研案例发现新问题，对解决理论研究的空泛玄虚是很大的突破。其三是非常典型的案例分析。对改进跨文化传播的方式，讲好中国故事、传播中国好声音，该研究提供了重要且具体的指导。

中央戏剧学院《戏剧》副主编夏波教授谈及三点体会：一是中华文化鲜明的主体性。成果把中华文化放到世界文化、人类文化的本质上来确认自我身份，体现了本体论和认识论价值。二是方法论上的价值。这一专著文献基础扎实，将比较、思辨、实证及平等对话的方式融为一体，提供了认识和思考的多重维度。三是忧患意识和反思意识。如何将中华传统文化的优秀成果与中国近现代、当代文化结合起来，奉献给人类命运共同体，该研究也给予我们颇多启发。

浙江大学文学院文艺学研究所所长苏宏斌教授认为，在当前学界的阐释学研究中，李庆本教授找到了一个独特的方向和路径。跨文化阐释学介于哲学阐释学和文学阐释学两极之间，具有开拓性意义。成果既有理论层面的阐释阐发，也有具体文本层面的个案研究，同时还有现实社会层面的政策性、对策性研究，在这一研究领域做了全方位的开拓。

杭州师范大学人文学院单小曦教授重点提到，这本专著在跨媒介和跨文化的复杂叠加过程中谈跨文化阐释的理论和现实问题，是对传统研究的一大突破。课题没有仅停留在印刷出版时代，而是以进入新媒介时代的全新理论范式，进一步研究跨文化传播的诸多问题。无论在方法论上还是在具体研究内容上，这一成果均充分实现了对影响研究的超越。

浙江大学旅游与休闲研究院副院长刘慧梅教授以“知难行更难”一语表达了对课题实证研究部分的高度认同。成果调研范围涉及五大洲七个国家，调查人数高达三千多人，规模巨大且可信度极高，异常艰辛，属实不易。面对中外文化交流的现实挑战，该成果可为我国文化战略政策的制定提供坚实支撑，意义重大。

中国传媒大学教授、聊城大学特聘教授姚小鸥先生认为，中国古代文化和现代文化的国际传播均值得关注。同时要将保持文化自信立场与发挥汉学家的积极性相结合，关注文化传播的主体间性问题。此外，当代学者在人文观察与实践中，应当将文化传播的丰富内容与多样形式相统一。李庆本的学术历程与全新力作，在以上三方面皆成效斐然。

杭州师范大学当代中国话语研究院“长江学者”特聘教授施旭认为：李庆本教授采取跨文化阐释路径对中国文学文化的国际传播进行解读，不仅开拓了一个巨大的研究领域，而且树立了一套非常正确、巧妙的研究方法。这一堪称壮观的研究模式，为中国文学批评、文学理论的未来发展提供了可资借鉴的典范。

北京大学比较文学与比较文化研究所所长、中国比较文学学会副会长张辉教授重点谈到了李庆本教授在阐释学理论上的两方面贡献：一方面，该研究以实际行动帮助我们回溯了德语语境中解释学（Hermeneutik）这一学科的实践性。另一方面，以往阐释学更多关注当下语境中的后人如何看待前人的传统与历史。而李庆本将阐释学的时间性向空间性作了拓展，这是非常重要的一个贡献。

上海外国语大学《中国比较文学》主编、中国比较文学学会副会长宋炳辉教授认为，这一成果对中华文化对外传播的两种路径和主体行为方式，即中国主体把中国文化“送出去”和外国主体把中国文化“拿过去”，做了很好的区分，对多个学科都具有积极的启示意义。此外，西方接受者对中国文学文化重古典轻现代的现象至今未得到根本扭转。为此，对于中国现当代文学的阐释和对外传播，我们需要优秀的创作和有效的译介，更需要此类创造性的阐释。

北京大学出版社外语部主任张冰研究员强调，本项目从中国自身的学术处境和问题意识出发，将跨文化阐释议题置于广阔的中华文化域外传播的实践史实视野中，探寻中国学术在多元文化阐释与世界文明互鉴问题中的空间和张力，尤为可贵。张冰也指出，如有俄罗斯汉学的实例研究作为补充，这一研究将更为多面立体。

中国人民大学首都发展与战略研究院副院长郭英剑教授指出，向世界展示中华文明形态，是提升国家形象、推进公共外交事业发展的一项重要任务，这一成果的发布可谓适逢其时。“坚持中国立场”和“深植中华文化的深厚内涵”是李庆本的研究恪守的两大基本原则。同时在当代语境中，对于中华文化的对外传播，相较“传播什么（What）”的问题，“怎么（How）谈”的问题更值得关注。对此，这本著作提供了绝佳的文本阐释路径。

中国人民大学文学院教授曾艳兵作了题为“立足本土，走向世界”的发言。曾艳兵认为，中华文化是我们“面向世界”的立足点，也是我们“走向世界”的出发点。成果提供的关键性概念“跨文化阐释”，兼具理论创新价值和现实指导意义。李庆本将比较文学学科中的跨文化研究、阐释学、翻译研究三者合一，使跨文化阐释学提升为一门独立的学问，进而在其中研究中华文化在世界中的话语权这一重大问题。这是学术风向上的极好探索。

北京外国语大学国际中国文化研究院顾钧教授认为，这本专著有两个鲜明优点：一是特别重视当下影视、游戏等跨媒介的对外传播；二是从中国阐释学和西方阐释学进阶为跨文化阐释学，具有重大理论突破。此外，这一成果对于学科建设也极具指导意义。比较文学在外语学科的名称是“比较文学与跨文化研究”，以区别于中文学科的“比较文学与世界文学”。但跨文化研究目前在理论与方法论上相对薄弱。这本著作的问世，及时提供了富有启发性的理论资源。

上海师范大学《国际比较文学》主编纪建勋教授分享了对成果的三方面认识：第一，可以为中华文化的跨文化阐释与对外传播树立恰当的心态，是对“越是民族的越是世界的”等历史讨论的回应；第二，为跨文化的阐释与传播提供了合适的方法论，就中国文化对外传播是“走出去”还是“请出去”的问题，反向借鉴了“拿来主义”“汉唐气魄”；第三，对比较文学的第三阶段是法国学派、美国学派还是中国学派之间，这一研究指向了多元文化交流的学术宗旨。

浙江工业大学批评理论研究中心刘圣鹏教授的发言题目是“国际比较文学进入第三阶段的标志和范围”。他细密梳理了国际比较文学进入跨文化阐释的第三阶段的历程，认为李庆本从多个学科分支综合论证了跨文化阐释学的独立学术范式，并运用这一理论对“中学西传”进行了全面深入考察。因此，这一成果是第三阶段的重要结点。

浙江外国语学院浙江文化“走出去”协同创新中心执行主任赵红娟教授认为，李庆本在对古今中外的文学文化现象进行周密文本解读和理论阐释的基础上，将跨语言、跨文化、跨学科的多重学理系统整合，上升到跨文化阐释学建构的高度。对于如何更好地对浙江文学文化现象进行理论总结和阐释，更生动地讲好浙江故事，推动浙江文化更有效地走出去，这一成果提供了大量启发性经验。

杭州电子科技大学外国语学院谭惠娟教授结合20余年前跟随李庆本教授研读阐释学理论经典的求学经历，回顾了跨文化阐释理论从前人的阐释学理论汲取养分而自我树立的学术生长路径。谭惠娟还回顾了当年在浙江大学进行翻译学学科建设，与此密切相关的学术渊源，从学术传承发展的视角，为李庆本十年磨一剑的理论攻关历程做了生动注释。

北京语言大学教授、中国屈原学会会长方铭认为，在中华文化对外传播研究的学理层面，李庆本选择跨文化阐释而非影响研究，正是基于对中外文化交流历史现象与精神内蕴的深刻理解，为我们提供了更为清晰的认识思路和更为清醒的价值判断。这一研究对于我们今后进行跨文化阐释的具体实践，或中外文化的比较研究，都具有指导意义。

北京语言大学比较文学研究所所长陈戎女教授作题为“自我与他者的辩证思考：跨文化阐释与传播的启发”的发言，认为该成果有两大特色：一为研究对象的“全面”，以跨文化阐释学理论建构为统摄，思考经典文本如何在传播中谱写新的接受地图，并在数字时代进行跨媒介转化。二为研究方法的“深入”，将理论研究与实证研究贯连，在细密调研中论证与延展理论深度探索。陈戎女尤为看重李庆本提出的“跨文化阐释的三维模式”，并就自我与他者构成的“链条”式辩证关系进行了严密阐析。

大连外国语大学华媛媛教授认为，跨文化阐释作为比较文学的“中国范式”，主要从两方面理论总结得到确立：一是文化环形之旅与阐释学的循环论，一是跨文化阐释的三维模式。通过对王国维“误读”的叔本华悲剧理论、海德格尔的阐释循环理论、达姆罗什的“椭圆形折射”隐喻等研究对象加以重新审视与阐发，李庆本教授实现了跨文化阐释理论建构。

项目组首席专家李庆本教授对前辈学者与同行专家的指导、评议表达由衷感谢，对已故的中国比较文学大家严绍璗先生表示深切缅怀。对于跨文化阐释研究的意义，李庆本表示，一方面，可以认真总结中华文化对外传播的历史经验，寻找切实可行的传播途径，扩大中华文明的影响力和竞争力；另一方面，可以深入挖掘中华文化的价值，使其在全球化背景下保持蓬勃生命力；同时，还可以促进中外文化的交流与对话，满足世界了解中国的需要，有利于构建人类命运共同体。

朱睿达　浙江外国语学院国际传播系讲师